Frank Sowa, Marco Heinrich, Frieda Heinzelmann (Hg.)
Obdach- und Wohnungslosigkeit in pandemischen Zeiten

Frank Sowa (Dr. phil.), geb. 1974, ist Professor für Soziologie in der Sozialen Arbeit an der Technischen Hochschule Nürnberg. Seine Arbeitsschwerpunkte umfassen Kultur- und Organisationssoziologie, soziale Ungleichheiten und soziale Probleme, Soziologie der Armut, insbesondere Wohnungslosigkeit und qualitative Methoden.
Marco Heinrich (M.A.), geb. 1992, ist wissenschaftlicher Mitarbeiter an der Technischen Hochschule Nürnberg. Seine Arbeitsschwerpunkte umfassen qualitative Forschung, Wohnen und Wohnungslosigkeit, soziale Ungleichheit sowie Diskurs- und Subjektivierungsforschung.
Frieda Heinzelmann (M.A.), geb. 1996, ist Sozialpädagogin und war wissenschaftliche Mitarbeiterin an der Technischen Hochschule Nürnberg (bis 2022). Sie arbeitet derzeit im Allgemeinen Sozialdienst. Ihre Arbeitsschwerpunkte umfassen Wohnungs- und Obdachlosigkeit sowie qualitative Methoden.

Frank Sowa, Marco Heinrich, Frieda Heinzelmann (Hg.)

Obdach- und Wohnungslosigkeit in pandemischen Zeiten

Interdisziplinäre Perspektiven

[transcript]

Bibliografische Information der Deutschen Nationalbibliothek
Die Deutsche Nationalbibliothek verzeichnet diese Publikation in der Deutschen Nationalbibliografie; detaillierte bibliografische Daten sind im Internet über https ://dnb.dnb.de/ abrufbar.

Erschienen 2024 im transcript Verlag, Bielefeld
© Frank Sowa, Marco Heinrich, Frieda Heinzelmann (Hg.)

Umschlaggestaltung: Kordula Röckenhaus, Bielefeld
Umschlagabbildung: Roksana Helscher / Pixabay
Druck: Elanders Waiblingen GmbH, Waiblingen
https://doi.org/10.14361/9783839460603
Print-ISBN: 978-3-8376-6060-9
PDF-ISBN: 978-3-8394-6060-3
Buchreihen-ISSN: 2702-9271
Buchreihen-eISSN: 2702-928X

Gedruckt auf alterungsbeständigem Papier mit chlorfrei gebleichtem Zellstoff.

Inhalt

Teil 3: Empirische Studien

Teil 4: Praxisberichte

Anhang

Einleitung: Obdach- und Wohnungslosigkeit in pandemischen Zeiten
Eine Spurensuche

Marco Heinrich, Frank Sowa und Frieda Heinzelmann

Der Generaldirektor der Weltgesundheitsorganisation (WHO) Tedros Adhanom Ghebreyesus verkündete im Anschluss an das fünfzehnte Treffen der *International Health Regulations (IHR) Emergency Committee* am 5. Mai 2023, die COVID-19-Pandemie werde nicht länger als gesundheitliche Notlage internationaler Reichweite (PHEIC) eingestuft (World Health Organization 2023). Seitdem gilt die Pandemie zumindest temporär für beendet, auch wenn das Virus weiterhin weltweit existiert und durch Mutationen neue Infektionswellen ausgelöst werden können. In der Bundesrepublik Deutschland liefen am 7. April 2023 die letzten Schutzmaßnahmen aus (Bundesregierung 2023). Mit ihnen gingen drei Jahre der Situation des permanenten Ausnahmezustands zu Ende. Gesellschaftlich wurde die Ausnahmesituation als *Krise* gedeutet – ein dominantes Deutungsmuster, welches in der Berichterstattung diskursiv als Naturereignis (Infektionswelle, Pleitewelle, Epizentrum) hergestellt wurde, das bekämpft werden muss (Virus besiegen, im Krieg, verschärfte Maßnahmen); darüber hinaus wurde die Krise als Krankheit beschrieben, die v.a. Auswirkungen auf die Wirtschaft haben kann (notleidende Firmen, staatliche Finanzspritzen) und einen zu begehenden Weg als eine Bewegung nach vorne erfordert, um sie zu bewältigen (drastischer Schritt, Hürden senken): »Daraus lässt sich schlussfolgern, dass eine Krise zwar vielfältige Formen annehmen kann, sie als Deutungsmuster jedoch stets auf effizientes und effektives Handeln unter Aufhebung sonst üblicher routinemäßiger Vorgehensweisen abzielt, indem nach schnellen und wirksamen Entscheidungen verlangt wird, um auf eine als bedrohlich wahrgenommene Situation zu reagieren. Die Krise stellt somit eine kollektive Bewältigungsstrategie dar, die einer Gesellschaft dabei hilft, unerwarteten Handlungsproblemen einen Sinn zu verleihen und auf dieser Grundlage nach Lösungsstrategien zu suchen. Die Art und Weise, wie dabei über die Krise kommuniziert wird, beeinflusst letztendlich auch den Umgang mit ihr« (Müller 2022: 88).

Wir blicken nun zurück auf drei Jahre, die maßgeblich durch eine Pandemie und ihre Bekämpfung geprägt waren. Unser Blick richtet sich in erster Linie auf diejenigen in der Gesellschaft, die Obdach- und Wohnungslosigkeit selbst erleben, als Fachkräfte professionell bearbeiten oder als Forschende wissenschaftlich untersuchen. Neben den Entwicklungen auf der Mikroebene interessieren wir uns darüber hinaus aber auch für Perspektiven auf der Mesoebene (Organisationen der Problembearbeitung) und Makroebene (Sozial- und Pandemiepolitik). Grundsätzlich verstehen wir unter Wohnungslosigkeit, dass Menschen über keinen eigenen (mietrechtlich abgesicherten bzw. im Eigentum befindlichen) Wohnraum verfügen, der ihnen einen Rückzug aus der Öffentlichkeit ermöglicht und Sicherheit bietet, während unter Obdachlosigkeit Menschen berücksichtigt werden, die Tag und Nacht auf der Straße oder auf öffentlichen Plätzen leben, ohne dass sie über eine Unterkunft verfügen; obdachlose Menschen bilden daher eine Teilgruppe der wohnungslosen Menschen (Tsirikiotis/Sowa 2022). Die sozialen Phänomene der Obdach- und Wohnungslosigkeit beschreiben extreme Formen der Armut in der Gesellschaft und sind mit Prozessen der Exklusion, Stigmatisierung und Nicht-Teilhabe verbunden (Albrecht 1975; Gerull 2021; Gurr et al. 2022; Heinrich et al. 2022a; Kronauer 2010; Levinson 2004; Malyssek/Störch 2020; Ratzka 2012; Rosenke 2018; Simmel 1992 [1908]; Southworth/Brallier 2023; Sowa et al. 2022). Wenn sich nun Gesellschaften durch eine Pandemie im Krisenmodus befinden, so interessiert uns, wie sich die gesellschaftlich hergestellten Phänomene der Obdach- und Wohnungslosigkeit verändern und welche Auswirkungen sich für unterschiedliche Akteure beobachten lassen? Der Blick zurück lohnt sich, um aus dieser Zeit zu lernen und sie besser zu verstehen, um letztlich für zukünftige Pandemien besser gewappnet zu sein.

Die COVID-19-Pandemie begann zu Beginn des Jahres 2020, als die durch das Coronavirus SARS-CoV-2 verursachte Krankheit sich rasant verbreitete. Am 11. März charakterisierte die Weltgesundheitsorganisation (WHO) COVID-19 als Pandemie (World Health Organization 2020). Um die Gesundheitssysteme vor Überlastungen zu bewahren, waren politische Entscheidungsträger:innen dazu angehalten, schnelle und effiziente Schutzmaßnahmen zur Eindämmung des Virus zu etablieren. Erklärtes Ziel war es, Infektionsketten zu unterbrechen und die Verbreitung des Virus in einem Maße zu verlangsamen, dass die Anzahl von schwer erkrankten Menschen die Versorgungskapazitäten der Krankenhäuser nicht übersteigt. In der Bundesrepublik Deutschland traten so im März 2020 erstmals Ausgangs- und Kontaktbeschränkungen sowie Schließungen öffentlicher Räume in Kraft, die massive Einschnitte in das gesellschaftliche Leben mit sich brachten. Während dieser sogenannten *Lockdowns* waren Schulen, Restaurants, Bars, Kinos und Einkaufsläden (ausgenommen Super- und Drogeriemärkte) geschlossen, Menschenversammlungen auf fünf Personen aus maximal zwei Haushalten begrenzt, und Behausungen sollten nur noch in Ausnahmefällen verlassen werden. Manche

Bundesländer führten zusätzlich nächtliche Ausgangssperren ein. Die Bevölkerung wurde im Rahmen der politisch-medialen Kampagne *#WirBleibenZuhause* für die Schutzmaßnahmen sensibilisiert und das Zuhause-bleiben als solidarischer Akt gerahmt. Das soziale Leben zog sich in die Schutzräume der eigenen vier Wände zurück. Gegen Ende 2020 konnten verschiedene Pharmakonzerne Erfolge bei der Entwicklung von Impfstoffen gegen das Virus vorweisen. So startete in Deutschland in der letzten Dezemberwoche des Jahres 2020 eine bundesweite Impfkampagne. Der weitere Verlauf der Pandemie war von sich abwechselnden *Lockerungsphasen* mit vergleichsweise niedrigen Infektionszahlen und wenigen politischen Einschränkungen des gesellschaftlichen Lebens und *Lockdownphasen* mit hohen Infektionszahlen und strengeren Einschränkungen geprägt. Die Impf- und Immunitätsquote der Bevölkerung stieg stetig an, während neu auftretende Varianten des Virus neue Infektionswellen verursachten (zur Übersicht über die Virusevolution vgl. Robert Koch Institut 2023). Im Verlauf der Jahre 2021 bis 2023 konnte die Verbreitung des Virus immer weiter eingedämmt werden, und schwere Krankheitsverläufe wurden durch Impfungen und neue Virusvarianten zunehmend seltener, sodass im Frühjahr 2023 die letzten Schutzmaßnahmen in Deutschland aufgehoben wurden.

Die COVID-19-Pandemie offenbarte die Relevanz von sicheren Schutzräumen für die Bevölkerung im Falle einer Pandemie. Der Rückzug in solche Schutzräume stellte sich als effektives Werkzeug heraus, um Infektionsketten zu unterbrechen, die Bevölkerung bestmöglich zu schützen und eine Überlastung des Gesundheitssystems zu verhindern. Weiterhin offenbarte sich, dass solche Schutzräume nicht erst entworfen oder gebaut werden müssen, sondern in den privaten Wohnräumen der Bevölkerung bereits vorhanden sind. Nicht zuletzt durch den Rückzug des gesellschaftlichen Lebens in private Räumlichkeiten, wie von der Kampagne *#WirBleibenZuhause* propagiert, konnte eine Überlastung der Gesundheitssysteme verhindert werden. Die COVID-19-Pandemie offenbarte somit auch soziale Ungleichheitsverhältnisse, die »wie unter einem Brennglas« (Butterwegge 2021: 11; Dörre 2020: 180) sichtbar wurden. Das Krisenmanagement in kapitalistischen Gesellschaften setzte die Norm des Lebensschutzes höchst selektiv in ihren Maßnahmen um und vernachlässigte (zunächst) die finanziell Ärmeren der Gesellschaft: »Kein Staat dieser Welt – keiner – hat sich das Leben bzw. Überleben der Armen auf die pandemiepolitischen Fahnen geschrieben, überall sind die Hauptbetroffenen von Krankheit und Tod die Angehörigen jener Sozialmilieus, die über geringe Einkommens- und Bildungsressourcen verfügen, mit prekären Arbeits- und beengten Wohnverhältnissen konfrontiert sind« (Lessenich 2020). So zeigte die Priorisierung von privaten Behausungen als Schutzräume für die Bevölkerung einmal mehr die Benachteiligung von Menschen, die über *keinen* eigenen (miet- oder eigentumsrechtlich geschützten) Wohnraum verfügen bzw. sich in Wohnungsnot befinden (Sowa 2022). Diese Menschen, die als *wohnungslos* oder *obdachlos* gelten, waren vom Auftreten der Pandemie, von Infektionsgefahren und Schutzmaßnahmen auf eine besondere Weise betroffen (Corey et al. 2022; Heinrich et al. 2022b; Kirby 2020; Mohsenpour et al. 2021; Perri et al. 2020; Price 2020; Roy et al. 2023; Sartorius/Simon 2021; Tsai/Wilson 2020; Unterlerchner et al. 2020). Abstandsregelungen in Schlafsälen von Notschlafstellen, in denen obdachlose Menschen nachts Unterschlupf suchen, waren kaum einzuhalten; genauso wenig in Wohneinrichtungen der Hilfesysteme, in denen wohnungslose Menschen typischerweise in Mehrbettzimmern untergebracht sind. Bei Menschen, die *verdeckt wohnungslos* bei Freund:innen, Verwandten oder Bekannten unterkamen, konnte sich das Zusammenleben verkomplizieren, und Unsicherheiten und Konflikte machten Verluste solcher Wohnverhältnisse und damit Wohnungs- bzw. Obdachlosigkeit wahrscheinlicher. Einnahmequellen durch das Betteln in hochfrequentierten, öffentlichen Räumen oder durch das Sammeln von Pfandflaschen waren weniger profitabel, was die finanzielle Notlage erschwerte. Insbesondere die Schließung bzw. die Einschränkung des Präsenzzugangs zu Einrichtungen der Sozialen Arbeit, der Gesundheitsversorgung sowie zu Behörden wie Jobcentern während der Lockdowns hatte Auswirkungen auf obdach- und wohnungslose Menschen, aber auch auf die Fachkräfte in den sozialen Diensten (Adams et al. 2022; Baral et al. 2021; Busch-Geertsema/Henke 2020; Heinzelmann et al. 2023b; Howells et al. 2021; Owen/Matthiessen 2021; Pleace 2023; Pleace et al. 2021; Rollmann 2020). Diese weiteren Exklusionserfahrungen hatten einerseits enorme Auswirkungen auf die Bewältigungsstrategien von wohnungslosen Menschen in Form der Inanspruchnahme institutioneller Unterstützung, der Inanspruchnahme informeller Unterstützungsnetzwerke sowie der Nicht-Inanspruchnahme von Hilfen (Heinrich et al. 2022b). Andererseits hatten viele wohnungslose Menschen das Gefühl, dass sich ihr Verhältnis zur Gesellschaft durch die Pandemie nicht verändert hat, da sie sich weiterhin als ausgegrenzt betrachteten, den gesellschaftlichen Institutionen nicht vertrauten (Heinzelmann et al. 2023a) und sie daher artikulierten, dass die Pandemie ihr Leben insgesamt nicht sehr stark beeinflusst habe (Roy et al. 2023).

Da die politischen Strategien zur Eindämmung der Pandemie zunächst die Lebensrealitäten jener Menschen vernachlässigte, denen bereits vor der Pandemie ein benachteiligter Status in der Gesellschaft zugesprochen wurde, machten Initiativen, Organisationen und Medien zu Beginn der Pandemie auf die Situation dieser *vergessenen* Menschen (Giertz/Bösing 2021) aufmerksam und stellten die Frage, wie sich Menschen in Obdach- oder Wohnungslosigkeit an die gesetzlichen Schutzmaßnahmen halten sollen (BAG W 2020a, b; Deutsches Institut für Menschenrechte 2020; Farha 2020; FEANTSA 2020; Rosenke/Lotties 2021; Selbstvertretung wohnungsloser Menschen 2020). Einrichtungen der Sozialen Arbeit, deren Aufgabe die »Bearbeitung« (Groenemeyer 2010: 13) von Obdach- und Wohnungslosigkeit in all ihren Fassetten auferlegt ist, mussten kreative Wege finden, um auf die pandemischen Umstände zu reagieren und die Beziehungen zu Nutzer*innen aufrechtzuerhalten (Heinzelmann et al. 2023b; Roy et al. 2023).

Es zeigt sich bereits an diesen einführenden Bemerkungen, dass die Krise im Zeitverlauf nicht nur unterschiedliche gedeutet wurde, sondern auch aus sehr vielfältigen Perspektiven betrachtet werden kann. Der vorliegende Sammelband *Obdach- und Wohnungslosigkeit in pandemischen Zeiten. Interdisziplinäre Perspektiven* begibt sich daher auf eine wissenschaftliche Spurensuche, um die gesellschaftliche Herstellung von Obdach- und Wohnungslosigkeit unter Krisenbedingungen zu rekonstruieren. Hierfür werden Forschungsarbeiten aus verschiedenen wissenschaftlichen Disziplinen, aber auch aus Praxis und Politik vereinigt, die während der Pandemie in Deutschland, Österreich und der Schweiz entstanden sind. Als pandemische Protokolle der Wirklichkeit (Habelt et al. 2022) möchten sie Zeugnis ablegen, über eine Zeit des Ausnahmezustands und eine Gesellschaft im Krisenmodus. Wir folgen den Spuren des Feldes, in dem wir theoretische und empirische sowie interdisziplinäre, internationale, qualitativ und quantitativ ausgerichtete Beiträge versammelt haben. Das Werk gliedert sich dabei in *Forschung und Pandemie* (Teil 1), *Theoretische Perspektiven* (Teil 2), *Empirische Studien* (Teil 3) und *Praxisberichte* (Teil 4).

Teil 1: Forschung und Pandemie

Der erste Teil des Sammelbands *Forschung und Pandemie* befasst sich mit Forschungspraxis und Forschungspraktiken in pandemischen Zeiten. Insbesondere bei der Forschung mit als vulnerabel gelesenen Menschen gilt es zu reflektieren, wie sich Zusammenarbeit und Partizipation, Forschungsinteressen und Schutzverpflichtungen sowie Nähe und Distanz zwischen Wissenschaftler:innen und Forschungspartner:innen in pandemischen Zeiten gestalten. In diesem Teil sprechen die Autor:innen in ihren Beiträgen über ihre Forschungsaktivitäten und die besondere Rolle, die die COVID-19-Pandemie dabei einnahm. Im ersten Beitrag *(Post)pandemische Neukonfigurationen forschender Feldeingebundenheit* von *Cornelius Lätzsch und Pauline Runge* beschreiben die Autor:innen die Schwierigkeiten der Herstellung von Feldzugang und Feldeingebundenheit unter pandemischen Bedingungen. Sie zeigen unter Rückgriff auf Grundprämissen der Reflexiven Grounded Theory am Beispiel zweier Qualifikationsarbeiten zu Flucht*Migration und Wohnungslosigkeit auf, wie eine Pandemie Feldzugänge und Feldeingebundenheit zumindest im Sinne eines *Vertrautwerdens* mit dem Feld erschweren kann. Die Autor:innen erkannten so die Notwendigkeit der Entwicklung von Neukonfigurationen vom Forschen im Feld, die sie als leibliche (Un)-Eingebundenheit beschreiben. Ihr Beitrag schließt mit einer selbstreflexiven Betrachtung von Forschung mit vulnerablen Gruppen im Allgemeinen sowie speziell während einer Pandemie und bespricht die Bedeutung von leiblicher (Un-)Eingebundenheit während des Forschungsprozesses. Im zweiten Beitrag *Gesundheitsinformationen für und mit obdachlosen Menschen. Vorstellung und Reflexion eines Projekts an der Schnittstelle Community, Praxis und Wissenschaft* stellen *Navina Sarma und Anabell Specht* ihre Erkenntnisse vor, die sie im Projekt *Charité CO-VID-19 Projekt für und mit obdachlosen Menschen* sammeln konnten. Dabei orientieren sie sich an der Frage, inwieweit obdachlose Menschen durch Partizipation und inklusive Gesundheitsinformationen in einer Pandemie unterstützt werden können. Die Autorinnen reflektieren in ihrem Beitrag die partizipative Zusammenarbeit in einem Forschungsprojekt mit Menschen, die ungleich mit Kapitalien ausgestattet sind, und Herausforderungen, die durch die Pandemie entstanden sind.

Teil 2: Theoretische Perspektiven

Im zweiten Teil *Theoretische Perspektiven* bedienen sich die Autor:innen in ihren Beiträgen unterschiedlichen theoretischen Zugängen, um Pandemie, Pandemiepolitik sowie Obdach- und Wohnungslosigkeit zu betrachten. Im Beitrag *Selektive statt Soziale Marktwirtschaft? Eine ordoliberale Perspektive auf Humanität und soziale Gerechtigkeit in der Pandemiepolitik* bespricht *Jona van Laak* (Un-)Vereinbarkeiten der Grundsätze des Konzepts der sozialen Marktwirtschaft mit der Pandemiepolitik in Deutschland. Damit dies gelingt, nimmt er Bezug zu ordoliberalen Theorien und entwirft die Hypothese, dass es bei der Bewältigung von Obdachlosigkeit während der Pandemie zu *policy*-Defiziten gekommen sei. *Martin Winands* stellt im Beitrag *Wohnungslose Menschen und die Kontrolle des öffentlichen Raumes während der Corona-Pandemie* den öffentlichen Raum ins Zentrum seines Forschungsinteresses. Er argumentiert, dass es im Zuge der Pandemie zu (veränderten) Rolle(n) und Funktionsweisen des öffentlichen Raumes kam. Bei der Analyse dieser Veränderungen lässt er auch die Auswirkungen auf wohnungslose Menschen nicht aus dem Blick. Die Autor:innen *Tim Sonnenberg, Bastian Pütter und Dierk Borstel* nähren sich in ihrem Beitrag *Vom Aufbruch. Und denen die wir zurücklassen* den Auswirkungen der Pandemie auf die diskursive Sichtbarkeit von Obdach- und Wohnungslosigkeit an. Dabei identifizieren sie normative, gesellschaftliche Narrative, die der Hoffnungen auf Aufbruch und einer besseren Zukunft wecken sollen (z.B. Digitalisierung) und stellen die These auf, dass Verhältnisse sozialer Ungleichheit wie Wohnungslosigkeit vermehrt aus dem Fokus jener Narrative geraten. Der Teil schließt mit dem Beitrag *Verdeckte Wohnungslosigkeit durch Partnerschaftsgewalt in Zeiten von Covid-19* von *Victoria Sophie Hazebrouck*. In ihrem Beitrag hebt die Autorin hervor, dass Frauen, sowohl biologisch definiert als auch aus sozialkonstruktivistischer Perspektive betrachtet, im Jahr 2020 nicht nur von einem Anstieg der Partnerschaftsgewalt betroffen waren, sondern auch zunehmend mit verdeckter Wohnungslosigkeit konfrontiert wurden. Diese Problematik verschärfte sich durch Kapazitätsprobleme in Frauenhäusern während der Pandemie. Die Autorin argumentiert, dass die COVID-19-Pandemie als Katalysator für die sichtbare Zunahme verdeckter Wohnungslosigkeit unter Frauen diente und fordert dazu auf, diese Situation nicht nur als Problem, sondern auch als Chance zu begreifen, um der Problematik mehr öffentliche Aufmerksamkeit zu schenken.

Teil 3: Empirische Studien

Im dritten Teil des Sammelbandes *Empirische Studien* werden empirische Studien vorgestellt, die sich aus verschiedenen Perspektiven und unter Rückgriff auf unterschiedliche sozialwissenschaftliche Methoden der Thematik des Sammelbands annähern. Die Autor:innen *Matthias Drilling, Martin Böhnel* und *Gosalya Iyadurai* blicken auf die Anfänge der Pandemie in der Schweiz und stellen in ihrem Beitrag *Zur Neuvermessung und Neukonstruktion von Obdachlosigkeit in pandemischen Zeiten* die Hypothese auf, in dieser Zeit sei es zu einer Neuvermessung des Phänomens der Obdachlosigkeit gekommen. Auf der empirischen Grundlage zweier Forschungsprojekte zeigen sie anhand lokaler Beispiele sich verändernde Wahrnehmungen und Relevanzsetzungen lokaler Hilfestrukturen auf. Obdachlosigkeit sei unter pandemischen Bedingungen zu einem Experimentierfeld neuer Formen des Einschlusses und Ausschlusses geworden. *Tom Meyer* fokussiert in seinem Beitrag *Housing-First unter Krisenbedingungen. Implementierung eines innovativen Hilfeansatzes während der Covid-19-Pandemie* auf das Housing-First Konzept, welches eine (relativ) bedingungslose Vermittlung von Wohnraum ins Zentrum der wohlfahrtsstaatlichen Bearbeitung von Obdach- und Wohnungslosigkeit stellt. Unter Bezug auf das soziologische Modell der Übersetzung untersucht der Autor, welche Herausforderungen und Chancen bei der Implementierung des Konzepts in pandemischen Zeiten auftreten können. Er vollzieht dies am Beispiel eines Housing-First Projekts in Nordrhein-Westfalen. Im Beitrag *In der doppelten Krise. Prekäres Wohnen zwischen angespanntem Wohnungsmarkt und Pandemie* beschäftigt sich *Robert Tiede* mit Wohnungskündigungen und Räumungsklagen auf dem Berliner Wohnungsmarkt. Basierend auf 26 qualitativen Interviews mit betroffenen Mieter:innen und Expert:innen untersucht er Auswirkungen von Verdrängungsprozessen, Bewältigungsformen von Mieter:innen und Effekte der Maßnahmen zur Eindämmung der Pandemie in Fällen entsicherter Mietverhältnisse. Er kommt zu dem Schluss, dass sich während der COVID-19-Pandemie multiple Krisenphänomene überlagerten, indem subjektive Krisen einer Wohnungskündigung mit gesellschaftlichen Krisen wie der Pandemie zusammentreffen. Letztlich sorgen Finanzialisierungsprozesse auf Wohnungsmärkten aber auch außerhalb von pandemischen Zeiten für Ungleichverhältnisse zwischen Mieter:innen und Vermieter:innen. In dem rechtssoziologischen Beitrag *Folgen von Recht und Verwaltungspraxen für die Situation wohnungsloser alleinerziehender Frauen während der Covid-19-Pandemie* befasst sich *Katharina Winkler* mit den Auswirkungen von Gesetzgebung und Verwaltungshandeln auf die Lebenssituation wohnungsloser, alleinerziehender Frauen während der Pandemie. Ihre Untersuchung basiert auf der Auswertung exemplarisch ausgewählten Regelungen zu Aufenthalts- und Kontaktverboten und auf leitfadengestützten Expert:inneninterviews mit Sozialarbeiter:innen. Der Beitrag zeigt auf, dass das Ziel des Infektionsschutzes, das durch Kontakt- und Aufenthaltsverbote erreicht werden sollte, insbesondere bei verdeckter Wohnungslosigkeit in Mitwohnverhältnissen nicht erreicht werden konnte. *Andrea Protschky* legt in ihrem Beitrag *Covid-19 als Zugangskrise. Nutzung und Ersatz grundlegender Infrastrukturen durch wohnungslose Menschen in Berlin während der Pandemie* ihr Augenmerk auf die Nutzung grundlegender Infrastrukturen wie Wasser- und Energieversorgung durch wohnungslose Menschen während pandemischer Zeiten. Ihr Datensatz umfasst leitfadengestützte Interviews mit wohnungslosen Menschen und Vertreter*innen sozialer Organisationen. Die Autorin schlussfolgert in ihrem Beitrag, dass Zugänge zu grundlegenden Infrastrukturen für obdach- und wohnungslose Menschen während der Pandemie durch räumliche Ausschlüsse und zeitliche Einschränkungen erschwert wurden. Zwar wurden auch neue Angebote etabliert, wie zum Beispiel zusätzliche Unterbringungsoptionen in Hostels, durch ihre temporäre Natur kam es aber kaum zu langfristigen Veränderungen des Hilfesystems. Im Beitrag *Raumaneignung obdachloser Menschen. Die Entstehung kollektiver Handlungsfähigkeit am Beispiel einer Kölner Hausbesetzung* thematisiert *Hannah Boettcher* Raumaneignungsprozesse obdachloser Menschen am Beispiel einer Kölner Hausbesetzung und die Entstehung kollektiver Handlungsfähigkeit. Die Autorin kritisiert zunächst, dass die prekäre Lage obdachloser Menschen zumeist entweder als Eigenverschulden oder als Opferstatus gesellschaftlicher Verhältnisse wahrgenommen werden. Diese Narrative sprechen den Menschen allerdings kaum Handlungsfähigkeit zu. Auf der Grundlage einer auf Beobachtungen und leitfadengestützten Interviews basierenden Datenbasis analysiert die Autorin ein durch Aushandlungsprozesse und Konflikte geprägtes Forschungsfeld, in dem die Aneignung von Raum neue Erfahrungs- und Handlungsräume eröffnen konnte, in denen Kollektivierung und Handlungsfähigkeit entstehen können. Die Autor:innen *Nora Sellner, Guido Heuel* und *Werner Schönig* stellen in ihrem Beitrag *Die tägliche Bahn als Corona-Hindernislauf. Muster des Raumnutzungsverhaltens obdachloser Menschen im städtischen Sozialraum* Ergebnisse eines Forschungsprojekts vor, dass sich für das Raumnutzungsverhalten von obdachlosen Menschen mit Lebensmittelpunkt im öffentlichen Raum sowie für die Effekte der Covid-19-Pandemie auf deren Nutzungsverhalten interessiert. In der Studie konnte durch eine Kombination aus quantitativ ausgestalteten Fragebögen, Tracking-Daten, Fotos und leitfadenstrukturierten Interviews ein gehaltvoller Datenkorpus erstellt werden. Die Autor:innen identifizierten drei Raumnutzungsmuster, die unterschiedliche Bewältigungspraxen und Bewältigungskompetenzen von obdachlosen Menschen widerspiegeln. Sie schätzen die Effekte der Pandemie auf das Raumnutzungsverhalten dieser Menschen als eher gering ein.

Im Beitrag *Relevanz und Gelingensbedingungen professioneller Netzwerke in der Wohnungslosenhilfe. Auswirkungen der Corona-Pandemie und Folgen für die Adressat:innen* stellen die Autor:innen *Elke Schierer* und *Lara Hein* Ergebnisse einer sozialen Netzwerkanalyse vor, die sie mit Fachkräften der Wohnungslosenhilfe in Freiburg i.Br. durchführten. Dabei gehen sie der Frage nach, wie sich soziale Netzwerke in der Wohnungslosenhilfe in pandemischen Zeiten verändert haben und wie Nutzer:innen von diesen Netzwerken profitieren. Sie begreifen solche Netzwerke als tertiär professionell und argumentieren, dass sie Nutzer:innen mit sozialem Kapital auszustatten vermögen. Wie Gelingensbedingungen professioneller Netzwerke aussehen können und wie krisensicher sie ausgestaltet sind, wird im Beitrag besprochen. *Marco Heinrich* und *Frank Sowa* analysieren in ihrem Beitrag *Institutionelle und informelle Formen der Unterstützung für obdach- und wohnungslose Menschen während der COVID-19-Pandemie* die Auswirkungen der COIVD-19-Pandemie auf den Handlungsspielraum obdach- und wohnungsloser Menschen und Akteur:innen des lokalen Hilfesystems im Untersuchungsraum Nürnberg. Den Handlungsspielraum teilen sie dabei in drei Formen der Unterstützung ein: Sie argumentieren, dass wohnungs- bzw. obdachlose Menschen zwischen institutionellen Unterstützungsformen, die maßgeblich durch die Angebotslandschaft des lokalen Hilfesystems strukturiert sind, informellen Unterstützungsformen in privaten Netzwerken oder der Nicht-Annahme von Unterstützung wählen können. Die Autoren schlussfolgern, dass das Auftreten der Covid-19-Pandemie diese Handlungsmöglichkeiten temporär veränderte und zeigen diese Veränderungen anhand empirischer Beispiele aus narrativ angelegten Leitfadeninterviews auf. Auch *Jan Harten* beschäftigt sich in seinem Beitrag *Un/doing Corona. Wie wohnungslose Forschungspartner:innen und Sozialarbeitende die Folgen der COVID-19-Pandemie erleben* mit der Wahrnehmung der Pandemie durch wohnungslosen Menschen und Sozialarbeiter:innen. Auf der Grundlage von Beobachtungsprotokollen und Feldgesprächen und unter Verwendung von Stefan Hirschauers Heuristik des *un/doing differences* wendet sich der Beitrag der Frage zu, welche Relevanz der Covid-19-Pandemie von wohnungslosen Menschen und Sozialarbeiter:innen der Wohnungslosenhilfe zugeschrieben werden. Im Beitrag *Zwischen helfender Hand, Tatenlosigkeit und mahnendem Fingerzeig: Zwischen Desaster und Endstation Problemimmobilie* untersuchen die Autoren *Christian Hinrichs* und *Timo Weishaupt* die Effekte der Pandemie auf das Göttinger System der Wohnungslosenhilfe sowie auf obdach- und wohnungslose Menschen, die dort leben. Anhand vieler Belegzitate aus Expert:inneninterviews und (biographisch-narrativen) Betroffeneninterviews zeichnen sie das Bild eines Desasters für die lokale Wohnungslosenhilfe durch das Auftreten der Pandemie und eine zurückhaltenden Stadtpolitik. Ein besonderes Augenmerk legen sie in ihrem Beitrag auf die sogenannten *Problemimmobilien*, denen die Autoren eine besondere Rolle in Göttingen zuschreiben. Die Autorin *Luisa T. Schneider* betont in ihrem Beitrag »*Die Menschen werden diese Pandemie überleben, aber ob es die Menschheit wird, ist eine ganz andere Frage«. Grundrechte, Wohnungslosigkeit und Coronamaßnahmen in Deutschland* neben den Auswirkungen der Pandemie auf die Situation wohnungs-loser Menschen in Leipzig auch die Chancen, die das Auftreten der Pandemie für die Bearbeitung von Wohnungslosigkeit haben kann. Denn die Pandemie habe aufgezeigt, dass Staaten durch Krisenmaßnahmen unfreiwillige Obdachlosigkeit zumindest temporär deutlich eingrenzen können. Die Autoren *Tim Middendorf* und *Alexander Parchow* befassen sich hingegen in ihrem Beitrag *»Corona-Dead, auf einmal alles leer«. Eine qualitative Untersuchung zur Harmonisierung der Alltagspraxis in Pandemiezeiten aus Sicht obdach- und wohnungsloser Menschen* mit der Frage, wie sich die Alltags- und Bewältigungspraxis von obdach- und wohnungslosen Menschen aus deren Perspektive verändert haben. Ihr Analyse stützt sich auf problemzen-trierte Interviews, die die Autoren mit (temporär) obdach- oder wohnungslosen Menschen während der Pandemie geführt haben. Sie konnten feststellen, dass ihre Interviewpartner:innen den pandemischen Veränderungen nicht ohnmächtig ge-genüberstanden, sondern dass sie durch kreative Strategien dazu imstande waren, ihre Alltagspraxis umzugestalten. Dabei kategorisieren die Autoren Anpassungs-, Vermeidungs- und Veränderungsstrategien. Einer spezifischen Untergruppe woh-nungsloser Menschen nähern sich die Autor:innen *Ursula Unterkofler, Stephanie Watschöder* und *Jörn Scheuermann* in ihrem Beitrag *Bedarfe wohnungsloser Frauen mit schweren chronischen psychischen Erkrankungen in München – (k)ein pandemisches Phänomen* an. Im Beitrag stellen sie die Ergebnisse einer explorativen Studie vor, die im Rahmen eines Lehr- und Praxisforschungsprojekt, in dem die Situation wohnungsloser Frauen mit schweren chronischen psychischen Erkrankungen wäh-rend der Pandemie erforscht wurde, gewonnen werden konnten. In dem Projekt führten Studierende offen angelegte Leitfadeninterviews mit Frauen, denen solche Erkrankungen zugeschrieben wurden, durch. Zudem fanden zwei Gruppendis-kussionen mit Fachkräften statt. Die Autor:innen betonen die Notwendigkeit von Barrierefreiheit für die (Soziale) Arbeit mit der untersuchten Zielgruppe. Beispiels-weise können durch Niedrigschwelligkeit der Angebote und Einbezug der Frauen günstige Bedingungen geschaffen werden. Die Auswirkungen der Pandemie kön-nen dem zeitweilen entgegenstehen. In dem letzten Beitrag des Teils *Pandemie digital? Menschen ohne festen Wohnsitz und digitale Kommunikation unter neuen Vorzeichen* nehmen die Autor:innen *David Lowis, Vera Klocke* und *Maren Hartmann* die Thematik der Digitalisierung in den Blick und fragen, inwiefern die Pandemie das Leben von obdach- und wohnungslosen Menschen im Hinblick auf digitale Kommunikation beeinflusst hat. Im Rahmen ihres Forschungsprojekts verteilten sie Smartphones an obdach- und wohnungslose Menschen und erstellten ihre Empirie erstens durch ethnographische Begleitungen und zweitens durch eine quantitative Umfrage mit Menschen, die ein Smartphone erhielten. Im Beitrag beschreiben die Autor:innen diesen innovativen Forschungsprozess und stellen erste Ergebnisse auch im Bezug zu den Auswirkungen der Pandemie dar.

Teil 4: Praxisberichte

Im vierten Teil *Praxisberichte* berichten drei Beiträge aus der Praxis (Fall Karlsruhe, Fall neunerhaus, Fall Notschlafstelle) von ihren Erfahrungen während der Pandemie und den Erkenntnissen, die die Autor:innen gewinnen konnten. Regina Heibrock und Martin Lenz können in ihrem Beitrag *Wohnungslosenhilfe in der Corona-Pandemie. Ein Praxisbericht aus der Stadt Karlsruhe* aufgrund ihrer Stellungen als Sozialplanerin beziehungsweise als Bürgermeister einen besonderen Einblick in die Wohnungslosenhilfe in Karlsruhe während der Pandemie geben. Anhand von vier exemplarisch ausgewählten Handlungsfeldern, die sie der strategischen Armutsbekämpfung der Stadt zuordnen, stellen die Autor:innen dar, wie obdach- und wohnungslosen Menschen auch in pandemischen Zeiten Teilhabemöglichkeiten gewährt werden sollen, um Marginalisierung und Exklusion zu vermeiden. Die Autorin *Barbara Unterlerchner* stellt in ihrem Beitrag *COVID-19: Ein Virus verschärft gesellschaftliche Trennlinien. Die Potenziale der (niederschwelligen) sozialen Arbeit zur Bewältigung einer Gesundheitskrise – und darüber hinaus* eine Perspektive aus dem *neunerhaus* vor, einem Verein der Obdach- und Wohnungslosenhilfe im österreichischen Wien, der durch ausdifferenziert gestaltete Einrichtungen die Angebotslandschaft der Wiener Wohnungslosenhilfe mitgestaltet. Basierend auf eigenen Erfahrungen und Beobachtungen widmet sich der Beitrag den Fragen, was es bedeutet, während einer Pandemie obdach- oder wohnungslos zu sein und welche Auswirkungen Maßnahmen zum Infektionsschutz auf diese Menschen hat. Der Beitrag gibt einen Einblick in Herausforderungen, die in Einrichtungen der Wohnungslosenhilfe im Falle einer Pandemie auftreten können und wie diese bewältigt werden können. Im Beitrag *Straßenjugendlichkeit in pandemischen Zeiten. Eine Bestandsaufnahme am Beispiel einer Notschlafstelle* erarbeiten *Jan A. Finzi*, *Björn Kramp* und *Jenny Möllers* eine Bestandsaufnahme des Falls einer Notschlafstelle für Jugendliche in Dortmund in pandemischen Zeiten. In ihrem Beitrag stellen sie auf der Grundlage von Beobachtungen und Erfahrungen bei ihrer Arbeit in der Notschlafstelle ihre Perspektive auf die Veränderungen der Lebenslage von obdachlosen, jugendlichen Menschen einerseits und die Auswirkungen der Pandemie auf den Betrieb der Notschlafstellen andererseits vor. Sie schlussfolgern, dass die Pandemie zwar gravierende Auswirkungen auf das Versorgungssystem für die Zielgruppe hatte, die Notschlafstelle während der Pandemie für die Jugendlichen aber die wichtige Funktion des Schutzraums einnahmen musste, die ihnen anderswo nicht zur Verfügung stand. Auf der Grundlage ihrer Erfahrungen nennen die Autor:innen fünf Handlungsempfehlungen für Politik und Praxis.

Die Krise als kollektive Bewältigungsstrategie – so eine letzte Bemerkung – hat uns noch einmal vor Augen geführt, dass Obdach- und Wohnungslosigkeit gesellschaftlich hergestellte soziale Probleme sind, die bei vorhandenem politischen Willen nicht nur zu bearbeiten, sondern auch zu bewältigen sind. So zeigte sich während der Pandemie, dass die ordnungsrechtliche Unterbringung von Menschen sich verbessern kann: Statt in Mehrbettzimmern, die unter Menschrechtsgesichtspunkten den Schutz von Menschen nicht gewährleisten (Engelmann et al. 2020), wurden manche obdachlose Menschen in Einzelzimmern in Hotels untergebracht (Busch-Geertsema/Henke 2020; Pleace 2023; Savino et al. 2024). Andere politische Maßnahmen in manchen Ländern führten zur Prävention von Obdach- und Wohnungslosigkeit, beispielsweise dann, wenn ein Mietenmoratorium Mieter:innen mit Zahlungsschwierigkeiten vor der Kündigung der Wohnung schützt oder Zwangsräumungen gestoppt wurden (Parsell 2023).

Zum Schluss möchten wir Danke für die Unterstützung sagen, ohne die dieser Sammelband nie erschienen wäre. In erster Linie danken wir uns sehr herzlich beim Bayerischen Staatsministerium für Familie, Arbeit und Soziales, das diese Publikation durch die Übernahme des Druckkostenzuschusses ermöglichte, sowie bei der Technischen Hochschule Nürnberg Georg Simon Ohm (Ohm), die die Open-Access-Gebühr übernahm, damit dieses Werk allen kostenfrei zugänglich wird. Dem Lektor Dennis Schmidt vom transcript Verlag danken wir für seine Geduld. Unserer studentischen Hilfskraft Julia Tietze gebührt unsere höchste Anerkennung, da sie das Manuskript in das vorgegebene Layout gebracht hat. Allen Autor:innen sprechen wir unsere Anerkennung aus, da sie uns einen tiefen Einblick in ihre Forschungsarbeiten *im Ausnahmezustand* gestattet haben. Wir wünschen unseren Leser:innen eine gewinnbringende Lektüre.

Literaturverzeichnis

Adams, Emma A./Parker, Jeff/Jablonski, Tony/Kennedy, Joanne/Tasker, Fiona/ Hunter, Desmond/Denham, Katy/Smiles, Claire/Muir, Cassey/O'Donnell, Amy/ Widnall, Emily/Dotsikas, Kate/Kaner, Eileen/Ramsay, Sheena E. (2022): A Qualitative Study Exploring Access to Mental Health and Substance Use Support among Individuals Experiencing Homelessness during COVID-19, in: International Journal of Environmental Research and Public Health, 19 (6), Art. 3459.

Albrecht, Günter (1975): Obdachlose als Objekt von Stigmatisierungsprozessen, in: Brusten, Manfred/Hohmeier, Jürgen (Hg.): Stigmatisierung I. Zur Produktion gesellschaftlicher Randgruppen, Neuwied und Darmstadt: Hermann Luchterhand, 79–107.

BAG W (2020a): CORONA-Krise – Auswirkungen auf Menschen in Wohnungslosigkeit und Wohnungsnot, 03. April 2020, Berlin: Bundesarbeitsgemeinschaft Wohnungslosenhilfe e. V.

BAG W (2020b): Zwischen Kältetod und Infektionsgefahr. BAG W: Corona-Pandemie erfordert Ausweitung der Kältehilfe für wohnungslose Menschen. Pressemitteilung, Berlin: Bundesarbeitsgemeinschaft Wohnungslosenhilfe e. V.

Baral, Stefan/Bond, Andrew/Boozary, Andrew/Bruketa, Eva/Elmi, Nika/Freiheit, Deirdre/Ghosh, S. Monty/Goyer, Marie Eve/Orkin, Aaron M./Patel, Jamie/ Richter, Tim/Robertson, Angela/Sutherland, Christy/Svoboda, Tomislav/ Turnbull, Jeffrey/Wong, Alexander/Zhu, Alice (2021): Seeking shelter: homelessness and COVID-19, in: FACETS. A multidisciplinary open access science journal, 6 (1), 925–958.

Bundesregierung (2023): Corona-Schutzmaßnahmen sind ausgelaufen. Online verfügbar unter: https://www.bundesregierung.de/breg-de/themen/coronavirus/ ende-corona-massnahmen-2068856 (abgerufen am 27.02.2024)

Busch-Geertsema, Volker/Henke, Jutta (2020): Auswirkungen der Covid-19-Pandemie auf die Wohnungsnotfallhilfen. Kurzexpertise als Ergänzung zum Forschungsbericht »Entstehung, Verlauf und Struktur von Wohnungslosigkeit und Strategien zu ihrer Vermeidung und Behebung«. Erstellt im Auftrag des Bundesministeriums für Arbeit und Soziales, Bremen:

Butterwegge, Christoph (2021): Das neuartige Virus trifft auf die alten Verteilungsmechanismen: Warum die COVID-19-Pandemie zu mehr sozialer Ungleichheit führt, in: Wirtschaftsdienst, 101 (1), 11–14.

Corey, Julia/Lyons, James/O'Carroll, Austin/Stafford, Richie/Ivers, Jo-Hanna (2022): A Scoping Review of the Health Impact of the COVID-19 Pandemic on Persons Experiencing Homelessness in North America and Europe, in: International Journal of Environmental and Public Health, 19 (6), 1–30.

Deutsches Institut für Menschenrechte (2020): Wohnungslose Menschen benötigen gleiche Gesundheitsversorgung und zusätzlichen Wohnraum. Pressemitteilung zur Corona-Pandemie (27.03.2020), Berlin: DIMR.

Dörre, Klaus (2020): Die Corona-Pandemie – eine Katastrophe mit Sprengkraft, in: Berliner Journal für Soziologie, 30 (2), 165–190.

Engelmann, Claudia/Mahler, Claudia/Follmar-Otto, Petra (2020): Von der Notlösung zum Dauerzustand. Recht und Praxis der kommunalen Unterbringung wohnungsloser Menschen in Deutschland, Berlin: Deutsches Institut für Menschenrechte.

Farha, Leilani (2020): Housing, the front line defence against the COVID-19 outbreak. Press release (18. März 2020), Genf: The Office of the High Commissioner for Human Rights.

FEANTSA (2020): COVID-19: »Staying Home« Not an Option for People Experiencing Homelessness. Press release (18. März 2020), Brussels: Feantsa.

Gerull, Susanne (2021): Obdachlosenfeindlichkeit. Von gesellschaftlicher Stigmatisierung bis zu Hasskriminalität, in: Amesberger, Helga/Goetz, Judith/ Halbmayr, Brigitte/Lange, Dirk (Hg.): Kontinuitäten der Stigmatisierung von ›Asozialität‹: Perspektiven gesellschaftskritischer Politischer Bildung, Wiesbaden: Springer VS, 135–148.

Giertz, Karsten/Bösing, Sabine (2021): Wohnungslos und vergessen. Zur Versorgungssituation von wohnungslosen Menschen während der COVID-19-Pandemie in Deutschland, in: Trauma & Gewalt. Forschung und Praxisfelder, 15 (3), 212–220.

Groenemeyer, Axel (2010): Doing Social Problems – Doing Social Control. Mikroanalysen der Konstruktion sozialer Probleme in institutionellen Kontexten – Ein Forschungsprogramm, in: Groenemeyer, Axel (Hg.): Doing Social Problems. Mikroanalysen der Konstruktion sozialer Probleme und sozialer Kontrolle in institutionellen Kontexten, Wiesbaden: VS Verlag für Sozialwissenschaften, 13–56.

Gurr, Thomas/Becker, Nikolas/Debicki, Sonja/Petsch, Franciska (2022): ...eine 100 prozentige Abweisung, Abwendung auf Anhieb; und das habe ich sehr oft erfahren. Über Stigmatisierungserfahrungen der von Obdachlosigkeit Betroffenen, in: Sowa, Frank (Hg.): Figurationen der Wohnungsnot. Kontinuität und Wandel sozialer Praktiken, Sinnzusammenhänge und Strukturen, Weinheim/Basel: Beltz Juventa, 402–425.

Habelt, Lisa/Herzog, Marissa/Morozov, Marina/Sowa, Frank/Wiesneth-Astner, Astrid (2022): Pandemische Protokolle der Wirklichkeit: Mit studentischen Tagebüchern die Auswirkungen des Lockdowns verstehen und bewältigen, in: Bartmann, Sylke/Erdmann, Nina/Haefker, Meike/Schörmann, Christin/Streblow-Poser, Claudia (Hg.): Verstehendes Forschen in der Pandemie und anderen Ausnahmesituationen: Praktische und methodologische Erkenntnisse der Rekonstruktiven Sozialen Arbeit, Opladen/Berlin/Toronto: Budrich, 95–113.

Heinrich, Marco/Heinzelmann, Frieda/Kress, Georgina/Sowa, Frank (2022a): Othering von wohnungslosen Menschen, in: Zeitschrift für Gemeinwirtschaft und Gemeinwohl (Z'GuG), 45 (1), 45–57.

Heinrich, Marco/Heinzelmann, Frieda/Sowa, Frank (2022b): Zuhause bleiben? Über Auswirkungen der COVID-19-Pandemie auf Alltage und Bewältigungsstrategien wohnungsloser Menschen, in: Aghamiri, Kathrin/Streck, Rebekka/van Rießen, Anne (Hg.): Alltag und Soziale Arbeit in der Corona-Pandemie: Einblicke in Perspektiven der Adressat*innen, Opladen, Berlin, Toronto: Budrich, 246–256.

Heinzelmann, Frieda/Domes, Michael/Ghanem, Christian/Sowa, Frank (2023a): »Weil dieser Mensch hat's einfach in mein Kopf, in mein Herz [...] geschafft«: Zur Beziehungsgestaltung von jungen wohnungslosen Menschen und Sozialarbeiter_innen, in: Österreichisches Jahrbuch für Soziale Arbeit (ÖJS), 5), 161–182.

Heinzelmann, Frieda/Heinrich, Marco/Sowa, Frank (2023b): Wohnungs- und Obdachlosigkeit während der Pandemie, in: Borstel, Dierk/Brückmann, Jennifer/Nübold, Laura/Pütter, Bastian/Sonnenberg, Tim (Hg.): Handbuch Wohnungs- und Obdachlosigkeit, Wiesbaden: Springer VS,

Howells, Kelly/Burrows, Martin/Amp, Mat/Brennan, Rachel/Yeung, Wan-Ley/Jackson, Shaun/Dickinson, Joanne/Draper, Julie/Campbell, Stephen/Ashcroft, Darren/Blakeman, Tom/Sanders, Caroline (2021): Exploring the experiences of changes to support access to primary health care services and the impact on the quality and safety of care for homeless people during the COVID-19 pandemic: a study protocol for a qualitative mixed methods approach, in: International Journal for Equity in Health, 20 (1), 1–9.

Kirby, Tony (2020): Efforts escalate to protect homeless people from COVID-19 in UK, in: The Lancet Respiratory Medicine, 8 (5), 447–449.

Kronauer, Martin (2010): Exklusion. Die Gefährdung des Sozialen im hoch entwickelten Kapitalismus, Frankfurt a.M./New York: Campus.

Lessenich, Stephan (2020): Soziologie – Corona – Kritik, in: Berliner Journal für Soziologie, 30 (2), 215–230.

Levinson, David (2004): Encyclopedia of Homelessness, Thousand Oaks/London: SAGE.

Malyssek, Jürgen/Störch, Klaus (2020): Wohnungslose Menschen. Ausgrenzung und Stigmatisierung, Freiburg: Lambertus.

Mohsenpour, Amir/Bozorgmehr, Kayvan/Rohleder, Sven/Stratil, Jan/Costa, Diogo (2021): SARS-Cov-2 prevalence, transmission, health-related outcomes and control strategies in homeless shelters: Systematic review and meta-analysis, in: eClinicalMedicine, 38), 1–20.

Müller, Annemarie (2022): Die Krise als Deutungsmuster, in: Bartmann, Sylke/Erdmann, Nina/Haefker, Meike/Schörmann, Christin/Streblow-Poser, Claudia (Hg.): Verstehendes Forschen in der Pandemie und anderen Ausnahmesituationen: Praktische und methodologische Erkenntnisse der Rekonstruktiven Sozialen Arbeit, Opladen/Berlin/Toronto: Budrich, 75–92.

Owen, Ruth/Matthiessen, Miriam (2021): COVID-19 Response and Homelessness in the EU, in: European Journal of Homelessness, 15 (1), 161–184.

Parsell, Cameron (2023): Homelessness, Cambridge Polity Press.

Perri, Melissa/Dosani, Naheed/Hwang, Stephen W. (2020): COVID-19 and people experiencing homelessness: challenges and mitigation strategies, in: Canadian Medical Association Journal, 192 (26), E716-E719.

Pleace, Nicholas (2023): COVID-19, in: Bretherton, Joanne/Pleace, Nicholas (Hg.): The Routledge Handbook of Homelessness, London/New York: Routledge, 71–81.

Pleace, Nicholas/Baptista, Isabel/Benjaminsen, Lars/Busch-Geertsema, Volker/O'Sullivan, Eoin/Teller, Nóra (2021): European Homelessness and COVID 19, Brüssel: European Observatory on Homelessness.

Price, Hannah. (2020): Coronavirus: Youth homelessness on the rise. edited by BBC

Ratzka, Melanie (2012): Wohnungslosigkeit, in: Albrecht, Günter/Groenemeyer, Axel (Hg.): Handbuch soziale Probleme, Wiesbaden: VS Verlag für Sozialwissenschaften, 1218–1252.

Robert Koch Institut (2023): SARS-Cov-2: Virologische Basisdaten sowie Virusvarianten im Zeitraum von 2020–2022. Online verfügbar unter: https://www.rki.d

e/DE/Content/InfAZ/N/Neuartiges_Coronavirus/Virologische_Basisdaten.ht ml?nn=13490888 (abgerufen am 27.02.2024).

Rollmann, Niko (2020): »Corona schlug ein wie eine Bombe«. Die Situation Berliner Obdachloser während der Pandemie, Berlin: Robert-Tillmanns-Haus e.V.

Rosenke, Werena (2018): Notunterkünfte für Obdachlose, in: Blätter der Wohlfahrtspflege (BdW), 165 (4), 142–147.

Rosenke, Werena/Lotties, Sarah (2021): Corona und die Auswirkungen auf Menschen in Wohnungsnot und Wohnungslosigkeit und auf das Hilfesystem. Eine Online-Erhebung der BAG Wohnungslosenhilfe, in: wohnungslos. Aktuelles aus Theorie und Praxis zur Armut und Wohnungslosigkeit, 63 (1), 20–24.

Roy, Alastair/Fahnøe, Kristian/Farrier, Alan/Heinrich, Marco/Kronbæk, Mette/ Sowa, Frank (2023): How the COVID-19 pandemic has affected the lives of homeless young people and welfare services in three European cities: A qualitative study, Nuremberg/Copenhagen/Preston:

Sartorius, Wolfgang/Simon, Titus (2021): Wohnungslosigkeit und Wohnungsnotfallhilfe in pandemischen Zeiten, in: Lutz, Ronald/Steinhaußen, Jan/Kniffki, Johannes (Hg.): Covid-19 – Zumutungen an die Soziale Arbeit. Praxisfelder, Herausforderungen und Perspektiven, Weinheim/Basel: Beltz Juventa, 249–261.

Savino, Ryan/Prince, Jonathan D./Simon, Lauren/Herman, Daniel/Susser, Ezra/ Padgett, Deborah K. (2024): From homelessness to hotel living during the COVID-19 pandemic. OnlineFirst, in: Journal of Social Distress and Homelessness), 1–9.

Selbstvertretung wohnungsloser Menschen (2020): Corona – Schützt die wohnungslosen Menschen! Stellungnahme der Selbstvertretung wohnungsloser Menschen (16.03.2020), Freistatt:

Simmel, Georg (1992 [1908]): Soziologie. Untersuchungen über die Formen der Vergesellschaftung. Band 11, Frankfurt a.M.: Suhrkamp.

Southworth, Stephanie/Brallier, Sara (2023): Homelessness in the 21st Century. Living the Impossible American Dream, New York/London: Routledge.

Sowa, Frank (Hg.) (2022): Figurationen der Wohnungsnot. Kontinuität und Wandel sozialer Praktiken, Sinnzusammenhänge und Strukturen, Weinheim/Basel: Beltz Juventa.

Sowa, Frank/Heinzelmann, Frieda/Heinrich, Marco (2022): Wohnend oder Nicht-Wohnend? Über die Ausgrenzung ›wohnungsloser‹ Menschen, in: Gutsche, Victoria/Holzinger, Ronja/Pfaller, Larissa/Sarikaya, Melissa (Hg.): Distinktion, Ausgrenzung und Mobilität. Interdisziplinäre Perspektiven auf soziale Ungleichheit, Erlangen: FAU University Press, 175–193.

Tsai, Jack/Wilson, Michal (2020): COVID-19: a potential public health problem for homeless populations, in: Lancet Public Health, 5 (4), e186-e187.

Tsirikiotis, Athanasios/Sowa, Frank (2022): Armut und Wohnungslosigkeit, in: Marquardsen, Kai (Hg.): Armutsforschung. Handbuch für Wissenschaft und Praxis, Baden-Baden: Nomos/edition sigma, 281–294.

Unterlerchner, Barbara/Moussa-Lipp, Sina/Christanell, Anja/Hammer, Elisabeth (2020): Wohnungslos während Corona. Auswirkungen der Grundrechtseinschränkungen auf das Leben von obdach- und wohnungslosen Menschen während der COVID-19-Pandemie in Wien, in: juridikum. zeitschrift für kritik | recht | gesellschaft, 31 (3), 395–406.

World Health Organization (2020): WHO Director-General's opening remarks at the media briefing on COVID-19 – 11 March 2020. Online verfügbar unter: https://www.who.int/director-general/speeches/detail/who-director-general-s-opening-remarks-at-the-media-briefing-on-covid-19---11-march-2020 (abgerufen am 27.02.2024).

World Health Organization (2023): Statement on the fifteenth meeting of the IHR (2005) Emergency Committee on the COVID-19 pandemic. Online verfügbar unter: https://www.who.int/news/item/05-05-2023-statement-on-the-fifteenth-meeting-of-the-international-health-regulations-(2005)-emergency-committee-regarding-the-coronavirus-disease-(covid-19)-pandemic (abgerufen am 27.02.2024).

Teil 1: Forschung und Pandemie

(Post)pandemische Neukonfigurationen forschender Feldeingebundenheit

Cornelius Lätzsch und Pauline Runge

1. Einleitung

Forschung mit als vulnerabel betrachteten Gruppen[1] steht per se unter besonderen Herausforderungen im Feldzugang, wie auch in Beiträgen, die die Annahme einer *hard to reach group* versuchen zu dekonstruieren, herausgestellt wird (Afeworki Abay/Engin 2019). Die Corona-Pandemie hat dies verschärft und brachte (un)gleiche Vulnerabilitäten deutlicher hervor (Karakaşoğlu und Mecheril 2020). Die Aufforderung *stay at home* zu Beginn der Corona-Pandemie adressierte dabei Fragen an die Orte der Unterbringung vulnerabler Gruppen, an deren Ausgestaltung und die tatsächlichen Möglichkeiten des geforderten Zuhause-Bleibens. Da Untergebrachtsein/-werden im Kontext Flucht*Migration[2] sehr unterschiedlich gestaltet ist, jedoch häufig mit Einschränkungen von Grundrechten und institutionalisiertem Zugriff einhergeht, wird asylrechtlich gerahmtes Wohnen auch als *(Nicht)-Wohnen* bezeichnet (Werner 2020). Dieser Begriff verweist auf die Fluidität der Praxis des Wohnens im Kontext des Asylregimes. Der Begriff negiert nicht die subjektiven Wohnpraktiken der flucht*migrierten Menschen selbst, sondern verweist stärker auf die strukturellen Bedingungen eines asylrechtlichen Unterbringungskomplexes. Dabei sind Wohnungs- und Obdachlosigkeit Dimensionen

---

des (Nicht)-Wohnens genauso wie verschiedenartig ausgeprägte Formen asylrecht-
licher Unterbringungen (Piechura et al. 2024, i.V.).

Forschung bedeutet auch immer die Aneignung spezifischer Kenntnisse über
die jeweils beforschten Felder und setzt ein Vertrautwerden mit feldimmanen-
ten Dynamiken voraus. Während der Corona-Pandemie stellen sich dabei jedoch
nicht nur ethisch-moralische Anfragen an Forschungsprojekte, sondern auch forschungspragmatische: Wenn das Herstellen von Nähe und Feldeingebundenheit
im Laufe des Forschungsprozesses durch pandemisch-bedingte Veränderungen
verhindert wird oder nicht möglich ist, befinden wir uns im »Grenzfall ethnogra-
fischer Forschung [...], dem vollständig abgeblockten Feldzugang« (Breidenstein et
al. 2015: 55). Anzunehmen wäre dann, dass »ein Forschungsvorhaben abgebrochen
werden muss« (ebd.).

Unter einer Zusammenführung von Grundprämissen aus der Reflexiven Grounded Theory (RGTM) werden in diesem Beitrag Perspektiven aufgezeigt, wie im Rahmen von zwei Qualifizierungsarbeiten solche Grenzfälle als »epistemische Fenster«
(Breuer et al. 2019: 10) genutzt und Neukonfigurationen für die Forschung entwickelt werden konnten[3]. Wir verweisen auf die Bedeutung dieser Neukonfigurationen unter pandemischen Forschungsbedingungen. Die dabei gemachten Ausführungen bewegen sich im Rahmen unserer[4] Arbeiten zu Schnittstellen im Kontext
Flucht*Migration und Wohnungslosigkeit (PR)/Behinderung (CL).

2. Forschen unter den Prämissen Reflexiver Grounded Theory

In der Beforschung dieser Schnittstellen, die im Kontext Flucht*Migration als vernachlässigte Themen bezeichnet werden (Anderson et al. 2017), waren wir zunächst
mit Unsicherheiten hinsichtlich unserer ersten Feldbewegungen konfrontiert.
Einen Umgang mit den damit verbundenen Zweifeln zu forschungsethischen
Herausforderungen (bspw. von Unger 2018), eigene Anfragen an unsere Positionierungen, dem anfänglich etwas willkürlich anmutenden methodischen Anarchismus
(Girtler 2001) und der relativen Unbeforschtheit des Feldes fanden wir in den me-
thod(olog)ischen Grundprämissen der RGTM nach Franz Breuer, Petra Muckel und
Barbara Dieris (2019): Der Forschungsstil »eignet sich speziell für Untersuchungs-
anliegen, bei denen die Forschenden ein gewisses Maß an identifikatorischem

---

3   Wir bedanken uns bei Anja Eichhorn für die umfangreichen und kritischen Kommentare zu
     einer früheren Version dieses Artikels.

4   In diesem Beitrag werden wir unsere Positionen als Forschende im Feld beispielsweise mit
     uns, ich oder die Forschenden benennen. Dies verweist einerseits auf getrennte Forschungs-
     projekte und andererseits auf inhaltlich und methodologische Überschneidungen. Mit der
     Wahl der Worte beschreiben wir unsere Forschungen von einem jeweils spezifischen Stand-
     ort.

Herzblut mitbringen, die Züge *persönlicher Projekte* besitzen – bei denen *nah heran* gegangen wird, bei denen es etwas *Neues* zu entdecken bzw. zu konzeptualisieren gibt, und bei denen man zu Beginn eingestandenermaßen noch nicht recht Bescheid weiß« (Breuer et al. 2019: 12, Herv.i.O.).

Wird in Grounded Theory Forschungen unter der Prämisse »All is data« (Mey/ Mruck 2011: 28) gearbeitet, erfährt dies unter den paradigmatischen Annahmen von RGTM (Breuer et al. 2019) eine besondere Ausdifferenzierung. So wird Forschen in der RGTM als leibgebunden-engagierte Tätigkeit gefasst (ebd.: v.a. 83–128). Insbesondere die leibliche Eingebundenheit steht dabei im Fokus, denn »[d]as spürsame Ablesen am eigenen Körper sowie die achtsame Registrierung der Beziehungscharakteristik zu den Feldmitgliedern und deren Dynamik gehören zu den wesentlichen Datenquellen« (Breuer et al. 2019: 164–165).

Wir verstehen unsere Forschungsprozesse als von Auseinandersetzungen um leibliche Eingebundenheiten durchzogen, die sich insbesondere in den Feldphasen aufdrängen. Diese werden teilweise schon in der Vorbereitung auf Forschungssituationen in unsicheren Fragen manifest: Welche Kleidung trage ich in welchen Interviewsettings? Welche Wirkung hat diese auf welche Forschungspartner*[5]innen? Wie adressiere ich damit mein Feld, wie adressiert mein Feld mich? Gleichzeitig sind es leibliche Erfahrungen, die spontan in Forschungssituationen entstehen und die eine direkte körperliche Involviertheit mit sich bringen. Peter Berger (2010: 120) bezeichnet sie als »key emotional episodes« und attestiert diesen einen »essential influence« für das Verhältnis zwischen Forschenden und dem Feld.

Auch in unserer Forschungspraxis zeigten sich solche emotionalen Schlüsselmomente wie bspw. eine spontane Einladung zu einer Teerunde mit Tanz, die wir nicht erwartet hatten. Ebenso unerwartet war die spontane Involviertheit in eine so bezeichnete *Zimmerbegehung* in einer Geflüchtetenunterkunft.[6] Während die Tee-Party von uns eher als Vertiefung der Bindungen zum Feld erlebt wurde, ging

---

5   Entlang der Empfehlungen des Deutschen Blinden- und Sehbehindertenverband e.V. haben wir uns bemüht auf Sonderzeichen beim Gendern soweit möglich zu verzichten. Da davon auszugehen ist, dass Doppelpunkt für sehbehinderte Menschen schlechter erkennbar ist als das Sternchen, haben wir uns ansonsten für Sternchen und gegen Doppelpunkt entschieden.

6   Dabei wurde ich (C. L.) spontan zu einer Zimmerbegehung mitgenommen. In dieser Situation, die sich im Rahmen eines Interviewtermins in einer Sammelunterkunft spontan ergab, wurde das Zimmer mehrerer Geflüchteter begutachtet. Dabei betraten nach kurzem Anklopfen und dem Ruf »Office« vier Personen (Ich, mein Interviewpartner und zwei weitere Personen) das Zimmer, während ein Bewohner anwesend war. Dabei wurde von den Mitarbeitenden Notizen gemacht und an mich gewandt die Begehung erklärt. So schnell wie die Situation ablief, so unvermittelt ich eingebunden wurde, so schnell war die Situation beendet. Etwas perplex über diesen Eingriff in die Privatsphäre, unklar über meine eigene Rolle dabei und beschämt, Teil dieses Eingriffs gewesen zu sein, erlebte ich mich dabei akut handlungsohnmächtig und einverleibt in die Strukturen des Asylregimes.

die *Zimmerbegehung* mit starken emotionalen Irritationen einher, auf die wir in Abschnitt 4.1 vertieft eingehen werden. Beide Situationen verbindet die spezifische leibliche Eingebundenheit und die Verwertbarkeit im Sinne des Forschungsinteresses. Durch diese Veränderungen der forschenden Positionierung im Feld lassen sich im anschließenden Analyseprozess feldimmanente Dynamiken und Prinzipien aufdecken.

So bietet sich an, im Rahmen der angedeuteten *Zimmerbegehung* nicht nur über die Strukturen des Feldes, über die Aushandlungsprozesse zwischen den Beteiligten, über mögliche Handlungen im Sinne von Agency bei den Betroffenen nachzudenken, sondern auch über die Rolle *weißer*[7] Forschender ohne Behinderung mit deutschem Pass und festem Wohnsitz in diesem Forschungszusammenhang. In einer solchen Situation Forschenden rationale Objektivität zu unterstellen, erscheint nahezu naiv. Vielmehr wird eine Subjektivität Forschender sichtbar, deren Anerkennung auch an Strategien zur *vollständigen Postmodernisierung der Grounded-Theory-Methodik* anschlussfähig ist. So greifen beispielsweise die Situationsanalyse (Clarke 2012) und die RGTM (Breuer et al. 2019) forschende leibliche Eingebundenheit reflexiv auf und setzen die Anerkennung der Verkörperung Forschender und Situiertheit aller Wissensproduktion zentral (Clarke 2011: 212).

War zum Beginn unserer Forschungsvorhaben eine mehr oder weniger klare Relevanz der leiblichen Eingebundenheit deutlich geworden, so bedurfte diese aufgrund der Corona-Pandemie einer Neukonfiguration. Insbesondere in den von uns beforschten Feldern rückt damit das leibliche Empfinden über spezifische Formen der Feldabwesenheit in den Vordergrund.

3. Forschen unter pandemischen Veränderungen

Mit Beginn der Corona-Pandemie in Deutschland im März 2020 gingen unterschiedlichste institutionell regulierte Maßnahmen einher, die auch Forschungstätigkeiten beeinflussten. Mit Blick auf die beforschten Felder zeigten sich jedoch vor allem die sehr ungleich verteilten Herausforderungen der neuformierenden Verhältnisse. Insbesondere in den hier untersuchten Kontexten prekärer Formen des (Nicht)-Wohnens wie der Sammelunterbringung werden eklatante Unterschiede hinsichtlich der Privilegien von Forschenden und Beforschten deutlich.

---

7   Der Begriff *weiß* bezeichnet kein phänotypisches Merkmal, sondern beschreibt eine gesellschaftspolitische und soziale Machtposition. Weißsein bedeutet, die dominante Position innerhalb eines rassistischen Systems innezuhaben. Wir schreiben *weiß* kursiv und klein, da dieser Begriff anders als der Begriff Schwarz keine Selbstbezeichnung ist. Damit schließen wir uns der primär im rassismuskritischen Diskurs genutzten Schreibweise an (Kelly 2021; Eggers et al. 2020).

So verweist beispielsweise das bundesweite Netzwerk *Flucht. Migration. Behinderung* auf die problematische Unterbringungssituation in Sammelunterkünften bei gleichzeitiger oftmals vorliegender besonderer Risikoexposition (Handicap International o.J.) vor schweren COVID-19 Krankheitsverläufen. Auch die Bundesarbeitsgemeinschaft Wohnungslosenhilfe bemängelte zuletzt im Dezember 2021 die Versorgungslage für obdach- und wohnungslose Menschen im Krankheits- bzw. Quarantänefall (BAG W 2021). Berichte von polizeilich abgeriegelten Sammelunterkünften wegen Corona-Ausbrüchen (bspw. Köhler 2021) verdeutlichen greifbar die Unterschiede der Lebensrealitäten und die Relativität und Ungleichheit der Herausforderungen zwischen Beforschten und Forschenden. Rein pragmatische Überlegungen über die Umsetzbarkeit von Forschung unter pandemischen Bedingungen wurden damit um forschungsethische Fragestellungen (von Unger 2018) erweitert. Unter der Prämisse »Do no harm« (ebd.: 30) sind Forschende dabei zu forschungsethischer Reflexion der konkreten Tätigkeit und ihrer Auswirkungen in Bezug auf Schadensvermeidung aufgerufen. Insbesondere unter Berücksichtigung der oben beschriebenen Ungleichverteilung von Risikoexpositionen und prekären Unterbringungsformen lassen sich hier mit Hugman et al. (2011) konkrete Fragen anschließen, wenn *to do no harm* nicht mehr ausreicht, sondern zu »[when] ›do no harm‹ is not enough« erweitert wird:

• Inwiefern lässt sich in Forschungsprozessen eine gesundheitliche Unversehrtheit der Beteiligten sicherstellen?

• In welchem Verhältnis steht Forschungsinteresse zu Kontaktreduktion, insbesondere dort, wo durch Dolmetschung etc. mehrere Forschungsbeteiligte notwendig sind?

• Inwiefern kann und muss Forschung gerade hier und jetzt prekäre Unterbringungsverhältnisse thematisieren?

Auch der method(olog)ische Zugriff auf leibliche Eingebundenheit in Forschungszusammenhängen erlebt damit eine Neukonfiguration. So erscheint er doch zunächst ebenso unzugänglich geworden zu sein wie die Zugänge zu Forschungssettings und Forschungspartner*innen. Die spontanen Abbrüche der Forschungsbeziehungen, die Unmöglichkeit physischer Begegnung und die klaren institutionellen Regelungen zu empirischer Forschungstätigkeit wirkten zunächst genauso beengend wie die trotzdem weiterbestehenden Erwartungen an zügig fortschreitende Qualifizierungsarbeiten mit nur begrenzter Rücksichtnahme auf Pandemiebedingungen[8]. Zu warten, bis die Pandemie vorbei sein sollte, schien daher zunehmend keine Option zu sein[9].

4. Neukonfigurationen vom Forschen im Feld

Unter diesen Bedingungen erschien es notwendig, das permanente Lamento einer Verunmöglichung von Forschung zu überwinden und die Frage zu stellen, wie unter den bestehenden Verhältnissen weiterhin der Fortgang der Arbeiten sichergestellt werden könnte. Einen Zugang fanden wir dabei über die Reflexion feldimmanenter Dynamiken und Zusammenhänge entlang unseres leiblichen Abwesenheitserlebens. Leibliche Eingebundenheit verschob sich dabei zu einer Reflexion über leibliche Uneingebundenheit als Forschende und deren Bedeutung für die sozialen Arenen, in denen wir uns vor, während und mit den Folgen der pandemischen Verhältnisse auseinandersetzend bewegten. Dies lässt sich insbesondere entlang der Unzugänglichkeit von Orten und dadurch ausbleibender und veränderter Interaktionsformate verdeutlichen.

4.1   Unzugänglichkeiten von Orten

Wird die Unterbringung Geflüchteter als Wohnungslosigkeit im Sinne eines (Nicht)-Wohnens konzeptualisiert, rückt dies zwangsläufig den Schauplatz der Sammelunterbringungen in ihren unterschiedlichsten Ausprägungen in den Fokus von Forschung. Die in Abschnitt 2 angerissene Forschungssituation der *Zimmerbegehung* und die anschließende Reflexion leiblicher Eingebundenheit, emotionaler Reaktionen und körperlichen Handelns kann in Forschungszusammenhängen hilfreiche Interpretationsansätze liefern. Im Folgenden zeigen wir anhand der *Zimmerbegehung* Analysemöglichkeiten auf, die mit der Zugänglichkeit von Orten einhergehen. Daran anknüpfend stellen wir Überlegungen an, welche Erkenntnisfenster entstehen, wenn solche Orte unzugänglich werden.

---

8   Dazu zählen wir auch die Unklarheiten über beantragte Förderungsverlängerungen aufgrund der Pandemie, die bei uns entweder gar nicht oder nur in geringerem Maß als beantragt bewilligt wurden. Inwiefern forschungspragmatische und -ethische Ansprüche in den Entscheidungen berücksichtigt wurden, ist uns dabei an keiner Stelle transparent kommuniziert worden. Auch die Mehrbelastung durch Lehrverpflichtungen, inadäquate Arbeitsbedingungen in den HomeOffices des akademischen Mittelbaus bei gleichzeitig weiter erwartetem wissenschaftlichem Output (im Sinne von Tagungsbeiträgen, Veröffentlichungen etc.) lassen sich hier beispielhaft anführen.

9   Zynischerweise ist es die Praktik des permanenten Wartens, die die leibliche Erfahrung Geflüchteter in Sammelunterkünften oftmals kennzeichnet (Christ et al. 2017).

Breuer et al. (2019: 100) verweisen unter anderem unter Einbezug der Forschung von Demmer (2016) auf die spezifischen körperlichen Empfindungen, die
bei Forschenden ausgelöst werden können: Demmer reflektiert über die eigene
Ekelempfindung bei Uringeruch in einer Forschungssituation. Dazu beschreibt
sie, dass »mir durch mein leibliches Spüren, das Ekelgefühl, zugänglich gewordene
inhärente Machtgefälle der Interviewinteraktion [...] als eine Perpetuierung eben
jener, in der Erzählung enthaltenen Abwertungs- und Rehabilitationserfahrungen
respektive Machtkonstellationen« (ebd. 14) erscheint. Auch die Forschungssituation
der *Zimmerbegehung* ging mit spezifischen Reaktionen und damit verbundenen
Reflexionen einher. Diese lassen sich beispielhaft entlang eines bearbeiteten Aus-
schnitts aus einem Feldmemo darstellen:

> »Die direkte Involviertheit in diese Situation löste bei mir starke Überforderungs-
> gefühle, insbesondere entlang (meiner erdachten) solidarischen Positionierung
> aus, die in starkem Kontrast mit den zuvor gemachten forschungsethischen Aus-
> einandersetzungen standen. Als Sozialarbeiter wurde die Routiniertheit dieses
> Eingriffes in den Unterbringungsraum von mir als Irritation erlebt, die aber – wie
> ich später erfuhr – zum regelhaften Prozedere gehörte. In meinem unterdrückten
> Impuls der Skandalisierung dieser Verhältnisse wurden dabei die sozialarbeitsim-
> manenten Widersprüche körperlich fühlbar, die auch mein (in die Situation invol-
> vierter) Interviewpartner als solche markierte. Die unterschiedlichen sozialarbei-
> terischen Mandatierungen[10], die entlang klient*innenbezogener Unterstützung,
> staatlicher Kontrolle und professionsbezogener Haltung verhandelt werden, wur-
> den in dieser Situation am eigenen Leib erlebbar« (Lätzsch, Forschungstagebuch,
> unveröffentlicht).

Mit Beginn der pandemiebedingten Einschränkungen (bspw. in Form von Qua-
ranтänisierungen ganzer Sammelunterkünfte) erschienen solche körperreflektie-
renden Zugänge zunächst unmöglich geworden zu sein. Im weiteren Verlauf des
pandemiebestimmten Forschungsablaufs verdeutlichten sich jedoch Felddyna-
miken, die sich unter Umständen insbesondere über die Unzugänglichkeit zum
und die damit verbundene leibliche Abwesenheit vom Feld (bei gleichzeitigem
leiblichem Erleben dieser Abwesenheit) verstehen lassen:
Die problematische Zugänglichkeit von Sammelunterkünften ist oftmals ein
zentrales strukturierendes Merkmal solcher Einrichtungen. Als universitär ange-

---

10   Soziale Arbeit wird entlang unterschiedlicher Mandate theoretisch greifbar: Neben der als
     Doppelmandat bezeichneten und oftmals dissonanten Bezugnahme auf die Realität der
     Klient*innen einerseits sowie den staatlichen Auftrag andererseits wird dazu eine dritte
     Mandatierung benennbar. Diese artikuliert sich entlang ethischer Grundprinzipien, wissen-
     schaftlichen Wissens und der Menschenrechte/der Menschenwürde und einer damit einher-
     gehenden Haltung (bspw. Staub-Bernasconi 2007).

bundene Forschende war es in präpandemischen Verhältnissen dennoch möglich, einen Termin für Interviews oder ethnografische Erhebungsformate zu organisieren und durchzuführen. Andere Personen(gruppen), insbesondere solche, die sich solidarisch mit Geflüchteten positionieren, erleben hinsichtlich der Betretung solcher Unterkünfte oftmals umfassendere Barrieren, wie wir im Rahmen unserer empirischen Erhebungen feststellen konnten. Insbesondere migrantische Selbstorganisationen oder auch Personen, die unabhängige Asylverfahrensberatung anbieten wollen, berichten über Schwierigkeiten im Zugang zu unterschiedlichen Sammelunterkünften in Deutschland.

Solche Strukturen der Verunmöglichung des In-Kontakt-tretens wurden durch die pandemiebedingten Einschränkungen erstmals fühlbar, wenngleich sie bereits vorher bekannt waren. Besuche, Begehungen, Erhebungen in Sammelunterkünften waren plötzlich nicht mehr denkbar. Die gleichzeitigen Erzählungen über Pandemieausbrüche, eigens eingerichtete Quarantäneeinrichtungen sowie die Appelle von zivilgesellschaftlichen Organisationen an bedarfsgerechte Versorgung Geflüchteter flankierten diese Entwicklung. Als Forschende waren wir dabei mit Gefühlen von Ratlosigkeit, Frustration und Unverständnis konfrontiert. In der weiteren Auseinandersetzung mit diesen Gefühlen erschlossen sich, analog zum Ekelgefühl bei Demmer (2016), aber auch weitere Perspektiven auf a) feldimmanente Dynamiken mitsamt b) Positioniertheiten unterschiedlicher Akteur*innen und c) unsere Rollen als Forschende.

So erlaubte die nun von uns erstmalig erlebte Frustration über die Unmöglichkeit des In-Kontakt-Tretens weitere Überlegungen anzustellen. Beispielsweise berichteten uns Asylverfahrensberater*innen von eben solchen Gefühlen, wenn sie selbst keinen Zugang zu Sammelunterbringungen von Geflüchteten hatten. Das dabei erlebte Empfinden von Hilflosigkeit und Handlungsohnmächtigkeit gegenüber den institutionellen Regelungen von Sammelunterbringungen und den Akteur*innen wurde für uns durch das Verbleiben im Außen nachspürbar. Gleichzeitig waren diese Gefühle mit einer gewissen Ambivalenz verbunden, da uns die räumliche Distanzierungsnotwendigkeit unter den pandemischen Bedingungen teilweise notwendig erschien. Das Erleben der eigenen Deplatzierung ermöglichte damit eine spezifische Reflexion über bspw. das Zustandekommen solidarischer Unterstützungsarrangements. Für diese ist eine solche Deplatzierung teilweise konstitutiv, da die Zugänglichkeit von Sammelunterbringung generell erschwert wird. Damit wurden die teilweise widersprüchlichen Aushandlungsprozesse im Feld sicht- und spürbar. Eine direkte Involviertheit ins Feld hätte uns diese leiblich-emotionale Erfahrung der räumlichen Deplatzierung möglicherweise weniger nachvollziehbar, weniger nachspürbar, nahegebracht.

Die Auseinandersetzung mit leiblichen Empfindungen verstehen wir dabei weniger als Forschungsergebnis, denn als weiteres Denkangebot oder, wie bei Breuer et al. (2019: 116) unter Bezugnahme auf Abraham (2002: 203) verdeutlicht, als weiterer Wegweiser. Geschilderte Erfahrungen von interviewten Sozialarbeiter*innen, die von Abschiebungen ihrer Klient*innen aus Sammelunterkünften erst nach ebendiesen erfuhren, sind dafür beispielhaft. Die damit verbundene Irritation über den Abbruch installierter Unterstützungskontexte für Geflüchtete mit Behinderung, das Ringen um Kontaktaufnahmemöglichkeiten sowie die Wiederherstellung von Handlungsfähigkeit zeigen sich bereits in den dazu durchgeführten Interviews vor den coronabedingten Präsenzabbrüchen. Da damit aber auch das Erleben eigener Deplatzierung, persönliche Unerreichbarkeit und verunmöglichte Kontaktaufnahme unsere Feldbewegungen strukturierte, konnten weitere Reflexionen über diese ersten empirischen Vorfälle gemacht werden. Eine Anbindung der Empirie an Fragen von sozialarbeiterischen Mandatierungen und den damit einhergehenden widersprüchlichen Verstrickungen sowie sozialarbeiterischer (Ko-)Präsenz wurden damit noch greifbarer.

Weniger geeignet sind u.E. die Perspektiven, die bei Breuer et al. (2019: 115) weiter bezugnehmend auf Abraham (2002: 198f.) eröffnet werden. Dort wird auf eine ähnlich angelegte Organisationsweise des Leibes aller Menschen verwiesen, weshalb ein »Wechsel von der eigenen Person zum Gegenüber vorzunehmen und sich in seine Lage zu versetzen und einzufühlen« (Abraham 2002: 198f. in: Breuer et al. 2019: 115) möglich sei. In einem solchen Verständnis wird die Möglichkeit suggeriert, dass beispielsweise den Empfindungen und dem Erleben der prekären Unterbringungssituation Geflüchteter nachgespürt werden könnte und so am eigenen Leib erlebbar würde. In einer solchen Annahme ist die Vorstellung einer Übertragbarkeit des Erlebens struktureller Diskriminierung und jahrhundertelanger machtvoller Unterdrückungsmechanismen eingeschrieben, die aus unseren spezifischen Subjektpositionen nicht nachgespürt werden können. In solchen Kontexten wird häufig von einem sogenannten *going native* gesprochen – ein Relikt aus der Geschichte der Ethnologie und den forschenden europäischen Kolonisator*innen (Plöger/Runge 2021: 189). Dabei wird ein Prozess imaginiert, in dem die forschende Person den Beforschten so nah kommen könne, so sehr involviert sei, dass sie beinahe selbst *native* werden würde (Fuller 2004; Breidenstein et al. 2015: 42). Um diesem Trugschluss entgegenzuwirken, bedarf eine reflexive Anbindung des Forschungsprozesses nicht nur der Auseinandersetzung entlang leiblicher Eingebundenheit, wie in diesem Artikel expliziert. Vielmehr sollten Forschungsprojekte die spezifische Subjektposition der Forschenden entlang der zwei weiteren bei Breuer eingeführten Reflexionsebenen anbinden: der institutionell-disziplinären Einbettung und der lebensgeschichtlich-idiosynkratischen Positioniertheit (Breuer et al. 2019: 83ff.).

4.2   Interaktionen im *Social Distancing*[11]

Die Wohnungslosenhilfe – ihre Adressat*innen sowie Professionellen – wurde mit der Corona-Pandemie vor viele Herausforderungen gestellt: Menschen, die sich vornehmlich im öffentlichen Raum aufhielten, umgingen das Zusammensein in größeren Gruppen, da ihnen dort Kontrollen und Strafen entlang staatlicher Pandemiebekämpfungsmaßnahmen drohten. Gleichzeitig wurden auch niedrigschwellige Angebote wie Tagesaufenthaltsstätten und Suppenküchen geschlossen und z.T. gar nicht (insbesondere in kleineren Städten) oder nur schrittweise und nicht flächendeckend geöffnet (Bundesministerium für Arbeit und Soziales 2020). Sozialarbeiter*innen mussten unter der Prämisse des *Social Distancing* kreative Lösungen entwickeln, um die Menschen an den (Nicht)-Wohnorten erreichen zu können. Dabei problematisierten sie, dass viele Adressat*innen nicht mehr zu erreichen waren (Gangway e.V. 2020) oder, obwohl sie erreichbar waren, nicht versorgt werden konnten (Bösing 2021).

Dies wirkte sich auch auf Forschungstätigkeiten aus: Geplante Begleitungen von aufsuchender Straßensozialarbeit oder Hospitationen in medizinischen Notversorgungsangeboten konnten nicht mehr stattfinden. Allein aufgrund der Kontaktbeschränkungen auf z.T. zwei Haushalte war eine Begleitung der aufsuchenden Arbeit nicht denkbar. Gelegentliche Telefonate und sporadischer Austausch per E-Mail mit bereits geknüpften Kontakten schienen einziges Mittel des Verbleibens im Feld, und so war auch die Forschung angehalten, im *Social Distancing* stattzufinden.

Von unseren intensivierten Kontakten im Forschungsfeld wurden wir auch im *Social Distancing* als interessierte, solidarische, mitfühlende Personen wahrgenommen. So wurde ich (PR) von einem Feldkontakt nach Hause zu Kaffee und Kuchen auf dem Balkon eingeladen. Ich hatte mich hier in vorpandemischen Treffen und Telefonaten scheinbar bereits als vertrauensvolle Person bewiesen. In den Feldkontakten, die weniger etabliert waren, standen uns häufig Skepsis, Unbehagen und Ablehnung gegenüber. Konnten wir Misstrauen im persönlichen Kontakt gut begegnen, bspw., indem zunächst unverbindliche Kennlerntreffen vereinbart werden konnten, offenbarte sich dies in Zeiten der herausgeforderten Praxis unter pandemiebedingter Einschränkung und der nicht umsetzbaren leiblichen Anwesenheit im Feld, als große Schwierigkeit. Wir verblieben dann in der adressierten Position als Wissenschaftler*innen und konnten uns die Position einer solidarisch verbündeten Person nicht mehr erarbeiten.

---

11   Social Distancing umschloss insbesondere bei Ausbruch und Verbreitung der Corona-Pandemie die Forderung nach Kontaktbeschränkungen und dem Reduzieren sozialer Kontakte. Kritiker*innen argumentieren, dass der Begriff irreführend sei, da es nicht darum ginge die sozialen Kontakte an sich einzuschränken, sondern die räumliche Distanz (spacial/physical/bodily/public distancing) zu wahren (Sørensen et al. (2021).

Trotz des leiblichen Uneingebundenseins, denn wir befanden uns physisch nicht im Feld, sondern am Schreibtisch im Home Office, war »das Ablesen am eigenen Körper« (Breuer et al. 2019: 177, Herv.i.O.) als ein Zugang zur Erkenntnis nicht verschlossen: Gestresste, gehetzte Stimmen am Telefon, laute bis hin zu wütend-klingende Beschwerden über politische Entscheidungsträger*innen oder auch zum Teil verwunderte bis ablehnend-aggressive Reaktionen auf Interviewanfragen (bspw. »Für sowas haben wir hier gar keine Zeit gerade«) lösten Resonanzen aus, genauso wie verschobene oder abgesagte Telefonate wegen u.a. eines *Notzustandes* aufgrund eines Corona-Falles in einer Einrichtung.

In der Lesart der RGTM kann die forschende Person als produktive Störung verstanden werden, die einen Reizwert hat, welcher Abläufe im Feld beeinflusst und Reaktionen von Personen im Feld auslösen kann, die wiederum Reaktionen, Emotionen usw. bei den Forschenden auslösen (Breuer et al. 2019: 96–97, 220). So löste die vehemente Ablehnung von Interviewanfragen oder das Absagen von bereits vereinbarten Interviewterminen plus ausführlich folgende Begründungen, wieso ein Interview in keinem Fall infrage käme, auf Seiten der Forschenden einerseits Verständnis und Mitleid aus. Andererseits kam auch Unbehagen auf, das Feld überhaupt mit Anfragen zum Forschen zu *belästigen*. Die Ablehnung des Feldes wurde zunächst als ein Akt der Verdeutlichung der schwierigen Situation verstanden. Wie unmöglich das Involvieren von Forschung in die Praxis wäre, zeigt der forschenden Person im ersten Moment auf, wie ernst die Lage ist. In beinahe allen Kontakten kurz nach Verkündigung pandemischer Einschränkungen spiegelte sich dieses Bild wider – das Bild eines Katastrophenzustandes.

Damit einhergehend wurde auf Seiten der Forschenden verinnerlicht, dass es anmaßend wäre, in dieser Zeit der Krise forschen zu wollen. Dass manche Praktiker*innen auch gern über ihre damaligen Erfahrungen sprachen, wurde in dem Moment wenig wahrgenommen, da die Adressierung als *anmaßende Forschende* dominant resonierte. Der häufig metaphorisch angeführte *Elfenbeinturm der Wissenschaft*, von dem aus Forschende auf Praxis herabschauen, wurde nicht nur spürbar, sondern durch den teilweisen Rückzug oder Abbruch zu Forschungskontakten auch tatsächlich begehbar.

5. Postmoderne Rekonfiguration leiblicher (Un-)Eingebundenheit

Im Rahmen unserer Dissertationsprojekte wurde die leibliche Eingebundenheit in die Unterbringungslandschaft von Geflüchteten durch institutionelle Vorgaben verhindert (4.1). Leibliche Eingebundenheit im Kontext der Begleitung von Praktiker*innen der Wohnungslosenhilfe und der Migrationssozialarbeit kam aufgrund pandemischer Kontaktbeschränkungen und Überforderungstendenzen nicht zustande oder wurden abgebrochen (4.2.). In beiden Szenarien wandelte sich das leibliche Eingebundensein zu einem Erleben leiblicher Uneingebundenheit. Diese Perspektive des Eingebundenseins in der Uneingebundenheit hieß es für uns als Forschende, im Rahmen der RGTM neu zu denken und produktiv nutzbar zu machen.

Der zentrale Stellenwert von (Selbst-)Reflexion als Erkenntnisfenster in der RGTM ist als ein postmodernes Weiterdenken der ursprünglichen Grounded Theory zu verstehen. Die Ausarbeitungen von Breuer et al. (2019) lassen sich als Konkretisierung der Ansätze von Clarkes Situationsanalyse verstehen und gestalten diese forschungspraktisch aus (Offenberger 2019: 14). In Bezug auf die Situationsanalyse von Clarke (2005) arbeitet Offenberger (2019: 2) heraus, dass mit dem »engaging« nicht nur die Nähe zum Feld postuliert wird, sondern auch politische und gesellschaftliche Veränderungen angestrebt werden: »Forschung wird dabei als Beitrag zur Bewältigung praktischer Probleme gesellschaftlichen Zusammenlebens begriffen, [...] [der in] Verringerung von sozialer Ungleichheit zum Ausdruck kommt« (ebd.: 3). Hieraus lässt sich die Bedeutung von Forschung in Zeiten der Krise ableiten und damit ebenso die Bestärkung eines rekonfigurierten Weiterforschens in Zeiten der Krise sowie der Neukonfiguration von metho(dolog)ischen Ansätzen herausarbeiten.

Dabei sollte nicht vernachlässigt werden, dass den Forschungsinteressen, -designs und -produkten die prekären Lebenssituationen der Beforschten zu Grunde liegen. Wir fordern mit Interview-, Gesprächs-, Beobachtungs- und Hospitationsanfragen Ressourcen der Menschen ein, die in Zeiten der Pandemie versuchen, »in Sichtweise auf das Sterben« (Karakaşoğlu und Mecheril 2020) zu überleben, Alltag zu organisieren und institutionelle Abläufe aufrecht zu erhalten. Aber gerade dann, wenn es so scheint, als seien alle gleichermaßen von der Krise der Pandemie bedroht, ist es wichtig, die »(un)gleichen Vulnerabilitäten«, auf die wir bereits in der Einleitung auf Karakaşoğlu/Mecheril (2020) verwiesen haben, zu berücksichtigen und ihnen reflexiv forschend Rechnung zu tragen. Dass Räume und Praktiken des Asylregimes für Forschung nicht zugänglich gemacht werden, hat auch etwas mit der machtvollen Position von Akteur*innen in der Praxis zu tun: »Macht kreiert Schweigen und Leerstellen«, so Clarke (2012: 116) und animiert uns Forschende, dass wir uns nicht von den Leerstellen und dem Schweigen abwenden, sondern diese hinterfragen. So nimmt in postmodern und konstruktivistisch positionierten Beiträgen der Grounded Theory Methodologie das Schweigen in den Daten eine zentrale Position ein (Clarke 2012: 123; Charmaz 2002). Mit »[s]ilences have meaning, too«, beschreibt Kathy Charmaz (2002: 303) die Relevanz des Ausgebliebenen. Um den Dimensionen des Ungesagten und des Schweigens Rechnung zu tragen, so plädieren wir mit diesem Beitrag, ist es unerlässlich, körperliche Resonanzen im Agieren mit dem Forschungsfeld wahrzunehmen und reflexiv aufzugreifen. Dabei gilt es, einen verantwortungsvollen Umgang mit Forschung in Zeiten der Krise zu finden, denn so kann »der Einsatz für eine andere ökonomische, ökologische, soziale (Welt-)Ordnung, in der die allgemeine Gleichheit des Menschen in Strukturen und Praktiken globaler Solidarität konkret« (Karakaşoğlu und Mecheril 2020) werden.

Literaturverzeichnis

Abraham, Anke (2002): Der Körper im biographischen Kontext. Ein wissenssoziologischer Beitrag, Wiesbaden: Westdt. Verl.

Afeworki Abay, Robel/Engin, Kenan (2019): Partizipative Forschung: Machbarkeit und Grenzen – Eine Reflexion am Beispiel der MiBeH-Studie, in: Behrensen, Birgit/Westphal, Manuela (Hg.): Fluchtmigrationsforschung im Aufbruch. Methodologische und methodische Reflexionen, Wiesbaden, Heidelberg: Springer VS, 379–396.

Anderson, Philip/Langner, Anke/Mecheril, Paul/Schroeder, Joachim/Seukwa, Louis H./Thielen, Marc/Weber, Martina/Westphal, Manuela (2017): Vernachlässigte Themen der Flüchtlingsforschung. Kooperatives Graduiertenkolleg in den Bildungs-und Sozialarbeitswissenschaften, Universität Hamburg/HAW Hamburg. https://www.ew.uni-hamburg.de/forschung/vtdf/files/forschungsprogramm.pdf (abgerufen am 17.08.2022).

BAG W (2021): Zweiter Corona-Winter – große Herausforderung für wohnungslose Menschen und das Hilfesystem https://www.bagw.de/de/neues/news.9727.html (abgerufen am 15.03.2022).

Berger, Peter (2010): Assessing the Relevance and Effects of »Key Emotional Episodes« for the Fieldwork Process, in: Spencer, Dimitrina (Hg.): Anthropological fieldwork. A relational process, Newcastle upon Tyne: Cambridge Scholars Publ, 119–143.

Bösing, Sabine (2021): Infektionsschutz für wohnungslose Menschen in Zeiten von Corona, in: Public Health Forum, Vol. 29, No. 1, 39–41.

Breidenstein, Georg/Hirschauer, Stefan/Kalthoff, Herbert/Nieswand, Boris (2015): Ethnografie. Die Praxis der Feldforschung, Konstanz, München: UVK-Verl.-Ges; UVK/Lucius.

Breuer, Franz/Muckel, Petra/Dieris, Barbara/Allmers, Antje (2019): Reflexive Grounded Theory. Eine Einführung für die Forschungspraxis, Wiesbaden, Heidelberg: Springer VS.

Bundesministerium für Arbeit und Soziales (2020): Kurzexpertise: Auswirkungen der Covid-19-Pandemie auf die Wohnungsnotfallhilfen, https://www.bmas.de/SharedDocs/Downloads/DE/Publikationen/Forschungsberichte/fb-566-auswirkungen-covid-19-auf-wohnungsnotfallhilfen.pdf?__blob=publicationFile&v=2 (abgerufen am 17.08.2022).

Charmaz, Kathy (2002): Stories and Silences: Disclosures and Self in Chronic Illness, in: Qualitative Inquiry, 8 (3), 302–328.

Christ, Simone/Meininghaus, Esther/Röing, Tim (2017): All day waiting. Konflikte in Geflüchtetenunterkünften. https://www.bicc.de/uploads/tx_bicctools/BICC _WP_3_2017_web_01.pdf (abgerufen am 17.08.2022).

Clarke, Adele E. (2005): Situational analysis. Grounded theory after the postmodern turn., London: Sage.

Clarke, Adele E. (2011): Von der Grounded-Theory-Methodologie zur Situationsanalyse, in: Mey, Günter (Hg.): Grounded theory reader, Wiesbaden: VS Verlag für Sozialwissenschaften, 207–229.

Clarke, Adele E. (2012): Situationsanalyse. Grounded Theory nach dem Postmodern Turn. Herausgegeben und mit einem Vorwort von Reiner Keller. Wiesbaden: Springer VS.

Demmer, Christine (2016): Interviewen als involviertes Spüren. Der Leib als Erkenntnisorgan im biografieanalytischen Forschungsprozess. Forum Qualitative Sozialforschung/Forum: Qualitative Social Research, Vol 17, No 1.

Eggers, Maureen M./Kilomba, Grada/Piesche, Peggy/Arndt, Susan (Hg.) (2020): Mythen, Masken und Subjekte. Kritische Weißseinsforschung in Deutschland, Münster: Unrast.

Fuller, Duncan (2004): Going Native, in: Lewis-Beck, Michael S./Bryman, Alan/Liao, Tim F. (Hg.): The Sage encyclopedia of social science research methods, Thousand Oaks, Calif: Sage.

Gangway e.V. (2020): Straßensozialarbeit mit Jugendlichen in Zeiten von Covid-19. in: Deutscher Paritätischer Wohlfahrtsverband – Gesamtverband e. V., Jugendsozialarbeit im Paritätischen. Monatsreport 05–20. Online verfügbar unter htt ps://mcusercontent.com/7fc6abe2becod7f982b0cadfb/files/8fe74267-749f-4260 -8c02-6ef63c3618aa/Stra%C3%9Fenjugendsozialarbeit_in_Zeiten_von_Covid19 .pdf (abgerufen am 26.01.2023).

Girtler, Roland (2001): Methoden der Feldforschung, Wien, Köln, Weimar: Böhlau Verlag.

Handicap International (o.J.): Geflüchtete Menschen mit Behinderung vor Corona schützen – Infektionsrisiken senken. Ein Appell von Handicap International e.V. an die Ministerpräsident/-innen der Bundesländer. https://www.handica p-international.de/sn_uploads/de/document/Gefluchtete_Menschen_mit_Be hinderung_vor_Corona_schutzen_-_Infektionsrisiken_senken.pdf (abgerufen am 17.08.2022).

Hugman, Richard/Pittaway, Eileen/Bartolomei, Linda (2011): When ›Do No Harm‹ Is Not Enough: The Ethics of Research with Refugees and Other Vulnerable Groups, in: British Journal of Social Work, 41 (7), 1271–1287.

Karakaşoğlu, Yasemin/Mecheril, Paul (2020): Stellungnahme: Sars-CoV-2 und die (un)gleiche Vulnerabilität von Menschen https://rat-fuer-migration.de/2020/o 4/14/sars-cov-2-und-die-ungleiche-vulnerabilitaet-von-menschen/ (abgerufen am 26.11.2020).

Kelly, Natasha A. (2021): Rassismus. Strukturelle Probleme brauchen strukturelle Lösungen!, Zürich: Atrium Verlag.

Köhler, O. (2021): Corona-Mutante: Kölner Flüchtlingsheim abgeriegelt https://ww w1.wdr.de/nachrichten/rheinland/afrikanische-coronamutante-in-fluechtling sheim-100.html (abgerufen am 03.02.2022).

Mackenzie, Catriona/Dodds, Susan/Rogers, Wendy A. (Hg.) (2014): Vulnerability. New essays in ethics and feminist philosophy, New York: Oxford University Press.

Mey, Günter/Mruck, Katja (2011): Grounded-Theory-Methodologie: Entwicklung, Stand, Perspektiven, in: Mey, Günter (Hg.): Grounded theory reader, Wiesbaden: VS Verlag für Sozialwissenschaften, 11–48.

Offenberger, Ursula (2019): Anselm Strauss, Adele Clarke und die feministische Gretchenfrage: zum Verhältnis von Grounded-Theory-Methodologie und Situationsanalyse, in: Forum Qualitative Sozialforschung/Forum: Qualitative Social Research, 20 (2), 22.

Pisani, Maria/Grech, Shaun/Mostafa, Ayman (2016): Disability and Forced Migration: Intersections and Critical Debates, in: Grech, Shaun/Soldatic, Karen (Hg.): Disability in the global south. The critical handbook, Cham, Switzerland: Springer, 285–301.

Plöger, Simone/Runge, Pauline (2021): Kritische Ethnografie in der Flucht*Migrationsforschung. Zur Herausforderung des Zuhörens und der Verschriftlichung., in: Bach, Miriam/Narawitz, Lena/Schroeder, Joachim/Thielen, Marc/Thönneßen, Niklas-Max (Hg.): FluchtMigrationsForschung im Widerstreit. Über Ausschlüsse durch Integration, Münster, New York: Waxmann, 187–198.

Runge, Pauline/Werner, Franziska/Piechura, Philipp (2024, i.V.): Wohnungslosigkeit und FluchtMigration. Vernachlässigt in der Forschung, verborgen in der Praxis, in: Bormann, Carla/Piechura, Philipp/Werner, Franziska (Hg.): Handbuch Flucht, Wiesbaden: Springer VS.

Sørensen, Kristine/Okan, Orkan/Kondilis, Barbara/Levin-Zamir, Diane (2021): Rebranding social distancing to physical distancing: calling for a change in the health promotion vocabulary to enhance clear communication during a pandemic, in: Global health promotion, 28 (1), 5–14.

Staub-Bernasconi, Silvia (2007): Vom beruflichen Doppel – zum professionellen Tripelmandat. Wissenschaft und Menschenrechte als Begründungsbasis der Profession Soziale Arbeit. in: SiO – Sozialarbeit in Österreich (02), S. 8–17.

von Unger, Hella (2018): Ethische Reflexivität in der Fluchtforschung. Erfahrungen aus einem soziologischen Lehrforschungsprojekt, in: Forum: Qualitative Sozialforschung, 19 (3), ohne Seiten.

Werner, Franziska (2020): (Nicht-)Wohnen von Geflüchteten, in: Eckardt, Frank/Meier, Sabine (Hg.): Handbuch Wohnsoziologie, Wiesbaden: Springer Fachmedien Wiesbaden; Imprint Springer VS, 1–30.

Yeo, Rebecca (2020): The regressive power of labels of vulnerability affecting disabled asylum seekers in the UK, in: Disability & Society, 35 (4), 676–681.

Gesundheitsinformationen für und mit obdachlosen Menschen
Vorstellung und Reflexion eines Projekts an der Schnittstelle Community, Praxis und Wissenschaft

Navina Sarma und Anabell Specht

1. Einleitung

Ein Blick in die Lebenswelt obdachloser Menschen[1] und die Wohnungslosenhilfe[2] in der Pandemie zeigt das Spannungsfeld, das zwischen den notwendigen Maßnahmen zum Infektionsschutz auf der einen Seite und den Möglichkeiten der praktischen Umsetzung auf der anderen Seite bestehen kann. Der eingeschränkte Zugang zur Gesundheitsversorgung und (digitalen) Gesundheitsinformationen und die fehlende Berücksichtigung der Lebenssituation obdachloser Menschen in der Pandemiebewältigung stellten obdachlose Menschen und das Hilfesystem in der COVID-19-Pandemie vor komplexe Herausforderungen. Vertreter:innen aus Community, Praxis und Wissenschaft haben sich diesen Herausforderungen angenommen und gemeinsam das *Charité COVID-19 Projekt für und mit obdachlosen Menschen* geplant und umgesetzt (Charite 2023). In diesem Beitrag wird das Projekt vorgestellt, reflektiert und die Frage diskutiert, inwieweit Partizipation und inklusive Gesundheitsinformationen obdachlose Menschen in der Pandemie und darüber hinaus dabei unterstützen können, ihre Gesundheit zu schützen.

Die COVID-19-Pandemie wie auch vergangene Epidemien wie etwa die HIV- oder die Ebolafieber-Epidemie haben gezeigt, dass die Mitwirkung der Bevölkerung bei der Umsetzung von Verhaltensregeln und Infektionsschutzmaßnahmen

---

[1] *Wohnungslose* Menschen verfügen nach der Wohnungsnotfalldefinition der BAG W über keinen mietvertraglich abgesicherten Wohnraum. *Obdachlose* Menschen sind eine Untergruppe wohnungsloser Menschen und leben ohne jede Unterkunft auf der Straße. Letztere stehen im Fokus des vorliegenden Aufsatzes, allerdings impliziert dies nicht, dass sich die Personen selber als *obdachlos* beschreiben.

[2] Unter Wohnungslosenhilfe werden im vorliegenden Absatz alle Angebote für obdach- und wohnungslose Menschen verstanden.

eine bedeutende Rolle spielt (Marston et al. 2020). Eine wichtige Voraussetzung dafür ist, dass die Planung und Umsetzung von Maßnahmen die Lebenswirklichkeiten der Menschen berücksichtigt, was durch den Einbezug von Lebensweltexpertisen gelingen kann (UNAIDS 2020). In der Erklärung von Alma Ata 1978 heißt es dazu in Artikel IV: »Die Menschen haben das Recht und die Verpflichtung, sich individuell und kollektiv an der Planung und Umsetzung ihrer Gesundheitsversorgung zu beteiligen« (World Health Organization 1978). Mitwirkung wird dann möglich, wenn alle Menschen, unabhängig von ihrer sozioökonomischen Situation, gesprochenen Sprachen oder Herkunft, »einen möglichst barrierefreien Zugang zu Informationen« (Robert Koch-Institut 2020, 2021) und zu Angeboten der Gesundheitsversorgung haben.

Es ist hinreichend belegt, dass Armut ein Gesundheitsrisiko darstellt (Lampert et al. 2005). Dieses wird im Kontext der Obdachlosigkeit, dem »[...] extremste(n) Phänomen der Armut: der Mangel des Obdachs [...]«, durch einen eingeschränkten Zugang zur Gesundheitsversorgung noch verstärkt (Offe et al. 2018; Simmel 1908). Ein Blick auf den Zugang zu Informationen zeigt, dass dieser von verschiedenen Faktoren abhängt. Hilfeeinrichtungen und obdachlose Menschen sind im Vergleich zum Rest der Bevölkerung weniger digitalisiert (FEANTSA 2021). Adressat:innengerecht aufbereitete Informationen, die das Wissen und die Erfahrungen von Menschen mit gelebter Erfahrung von obdach- und Wohnungslosigkeit einbeziehen und somit die Lebensrealitäten der Menschen berücksichtigen, gibt es bislang kaum. Sie wären aber notwendig, damit sich die Menschen um alltägliche Belange wie Arbeits- und Wohnungssuche, soziale Fragen oder Gesundheit kümmern können. Auch die Planung und Umsetzung von Angeboten der Wohnungslosenhilfe erfolgen weitgehend ohne die Beteiligung der adressierten Menschen. Dies wird seit vielen Jahren sowohl international aber auch in Deutschland als notwendig beschrieben und gefordert (Bundesarbeitsgemeinschaft Wohnungslosenhilfe e.V. 2015; FEANTSA Participation Working Group 2013). Strukturelle Barrieren, Vorbehalte gegenüber einer stärkeren Beteiligung obdach- und wohnungsloser Menschen und fehlende Ressourcen stehen der Etablierung und Verstetigung von Partizipation in der Wohnungslosenhilfe bislang im Weg (Bundesarbeitsgemeinschaft Wohnungslosenhilfe e.V. 2015).

1.1   Forschung für und mit obdachlosen Menschen

Das *Charité COVID-19 Projekt für und mit obdachlosen Menschen* hat sich an konkreten Bedarfen orientiert, die in seinem Vorgängerprojekt, der Pilotierung eines COVID-19-Monitorings identifiziert wurden (Specht et al. 2022).

Pilotierung eines COVID-19-Monitorings

Das *COVID-19-Monitoring-Projekt* ist eine prospektive Machbarkeitskohortenstudie zur Evaluierung einer universellen COVID-19-Testung in einer 24/7-Einrichtung für obdachlose Menschen in Berlin (Lindner et al. 2021). Für die Umsetzung des Projekts wurden Mitforschende aus dem Personal der Unterkunft und einer Quarantänestation für wohnungslose Menschen rekrutiert. Im Juli 2020 wurde den Bewohner:innen über einen Zeitraum von drei Wochen wöchentlich eine PCR-Testung von Speichel oder selbst entnommenen Nasen- und Rachenabstrichen angeboten. In der Prozessevaluation zur Einschätzung der Akzeptanz und Umsetzungsbarrieren des Monitorings wurden qualitative und quantitative Methoden kombiniert. Es wurde ein Bewertungsbogen, eine Fokusgruppendiskussion mit den Mitforschenden sowie ein strukturierter Fragebogen eingesetzt.

Daraus ließen sich wichtige Erkenntnisse für das Folgeprojekt, das *Charité COVID-19 Projekt* ableiten. Die Beteiligung von Mitforschenden aus der Praxis erwies sich als essenziell für die erfolgreiche Umsetzung des Monitorings, denn die Bereitschaft der Teilnahme war insbesondere bei Personen hoch, die in einer für sie vertrauten Sprache und von einer ihnen vertrauten Person über das Vorhaben informiert worden waren. Gründe gegen eine Teilnahme am *COVID-19-Monitoring* waren nach Ansicht der Mitforschenden vor allem ein geringer Informationsstand zu COVID-19 und andere Prioritäten, die sich durch das Leben auf der Straße ergeben. Über die Hälfte der Teilnehmenden bevorzugte für die Aufklärung und Assistenz bei der eigenständigen Probenentnahme von respiratorischen Materialien eine andere Sprache als Deutsch (Russisch (18,3 %), Englisch (17,2 %), Polnisch (12,9 %) und Rumänisch (6,5 %)). Entsprechend wurde in der Evaluation zusätzlich zum persönlichen Kontakt ein hoher Bedarf an mehrsprachigen Audio- und Videomaterialien sowie zielgruppenspezifischen Informationsmaterialien identifiziert. Obdachlose Menschen waren aus Zeit- und Ressourcenmangel weder in die Planung noch in die Durchführung oder Auswertung der Studie einbezogen worden. Die fehlende Berücksichtigung der Perspektive, der im Fokus des Monitorings stehenden Menschen, wurde als wichtige Limitation identifiziert. Im Folgeprojekt des *COVID-19-Monitorings*, dem *Charité COVID-19 Projekt für und mit obdachlosen Menschen*, stand daher die Beteiligung von Menschen mit gelebter Erfahrung von Wohnungslosigkeit in alle Projektschritte im Fokus.

Das Charité COVID-19 Projekt für und mit obdachlosen Menschen

Das achtköpfige interdisziplinäre Projektteam des *Charité COVID-19 Projekts* bestand aus Personen aus den Fachgebieten Medizin, Public Health, Soziale Arbeit und Kommunikationsdesign. Vier von ihnen hatten bereits mehrjährige (ehren- und hauptamtliche) Arbeitserfahrungen im Bereich der Wohnungslosenhilfe. Das Projekt bestand aus zwei Projektarmen. Der erste Projektarm hatte die Unterstützung des Infektionsmanagements in Notübernachtungen für obdachlose Menschen in Berlin zum Ziel. Dazu wurden ein Monitoring des COVID-19-Infektionsgesche-hens in ausgewählten Notübernachtungen sowie Teststrategien mittels Antigen-Schnelltests zur Verminderung des Risikos von Ausbrüchen etabliert. Im zweiten Projektarm wurden adressat:innengerechte digitale und analoge Informationsan-gebote (Videos und Poster) zu COVID-19 erstellt (Specht et al. 2020).

Der zweite Projektarm ist Gegenstand der vorliegenden Reflexion. Ziel war es, die Menschen sensibel und unter Berücksichtigung ihrer Lebenssituation über COVID-19 allgemein sowie über die Testung und Impfung zu informieren. Um die Perspektive obdachloser Menschen bestmöglich einzubinden, wurde als Methode ein partizipatives Vorgehen gewählt. Sechzehn obdachlose oder ehemals obdach-lose Menschen waren in der Rolle als Communitypartner:innen[3] von der Skript- und Texterstellung bis hin zur Produktion der Videos und Poster in das Projekt eingebunden und wurden für ihre Tätigkeiten bezahlt.

Die Skripte für die Videos und der Text für die Poster wurden in mehreren Feed-backschleifen mit Communitypartner:innen und Expert:innen aus dem Public-He-alth-Bereich inhaltlich und sprachlich kritisch geprüft und angepasst. Die Überset-zung und Synchronisation der Videos in vier Sprachen wurde hauptsächlich von Communitypartner:innen übernommen.

Sie agierten zudem als Protagonist:innen und Darsteller:innen vor der Video- und Fotokamera. Um die Heterogenität obdachloser Menschen in den Materialien widerzuspiegeln, wurde versucht, eine möglichst breite Diversität an Personen für die Zusammenarbeit zu gewinnen. Die Auswahl der Drehorte sowie das Posieren vor der Kamera haben letztlich diejenigen bestimmt, die gefilmt oder fotografiert wur-den. Während ein Großteil der Videoaufnahmen und Portraits rund um den Ber-liner Hauptbahnhof und damit in der Nähe des Aufenthaltsortes vieler Beteiligter entstanden, sind wir mit einigen Person auch durch die Kieze von Berlin gefahren

---

3   Das Konzept *Community* bedarf einer Begriffsklärung, da es zum einen zentral für die par-tizipative Forschung ist, zum anderen aber unterschiedlich verstanden und definiert wird. Die folgenden beiden Beschreibungen beinhalten zwei zentrale Community-Aspekte eines Community-Begriffs, der auch unserem Verständnis zugrunde liegt: Banks versteht Commu-nity als Kollektive von Menschen, die einige, aber nicht unbedingt alle Merkmale gemeinsam haben (Banks S, Brydon-Miller M (eds) (2019) Ethics in Participatory Research fo Health and Social Well-Being. Cases and Commentaries. Routledge, New York). Smithies und Webster beschreiben Community als eine Gruppe von Personen, die ein bestimmtes Interesse, eine Nachbarschaft oder gemeinsame Umstände (in diesem Fall Wohnungslosigkeit) teilen. Da-bei verstehen sich die Personen nicht unbedingt selbst als Teil einer Community (Smithies J, Webster G (1998) Community Involvement in Health. From Passive Recipients to Active Par-ticipants. Routledge, London). Eine Community ist also weder eine homogene Einheit, noch identifizieren sich alle unter einer Community bezeichneten Personen als Teil der Commu-nity.

und haben nach repräsentativen Orten gesucht, an denen die Beteiligten abgebildet werden wollten.

Die Feedback-Sitzungen, in denen die Materialien angeschaut und angepasst wurden, erfolgten gemeinsam mit den Communitypartner:innen.

Durch diese Vorgehensweise konnten die vielfältigen und kreativen Wege, die obdachlose Menschen im Umgang mit der Pandemie gefunden haben, sowie Fragen und Herausforderungen, die sich ihnen in Bezug auf die Pandemie stellten, bei der Entwicklung des Materials berücksichtigt werden.

Abb. 1: Mehrsprachiges Impfplakat (eines von sieben verschiedenen Motiven)

Quelle: Eigene Darstellung

Entstanden sind Impfplakate in insgesamt neun Sprachen sowie zwei Videos in fünf Sprachen: eines mit allgemeinen Informationen zu COVID-19 und eines mit Informationen zum Testen. Die spezifisch für obdachlose Menschen entwickelten Informationsmaterialien zu COVID-19 wurden Einrichtungen deutschlandweit zur Verfügung gestellt.

Um ethische Fragen aus verschiedenen Perspektiven betrachten zu können, fand ein kontinuierlicher Austausch mit dem gesamten Team und beteiligten Stakeholdern (BAG W, Berliner Kältehilfekoordination, Berliner Stadtmission, Robert Koch-Institut) statt. Bei der Verteilung der Videos und Poster übernahmen die Stakeholder eine tragende Rolle, da sie die Informationen über ihre jeweiligen Netzwerke teilten. Die öffentliche Premiere der Videos erfolgte als hybrides Event (Online und Präsenz), damit auch Communitypartner:innen ohne Internetzugang die Möglichkeit einer Teilnahme hatten. Die Inhalte der im Rahmen der Premiere erfolgten Diskussion wurden zur Transparenz in einer FAQ auf der Projektwebseite verschriftlicht und einer breiten Öffentlichkeit zur Verfügung gestellt. Um den Einsatz und den Nutzen des Materials zu evaluieren, wurden abschließend (Telefon)-interviews mit Einrichtungen des Hilfesystems und obdachlosen Menschen durchgeführt. Das Projekt hat maßgeblich von der Beteiligung der Menschen profitiert, die ihre Erfahrung in Bezug auf Obdachlosigkeit während der Pandemie geteilt haben.

Das Spannungsfeld zwischen empfohlenen Maßnahmen zum Infektionsschutz und der erschwerten Umsetzung für obdachlose Menschen in der Praxis spiegelt wider, wie schwer die Inanspruchnahme des Rechts auf Gesundheit, Information und Partizipation sein kann. Dies stellte das Team des *Charité COVID-19 Projekts* immer wieder vor neue Fragen und Herausforderungen – sowohl in der Projektplanung und -umsetzung als auch im Hinblick auf die vermittelten Inhalte der entstandenen Informationsmaterialien und deren Verteilung. Anhand von ausgewählten Beispielen aus dem Projekt veranschaulichen wir im Folgenden aus den Perspektiven der Sozialen Arbeit und Gesundheitswissenschaft einzelne Herausforderungen und stellen sie zur Diskussion. Dazu werden 1. die (Un-)Möglichkeiten der Umsetzung von Infektionsschutzmaßnahmen auf der Straße genauer in den Blick genommen, 2. Nutzen und Grenzen der analogen und digitalen Formate der Materialien diskutiert und 3. die Zusammenarbeit von Community, Praxis und Wissenschaft mit Blick auf den Planungs-, Umsetzungs- und Disseminationsprozess des Projektes reflektiert und Chancen und Grenzen des partizipativen Vorgehens aufgezeigt.

2. Betrachtung in drei Teilen: Infektionsschutz, Digitalisierung und Partizipation

2.1 Infektionsschutz auf der Straße? Inhalte des Materials

In der nationalen Strategie zur Bewältigung der COVID-19-Pandemie in Deutschland wurde die Lebensrealität obdachloser Menschen nicht berücksichtigt. Zentrale Schutzmaßnahmen wie häusliche Quarantäne und Isolierung, Kontaktbeschränkungen, Einhaltung von Hygienemaßnahmen und Ausgangssperren waren für Menschen, deren Lebensmittelpunkt der öffentliche Raum ist, die auf unterstützende Dienste wie Suppenküchen oder Kleiderkammern angewiesen sind und im Winter Schutz vor der Kälte in Notunterkünften suchen, nicht oder nur teilweise umsetzbar. Auch die Informationen zur Pandemie, die der Gesellschaft über mobile und digitale Wege wie z.B. Tageszeitungen, Nachrichten im Fernsehen und Internet, Webseiten der Städte und Gesundheitsbehörden und Social Media kontinuierlich bereitgestellt wurden, berücksichtigten die Lebensrealitäten von obdachlosen Menschen nicht (Dadaczynski et al. 2021). Folglich fehlten zu Beginn der Pandemie Vorschläge oder Maßnahmen, die spezifisch Menschen auf der Straße dabei unterstützten, sich in ihrem durch die Obdachlosigkeit bedingten Handlungsspielraum effektiv vor einer Infektion zu schützen. Dies ist jedoch insbesondere für obdachlose Menschen wichtig, da die prekären Lebensbedingungen auf der Straße und in Notunterkünften sowie der eingeschränkte Zugang zur Gesundheitsversorgung nicht nur zu einem erhöhten SARS-CoV-2 Infektionsrisiko führen können, sondern auch mit einer hohen Prävalenz von Vorerkrankungen einhergehen, was ein erhöhtes Risiko für einen schweren Krankheitsverlauf zur Folge haben kann (Baggett et al. 2020; Mohsenpour et al. 2021; Schrooyen et al. 2020; Tsai/Wilson 2020). Auf Bundesebene haben die Bundesarbeitsgemeinschaft Wohnungslosenhilfe e.V. (BAG W) u.a. mit einem 10-Punkte-Sofortprogramm (BAG Wohnungslosenhilfe e.V. 2020) und das Robert-Koch-Institut mit gezielten COVID-19-Empfehlungen im Kontext Wohnungslosigkeit (Robert Koch-Institut 2021) reagiert. Darin wurden auf die besondere Lage obdach- und wohnungsloser Menschen in der Pandemie aufmerksam gemacht und Maßnahmen zu ihrem Schutz formuliert. Diese beinhalteten u.a. die Bereitstellung aktueller Informationen zur Pandemie, die Schaffung von Quarantäne- und Isolierungseinrichtungen unter Berücksichtigung möglicher komplexer medizinischer und sozialer Bedarfe der Menschen (wie z.B. die Versorgung chronischer Erkrankungen oder die Bereitstellung von Substitution) sowie die Sicherstellung des Zugangs zu Test- und Impfangeboten. Von Kooperationspartner:innen wie u.a. der BAG W, dem Runden Tisch medizinische und zahnmedizinische Versorgung obdachloser Menschen in Berlin und Ärzte der Welt, aber auch aus unserer eigenen Arbeit in der Wohnungsnotfallhilfe wurde immer wieder bestätigt, dass die Empfehlungen mit der Bereitstellung von Quarantäne- und Isolierungseinrichtungen sowie niedrig-schwelligen Test- und Impfangeboten einen Goldstandard darstellten (Runder Tisch zur medizinischen und zahnmedizinischen Versorgung obdachloser Menschen in Berlin 2022). Während auf lokaler Ebene viele Praxisbeispiele bereits im Winter 2020/21 zeigten, dass Infektionsschutz auf der Straße durch z.B. die Bereitstellung von 24/7-Unterkünften mit Einzelzimmern, geeigneten Unterbringungsmöglich-keiten für Isolation und Quarantäne und mobilen und adressat:innengerechten Test- und Impfangeboten möglich ist, fehlten auch noch im darauffolgenden Win-ter flächendeckende adäquate Quarantäne- und Isoliereinrichtungen sowie ein gesicherter Zugang zu Impfungen und Testungen für obdach- und wohnungslose Menschen (rbb 24 2022).

Die Diskrepanz zwischen Empfehlung und Praxis spiegelt sich auch im *Charité COVID-19 Projekt für und mit obdachlosen Menschen* wider. Die Informationen in den Postern und Videos waren mit den Gesetzen, Vorschriften und RKI-Empfehlungen konform. Gleichzeitig wussten wir, dass sie in der Praxis teilweise nicht umgesetzt werden konnten. Zwei Beispiele sollen dies verdeutlichen: Der Slogan – *Du kannst Dich impfen lassen. Auch ohne festen Wohnsitz, ohne Krankenversicherung, ohne Papiere* – auf den Impfpostern wurde gemeinsam mit Communitypartner:innen und Praxis-vertreter:innen ausgewählt und griff die häufigsten Fragen der Community auf. In der Evaluation und anekdotischen Erzählungen durch Mitarbeitende aus der Woh-nungslosehilfe wurde jedoch berichtet, dass für Menschen ohne Ausweis oder gülti-ge Papiere der Zugang zu Impfangeboten teils schwierig war. Das Video – *Lass dich testen! Coronatest für obdachlose Menschen* – ermutigte zum Testen und erklärt, dass Menschen mit positiven Testergebnissen sich keine Sorgen machen müssten, da sie entsprechend ihrer Bedarfe betreut würden. In der Praxis jedoch stellt das Fehlen ausreichender und den medizinischen und sozialen Bedarfen der Menschen ange-passter Quarantäne- und Isolationsplätze ein großes Problem dar. Dazu gehörte z.B., dass Tiere nicht mit aufgenommen werden konnten, medizinische Versorgung und Substitutionsmöglichkeiten fehlten und eine Quarantäne auch die Trennung von Bezugspersonen oder -Gruppen sowie den Verlust des Schlafplatzes bedeutete. Dies führte in der Kältesaison 2021/22 mit hohen COVID-19-Fallzahlen dazu, dass Menschen, die in Notübernachtungen positiv getestet wurden, teils keine (passen-den) Quarantäne- und Isolierungsmöglichkeiten angeboten werden konnten und sie ohne weitere medizinische Versorgung oder einen sicheren Rückzugsort zurück auf die Straße geschickt werden mussten. Für Mitarbeitende der Notübernachtun-gen stellte dies einen ethischen Konflikt dar, denn das oberste Ziel der Kältehilfe ist Menschen vor dem (Er-)frieren zu bewahren. Mit der Pandemie konkurrierte dieses Ziel mit dem Schutz vor einer potenziell schweren Infektion mit SARS-CoV-2. Ent-sprechend dem Ursprungsziel der Kältehilfe entschied sich teilweise das Personal in Berliner Notunterkünften dazu, die empfohlene Testung vor Einlass in die Unterkunft nur dann durchzuführen, wenn auch ausreichend akzeptable Unterbringungsmöglichkeiten für positiv Getestete zur Verfügung standen.

Im Team diskutierten wir die Frage, wie wir diese Schwierigkeit überwinden konnten, da die Gefahr bestand, dass das Material zynisch wirken könnte, indem Dinge empfohlen wurden, die nicht umsetzbar waren. Letztlich orientierte sich die Entscheidung über die Texte daran Menschen zu ermutigen, auf ihre Rechte aufmerksam zu machen und Unsicherheiten anzusprechen. Das Material sollte die Lebensrealität von obdachlosen Menschen sichtbar machen und mögliche Schamgefühle enttabuisieren.

Es gab viele Lösungen für einen effektiven Infektionsschutz auf der Straße, wie zum Beispiel die Quarantäne- und Isolierstation der Berliner Stadtmission oder die 24/7-Unterbringung von obdachlosen Menschen in leerstehenden Hotels gezeigt haben. Es braucht auf politischer Ebene geeignete Rahmenbedingungen und manchmal individuelle Lösungen, damit alle Menschen ihre Rechte auf Wohnen, Gesundheit, Information und Partizipation nutzen können. Inwieweit die Materialien die Community erreichen konnten, ist Gegenstand des folgenden Abschnitts.

2.2   Analog, digital (hybrid)? Formate des Materials

Als Form für die im *Charité COVID-19 Projekt für und mit obdachlosen Menschen* entwickelten Gesundheitsinformationen wurden mit den Videos und Postern bewusst digitale und analoge Formate gewählt. Im folgenden Teil werden Nutzen und Grenzen der Formate beschrieben und kritisch reflektiert. Zunächst erfolgt ein Blick in die Rolle der Digitalisierung während der Pandemie. Ein Großteil der Bevölkerung hat seit Beginn der Pandemie über digitale Wege von zu Hause die ständig aktualisierten Informationen über den dynamischen Verlauf der Pandemie verfolgt. Wie kann ich mich vor einer Infektion schützen? Was muss ich tun, wenn ich Symptome oder einen positiven Test habe? Welche sind die aktuellen Verhaltensregeln?

Auch für die Aufrechterhaltung sozialer Kontakte hat die Digitalisierung in der Pandemie an Bedeutung gewonnen, da zwischenmenschliche Begegnungen maßgeblich eingeschränkt wurden. Für Menschen ohne Mobiltelefon, ausreichendes Guthaben, Vertragsmöglichkeiten und Zugang zu Internet und Stromversorgung war es hingegen kaum möglich, sich über die wichtigsten Informationen zum Schutz der eigenen und der öffentlichen Gesundheit auf dem aktuellen Stand zu halten oder während einer Isolierungssituation, Quarantäne oder Lockdowns Kontakte aufrechtzuhalten. Während die Internetnutzung durch sozioökonomische Ungleichheiten zu einem scheinbaren Luxus wird, wird spätestens in der Pandemie deutlich, dass sie nicht mehr ein »nice-to-have« (Capgemini Research Institute 2020), sondern eine soziale Notwendigkeit ist (Capgemini Research Institute 2020). Trotz der heterogenen Genese von Wohnungslosigkeit, dominiert bei den meisten eine prekäre sozioökonomische Situation, die zu einem Verlust an materieller, kultureller, sozialer und politischer Teilhabe an der Gesellschaft führt (Sowa et al. 2020). Dazu gehört im Kontext der zunehmenden Digitalisierung die Schwierigkeit der Anschaffung und Unterhaltung eines mobilen Endgeräts und damit der digitale Ausschluss. Hinzu kommt, dass der Zugang zu Strom auf der Straße begrenzt ist, und persönliche Gegenstände häufig verloren gehen oder gestohlen werden. Digitale und soziale Exklusion bedingen sich gegenseitig und während der Pandemie hat sich die digitale Kluft noch verstärkt (FEANTSA 2021). Trotz der beschriebenen praktischen und strukturellen Schwierigkeiten sind obdach- und wohnungslose Menschen allerdings nicht per se von der Digitalisierung ausgeschlossen. Viele besitzen ein Mobiltelefon und finden Wege, es zu unterhalten, aufzuladen (z.B. in Hilfeeinrichtungen, Tankstellen, öffentlichen Verkehrsmitteln) und Zugang zum Internet (z.B. in U-Bahnhöfen, Kaufhäusern, medizinischen und sozialen Einrichtungen) zu haben. Im Folgenden werden zentrale Erkenntnisse zur Nutzung aber auch zu Grenzen der gewählten Formate vorgestellt.

2.2.1 Nutzen und Grenzen der Poster

Durch einen QR-Code mit Link auf die Webseite des Charité COVID-19 Projektes hatten die Impfposter ein hybrides Format. Mehrmals erhielten wir Anfragen per E-Mail von obdachlosen Personen, die den QR-Code auf den Impfplakaten in der Annahme gescannt hatten, darüber einen Impftermin vereinbaren zu können. Obwohl das Projektteam mit diesem Ergebnis nicht gerechnet hatte, wurden alle Anfragen mit Informationen zu lokalen Angeboten oder Ansprechpersonen beantwortet. In der Evaluierung wurde aus der Praxis kritisiert, dass die Poster keine spezifischen Informationen und Hinweise zur praktischen Umsetzung auf lokaler Ebene enthielten. Es ist zu vermuten, dass die Poster mit einem Link zu expliziten Informationen eine gute Chance gewesen wären, um Menschen die Möglichkeit zu geben, schnell eigenständig Informationen zu Gesundheitsangeboten wie etwa Impfung, Testung oder anderer Informationen zu erhalten. Die meisten der zwölf Einrichtungen, mit denen wir im Juli 2021 in der Evaluierung anhand eines leitfadengestützten Interviews gesprochen haben, lösten dies, indem sie spezifische Informationen für lokale Impftermine direkt auf den Postern und mit einem Stempel ihrer Einrichtung ergänzten, was das Vertrauen in die Kampagne ihrer Meinung nach erhöhte. Wohnungslosen- und Suchthilfeeinrichtungen aus dem ganzen Bundesgebiet (insgesamt 53 Städte) erhielten die Impfposter zur Unterstützung ihrer Impfkampagnen. Uns wurde bestätigt, dass das Material Raum für Gespräche über das Impfen eröffnete. Betont wurde, dass der persönliche Kontakt und ein vertrauliches Gespräch jederzeit entscheidend und unersetzlich bleiben, was mit unseren Erfahrungen aus dem anfangs beschriebenen *COVID-19-Monitoring-Projekt* übereinstimmt. Vom Fachpersonal der Wohnungslosenhilfe und obdachlosen Menschen selbst wurden mehrere Aspekte positiv hervorgehoben:

das sichtbar sensible Design, die klaren Botschaften in mehreren Sprachen und das Logo einer bekannten Einrichtung, weil dies Vertrauenswürdigkeit verleiht. Die Anwesenheit und Grußworte des stellvertretenden medizinischen Direktors der Charité während der Video-Premiere wurde von Communitypartner:innen als wertschätzend empfunden. Neben adressat:innengerechten Gesundheitsinformationen sind Beziehungen zu Sozialarbeitenden und medizinischem Personal nach wie vor unverzichtbar – vor allem dann, wenn sich Menschen in prekären Situationen befinden, der Zugang zu Informationen schwierig und die sozialen Kontakte begrenzt sind.

2.2.2 Nutzen und Grenzen der Videos

Auf Grund der unzureichenden Digitalisierung der Community wie auch des Hilfesystems war die Nutzung der Videos hingegen begrenzt. In der Evaluierung berichteten viele Einrichtungen der Wohnungslosenhilfe, dass sie auf Grund technischer, räumlicher und personeller Engpässe nicht in der Lage waren, die Videos in ihren Räumlichkeiten zu zeigen. »Ich habe mir das allgemeine Video angeschaut und fand das super und umso mehr schade, dass ich mich gleich gefragt habe, wie sollen wir das vor Ort einsetzen, weil das eigentlich nicht umsetzbar ist« (EVAL_EINR_10, Seite 5, Z. 1–5).

Während der Durchführung unseres Projekts sind wir immer wieder mit der Problematik konfrontiert worden, dass die Communitypartner:innen aufgrund fehlender sozioökonomischer Ressourcen nicht ausreichend über digitale Endgeräte verfügten. Unter anderem dadurch erklären sich teilweise fehlende digitale Skills. Die Wissenschaft beschreibt dies als die Auswirkungen der digitalen Spaltung in unserer Gesellschaft (van Deursen/van Dijk 2018). In Bezug auf Obdachlosigkeit ist dieser Umstand noch nicht weit erforscht. Unsere Erfahrungen in der Projektlaufzeit zeigten, dass obdachlose Menschen vergleichsweise weniger online zu sein schienen bzw. es durch die Lebensumstände schwieriger ist, im Besitz digitaler Endgeräte zu sein und diese routiniert im Alltag nutzen zu können. Auch die sozialen Einrichtungen verschaffen keine Abhilfe, da unter anderem durch fehlende Ressourcen auch hier Digitalisierung eine Herausforderung darstellt. Die Kommunikation mit Communitypartner:innen, die nicht über ein Mobiltelefon verfügten, wurde dadurch erschwert. Die Rekrutierung zur Teilnahme am Projekt erfolgte, neben einer Ausnahme, denn einem Communitypartner begegneten wir zufällig auf der Straße, über die 24/7-Einrichtung und die Kleiderkammer. An diesen Orten halten sich Menschen über einen längeren Zeitraum und regelmäßig auf, was auch die Zusammenarbeit erleichterte. In Unterhaltungen während des Projektverlaufs schilderten Communitypartner:innen, was fehlende Digitalisierung und Erreichbarkeit für sie bedeutete. Neben der Erreichbarkeit über Telefon, Messengerdienste oder E-Mail, trägt Digitalisierung auch maßgeblich zum sozialen und psychischen Wohlbefinden bei. Sie beschrieben z.B., wie sehr sie auf die Wettervorhersage angewiesen sind. für sie sehr wichtig sind. Andere digitale-Formate wie Schachspielen, kostenlose online-Seminare z.B. im Fach Philosophie oder Streamingdienste sind für das Abschalten vom Alltag oder nach getaner Arbeit ebenso wichtig. Oftmals stellt die Beschaffung einer SIM-Karte schon das erste Hindernis dar, weil sie das Vorliegen gültiger Ausweisdokumente voraussetzt. Wer einen Vertrag haben möchte, im Schnitt günstiger als eine Prepaid-Karte, benötigt ein Konto und ein regelmäßiges Einkommen. Obdachlose Menschen, die online waren und über Fähigkeiten im Umgang mit digitalen Endgeräten verfügten, erwähnten, dass es hilfreich wäre, wichtige Dokumente in einer Cloud speichern zu können. Aufgrund der Obdachlosigkeit verfügen die Menschen oftmals nicht über sichere Aufbewahrungsmöglichkeiten von Ausweispapieren oder anderen persönlichen Gegenständen. Es wurde außerdem kritisiert, dass wichtige Informationen wie die Öffnungszeiten von Lebensmittelausgabestellen, Unterkünften oder Duschmöglichkeiten auf bestehenden Informationsseiten nicht aktualisiert werden. Ein Communitypartner investierte das im Projekt verdiente Geld in ein Smartphone. Seiner Meinung nach sei dies die einzige Möglichkeit, den ständigen Kontakt zu Familie und Freund:innen aufrechtzuerhalten. Es sei zudem notwendig für die Arbeitssuche, um für Arbeitgebende erreichbar zu sein, zur Navigation in der Stadt sowie zum Erhalt verschiedener Informationen und stellt damit eine wesentliche Erleichterung des Alltags dar. Die Erfahrungen aus dem Projekt lassen darauf schließen, dass die Überwindung der digitalen Kluft einen besseren Zugang zu Gesundheitsinformationen ermöglichen und soziale Teilhabe stärken kann. Der folgende Abschnitt diskutiert die Chancen und Grenzen, die ein partizipatives Vorgehen im Hinblick auf die Stärkung sozialer Teilhabe obdachloser Menschen haben kann.

2.3   Reflexion der partizipativen Vorgehensweise

Partizipation ermöglicht durch den Einbezug verschiedener Wissensebenen die aktive und gemeinsame Generierung von Wissen (Wright, M. T. 2013). Dies war für die Erstellung der Materialen im Projekt essenziell, da sowohl die Inhalte als auch die visuelle Darstellung der Poster und Videos die Lebensrealitäten obdachloser Menschen berücksichtigen sollten. Im Folgenden beschreiben wir Aspekte, die wir aus dem partizipativen Vorgehen gelernt haben und die uns für weitere partizipative Projekte wichtig erscheinen.

In unserem Projekt arbeiteten Menschen mit gesichertem Einkommen und Wohnraum zusammen mit Menschen die darüber nicht verfügen. Es war wichtig, mit diesen unterschiedlichen Privilegien transparent, sensibel und konstruktiv umzugehen. Um dies zu erfüllen, haben wir ein interdisziplinäres Team mit teilweise umfassender Erfahrung in der Wohnungslosenhilfe aufgestellt. Das Projekt profitierte von beruflicher Expertise und biografischem Wissen gleichermaßen. In

Bezug auf die adressat:innengerechte Materialentwicklung waren einerseits das Wissen von Fachleuten aus den Bereichen Medizin, Sozialarbeit und Public Health und Kommunikationsdesign gefragt. Ebenso wichtigwaren die Lebenserfahrungen von Communitypartner:innen. Um obdachlosen Menschen möglichst unabhängig von ihrer Lebenssituation oder ihrem Aufenthaltsstatus Beteiligung zu ermöglichen, haben wir die Bedingungen der Zusammenarbeit gemeinsam ausgehandelt. Ein Beispiel war die Forderung des Hauptprotagonisten, zu jederzeit und an jedem Ort des Drehs einen Zugang zu barrierefreien Sanitäranlagen sicherzustellen, was gar nicht so einfach war. Denn zu den ohnehin spärlich verfügbaren Sanitäranlagen waren während der Pandemie auch öffentliche Räume wie Bibliotheken geschlossen. Dies ist nur ein Beispiel für die Notwendigkeit, in partizipativen Zusammenhängen kreative und flexible Lösungen für Problemlagen zu finden, die für manche Menschen zum Alltag gehören. Auch verdeutlicht dies, dass partizipative Zusammenarbeit immer damit einhergeht, andere Lebenswelten kennenzulernen und das eigene Wissen zu erweitern.

Eine Herausforderung im Projekt bestand darin, mit Armut und prekären Lebensbedingungen sensibel umzugehen. Armut sollte weder tabuisiert noch bagatellisiert werden. Ziel in der gemeinsamen Materialentwicklung war es, ein realistisches Bild des Sozialsystems und des Lebensumfelds obdachloser Menschen zu zeigen, ohne Stereotype zu reproduzieren oder Menschen bloßzustellen. Das Bild und die Darstellung von Obdachlosigkeit in der Pandemie wurden daher in erster Linie von den Beteiligten selbst bestimmt. Vor der Kamera legten die Communitypartner:innen Wert auf eine stolze und selbstbestimmte Haltung, die sich in einer aktiven und aufrechten Körperhaltung zeigte. Der Hauptprotagonist begründete seine Teilnahme am Projekt wie folgt: »Ich glaube ich bin jemand den die Leute akzeptieren, deswegen habe ich mitgemacht.« Auch wies er uns beim Lernen des Textes für die Videoaufnahmen auf komplizierte Formulierungen im Skript hin und plädierte stattdessen für eine einfache und klare Sprache. So wurde zum Beispiel aus »Es gibt sogar Substitutionsangebote« »Du wirst in einem Quarantänebereich individuell versorgt – auch wenn Du konsumierst«. Nähe schuf er durch Formulierungen wie »Ich weiß, das fällt nicht immer leicht« oder indem er aus einem »Mach mit« ein »Mach bitte mit« machte. Ein Ergebnis der Evaluierung des Projekts sowohl mit Einrichtungen der Wohnungslosenhilfe als auch mit obdachlosen Menschen war die Anerkennung für die sensible Umsetzung des Projekts. Es wurde uns mitgeteilt, dass es mit dem Material gelungen ist, relevante Fragen und Bedenken obdachloser Menschen in der Pandemie anzusprechen, Obdachlosigkeit in seiner Heterogenität darzustellen und Identifikationsflächen zu schaffen. Dies konnte nur gelingen, weil Communitypartner:innen als Expert:innen für ihre Lebenswelt den Prozess aktiv mitgestaltet haben, was wiederum durch das interdisziplinäre Studienteam und deren Erfahrungen und bestehende Kontakte in der Wohnungslosenhilfe und Vertrauensverhältnisse ermöglicht wurde. Darin zeichnet sich der Mehrwert und die

Stärke partizipativer Prozesse aus: der Zusammenfluss und die Ergänzung von Wissen, in diesem Fall aus Berufs- und Lebenserfahrung, zu einem Ganzen. Communitypartner:innen und verschiedene lokale und nationale Stakeholder wurden von Beginn an einbezogen. All dies erwies sich nicht nur für die Inhalte und Gestaltung, sondern auch für die Dissemination der Materialien als sinnvoll und notwendig.

Partizipation hat auch Grenzen. Verdeckte Obdachlosigkeit, Illegalisierung und prekäre Beschäftigung waren Gründe, die einigen Menschen die Teilnahme im Projekt erschwerten oder unmöglich machten. Bei der Planung partizipativer Vorhaben ist es daher wichtig, sich die Lebensumstände von zu beteiligenden Communities genau anzusehen und eine Sensibilität zu entwickeln. So haben wir versucht, mögliche Beteiligungsbarrieren zu identifizieren, um auch Menschen, die zunächst nicht teilnehmen konnten, Möglichkeiten für eine sichere Teilnahme anzubieten. Dies waren zum Beispiel die Synchronisierung oder Übersetzung der Skripte in andere Sprachen, aber auch die anonyme Beteiligung an den Feedback-Sitzungen oder der Evaluierung. Für einige Menschen war es trotzdem nicht möglich teilzunehmen. In einigen Fällen konnte dies auf die Intersektionen von Diskriminierungen zurückgeführt werden, wie z.B. verdeckter Obdachlosigkeit, ungesicherter Aufenthaltsstatus, prekäre Arbeitsverhältnisse und Geschlecht. Je vulnerabler eine Person auf mehreren Ebenen war, desto größer war das Risiko nicht partizipieren zu können. In partizipativen Prozessen müssen deshalb Bedingungen geschaffen werden, die das Ziel einer sicheren Beteiligung ermöglichen. Dabei darf nicht vergessen werden, dass jeder Mensch auch das Recht darauf hat, freiwillig und zu jeder Zeit nicht zu partizipieren. Das Recht auf Partizipation und Teilhabe muss am Ende genauso geschützt und verwirklicht werden, wie das Recht auf Nicht-Beteiligung.

3. Resümee

Die Erstellung inklusiver Gesundheitsinformationen für obdachlose Menschen wurde im *Charité COVID-19 Projekt* durch die Zusammenarbeit von Community, Praxis und Wissenschaft ermöglicht. Gleichzeitig wurde im Projekt immer wieder exemplarisch das Spannungsverhältnis sichtbar, dass zwischen formellem Recht auf Gesundheit, Information und Partizipation und der Praxis besteht. Die Fragestellungen, die sich daraus ergaben und der Versuch, einen verantwortungsvollen Umgang damit zu finden, waren zentrale Herausforderungen im Projekt. Obdachlose Menschen und die Wohnungslosenhilfe sind mit diesem Spannungsverhältnis permanent konfrontiert. Zusammenfassend lassen sich drei Erkenntnisse formulieren, die sich auch auf Bereiche außerhalb der Wohnungslosigkeit übertragen lassen.

Erstens identifiziert inklusive Gesundheitskommunikation spezifische Bedürfnisse einer heterogenen Gesellschaft und spricht sie konkret an, mit dem klaren Bestreben, keine Stereotype zu reproduzieren. Das Material sollte in analogen, digitalen und hybriden Versionen zugänglich sein. Es sollte in den gebrauchten Sprachen zur Verfügung stehen, wobei auch Minderheitensprachen Berücksichtigung finden, einfache und klare Botschaften haben, ggf. auch tabuisierte Themen ansprechen und diskriminierungssensibel gestaltet sein.

Zweitens schafft Digitalisierung einen besseren Zugang zu Information und Teilhabe und leistet damit einen Beitrag zur Verringerung der sozialen und gesundheitlichen Ungleichheit. Unterstützend müssen hierfür soziale und medizinischer Einrichtungen digitalisiert werden (Capgemini Research Institute 2020; De Bock et al. 2020), um z.B. durch anonyme digitale Angebote auch Menschen in verdeckter Obdachlosigkeit Zugang zu Beratung zu ermöglichen. Obdachlose Menschen brauchen daher Zugang zu mobilen und digitalen Geräten sowie zu Strom und Wi-Fi und Möglichkeiten, die Geräte sicher aufbewahren zu können. Genauso wichtig sind die erforderlichen digitalen Kenntnisse, die sie für ihr persönliches Leben benötigen.

Drittens soll die kritische Reflexion des Projekts unterstützen und motivieren, die Lebenserfahrungen und das Wissen von Menschen, die strukturell von der Gesellschaft benachteiligt werden, wahrzunehmen und wertzuschätzen. Ihre Expertise sollte in Praxis und Forschung einbezogen werden um Gesundheitskommunikation inklusiver und effizienter zu gestalten. Dies lässt sich auch auf die Versorgung und wie von der WHO empfohlen, auf gesundheitspolitische Entscheidungen übertragen (World Health Organization 2021). Die Beteiligung der Community und der Aufbau eines Netzwerks zwischen Community, Praxis und Forschung sind entscheidend, um die Gesundheit obdachloser Menschen zu verbessern. Um die angesprochenen strukturellen Barrieren abzubauen, ist darüber hinaus die Zusammenarbeit mit politischen Entscheidungsträgern von großer Bedeutung.

Literaturverzeichnis

BAG Wohnungslosenhilfe e.V. (2020): CORONA-Krise – Auswirkungen auf Menschen in Wohnungslosigkeit und Wohnungsnot.

Baggett, Travis P./Keyes, Harrison/Sporn, Nora/Gaeta, Jessie M. (2020): Prevalence of SARS-CoV-2 Infection in Residents of a Large Homeless Shelter in Boston, in: Jama, 323 (21).

Bundesarbeitsgemeinschaft Wohnungslosenhilfe e.V. (2015): Position der BAG Wohnungslosenhilfe e.V. Empfehlung. Mehr Partizipation wagen. Förderung und Unterstützung von Partizipation in der Wohnungslosigkeit. Berlin.

Capgemini Research Institute. (2020): The great digital divide. Why bringing the digitally excluded online should be a glocal priority.

Charité (2022): Charité COVID-19 Projekt für und mit obdachlosen Menschen, https://internationale-gesundheit.charite.de/forschung/ag_neglected_diseases_an

d_vulnerable_populations/charite_covid_19_projekt_fuer_und_mit_obdachlos en_menschen/ (abgerufen am 21.02.2023).

Dadaczynski, Kevin/Okan, Orkan/Messer, Melanie/Leung, Angela Y. M./Rosário, Rafaela/Darlington, Emily/Rathmann, Katharina (2021): Digital Health Literacy and Web-Based Information-Seeking Behaviors of University Students in Germany During the COVID-19 Pandemic: Cross-sectional Survey Study, in: J Med Internet Res, 23 (1), e24097.

De Bock, Freia/Spura, Anke/Thaiss, Heidrun M. (2020): Digitalisierung als Lernprozess in der Prävention und Gesundheitsförderung: Voraussetzungen, Chancen, Herausforderungen und praktische Ansätze, in: Bundesgesundheitsblatt – Gesundheitsforschung – Gesundheitsschutz, 63 (6), 663–664.

FEANTSA Participation Working Group. (2013): Participation Toolkit.

FEANTSA. (2021): Digital inclusion for homeless people and homeless service providers: An analysis of benefits, challenges, and solutions. Brussels.

Lampert, Thomas/Saß, Anke-Christine/Häfelinger, Michael/Ziese, Thomas (2005): Armut, soziale Ungleichheit und Gesundheit. Expertise des Robert Koch-Instituts zum 2. Armuts- und Reichtumsbericht der Bundesregierung. in Beiträge zur Gesundheitsberichterstattung des Bundes. Berlin.

Lindner, Andreas K./Sarma, Navina/Rust, Luise M./Hellmund, Theresa/Krasovski-Nikiforovs, Svetlana/Wintel, Mia/Klaes, Sarah M./Hoerig, Merle/Monert, Sophia/Schwarzer, Rolf/Edelmann, Anke/Martinez, Gabriela E./Mockenhaupt, Frank P./Kurth, Tobias/Seybold, Joachim (2021): Monitoring for COVID-19 by universal testing in a homeless shelter in Germany: a prospective feasibility cohort study, in: BMC Infect Dis, 21 (1), 1241.

Marston, Cicely/Renedo, Alicia/Miles, Sam (2020): Community participation is crucial in a pandemic, in: The Lancet, 395 (10238), 1676–1678.

Mohsenpour, Amir/Bozorgmehr, Kayvan/Rohleder, Sven/Stratil, Jan/Costa, Diogo (2021): SARS-Cov-2 prevalence, transmission, health-related outcomes and control strategies in homeless shelters: Systematic review and meta-analysis, in: EClinicalMedicine), 101032.

Offe, Johanna/Bozorgmehr, Kayvan/Dieterich, Anja/Trabert, Gerhard (2018): Parallel Report to the CESCR on the Right to Health for Non-Nationals on the 6th Periodic Report of the:Federal Re-public of Germany on the implementation of the International Covenant on Economic, Social and Cultural Rights. Pre-pared for the Committee on Economic, Social and Cultural Rights, 64th session.

rbb 24. (2022): Obdachlosenhilfe gerät wegen Omikron-Welle an ihre Grenzen in Panorama

Robert Koch-Institut. (2020): Allgemeine Hinweise für Gesundheitsbehörden: Kontaktaufnahme und Zusammenarbeit mit marginalisierten Bevölkerungsgruppen während der COVID-19-Pandemie Berlin.

Robert Koch-Institut. (2021): Coronavirus-Erkrankung 2019 (COVID-19) im Kontext Wohnungslosigkeit – Empfehlungen für Gesundheitsämter und Anbieter der Wohnungslosen- und Obdachlosenhilfe Berlin.

Runder Tisch zur medizinischen und zahnmedizinischen Versorgung obdachloser Menschen in Berlin. (2022): Gesundheitslage obdachloser Menschen in Berlin dramatisch. Runder Tisch fordert Zugang zur medizinischen Regelversorgung für alle. Berlin.

Schrooyen, Loic/Delforge, Marc/Lebout, Faustine/Vanbaelen, Thibaut/Lecompte, Amarly/Dauby, Nicolas (2020): Homeless people hospitalized with COVID-19 in Brussels, in: Clin Microbiol Infect, 27 (1), 151–152.

Simmel, G. (1908): Soziologie: Untersuchungen über die Formen der Vergesellschaftung, Leipzig: Duncker & Humblot.

Sowa, Frank/Rösch, Benedikt/Holzmeyer, Tanja/Neberich, Marcel/Opferkuch, Frank/Proschek, Katrin/Reindl, Richard/Scheja, Joachim/Zauter, Sigrid (2020): Digitalisierung für alle? Zur Auswirkung digitaler Angebote auf Teilhabechancen von Wohnungslosen, in: Soziale Passagen, 12 (1), 185–190.

Specht, Anabell/Sarma, Navina/Hellmund, Theresa/Lindner, Andreas B. (2020): Charité COVID-19 Projekt für und mit Obdachlosen in Berlin. Unterstützung der Antigen-Schnelltestung während der Kältehilfe und digitale Wissensvermittlung, in: wohnungslos, 4 (20), 118–121.

Specht, Anabell/Sarma, Navina/Linzbach, Tabea/Hellmund, Theresa/Hörig, Merle/ Wintel, Mia/Equihua Martinez, Gabriela/Seybold, Joachim/Lindner, Andreas K. (2022): Participatory development and implementation of inclusive digital health communication on COVID-19 with homeless people, in: Front Public Health, 10.

Tsai, Jack/Wilson, Michael (2020): COVID-19: a potential public health problem for homeless populations, in: Lancet Public Health, 5 (4), E186-E187.

UNAIDS. (2020): Rights in the time of COVID-19 Lessons from HIV for an effective, community-led response. Geneva.

van Deursen, Alexander J. A. M./van Dijk, Jan A. G. M. (2018): The first-level digital divide shifts from inequalities in physical access to inequalities in material access, in: New Media Soc, 21 (2), 354–375.

World Health Organization. (1978): Erklärung von Alma-Ata.

World Health Organization. (2021): Voice, agency, empowerment – handbook on social participation for universal health coverage. Geneva.

Teil 2: Theoretische Perspektiven

Selektive statt Soziale Marktwirtschaft?
Eine ordoliberale Perspektive auf Humanität und soziale Gerechtigkeit in der Pandemiepolitik

Jona van Laak

1. Selektivität in der Pandemie

> »Das vom mystischen Licht der rationalen ökonomischen Offenbarung geblende-
> te Auge war blind gegenüber Problemen, die im Dunkel der Soziologie verborgen
> lagen« (Rüstow 2001: 23).

Dunkelheit durchzieht nachts die Straßen vieler Städte. Sie vermag den Blick für soziale Missstände zu verschleiern, verbergen kann sie sie nicht. Während sich das Leben vieler Menschen in der Sicherheit der eigenen vier Wände abspielt, kämpfen andere einen existentiellen Kampf um die Zugehörigkeit zu einer Gesellschaft, die ihnen kaum Schutz gewährt. Diese Erkenntnis ist sicherlich nichts Neues. Doch vielleicht kann sich der oder die Leser:in an die Emotionen von Angst und Unsicherheit erinnern, die er/sie zu Beginn der Corona-Pandemie erlebte und sich vorstellen, wie er/sie diesem Schutzbedürfnis hätte Rechnung tragen wollen, wäre er/sie obdachlos gewesen.

Im Schatten der Diskussion um pandemische Bewältigungsmaßnahmen, hat COVID-19 in kürzester Zeit intensive gesellschaftliche Veränderungen erzeugt. *Cleavages* haben sich verschoben. Kaufkraft und ökonomische Teilhabe, Profit und Schaden verteilen sich in ungleichem Maße in der Gesellschaft. Sie werfen die Frage der Vereinbarkeit mit den ethischen Anforderungen der Sozialen Marktwirtschaft auf. Einem Wirtschaftssystem, das bereits im Namen ein klares normatives Bekenntnis in sich trägt.

Dieser Beitrag geht auf Spurensuche in den ordoliberalen Theorieentwürfen, die die Entstehung und Umsetzung der sozialen Marktwirtschaft in der Bundesrepublik begleitet haben. Dabei soll dargestellt werden, welche Verpflichtung staatlicher Ordnungspolitik mit Blick auf soziale Aufgaben, die Bereitstellung von öffentlichen Gütern und der Fürsorge zukommt und welche Inkompatibilitäten die Pandemiepolitik mit diesen Zielen aufweist. Dazu wird sich der Fokus dieses Beitrags auf die

Lebenssituation der Obdachlosigkeit richten und zeigen, wieso gerade diese Situation im besonderen Maße der politischen Aufmerksamkeit und Notwendigkeit eines wirkmächtigen Staates bedurft hätte.

2. Der dritte Weg

2.1   Ordoliberale Entwicklungslinien

Als der *dritte Weg* (Röpke 1961/09: 202) lässt sich die Entwicklung des Wirtschaftssystems der sozialen Marktwirtschaft in der jungen Bundesrepublik der 1950er Jahre bezeichnen. Es ist ein wirklichkeitsorientierter (Eucken 1950/65: 8) Mittelweg zwischen den idealtypischen (Eucken 1950/65: 127; Goldschmidt 2002: 43) Wirtschaftssystemen der freien Marktwirtschaft und der zentralen Planungswirtschaft. Er ist getragen von dem Anspruch, aus den »Fehlern« des »historischen Kapitalismus« zu lernen und damit der »freie(n) Gesellschaft« (Röpke 1963: 348, in: Dörr 2017: 13) und der Marktwirtschaft eine Entwicklungschance zu geben.

Die Wurzeln dieser Sozialen Marktwirtschaft lassen sich bis in die Theorieschule des Freiburger Ordoliberalismus der 1930er Jahre nachverfolgen. Ordoliberalismus unterscheidet sich gegenüber anderen Liberalismus-Strömungen durch das das Konzept einer staatlich garantierten Ordnung[1] als über die Marktgarantie hinausgehende Staatsaufgabe. Und dennoch verschwimmen die Grenzen zwischen den Theorieschulen zunehmend. Die Beziehung zwischen Ordoliberalismus[2] und der Sozialen Marktwirtschaft Müller-Armacks wird zunehmend als Symbiose gesehen (Botzem/Hesselmann 2018: 404; Bezug auf: Ptak 2004: 289) und Ordoliberalismus definitorisch in Richtung Neoliberalismus gerückt (Ötsch et al. 2018; Young 2013; Ptak 2004, in: Botzem/Hesselmann 2018: 403). Denn einig sind sich Ordoliberale und Neoliberale in der »feste(n) Überzeugung« (Dörr 2017: 15), dass der Markt der effizienteste Verteilungsmechanismus unter der Bedingung der Güterknappheit ist. Der klare Unterschied ist die Bewertung des Marktversagens und der damit verbundene Anspruch der Ordnungspolitik.[3]

---

1   Der Ordoliberalismus erfordert nach Böhm zunächst einmal lediglich die »Existenz (irgend)einer Ordnung absolut« (Armbrüster 1993: 60), ohne jenseits der Kontingenzvorgabe Inhalte zu definieren. Ordnungspolitik ist daher Politik zur Gestaltung dieser Ordnung, mit einem wirkmächtigen Staat im Sinne einer starken Ordnungsmacht (Rüstow 2001: 35; Goldschmidt/Wohlgemuth 2008: 2).

2   Vertreter sind u.a. Rüstow, Röpke, Eucken, Böhm, v. Hayek, Großmann-Dörth.

3   Weiterentwicklung durch die Neue Institutionenökonomik (z.B. Schüller, Vanberg). Teils begrifflich unter *moderne* Ordnungsökonomik (Feld et al. 2019: 67; Goldschmidt/Wohlgemuth 2008: 10) subsumiert.

2.2   Soziale Marktwirtschaft

»Daß Alfred-Müller-Armack um die Mitte des 20. Jahrhunderts ein Wort gefunden hat, das schlechthin unentbehrlich geworden ist [...], wird man sich einst als Kuriosität erzählen« (Röpke 1961/09: 200).

Auch wenn die Soziale Marktwirtschaft weitere »Ideengeber« (Goldschmidt/ Wohlgemuth 2008: 3) hat, so ist es Müller-Armacks Verdienst, daraus ein System geformt und als Staatssekretär an seiner Umsetzung mit gearbeitet zu haben. Die Erfolgsgeschichte der Sozialen Marktwirtschaft ist damit geprägt von der Erfahrung, Wohlstand und Frieden in die kriegsgebeutelte Gesellschaft getragen zu haben. Und sie ist in genau diesem Verständnis als evolutionäre Verbindung von wirtschaftlicher Freiheit und Gerechtigkeit verstanden worden.

»Die Marktwirtschaft ist ein offenes System. Sie ist dies vor allem im Hinblick auf die wirtschaftliche Dynamik. Der moderne Sozialstaat wird seiner Aufgabe, zwischen den einzelnen Schichten zu vermitteln und auszugleichen, nur gerecht werden können, wenn die wirtschaftliche Dynamik ihm diese Aufgabe erleichtert« (Müller-Armack 1952/08: 465).

Das Differenzierungskriterium wird bei der Frage der Zielerreichung des Sozialen sichtbar. Während der Fokus der ordoliberalen Gerechtigkeitsdefinitionen auf wettbewerbsorientierter Leistungsgerechtigkeit liegt, erweitert Müller-Armack den sozialen Schutzauftrag des Staates bis in die anthropologische Tiefe der Gesellschaft hinein (Lange-von Kulessa/Renner 1998: 81f).

3.   Die Kategorie des Sozialen

»Zu einer Gesamtwirtschaftsordnung gehört vielmehr eine Sozialordnung« (Von Dietze et al. 1943/08: 103).

3.1   Wettbewerbsordnung (Eucken)

An der »wirtschaftlichen Wirklichkeit« (Eucken 1950/65: IX, 8) entwickelt Eucken seine Nationalökonomik, der Methodik ab- und der Praxis zugewandt. Die philosophische Prägung, die er durch seinen Vater erfuhr (Goldschmidt 2012: 3), führt zur Verknüpfung ethischer Anforderungen mit der Ökonomik (Goldschmidt 2002: 94). So richtet sich sein Blick auf die Relevanz der Ordnung (Goldschmidt 2012: 6–7).

»Ordnung hat aber noch einen anderen Sinn: als Ordnung, die dem Wesen des Menschen und der Sache entspricht, d.h. Ordnung, in der Maß und Gleichgewicht bestehen« (Eucken 1950/65: 239).

Eucken steht damit für einen umfassenden Anspruch von Ordnung im Sinne einer *Lebensordnung*, die eine Umsetzung der idealen, respektive *wahren Ordnung* darstellt (Goldschmidt 2002: 94, 108). Die Liste der aus dem Ordo-Gedanken ableitbaren ethischen Anforderungen, lassen sich, so Goldschmidt, aus dem Anhang der Denkschrift des Freiburger Bonhoeffer-Kreises von 1942 herauslesen: Er enthält ein klares Bekenntnis zu den zehn Geboten, versteht den Menschen als *sittliche Persönlichkeit* und sieht den engen Zusammenhang zwischen Individuum und Gemeinschaft, der im Kontext einer Gesamtordnung abzubilden ist (Goldschmidt 2002: 129ff).

Diese umfassende Vorstellung einer idealen Ordnung wird von Eucken in eine praxisorientierte Wettbewerbsordnung (konstituierende und regulierende Prinzipien) transformiert. Der Wettbewerb hat hier ebenfalls eine soziale Funktion. Eucken bezeichnet ihn als *riesenhaften Ausgleichsprozess*, der jeden Marktteilnehmenden berücksichtigt und damit sozial in dem Sinne ist, als er »frei von jeder Willkürlichkeit« (Eucken 2007: 74) ist. In dieser demokratischen Vollkommenheit erscheint der Wettbewerb als Instanz der Gerechtigkeit. Eingriffe in den Wettbewerb sind deshalb ein ökonomisches und ein gesellschaftliches Problem.

»Die *Tauschgerechtigkeit wird verfälscht* und dadurch das Prinzip des Tausches sozial kompromittiert« (Eucken 2007: 78).

Das soziale Ziel zerfällt so bei Eucken in einen normativ starken Anspruch, alles Ökonomische als Soziales zu betrachten (Eucken 1952/59: 313, in: Goldschmidt 2002: 136) und in einer Ordnung abzubilden (Nientiedt 2019: 126), und das schmale sozialpolitische Ziel, dies primär über die Wettbewerbssicherung zu erreichen.

3.2 Soziale Notlagen (Röpke)

Ordnung ist auch bei Röpke im Sinne des Dualismus von Wettbewerbsordnung und Werteordnung zu verstehen. Freiheit und Gerechtigkeit bilden die normative Spitze und wirken damit auf das wirtschaftspolitische Handeln ein. Politische und wirtschaftliche Freiheit erfordern einander. Denn eine durch die Wirtschaftsverfassung etablierte Ordnung ist für Röpke gleichbedeutend mit einer prinzipien-gesteuerten Wirtschaftspolitik, die alle Steuerungsfelder gleichermaßen betrifft und ordnet (Röpke 1950/09: 189). Zugleich bildet sich dadurch eine »Atmosphäre der Sicherheit und Kontinuität« (Röpke 1954/08: 476) zwischen Wirtschaftsakteuren aus. Dieses umfassende Verständnis ist für Röpke in Freiburger Tradition realisierbar durch Entmachtung, Dezentralisierung und Wettbewerbssicherung. Im Anschluss an Eucken entwickelt Röpke jedoch einen *geistig-moralisch* tiefer reichenden Anspruch an die Rahmenordnung (Kolev 2009: 30), wenngleich in Abgrenzung zu Müller-Armack eine *institutionelle Trennung* zwischen ökonomischer und gesellschaftlicher Ordnung erhalten bleibt (Zweynert 2007: 15).

> »Mit anderen Worten: die Marktwirtschaft ist nicht alles. Sie muß in eine höhere Gesamtordnung eingebettet werden, die nicht nur die Unvollkommenheiten und Härten der Wirtschaftsfreiheit korrigiert, sondern dem Menschen die seiner Natur gemäße Existenz schafft« (Röpke 1951/09: 255).

Hiermit wird der Mensch, ähnlich wie bei Rüstow oder Böhm, stärker in seiner Ganzheit und nicht funktionsbezogen in die Ordnungsentwicklung eingebettet. Das hat auch Konsequenzen für die wirtschaftspolitische Handlungsfreiheit: Staatliche Eingriffe, beispielsweise zur Sicherung sozialer Gerechtigkeit oder konjunkturellen Ausgleichs, sind der dazu notwendige »Spielraum« – »sei es wegen eines allgemeinen Notstandes« oder wegen einer »spezifischen Notlage« (Röpke 1950/09: 193). Nur so ist der Staat in der Lage, der Aufgabe zu begegnen, die »Komplexität menschlicher Beziehungen« (Lottieri 2014: 35) zu verstehen.

3.3 Fürsorge und Vitalpolitik (Rüstow)

Rüstow folgt zunächst Euckens Position. Er wertet Gerechtigkeit als »Startgerechtigkeit« (Rüstow 2001: 83), womit auch der marktfokussierte Ansatz sichtbar wird, Teilhabe als Startchance für eine Teilnahme am Verteilungswettbewerb zu betrachten (Stichwort: Wohlfahrtsökonomik). Doch sein altphilologisches Interesse führt dazu, dass Vitalpolitik zu einem umfassenden anthropologischen Konzept seiner Theorie wird.

> »Die Wirtschaft ist Mittel, die Vitalsituation aber Zweck« (Rüstow 1945/01: 143, in: Dörr 2017: 45).

Rüstow greift das antike Glücksstreben ebenso auf, wie das klassische Freiheitsverständnis oder das *Prinzip der christlichen Fürsorge* und entwickelt eine Analyse und Hierarchisierung menschlicher und sozialer Bedürfnisse (Dörr 2017: 26), aus der er ein umfassendes sozialpolitisches Aufgabenportfolio ableitet. Auch wenn seine Bewertung der Gemeinschaft romantisierende Züge trägt, so zeigt sich in der Vitalpolitik ein humanistischer Politikanspruch, der die Bedürfnisse von Menschen in unterschiedlichsten Lebenssituationen abzubilden und zur politischen Aufgabe zu transformieren sucht (Dörr 2017: 35–37).

3.4 Agenda der Sozialpolitik (Müller-Armack)

Diese bei Rüstow anklingende Intention, die Ganzheit des Menschen und seine Bedürfnisse in einer Pluralität der Ordnungen abzubilden, gelingt Müller-Armack, als er seine Theorie von Beginn an ohne die geistige Trennung von Ökonomie- und Gesellschaftsordnung entwickelt.

> »Wir wissen heute, daß die Marktwirtschaft bestimmten Anforderungen nach sozialem Ausgleich und sozialer Sicherheit nicht hinlänglich genügt und müssen uns um den Einbau entsprechender Stabilisatoren bemühen« (Müller-Armack 1952/08: 460).

Müller-Armack teilt mit Rüstow und Röpke die Bedeutung der *sozialen Kohäsion* und die Problematik des Auseinanderfallens von Individuum und Gesellschaft (Zweynert 2007: 14). Gerade die leistungsfordernde Seite der Wettbewerbsordnung sieht Müller-Armack als Grund, um mit »sozialer Umverteilung« (Schnabl 2020: 8) und Gesellschaftspolitik Ergänzungen vorzunehmen, »die den Menschen nicht nur funktionell als Produzenten und Konsumenten, sondern auch in seiner persönlichen Existenz sieht« (Müller-Armack 1952/08: 460). Dazu schafft er eine Verbindung zwischen ökonomischer und gesellschaftlicher Ordnung, genauer gesagt spielt die bei Röpke oder Rüstow vorhandene Trennung in seiner symbiotischen Wirtschafts- und Gesellschaftspolitik keine Rolle (Zweynert 2007: 15). Er erkauft sich dies allerdings mit der Gefahr der Instrumentalisierung von Sozialpolitik, die von Seiten des Ordoliberalismus als möglicher Automatismus staatlichen Eingreifens (Rüstow 2001: 52) stets zu hegen versucht wird.

4. Unvereinbarkeiten der Pandemiepolitik

Der Krisendruck und die fehlende Kalkulierbarkeit des Risikos zu Beginn der Corona-Pandemie haben im März 2020 vor allem Strategien der kurzfristigen Problemlösung eingefordert. Diese Maßnahmen haben ökonomisch seit der Zweiten Infektionswelle (Van Laak/Vatanparast 2021: 15) und sozial/ethisch seit Pandemiebeginn verschiedene Konfliktfelder zur ordoliberalen Werteordnung aufgebaut.

Ordoliberale Politik steht aus Perspektive des *Zeithorizonts* für langfristige und verlässliche Politikformulierung, aus Perspektive des *Fokuspunkts* für eine Interdependenz der Ordnungen, d.h. eines breiten, gesamtgesellschaftlichen Blickwinkels und Interessenswahrung aller Bürger:innen, aus Perspektive der *Instrumente* für klare rechtliche Regeln und für die Wirkmächtigkeit staatlicher Regulierung, die sich daraus ergibt und aus Perspektive des *Stils* für einen konsensorientierten Politikstil (Hesse/Karstens 2019: 349). Mit Blick auf diese Steuerungsziele haben sich in

der Pandemie auf mehreren Ebenen theoretische Inkompatibilitäten entwickelt –
u.a. hinsichtlich ethischer Anforderungen, sozialem Miteinander, ökonomischer
Teilhabe und Güterverteilung. Der Analysefokus dieses Beitrags wird sich auf die
ethischen und sozialen Inkompatibilitäten der Obdachlosigkeit richten, dennoch
sei hier auf einige ökonomische Aspekte ausführlicher hingewiesen, die mittelbare
Wirkung auf Obdachlosigkeit erzielen.

Dies betrifft erstens die Selektivität staatlicher Transfer- und Subventions-
leistungen (z.B. Solo-Selbstständige im Kulturbereich vs. Großunternehmen
der Industrie), die soziale Umverteilungseffekte wie etwa Erwerbslosigkeit (z.B.
überproportionales Sozialhilfe-Risiko für Selbstständige durch fehlende Unterstützungsleistungen; Lehner 2021) oder stark steigende Altersvorsorgerisiken mit sich
bringen. Zweitens, die eingeschränkte Kompensation von Berufsausübungsverbo-
ten oder Eingriffe in die zentralen ökonomischen Freiheiten in intransparenter,
kaum kalkulierbarer und zeitlich äußerst kurzfristiger Weise (Van Laak/Vatanparast
2001: 20–21). Drittens, die geldpolitisch induzierten Effekte, die zur signifikanten
Verteuerung wichtiger sozialer Güter wie beispielsweise Lebensmitteln, Energiekosten oder Wohnraum führen und für deren Bereitstellung es nicht ausreichend
sozial geförderte Substitute gibt.

Mit Blick auf die sozialen und ethischen Inkompatibilitäten der Pandemiepolitik sind seit März 2020 sichtbare Risse im gesellschaftlichen Zusammenhalt entstanden. Der Pandemiepolitik ist es nicht gelungen, eine Wahrung der Interessen
aller Bürger:innen und ein Gefühl der Solidarität zu erzeugen. Dies soll im Folgenden mit Blick auf die Lebenssituation der Obdachlosigkeit dargestellt werden, die
einen der Zustände höchster Bedürftigkeit darstellt.

5. Obdachlosigkeit in pandemischen Zeiten

»Wir sollen das Menschenmögliche tun, diese (konjunkturellen, JvL) Schwankun-
gen zu vermindern, und sogar das Übermenschliche, um ihre brutalen Wirkungen auf das menschliche Einzelschicksal mit Nächstenliebe und wirtschaftspoli-
tischem Takt erträglich zu machen« (Röpke 1943/09: 109).

Die Lebenssituation der Obdachlosigkeit ist gekennzeichnet durch den Verlust des
eigenen Wohnraums und der damit verbundenen Verlagerung des eigenen Lebens-
raums in die Öffentlichkeit. Dieser Verlust des Wohnraums ist nicht nur eine Veränderung in der Verfügbarkeit materieller Güter, sondern bedeutet für Betroffene die
Aufgabe des Kernbereichs privater Lebensgestaltung. Obdachlosigkeit zählt damit
zu den Situationen größter Bedürftigkeit und höchster Gefährdung für ein menschenwürdiges Dasein.

Die Corona-Pandemie hat dieses Risiko durch die Gefahr von externen Einfluss-
faktoren wie z.B. Erwerbslosigkeit (Feantsa 2021) oder einer Infektion und den damit verbundenen Einschränkungsmaßnahmen weiter erhöht. Service-Leistungen
mussten aufgrund der Infektionsschutzverordnungen eingeschränkt oder teilweise
eingestellt werden. Eine Studie von 2021 zeigt auf, dass über 60 Prozent der befragten (n=232) Einrichtungen in deutschen Großstädten ihre Kapazitäten in der Pandemie einschränken und gestiegene Kosten mehrheitlich über Spenden oder soziale
Träger refinanzieren mussten (Gräske et al. 2021: 3–4). Die Unterstützung durch öffentliche Träger spielte eine untergeordnete Rolle.

Auf Bundesebene sind im Rahmen der Pandemiepolitik keine einheitlichen
Regelungen oder Transferleistungen zur Bekämpfung von Obdachlosigkeit verabschiedet worden. Einzelne Bundesländer haben singulär Gelder für Hilfeleistungen
an Betroffene zur Verfügung gestellt oder eigene Einrichtungen gegründet. So
beispielsweise Nordrhein-Westfalen mit einen Notfallpaket zur Akutversorgung
über 500.000 Euro (NRW 2020), 24/7 Unterkünfte in Berlin (Berlin 2021) oder die
Initiative Erfrierungsschutz und 400.000 Euro Soforthilfe in Baden-Württemberg
(Baden-Württemberg 2021). Ein länderübergreifendes koordiniertes Vorgehen
stellten diese Maßnahmen jedoch nicht dar.

Auch hinsichtlich der Ausgestaltung der Maßnahmen meldeten viele Einrichtungen Probleme mit administrativen Hürden (SWR 2022), Kapazitätsengpässen
(Brehmer 2022), institutionellen Defiziten (SWR 2021) oder Finanzierungsproble-
men. Sie decken sich mit Studien, die zeigen, dass finanzielle Defizite (Gräseke et al.
2021), Personal und Laborausstattung (Lindner et al. 2021) Hauptbarrieren für einen
Weiterbetrieb der Einrichtungen unter erschwerten Hygienebedingungen waren.

Mit Blick auf die Dimension des Sozialen wirft dies die Frage auf, ob diese Hierarchisierung der Obdachlosigkeit in Einklang mit der ordoliberalen Wertordnung
zu bringen ist. Diese Einschätzung teilte auch Bundespräsident Steinmeier, der im
September 2022 die unmittelbare Notwendigkeit politischen Handelns gegen Ob-
dach- und Wohnungslosigkeit auf die einfache Frage zuspitzte: »Warum kriegen wir
das eigentlich in einer reichen Gesellschaft nicht in den Griff?« (Steinmeier 2022).

5.1   Prinzip Menschenwürde

»Die staatliche Ordnungsaufgabe besteht in der Konstituierung und Sicherung eines rechtlichen Rahmens für eine freiheitliche Ordnung, in der sich ein menschenwürdiges und erfolgreiches Leben entwickeln kann« (Eucken 1952/90: 14, in: Schüller 1998/02: 191).

Die Vorstellung einer »menschlich angemessenen Existenz des Einzelnen« (Röpke
1950/09: 190) durchzieht ordoliberales Denken wie ein roter Faden. Die Würde des
Menschen zu wahren, ist nicht nur grundgesetzlich die priorisierte Staatsaufgabe

(Art 1. GG), sondern wird auch von ordoliberalen Denker:innen immer wieder zur entscheidenden normativen Kategorie gemacht, die eine Ordnung zu erfüllen hat.

»Garant ist für eine allen Mitgliedern der Gesellschaft dienliche Wirtschaftsordnung, die der Freiheit jedes einzelnen und seiner Würde verpflichtet ist« (Goldschmidt/Wohlgemuth 2008: 2).

Die Würde des Einzelnen verpflichtet das politische Gemeinwesen. Die Menschenwürde ist, diesen Anspruch teilen alle Ordoliberalen, ein nicht zur Disposition stehendes Ziel, das politisches Handeln unmittelbar bindet. Dass ein Zustand der Obdachlosigkeit in der Krisensituation einer globalen Pandemie wenig politische Beachtung erfährt, ist mit dem normativen Anspruch dieser ordoliberalen Werteordnung nicht vereinbar.

5.2   Solidarität und Bedürftigkeit

»Der Mensch ist, wie Aristoteles es klassisch formuliert hat, seiner Natur nach ein Gemeinschaftswesen. Nicht nur physisch und materiell ist er auf Gemeinschaft, auf gegenseitige Hilfe, angewiesen, sondern noch mehr psychisch und ideell« (Rüstow 2001: 135).

Solidarität ist eine starke Antwort für soziale Kohäsion. Ein Gemeinwesen, darin ähnelt sich der historische Erfahrungshorizont ordoliberaler Denker:innen, bedarf der Gemeinschaft, um des Atomismus Herr zu werden. Der kritische Blick von Röpke, Rüstow u.a. auf die Entfremdungsprozesse, die der Wettbewerbsdruck und die Individualisierung in Gesellschaften in Gang gesetzt haben, braucht Prinzipien des sozialen Zusammenhalts. Solidarität und Bedürftigkeit gehen dabei Hand in Hand.

»Die Väter der Sozialen Marktwirtschaft waren sich noch einig darin, daß die Elemente der Sozialpolitik – gerade in Bezug auf die soziale Sicherung – immer dem Prinzip der Subsidiarität (d.h. des Vorrangs privater Vorsorge und selbstverwalteter Körperschaften vor zentralstaatlichen Maßnahmen verpflichtet sein müssen« (Goldschmidt/Wohlgemuth 2008: 7).

Vorrang privater Vorsorge heißt jedoch auch: Bei Nicht-Tätigwerden privater Vorsorge ist der Staat in der Pflicht, aktiv zu werden. Die Tatsache, dass soziale Träger in Studien immer wieder als Hauptakteure bei der Bereitstellung von Leistungen für Obdachlose identifiziert werden (Trummer et al. 2020: 14), ist mit Blick auf diesen Anspruch ein grundlegendes Defizit.

»so wird es im Übrigen ja auch dann noch Sache der Allgemeinheit und ihrer Sozialpolitik sein, […] in Fällen übermächtiger Not helfend einzugreifen« (Rüstow 2001: 94f).

Die selektive Abwägung in sozialpolitischen Entscheidungen zählt bekanntermaßen zu den Diskussionspunkten in der Sozialen Marktwirtschaft. Doch ist ein Fürsorge-erfordernder Zustand eben kein Zustand der Abwägung von Privilegien (siehe: »privilegienfreie(n) Zivilrechtsgesellschaft«; Böhm 1980, in: Schüller 1998/02: 191), sondern ein existentieller Zustand, der der unmittelbaren Hilfe bedarf. Die Nicht-Gewährung dieser Hilfe ist damit eine Außerkraftsetzung des Solidaritätsgedanken und mit dem christlichen Anspruch des Gemeinwesens ebenso wenig verantwortbar, wie mit der ordoliberalen Werteordnung.

5.3 Soziale Teilhabe

»Der Einzelne […] muß damit rechnen, daß er aus Gründen, die nicht in ihm selbst zu liegen brauchen, von dem sozialen Zusammenwirken ausgeschlossen und an den Rand der gesellschaftlichen Existenzbedingungen gedrückt wird. Das bedeutet nicht nur Gefährdung der wirtschaftlichen Existenz, sondern ein Brachliegen seiner Kräfte und eine unverdiente Demütigung seines Selbstgefühls« (Eucken 1952/59: 182, in: Hesse/Karstens 2019: 350).

Das Prinzip der Leistungsgerechtigkeit als Merkmal der Teilnahme am Wettbewerbsmarkt erfordert die Befähigung zur Teilnahme am Markt. Der Zuteilungslogik des Marktes zu Folge setzt die Zuteilung einer Leistung oder eines Gutes die Erbringung einer Gegenleistung voraus. Diese soziale Inkompetenz des Marktes macht mit Blick auf die normative Anforderung sozialer Ziele ein staatliches Eingreifen notwendig. Denn an die von Eucken konzeptionell über »Planungsrechte« (Schüller 2000/02: 5) zugeteilte Güternutzung, könnte man im inhaltlichen Anschluss mit dem *Property Rights*-Ansatz argumentieren, dass die Verfügungsrechte über knappe Güter entscheidend für die gesellschaftliche Teilhabe sind. Güternutzung befähigt zur Teilhabe – das Nicht-Verfügen über Güter ist demnach ein Kriterium des Ausschlusses vom Markt und aus der Gesellschaft.

Die Situation der Obdachlosigkeit hat demzufolge harte Konsequenzen für die soziale Teilhabe, wirkt sie doch wie ein Ausschluss aus der Gesellschaft inmitten der Gesellschaft. Durch die Kopplung von wirtschaftlicher und sozialer Teilhabe, können die Eintrittshürden für die Teilnahme am Markt und damit der Gesellschaft für den Einzelnen prohibitiv hoch werden.

Ordoliberales Denken grenzt sich an diesem Punkt dezidiert vom Neoliberalen Anspruch des freien Marktes ab. Das Konzept einer Vitalpolitik, dass die Theorie von Rüstow, Röpke und Müller-Armack durchzieht, und die »vitale Einheit des Menschen« »jenseits des Ökonomischen« (Müller-Armack 1960/76: 280, in: Dörr 2017: 47) zur Forderung erhebt, geht sogar noch weiter darüber hinaus. Es sieht direkt in der Ausgrenzung von Obdachlosen und mittelbar in der fehlenden sozialen Teilhabemöglichkeit eine Verletzung des Vitalitätsgedanken, der einen korrigierenden politischen Eingriff erforderlich macht.

5.4   Schutz des Wohnraums

> »Eine Wirtschaftspolitik [...] wird diesem sehr menschlichen Nesttrieb Rechnung tragen müssen, indem sie den wirtschaftlich Schwachen über die Sorge beruhigt, plötzlich der Geborgenheit der Wohnung beraubt zu werden« (Röpke 1959/09: 324).

Obdachlosigkeit steht gleichbedeutend für den Verlust von Wohnraum. Bekanntermaßen können die Ursachen eines Abgleitens in Obdachlosigkeit unterschiedlicher Natur sein. Ein probates Gegenmodell wäre jedoch die Ausweitung des Bestands an sozial gefördertem und damit bezahlbarem Wohnraum für Einkommensschwache oder -lose. Theorie-Ansätze der *Care Ethics* haben auf die Bedeutung des Wohnraums als eines Zuhauses und damit Schutz- und Entfaltungsraums hingewiesen. Die Eigentumslosigkeit und die stetige Verknappung von günstigem Wohnraum führen damit zu einem Wettbewerb um ein soziales Gut und das stetige Gefahrenbewusstsein, dass »die Unterbrechung der Erwerbsfähigkeit oder ihr dauernder Verlust für den Eigentumslosen die Bedrohung der Existenz« (Hoeffner 1957/08: 536) darstellen.

Der Bestand an Sozialmietwohnungen im Bundesgebiet ist zwischen 2006 und 2019 um fast 50 Prozent gesunken (Statista 2020), während der deutschlandweite Mietpreisindex für diesen Zeitraum kontinuierlich gewachsen ist (Statista 2022). Mit Blick auf Obdachlosigkeit erfordert diese Entwicklung eine Abwägung, ob staatliche Wohnungspolitik nicht wieder eine stärkere Gewichtung erhalten sollte, um Menschen die Angst vor oder die Realität von Obdachlosigkeit nehmen zu können.

6.   Governance der Bedürftigkeit

> »Es muß demgegenüber betont werden, daß keine Ordnung als solche schon sittlich ist« (Müller-Armack 1952/08: 463).

Ordoliberalismus steht für eine Abgrenzung von jeglichem ökonomischen Automatismus-Denken einer Selbstproduktion der Kategorie des Sozialen. Das Soziale bedarf einer politischen Entscheidung – für Fairness, gesellschaftlichen Zusammenhalt und Menschlichkeit. Die *conditio humana* bei Rüstow, Röpke und Müller-

Armack rückt den Menschen als Menschen mit allen Facetten seiner »Existenz« (Müller-Armack 1952/08: 460), seiner »Vitalsituation« (Rüstow 1945/01: 143), in das Blickfeld und Aufgabenportfolio der Politik. Daraus erwächst dem Staat die Aufgabe, »zwischen den einzelnen Schichten zu vermitteln und auszugleichen« (Müller-Armack 1952/08: 465) und die Krise des Einzelnen, die »spezifische(n) Notlage« (Röpke 1950/09: 193) zu lösen, gleich ob sie verschuldet oder unverschuldet ist (Schulze Heuling 2020: 434).

Für die Selektivität staatlicher Sozialpolitik räumen die Ordoliberalen dem wirkmächtigen Staat Entscheidungsbefugnisse ein, um Automatismus oder sozialistische Günstlingswirtschaft zu verhindern. Ihre Grenzziehung ist jedoch, und das ist für diesen Beitrag entscheidend, aufs Klarste formuliert: Ein existentieller, die Menschenwürde bedrohender Zustand, bedarf der unmittelbaren Hilfe und der vollen sozialpolitischen Aufmerksamkeit durch den Staat. Genauer betrachtet ist er ordoliberal sogar als Aspekt von Defiziten im Ordnungsrahmen bzw. einer *verfehlten Ordnungspolitik* zu bewerten (Schüller 2019: 125) und damit eine Grundsatz- und keine Verteilungsfrage. Und doch steht es außer Frage, dass die Politik im Kontext der Pandemie eben nicht das *Übermenschliche* getan hat, um die »brutalen Wirkungen auf das menschliche Einzelschicksal« (Röpke 1943/09: 109) auszugleichen. Ohne sozial organisierte Solidarität, müssen die von Bund und Ländern verabschiedeten Hilfen für Obdachlose als unzureichende Maßnahmen bewertet werden. Damit verfehlt staatliche Sozialpolitik an diesem Punkt den Anspruch auf eine Sicherung von Menschenwürde, Solidarität und der Wiederherstellung sozialer Teilhabe für Betroffene.

Diese *policy*-Defizite bei der Bewältigung von Obdachlosigkeit in pandemischen Zeiten bestätigen die historische Konfliktlinie um die Zielerreichungsprobleme des Sozialstaatsziels. Das gilt umso mehr, als die *Governance*-Struktur bei sozialpolitischen Transferleistungen der von den Ordoliberalen geforderten Transparenz und Wissenszirkulation sicherlich nicht entsprechen. Lobbyistischer Einfluss auf Verteilungsprozess sollte aus deliberativer Perspektive kein Merkmal politischer Entscheidungsfindung sein und doch zeigt sich, dass der Mangel an lobbyistischer Einflussnahme und der Mangel an Transferleistungen Korrelationen aufweisen. Welche Lobby haben Obdachlose? Diese provokante Frage sollte einen Transformationsprozess in Gang setzen, wie diejenigen, »die ihre eigenen Interessen nicht wahrnehmen können« (Schüller 1986/02: 172) im politischen Prozess in Zukunft besser berücksichtigt werden könnten.

Literaturverzeichnis

Armbrüster, Christian (1993): An der Wiege deutscher Identität nach 1945. Franz Böhm zwischen Ordo und Liberalismus, JR, 2, 59–60.

Baden-Württemberg (2021): Soforthilfe für die Unterbringung von Obdachlosen, Pressemitteilung (26.11.2021), https://www.baden-wuerttemberg.de/de/servic e/presse/pressemitteilung/pid/soforthilfe-fuer-die-unterbringung-von-obdac hlosen-1/ (abgerufen am 11.09.2022).

Berlin (2021): Berlin erhält zusätzlich fast 37 Millionen Euro aus dem Europäischen Sozialfonds für soziale Projekte – Sozialsenatorin Breitenbach plant weitere 24/7-Unterkünfte für obdachlose Menschen, Pressemitteilung (25.06.2021), https://www.berlin.de/sen/ias/presse/pressemitteilungen/2021/p ressemitteilung.1099861.php (abgerufen am 11.09.2022).

Böhm, Franz (1980): Freiheit und Ordnung in der Marktwirtschaft, Baden-Baden: nV.

Botzem, Sebastian/Hesselmann, Judith (2018): Gralshüter des Ordoliberalismus?, Leviathan, 46(3), 402–431.

Brehmer, Marten (2022): Keine Quarantäneplätze für infizierte Obdachlose, nd-aktuell (26.06.2022), https://www.nd-aktuell.de/artikel/1164847.corona-und-ob dachlosigkeit-keine-quarantaeneplaetze-fuer-infizierte-obdachlose.html (abgerufen am 11.09.2022).

Dörr, Julian (2017): Die europäische Kohäsionspolitik. Eine ordnungsökonomische Perspektive, Berlin: de Gruyter.

Eucken, Walter (1927): Vom Radikalismus sozialistischer und Euckenscher Prägung, in: Die Tatwelt, 3, 44–48.

Eucken, Walter (1950/65): Die Grundlagen der Nationalökonomie, Berlin: Springer.

Eucken, Walter (1952/08): Die Politik der Wettbewerbsordnung – Die konstituierenden Prinzipien, in: Goldschmidt, Nils/Wohlgemuth, Michael (Hg.): Grundtexte zur Freiburger Tradition der Ordnungsökonomik, Tübingen: Mahr Siebeck, 197–220.

Eucken, Walter (1952/59): Grundsätze der Wirtschaftspolitik, Hamburg: Rowohlt.

Eucken, Walter (2007): Entmachtung durch Wettbewerb, Münster: Lit-Verlag.

Feantsa (2021): The impact of COVID-19 on homeless service providers & homeless people: the migrant perspective, Report of the European Federation of National Organisations Working with the Homeless, https://bischof-hermann-sti ftung.de/fileadmin/user_upload/Report_Cov19__migrants.pdf (abgerufen am 11.09.2022).

Feld, Lars P./Köhler, Ekkehard A./Nientiedt, Daniel (2019): Die Europäische Währungsunion aus traditioneller und moderner ordnungsökonomischer Perspektive, ORDO, 69, 65–84.

Goldschmidt, Nils (2002): Entstehung und Vermächtnis ordoliberalen Denkens. Walter Eucken und die Notwendigkeit einer kulturellen Ökonomik, Münster: Lit-Verlag.

Goldschmidt, Nils (2012): Gibt es eine ordoliberale Entwicklungsidee? Walter Euckens Analyse des gesellschaftlichen und wirtschaftlichen Wandels, Freiburger

Diskussionspapiere zur Ordnungsökonomik, 12(3), Freiburg i. Br: Albert-Ludwigs-Universität Freiburg.

Goldschmidt, Nils/Wohlgemuth, Michael (2008): Entstehung und Vermächtnis der Freiburger Tradition der Ordnungsökonomik, in: Goldschmidt, Nils/ Wohlgemuth, Michael (Hg.): Grundtexte zur Freiburger Tradition der Ordnungsökonomik, Tübingen: Mahr Siebeck, 1–20.

Gräske, Johannes/Koppe, Louise/Neumann, Fränze/Fobrig, Theresa A. (2021): Services for homeless people in Germany during the COVID-19-pandemic. A descriptive study, Nursing and Health Policy Perspective, DOI: 10.1111/phn.13027.

Hesse, Nils/Karstens, Felix (2019): Ordoliberalismus vs. Wirtschaftspopulismus. Unterschiedliche Konzepte für ähnliche Wähler, ORDO, 69, 341–365.

Hoeffner, Joseph (1957/08): Die Funktionen des Privateigentums in der freien Welt, in: Goldschmidt, Nils/Wohlgemuth, Michael (Hg.): Grundtexte zur Freiburger Tradition der Ordnungsökonomik, Tübingen: Mahr Siebeck, 533–544.

Kolev, Stefan (2009): Macht und soziale Kohäsion als Determinanten: Zur Rolle des Staates in der Wirtschaftspolitik bei Walter Eucken und Wilhelm Röpke, HWWI Research Paper, 5–8, Hamburg: HWWI.

Lange-von Kulessa, Jürgen/Renner, Andreas (1998): Die Soziale Marktwirtschaft Alfred Müller-Armacks und der Ordoliberalismus der Freiburger Schule, Zur Unvereinbarkeit zweier Staatsauffassungen, ORDO, 49, 79–104.

Lehner, Joana (2021): Corona: Warum es kaum Hilfe für Selbstständige in Hartz IV gibt (26.07.2021), Business Insider, https://www.businessinsider.de/politik/de utschland/corona-warum-es-kaum-hilfe-fur-selbstständige-in-hartz-iv-gibt-b/ (abgerufen am 18.01.2022).

Lindner, Andreas K./Sarma, Navina/Rust, Luise Marie et al. (2021): Monitoring for COVID-19 by universal testing in a homeless shelter in Germany. a prospective feasibility cohort study, BMC Infectious Diseases, DOI: https://doi.org/10.1186/ s12879-021-06945-4.

Lottieri, Carlo (2014): Ethics, Market, and the Federal Order, The Political Philosophy of Wilhelm Röpke, Journal des Économistes et des Études Humaines, 20.

Müller-Armack, Alfred (1952/08): Stil und Ordnung der Sozialen Marktwirtschaft, in: Goldschmidt, Nils/Wohlgemuth, Michael (Hg.): Grundtexte zur Freiburger Tradition der Ordnungsökonomik, Tübingen: Mahr Siebeck, 457–474.

Müller-Armack, Alfred (1960/1976): Die zweite Phase der Sozialen Marktwirtschaft. Ihre Ergänzung durch das Leitbild einer neuen Gesellschaftspolitik, in: ders. (Hg.): Wirtschaftsordnung und Wirtschaftspolitik. Studien und Konzepte zur Sozialen Marktwirtschaft und zur Europäischen Integration, 267–291.

Nientiedt, Daniel (2019): Metaphysical justification for an economic constitution? Franz Böhm and the concept of natural law, Constitutional Political Economy, 30, 114–129.

NRW (2020). Notfallpaket für die Akutversorgung von obdachlosen Menschen. Pressemitteilung (31.03.2020), https://www.land.nrw/pressemitteilung/mini ster-laumann-versorgung-obdachloser-auch-der-corona-krise-sicherstellen (abgerufen am 11.09.2022).

Ötsch, Walter/Pühringer, Stephan/Hirte, Kathrin (2018): Netzwerke des Marktes. Ordoliberalismus als Politische Ökonomie, Wiesbaden: Springer VS.

Ptak, Ralf (2004): Vom Ordoliberalismus zur sozialen Marktwirtschaft. Stationen des Neoliberalismus in Deutschland, Wiesbaden: VS Verlag für Sozialwissenschaften.

Röpke, Wilhelm (1943/09): »Vollbeschäftigung« – ein Irrweg zu einem selbstverständlichen Ziel, in: Hennecke, Hans Jörg (Hg.): Marktwirtschaft ist nicht genug. Gesammelte Aufsätze, Waltrop: Manuscriptum, 103–118.

Röpke, Wilhelm (1950/09): Ist die deutsche Wirtschaftspolitik richtig? Analyse und Kritik, in: Hennecke, Hans Jörg (Hg.): Marktwirtschaft ist nicht genug. Gesammelte Aufsätze, Waltrop: Manuscriptum, 187–199.

Röpke, Wilhelm (1951/09): Der Mensch, nicht der Eintopf, in: Hennecke, Hans Jörg (Hg.): Marktwirtschaft ist nicht genug. Gesammelte Aufsätze, Waltrop: Manuscriptum, 253–257.

Röpke, Wilhelm (1954/08): Wirtschaftssystem und Internationale Ordnung, in: Goldschmidt, Nils/Wohlgemuth, Michael (Hg.): Grundtexte zur Freiburger Tradition der Ordnungsökonomik, Tübingen: Mahr Siebeck, 475–493.

Röpke, Wilhelm (1959/09): Die politische Ökonomie. Was »heißt politisch unmöglich«?, in: Hennecke, Hans Jörg (Hg.): Marktwirtschaft ist nicht genug. Gesammelte Aufsätze, Waltrop: Manuscriptum, 315–325.

Röpke, Wilhelm (1961/09): Die Laufbahn der Sozialen Marktwirtschaft, in: Hennecke, Hans Jörg (Hg.): Marktwirtschaft ist nicht genug. Gesammelte Aufsätze, Waltrop: Manuscriptum, 200–207.

Röpke, Wilhelm (1963): Dem Gedenken an Alexander Rüstow, in: Rüstow, Alexander (Hg.): Rede und Antwort. 21 Reden und viele Diskussionsbeiträge aus den Jahren 1932 bis 1962, 345–350, Ludwigsburg: Hoch.

Rüstow, Alexander (1942): Appendix: General Sociological Causes of the Economic Disintegration and Possibilities of Reconstruction, in: Röpke, Wilhelm (Hg.): International Economic Disintegration, Philadelphia: Porcupine, 267–283.

Rüstow, Alexander (1945/2001): Das Versagen des Wirtschaftsliberalismus, Marburg: Metropolis.

Rüstow, Alexander (1951/63): Wirtschaftsordnung und Staatsform, in: ders. (Hg.): Rede und Antwort. 21 Reden und viele Diskussionsbeiträge aus den Jahren 1932 bis 1962, 230–248, Ludwigsburg: Hoch.

Rüstow, Alexander (1958/63): Was muss die freie Welt tun?, in: ders. (Hg.): Rede und Antwort. 21 Reden und viele Diskussionsbeiträge aus den Jahren 1932 bis 1962, 5–115, Ludwigsburg: Hoch.

Rüstow, Alexander (1962/63). Zielgemeinschaft tut not, in: ders. (Hg.): Rede und Antwort. 21 Reden und viele Diskussionsbeiträge aus den Jahren 1932 bis 1962, 30–49, Ludwigsburg: Hoch.

Rüstow, Alexander (2001): Die Religion der Marktwirtschaft, Münster: Lit-Verlag.

Schnabl, Gunther (2020): Soziale Marktwirtschaft damals und heute. Zeitschrift für Wirtschaftspolitik, 69(1), 1–24.

Schüller (1986/02): Die institutionellen Voraussetzungen einer marktwirtschaftlichen Ordnung, in: Schüller, Alfred (Hg.): Marburger Studien zur Ordnungsökonomik, Stuttgart: Lucius & Lucius, 163–174.

Schüller (1994/02): Meine Tasche, Deine Tasche. Das Umverteilungschaos im Sozialstaat, in: Schüller, Alfred (Hg.): Marburger Studien zur Ordnungsökonomik, Stuttgart: Lucius & Lucius, 175–182.

Schüller (1998/02): Wie kann und soll eine Soziale Marktwirtschaft der Zukunft aussehen?, in: Schüller, Alfred (Hg.): Marburger Studien zur Ordnungsökonomik, Stuttgart: Lucius & Lucius, 184–203.

Schüller (2000/02): Theorie des wirtschaftlichen Systemvergleichs – Ausgangspunkte, Weiterentwicklungen und Perspektiven, in: Schüller, Alfred (Hg.): Marburger Studien zur Ordnungsökonomik, Stuttgart: Lucius & Lucius, 3–32.

Schüller, Alfred (2002): Marburger Studien zur Ordnungsökonomik, Stuttgart: Lucius & Lucius.

Schüller, Alfred (2019). Armut als Ordnungsfrage – Vom Wert des ordnungsökonomischen Denkens, ORDO, 69, 96–134.

Schulze Heuling, Dagmar (2020): Ethik und Corona, Zeitschrift für Politikwissenschaft, 31, 417–439.

Statista (2020): Sozialwohnungen in Deutschland bis 2019 (08/2020), https://de.statista.com/statistik/daten/studie/892789/umfrage/sozialwohnungen-in-deutschland/ (abgerufen am 13.02.2023).

Statista (2022): Entwicklung des Mietpreisindex für Deutschland in den Jahren von 1995 bis 2021, https://de.statista.com/statistik/daten/studie/70132/umfrage/mietindex-fuer-deutschland-1995-bis-2007/ (abgerufen am 13.02.2023).

Steinmeier, Frank Walter (2022). Gesprächsforum zum Tag der Wohnungslosen. (11.09.2022). https://www.bundespraesident.de/SharedDocs/Reden/DE/Frank-Walter-Steinmeier/Reden/2022/09/220911-Fachaustausch-Wohnungslosigkeit.html (abgerufen am 11.09.2022).

SWR (2021): Corona-Warnstufe: Hilfseinrichtungen für Obdachlose in Heilbronn-Franken fordern Leitfaden, SWR (06.11.2021), https://www.swr.de/swraktuell/baden-wuerttemberg/heilbronn/unklarheiten-fuer-obdachlose-in-corona-warnstufe-100.html (abgerufen am 11.09.2022).

SWR (2022): Corona verschärft Lage in Einrichtungen: Obdachlose leiden unter Pandemie, SWR (22.02.2022), https://www.swr.de/swraktuell/baden-w

uerttemberg/wohnungslose-leiden-unter-pandemie-100.html (abgerufen am 11.09.2022).

Trummer, Ursula/Novak-Zezula, Sonja/Chrzanowska, Mariola et al. (2020). How structural compensation facilitates health care for the homeless. A comparative view on four European Union Member States, International Journal of Environmental Research and Public Health, 17(23), https://doi.org/10.3390/ijerph172391 14 (abgerufen am 13.02.2023).

Van Laak, Jona/Vatanparast, Farid (2021): Die Corona-Pandemie als ordnungsökonomische Herausforderung und Beschleuniger von Change-Prozessen im Mittelstand, in: Chlosta, Simone et al. (Hg.): KCE Schriftenreihe, 4, Essen: MA Verlag.

Von Dietze, Constantin/Eucken, Walter/Lampe, Adolf (1943/08): Wirtschafts- und Sozialordnung, in: Goldschmidt, Nils/Wohlgemuth, Michael (Hg.): Grundtexte zur Freiburger Tradition der Ordnungsökonomik, Tübingen: Mahr Siebeck, 99–115.

Young, Brigitte (2013): »Ordoliberalismus – Neoliberalismus – Laissez-faire-Liberalismus«, in: Wullweber, Joscha von et al. (Hg.): Theorien der Internationalen Politischen Ökonomie, Wiesbaden: Springer VS, 33–48.

Zweynert, Joachim (2007): Die Entstehung ordnungsökonomischer Paradigmen. Theoriegeschichtliche Betrachtungen, HWWI Research Paper, 5–2.

Wohnungslose Menschen und die Kontrolle des öffentlichen Raumes während der Corona-Pandemie

Martin Winands

1. Problemskizze

»Corona-Bußgelder machen Obdachlosen das Leben noch schwerer« (Badische Zeitung v. 01.12.2020).

Schlagzeilen wie diese tauchten in den vergangenen beiden Jahren gelegentlich in den Medien auf und machen im Zuge der Corona-Pandemie auf die Notlage einer Gruppe aufmerksam, die sonst recht wenig öffentliche Aufmerksamkeit erfährt: wohnungslose Menschen. Dabei handelt es sich keineswegs um eine kleine Gruppe. Die Bundesarbeitsgemeinschaft Wohnungslosenhilfe e. V. (BAG W) etwa schätzt die Anzahl der wohnungslosen Menschen in Deutschland im Jahr 2020 auf 417.000 (BAG W 2021a). Diese, wenn auch geschätzte, Zahl zeigt mit Nachdruck ein soziales Problem an. Allerdings scheint es sich um ein Thema zu handeln, das recht wenig Aufmerksamkeit – gesellschaftliche wie politische – erfährt. Auch die Forschungslandschaft ist im Vergleich zu manch anderen sozialwissenschaftlichen Gegenständen lange Zeit eher unterbelichtet gewesen (Busch-Geertsema et al. 2019: 34), wenngleich insbesondere in jüngerer Vergangenheit verschiedene – auch empirische Arbeiten – veröffentlicht wurden sowie eine erhöhte Forschungsaktivität zu beobachten ist (z.B. Borstel et al. 2021, ASH Berlin/ebet Berlin 2018, Seidel 2018, Busch-Geertsema et al. 2019).

Obwohl zumindest die obdachlosen Menschen mit ihren Notlagen in der Gruppe der Wohnungslosen deutlich sichtbar sind, erscheinen sie im alltäglichen, gesellschaftlichen Leben als Randgruppe, die gleichgültig oder als störend zur Kenntnis genommen wird. In jedem Fall werden massive Vorbehalte gegenüber wohnungslosen Menschen vorgetragen, die sich damit Stigmatisierungen bis hin zu körperlichen Gewalterfahrungen ausgesetzt sehen (Gerull 2018). Auch die Erhebungen zur Gruppenbezogenen Menschenfeindlichkeit (GMF) dokumentieren einen gesellschaftlichen Vorrat an Abwertungen gegenüber Wohnungslosen und subsummieren diesen u.a. unter der Debatte um die sog. *Ökonomisierung des Sozia-*

len (Heitmeyer 2012: 25ff.; Heitmeyer/Endrikat 2008; Hövermann et al. 2015a; dies. 2015b; Zick 2021: 191f.).

Im Lichte dieser Erkenntnisse stellen Wohnungslose eine marginalisierte Gruppe dar, die zumindest in Teilen ihr gesamtes Leben im öffentlichen Raum bestreitet. Der öffentliche Raum wird somit zu einer ungewollten Präsentationsfläche für die prekären Lebenslagen Betroffener, auf der sie fast zwangsläufig Anstoß erregen, da ihre Lebensführung erheblich von einer bürgerlichen Normalvorstellung abweicht (z.B. Betteln, *unpassendes* Sozialverhalten). In einer auf Leistung ausgerichteten Gesellschaft verbunden mit einer »Ideologie der Unprofitabilität« (Hövermann 2016: 34) erscheint dies kaum tolerabel.

Entsprechend werden wohnungslose Menschen Adressat:innen der Akteur:innen sozialer Kontrolle wie etwa des Ordnungsamtes oder privater Sicherheitseinrichtungen, die den öffentlichen und halb-öffentlichen Raum überwachen (Tsirikiotis/Sowa 2022: 286). Auch eine sich als bürger:innenorientiert und präventiv agierende Polizei interessiert sich für solche sozial schwachen Gruppen (Künkel/Pütter 2020; Pütter/Künkel 2020). Diese Kontrolle des öffentlichen Raumes hat durch die Maßnahmen der Corona-Pandemie (z.B. Ausgangssperren usw.) stark zugenommen. Für die ohnehin bedrängten Gruppen bedeutet dies einen erhöhten Kontrolldruck, aber auch eine mögliche Verdrängung aus dem öffentlichen Raum.

Entsprechend wird in dem Beitrag der Frage nachgegangen, wie sich der öffentliche Raum für Wohnungslose in der Pandemie verändert und welche Auswirkungen auf die Betroffenen daraus hervorgehen. Dazu wird er als Gesellungs- und Interaktionsraum betrachtet sowie seine Bedeutung für Wohnungslose gewürdigt. In der Folge wird die Veränderung dessen durch die Corona-Pandemie in das Zentrum der Analyse gerückt. Ferner werden die Herausforderungen einer selbst durch die Pandemie beschränkten Sozialen Arbeit diskutiert.

2. Der öffentliche Raum als Gesellungs- und Interaktionsraum

Um den öffentlichen Raum gibt es zahlreiche Debatten, die mitunter kontrovers geführt werden, wie etwa um den Verkauf öffentlicher Flächen oder Gebäude an Privatinvestor:innen, um z.B. privaten Raum zu schaffen.

Eine einheitliche Definition des öffentlichen Raumes im sozialwissenschaftlichen Sinne gibt es nicht. Wildner und Berger begreifen den öffentlichen Raum als Prozess und Ergebnis von Figurationsprozessen (2018).[1] Zwar existiert der öffentliche Raum gegenständlich-architektonisch, ist somit also in einem gewissen Maße vordefiniert, wird aber erst durch die Interaktion und die Gesellung der Men-

---

1   In Bezug auf Wohnungslosigkeit hat Sowa (2022) ebenfalls den Begriff der Figuration als analytisches Instrument vorgeschlagen.

schen zu einem integralen Teil der Gesellschaft (Wildner/Berger: 2018). Der Raum wird in einem relationalen Verständnis durch die Menschen gestaltet (Kessl/Maurer 2019: 165f.). Kennzeichnend ist dabei der grundsätzlich ungehinderte Zugang für alle Menschen zu diesem Raum, wie z.b. zu Parkanlagen, Wäldern, Straßen oder Fußgängerzonen.

Dabei kommt der öffentliche Raum einer Bühne gleich, auf der sich unterschiedliche Menschen bewusst oder unbewusst präsentieren. Große Relevanz hat dies etwa im Bereich der Jugendszenen, als deren wesentliche Anerkennungsquelle die Selbstpräsentation gilt. Zweifelsohne rufen insbesondere deviante Akteur:innen eine hohe Aufmerksamkeit im öffentlichen Raum hervor. Das gilt v.a. dann, wenn dadurch ökonomische Interessen tangiert werden oder die Verwahrlosung des öffentlichen Raumes droht. Entsprechend sind die Fragen, wem eigentlich der öffentliche Raum gehört bzw. wer die Deutungsmacht über ihn hat, nicht neu (Klose 2012; Simon 2001; Minton 2012). Besondere Relevanz dürften sie aber in den letzten zehn bis zwanzig Jahren erhalten haben. Einige gesellschaftliche Zeitdiagnosen kommen zu der Erkenntnis, dass – zusätzlich befeuert durch Terroranschläge wie etwa in den USA 2001 – Sicherheits- und Kontrollparadigmen bei der Bewertung des öffentlichen Raumes zentral geworden sind (Garland 2008; Ziegler 2001; Wehrheim 2012).

Dazu gehören eine Überwachung und Steuerung des öffentlichen Raumes. Das, was im öffentlichen Raum geschieht, ist dann nicht mehr das ausschließliche Produkt von Figurationen, sondern das, was dominante, deutungsmächtige Gesellschaftsgruppen durchsetzen möchten. Kriminalpolitische Erwägungen, wie sie sich exemplarisch in den in Politik und Kontrollinstitutionen außerordentlich populären Ansätzen der Kriminalprävention (Ziegler 2019: 669) niederschlagen, sind Ausdruck dieser veränderten Risikoperspektive auf den öffentlichen Raum. Einbezogen in solche Strategien werden nicht nur zahlreiche Institutionen, sondern auch die Zivilgesellschaft durch »verantwortungsvolles Handeln« (Bundesministerium des Inneren und für Heimat o.J.). Hinzu gesellen sich teils private Sicherheitsdienste, die etwa halb-öffentliche Räume wie Bahnhöfe zu überwachen helfen. Anhand dessen werden Exklusionsmechanismen sichtbar. Im *Idealfall* werden nämlich solche Gruppen, die sich nicht in die gewünschte gesellschaftliche Norm fügen, ausgegrenzt. Ziegler zieht dafür den Terminus der Kanalisierung heran, um zu dokumentieren, dass die Verschiebung sozialer Probleme eine adäquate Alternative zu deren Lösung sein kann (2019: 669). Der öffentliche Raum ist zwar ein Interaktions- und Gesellungsraum, er ist es aber nicht für jede und jeden gleichermaßen. Das gilt im besonderen Maße für Wohnungslose.

3. Wohnungslose Menschen im öffentlichen Raum

Für viele stellt der öffentliche Raum zwar einen wichtigen Ort dar, aber v.a. als Teil-zeit-Ort. Für wohnungslose Menschen gewinnt der öffentliche Raum im Kontrast dazu eine ganz andere Dimension: als wesentlicher oder gar ausschließlicher Ort der Lebensführung. Das für viele Menschen obligatorische Hinaustreten aus der Intimsphäre des privaten Raumes in den öffentlichen Raum entfällt bei vielen Wohnungslosen. Das Private und das Öffentliche fallen zusammen. Wohnungslose Menschen erfahren den öffentlichen Raum in diesem Sinne als absolut, stets vorhanden und gewissermaßen als unterste Sicherung.

Diese Absolutheit des öffentlichen Raumes beinhaltet außerordentlich problematische Aspekte. Zunächst ist die (Un-)Freiwilligkeit der Anwesenheit zu benennen. Während öffentliche Räume von den meisten Menschen freiwillig aufgesucht werden, ist dies bei Wohnungslosen nicht unbedingt gegeben. Selbst dann, wenn eine autonome Entscheidung der Betroffenen angenommen wird, sind es strukturelle Problemlagen und persönliche Deklassierungserfahrungen, die zum Verlust von Wohnung und Obdach geführt haben (überblicksartig Finnerty 2021: 1). Die absolut elementare Bedeutung des Wohnens wird nicht nur anhand der allgemein bekannten Maslowschen Bedürfnishierarchie (Stichwort: *Sicherheitsbedürfnisse*) sichtbar (Maslow 1978: 52ff.), sondern drückt sich auch in modernen Ansätzen der Wohnungslosenhilfe wie dem Housing First aus (z.B. Nelson et al. 2012).

Eng damit verbunden ist der Aspekt der Sicherheit (Huey 2012). Der öffentliche Raum ist verglichen mit den meisten privaten Räumen ein verhältnismäßig unsicherer Raum. Dies gilt in besonderem Maße für schwache Gruppen wie wohnungslose Menschen. Das Leben auf der ungeschützten Straße bietet wenig Rückzugsmöglichkeiten für die dort lebenden Personen, aber auch kaum Schutz für das Eigentum. Nicht von ungefähr werden Menschen ohne Wohnung auch zu Opfern schwerer Gewalttaten, die teilweise politisch motiviert sind (Lutz et al. 2021: 48f.; Huey 2012). Besondere Relevanz erhält diese Thematik im Hinblick auf wohnungslose Frauen, die bereits in gesicherten Lebensverhältnissen Adressat:innen verschiedener Gewalttaten sind (Steckelberg 2010: 212ff.). Auch die fehlende Rückzugsmöglichkeit in den privaten Raum stellt für das weibliche Geschlecht vor diesem Hintergrund ein zusätzliches Risiko dar (Steckelberg 2021).

Ebenso ist in diesem Kontext zum dritten der Aspekt der Ausgrenzung und Unerwünschtheit zu würdigen, der allerdings bei genauer Betrachtung in einem gewissen Widerspruch zum Ultima Ratio-Charakter des öffentlichen Raumes für Wohnungslose steht. Einerseits ist der öffentliche Raum der letzte Ort, auf den wohnungslose Menschen zurückgeworfen werden, andererseits droht ihnen selbst dort teilweise der Ausschluss (Simon 2021: 945ff.; Malyssek/Störch 2021: 81ff.). Malyssek und Störch schreiben in diesem Zusammenhang von der »Verachtung der sozial Benachteiligten« (2021: 81), während Simon eine »Vertreibung der Missliebigen aus dem öffentlichen Raum« feststellt (2021: 945). Dabei sind es kriminalpolitisch motivierte institutionell-staatliche Bemühungen und auf einem Vorurteilsvorrat basierende Abgrenzungsbestrebungen der normativ orientierten Gesellschaft gleichermaßen, die diesen Prozessen Vorschub leisten. In der Konsequenz wird wohnungslosen Menschen im wahrsten Sinne der Boden unter den Füßen weggezogen, werden sie doch so zu Menschen ohne jeglichen Raum degradiert, zumal dieser für sie nicht nur Wohn-, sondern auch Wirtschaftsraum ist, in dem sie z.B. Zeitungen verkaufen oder etwas Geld und Lebensmittel erbetteln.

4. Veränderungen des öffentlichen Raumes durch die Corona-Pandemie

Im Zuge der weltweiten Corona-Pandemie ist es in den Jahren 2020 und 2021 zu gravierenden Veränderungen in der Gesellschaft insgesamt und in der Wahrnehmung des öffentlichen Raumes im Besonderen gekommen.

War der öffentliche Raum vorwiegend als ein Raum der (oftmals gewünschten) Begegnung etabliert, hat er diesen Status zumindest temporär durch massive Kontaktbeschränkungen und Ausgangssperren weitestgehend verloren. Die Kontaktbeschränkungen führten dazu, dass eine grundlegende anthropologische Konstante – das einander Begegnen und der unmittelbare persönliche Umgang miteinander – außerhalb der eigenen Familie gesetzlich phasenweise untersagt und Verstöße dagegen mit Sanktionen belegt wurden. Daraus resultierte eine gesellschaftliche Haltung der sogenannten *räumlichen Distanzierung* bzw. des *social distancing*, die sich in sehr kurzer Zeit als Staatsräson etablierte. Eine beeindruckende Kampagne mittels Fernsehbotschaften, Zeitungsanzeigen oder Plakaten führte dazu, diese Position mit Nachdruck in die Gesellschaft zu transportieren. Empirische Erhebungen wie z.B. die Mannheimer Corona-Studie kommen folglich auch zu der Erkenntnis, dass das *social distancing* von einem Großteil der Bevölkerung – auch freiwillig – mitgetragen wurde (Lehrer et al. 2020). Zwar zeigt die Studie auch, dass Treffen mit Freund:innen oder Verwandten phasenweise wieder durchgeführt wurden, dennoch hat sich das grundlegende Halten von Abstand als neue Leitkultur erfolgreich etabliert.

Gleichzeitig wurde das *social distancing* als Form der Solidarität vermittelt, die im Sinne einer »Subjektivierung des Sozialen« (Lessenich 2020: 179) bzw. »individualisiert-kollektiven Form der sozialen Solidarität« (ebd.: 182) verstanden werden kann. Indem der Einzelne sich zurückzieht und damit Eigenverantwortung übernimmt, trägt er zur gesellschaftlichen Absicherung der Gesundheit bei.

Mit der Konzentration auf den privaten Raum geht der Rückzug der Menschen aus dem öffentlichen Raum einher bzw. wenn der öffentliche Raum aufgesucht wird, dann sollte dies möglichst allein oder nur in Begleitung gestatteter Kontakte geschehen. Die Konsequenzen für die Menschen, deren privater Raum grundsätzlich beschränkt (oder nicht vorhanden) ist, liegen auf der Hand.

Die in Abschnitt 2 thematisierten Überwachungs- und Steuerungsmechanismen für den öffentlichen Raum verschärfen sich in Corona-Zeiten. Sind es in normalen Zeiten v.a. sog. *Problemgruppen*, die als gefährlich ausgewiesen werden (Negnal 2020), oder die sog. *gefährlichen Orte* (Krahmer 2021; Ullrich/Tullney 2012), die in besonderem Maße zum Ziel polizeilicher Kontrollmaßnahmen werden, gelten die stark ausgeprägten Kontrollmechanismen in Pandemiezeiten grundsätzlich allen Personen, die den öffentlichen Raum außerhalb der erlaubten Zeiten und in anderen Konstellationen als den durch die Pandemiegesetzgebungen gestatteten aufsuchen. Dies bedeutet einen enormen Kontrollaufwand, mit dem Polizei- und Ordnungsbehörden konfrontiert sind, da sich die Gefahr von Verstößen potenziert. Dabei handelt es sich zweifelsohne um massive, von den meisten »bis vor kurzem [...] als undenkbar angesehen[e]« (Guckelberger 2020: 1) Eingriffe in die Grundrechte der Bürger:innen, denn die grundsätzliche Bewegungsfreiheit der Menschen auch in öffentlichen Räumen ist elementar für die demokratische Gesellschaftsstruktur und entsprechend im Grundgesetz (Art. § 2) festgelegt.

Der öffentliche Raum ist somit nicht mehr der zu (fast) jeder Zeit von jeder Person beliebig aufsuchbare Ort der Präsentation, sondern er verändert sich zu einem hoch kontrollierten Raum, in dem teilweise Begegnung und erst recht der gesamte Lebensvollzug unerwünscht bzw. nicht gestattet sind.

5. Verlust der Freiheit im öffentlichen Raum: Verdrängung Wohnungsloser?

Debattierten in den Hochzeiten der Corona-Pandemie die politischen Akteur:innen, die Gesellschaft, Feuilletons u.a. in besonderem Maße über die Konsequenzen der Pandemie etwa für Wirtschaft, Bildung und Familien, rückten teils auch schwache und stärker sozial deklassierte Bevölkerungsgruppen in das Zentrum der Aufmerksamkeit. Gerade eingangs der pandemischen Situation fand mit den wohnungs- und obdachlosen Menschen eine Gruppierung etwas mehr Beachtung, die wohl wie kaum ein anderer Teil der Gesellschaft marginalisiert und in öffentlichen Debatten, die eher von etablierten Gruppen geprägt werden, nicht sichtbar ist (Busch-Geertsema/Henke 2020: 28).

Vor dem Hintergrund des in Abschnitt 3 erläuterten Umstandes, dass für Wohnungslose der öffentliche Raum wahrscheinlich der zentrale Ort der Lebensführung ist, erhalten die in Abschnitt 4 diskutierten gesellschaftlichen Beschränkungen erhöhte Dynamik und besondere Dramatik. Zunächst stellen die Ausgangssperren für Menschen, deren Wohnort die Straße und andere öffentliche Orte sind, ein noch weit größeres Problem dar als für *normale* Bevölkerungsgruppen. Die Nachdrücklichkeit, mit der die Rückbesinnung auf das Private gefordert wurde, erreicht auch wohnungslose Menschen. Allein: Es gibt in vielen Fällen keinen privaten Raum, in den ein Rückzug möglich wäre, sodass derartige Aufforderungen für wohnungslose Menschen befremdlich klingen (Rodriguez et al. 2021: 7). Während manche Bürger:innen, so die Zuspitzung von Groll und Ruttge, den Aufenthalt im privaten Raum, in der Wohnung, im Haus, nutzen, um »eine Auszeit vom öffentlichen Leben zu nehmen« (2021: 167), könnte die Lebensrealität vieler Wohnungsloser kaum weiter davon entfernt sein. Wohnungslose sind vielfach vollständig auf den öffentlichen Raum beschränkt, der nun auch für sie mit massiven Beschränkungen versehen wird. Grundsätzlich haben Politik und Behörden zumindest in Teilen Rücksicht auf die besonderen Bedürfnisse Wohnungsloser genommen. Aus einer Formulierungshilfe der Bundesregierung zum Epidemieschutzgesetz etwa geht hervor, dass Wohnungslosigkeit ein triftiger Grund sei, sich außerhalb des privaten Raumes aufzuhalten (Bundesgesundheitsministerium o.J.; Bodo e. V. 2021). Offenbar haben auch Bundesländer und Kommunen entsprechende Umsicht walten lassen (exemplarisch Landesregierung NRW 2021; Landesregierung Niedersachsen 2021).

Dem entgegen stehen Aufforderungen einzelner Kommunen, dass Wohnungslose sich in einem bestimmten Zeitraum an ihrem Schlafplatz aufhalten müssen (z.B. für die Stadt Essen: Der Westen 2021). Damit wird die Mobilität Wohnungsloser begrenzt auf einen kleinen Ort, der nicht selten mehr als eine Matratze oder ein Zelt umfasst. Dabei ist eben diese bedeutsam etwa zur Beschaffung von Nahrungsmitteln, Getränken oder aber auch zwecks Aufrechterhaltung sozialer Kontakte.

Losgelöst davon gesellt sich der Umstand hinzu, dass insgesamt das Kontrollaufkommen im öffentlichen Raum aufgrund der umfassenden Restriktionen zugenommen hat. Dabei treffen in den neu entstandenen »empty public spaces« (De Backer/Melgaco 2021: 49) Polizei (und weitere Kontrollakteure wie z.B. das Ordnungsamt) und Wohnungslose aufeinander. In einer empirischen Erhebung in Belgien dokumentieren De Backer und Melgaco eindrucksvoll mehr oder weniger informelle Kontrollaktivitäten, bei denen sog. »vulnerable populations« (2021: 48) in solchen leeren Räumen in Zeiten der Corona-Pandemie verstärkt in den Fokus repressiver Institutionen geraten. Das ist in *normalen* Zeiten bereits ein Problem – im nun von der Pandemie gezeichneten leeren öffentlichen Raum jedoch fallen diese Gruppen noch sehr viel mehr auf (ebd.: 2021: 52f.). Nicht von ungefähr ist der Beitrag von De Backer und Melgaco mit dem Titel *Everybody has to move* überschrieben.

Eine sehr ausführliche Würdigung der Thematik aus rechtswissenschaftlicher Sicht hat Leiterer bereits 2007 vorgelegt, in der sie zwar erläutert, dass ein Polizeieinsatz stets durch »eine konkrete Gefahr für die öffentliche Sicherheit und Ordnung« (107) begründet sein muss, sie aber andererseits auf Basis ihrer empirischen Daten der Polizei attestiert, Kontrollen gegen soziale Randgruppen gewissermaßen als Routinemaßnahme durchzuführen (106ff.; auch Simon: 2005; kritisch: Strasser/van den Brink 2003).

Als weiterer Aspekt ist der Aufenthalt in halb-öffentlichen bzw. teil-privatisierten Räumen wie z.B. Bahnhöfen oder U-Bahn-Stationen zu betrachten. Gerade in kalten Zeiten sind dies wichtige Unterkünfte für Wohnungslose, unterliegen aber den 3G-Kontrollen (Joswig 2021). Auch die BAG W weist auf diesen Umstand hin (BAG W 2021b).

Hinzu gesellt sich der Druck, sich möglichst pandemiesicher und geschützt vor Ansteckungen in private Räume wie z.B. Hilfeeinrichtungen, Unterkünfte usw. zu begeben, um der Sperre des öffentlichen Raumes Folge zu leisten (Busch-Geertsema/Henke 2020:16). Das wiederum bedeutete eine sehr große Herausforderung für das Hilfesystem, das zum einen an seine Belastungsgrenzen geriet und zum anderen auch selbst mit den Einschränkungen zu kämpfen hatte.

Busch-Geertsema und Henke (2020:11f.) sowie Lutz, Sartorius und Simon (2021: 45) zeigen auf, dass verschiedene Hilfeeinrichtungen im Zuge der Corona-Maßnahmen zunächst geschlossen wurden oder zumindest die Arbeitszeiten eingrenzten (auch Gräske et al. 2021). Die üblichen Dienstleistungen konnten von der Wohnungslosenhilfe längere Zeit nicht im gewohnten Umfang erbracht werden, was in einem Feld, das fundamental von der persönlichen Nähe und Kontaktpflege abhängt, überaus problematisch ist. Gerade in den Anfangszeiten der Pandemie war das Wissen um die Gefährlichkeit des Virus sowie den angemessenen Umgang mit der Situation noch nicht so weit entwickelt wie das etwa 2022 der Fall ist. Während sich das Hilfesystem neu orientieren musste, gerieten zahlreiche Wohnungslose in eine noch prekärere Situation als ohnehin bereits. Gemeinschaftsunterkünfte scheinen unter bisherigen Bedingungen eher ein Infektionsrisiko zu bergen als davor zu schützen, geschweige denn, eine angemessene Quarantänemöglichkeit darzustellen (Busch-Geertsema/Henke 2020:16ff.; Sartorius/Simon 2021:257).

Sartorius und Simon rekurrieren überdies unter Bezug auf die Corona-Verordnung des Landes Baden-Württemberg auf einen weiteren Umstand: Wohnungslose Menschen, die in Pflegeeinrichtungen untergebracht sind, waren – obwohl sich das öffentliche Leben wieder normalisierte – teils weiterhin von Ausgangsbeschränkungen betroffen (2021: 256; Lutz et al. 2021: 46f.). Inwiefern dies der Intention geschuldet ist, »das langsam wieder in Gang kommende öffentliche Leben vor den wohnungslosen Menschen [zu] schützen« (Sartorius/Simon 2021: 256), mag dahingestellt sein. In jedem Fall stellt eine solche Maßnahme auch jenseits des Gesundheitsschutzgedankens eine weitere Ausgrenzung der von Wohnungslosigkeit betroffenen Menschen aus dem öffentlichen Raum und damit aus einem wesentlichen Bereich ihres Lebensvollzugs dar.

Ein größeres Problem der Kontrolle des öffentlichen Raumes scheinen weiterhin Verstöße gegen Kontaktbeschränkungen zu sein, die den Berichten zufolge teilweise Bußgelder nach sich gezogen haben (Forth 2020; Badische Neueste Nachrichten

2020; Busch-Geertsema/Henke 2020: 29). Auf diesen Umstand heben auch Groll und Ruttge in ihrer empirischen Arbeit ab, in der die Befragten die Kontaktbeschränkungen »als gravierenden Eingriff in die Atmosphäre der Geselligkeit« (2021: 184) begreifen. Dabei sind soziale Kontakte zu anderen Betroffenen für viele wohnungslose Menschen grundlegend, fehlen vielen von ihnen doch Beziehungen zur Familie oder Gesellschaftskreisen außerhalb des eigenen deprivierten Milieus.

Ebenso weisen Groll und Ruttge darauf hin, dass Wohnungslosen durch Ausgangssperren und Kontaktbeschränkungen eine zentrale Einkommensquelle abhandenkommt (2021: 183). Das Sammeln von Pfandflaschen und Spenden, das Erbetteln von Bargeld oder Gegenständen oder der Verkauf von z.B. Zeitschriften sind Aktivitäten, die durch die Kontrolle des öffentlichen Raumes mehr oder weniger vollständig zum Erliegen kamen (Busch-Geertsema/Henke 2020: 28).

Überdies stellt sich mittel- und langfristig die Frage, inwiefern das *social distancing* auch jenseits von Kontaktbeschränkungen und Ausgangssperren künftig dazu führt, sich von Menschen, die kaum die von der Politik und Entscheidungsträger:innen formulierten hygienischen Anforderungen (Lutz et al. 2021: 44) umsetzen können und denen überdies gesellschaftliche Vorurteile entgegengebracht werden (Abschnitt 1), noch stärker abzuwenden und damit einer weiteren Ausschließung Vorschub zu leisten.

6. Diskussion

In dem vorliegenden Beitrag wurde der Blick auf die durch die Corona-Pandemie hervorgerufenen Veränderungen des öffentlichen Raumes für wohnungslose Menschen gerichtet. Es wurde hervorgehoben, dass der öffentliche Raum für viele wohnungslose Menschen im Gegensatz zu nicht von Wohnungsnot oder Wohnungslosigkeit betroffenen Gesellschaftsmitgliedern einen zentralen Raum der Lebensführung darstellt. Dabei geraten sie durchaus in Konflikt mit staatlichen Kontrollstrategien und ordnungspolitischen Paradigmen, wenngleich die Interaktionen nicht pauschal konfliktanfällig sein müssen (Strasser/van den Brink 2003). Die Corona-Pandemie, mit der umfassende Gesetzesänderungen und Verschärfungen – insbesondere das öffentliche Leben betreffend – einhergehen, unterstreicht die prekäre Situation wohnungsloser Menschen im öffentlichen Raum, wenngleich die empirische Studienlage im Hinblick auf diesen Umstand ausbaufähig ist.

In jeder Hinsicht ist die besondere Bedeutung des öffentlichen Raumes für Wohnungslose auch in Voraussicht auf künftige Krisenlagen zu überdenken. Erst die Pandemie selbst führte zu einer erhöhten Sensibilität in politischen und gesellschaftlichen Diskussionen. Der Umstand, dass teils nur *sanfte* Kontrollen durchgeführt wurden oder Wohnungslosen mit *Milde* begegnet wurde, legt aber auch eine fehlende Klarheit im Umgang mit den Betroffenen offen. Wohnungslose und ihr besonderes Verhältnis zum öffentlichen Raum müssen bei derart massiven Einschränkungen des öffentlichen Lebens vergleichbar zu anderen Gesellschaftsgruppen bei Gesetzgebungen und Regeln berücksichtigt werden. Denn es ist ein Problem, wenn eine Gruppe von der Güte der Kommunen und Sicherheitsakteure abhängt.

Zweifelsohne gilt das auch für die Förderung der Wohnungslosenhilfe, die offenkundig deutlich besser und damit auch krisenfester ausgestattet werden muss. Aber: Wohnungslosigkeit ist kein Ergebnis der Pandemie, sondern eine gesellschaftliche Konstante, mit der sich Staat und Gesellschaft auch in weniger stürmischen Zeiten befassen müssen. Zu würdigen sind u.a. aktuelle sozialräumliche Ansätze (weiterführend Alisch/May 2021; Steffen/Henke 2018).

Literaturverzeichnis

Alisch, Monika/May, Michael (Hg.) (2021): Ein Dach über dem Kopf: Wohnen als Herausforderung von Sozialraumentwicklung, Opladen/Berlin/Toronto: Barbara Budrich.

ASH Berlin/EBET e.V. (Hg.) (2018): Forschungsbericht. 1. Systematische Lebenslagenuntersuchung wohnungsloser Menschen. Eine Studie der ASH Berlin in Kooperation mit EBET e.V. https://opus4.kobv.de/opus4-ash/frontdoor/deliver/index/docId/246/file/ASH+EBET_Lebenslagenuntersuchung_2018.pdf (abgerufen am 19.04.2022).

Badische Neueste Nachrichten (2020): Schulden durch Corona. Corona-Bußgelder bringen Obdachlose in Schwierigkeiten. https://bnn.de/nachrichten/baden-wuerttemberg/corona-bussgelder-bringen-obdachlose-in-schwierigkeiten (abgerufen am 08.04.2022).

BAG W (2021a): Pressemitteilung. Steigende Zahl Wohnungsloser im Wohnungslosensektor, Wohnungslosigkeit anerkannter geflüchteter sinkt. Aktuelle Schätzung der BAG Wohnungslosenhilfe. https://www.bagw.de/de/presse/show/news.9754.html (abgerufen am 09.04.2022).

BAG W (2021b): Zweiter Corona-Winter – große Herausforderung für wohnungslose Menschen und das Hilfesystem. https://www.bagw.de/de/neues/news.9727.html (abgerufen am 08.04.2022).

Bodo e.V. (2021): Ausgangssperre und Obdachlosigkeit: Triftiger Grund. https://bodoev.org/2021/04/22/obdachlosigkeit-und-ausgangsbeschraenkung-triftiger-grund/ (abgerufen am 08.04.2022).

Borstel, Dierk/Sonnenberg, Tim/Szczepanek, Stephanie (Hg.) (2021): Die »Unsichtbaren« im Schatten der Gesellschaft – Forschungen zur Wohnungs- und Obdachlosigkeit am Beispiel Dortmund, Wiesbaden: Springer VS.

Bundesgesundheitsministerium (Hg.) (o.J.): Formulierungshilfe der Bundesregierung für die Fraktionen der CDU/CSU und der SPD. Entwurf eines Vierten Gesetztes zu Schutz der Bevölkerung bei einer epidemischen Lage von nationaler Tragweite. https://www.bundesgesundheitsministerium.de/fileadmin/Dateien/3_Downloads/Gesetze_und_Verordnungen/GuV/B/4._BevSchG_Formulierungshilfe.pdf (abgerufen am 22.04.2022).

Bundesministerium des Inneren und für Heimat (BMI): Kriminalprävention. https://www.bmi.bund.de/DE/themen/sicherheit/kriminalitaetsbekaempfung-und-gefahrenabwehr/kriminalpraevention/kriminalpraevention-node.html (abgerufen am 19.04.2022).

Busch-Geertsema, Volker/Henke, Jutta (2020): Auswirkungen der Covid-19-Pandemie auf die Wohnungsnotfallhilfen: Kurzexpertise als Ergänzung zum Forschungsbericht »Entstehung, Verlauf und Struktur von Wohnungslosigkeit und Strategien zu ihrer Vermeidung und Behebung«. https://www.armuts-und-reichtumsbericht.de/SharedDocs/Downloads/Service/fb-566-auswirkungen-covid-19-auf-wohnungsnotfallhilfen.pdf?__blob=publicationFile&v=3 (abgerufen am 07.04.2022).

Busch-Geertsema, Volker/Henke, Jutta/Steffen, Axel (2019): Forschungsbericht 534. Entstehung, Verlauf und Struktur von Wohnungslosigkeit und Strategien zu ihrer Vermeidung und Behebung. Ergebnisbericht, Bremen: Gesellschaft für innovative Sozialforschung und Sozialplanung e.V. https://www.ssoar.info/ssoar/bitstream/handle/document/64339/ssoar-2019-busch-geertsema_et_al-Entstehung_Verlauf_und_Struktur_von.pdf?sequence=1&isAllowed=y&lnkname=ssoar-2019-busch-geertsema_et_al-Entstehung_Verlauf_und_Struktur_von.pdf (abgerufen am 22.04.2022).

De Backer, Mattias L./Melgaco, Lucas (2021): ›Everybody Has to Move, You Can't Stand Still‹: Policing of Vulnerable Urban Populations During the COVID-19 Pandemic in Brussels, in: van Melk, Rianne/Filion, Pierre/Doucet, Brian (Hg.), Public Space and Mobility. Global Reflections on COVID-19 and Urban Inequalities, Bristol: Bristol University Press, (3), 47–54.

Der Westen (2021): Ausgangssperre in Essen: Droht ein Bußgeld auch für Obdachlose? Das erklärt die Stadt. https://www.derwesten.de/staedte/essen/ausgangssperre-essen-bussgeld-fuer-obdachlose-stadt-corona-notbremse-ausgangsbeschraenkung-uhrzeit-regel-massnahme-id232169349.html (abgerufen am 08.04.2022).

Finnerty, Joe (2021): Wohn- und Obdachlosigkeit. Aktuelle Theorien in der angelsächsischen Forschung, in: Sozial Extra, (45), 112–116.

Forth, Florian (2020): Verstöße gegen Coronaschutz? Coronavirus: Stadt knöpft Obdachlosen in Dortmund fast 230 Euro Strafe ab. https://www.ruhr24.de/dortmund/dortmund-obdachlose-coronavirus-strafe-bussgeld-covid-19-ordnung-samt-bodo-zr-13791546.html (abgerufen am 08.04.2022).

Garland, David W. (2008): Kultur der Kontrolle: Verbrechensbekämpfung und soziale Ordnung in der Gegenwart, Frankfurt a.M.: Suhrkamp.

Gerull, Susanne (2018): »Unangenehm«, »Arbeitsscheu«, »Asozial« – Zur Ausgrenzung von wohnungslosen Menschen, in: APuZ, Wohnungslosigkeit, (25–26), 30–36.

Gräske, Johannes/Koppe, Louise/Neumann, Fränze/Forbrig, Theresa A. (2021): Services for homeless people in Germany during COVID-19-pandemic: A descriptive study. in: Public Health Nursing, 1–7. https://onlinelibrary.wiley.com/doi/1 0.1111/phn.13027 (abgerufen am 19.04.2022).

Groll, Tobias/Ruttge, Janine (2021): Wohnen als Umfriedung – Wohnen in öffentlichen Räumen in Zeiten von Corona, in: Alisch, Monika/May, Michael (Hg.): Ein Dach über dem Kopf: Wohnen als Herausforderung von Sozialraumentwicklung, Opladen/Berlin/Toronto: Barbara Budrich, 167–190.

Guckelberger, Annette (2020): Ausgangsbeschränkungen und Kontaktverbote anlässlich der Corona-Pandemie, in: Neue Zeitschrift für Verwaltungsrecht – Extra, (9a) 39, 1–15.

Heitmeyer, Wilhelm (Hg.) (2012): Deutsche Zustände, Folge 10, Berlin: Suhrkamp Verlag.

Heitmeyer, Wilhelm/Endikrat, Kirsten (2008): Die Ökonomisierung des Sozialen. Folgen für »Überflüssige« und »Nutzlose«, in: Heitmeyer, Wilhelm (Hg.): Deutsche Zustände. Folge 6. 2525, Frankfurt a.M.: Suhrkamp, 55–72.

Hövermann, Andreas (Hg.) (2016): Anomia, institutionelle Anomie und Vorurteile – der Beitrag anomietheoretischer Ansätze zur Erklärung Gruppenbezogene Menschenfeindlichkeit, Dissertation an der Fakultät für Soziologie, Universität Bielefeld.

Hövermann, Andreas/Groß, Eva M., Zick, Andreas/Messner, Steven F. (2015a): Understanding the devaluation of vulnerable groups: A novel application of Institutional Anomie Theory, In: Social Science Research, (52), 408–421.

Hövermann, Andreas/Messner, Steven F./Zick, Andreas (2015b): Anomie, marketization, and prejudice toward purportedly unprofitable groups – Elaborating a theoretical approach on anomie-driven prejudices, in: Acta Sociologica, 58 (3), 215–231.

Huey, Laura (2012): Invisible Victims: Homelessness and the Growing Security Gap, Toronto: University of Toronto Press.

Joswig, Gareth (2021): Coronaregeln in Berlin. 3G macht noch obdachloser, in: taz. h ttps://taz.de/Coronaregeln-in-Berlin/!5817011/ (abgerufen am 15.04.2022).

Kessl, Fabian/Maurer, Susanne (2019): Soziale Arbeit, in: Kessl, Fabian/Reutlinger, Christian (Hg.): Handbuch Sozialraum. Grundlagen für den Bildungs- und Sozialbereich, 2. Auflage, Wiesbaden: Springer VS, 161–184.

Klose, Andreas (2012): Treffpunkt Straße. Öffentlicher Raum zwischen Verdrängung und Rückgewinnung. Einige geschichtliche und aktuelle Entwicklungen. https://www.sozialraum.de/treffpunkt-strasse.php (abgerufen am 07.04.2022).

Krahmer, Florian (2021): Definitionsmacht für »Gefährliche Orte«, in: Bürgerrechte und Polizei/CILIP: Polizeirecht – Entgrenzung und Protest, (127), Berlin: Verlag CILIP c/o Juristische Fakultät.

Künkel, Jenny/Pütter, Norbert (2020): Alltagspolizieren – eine Einleitung, in: Bürgerrechte und Polizei/CILIP: Polizei im Alltag, (123), Berlin: Verlag CILIP c/o Juristische Fakultät.

Landesregierung Niedersachen (2021): Kleine Anfrage zur schriftlichen Beantwortung gemäß § 46 Abs. 1 GO LT mit Antwort der Landesregierung. Drucksache 18/9490. Corona-Notbremse – Ausgangssperren und Hygieneregeln in Niedersachsen – Was sollen die Obdachlosen tun? https://www.landtag-niedersachsen.de/Drucksachen/Drucksachen_18_10000/09001-09500/18-09490.pdf (abgerufen am 15.04.2022).

Landesregierung Nordrhein-Westfalen (2021): Antwort der Landesregierung auf die kleine Anfrage. Drucksache 17/13585. Ausgangssperre für Wohnungslose? Drucksache 17/13909. https://www.landtag.nrw.de/portal/WWW/dokumentenarchiv/Dokument/MMD17-13909.pdf (abgerufen am 22.04.2022).

Lehrer, Roni/Juhl, Sebastian/Blom, Annelies G./Wenz, Alexander/Rettig, Tobias/Reifenscheid, Maximiliane/Naumann, Elias/Möhring, Katja/Krieger, Ulrich/Friedel, Sabine/Fikel, Marina/Cornesse, Carina (2020): Die Mannheimer Corona-Studie: Die vier Phasen des Social Distancing in Deutschland, Mannheim: Uni Mannheim. https://www.uni-mannheim.de/media/Einrichtungen/gip/Corona_Studie/Social_Distancing_Schwerpunktbericht_update.pdf (abgerufen am 19.04.2022).

Leiterer, Susanne P. (2007): »Zero Tolerance« gegen soziale Randgruppen? Hoheitliche Maßnahmen gegen Mitglieder der Drogenszene, Wohnungslose, Trinker und Bettler in New York City und Deutschland. Schriften zum Internationalen Recht, Bd. 168, Berlin: Duncker & Humblot.

Lessenich, Stephan (2020): Allein solidarisch? Über das Neosoziale an der Pandemie, in: Volkmer, Michael/Werner, Karin (Hg.): Die Corona-Gesellschaft. Analysen zur Lage und Perspektiven für die Zukunft, Bielefeld: transcript, 177–184.

Lutz, Ronald/Sartorius, Wolfgang/Simon, Titus (Hg.) (2021): Lehrbuch der Wohnungslosenhilfe. Eine Einführung in Praxis, Positionen und Perspektiven, 4. Auflage, Weinheim/Basel: Beltz Juventa.

Malyssek, Jürgen/Störch, Klaus (2021): Wohnungslose Menschen. Ausgrenzung und Stigmatisierung, 2. Auflage, Freiburg i.Br.: Lambertus.

Maslow, Abraham H. (1978): Motivation und Persönlichkeit. 2. Auflage, New York: Harper and Row.

Minton, Anna (2012): Ground Control. Fear and happiness in the twenty-first-century city, London: Penguin Books Ltd.

Negnal, Dörte (2020): Gefährliche Gruppen. Zur Personifizierung sozialer Probleme, In: Soziale Probleme, 31 (1–2), 37–61.

Nelson, Geoffrey/Goering, Paula/Tsemberis, Sam (2012): Housing for People with Lived Experience of Mental Health Issues: Housing First As a Strategy to Improve Quality of Life, in: Walker, Carl/Johnson, Katherine/Cunningham, Liz (Hg.): Community Psychology ans the socioeconomics of mental distress. International perspectives, Hampshire/NewYork: Palgrave Macmillan, 191–205.

Pütter, Norbert/Künkel, Jenny (2020): Drogen im öffentlichen Raum: Kontrolle, Verdrängung, Schikane, in: Bürgerrechte und Polizei/CILIP: Polizei im Alltag, (123), Berlin: Verlag CILIP c/o Juristische Fakultät.

Rodriguez, Natalia M./Lahey, Alex M./MacNeill, Justin J./Martinez, Rebecca G./Teo, Nina E./Ruiz, Yumary (2021): Homelessness during COVID-19: challenges, responses, and lessons learned from homeless service providers in Tippecanoe County, Indiana, in: BMC Public Health (1657), 1–10. DOI: 10.1186/s12889-021-11687-8 (abgerufen am 15.04.2022).

Sartorius, Wolfgang/Simon, Titus (2021): Wohnungslosigkeit und Wohnungsnotfallhilfe in pandemischen Zeiten, in: Kniffki, Johannes/Lutz, Ronald/Steinhaußen, Jan (Hg.): Covid 19 – Zumutungen an die Soziale Arbeit. Praxisfelder, Herausforderungen und Perspektiven, Weinheim/Basel: Beltz Juventa, 249–261.

Seidel, Felix (2021): Die Unmöglichkeit, nicht da zu sein – Eine Rekonstruktion von Subjektivierungssichtweisen problematisierter Menschen im öffentlichen Raum um den Bremer Hauptbahnhof. https://www.sozialraum.de/die-unmoeglichkeit-nicht-nicht-da-zu-sein.php (Stand 03.08.2022).

Simon, Titus (2001): Wem gehört der öffentliche Raum? Zum Umgang mit Armen und Randgruppen in Deutschlands Städten. Gesellschaftspolitische Entwicklungen, rechtliche Erkundungen und empirische Befunde, Wiesbaden: VS Verlag.

Simon, Titus (2005): Kein Platz für Arme – Der Umgang mit Randgruppen in deutschen Städten.«, in: Bürgerrechte und Polizei/CILIP: Kontrolle des öffentlichen Raumes, (81), Berlin: Verlag CILIP c/o Juristische Fakultät.

Simon, Titus (2021): Vom steten Ringen gegenläufiger Tendenzen: Rechtsverwirklichung versus Exklusion in der Wohnungslosenhilfe, in: Anhorn, Roland/Stehr, Johannes (Hg.): Handbuch Soziale Ausschließung und Soziale Arbeit. Perspektiven kritischer Sozialer Arbeit, Wiesbaden: Springer VS, 939–952.

Sowa, Frank (2022): Wohnungsnot als Figuration – Figuration der Wohnungsnot, in: ders. (Hg.): Figuration der Wohnungsnot. Kontinuität und Wandel sozialer Praktiken, Sinnzusammenhänge und Strukturen, Weinheim/Basel: Beltz Juventa, 9–34.

Steckelberg, Claudia (2010): Zwischen Ausschluss und Anerkennung. Lebenswelten wohnungsloser Mädchen und junger Frauen, Wiesbaden: VS Verlag für Sozialwissenschaften.

Steckelberg, Claudia (2021): Prozesse sozialer Ausschließung von wohnungslosen Mädchen und Frauen: eine anerkennungstheoretische Perspektive, in: Anhorn, Roland/Stehr, Johannes (Hg.): Handbuch Soziale Ausschließung und Soziale Arbeit. Perspektiven kritischer Sozialer Arbeit, Wiesbaden: Springer VS, 953–968.

Steffen, Axel/Henke, Jutta (2018): Strategien sozialräumlicher Integration von Wohnungslosen. Eine Kurzexpertise. FGW-Studie. Integrierte Stadtentwicklung 05, Düsseldorf: Forschungsinstitut für gesellschaftliche Weiterentwicklung.

Strasser, Hermann/van den Brink, Henning (2003): Von Wegschließern und Ausgeschlossenen: Ergebnisse einer Studie über Obdachlose und die Polizei in Duisburg, in: Soziale Probleme, 14 (2), 163–187.

Tsirikiotis, Athanasios/Sowa, Frank (2022): Armut und Wohnungslosigkeit, in: Marquardsen, Kai (Hg.): Armutsforschung. Handbuch für Wissenschaft und Praxis, Baden-Baden: Nomos, 281–294.

Ullrich, Peter/Tullney, Marco (2012): Die Konstruktion ›gefährlicher Orte‹. Eine Problematisierung mit Beispielen aus Berlin und Leipzig. https://www.sozialraum.de/die-konstruktion-gefaehrlicher-orte.php (abgerufen am 07.04.2022).

Wehrheim, Jan (2012): Die überwachte Stadt: Sicherheit, Segregation und Ausgrenzung, 3. Auflage, Berlin/Toronto: Verlag Barbara Budrich.

Wildner, Kathrin/Berger, Hilke Marit (2018): Das Prinzip des öffentlichen Raums. https://www.bpb.de/themen/stadt-land/stadt-und-gesellschaft/216873/das-prinzip-des-oeffentlichen-raums/ (abgerufen am 07.04.2022).

Zick, Andreas (2021): Herabwürdigungen und Respekt gegenüber Gruppen in der Mitte. In: Zick, Andreas/Küpper, Beate (Hg.): Die geforderte Mitte. Rechtsextreme und demokratiegefährdende Einstellungen in Deutschland 2020/21, Bonn: Dietz Verlag, 181–212.

Ziegler, Holger (2001): Community Diskurse in Jugendhilfe und Kriminalprävention: der Tod und die lokale Wiederauferstehung des Sozialen in der Kontrolle, in: Soziale Probleme, 12 (1/2), 183–208.

Ziegler, Holger (2019): Prävention als sozialraumbezogenes Handlungsfeld, in: Kessl, Florian/Reutlinger, Christian (Hg.): Handbuch Sozialraum. Grundlagen für den Bildungs- und Sozialbereich. Sozialraumforschung und Sozialraumarbeit, Bd. 14, Wiesbaden: Springer VS, 659–673.

Vom Aufbruch. Und denen, die wir zurücklassen.

Tim Sonnenberg, Bastian Pütter und Dierk Borstel

1. Einleitung

Die Covid-19 Pandemie war und ist in vielfacher Hinsicht ein Brennglas, unter dem sich soziale Ungleichheit(en) in einem weiterhin noch kaum abzusehenden Ausmaß verschärfen (dazu u.a. Butterwegge 2021a und b; Lutz 2021). Dies betrifft in besonderem Maße auch wohnungslose Personen (dazu auch Butterwegge 2020; Lutz et al. 2021): So waren Schutzmaßnahmen für viele dieser Gruppe(n) vielfach nicht nur nicht umsetzbar, sondern führten vielmehr zu zusätzlichen Problemen für die Alltagsbewältigung. Weiter führte insbesondere der Lockdown dazu, dass viele Angebote der Wohnungslosenhilfe notwendige Hilfen nicht mehr wie gewohnt anbieten konnten (u.a. Zeit-Online 2020) und in Teilen auch weiterhin nicht können.

Demgegenüber wurden (und werden) Narrative eines gemeinsamen Aufbruchs in Richtung Digitalisierung, Solidarität und nicht zuletzt einer erfolgreichen Bewältigung der Krise entwickelt, die in Richtung einer fortschrittlicheren und hoffnungsvollen Zukunft verweisen (dazu u.a. Frevert 2020). Trotz aller Interventionen verschiedenster Akteur:innen verschieben sich währenddessen die Relevanzen im Diskurs jedoch drastisch: Betrachtet wird was, teilweise trotz aller Hindernisse, gut läuft und in ebenjene Narrative zu passen scheint, während andere Themen in einer Sphäre gesellschaftlicher Irrelevanz zu verschwinden scheinen. Dass wohnungslose Personen in Zeiten des Lockdowns in großem Maß das Bild der nun ansonsten leeren Innenstädte prägten, wurde zwar teilweise mit, an Zynismus grenzenden, Romantisierungen über (Wieder-)Ermächtigungen des öffentlichen Raumes kommentiert, erreichte aber weder die aus dem eigenen Wohnraum herausgeführten Diskurse, noch das persönliche Blickfeld beim neu entdeckten Spaziergang, der vielmehr im Park als in der Innenstadt stattfand.

Der Beitrag soll dahingehend skizzieren, inwieweit die Corona-Pandemie für wohnungslose Personen auf gesellschaftlicher Ebene ein radikales Abrutschen in eine Sphäre struktureller Irrelevanz bedeutet, in der Schutzmaßnahmen insbesondere als Formen institutioneller Diskriminierung zu lesen sind. Weiter bedingt, so die These des Beitrags, der eingeläutete Digitalisierungsschub insbesondere, dass ebenjene Ungleichbehandlungen überhaupt nicht mehr in das Blickfeld der Gesellschaft gelangen – und wohnungslose Personen noch mehr als bisher in eine Unsichtbarkeit gedrängt werden.

2. Wohnungslosigkeit bedeutet Arbeiten mit dem, was übrigbleibt

Um Wohnungslosigkeit in Zeiten von Pandemie und Lockdown näher zu betrachten, bedarf es vorweg einer grundlegenden Bestimmung der Wohnungslosigkeit selbst. Dies scheint auf den ersten Blick nur allzu trivial, ist doch das Fehlen von Wohnraum naheliegenderweise zentral. Aus der hier vertretenen Perspektive heraus stellt eine *reine* Fokussierung darauf, wie dies insbesondere im mehrheitsgesellschaftlichen Diskurs der Fall ist, jedoch eine massive Reduktion der durchaus sehr komplexen Problemstrukturen dar. Vielmehr muss Wohnungslosigkeit verstanden werden als eine komplexe Verstrickung von »Überschuldung, materielle[r] Armut, existenzielle[n] Krisen, gesundheitliche[n] Beeinträchtigungen, fehlende[r] Privatsphäre, personale[n] und strukturelle[n], aber auch physische[n] wie psychische[n] Gewalterfahrungen oder diskriminierende[n] und stigmatisierende[n] Lebensbedingungen, die in der Folge einen Verlust von materiellen, kulturellen, sozialen und politischen Teilhabemöglichkeiten bedeuten« (Giertz/Sowa 2021: 50). Somit ist die Lebenslage Wohnungslosigkeit durch eine Vielzahl von Problemlagen gekennzeichnet, die weitere Folgeprobleme mit sich bringen (bspw. führt der Verlust eines Ausweises u.a. dazu, dass Sozialleistungen nicht beantragt werden, führt die fehlende Krankenversicherung zur Chronifizierung von Krankheiten durch fehlende Behandlung usw.) und die die Wohnungslosigkeit wiederum stabilisieren (Borstel et al. 2021). Aus der hier vertretenen Perspektive heraus ist dabei insbesondere Diskriminierung konstitutiv für die Lebenssituation, die in unterschiedlichsten Kontexten zu Exklusionen und Benachteiligungen führt: Auf institutioneller Ebene werden wohnungslose Personen auf dem Wohnungs- und Arbeitsmarkt diskriminiert, und erhalten kaum oder nur erschwert Arbeit, bzw. Wohnraum (Sonnenberg 2021), werden bspw. aus Bahnhofsgebäuden und von anderen öffentlichen Plätzen vertrieben (Malyssek/Störch 2009; Sonnenberg 2021) und erfahren mitunter sogar in Einrichtungen der Wohnungslosenhilfe Abwertung und Stigmatisierung (Schoneville 2013; Nübold 2021; Eisele 2021; Nübold/Sonnenberg 2021).

Diskriminierung verschließt somit wesentliche Zugänge zu gesellschaftlichen Teilbereichen – aber auch zu Handlungsmöglichkeiten, wie an dem sehr alltäglichen Beispiel des Toilettengangs deutlich wird: Da wohnungslose Personen über keine eigene Toilette verfügen, sind sie darauf angewiesen, diese bspw. in Einrichtungen der Wohnungslosenhilfe, innerhalb der Öffnungszeiten und in Anbetracht der räumlichen Erreichbarkeit zu nutzen. Wenn dies (und hier wird gänzlich ausgespart, dass es ggf. auch einfach nicht erwartbar ist, für jeden Toilettengang eine Einrichtung der Wohnungslosenhilfe nutzen zu *müssen*) aufgrund von bspw. Entfernung, Dringlichkeit oder Uhrzeit nicht möglich ist, und öffentliche Toiletten, wie etwa in Dortmund, vergleichsweise selten sind, begrenzen sich die Möglichkeiten jedoch radikal. Es besteht dann nur noch die Möglichkeit Bäckereien oder andere Gastronomiebetriebe dafür zu nutzen, die jedoch nicht selten eine Gebühr dafür erheben, bzw. dies nur Gästen erlauben – was wiederum mit der finanziellen Notlage deutlich kollidiert –, oder schlicht wohnungslosen Personen den Zutritt verwehren. Sofern zwischen fehlender Erreichbarkeit, Ausschluss und (für die Personen und in Anbetracht dessen, dass man meistens nicht nur einmal am Tag eine Toilette benötigt) Unverhältnismäßigkeit keine Alternative besteht, bleibt somit nur noch das sogenannte *Wildpinkeln*, was wiederum ordnungsrechtlich geahndet wird.

Dieses keinesfalls triviale Beispiel, das auf den ersten Blick vielleicht sogar mit humoristischem Unterton versehen gelesen werden könnte, könnte dabei nicht nur kaum mehr Ernsthaftigkeit haben, sondern ist auch mehr als bezeichnend für die Lebenssituation wohnungsloser Personen. So braucht man nicht weit blicken, um auch bei anderen grundlegendsten Aspekten menschlichen Lebens, bspw. dem *Aufenthalt*, festzustellen, dass dieser sich insbesondere auf Orte der *Duldung*, umringt von Verboten, (teils aggressiven) Platzverweisen (bspw. aus Bahnhofsgebäuden) bis hin zu Räumungen der Platten, reduziert (Malyssek/Störch 2009; Sonnenberg 2021). Bewältigung des Alltags findet somit insbesondere innerhalb der Nischen statt, die zwischen Ausschluss und Diskriminierung, Verbot und fehlenden Optionen, und nicht selten in Formen von Angewiesenheiten übrigbleiben. Diese Nischen, oder vielmehr eine Erweiterung solcher Nischen bietet insbesondere die Wohnungslosenhilfe, die nicht nur Beratung, sondern auch grundlegendste Versorgung mit Lebensmitteln, Aufenthalt, Kleidung, Möglichkeiten für Hygiene und Pflege usw. anbietet und somit eine zentrale Position innerhalb der Alltagsbewältigung und damit auch des Überlebens einnimmt (dazu auch Lutz et al. 2021).

3. Corona-Schutzmaßnahmen und die, die wir dabei vergessen haben

Wenngleich der Lockdown, als die sicherlich spürbarste und prägnanteste, zum Synonym aller Schutzmaßnahmen wurde, ging dieser einher mit diversen anderen Maßnahmen und Regelungen, wie bspw. den Kontaktbeschränkungen, Alkoholverbot im öffentlichen Raum, den sicherlich stellenweisen mehr als überfälligen Versuchen einer Digitalisierung von Verwaltungsakten, aber auch einer grundlegenden Digitalisierung sozialer Kontakte, im Rahmen des *social distancing*. Dies alles wurde begleitet von Narrativen nahe einer *toxic positivity* (dazu auch Schreiber 2022), durch die der Lockdown und alle weiteren Maßnahmen als Chance der Entschleunigung, der Selbstfindung und überhaupt als positiv wahrgenommen wurden, oder zumindest werden sollten. Puzzeln, Spazierengehen, Brot backen und Stricken wurden nostalgisch bis ideologisch aufgeladen und reaktiviert, digitale Yoga-

Gruppen und andere Zerstreuungen waren insbesondere dahingehend bemüht, die gewonnene Zeit in den eigenen vier Wänden möglichst als Selbstverwirklichung und Momente der Erfüllung zu verbringen.

Diese Narrative entstehen dabei in einer Situation, in der neue Achsen sozialer Differenzierung in den Fokus rücken: Neben der grundlegenden Unterscheidung von *infiziert* und *nicht-infiziert* sowie der folgenden Identifikation von (Hoch-)Risikogruppen und (unter anderen Umständen nicht grundlegend ungewöhnliche, hier aber neu kontextualisierte und thematisierte) Priorisierungen bei medizinischen Behandlungen (Hirschhauer 2020: 220f.), führt dies insbesondere zu der »sozial stärker aufgeladenen Differenz von Gefährdern und Gefährdeten« (ebd.: 221). Innerhalb dieser permanenten Gefahr, dem damit einhergehenden Ohnmachtserleben und insbesondere der begründeten Annahme, potenziell nicht nur gefährdete, sondern auch *gefährdende* Person zu sein, scheint darin (und vielleicht nicht allzu neu, aber in neuen Ausprägungen) anhand der Frage von *Nützlichkeit*, oder wenn man so möchte *Produktivität* differenziert zu werden (dazu auch Thomä 2020). So »avancieren prestigearme, schlecht bezahlte Berufsgruppen kurzfristig zu *systemrelevanten*« (ebd.: 219), während alle anderen im Lockdown ihre Produktivkraft auf sich anwenden, um diesen als Chance zu *nutzen*, und sich darüber hinaus in Solidarität, bzw. deren Bekundung üben. Man trägt seinen Teil bei, indem man sich mit ebenjenen Risikogruppen solidarisiert und in der neu-entdeckten Nachbarschaft gemeinschaftliche Beziehungen entwickelt (Frevert 2020: 13f.).

In folgenden Phasen werden davon ebenjene als unsolidarisch abgegrenzt, die Maßnahmen nicht einhalten, während die Thematisierung der ›systemrelevanten‹ Berufe sehr zeitig abklingt (Thomä 2020). Es bilden sich Gruppen mit teilweise atemberaubender Entwicklung von Verschwörungsideologien heraus, die nicht nur immer wieder Spaltungen markieren oder beschreiben, sondern sich selbst ebenfalls in einem Narrativ der Nützlichkeit – nämlich als diejenigen, die *wirklich* verstehen, erkennen, Probleme benennen usw. – erzählen (und darin auch die Gefährdenden, als auch sich selbst als Gefährdete markieren). Und während später insbesondere (einige) Impfgegner:innen sich selbst als vermeintlich diskriminiert beschreiben, und dazu immer wieder mehr als geschmacklose Holocaust-Vergleiche heranziehen, werden insbesondere in der Anfangshase von Corona diskriminierte, meist migrantische Gruppen immer wieder zu *Gefährdern* erklärt. So geschah dies bei Deutschen asiatischer Herkunft, die mit Schuldzuweisungen für die Entstehung der Pandemie konfrontiert wurden, bei jüdischen Personen im Rahmen antisemitischer Verschwörungsideologien' oder aber auch insgesamt im Rahmen von Erzählungen migrantischer Milieus als *Hotspots* für Infektionsgeschehen (Frevert 2020: 16f.). Und während die Gesellschaft immer wieder neu anhand der (Selbst-)Zuschreibungen von Nützlichkeit, sei es nun in ›systemrelevante Berufen‹, im Rahmen des Erschließens der Pandemie als Selbstfindung und der Selbstfürsorge, oder im Rahmen des *Aufdeckens* von vermeintlichen Verschwörungen, in Gefährdende und Gefährdete differenziert wird, gelangt die Thematik der Wohnungslosigkeit in eine bis daher nicht bekannte Form der Unsichtbarkeit, nämlich in eine Sphäre *struktureller Irrelevanz.*

Mit Beginn des Lockdowns konnten (und teilweise können) Einrichtungen der Wohnungslosenhilfe nicht mehr, oder nur noch notdürftig agieren, sodass Zugänge zu Nahrung, Kleidung und Hygiene deutlich reduziert bis teilweise sogar komplett verschlossen waren. Insbesondere aber konnten (auch weit über den Lockdown hinaus) Einrichtungen keinen Aufenthalt mehr anbieten – somit jene Orte, an denen die wohnungslosen Personen Ruhe finden können, und die nicht selten auch wesentliche Brücken für Beratung und letztlich Orte sozialer Eingebundenheit sind. Notschlafstellen mit Mehrbettzimmern wurden unter pandemischen Bedingungen nur noch unattraktiver, gleichzeitig wurde der Aufenthalt in den nun menschenleeren Innenstädten gleichermaßen schutzloser. Betteln in Innenstädten, Pfandsammeln, aber auch der Verkauf von Straßenzeitungen und letztlich auch Straßen-Sexarbeit wurden obsolet und teilweise wurden (bspw. in Dortmund) sogar öffentliche Zugänge zu Trinkwasser eingestellt. Die wohnungslosen Personen wurden einander und sich selbst überlassen, in jenem öffentlichen Raum, aus dem sie vorher nur allzu oft vertrieben wurden, und der nun für die Mehrheitsbevölkerung uninteressant, bzw. zum Ort der Gefährdung geworden war. Dies alles geschah dabei, und auch das ist bezeichnend, ohne dass dies (außerhalb des Fachdiskurses) überhaupt wahrgenommen oder gar problematisiert wurde.

Doch nicht nur der Lockdown selbst, sondern auch andere Schutzmaßnahmen bedeuten für wohnungslose Personen nicht Schutz, sondern vielmehr weitere Probleme und Krisen, bis hin zur Kriminalisierung alltäglicher Überlebensstrategien. Denn Kontaktbeschränkungen, Ausgangssperren, Alkoholverbote im öffentlichen Raum und andere Maßnahmen, setzen immer darauf, dass es einen *privaten Raum* gibt, in den man sich zurückziehen kann. Für Personen, deren Lebensmittelpunkt im öffentlichen Raum stattfindet, die diese Maßnahmen nicht im Häuslichen und Digitalen kompensieren können, werden diese zu Konfliktgaranten und schränken die eh schon begrenzten Handlungsmöglichkeiten nun bis ins Absurde ein.

Hinzu kommt, dass wohnungslose Personen in dieser Zeit eine besondere ordnungsrechtliche Aufmerksamkeit genießen, denn während sie durchaus sich selbst und einander überlassen wurden, sind sie nicht durchgehend allein im öffentlichen Raum. Sie teilen sich diesen mit Einsatzkräften der Polizei und des Ordnungsamtes, was jedoch eben nicht mit einem Gefühl von Sicherheit einhergeht. Vielmehr wird es vor dem Hintergrund alltäglicher Diskriminierung und Vertreibung (auch durch Ordnungskräfte), als Situation des *Ausgeliefert-Seins* und der permanenten Beobachtung unter Generalverdacht erlebt. Dies ist auch nicht ganz unbegründet, denn die Polizei- und Ordnungskräfte sind demgegenüber mit dem Auftrag der Sicherstellung von Schutzmaßnahmen betraut, in dessen Fokus in der ansonsten menschenleeren Innenstadt nahezu automatisch wohnungslose Personen stehen. In der Konsequenz bedeutet dies vielfach Verwarnungen und Sanktionierungen: Wenngleich Ausgangssperren für wohnungslose Personen eher zynisch anmuten, werden Verstöße dagegen durchaus mit (mehr als unverhältnismäßigen) Bußgeldern sanktioniert (u.a. der Westen 2020; Jonas 2022) und insbesondere die Kontaktbeschränkungen *pro Haushalt* werden mit deutlicher Konsequenz verfolgt. Immer wieder berichteten wohnungslose Personen davon, dass sie durch das Ordnungsamt verwarnt oder sanktioniert werden, weil sie bspw. die Beschränkung von nicht mehr als zwei Haushalten nicht eingehalten haben (dazu auch Gehrhardt 2020; Zeit-Online 2020).

Betrachtet man diese Praktiken in Bezug auf die von Gomolla (2017) formulierte Definition institutioneller Diskriminierung, zeigt sich schnell, dass es sich hierbei deutlich um die »Herabsetzung, Benachteiligung und Ausgrenzung von sozialen Gruppen und ihnen angehörigen Personen auf der Ebene von Organisationen und der in ihnen tätigen Professionen« (Gomolla 2017: 134) handelt. Dabei muss insbesondere *indirekte institutionelle Diskriminierung* nicht unbedingt aufgrund von Vorurteilen oder negativen Absichten geschehen, sondern resultiert vielmehr »daraus, dass die Chancen, vermeintlich neutrale Normen erfüllen zu können, bei Angehörigen verschiedener sozialer Gruppen grundsätzlich ungleich verteilt sind« (ebd.: 146) und entsprechend Angehörige bestimmter Gruppen überproportional negativ davon betroffen sind (ebd.). Diese Form der Diskriminierung ist somit weniger durch Intentionalität, sondern vielmehr durch die Nicht-Berücksichtigung und die Irrelevanz der Betroffenen bedingt, die für die Position wohnungsloser Menschen in der Pandemie nur allzu kennzeichnend sind.

Dass dies nicht nur im Schock des ersten Lockdowns der Fall ist, zeigt sich auch daran, dass im Rahmen der Lockerungen und der Hoffnungserweckungen auf den Sommer 2020, insbesondere Einrichtungen der Wohnungslosenhilfe kaum berücksichtigt werden. Die wohnungslosen Personen wurden somit nicht nur zurückgelassen, sie blicken nun auch dabei zu wie *die Gesellschaft* sich wieder erholt – insbesondere Geschäfte und Gastronomie können wieder öffnen – und in diesem Prozess von ihnen und ihren Anliegen keinerlei Notiz gemacht wird. Und auch heute – 2022, während das normale Leben zwischen Fitnessstudios, Gastronomie und Arbeitsplätzen für die meisten wieder hergestellt scheint – sind Einrichtungen der Wohnungslosenhilfe weiterhin nicht wie gewohnt nutzbar, sind Voraussetzungen wie Corona-Tests und Zugangsregelungen zusätzliche Hürden für die Nutzung von Angeboten. Wer seinen Impfausweis verliert, kann ggf. nicht ins Fitnessstudio oder ins Restaurant, und Sport und Essen in die eigenen vier Wände verlagern – wenn diese Person aber wohnungslos ist, bedeutet dies möglicherweise den Ausschluss aus grundlegenden Überlebenshilfen.

4. Alles wird digitaler – Wohnungslose werden unsichtbarer

Was sich dort im *Analogen* abzeichnet, wo Personen insbesondere sich selbst überlassen wurden und teilweise noch werden, insbesondere aber wie gesellschaftlich
damit umgegangen wird, zeigt sich nahezu symbolträchtig im Zuge der Digitalisierung. Diese wird als, im internationalen Vergleich nachholender, Entwicklungs-
schritt im Zuge der Pandemie gepriesen. Für wohnungslose Personen ist dies mangels realistischer Zugänge jedoch in erster Linie lediglich eine weitere Hürde zur gesellschaftlichen Teilhabe. Besonders verheerend zeigt sich dies am Beispiel der digitalen Verwaltung: Mit dem ersten Lockdown verschwindet die Möglichkeit, analog
und unmittelbar mit Ämtern und Institutionen in Kontakt zu treten, Telefone sind
unbesetzt und Büros dürfen nicht betreten werden. Termine gibt es derweil in vielen
Kommunen nur noch im Onlineverfahren. Was ist jedoch mit denen, die dazu keinen Zugang haben, weil sie über kein stabiles WLAN verfügen, kein Handy und/oder
genügend Strom für den Akku haben? Sie werden ausgeschlossen. Und selbst wenn
es gelingt, bspw. über Soziale Arbeit einen begehrten Termin in der Zukunft zu bekommen, ist dieser aufgrund der Lebenswelt für viele wohnungslose Personen oft
unerreichbar. Zu sehr bündelt die nun noch unsicherere und existenziellere Alltagsbewältigung alle Kraft und Ressourcen. Zukunftsplanungen hingegen brauchen Sicherheit, Ruhe und Muße.

Zusätzlich zur Zugangsfrage kommt ein zweiter Aspekt: Vielen wohnungslosen
Personen fällt es (in Anbetracht täglicher Konfrontation mit Diskriminierung, mehr
als nachvollziehbar) schwer, noch Vertrauen zu anderen Menschen und staatlichen
Systemen aufzubauen. Eine verstärkt onlinebasierte Verwaltung verspricht Ratio-
nalisierung und Beschleunigung von bürokratischen Prozessen. Parallel damit verbunden ist jedoch auch eine Zunahme von Entfremdung einerseits und der Abwehr
milieuüberschreitender Kommunikation andererseits. Niemand schaut sich in einer rein digitalen Verwaltung mehr in die Augen – Menschen brauchen jedoch diesen Schmierstoff der Nähe und Kommunikation untereinander, um überhaupt wieder Vertrauen zueinander schöpfen zu können.

Für die Mittel- und Oberschicht war die Gewöhnung an Videokonferenzen
und Onlinemeetings ein Mittel, um Kommunikation und Verbundenheit zu anderen Menschen zu sichern, dass nicht nur Handlungsspielräume, sondern sogar
neue Möglichkeiten von Inklusion zu ermöglichen schien, oder zumindest als
solche *erzählt* wurde (bspw. taz 2022). Zumindest aber suggerierte die Umstellung
von analoger Kommunikation auf digitale, seien es Teambesprechungen, Beratungsgespräche oder ganze Schul- und Lehrveranstaltungen, im Mindesten eine
Bewältigung der Krise. Gleichzeitig hat diese verstärkt digitale Kommunikation
einen weiteren wesentlichen Effekt auf soziale Ungleichheiten: Nur das, was überhaupt funktioniert, gerät ins Blickfeld. Was keinen Zugang zum Digitalen findet,
wird dort nicht als Problem erkannt. Wer an der digitalen Kommunikation nicht

teilnimmt, kann paradoxerweise nicht als *ausgeschlossen* wahrgenommen werden. Gleichzeitig geriet insbesondere im Lockdown die analoge Welt aus dem Blick vieler Personen, sodass auch notwendige Berührungspunkte mit anderen Lebenswelten, damit verbundene Auseinandersetzung mit sozialen Ungleichheiten und letztlich das Bewusstsein darum, immer mehr in Bereiche einer Peripherie gelangten.

5. Von der Ungleichheit in die Irrelevanz – ein (vorläufiges) Fazit

Aus Perspektive der System- und Differenzierungstheorie entstehen soziale Ungleichheiten, entgegen der gängigen Rhetorik, eben nicht nur im *Ausschluss* (somit der Exklusion), sondern vielmehr gerade *innerhalb* von Sozialzusammenhängen (im Rahmen der Inklusion) – nämlich durch die Verteilung ungleicher Positionen und damit verbundene Konsequenzen (Bommes/Scherr 2012: 166; Scherr u.a. 2021). Inklusion, in dieser betont kommunikationstheoretischen Perspektive (u.a. Nassehi 2004), bezieht sich somit auf die »Art und Weise [...], in der im Kommunikationszusammenhang Menschen *bezeichnet*, also für relevant gehalten werden« (Luhmann 1995b, 242), und durch die »das Gesellschaftssystem Personen vorsieht und ihnen Plätze zuweist, in deren Rahmen sie erwartungskomplementär handeln können« (Luhmann 1997: 621). Dabei wird dem kommunikationstheoretischen Design entsprechend nicht der gesamte Mensch inkludiert (Nassehi 2006: 50; Scherr 2021: 323), sondern vielmehr in der Form Person, als »kommunikativ erzeugte Adresse[...] für Erwartungen, Zurechnungen und Sinnprozessoren« (Nassehi 2004: 334) lediglich bestimmte, kontextspezifische Aspekte des Menschen (Luhmann 1984: 429; Luhmann 1995a: 141–143.; Kneer/Nassehi 2000: 156). Ungleichheiten entstehen, kurz gesagt, dadurch, dass aufgrund von Zuschreibungen und Erwartungen Positionen innerhalb des sozialen Gefüges angeboten werden, die mit Handlungsbegrenzungen, Rollenangeboten und *angemessenem Verhalten* einhergehen, und deren Nicht-Akzeptanz zu Exklusion führt (Luhmann 1975: 6; Bommes/Scherr 2012: 168f.) – was wiederum folgenreich für die Möglichkeiten des Zugangs zu sozialen, ökonomischen oder kulturellen Ressourcen ist (Scherr 2021: 322).

Exklusion ist dem demnach eine »explizite Operation, die weitere Kommunikation mit bestimmten Personen explizit ausschließt« (Nassehi 2004: 336), wobei es sich dabei um eine »*inkludierende* Operation handelt« (ebd.). Denn die »dauerhafte Ausschließung der Fortsetzung von Kommunikation« (ebd.) geschieht *aufgrund* der Bezeichnung, den Zuschreibungen und Erwartungen, und wird kommunikativ, somit im Rahmen von Inklusion, erzeugt. Eine wohnungslose Person wird somit anhand von Zuschreibungen und Erwartungen als nicht-relevant (bzw. vermeintlich störend) markiert, Vertreibungen aus dem Bahnhofsgebäude, morgendliche Weckdienste in der Innenstadt (Guth 2021) geschehen explizit *in* und *durch* Kommunikation und *aufgrund* von Zuschreibungen.

Von dieser *bestimmten* (*operativen*) Exklusion ist, dem Vorschlag von Nassehi (2004) folgend, jedoch die *unbestimmte* Exklusion zu unterscheiden. Von unbestimmter Exklusion sind demnach jene betroffen, die »*unbestimmt nicht relevant für ein soziales System*« sind, die also »aus der Perspektive eines bestimmten Kommunikationszusammenhangs nicht sichtbar werden« (ebd.). Die davon betroffenen sind somit nicht einmal dahingehen relevant, dass sie als irrelevant markiert werden.

Diese, freilich nur skizzenhaften, Darstellungen können dabei eine wesentliche Perspektive auf Wohnungslosigkeit in Zeiten von Corona pointieren: Während wohnungslose Personen bereits vor Corona alltäglich mit Ungleichbehandlungen und Diskriminierungen (innerhalb der Inklusionen) und Ausschlüssen (aus den Inklusionen heraus) konfrontiert waren, sind sie in (Hoch-)Zeiten von Corona nicht mehr *nur* aktiv exkludiert, sondern fallen vielmehr unter den Radar dessen, was überhaupt relevant genug ist, um aktiv ausgeschlossen und benachteiligt zu werden.

Denn in der Pandemie und letztlich mit der damit einhergehenden Digitalisierung verschiebt sich in massivem Ausmaß, *das was betrachtet wird*. Innerhalb des betrachteten Feldes ist es zweifellos möglich, Erfolge zu beobachten und positive Tendenzen, die hier auch gar nicht bestritten werden sollen, auszumachen. Von sozialen Ungleichheiten Betroffene gelangen aber, im Diskurs und im Rahmen der Digitalisierung, in einen Bereich fehlender Betrachtung, was nicht nur die öffentliche Wahrnehmung des gesellschaftlichen Aufbruchs in das hoffnungsvolle Neue, sondern auch Möglichkeiten zur Problematisierung und der Markierung von Bedarfen massiv erschwert. Was dabei das Zurücklassen in Zeiten des Lockdowns (und danach), die radikalen Verschlimmerungen der bereits existenziellen Notlagen, die zusätzlichen sozialen Isolationen, das Fehlen von Ruhepolen im bereits nur allzu erschöpfenden Alltag der Wohnungslosigkeit und die Kriminalisierung von Alltagsbewältigung im Rahmen der Corona-Schutzverordnungen an individuellen Folgen haben, kann letztlich nur erahnt werden.

Literaturverzeichnis

Annen, Philipp (2020): Agency auf der Straße, Wiesbaden: Springer VS.

Bommes, Michael/Scherr, Albert (2012): Soziologie der Sozialen Arbeit. Eine Einführung in Formen und Funktionen organisierte Hilfe. 2. vollständig überarbeitete Auflage, Weinheim Basel: Beltz Juventa.

Borstel, Dierk/Sonnenberg, Tim/Szczepanek, Stephanie (Hg.) (2021): Die »Unsichtbaren« im Schatten der Gesellschaft – Forschungen zur Wohnungs- und Obdachlosigkeit am Beispiel Dortmund, Wiesbaden: Springer VS.

Butterwegge, Christoph (2020): Corona, Armut und Sozialstaat, in: Forum SOZIAL (2), 23–28.

Butterwegge, Christoph (2021a): Wachsende Ungleichheit im Corona-Zeitalter. Die sozioökonomischen Konsequenzen der Pandemie, in: Lutz, Ronald/ Steinhaußen, Jan/Kniffki, Johannes (Hg.), Corona, Gesellschaft und Soziale Arbeit. Neue Perspektiven und Phasen, Weinheim Basel: Beltz Juventa, 78–104.

Butterwegge, Christoph (2021b): Das neuartige Virus trifft auf die alten Verteilungsmechanismen: Warum die COVID-19-Pandemie zu mehr sozialer Ungleichheit führt. Wirtschaftsdienst (101), 11–14. https://doi.org/10.1007/s10273-021-2817-5 (abgerufen am 11.02.2023).

Der Westen (2020): Ausgangssperre in Essen: Droht ein Bußgeld auch für Obdachlose? Das erklärt die Stadt www.derwesten.de/staedte/essen/ausgangssperre-essen-bussgeld-fuer-obdachlose-stadt-corona-notbremse-ausgangsbeschraen kung-uhrzeit-regel-massnahme-id232169349.html (abgerufen am 11.02.2023).

Eisele, Alexander (2021): Partizipative Forschung mit Wohnungslosen. Sozial Extra (45), 128–133. https://doi.org/10.1007/s12054-021-00370-2 (abgerufen am 11.02.2023).

FEANTSA (2005): ETHOS Europäische Typologie für Wohnungslosigkeit. https://www.feantsa.org/en/toolkit/2005/04/01/ethos-typology-on-homelessness-and-housing-exclusion?bcParent=27 (abgerufen am 11.02.2023).

Frevert, Ute (2020): Corona-Gefühle, in: Kortmann, Bernd/Schulze, Günther G. (Hg.): Jenseits von Corona. Unsere Welt nach der Pandemie – Perspektiven aus der Wissenschaft, Bielefeld: transcript. S. 13–20.

Gehrhardt, Alexandra (2020): Wenig Augenmaß https://bodoev.org/2020/06/30/wenig-augenmass/ (abgerufen am 11.02.2023).

Giertz, Karsten/Sowa, Frank (2021): Wohnungslosigkeit und psychische Erkrankungen, in: Giertz, Karsten/Große, Lisa/Gahleitner, Silke Birgitta (Hg.), Hard to reach: schwer erreichbare Klientel unterstützen, Köln: Psychiatrie Verlag, 48–60.

Gomolla, Mechthild (2017): Direkte und indirekte, institutionelle und strukturelle Diskriminierung, in: Scherr, Albert/El-Mafaalani, Aladin/Yüksel, Gökçen (Hg.): Handbuch Diskriminierung, Wiesbaden: Springer VS, 133–155.

Guth, Felix (2021): In Dortmund gibt es jetzt einen »Weckdienst« für Wohnungslose. www.ruhrnachrichten.de/dortmund/in-dortmund-gibt-es-jetzt-einen-weckdienst-fuer-wohnungslose-w1687020-p-2000347885/ (abgerufen am 11.02.2023).

Hirschhauer, Stefan (2020): Pandemische Humandifferenzierung, in: Die Corona-Gesellschaft. Analysen zur Lage und Perspektiven für die Zukunft, Bielefeld: transcript, 217–225.

Jonas, Ulrich (2022): Kein Knast für Knöllchen. www.hinzundkunzt.de/kein-knast-fuer-knoellchen/ (abgerufen am 11.02.2023).

Kneer, Georg/Nassehi, Armin (2000): Niklas Luhmanns Theorie sozialer Systeme, Stuttgart: UTB.

Kohlrausch, Bettina/Zucco, Aline (2020): Corona trifft Frauen doppelt – weniger Erwerbseinkommen und mehr Sorgearbeit, WSI Policy Brief Nr. 40, Mai 2020. www.wsi.de/de/faust-detail.htm?sync_id=HBS-007676 (abgerufen am 11.02.2023).

Luhmann, Niklas (1975): Interaktion, Organisation, Gesellschaft, in: Luhmann, Niklas, Soziologische Aufklärung 2. Aufsätze zur Theorie der Gesellschaft. 7. Auflage, 2018, Wiesbaden: Springer VS, 1–16.

Luhmann, Niklas (1995a): Die Form Person, in: Luhmann, Niklas, Soziologische Aufklärung 6. Die Soziologie und der Mensch. 4. Auflage, 2018, Wiesbaden: Springer VS, 137–149.

Luhmann, Niklas (1995b): Inklusion und Exklusion, in: Luhmann, Niklas, Soziologische Aufklärung 6. Die Soziologie und der Mensch. 4. Auflage, 2018, Wiesbaden: Springer VS, 239–266.

Luhmann, Niklas (1997): Die Gesellschaft der Gesellschaft. 10. Auflage, 2018, Frankfurt a.M.: Suhrkamp Verlag.

Lutz, Ronald (2021): Coronakrise – Unverfügbarkeit, Metamorphose und Neue Pfade, in: Lutz, Ronald/Steinhaußen, Jan/Kniffki, Johannes (Hg.): Corona, Gesellschaft und Soziale Arbeit. Neue Perspektiven und Phasen, Weinheim: Beltz Juventa, 14–34.

Lutz, Ronald/Sartorius, Wolfgang/Simon, Titus (2021): Lehrbuch der Wohnungslosenhilfe. Eine Einführung in Praxis, Positionen und Perspektiven. 4. Auflage, Weinheim Basel: Beltz Juventa.

Malyssek, Jürgen/Störch, Klaus (2009): Wohnungslose Menschen. Ausgrenzung und Stigmatisierung, Freiburg i.Br.: Lambertus.

Nassehi, Armin (2004): Inklusion, Exklusion, Ungleichheit. Eine kleine theoretische Skizze, in: Schwinn, Thomas (Hg.): Differenzierung und soziale Ungleichheit. Die zwei Soziologien und ihre Verknüpfung, Frankfurt a.M.: Humanities Online Verlag, 323–352.

Nassehi, Armin (2006): Die paradoxe Einheit von Inklusion und Exklusion, in: Bude, Heinz/Willisch, Andreas (Hg.): Das Problem der Exklusion. Ausgegrenzte, Entbehrliche, Überflüssige, Hamburg: Hamburger Edition, 46–69.

Nübold, Laura (2021): Endstation Männerübernachtungsstelle?!, in: Borstel, Dierk/Sonnenberg, Tim/Szczepanek, Stephanie (Hg.): Die »Unsichtbaren« im Schatten der Gesellschaft – Forschungen zur Wohnungs- und Obdachlosigkeit am Beispiel Dortmund, Wiesbaden: Springer VS, 171–192.

Nübold, Laura/Sonnenberg, Tim (2021): Exklusion innerhalb der Wohnungslosenhilfe. Auszüge aus den Dortmunder Studien zur Lebenswelt wohnungsloser Menschen, im Kontext von Exklusion und Partizipation, in: wohnungslos (1), 34–37.

Scherr, Albert (2021): Systemtheoretische Perspektive und soziale Ausschließung: Inklusions- und Exklusionsordnungen in der funktional differenzierten Gesell-

schaft., in: Anhorn, Roland/Stehr, Johannes (Hg.): Handbuch soziale Ausschließung und Soziale Arbeit, Wiesbaden: Springer VS, 313–331.

Schoneville, Holger (2013): Lebensmittelausgaben zwischen Hilfe und Beschämung
der NutzerInnen, in: Sozial Extra (37), 28–30. https://doi.org/10.1007/s12054-01
3-1019-9 (abgerufen am 11.02.2023).

Schreiber, Juliane Marie (2022): Ich möchte lieber nicht. Eine Rebellion gegen den
Terror des Positiven, München: Piper Verlag.

Schwarz, Silvia (2021): Flüchtige Räume – Aneignungsstrategien von Frauen in Situationen der Wohnungslosigkeit, Opladen: Verlag Barbara Budrich.

Sonnenberg, Tim (2021): Wohnungslosigkeit. Eine phänomenologische Analyse, in:
Borstel, Dierk/Sonnenberg, Tim/Szczepank, Stephanie (Hg.): Die »Unsichtbaren« im Schatten der Gesellschaft – Forschungen zur Wohnungs- und Obdachlosigkeit am Beispiel Dortmund, Wiesbaden: Springer VS, 19–73.

Taz (2022): Folgen der Pandemie. Unsichtbar im Home-Office. https://taz.de/Folge
n-der-Pandemie/!5852086/ (abgerufen am 11.02.2023).

Thomä, Dieter (2020): Die Spaltung der Corona-Gesellschaft und die Feier der All-
tagshelden, in: Kortmann, Bernd/Schulze, Günther G. (Hg.): Jenseits von Corona. Unsere Welt nach der Pandemie – Perspektiven aus der Wissenschaft, Bielefeld: transcript, 51–58.

Zeit-Online (2020): Corona-Bußgelder bringen Obdachlose in Schwierigkeiten. w
ww.zeit.de/news/2020-11/11/corona-bussgelder-bringen-obdachlose-in-schwi
erigkeiten?utm_referrer=https%3A%2F%2Fwww.google.de%2F (abgerufen am
11.02.2023).

Verdeckte Wohnungslosigkeit durch Partnerschaftsgewalt in Zeiten von Covid-19

Victoria Sophie Hazebrouck

1. Einleitung

Am 23. November 2021 veröffentlichte das Bundeskriminalamt (BKA) die aktuellen Daten zur Partnerschaftsgewalt: Im Jahr 2020 wurden 146.655 Fälle gemeldet – ein Anstieg von 4,9 % im Vergleich zum vorangegangenen Jahr, wovon über 80 % der Opfer weiblich waren (BKA 2021: 3–6).

Es war ein Anstieg, der vor dem Hintergrund der Covid-19-Pandemie erwartet wurde: Die Vereinten Nationen (UN) warnten am Anfang der Pandemie, dass Corona-Gegenmaßnahmen, wie z.b. Lockdowns, Ausgangssperren und Home-Office-Pflicht, steigende Gewalt gegen Frauen bedeuten könne (Mlambo-Ngcuka 2020).

Nichtdestotrotz fand das BKA keine direkte Verbindung zwischen dem Partnerschaftsgewaltanstieg und den Corona-Maßnahmen, da es während des zweiten Lockdowns im Herbst 2020 ein Rückgang der Meldungen verzeichnete und keine Verbindung der Meldungen zu den Corona-Neuinfektionen feststellte (BKA 2022: 10) – obwohl Statistiken anderer Organisationen, wie die des Weißen Rings, des Hilfetelefons: Gewalt gegen Frauen (im Weiteren: Hilfetelefon) oder des Frauenhauskoordinierung e.V. (FHK) das gesamte Jahr 2020 einen Anstieg der Inanspruchnahme ihrer Hilfsangebote registrierten (Korbik 2021). Dabei waren sie selbst der Pandemie ausgesetzt. Frauenhäuser konnten z.b. nur einen Teil ihrer Unterkünfte anbieten, bzw. mussten zeitweise schließen und hilfesuchende Frauen ablehnen (FHK 2021: 44).

Diese Ablehnungen können nicht nur fatale Konsequenzen haben, sondern erhöhen auch die Problematik der verdeckten Wohnungslosigkeit. Verdeckte Wohnungslosigkeit beschreibt den Zustand, in dem eine Person keine mietrechtliche Absicherung ihrer Wohnsituation hat und, um nicht auf der Straße leben zu müssen, unsichere und prekäre Wohnverhältnisse in Kauf nimmt (BAG W 2019: 2). Dadurch kann sie nicht statistisch als wohnungslos erfasst werden. Dies betrifft vor allem Frauen. Besonders dann, wenn sie aufgrund von Partnerschaftsgewalt in einer unsicheren Wohnsituation (eine der vier Kategorien der Wohnungslosigkeit gemäß der

Europäischen Typologie für Wohnungslosigkeit (ETHOS o. D.)) verweilen und keine polizeiliche Meldung erstatten oder keinen Schutz in Frauenhäusern oder ähnlichen Einrichtungen suchen bzw. finden. Der gemessene Rückgang von Frauenhausbewohnenden während der Corona-Pandemie – 431 Personen wurden weniger im Jahr 2020 beherbergt als in 2019 (FHK 2021: 12) – in Kombination mit dem erwiesenen Anstieg von Partnerschaftsgewalt gegen Frauen deuten darauf hin, dass Frauen entweder in unsicheren Wohnsituationen verweilen oder Schutz bei Freund:innen, Verwandten, Nachbarn etc. suchen. Durch die fehlende Quantifizierung des Problems bleibt die verdeckte Wohnungslosigkeit allerdings fern von der politischen Agenda. Dabei gibt es Faktoren, wie Partnerschaftsgewaltanstieg, Arbeitsverlust, familiäre Verpflichtungen (z. B. Pflege der Angehörigen) etc., die im Jahr 2020 überproportional Frauen betrafen. Dies fördert das unsichere Wohnen sowie die verdeckte Wohnungslosigkeit (Madgavkar et al. 2020: 2ff.; Profeta 2021: 271).

Der Beitrag beleuchtet daher unter einem sozialkonstruktivistisch-feministischen Blickwinkel Frauen in der verdeckten Wohnungslosigkeit aufgrund von Partnerschaftsgewalt und analysiert, welche Auswirkungen die Coronapandemie auf Frauen in dieser Situation hatte. Die qualitative Analyse fokussiert sich auf die geschlechterbasierten Auswirkungen der Pandemie. Der Abschnitt schließt mit einer kurzen Zusammenfassung sowie abschließenden Gedanken zur Politisierung der Thematik.

2. Positionierung

Feminismus, dessen »grundlegendes Ziel die Gleichberechtigung zwischen Frauen und Männern« (Lorber 2010: 1) ist, lässt sich, wie andere politische Theorien, unterschiedlich (liberal, konservativ etc.) auslegen. Diese Arbeit nutzt den sozialkonstruktivistischen Feminismus und den daraus resultierenden geschlechterhierarchischen Verdeckungszusammenhang (basierend auf den Überlegungen des Tübinger Instituts für frauenpolitische Sozialforschung, vgl. Bitzan et al. 2000: 41ff.). Die Untersuchung bezieht sich auf Frauen ohne Migrationshintergrund sowie des biologisch weiblichen Geschlechts. Frauen mit Migrationshintergrund oder der Lesbian-Gay-Bisexual-Transgender-Queer-Community (LGTBQ) haben andere Implikationen bezüglich Wohnungslosigkeit und Partnerschaftsgewalt, deren Betrachtung hier über den Rahmen hinausgeht.

2.1 Feminismus

Im sozialkonstruktivistischen Feminismus wird zwischen dem biologischen und soziokulturellen Geschlecht unterschieden. Eine Person wird nicht nur durch ihre biologischen Geschlechtsteile zum Mann oder zur Frau, sondern auch durch die

Annahme bestimmter psychologischer und kultureller Eigenschaften, die in der Gesellschaft mit einem Mann oder einer Frau verbunden sind. Die bewusste sowie unbewusste Identifizierung mit einem soziokulturellen Geschlecht bringt gewisse Implikationen innerhalb des Gesellschaftskonstrukts über ihre wirtschaftlichen, (macht-)politischen, gesellschaftlichen Rollen und Privilegien mit sich (Lorber 1997: 30). Dadurch entstehen Ungleichheiten, unter denen meist Frauen leiden (Lorber 2010: 4).

Der Feminismus stellt zudem die Dichotomie zwischen dem Privaten und Öffentlichen in Frage (Wischermann 2003: 23). Es besteht eine geschlechterspezifische Tendenz in der Politik, wobei Fraulichkeit in die private Sphäre, fern von der politischen Beachtung, eingeordnet wird. Die weibliche Lebensrealität gerät in die Verdeckung bzw. Verharmlosung (Bitzan et al. 2000: 42f.). Die per se gesetzliche Geschlechtergleichstellung maskiert die eigentlich herrschenden »gesellschaftlichen, geschlechtlich formierten Herrschaftsverhältnisse [...]« (Klinger 2014: 112), die »vor dem Hintergrund von Gleichheitspostulaten als solche nicht mehr benannt werden können und damit als Individualbelastungen definiert und auch erlebt werden« (ebd.). Der Ursprung geschlechterbezogener Ungleichheiten wird durch das Abschieben der Problematik in die private Sphäre, getarnt als individuelles Schicksal, verdeckt. Es ist daher essenziell den geschlechterhierarchischen Verdeckungszusammenhang basierend auf der Rolle der Frau im Gesellschaftskonstrukt und der bestehenden Rechts- und Normengefüge der Gleichberechtigung aufzuzeigen (Bitzan 2000: 41ff; Klinger 2014: 112). Die seit Zeiten andauernde Schattenpandemie (Mlambo-Ngcuka 2020) zeigt in diesem Sinne, dass Partnerschaftsgewalt kein Individualschicksal ist: Weltweit erlebt eine von drei Frauen physische oder sexualisierte Gewalt durch einen (ehemaligen) Partner während ihrer Lebzeiten (Vaeza 2020).

2.2   Feminismus und Wohnungslosigkeit

Ein historischer Abriss weiblicher Wohnungslosigkeit ist aufgrund ihrer jeher bestehenden Verdeckung schwierig (Oudshoorn et al. 2018: 6). Bevor Frauen das Recht auf selbstbestimmtes Wohnen nach dem Einzug der Frauenbewegung in den 1970er Jahren erlangten, wurden sie nur in Beziehung und Abhängigkeit zu ihrem männlichen Gegenpart verstanden (ebd.: 7f.). Wohnungslose Frauen wurden als Affront und Normabweichung gesehen. Von der Öffentlichkeit wurden sie allerdings kaum wahrgenommen. Ein starker Kontrast dazu ist die öffentliche Wahrnehmung männlicher Wohnungslosigkeit, welche in manchen Bereichen zur Konnotation des »20. Jahrhundert[s] als ›Jahrhundert der wohnungslosen Männer‹« führte (ebd.: 7).

Auch im 21. Jahrhundert, nachdem Frauen ein Recht auf Selbstbestimmung vor dem Gesetz erlangt haben, bleibt die Problematik der verdeckten Wohnungslosigkeit bestehen. Die Ursprünge liegen im sozialen Konstrukt des weiblichen

Geschlechtes sowie in der machthierarchischen Verankerung der Männlichkeit in der Politik. Im Zusammenspiel des Gesellschaftskonstrukts, der Normen und der konstruierten Geschlechter gelingt es der Frau nicht aus der Diskriminierung auszubrechen und ihre Situation in die Sichtbarkeit zu bringen – vor allem dann nicht, wenn neben der finanziellen und situativ prekären Lage der Frau auch noch die Unsicherheit häuslicher Gefahr in ihrer Wohnsituation droht.

2.2.1 Partnerschaftsgewalt

In Deutschland existiert keine einheitliche Definition von Partnerschaftsgewalt. Jedes Gewaltdelikt wird gemäß dem Strafgesetzbuch (StGB) einzeln verfolgt (Bundestag 2014: 3). Das Gewaltschutzgesetz (GewSchG) schützt ebenfalls Opfer bei Partnerschaftsgewalt. Es regelt z.B., dass die Person, die eine andere Person körperlich, gesundheitlich, in ihrer Freiheit oder sexuellen Selbstbestimmung verletzt hat, die Wohnung befristet verlassen und einen gewissen Abstand zu ihr wahren muss (GewSchG § 1). Die Gesetze halten sich zwar geschlechtsneutral, Hintergrundpapiere im Polizei- und Ordnungsrecht nennen aber Frauen als Opfer (Hagemann-White 2019: 88f.).

Tatsächlich lässt sich in der sozialkonstruierten Geschlechterrolle der Männer Gewalt zu einem gewissen Grad wiederfinden, was durch männlich ausgelegtes Spielzeug (Plastikpistolen), männlich dominierte Sportarten oder Berufe (Boxen, Militär) unterstützt und gefördert wird (Anderson 2005: 859). Männer sind zudem bei gleichen Voraussetzungen gegenüber Frauen biologisch überlegen. Die Überlegenheit kann z.B. auch in unserem soziokulturellen Konzept von (heterosexuellen) Beziehungen verwurzelt sein, wenn Frauen beispielsweise Männer bevorzugen, die größer sind als sie und Männer Frauen bevorzugen, die kleiner sind als sie. Katalysiert wird das asymmetrische Machtverhältnis, wenn die Frau wirtschaftlich vom Mann abhängig ist oder sie gemeinsame Kinder haben (ebd.: 860f.). Die Anwendung männlicher Gewalt gegen Frauen ist »eine Ausdrucksform der historisch gesehen ungleichen Machtverhältnisse zwischen Männern und Frauen [...] zur Beherrschung und Diskriminierung [dieser]« (UN 1993: 239).

Es handelt sich bei Partnerschaftsgewalt um den physischen und/oder sexuellen Missbrauch sowie die psychologische Unterdrückung und emotionelle Misshandlung durch Ausübung von Macht und Gewalt gegenüber einer anderen Person (Anderson 2005: 859). Auch wenn dieser Beitrag sich nur mit der intimen Partnerschaftsgewalt unter Nutzung häuslicher Gewalt auseinandersetzt, ist anzumerken, dass definitorisch keine intime Beziehung oder der Aspekt der eigenen vier Wände der Partnerschaftsgewalt zugrunde liegen muss.

Weibliche Opfer von Partnerschaftsgewalt unterliegen oft geschlechterbasierten Vorurteilen und der Täter-Opfer-Umkehr (z.B. Wenn es doch so schlimm sei, wieso bleibt die Frau beim Partner? Hat die Frau es nicht vielleicht selbst durch ihr

Handeln/Kleidung provoziert?), was zu einer (lebenslangen) Verstummung von Betroffenen führen kann (Enders-Dragasser 1994: 16).

2.2.2 Wohnsituation und finanzielle Lage

Mit der Frauenbewegung und dem neuen Jahrtausend hat sich die Wahrnehmung von Partnerschaftsgewalt (z.b. Strafbarkeit von Vergewaltigung in der Ehe) sowie die Natur der Wohnungslosigkeit (losgelöst von familiärer oder ehelicher Abhängigkeit) geändert (Doherty 2001: 8–13). Familien- und Haushaltdynamiken haben neue Formen angenommen (z.b. alleinerziehende Eltern, frauengeführte Haushalte). Die Eheschließungen sinken seit den 1970er Jahren, die Scheidungsrate steigt (bpb 2021). Frauen haben Zugang zum Arbeitsmarkt und somit eine Möglichkeit zur finanziellen und persönlichen Unabhängigkeit von den traditionellen, männerhierarchischen Strukturen erhalten. Staatliche Regelungen und Maßnahmen (Frauenquote, Girl's Day etc.) wurden zur Frauenförderung implementiert.

Und dennoch sind Frauen häufiger von Armut betroffen – Armut, die prekäre Wohnverhältnisse und Abhängigkeit an einen Partner katalysiert. Der Lohnunterschied zwischen den Geschlechtern ist in Deutschland gravierender als in anderen europäischen Ländern: Im Durchschnitt verdienen Frauen pro Arbeitsstunde 17,72 Euro brutto, während Männer 22,16 Euro verdienen – ein unbereinigter Lohnunterschied von durchschnittlich 4,44 Euro bzw. 20 % (BMFSFJ 2020a: 6). Der bereinigte Lohnunterschied, d.h. die Entgeltdifferenz zwischen Frauen und Männern, in der, bis auf das Geschlecht, alle Voraussetzungen für den Verdienst gleich wären, liegt derzeit bei knapp 6 % (ebd.: 9f). Auch wenn die Zahl hier geringer ausfällt, ist es dennoch ein Indikator dessen, dass Frauen in schlechter bezahlten Berufsfeldern oder Teilzeit sind bzw. aufgrund geschlechterbasierter Annahmen (z.b. Schwangerschaft) mit weniger Gehalt als ihre männlichen Pendants zu rechnen haben.

Bereits beim Bewerbungsverfahren erfahren Frauen im Vergleich zu Männern Diskriminierung, wie eine Befragung deutscher Arbeitgeber:innen herausfand (Kübler et al. 2017: 1ff.). Bei denselben Voraussetzungen hatte das weibliche Geschlecht schlechtere Chancen, zu einem Bewerbungsgespräch eingeladen zu werden. Die strukturelle Diskriminierung nahm vor allem in männerdominierten Berufen zu (ebd.: 22; 32f.). Dies führt dazu, dass Frauen weiterhin sektoral in frauendominierten Berufen bleiben – ob nun aus freien Stücken oder weil keine echte Chancengleichheit besteht. Frauendominierte Berufsfelder haben ein schlechteres Durchschnittsgehalt – bei männerdominierten Berufen lässt sich allerdings nach der Erhöhung des Frauenanteils ein »erhebliche[r] Statusverlust« (Angelika Wetterer zitiert nach Wilke 2018: o. S.) feststellen, wie es beispielsweise bei den einst männlich geprägten Berufen frisierender Fachkräfte oder Apotheker:innen der Fall war. Die Feminisierung der Berufe kann sich dementsprechend negativ auf das Entgelt auschlagen (ebd.).

Auch bezüglich der Arbeitslosenzahlen ist eine geschlechterbasierte Differenz ersichtlich. Während zwar mehr Männer offiziell arbeitslos sind, merkt das Bundesministerium für Familie, Senioren, Frauen und Jugend (BMFSFJ 2021) an, dass »nicht erwerbstätige Frauen mit Erwerbswunsch sich häufiger [...] nicht arbeitslos melden und dementsprechend nicht in der Arbeitslosenstatistik erfasst werden« (ebd.: o.S.).

Trotz der Feminisierung von Armut (Doherty 2001: 11) wird nicht das herrschende soziale Konstrukt des weiblichen Geschlechts hinterfragt. Betroffene nehmen es als ihr eigenes Versagen wahr, dass die angestrebte finanzielle Unabhängigkeit, die der Feminismus bewirbt, nicht erreicht wurde. Das Melden bei sozialen Einrichtungen wird als eben jenes Eingeständnis des vermeintlich eigenen (und nicht des staatlichen oder gesellschaftlichen) Versagens verstanden (Weismann 2016). Vor allem für Mütter wird es zur *contradictio in adiecto*: Neben der unabhängigen Karrierefrau erwartet die Gesellschaft von ihr, dass sie zugleich ihrer Rolle der Hausfrau und Mutter nachkommt und gleich viel, wenn nicht sogar mehr, Zeit dafür findet.

Frauen werden schon in jungen Jahren zur »Passivität und zur Anpassung erzogen« (Enders-Dragasser 1994: 11), weshalb die Scham von der Norm abzuweichen dazu führt, dass Frauen in ihrer unsicheren Situation verharren oder auf ihr soziales Netzwerk zurückgreifen, um, fernab von öffentlich-rechtlichen Einrichtungen, Zuflucht zu finden. Um den »Anschein der Normalität [zu wahren]« (ebd.: 10), gehen manche Betroffene sogar Zweckbeziehungen ein und nehmen unsicheres und mietrechtlich nicht-abgesichertes Wohnen in Kauf. Dabei sind sich aber manche Betroffene ihrer faktischen Wohnungslosigkeit und Abhängigkeit an den mietrechtlich abgesicherten Partner so lange nicht bewusst, bis die Beziehung endet und sie nicht mehr in der Wohnung des Partners bleiben können (Gebert 2020).

Die Obdachlosigkeit (d.h. das Leben auf der Straße oder im öffentlichen Raum ohne eine Unterkunft, die als solche bezeichnet werden kann (ETHOS o. D.)), ist jedoch kaum eine Option. Obdachlose Frauen sehen sich nämlich nicht nur mit geschlechterunabhängigen, sondern auch geschlechterspezifischen Problemen (geminderte Sicherheit, sexuelle Übergriffe, Menstruation etc.) konfrontiert. Sind sie jedoch im sozialen Umfeld untergebracht, haben sie erneut keinen Rückzugsort und sind abhängig von der Gastfreundschaftlichkeit. So berichtet eine Betroffene: »Du warst halt drauf angewiesen: [...] du musst aufpassen, du darfst die nicht sauer machen. Und du darfst nicht anecken« (Gebert 2020: o. S.).

Selbst bei Frauenhäusern gibt es Voraussetzungen zur Aufnahme und der finanziellen Unterstützung. Obdachlose, Suchtabhängige, psychisch Beeinträchtige, Sexarbeitende oder Frauen ohne gültigen Aufenthaltsstatus können z.B. abgelehnt werden (siehe u.a. Frauenhaus Düsseldorf; Frauenhaus Donnersbergkreis; Frauenhaus Neu-Ulm). Auch für physisch Eingeschränkte oder Frauen mit Söhnen kann eine Aufnahme schwierig werden (FHK 2014: 4). Frauen, die ein eigenes Einkommen beziehen, müssen den Aufenthalt und die Unterstützung selbst finanzieren. Gemäß dem Sozialgesetzbuch Zweites Buch (SGB II) steht EU-Bürgerinnen, Studentinnen, Auszubildenden und Asylbewerberinnen theoretisch keine volle Finanzierung des Aufenthalts zu (FHK 2014: 7).

Es fehlt weiterhin an genügend Frauenhausplätzen. Zwar ratifizierte Deutschland im Jahr 2017 die Istanbuler Konvention, die Länder unter anderem zur sukzessiven Ausweitung von Frauenhausplätzen anhält. Um die 21.000 Unterkunftsplätze hätten dementsprechend bereits zur Sicherheit für Frauen geschaffen werden sollen. In Deutschland existieren aber nur um die 360 Frauenhäuser, die um die 6.400 Schlafplätze zur Verfügung haben (Hilfetelefon 2021; Schlesier 2019).

3. Verdeckte Wohnungslosigkeit aufgrund von Partnerschaftsgewalt während Covid-19

Zu Beginn der Covid-19 Pandemie im Jahr 2019 war man sich in Deutschland über die Schwere und schnelle Verbreitungen des Coronavirus nicht bewusst. Erst Ende Februar 2020 wurde es evident, dass die anfängliche Strategie, die Bürger:innen über Hygieneregeln zu informieren, nicht ausreichen würde (Lembcke 2021: 73; 77). Mitte März wurden daher Kontaktbeschränkungen und ein nationsweiter Lockdown veranlasst. Kultur- und Bildungseinrichtungen, Hotels, Verkaufsläden etc. – alles, was nicht als systemrelevant für die Gesellschaft und Infrastruktur erachtet wurde – mussten schließen. Arbeitnehmer:innen mussten, wenn möglich, von zu Hause arbeiten, mit Jobverlust rechnen oder in Kurzarbeit gehen. Im Falle eines Kontakts zu einer infizierten Person oder nach Einreise aus einem Risikoland wurde eine zweiwöchige Quarantäne vorausgesetzt (ebd.: 78).

Es kam Anfang Mai zu einer Lockerung der Corona-Regeln, die jedoch Ende Oktober mit dem light-Lockdown teilweise wieder rückgängig gemacht (bzw. je nach Bundesland graduell strenger ausgelegt) wurden (AP News 2021). Das Leben der Bevölkerung veränderte sich maßgeblich – doch während es für viele nur Unannehmlichkeiten darstellte, bedeutete es für manche Frauen den Einzug von Gewalt und Unsicherheit in die vermeintlich sicheren, eigenen vier Wände.

Während des strikten Lockdowns zwischen dem 22. April und dem 8. Mai 2020 fand eine Umfrage der Technischen Universität München (TUM), dass in dieser Zeit aus 3.800 befragten Frauen mind. 3 % physisch missbraucht wurden. 3,6 % der Frauen wurden von ihrem intimen Partner vergewaltigt. Frauen mit finanziellen Problemen waren signifikant höher betroffen (TUM 2020). Das Hilfetelefon maß für das gesamte Jahr 2020 einen Anstieg telefonischer Beratungen von 15 %. Alle 22 Minuten rief eine Person zur Beratung aufgrund häuslicher Gewalt die Beratungshotline an (Roßbach 2021). Auch das BKA konnte, wie eingangs beschrieben, einen Anstieg von Partnerschaftsgewalttaten messen. Physische Verletzungen machten 61,6 % der Partnerschaftsgewalttaten aus, wovon ein Großteil der Opfer weiblich war. Jede Stunde des Jahres 2020 erfuhr eine Frau in Deutschland Gewalt durch ihren Partner (ebd.; BKA 2021). Und dabei handelt es sich nur um gemeldete Fälle. Der Weiße Ring schätzt, dass nur jede fünfte Partnerschaftsgewalttat gemeldet wird (Korbik 2021).

3.1. Soziale Kontakte, Frauenhäuser und Mobilität unter Covid-19

Auch wenn nicht jede Partnerschaftsgewalt statistisch erfasst wird, bleiben die Taten meist nicht wirklich vor dem sozialen Umkreis des Opfers versteckt (Hyden 2015: 1041). Soziale Kontakte sehen durch ihren außenstehenden Blick die prekäre Situation, in der sich eine Frau befindet, die von Partnerschaftsgewalt und faktischer Wohnungslosigkeit betroffen ist, und können dieser unterstützend zur Seite stehen. Die Corona-Gegenmaßnahmen beschränkten dies jedoch. Nur eine limitierte Anzahl an Haushalten bzw. Personen durfte sich treffen und das Verlassen des eigenen Heims konnte bei hohen Covid-19-Inzidenzzahlen auf einen bestimmten Kilometerradius beschränkt werden. Wenn jedoch »die Situation mit dem Partner [...] nicht mehr klappt, kann die betroffene Frau dieser Situation momentan nicht aus dem Weg gehen. Zu einer Freundin auf die Couch kann sie aber auch nicht, weil man einander nicht sehen darf und man auch nicht absehen kann, wie lange die Ausgangsbeschränkungen noch aufrecht bleiben« (Klaus Schwertner zitiert nach Stimson 2020: o. S.). Die sozialen Kontakte wurden überwiegend auf die Online-Sphäre übertragen; Wunden und Warnzeichen häuslicher Gewalt blieben dadurch ungesehen (Hecht 2021).

Die Inanspruchnahme von Hilfe durch das soziale Umfeld ist eine Überlebensstrategie für Frauen in unsicheren Wohnsituationen, die zwar die Verdeckung fördert, jedoch temporär eine Möglichkeit ist, um sich aus einer unsicheren Situation zu befreien, sich vor geschlechterbasierter Stigmatisierung und vor Übergriffen im öffentlichen Raum zu schützen (Gebert 2020). So war der Flughafen vor der Pandemie z.B. für Betroffene ein beliebter Ort, der sanitäre Anlagen verfügbar hatte und Betroffene wurden trotz Gepäck nicht als Obdachlose, sondern als Reisende wahrgenommen (Hofmann 2021). Durch Corona waren solche Zufluchtsorte aber nicht verfügbar.

Arztpraxen, Behörden und Beratungsstellen waren teilweise pandemiebedingt geschlossen oder gekürzt offen (FHK 2021: 11). Damit fielen erneut wichtige Kontakte weg, die zuvor Betroffenen empfahlen, sich aus der Situation zu lösen und sich an Frauenhäuser zu wenden. In der Tat fanden weniger Frauen durch die Vermittlung von Ärzt:innen oder Bekannten ihren Weg in Frauenhäuser. Die Vermittlungen über das Hilfetelefon jedoch vervierfachten sich von 43 im Jahr 2019 auf 186 Vermittlungen im Jahr 2020 (FHK 2021: 11).

Aufgrund von Hygieneregeln und Corona-Ausbrüchen mangelte es allerdings in Frauenhäusern extremer als vor der Pandemie an Schlafplätzen. Kinder von Betroffenen, die sonst tagsüber in der Schule waren, mussten in den Einrichtungen Home-Schooling nachgehen – Platzmangel, der die Einrichtungen zur kompletten Auslastung brachte und zu Ablehnung von Hilfesuchenden führte (Hauger 2020). In der offiziellen Statistik des FHK wurde dementsprechend im Jahr 2020 ein Rückgang der Aufnahmen verzeichnet. Dabei kann jede Ablehnung als Konsequenz die Rückkehr in die verdeckte, unsichere Wohnungslosigkeit mit sich bringen – und sogar im Femizid enden (Schlesier 2019). Während zwar die Plätze in Frauenhäusern begrenzt waren, kam es unter anderem auch dazu, dass Betroffene öffentlich-rechtliche Einrichtungen aus eigenen Befürchtungen vor einer Coronavirus-Ansteckung vermieden (Brüchmann et al. 2022: 63).

3.2. Wirtschaftliche Abhängigkeit, Home-Office und Arbeitsmarkt unter Covid-19

Besonders Kurzarbeit und Verlust des Arbeitsplatzes waren geschlechterspezifische Probleme während der Covid-19 Pandemie. So fand eine globale Studie der Beratungsfirma McKinsey, dass Arbeitsplätze von Frauen 1,8-mal öfter von der Pandemie betroffen waren als die der Männer: »Frauen machen 39 Prozent der globalen Beschäftigungen aus, aber machten auch 54 Prozent des gesamten Arbeitsverlustes aus« (Madgavkar et al. 2020: 2). In Deutschland bedeutete dies unter anderem die Rückkehr zu traditionellen Familienkonstellationen nach dem inhärenten Geschlechterkonstrukt (Hipp/Bünning 2020: 2). Mit den Schließungen der Kindestagesstätten und Schulen während des ersten Lockdowns mussten vor allem Mütter zusätzliche Betreuungsverantwortung übernehmen. Viele Frauen (im Vergleich zu Männern und hauptsächlich im Bereich der nicht-systemrelevanten Arbeitsfelder) kündigten ihre Arbeit bzw. reduzierten ihre Arbeitsstunden (ebd.). Bereits vor der Pandemie verbrachten Frauen zwei Stunden mehr als Männer mit unbezahlter Arbeit (d.h. Hausarbeit, Kinderbetreuung, Pflege etc.) im eigenen Haus, was durch Covid-19 erneut anstieg. Einfluss darauf hatte auch, dass aufgrund der Kontaktbeschränkungen Haushaltsunterstützung (z.B. durch Großeltern) nicht möglich war (ebd.: 2ff.; Profeta 2021: 271).

Zwar hatten »erwerbstätige Personen, die wegen der Betreuung ihrer Kinder [vor der Vollendung des zwölften Lebensjahres oder wenn es sich um ein Kind mit Behinderungen handelt, das auf Hilfe angewiesen war] vorübergehend nicht arbeiten [konnten], [...] einen Entschädigungsanspruch« (BMAS 2021). Der Anspruch war allerdings auf sechs Wochen sowie 67 % des entstandenen Verdienstverlustes, aber max. 2.016 Euro, beschränkt (ebd.). Die Bundesregierung beschloss auch einen einmaligen Kinderbonus in Höhe von 300 Euro für jedes kindergeldberechtigte Kind automatisch auszuzahlen. Die Ratenauszahlung dessen erfolgte aber erst Ende 2020 (Bundesagentur für Arbeit 2020). Familien, die mit ihrem Gesamteinkommen nicht die täglichen Lebensausgaben aufgrund von Covid-19 stemmen konnten,

konnten zudem einen sog. Kinderzuschlag (KiZ) beantragen, welcher je nach gemeinsamen Einkommen, Familiengröße, Mietausgaben und Wohnraum max. 185 Euro monatlich betrug (Rosigkeit 2020). Trotz der Unterstützung der Regierung war diese, wie dargestellt, zeitlich begrenzt, zu spät an die Bevölkerung weitergegeben und/oder war nicht ausreichend, um Frauen (und besonders hier Mütter) ihrer wirtschaftlichen Unabhängigkeit bei asymmetrischen Gehältern in einer Beziehung beibehalten zu lassen.

Die Unwissenheit und finanzielle Realität beeinflussten die mentale Gesundheit der Bevölkerung (Burchardt 2020). Dies erkannte auch der Präsident des BKAs, Holger Münch, der Psychoisolation und berufliche Stressfaktoren als begünstigte Faktoren für Partnerschaftsgewalt während der Pandemie identifizierte (Roßbach 2021) – nichtsdestotrotz wollte auch er keine Korrelation des Anstiegs und der Virusgegenmaßnahmen sehen.

Doch nicht nur durch den eigenen Arbeitsverlust sind Frauen einer unsicheren Wohnsituation ausgesetzt: Verliert ein Mann in einem Bereich, in dem er zuvor dominierend war (d.h. das Haushaltseinkommen), die Kontrolle, so kann dies dazu führen, dass er in einem anderen Bereich (Partnerschaft) diese Kontrolle zurückgewinnen will (Schneider et al. 2016: 494). Ultimativ befindet sich die Frau also in einer Zwickmühle: Ist sie abhängig von ihrem Partner, kann dies für sie eine Gefahr darstellen – gewinnt sie an Unabhängigkeit, sichert sie dies jedoch ebenfalls nicht vor einer unsicheren Wohnsituation. Eine brasilianische Studie bestätigte dies als eine Beobachtung, die auch auf die Zeit während der Corona-Maßnahmen anwendbar sei (Bhalotra et al. 2021: 2): »Männlicher Jobverlust resultierte in knapp 30 %igen Anstieg der Wahrscheinlichkeit, dass der Mann gewalttätig wird. Weiblicher Arbeitsverlust führte ebenfalls zu einem höheren prozentualen Anstieg, dass die Frau [Opfer männlicher Gewalt wurde]« (ebd.: 5).

4. Zusammenfassung und abschließende Gedanken

Frauen sind weiterhin essenziell und überproportional von Geschlechterungleichheit, Partnerschaftsgewalt und Armut betroffen. Die Pandemiemaßnahmen haben dies noch einmal intensiviert. Die finanzielle Abhängigkeit von Frauen zu ihrem Partner wurde größer, das Gewaltpotenzial stieg – egal ob nun die Frau oder der Mann unter den pandemischen Stressfaktoren litten – was sich auch auf die unsichere und faktische Wohnungslage auswirkte. Fluchtmöglichkeiten in allen Formen wurden Betroffenen genommen. Die Konsequenz war das Verharren in der Situation. Die verdeckte Wohnungslosigkeit blieb, wie bereits der Name suggeriert, weiterhin verdeckt. Zusammenfassend lässt sich der Einfluss des Coronavirus und seinen Gegenmaßnahmen auf die Ungleichheit der Frauen besonders im Zusammenhang verdeckter Wohnungslosigkeit aufgrund von Partnerschaftsgewalt nicht weg reden.

Nichtdestotrotz darf Covid-19 nicht nur als Katalysator des Problemfelds verstanden werden, sondern auch als Chance für die Öffentlichkeit, ihre Aufmerksamkeit auf das Thema zu richten und Lösungen hierfür zu finden. Vor allem geschlechterbasierte Problemfelder wurden aufgedeckt und rückten von der privaten Sphäre auf die politische Agenda (Hausbichler 2021; BMFSFJ 2020b).

Partnerschaftsgewalt hat viele Facetten, zu denen eben auch die unsichere Wohnsituation und die somit faktische Wohnungslosigkeit zählt. Trotz Verbesserungen hinsichtlich der Stigmatisierung und der Wahrnehmung von Frauen in Bereichen außerhalb des traditionellen Hausfrauen-Bildes, herrscht in Deutschland weiterhin Geschlechterungleichheit. Frauen müssen eine faire Chance auf dem Arbeitsmarkt haben. Fördermaßnahmen müssen ein inklusiver, sicherer Raum sein, der geschlechterspezifische Ausprägungen erkennt.

Der Wunsch der Verdeckung der Thematik darf einer Betroffenen jedoch nicht zum Vorwurf gemacht werden. Die Politisierung und aktive Bekämpfung der verdeckten Wohnungslosigkeit dürfen nicht durch Zwang etabliert werden, sondern die konstruierten Geschlechterrollen müssen erkannt und als Ursprung der Problematik angegriffen werden. Vor allem wenn Frauen von Partnerschaftsgewalt betroffen sind, ist es wichtig, dass sie nicht auch noch durch die Politik Kontrollverlust erfahren, sondern durch Initiativen, wie z.B. Housing-First ihre Handlungsmacht zurückerlangen. Dies hilft auch, dass nicht die Betroffenen viktimisiert werden, sondern die Täter in die Verantwortung gezogen werden. Mit den folgenden Worten appellierte BKA-Leiter Münch an die deutsche Bevölkerung: »Die Tatsache, dass die meisten Taten im privaten Bereich stattfinden, darf nicht dazu führen, dass die Täter sich sicher fühlen [...] Achten Sie auf ihre Mitmenschen und wenden Sie sich mit einem Verdacht an die Beratungsstellen oder an die Polizei« (Münch zitiert nach Bundesregierung 2021: o. S.). Wachsamkeit und Aufmerksamkeit sind wichtige Faktoren, um die Verdeckung der Wohnungslosigkeit und des unsicheren Wohnens in die Sichtbarkeit und somit auf die politische Agenda zu rücken.

Literaturverzeichnis

Anderson, Kristin (2005): Theorizing Gender in Intimate Partner Violence Research, in: Sex Roles, 52(11/12), 853–865.

AP News (2021): Germany's Covid Timeline, https://.apnews.com/article/coronavirus-pandemic-health-europe-epidemics-berlin-b61de99739774c1f52b4ba686005 4d6d (abgerufen am 25.11.2021).

BAG W (2019): Sicherstellung bedarfsgerechter Hilfen für Frauen in einer Wohnungsnotfallsituation. Berlin: Bundesarbeitsgemeinschaft Wohnungslosenhilfe e. V.

Bhalotra, Sonia/Britto, Diogo/Pinotti, Paolo/Sampaio, Breno (2021): Domestic violence. The potential role of job loss and unemployment benefits. Warwick: CAGE Research Centre.

Bitzan, Maria/Funk, Heide/Stauber, Barbara (2000): Gesellschaftstheoretische Grundlage: Der Verdeckungszusammenhang, in: Tübinger Institut für frauenpolitische Sozialforschung e.V. (Hg.): Den Wechsel im Blick. Herbolzheim: Centaurus-Verl.-Ges., 41–47.

BKA (2021): Partnerschaftsgewalt, Kriminalstatistische Auswertung, Berichtsjahr 2020. Wiesbaden: Bundeskriminalamt.

BKA (2022): Auswirkungen von COVID-19 auf die Kriminalitätslage in Deutschland. Betrachtungszeitraum 2020/2021. Wiesbaden: Bundeskriminalamt.

BMAS (2021): Entschädigungsanspruch, https://www.bmas.de/DE/Corona/entsch aedigungsanspruch.html (abgerufen am 01.09.2021).

BMFSFJ (2020a): Auf dem Weg zur Entgeltgleichheit von Frauen und Männern. Berlin: BMFSFJ Referat Öffentlichkeitsarbeit.

BMFSFJ (2020b): Protecting Women against Violence. Best Practices from all over Europe. Berlin: BMFSFJ Referat Öffentlichkeitsarbeit.

BMFSFJ (2021): Arbeitslosenquote von Frauen und Männern nach Ländern, https://www.daten.bmfsfj.de/daten/daten/arbeitslosenquote-von-frauen-und-maen nern-nach-laendern-131948 (abgerufen am 01.02.2022).

Bpb (2021): Soziale Situation in Deutschland. Eheschließungen und Ehescheidungen, https://www.bpb.de/kurz-knapp/zahlen-und-fakten/soziale-situation-i n-deutschland/61578/eheschliessungen-und-ehescheidungen/ (abgerufen am 01.02.2022).

Brüchmann, Katherina/Busch-Geertsema, Volker/Henke, Jutta/Schöpke, Sandra/Steffen, Axel (2022): Wohnungslose ohne Unterkunft und verdeckt Wohnungslose in Nordrhein-Westfalen. Ergebnisse einer Befragung, MAGS NRW: Düsseldorf.

Bundesagentur für Arbeit (2020): Kinderbonus als Unterstützung für Familien, https://www.arbeitsagentur.de/news/kinderbonus-als-unterstuetzung-fue r-familien (abgerufen am 01.09.2021).

Bundesregierung (2021): Gewalt in Partnerschaften hat 2020 weiter zugenommen, https://www.bundesregierung.de/breg-de/aktuelles/partnerschaftsgewa lt-1984192 (abgerufen am 25.11.2021).

Bundestag (2014): Häusliche Gewalt in der Gesetzgebung. Wissenschaftliche Dienste. Sachstand WD 7. 3000. 032/14.

Burchardt, Carolin (2020): Corona-Studie zur Belastung. Eltern müssen bei zweiter Welle eine höhere Priorität genießen, rnd, https://www.rnd.de/familie/cor

ona-studie-zur-belastung-eltern-mussen-bei-zweiter-welle-eine-hohere-p
rioritat-geniessen-IULFYJPFYVHSJLCE6DX7KVJACA.html (abgerufen am
01.09.2021).

Doherty, Joe (2001): Gendering homelessness, in: Ebd./Edgar, Bill (Hg.): Women and
Homelessness in Europe. Pathways, Services and Experiences, Bristol: The Policy
Press, 9–20.

ETHOS (o. D.): Europäische Typologie für Obdachlosigkeit, Wohnungslosigkeit und
prekäre Wohnversorgung, https://www.feantsa.org/download/at__686466651
9241181714.pdf (abgerufen am 01.12.2021).

FHK (2014): Qualitätsempfehlungen für Frauenhäuser und Fachberatungs- stellen
für gewaltbetroffene Frauen, Berlin: Frauenhauskoordinierung e.V.

FHK (2021): Statistik, Frauenhäuser und ihre Bewohner_innen 2020, Berlin: Frauenhauskoordinierung e.V.

Frauenhaus Donnersbergkreis (o. D.): Aufnahme. Es gibt einen Weg aus der Gewalt. Sie können ihn gehen! https://frauenhaus-donnersbergkreis.de/?page_id
=8 (abgerufen am 01.04.2022).

Frauenhaus Düsseldorf (o. D.): Ausschlusskriterien. https://www.frauenhaus-dues
seldorf.de/aufnahme/ausschlusskriterien/ (abgerufen am 01.04.2022).

Frauenhaus Neu Ulm (o. D.): Das AWO Frauenhaus Neu-Ulm ist eine Schutzeinrich-
tung für Frauen und Kinder aus Bayern, https://www.awo-neu-ulm.de/artfrau
enhaus/ (abgerufen am 01.04.2022).

Gebert, Stephanie (2020): Ein verstecktes Leben ohne eigene Wohnung, Deutsch-
landfunk, https://www.deutschlandfunkkultur.de/obdachlose-frauen-ein-vers
tecktes-leben-ohne-eigene-wohnung-100.html (abgerufen am 01.04.2022).

Hagemann-White, Carol (2019): Institutional Frameworks of Domestic Violence Intervention in Four Countries, in: Ebd./Kelly, Liz/Meysen, Thomas (Hg.): Inter-
ventions Against Child Abuse and Violence Against Women, Opladen/Toronto:
Verlag Barbara Budrich, 87–103.

Hauger, Lisa (2020): Frauenhaus in Kempten ist ausgelastet, https://www.all-in.d
e/kempten/c-lokales/frauenhaus-in-kempten-ist-ausgelastet_a5060670 (abgerufen am 01.04.2022).

Hausbichler, Beate (2021): Interview Anna Parr. 59.000 Kinder bekommen nichts,
das ist beschämend, Der Standard, https://www.derstandard.at/story/20001317
09160/anna-parr-59-000-kinder-bekommen-nichts-das-ist-beschaemend (abgerufen am 01.04.2022).

Hecht, Patricia (2021): Das Dunkelfeld bleibt groß, taz, https://taz.de/Gewalt-gege
n-Frauen-in-der-Pandemie/!5817391/ (abgerufen am 25.11.2021).

Hilfetelefon.de (2021): Bewegte Zeiten. Frauenhäuser und das Corona-Virus, https:
//www.hilfetelefon.de/aktuelles/bewegte-zeiten-frauenhaeuser-und-das-coro
na-virus.html (abgerufen am 23.11.2021).

Hipp, Lena/Bünning, Mareike (2020): Parenthood as a driver of increased gender inequality during Covid-19? Exploratory evidence from Germany, in: European Societies.

Hofmann, Katharina (2021): Die Unsichtbaren. Wohnungslose Frauen, Fernsehlotterie, https://www.fernsehlotterie.de/magazin/Die-Unsichtbaren-Wohnungslose-Frauen (abgerufen am 01.04.2022).

Hyden, Margareta (2015): What Social networks do in the Aftermath of Domestic Violence, in: British Journal Criminology, 55(6), 1040–1057.

Klinger, Sabine (2014): (De-)Thematisierung von Geschlecht. Rekonstruktion bei Studierenden der Erziehungs- und Bildungswissenschaften, Opladen/Berlin/Toronto: Budrich UniPress Ltd.

Korbik, Julia (2021): Gewalt gegen Frauen, durch Corona im Fokus, ZDF Online, https://www.zdf.de/nachrichten/politik/corona-frauen-gewalt-100.html (abgerufen am 01.09.2021).

Kübler, Dorothea/Schmid, Julia/Stüber, Robert (2017): Be a Man or Become a Nurse. Comparing Gender Discrimination by Employers across a Wide Variety of Professions. Discussion Paper. SP II 2017–201, Berlin: WZB Berlin Social Science Center.

Lembcke, Oliver (2021): Germany. The AfD's Staggering Between Reason and Resistance, in: Bobba, Giuliano/Hube, Nicolas (Hg.): Populism and the Politicization of the Covid-19 Crisis in Europe, Cham: Palgrave Macmillan, 73–86.

Lorber, Judith (1997): The Variety of Feminisms and their Contributions to Gender Equality, in: Oldenburger Universitätsreden, 97, 7–43.

Lorber, Judith (2010): Gender Inequality. Feminist Theories and Politics, New York: Oxford University Press.

Madgavkar, Anu/White, Olivia/Krishnan, Mekala/Mahajan, Deepa/Azcue, Xavier (2020): Covid-19 and gender equality. Countering the repressive effects. Boston: McKinsey Global Institute.

Mlambo-Ngcuka, Phumzile (2020): Violence against women and girls, the shadow pandemic, UN, https://www.unwomen.org/en/news/stories/2020/4/statement-ed-phumzile-violence-against-women-during-pandemic (abgerufen am 01.02.2022).

Oudshoorn, Abe/Van Berkum, Amy/Van Loon, Colleen (2018): A History of Women's Homelessness. The Making of a Crisis, In: Journal of Social Inclusion, 9(1), 5–20.

Profeta, Paola (2021): Gender Equality and the Covid-19 Pandemic. Labour Market, Family Relationships and Public Policy, in: Intereconomics, 56(5), 270–273.

Roßbach, Henrike (2021): Zuhause, ein Ort des Schreckens, Süddeutsche Zeitung Online, https://www.sueddeutsche.de/politik/gewalt-frauen-maenner-partnerschaft-1.5471226 (abgerufen am 25.11.2021).

Rosigkeit, Vera (2020): Corona-Krise. Welche Unterstützung Familien jetzt erhalten können, Vorwärts, https://www.vorwaerts.de/artikel/corona-krise-welche-unt erstuetzung-familien-erhalten (abgerufen am 01.09.2021).

Schlesier, Vanessa (2019): Warum bedrohte Frauen so wenig Hilfe finden, ZDF, http s://www.zdf.de/nachrichten/heute/zdf-zoom-frauenhaueser-in-not-warum-b edrohte-frauen-so-wenig-hilfe-finden-102.html (abgerufen am 01.08.2021).

Schneider, Daniel/Harknett, Kirsten/McLanahan, Sara (2016): Intimate Partner Violence in the Great Recession, in: Demography, 53(2), 471–505.

Stimson, Davinia (2020): Obdachlosigkeit. Wie die Corona-Krise die Schwächsten am stärksten trifft, Wienerin, https://wienerin.at/obdachlosigkeit-wie-die-cor ona-krise-die-schwachsten-am-starksten-trifft (abgerufen am 01.02.2022).

TUM (2020): Erste große Studie zu Erfahrungen von Frauen und Kindern in Deutschland. Häusliche Gewalt während der Corona-Pandemie, TUM, https:/ /www.tum.de/die-tum/aktuelles/pressemitteilungen/details/36053 (abgerufen am 01.08.2021).

UN (1993): Erklärung über die Beseitigung der Gewalt gegen Frauen, UN, htt ps://www.un.org/depts/german/uebereinkommen/ar48104.pdf (abgerufen am 01.02.2022).

Vaeza, María-Noel (2020): Addressing the Impact of the COVID-19 Pandemic on Violence Against Women and Girls, UN, https://www.un.org/en/addressing-impact-covid-19-pandemic-violence-against-women-and-girls (abgerufen am 01.02.2022).

Weismann, Ruth (2016): Frauen schämen sich für Obdachlosigkeit, Männer schieben es auf andere, Wienerin, https://wienerin.at/frauen-schamen-sich-fur-obdach losigkeit-manner-schieben-es-auf-andere (abgerufen am 01.02.2022).

Wilke, Felicitas (2018): Ungerechter Lohn verschwindet nicht, wenn mehr Frauen programmieren, Zeit Online, https://www.zeit.de/arbeit/2018-06/gehaltsunter schiede-frauenberufe-loehne-gender-pay-gap?utm_referrer=https%3A%2F%2 Fwww.google.com%2F (abgerufen am 01.02.2022).

Wischermann, Ulla (2013): Feministische Theorien zur Trennung von privat und öffentlich. Ein Blick zurück nach vorn, in: Feministische Studien, 1(03), 23–34.

Teil 3: Empirische Studien

Zur Neuvermessung und Neukonstruktion von Obdachlosigkeit in pandemischen Zeiten

Matthias Drilling, Martin Böhnel und Gosalya Iyadurai

»Abendöffnung am Tag 1 nach dem Lockdown-Erlass des Bundesrates. Gäste und Mitarbeitende, wir alle befinden uns in der Phase des Ausprobierens. ... Wie schaffen wir es, nicht nur eine ›Futterstation‹, ein take (und schnell) away zu sein? Sondern unseren Gästen auch zu signalisieren, dass uns ihre Sorgen und Probleme auch jetzt nicht egal sind? Dass wir zuhören und mitdenken, wie immer, einfach auf Distanz? Es ist ein dauerndes Lernen aller Beteiligten« (aus dem Blog einer Freiwilligenorganisation im Bereich Obdachlosigkeit).

1. Ausgangslage

Am 11. Februar 2020 gab die Weltgesundheitsorganisation (WHO) dem neuartigen Virus den Namen COVID-19, am 24. Februar warnte die von ihr zusammengestellte China-Mission davor, dass die Weltgemeinschaft angesichts der Aggressivität und Ausbreitungsgeschwindigkeit des Virus noch nicht in der Lage sei, Maßnahmen zur Eindämmung von COVID-19 umzusetzen. Am 11. März bezeichnete die WHO die Lage als Pandemie und nur wenige Tage später begannen die ersten Länder mit außerordentlichen Maßnahmen: weitgehende Kontaktbeschränkungen, das Einhalten von Mindestabständen, Schließen zahlreicher Dienstleitungsangebote, eingeschränkter Aufenthalt im öffentlichen Raum.

Die Einrichtungen der Obdachlosenhilfe und die dort versorgten Menschen trafen diese Schutzbestimmungen unvorbereitet. Für Deutschland berichten Busch-Geertsema und Henke (2020), dass »von einem Tag auf den anderen Kleiderkammern, Nachtcafés, Tagesaufenthalte, Bahnhofsmissionen, Mittagstische und andere niedrigschwellige Versorgungseinrichtungen für Wohnungslose und Menschen in Wohnungsnot« schlossen, Notunterkünfte und stationäre Einrichtungen einen Belegungsstopp ausriefen und Beratungsstellen ihre Aktivitäten massiv einschränkten (Busch-Geertsema/Henke 2020: 12). Sehr vergleichbar stellte sich die Situation in der Schweiz dar, wo ein nationaler Lockdown zwar vom Bundesrat beschlossen wurde, die weiteren Maßnahmen inkl. Schutzbestimmungen aufgrund der föderalen Struktur aber zu den Kantonen und Kommunen verschoben wurde. In der Folge standen die Einrichtungen für Menschen, die von Obdachlosigkeit betroffen sind, einer gesundheitspolitisch weitgehend unüberschaubaren Lage gegenüber. »Einige Behörden stellten Briefkästen außerhalb ihrer Räumlichkeiten auf, damit die Personen, die für die Auszahlung von Leistungen erforderlichen Dokumente dort einwerfen konnten«, beschreiben Lovey et al. die Lage zu Beginn des Lockdowns, »andere versuchten, der Gefahr der Isolation der betreuten Personen entgegenzuwirken, indem sie die Verbindung zu ihnen über Telefonanrufe aufrechterhielten« (Lovey et al. 2022: 83).

Aus diesen Situationsbeschreibungen allerdings dem föderalen Ordnungssystem ein flächendeckendes Versagen zu attestieren, wäre zu früh geschlossen. Denn der Föderalismus ist weder in der Schweiz noch in Deutschland radikal dualistisch konzipiert und orientierte sich auch in der Pandemie am Prinzip der Gewährung gleichwertiger Lebenschancen (Behnke 2020). Aber es kam zu lokal sehr unterschiedlichen Strategien. Während an einem Ort Menschen entmutigt wurden und die Hilfe schließlich aufgaben, weil sie zu lange warten mussten (Lovey et al. 2022: 84) gab es an anderen Stellen zwischen den staatlichen und nicht staatlichen Ebenen lokal angelegte Kooperationen, die in Vor-Corona-Zeiten nicht möglich gewesen waren.

Auf dieses *situative doing* in der Pandemie geht dieser Beitrag ein und vertritt die These, dass es dabei zu einer Neuvermessung und Neukonstruktion von Obdachlosigkeit kam, die weit über die pandemische Zeit anhält. Zwei Forschungsprojekte der Autor:innen, die inmitten der gesundheitspolitischen Krise stattfanden, dienen dabei als empirische Grundlage: Zum einen die Evaluation des Programms einer Stiftung, die gleich nach dem Ausrufen der Pandemie ein rund 40 Millionen Euro umfassendes *Nothilfeprogramm COVID-19* auflegte. Gefördert wurden Hilfswerke und lokale Organisationen in der ganzen Schweiz, die sich während der Pandemie in der Lebensmittelhilfe, Nahrungssicherheit und niederschwelligen Beratung für wohnungs- und obdachlose Menschen engagierten (Drilling et al. 2021). Zum anderen nehmen wir Bezug auf ein Forschungsprojekt, das sich vergleichend auf die städtischen Versorgungsstrukturen für obdach- und wohnungslose Menschen in den beiden Städten Basel und Bern bezieht und das wir um eine Kurzbefragung der Leitenden der Versorgungseinrichtungen erweiterten. Wir fragten sie, wie sie auf die neuartigen Bedarfe in der Pandemie reagierten (Iyadurai 2022). Für den hier vorliegenden Beitrag nutzen wir Auszüge aus Interviews mit den lokalen Organisationen, den Hilfswerken und den Leitenden der Versorgungseinrichtungen in den beiden Städten sowie aus unseren Feldtagebüchern und denjenigen von Studierenden, die in Projekten mitwirkten. Des Weiteren werden Ergebnisse der ersten Schweizer Befragung zur Obdachlosigkeit herangezogen (Dittmann et al. 2022), die ebenfalls während der Pandemie durchgeführt wurde, aber auch einen Blick auf die Lage der Obdachlosenhilfe vor der Pandemie erlaubt.

2. Frühling 2020: Einrichtungen der Obdachlosenhilfe sind keine kritische Infrastruktur

Die COVID-19 Pandemie rüttelte an der sozialen Sicherheitsarchitektur der Schweiz. Am 16. März 2020 überführte der Schweizer Bundesrat in seiner Rolle als Exekutive und gestützt auf das Epidemiengesetz die *besondere Lage* in eine *außerordentliche Lage*. Damit übernahm der Bundesrat resp. sein Krisenstab das Krisenmanagement und beschloss zum Schutz des Gesundheitssystems als erste Maßnahme die Schließung aller staatlicher Einrichtungen. Davon ausgeschlossen waren Lebensmittelgeschäfte und Gesundheitseinrichtungen (BK 2020: 7f.). Zudem galt es, die *kritischen Infrastrukturen* des Landes finanziell zu unterstützen. Darunter fielen das Transportwesen, Gewerbe und Sporteinrichtungen. Es gab eine hohe überparteiliche Bereitschaft, sich auf einen beispiellosen Anstieg der Staatsverschuldung einzustellen, um die Folgen für die Wirtschaft abzufedern. Von den umfangreichen und nach oben hin weitgehend offenen Kreditprogrammen profitierten sowohl Unternehmen als auch von Arbeitsplatzverlust betroffene Arbeitnehmer:innen in atypischen und prekären Beschäftigungsverhältnissen (Parnisari/Ruffieux 2021). Diese Hilfen liefen derart schnell und effizient an, dass die Schweizerische Konferenz für Sozialhilfe, die wichtigste nationale Vertretung für Menschen, die in Armut leben, am Ende des Jahres 2021 rückblickend feststellte, dass sich die Sozialhilfe »als wichtiger und funktionierender Pfeiler des Systems der sozialen Sicherheit in der Krise« erwiesen hatte (SKOS 2021: 10).

Zeitgleich kam es allerdings auch zu einer öffentlichen Sichtbarkeit von Armut. Und dies verdeutlichte, dass es eine beträchtliche Zahl von Menschen gab, die nicht von den rasch bewilligten, staatlich zur Verfügung gestellten Hilfsmaßnahmen profitierten, sondern auf die Unterstützung anderer Akteur:innen, insbesondere der Nichtregierungsorganisationen, Kirchen oder Hilfswerken angewiesen waren. Sans-Papiers, Sexarbeiter:innen, Working Poor, arme migrantische Haushalte und Beschäftigte in Gelegenheitsjobs unterhalb der Sozialversicherungsschwelle waren völlig schutzlos und gerieten zum Teil in Situationen absoluter Armut. So standen vor einer Genfer Sporthalle schätzungsweise 8.500 Personen wöchentlich für ein Lebensmittelpaket an und eine auf Nahrungsmittelhilfe spezialisierte NGO versendete innerhalb einer Woche an 35.000 Personen Einkaufsgutscheine im Wert von 25 Euro. Caritas Schweiz (2020) schätzte die Zahl der Schutzlosen auf rund 1 Million Menschen, die Stiftung Glückskette/die solidarische Schweiz (2021) meldete, dass rund 1.7 Millionen Menschen in der Schweiz von ihrem Nothilfeprogramm COVID-19 profitierten – das sind je nach Schätzzahl zwischen 12 und 20 Prozent der Bevölkerung der Schweiz.

Diese Parallelität einer staatlich bekämpften und einer nicht-staatlich bekämpften Krise zeigte die Prioritäten des nationalen Krisenmanagements auf. Insbesondere die Hoheit des Staates, die Kategorie *kritische* und *nicht kritische* Infrastruktur relevant zu machen, führte dazu, dass sich die Angebotslandschaft für Menschen, die von Obdach- und Wohnungslosigkeit betroffen oder bedroht waren, innerhalb kürzester Zeit radikal veränderte. Denn diese Einrichtungen waren aus nationaler Sicht nicht schützenswert und so galt für sie der Vorrang von gesundheitspolitischen Maßnahmen (*stay at home, social distancing*, Zugangsverbote etc.) vor sozialpolitischen Zielen (Sicherstellung der gesellschaftlichen Teilhabe von extrem verwundbaren Zielgruppen, soziale Beratung, Eröffnung von Chancen für ein gelingendes Leben etc.). Infolgedessen mussten sich diese Einrichtungen selbst helfen und auf regionale und lokale Kooperationen setzen. Hier allerdings trat der Sozialstaat in seiner regionalen Verfasstheit wieder auf und beteiligte sich aktiv. Dieses *Downscaling* thematisieren wir im Folgenden, erörtern aber zuerst die Frage, warum sich ein Sozialstaat auch außerhalb einer Krisenzeit nur für einen Teil seiner Bevölkerung verantwortlich fühlte.

3. Die feinen Unterschiede des föderal organisierten Sozialstaates

In der Schweiz existiert kein Rechtsanspruch auf Wohnen. Auch gibt es keine sozialpolitische Lobby, wie etwa in Deutschland in Form der öffentlich-finanzierten Bundesarbeitsgemeinschaft Wohnungslosenhilfe e.V. Deshalb gibt es auch keine Definition von Obdachlosigkeit und es ist bis heute auch kein Konsens erkennbar, welcher mit einer verbindlichen Definition für ein besseres Verständnis von Obdachlosigkeit und einem gesetzlich gerahmten Leistungsfeld auf staatlicher Ebene beitragen könnte (Drilling et al. 2022). Diese sozialstaatliche Blindstelle pflegt die Schweiz seit langem auch im internationalen Kontext, wo sie eine endgültige Anerkennung des internationalen Rechts auf angemessenen Wohnraum schuldig bleibt. Denn obgleich sie dem UNO-Pakt I beigetreten ist, hat sie das Fakultativprotokoll nicht ratifiziert (Drilling et al. 2020: 18). Damit bleibt das Wohnen ein Sozialziel und wohnungslose Menschen können kein Recht einklagen, wenn sie keinen Wohnraum zu angemessenen Bedingungen finden können – eine Praxis, die von den Vereinten Nationen bereits mehrfach kritisiert wurde.

Stattdessen fordert der Sozialstaat Schweiz die Eigeninitiative von Wohnungssuchenden ein; laut Bundesverfassung werden Personen bei der Suche nach Wohnraum *unterstützt* (Art. 41). Wer dann in Not gerät und nicht für sich selbst sorgen kann, der hat ein Grundrecht auf Hilfe in Notlagen (Art. 12). Das beinhaltet in der Realität eine Unterstützung mit Nahrung, Kleidung, medizinischer Nothilfe und eben Unterkunft, wobei damit allen voran Notschlafstellen und -wohnungen gemeint sind (Drilling et al. 2020: 21).

Vergleichbar mit den deutschen Bundesländern bzw. Kommunen, übernehmen auch in der Schweiz die Kantone und Kommunen letztlich eine maßgebliche Rolle bei der Unterstützung von obdachlosen Menschen, konkret in Form der Sozialhilfe.

Diese beinhaltet eine Finanzierung von Wohnraum. Allerdings beziehen nicht alle prekär wohnende Menschen Sozialhilfe, weil sie keinen Anspruch darauf haben oder bewusst darauf verzichten. Und die Kantone sehen sich meist in einer subsidiären Rolle. Nur sehr wenige Kantone formulieren eine »gesetzlich begründete, explizite kantonale Zuständigkeit im Bereich Obdachlosigkeit« (Drilling et al. 2022: 14). Faktisch obliegt die Bekämpfung, Verhinderung und Linderung von Obdachlosigkeit und drohendem Wohnungsverlust damit den Kommunen. Hier unterscheidet sich die föderale Schweiz vom föderalen Deutschland. Denn in Deutschland gibt es eine ordnungsrechtliche Unterbringungspflicht für alle unfreiwillig gewordenen wohnungslosen Menschen. In Deutschland sind die Kommunen verpflichtet, Wohnungslosen eine geeignete Unterkunft zu suchen (§ 68 SGB XII); unabhängig von Sozialhilfebezug oder Aufenthaltsberechtigung existiert also ein gesetzlicher Anspruch auf eine Unterkunft (Gerull 2014: 34).

Gesetzlosigkeit und die Verlagerung der Verantwortung auf die unterste staatliche Ebene, die Kommunen, zeichnen also das Sozialstaatsverständnis der Schweiz in Bezug auf Obdachlosigkeit aus. Warum dies so ist, lässt sich mit einem Blick auf die 1970er Jahre begründen, als Schweizer Städte wie Zürich Knotenpunkte intensiven Drogenkonsums wurden. Bis zu mehreren tausend Personen lebten damals an öffentlichen Orten wie dem Platzspitz in Zürich und hielten sich mit Drogenhandel, Prostitution und Diebstahl über Wasser. Die Gesundheitspolitiken der Städte standen vor einer ihrer größten Herausforderungen und in ihrer europaweit beachteten Antwort einer gesetzlich kontrollierten Drogenabgabe war auch die die Unterbringung der jungen obdachlosen Menschen enthalten. Obdachlosenhilfe wurde und wird bis heute damit als kommunale (und nicht kantonale oder nationale) Aufgabe und eine Aufgabe der Gesundheitspolitik verstanden (Drilling et al. 2020). Zugleich manifestierte sich damit auch das Profil von Obdachlosigkeit: männlich, suchtmittelabhängig und mittleren Alters.

4. Obdachlosigkeit vor und in der Corona-Zeit

In den letzten Jahren wurde von wissenschaftlicher Seite das Profil von Obdachlosigkeit neu zu bestimmen versucht.

Wie sehr sich dieses Profil veränderte, legte die Pandemie offen. Die Ergebnisse der Studie von Dittmann et al. (2022), die im Dezember 2020 und März 2021 durchgeführt wurde, fokussierte sich auf die acht größten Städte in der Schweiz und befragte die Nutzenden von 62 Versorgungsstrukturen. Insgesamt wurden am Tag der Zählung 1.182 Personen befragt. Davon waren 46 % zum Zeitpunkt der Befragung obdachlos: 38.5 % von ihnen übernachteten draußen und die restlichen 61.5 % schliefen am Tag der Befragung in einer Notschlafstelle. Auch wenn die aus diesen Zahlen hochgerechnete Gesamtzahl von Menschen in Obdachlosigkeit im Verhältnis zu anderen Staaten Europas niedrig erscheint (je nach Hochrechnungsmodell schwankt die Schätzung zwischen 918 und 2.740 Personen, die an einem gewöhnlichen Tag im Dezember in der Schweiz draußen oder in einer Notschlafstelle übernachten), weist die Studie noch einen anderen Befund aus: 80 % aller 1.182 Befragten hatten bereits einmal eine der beiden Formen von Obdachlosigkeit im Lebensverlauf erfahren. Obdachlosigkeit in der Schweiz ist also mit einem Drehtüreffekt verbunden, wobei die Studie nicht eruieren konnte, wie lange die jeweiligen Zustände von Wohnungssicherheit und Obdachlosigkeit jeweils andauern und wie häufig sie sich ändern. Was die Erfahrungen mit Obdachlosigkeit im Lebensverlauf angeht, schätzen die die Autor:innen der Studie mithilfe von EU-SILC Daten hoch, dass »28.718 Personen in der Schweiz im Laufe des Lebens (mindestens) einmal obdachlos gewesen sind« (Dittmann et al. 2022: 113). Während in der Schweiz also 0.02 % der Bevölkerung aktuell obdachlos sind (Deutschland: 0.4 %, siehe Dittmann 2022), haben 0.4 % der Gesamtbevölkerung (Deutschland nicht bekannt) schon einmal Obdachlosigkeit erfahren.

Die erwähnte Annahme aus den 1970er Jahren, dass Suchtthematiken als Ursache von Obdachlosigkeit ausschlaggebend sind, wird im Rahmen der Studie problematisiert. Gesundheitsprobleme sind unter Obdachlosen zwar stärker ausgeprägt als es in der Gesamtbevölkerung der Schweiz der Fall ist und je älter Obdachlose sind, desto stärker weisen sie Gesundheitsprobleme auf, aber mit einem Anteil von rund 6 % an allen subjektiven Gründen, die zur Wohnungslosigkeit geführt haben, lässt sich eine Suchtmittelproblematik als Treiber für Obdachlosigkeit in der Studie nicht empirisch nachweisen (Dittmann et al. 2022: 64).

Wenn sich die Suchtmittelproblematik also nicht als Kernphänomen von Obdachlosigkeit zeigt, was zeichnet Obdachlosigkeit in der Schweiz dann aus? Hier zeigt die Studie Dittmann et al. (2022), wie stark die Obdachlosigkeit mit einer sozialrechtlichen Krise verbunden ist: 61 % aller Befragten besaßen keine gültigen Aufenthaltsdokumente, gelten also als *papierlos* und sind daher auch sozialstaatlich schutzlos (Dittmann et al. 2022: 98).

5. Neuvermessung von Obdachlosigkeit

5.1 Diffuse Positionierungen, radikale Verengungen und organisationales Austarieren

Betrachten wir die Versorgungsstrukturen für Menschen, die zu Beginn der Pandemie von Obdachlosigkeit betroffen waren, kann festgehalten werden, dass diese noch immer mit einem Konzept von Obdachlosigkeit arbeiteten, welches das neue Profil von Obdachlosigkeit zwar diffus zur Kenntnis nahm, aber nicht in das eigene Handeln übersetzte. Gerade Menschen ohne Aufenthaltsrechte allerdings waren es, die im Besonderen von den Folgen der Pandemie betroffen waren und die Versorgungseinrichtungen aufsuchten – diese allerdings nicht nutzen durften. Die Einrichtungen mussten sich also innert kurzer Zeit mit ihren Zugangskriterien auseinandersetzen und sich die Frage stellen, wer, wenn nicht sie, die Notlage von Menschen mit fehlendem sozialstaatlichem Schutz mildern kann.

Wie sehr das Überleben in der Pandemie von lokalen Situationen abhing, macht das Beispiel der Stadt Basel deutlich. Erste zentrale Versorgungseinrichtungen wie die tägliche Nahrungsmittelverteilstellen, Tagungshäuser, sowie verschiedene Essensstationen schlossen bereits Mitte März 2020 ihre Regelangebote und stellten zum Teil auf kurze Einlassphasen oder take away um. Das Gesundheitsdepartement des Kantons versuchte, die Angebote zumindest ansatzweise zu koordinieren (Gesundheitsdepartement Kanton Basel-Stadt 2020). In dieser Phase fand eine Neuvermessung von Obdachlosigkeit in Form von radikalen Verengungen statt. Staatliche und nicht-staatliche Einrichtungen wollten sich auf die diejenigen Menschen konzentrieren, die aus ihrer jeweiligen Sicht am meisten unter den Folgen der Pandemie litten. Dies war allerdings keineswegs einfach, denn die Verwaltung verfügte weder über konzeptionelle Grundlagen noch über ein Verständigungspapier zur Bekämpfung von Obdachlosigkeit und es auch gab auch keine Kooperationsstruktur, die alle Versorgungseinrichtungen einband. Es begann also eine Phase, in der jede Einrichtung für sich selbst definierte, für wen sie sich in dieser Notsituation zuständig fühlte.

Im einen der beiden Tageshäuser der Stadt war nach wenigen Tagen Einlass nur noch »für Obdachlose zum Duschen und Waschen« möglich, das andere schloss ganz und verteilte Essenspakete vor der Tür. Die Notanlaufstelle für Frauen definierte: »Einlass für obdachlose Frauen und Frauen in prekären Wohnverhältnissen« (alle Zitate: Gesundheitsdepartement Kanton Basel-Stadt 2020). Zugleich wurde von den Hilfesuchenden Eigenverantwortung erwartet. So stand in der Rundemail einer Einrichtung, dass Frauen »mit Wohnungen und Unterkünften« gebeten werden, die Unterkunft »bis auf weiteres nicht mehr aufzusuchen«, andere reduzierten ihre Plätze drastisch, z.B. auf drei Personen gleichzeitig im Gebäude (wo sich sonst 100–120 Personen aufgehalten hatten).

Im Grundsatz schrumpfte die städtische Regelstruktur über Nacht auf eine Nothilfestruktur mit sehr wenigen Orten, die nur noch zu Essenszeiten geöffnet waren; zudem eine Institution, die niederschwellige Beratung in einem der städtischen Parks leistete und die städtischen Notschlafstellen, die allerdings tagsüber geschlossen waren. Die Leiterin einer Einrichtung fasste dies wenige Wochen nach den Schließungen wie folgt zusammen: »Die Umstellung auf Take aways versperrte den Zugang zu allen Innenräumen, die Leute sind seit Fasnacht (Mitte Februar, Anm. der Autor:innen) ununterbrochen quer durch Basel oder den Wald unterwegs. Die Leute sind müde und verzweifelt. Vor allem die sehr kalten Tage und Nächte bis vor einer Woche haben ihnen körperlich und auch moralisch sehr zugesetzt. Ihre

Vulnerabilität in jeder Hinsicht wächst« (Auszug aus dem Forschungstagebuch der Autor:innen vom 9.4.2020).

Für die Menschen, die von Wohnungs- und Obdachlosigkeit betroffen waren, waren diese Positionierungen der Akteur:innen zugleich Entscheidungen über ihre Teilhabechancen und Zugehörigkeit bzw. Ausschlüsse; sie selbst hatten darauf keinerlei Einfluss. Dabei war allen Akteur:innen bewusst, dass ihre Zugangskriterien wie *Obdachlosigkeit, keine Wohnung* oder *prekäre Wohnverhältnisse* gar nicht prüfbar waren und einen großen Interpretationsspielraum und damit Willkür eröffnete. Gleichzeitig gab es von Seiten der Selbsthilfeorganisationen in der Stadt keinen Protest; ganz im Gegenteil wurden eher Informationen gesammelt und am Schaufenster aufgehängt oder auf der Website publiziert.

Nur eine Einrichtung von mehreren Dutzenden in der Stadt Basel mahnte die von ihr wahrgenommenen Willkür an. Unter dem Titel »Alle müssen rein« (Verein Soup and Chill 2020) beriefen sich die Verantwortlichen auf die Allgemeinen Menschenrechte, versuchten die anderen nicht-staatlichen Akteur:innen zum Umdenken zu bewegen und stellten die Forderung an den Kanton, die Verknüpfung von Zugangsberechtigungen mit dem Aufenthaltsstatus aufzuheben. Weil es sich hier um einen bereits länger andauernden Konflikt zwischen staatlichen und nicht-staatlichen Akteur:innen handelte, der sich um die Gewährung von sozialen Rechten an Menschen aus Ost- und Mitteleuropa drehte, verpuffte diese Initiative, obwohl den Menschen eine Reise in ihre Ursprungsländer infolge der Schließung der Grenzen und der Einstellung vieler internationaler Bus- und Bahnverbindungen gar nicht möglich war. Die *Aussortierung des Anderen* war aber keineswegs auf sozial- oder menschenrechtspolitische Argumente beschränkt. Es gab auch Ein- und Ausschlusskriterien, die eher moralisierende und disziplinierende Absichten hatten. So hält eines der Feldtagebücher eine Situation in einer der Lebensmittelabgabestellen fest: »Hatte sich eine dieser Personen (Menschen, die ein Lebensmittelpaket erhielten, Anm. der Autor:innen) nicht ausdrücklich bedankt, wurde diese ›bestraft‹. Das heißt, sie bekam nur eine halbe Lebensmitteltüte anstelle einer vollen Tüte. Auf die Reaktion der Freiwilligen ..., dass dies nicht in Ordnung sei, da alle gleich bezahlten (einen symbolischen Preis, Anm. der Autor:innen), kam als Kommentar, man müsse lernen, sich zu bedanken« (Auszug aus dem Forschungstagebuch vom 31.3.2020).

Ein Blick auf die Evaluation des *Nothilfeprogramms COVID-19* der Stiftung Glückskette/die solidarische Schweiz, das über 100 Frontline-Organisationen finanziell in der Pandemie unterstützte, zeigt, dass die Strategie, sich über die Setzung von Kriterien auf die *am meisten Betroffenen* zu fokussieren, in der ganzen Schweiz stattfand. Jede dritte Einrichtung mit niederschwelligen Beratungs- und Begleitungsangeboten änderte während des Lockdowns die Zugangskriterien für ihre Angebote, aber auch 17 % aller befragten Versorgungseinrichtungen, die im Bereich Nahrungsmittel tätig sind, reformulierten ihre Kriterien (für alle folgenden Zitate siehe Drilling et al. 2021). Dabei gingen die Anpassung sowohl in eine strenge Auslegung oder Ergänzung bestehender Kriterien (»Wir halfen nur noch Sexarbeiter:innen, die in Genf arbeiten«, »Wir bevorzugten Menschen, die keine Wohnung hatten«) als auch in eine Erweiterung der Zugangsmöglichkeiten durch das Außerkraftsetzen bestehender Kriterien (»während des Lockdowns konnten auch Menschen ohne Aufenthaltsgenehmigung das Angebot nutzen«, »Wir verteilten lebensnotwendige Nahrungsmittel an Strukturen, die nicht als Mitglieder akzeptiert wurden, aber darum gebeten hatten«). Wieder andere öffneten sich für Menschen, die kurzfristig arbeitslos wurden (»Wir haben die Kriterien aufgrund von COVID auf Verdienstausfall ausgeweitet, normalerweise bleiben wir bei den Grundbedürfnissen«). Aus dieser Sicht hat die Neuvermessung von Obdachlosigkeit in dieser frühen Phase der Pandemie auch zu einer Übernahme von Leistungen geführt, für die sonst der Sozialstaat zuständig ist, der aber die Gruppen nicht erreichte.

Die Konzentration auf Ernährung war ein Merkmal der ersten Phase der Pandemie und darauf richteten sich auch die niederschwelligen Beratungsstellen zum Teil ganz neu aus. Viele von ihnen wurden von Beratungsinstitutionen zu Organisationen der Nothilfe. Rund die Hälfte von ihnen gab in der Evaluation an, Einkaufsgutscheine zu verteilen, Lebensmittel bereitzustellen oder einfach nur Geld auszuzahlen: vor allem für Essen und Miete. »Die Menschen sind gekommen und haben gesagt: Nein, ich habe nichts zu Hause. Ich habe nichts, [...]. Ich habe sofort nichts mehr zu essen, ich habe auch kein Geld, um vorzusorgen«, fasst eine Sozialarbeiterin zusammen. Aber auch die spontane Nothilfe half nur zum Teil, die Bedürftigkeit zu bekämpfen. 56 % der niederschwelligen Beratungsorganisationen gaben in der Evaluation an, Unterstützung verweigert zu haben: aufgrund von finanziellen Einschränkungen, Personalmangel oder weil die (neuen) Hilfesuchenden die bestehenden oder geänderten Zugangskriterien nicht (mehr) erfüllen konnten.

5.2 Subjektive Armutskonzepte und das Narrativ *unsere Obdachlosen* und *die Anderen*

Als der Schweizer Bundesrat Anfang April 2020 beschloss, den nationalen Lockdown zu verlängern und auch kein definitives Ausstiegsdatum aus den Restriktionen bekanntgab, änderten die staatlichen Stellen ihre Rolle. In den ersten Wochen hatten die Behörden den sich selbst entfaltenden Aktivitäten aus den Reihen der Hilfswerke, der Zivilgesellschaft und Privatwirtschaft weitgehend beobachtend und fallweise unterstützend gegenübergestanden und dabei realisiert, dass der Staat selbst nur einen Bruchteil der entstandenen Hilfebedürftigkeit beantworten konnte. Gleichzeitig erreichte die Frage Brisanz, warum der Sozialstaat auf nationaler Ebene nicht bereit war, Verantwortung zu übernehmen und Gelder zu sprechen, die auf der kommunalen Ebene nur mühsam und regional sehr ungleich verteilt akquiriert werden konnten. Vonseiten der Schweizer Hilfswerke wurde mehr Bewusstheit für die außerordentliche soziale Krise gefordert. Caritas Schweiz legte noch im April ein Positionspapier vor, um in den *Verteilungskampf* um staatliche Gelder (Caritas 2020: 3) einzutreten und forderte u.a. eine einmalige, unbürokratisch und rasch umzusetzende Direktzahlung des Staates an »Menschen mit Kleineinkommen und Marginalisierte« (ebd.: 7). Deren Zahl schätzte das Hilfswerk auf »über 1 Millionen« (ebd.: 7) was knapp 12 Prozent der Gesamtbevölkerung entspricht. Doch die Forderungen erzielten auf nationaler Ebene keine Wirkung.

Anders dagegen in den Städten. Hier sortierten die Sozialhilfebehörden die Hilfelandschaft nun neu, indem sie aktive Armutspolitik betrieben, die nicht mehr zwischen Obdachlosigkeit und Bedürftigkeit unterschied, sondern akzeptierte, dass die Menschen, die in den Versorgungsstrukturen Schutz und Hilfe suchten, diesen auch bedurften. Insofern wurde ein von den Bedürftigen aus artikuliertes subjektives Armutskonzept zur Grundlage sozialstaatlichen Handelns. In der Stadt Lausanne beispielsweise lockerten die Behörden den Zugang zur Sozialhilfe und vereinfachten die Antragsverfahren (zu den folgenden Ausführungen siehe Drilling et al. 2021). Der Sozialdienst startete Kooperationen mit anderen staatlich subventionierten sozialen Einrichtungen und auch mit privaten Organisationen. Gleichzeitig wurden über 200 zusätzliche Übernachtungsmöglichkeiten an verschiedenen Standorten (inkl. Sporthallen) der Stadt bereitgestellt und in Zusammenarbeit mit dem Universitätsspital eine medizinische und sozialpsychologische Betreuung für an COVD-19 erkrankte obdachlose Menschen aufgebaut. In Genf wurde die öffentliche Verwaltung »aufgebrochen«, um »*so agil wie möglich* auf externe Anforderungen reagieren zu können«. Es wurden Task Forces eingerichtet, in denen verschiedene Abteilungen sowie Partner:innen aus Vereinen und Institutionen vertreten waren. Zudem wurde die Zahl der Mitarbeitenden in der Sozialhilfebehörde drastisch erhöht und die Sozialhilfe nutzte den Standort Genf und begann Kooperationen mit internationalen humanitären Organisationen wie *Ärzte ohne Grenzen*. Solche Kooperationen waren derart neu, dass die städtischen Verantwortlichen meinten, dass sie sich »nie hätten vorstellen können, dass Médecins sans Frontières auf unserem Territorium präsent sein würde« (Drilling 2021: 94).

Auch in der Stadt Basel wurde eine besondere Art des Umgangs mit Menschen, die von Obdachlosigkeit betroffen waren, gefunden und sich dabei über Grenzen hinweggesetzt, die vor der Pandemie unverrückbar waren. Schon im Jahr 2020 hatte eine erste Zählung von Obdachlosigkeit in der Stadt Basel (Drilling et al. 2020) das Problem der städtischen Notschlafstellen für Menschen aus Osteuropa aufgezeigt. Diese hielten sich aufgrund von fehlenden Wohnmöglichkeiten zwar in den Versorgungsstrukturen für Obdachlose auf, mussten als *Auswärtige* für eine Übernachtung in der städtischen Notschlafstelle allerdings rund 40 Euro pro Nacht bezahlen – ein willkürlich gesetzter Betrag, der im Grunde den strukturellen Ausschluss in ein individuelles (Finanz-)Problem transformierte. In ihrer Begründung argumentierte die Behörde mit einer am Wohnsitz ausgerichteten Kategorisierung in »Personen, die in Basel ihren Wohnsitz haben/hatten« und »Personen, die nicht in Basel gemeldet sind«. Ausnahmen waren Wintertage mit sehr tiefen Temperaturen. Dann durften Personen, die nicht in Basel gemeldet waren, einmalig zum *Einheimischen-Tarif* von 7.50 Euro übernachten. Wenn sie allerdings eine zweite Nacht bleiben wollten, dann wurden sie über die Notschlafstellen den Migrationsbehörden gemeldet, was ihre Rückschaffung hätte zur Folge haben können. Diese Kategorisierung in *einheimische Obdachlose* und *nicht-einheimische Obdachlose* wurde über die Subventionsverträge der Stadt mit den Versorgungsstrukturen relevant gemacht, sodass sich viele der lokalen Akteur:innen für die *Arbeitstourist:innen* und *Wanderarbeiter:innen* – wie sie dort genannt wurden – nicht zuständig fühlten und auch nicht fühlen durften.

Mit der Verlängerung des Lockdowns änderte sich diese Situation in der Stadt Basel. Alle von Obdachlosigkeit betroffenen Menschen, die auf der Straße waren, gehörten nunmehr zu den Gefährdeten und den Gefährder:innen, unabhängig des Aufenthaltsstatus und (vorherigen) Wohnstandorts. Weil die städtische Notschlafstelle infolge der Abstandsregelung entdichtet werden musste, mietete die Sozialhilfe ein Hotel an. Da aber das ordentliche Budget der Stadt die rund 65 Zimmer nicht finanzieren konnte, unterstützte kurzfristig eine Stiftung und »schenkte« der Stadt 300.000 Euro (Pressemitteilung Christoph Merian Stiftung 2020). Doch ganz so egalitär sollten die in Not geratenen Menschen auch nicht behandelt werden: Zum einen wurde der Hotelbetreiber angewiesen, alles aus den Zimmern (Fernseher, Bilder, Gegenstände) abzumontieren bzw. wegzuräumen und die Einrichtung auf ein Bett, einen Tisch und einen Stuhl zu reduzieren. Ebenso wurde die Hotellobby geschlossen, weil auch keine Gemeinschaftsräume gewünscht wurden. Zum anderen wurden in das Hotel nur Personen einquartiert, die zuvor die Notschlafstelle nutzten, denn diese kannte man bereits und man befürchtete keinen Vandalismus. Die Menschen aus Osteuropa dagegen wurden in die Notschlafstelle einquartiert. Auf diese Weise wurde das Hotel zur Unterkunft für die *einheimischen Obdachlosen* (mit 24 Stunden Öffnung und einem eigenen Schlüssel pro Person) und die Notschlafstelle zur Übernachtungsmöglichkeit für die *nicht-einheimischen Obdachlosen*. Als diese Ungleichbehandlung kommuniziert wurde, ergriff die Initiative »Alle müssen rein« (Verein Soup and Chill 2020) erneut Partei für die undokumentierten Menschen und mietete ebenfalls mit Unterstützung einer Stiftung sowie privaten Geldern ein anderes Hotel an. Die Initiative warb dann für die 24-Stunden-Öffnung und ihre dezidierte Willkommensstruktur für die *Wanderarbeiter:innen*.

Die Kategorisierung in *einheimische* und *nicht-einheimische* Obdachlose fand sich auch in anderen Städten, verschneidet sich dort aber nicht mit dem Aufenthaltsstatus, sondern mit dem gesundheitlichen Zustand der Hilfebedürftigen. In der Stadt Bern hatte der Bedarf nach Notschlafstellen in der Kombination der *stay home*-Anweisung dazu geführt, dass die Notschlafstellen auf einen 24-Stunden-Betrieb umstellten. Dort wurde vonseiten der Institutionen die Kategorie *Berner Obdachlose* konstruiert und damit Menschen gemeint, zu denen ein besonderes

Vertrauensverhältnis besteht, weil sie die Institution schon vor der Pandemie aufsuchten. »Die sind da, die sind bei uns«, so ein Akteur. Andere sprachen von *Stammgästen* und *Stammkundschaft*. Sie sind, so ein anderer Akteur »einfach schon länger da [...]. Dass sie einfach so ein kleines Grüppchen sind, das immer dasselbe ist und so«. Nicht dazu gehören psychisch erkrankte Menschen, die vermehrt in den Versorgungsstrukturen der Stadt erschienen. Sie wurden sogar von einer der Notschlafstelle abgewiesen, da sie »hier einfach nicht tragbar« sind, während der Aufenthalt von so genannten *Stammgästen* nicht in Frage gestellt wurde. Begründet wird diese Ausschlusskategorie mit organisationalen Anforderungen, denen in der Pandemie nicht entsprochen werden konnte. »Wir sind doch sehr stark gefordert im Vermitteln, Aufklären, Beruhigen und im Motivieren [...]«, ist eines der Argumente »und sie bringen die anderen soweit, dass der Haussegen ganz ganz ganz schief steht«. Am Ende rechtfertigten Akteur:innen in den Versorgungsstrukturen der Stadt Bern ihr Vorgehen mit einem moralphilosophischen Grund: »Wir haben uns die Freiheit genommen zu sagen, wir seien belegt. Weil es ist ja immer so ein Abschieben« (Auszug aus dem Forschungstagebuch vom 11.4.2020).

5.3 Strukturelle Innovationen inmitten der Krise: Von der wirtschaftlichen Basishilfe zur Zürich City-Card

Die in diesem Beitrag bereits mehrfach angesprochene Thematik der Schutzlosigkeit von Menschen ohne sozialrechtliche Sicherheiten hatte die Stadt Zürich schon früh erkannt. Die Sozialdirektion der Stadt gab noch im Jahr 2020 eine Studie zur Nutzung der kostenlosen Abgabenstellen und den Nutzungsmotiven der Nachfragenden in Auftrag (Götzo et al. 2021). Aufbauend auf dieser Studie resümierte die Sozialdirektion, dass vor allem Ausländer:innen in der Stadt keinen oder ungenügenden Zugang zur Sozialhilfe haben und dass die Gründe dafür im nationalen Ausländerrecht liegen. Denn das Ausländer- und Integrationsgesetz verknüpfe aufenthaltsrechtliche Fragen mit dem allfälligen Bezug von Sozialhilfe. »Geschätzt rund 10.000 Menschen leben ohne Aufenthaltsbewilligung seit vielen Jahren in Zürich«, so der Vorstehender des Sozialdepartementes (Golta 2021: 83). Und eben diese Nichtbezieher:innen von Sozialhilfe wären in der Pandemie in »existenzbedrohende Armut« (ebd.: 78) geraten.

Motiviert legte die Stadt im Sommer 2021 das Projekt *Wirtschaftliche Basishilfe* auf. Rund 2 Millionen Euro sollten während 1,5 Jahren über Hilfswerke an Menschen, die keinen oder nur erschwerten Zugang zur Sozialhilfe haben, ausgezahlt werden. Damit versprach sich die Stadt einen Beitrag zur Sicherung des Grundbedarfs für den Lebensunterhalt und die Gesundheit der in der Pandemie sichtbar gewordenen Nicht-Bezieher:innen von Sozialhilfe. Dass dieses Projekt durch ein Bezirksgericht nach wenigen Monaten gestoppt wurde, weil es den ausländerrechtlichen Bestimmungen auf nationaler Ebene widerspreche, führte nicht zum Innovationsabbruch.

Unter dem Begriff der Zürich City-Card hatte die städtische Politik bereits vor der Pandemie ein Recht auf Stadtbürger:innenschaft zu diskutieren begonnen. Die City-Card sollten alle Bewohner:innen der Stadt, unabhängig des Aufenthaltsstatus oder Herkunft erhalten, würde als Ausweisdokument gelten und damit den Zugang zu verschiedenen städtischen und privaten Dienstleistungen eröffnen (z.B. Behörden, Krankenhaus). In einer entsprechenden Volksabstimmung wurde die Zürich City-Card im Jahr 2022 angenommen. Den Aufenthaltsstatus ändert die City-Card allerdings nicht. Deshalb ist aus Sicht der hier geführten Diskussion diese Innovation keine abschließende Antwort auf die existenzbedrohenden Konsequenzen einer Pandemie für Menschen ohne Aufenthaltsrechte, aber sie ist der Versuch, von mehrfachem Ausschluss betroffene Menschen in ein Versorgungssystem einzubinden, das im Pandemiefall auch vonseiten der Behörden auf die Menschen aktiv zugehen kann.

6. Fazit

Die Pandemie stellte die staatlichen und nicht-staatlichen Akteur:innen im Bereich von Obdachlosigkeit nicht nur vor gesundheits- und hygienepolitische Herausforderungen, sondern konfrontierte sie mit einer im Wohlfahrtstaat Schweiz bis dahin nicht gekannten sozialen Krise. Der verordnete nationale Lockdown im März 2020 stellte dabei einen Kulminationspunkt dar: In den Wochen der landesweiten Schließung von Versorgungsstrukturen, Dienstleistungen und Grenzen veränderten sich relative Armutslagen in absolute Armutslagen mit existenzbedrohenden Ausmaßen.

Die Versorgungsstrukturen für obdachlose Menschen transformierten sich in dieser Zeit in Nothilfeeinrichtungen, die weit über ihre eigentliche Zielgruppe hinauswirkten. Damit einher ging, dass die die Akteur:innen dieser Strukturen Obdachlosigkeit neu klären mussten; denn zu groß war die Nachfrage und zu viele neue Gruppen von Hilfebedürftigen wurden sichtbar. Weil die soziale Krise von staatlicher Seite aus nicht als kritisch eingestuft wurde, erfuhren die Versorgungseinrichtungen keine besondere Aufmerksamkeit. Daher fand die Neuvermessung von Obdachlosigkeit dezentral statt, also in den Kantonen und Gemeinden. Dort entschied sich jede Institution selbst, ob sie ihren Dienst aufrechterhielt, einstellte oder veränderte. Die einen bezogen sich auf eine menschenrechtliche Position und vermaßen Obdachlosigkeit als ein Feld der Nachfrage; sie öffneten ihre Türen für alle, die nach Hilfe fragten. Die anderen vermaßen Obdachlosigkeit als ein enges Feld eines Lebens auf der Straße und verengten ihre Angebote auf jene, von denen sie fanden, dass sie es als nötigsten hätten; wohlwissend, dass die Kriterien nicht prüfbar waren. Viele organisationale und professionsbezogene Routinen standen dabei auf dem Prüfstand.

Der Sozialstaat nahm lange Zeit kaum Einfluss auf die Entscheidungen und musste feststellen, dass er gar nicht in der Lage war, den Hilfebedarf zu identifizieren, geschweige denn, die Menschen zu erreichen. Sich dieser Wirkungslosigkeit bewusst, setzten zu einem späteren Zeitpunkt einzelne kommunale Behörden ihre Spielregeln außer Kraft und halfen im Hintergrund mit, die lokalen Organisationen und Hilfswerke finanziell und logistisch zu unterstützen.

Obdachlosigkeit wurde so unter pandemischen Bedingungen zu einem Experimentierfeld neuer Formen des Einschlusses und Ausschlusses sowie von Kooperationsversuchen zwischen staatlichen und nicht-staatlichen Akteuren. Dabei kam es zu allerhand Neukonstruktionen von Obdachlosigkeit. *Unsere* und *die anderen* Obdachlosen, *Obdachlose* und *alle Menschen, einheimische* Obdachlose und *nicht-einheimische* Obdachlose, *dankbare* und *nicht dankbare* Obdachlose: die Liste ist lange und zeigt auf, wie selbst bei extremer Armut noch über die Konstruktion von Unterschieden zu regieren versucht wurde und damit Lebenschancen in gesellschaftlich außerordentlichen Krisen verteilt werden.

Nur an wenigen Orten, wie der Stadt Zürich, wurden die Erfahrungen nach der Aufhebung der gesundheitspolitischen Maßnahmen in sozialpolitische Neustrukturierungen zu übersetzen versucht. Zwar scheiterte die wirtschaftliche Basishilfe vor Gericht, doch ist mit der Zürich City-Card nun ein Instrument in Ausarbeitung, dass sich zum Ziel setzt, alle Bewohner:innen der Stadt unabhängig ihrer Herkunft und ihres Aufenthaltsstatus zu erfassen und damit in einer möglichen nächsten Pandemie direkt unterstützen zu können – auch wenn mit dem Instrument keine migrationspolitischen Verbesserungen für einen Teil der von Obdachlosigkeit betroffenen Menschen in der Stadt verbunden sind.

Literaturverzeichnis

Behnke, Nathalie (2020): Föderalismus in der (Corona-)Krise? Föderale Funktionen, Kompetenzen und Entscheidungsprozesse, in: Aus Politik und Zeitgeschichte (9), 35–37.

Bundeskanzlei (BK) (2020): Bericht zur Auswertung des Krisenmanagements in der Covid-19-Pandemie. 1. Phase/Februar bis August 2020, Bern: Bundeskanzlei BK.

Busch-Geertsema, Volker/Henke, Jutta (2020): Auswirkungen der Covid-19 Pandemie auf die Wohnungsnotfallhilfen. Kurzexpertise als Ergänzung zum Forschungsbericht – Entstehung, Verlauf und Struktur von Wohnungslosigkeit und Strategien zu ihrer Vermeidung und Behebung, Berlin: Bundesministerium für Arbeit und Soziales.

Caritas (2020): Direktzahlungen für die Schwächsten. Caritas-Positionspapier zur Coronakrise. Luzern: Caritas.

Christoph Merian Stiftung (2020): Christoph Merian Stiftung spricht CHF 300'000 an Notunterbringung für Obdachlose. Medienmitteilung vom 9.4.2020, https://www.cms-basel.ch/medien/medienmitteilungen/medienmitteilung-09.04.20 20 (abgerufen am 15.5.2022).

Dittmann, Jörg/Dietrich, Simone/Roduit, Sabrina/Young, Christopher/Drilling, Matthias (2022): Ausmass, Profil und Erklärungen der Obdachlosigkeit in 8 der grössten Städte der Schweiz. LIVES Working Paper 93/2022, Genf: LIVES.

Drilling, Matthias/Böhnel, Martin/Tabin, Jean-Pierre/Lequet, Marie/Dittmann, Jörg (2021): Studie über die Wirkungen der finanziellen Unterstützung der Glückskette für Organisationen während der Covid-19-Pandemie. Abschlussbericht, Muttenz & Lausanne: FHNW/HETSL.

Drilling, Matthias/Küng, Magdalena/Mühlethaler, Esther/Dittmann, Jörg (2022): Obdachlosigkeit in der Schweiz. Verständnisse, Politiken und Strategien der Kantone und Gemeinden, Bern: Bundesamt für Wohnungswesen.

Drilling, Matthias/Mühlethaler, Esther/Iyadurai, Gosalya (2020): Obdachlosigkeit: Erster Länderbericht Schweiz, Muttenz: ISOS/FHNW.

Gerull, Susanne (2014): Wohnungslosigkeit in Deutschland, in: Aus Politik und Zeitgeschichte, 64 (20–21), 30–36.

Gesundheitsdepartement Kanton Basel-Stadt (2020): Übersicht der Maßnahmen im Zusammenhang mit COVID-19 in niederwelligen Einrichtungen, Stand 27.03.2020. https://www.sucht.bs.ch/angebot/oeffentlicher-raum (abgerufen am 12.5.2020).

Golta, Raphael (2021) Existenzsicherung ausserhalb der Sozialhilfe – neue Massnahmen der Stadt Zürich, in: Städteinitiative Sozialpolitik (Hg.): Dokumentation der Frühlingskonferenz vom 11.6.2020, Lausanne: Städteinitiative, 72–94.

Götzö, Monika/Herzig, Michael/Mey, Eva/Adili, Kushtrim/Brüesch, Nina/Hausherr, Mirjam (2021): Datenerhebung pandemiebedingte, kostenlose Mahlzeiten-, Lebensmittel- und Gutscheinabgaben in der Stadt Zürich. Schlussbericht. Zuhanden Sozialdepartement der Stadt Zürich (SD), Zürich: ZAHW.

Iyadurai, Gosalya/Mühlethaler, Esther/Drilling, Matthias (2022): Momente der Inklusion und Exklusion in der schweizerischen und kroatischen Obdachlosenhilfe aus einer sozialarbeiterischen Perspektive, in: Baier, Florian/Borrmann, Stefan/Hefel, Johanna M./Thiessen, Barbara (Hg.): Europäische Gesellschaften zwischen Kohäsion und Spaltung. Rolle, Herausforderungen und Perspektiven Sozialer Arbeit. Leverkusen: Verlag Barbara Budrich, 231–241.

Lovey, Max/Rosenstein, Emilie/Bonvin, Jean-Michel (2022): Accès aux prestations sociales et dynamiques de précarisation, in: Rosenstein, Emilie/Mimouni, Serge (Hg.): COVID-19, Les politiques sociales à l'épreuve de la pandémie, Zürich: Seismo, 79–92.

Parnisari, Bruno/Ruffieux, Valérie (2021): Auswirkungen der Pandemie: eine erste Bilanz, Bern: BSV.

Regierungsrat des Kantons Basel-Stadt (2019): Antwort auf die Interpellation Nr. 38 Oliver Bolliger betreffend kurzfristige Maßnahmen gegen Obdachlosigkeit in Basel. https://www.grosserrat.bs.ch/dokumente/100389/000000389888.pdf?t=15909784002020060104264o. (abgerufen am 2.6.2022).

Schweizerische Konferenz für Sozialhilfe (SKOS) (2021): Aktuelle Lage und zukünftige Herausforderungen für die Sozialhilfe. Analysepapier, Bern: Schweizerische Konferenz für Sozialhilfe.

Stiftung Glückskette/die solidarische Schweiz (2021): Coronavirus Schweiz: wie wirkt unsere Hilfe? Swiss Solidarity. Newsletter. 2021. https://www.gluecksket te.ch/https-www-glueckskette-ch-coronavirus-wie-wirkt-unsere-hilfe. (abgerufen am 10.6.2022).

Verein Soup and Chill (2020): Backpack Hostel für Wanderarbeiter und obdachlose Frauen. Schweizer Fernsehen vom 21.4.2020. https://www.srf.ch/news/region al/basel-baselland/corona-krise-backpack-hostel-fuer-wanderarbeiter-und-o bdachlose-frauen. (abgerufen am 2.6.2022).

Housing-First unter Krisenbedingungen
Implementierung eines innovativen Hilfeansatzes während der Covid-19-Pandemie

Tom Meyer

1. Einleitung

Die Covid-19-Pandemie nahm maßgeblich Einfluss auf die Lage wohnungsloser Personen. Zu nennen sind neben erhöhten Ansteckungsrisiken für Menschen, die in Notschlafstellen nächtigen (Busch-Geertsema et al. 2020: 19), beispielsweise auch eine drastische Reduzierung existenzsichernder Einnahmequellen für wohnungslose Menschen (Schneider/Böhmer 2020). Der Beitrag setzt bei dem Wechselspiel von Pandemie und Wohnungslosigkeit an, indem fokussiert wird, inwieweit die Krisenbedingungen die Einführung des hierzulande erst bedingt verbreiteten Hilfeansatzes *Housing-First* (fortan: HF) beeinflussen. Unter Rückbezug auf das aus der *Akteur-Netzwerk-Theorie* stammende *Modell der Übersetzung* nach Callon (1986 in Wieser 2014) konnten übergeordnet verschiedene ineinandergreifende Phasen der Einführung des Hilfemodells in Nordrhein-Westfalen (fortan: NRW) sowie hiermit verbundene Aushandlungsprozesse ausgemacht werden. In diesem Beitrag wird der Schwerpunkt daraufgelegt, inwiefern jene Phasen der Implementierung des Hilfemodells durch die Corona-Pandemie beeinflusst wurden. Es werden vorbereitend in Abschnitt 2 zunächst zentrale Diskurslinien um HF und die Bedeutung eines gesellschaftstheoretisch informierten Blicks auf den Gegenstand aufgezeigt. Aufbauend hierauf wird die Umsetzung von HF in NRW skizziert (Abschnitt 3). Diese Darstellungen bilden den Ausgangspunkt für die übersetzungstheoretische Analyse, die in Abschnitt 4 zunächst in ihren Grundzügen vorgestellt wird. Das Analysemodell wird im Anschluss auf die Einführung von HF in NRW im Allgemeinen (Abschnitt 5) sowie unter Pandemie-Bedingungen im Speziellen angewendet (Abschnitt 5.1, 5.2). Der Beitrag schließt mit einem Fazit, das die gewonnenen Erkenntnisse zu Chancen und Herausforderungen der Einführung von HF unter pandemischen Bedingungen zusammenfasst (Abschnitt 6).

2. Housing-First: Grundidee und Kritiken

Bei HF handelt es sich um einen Hilfeansatz, der gemeinhin auf den Psychologen Tsemberis und die New Yorker Organisation *Pathways to Housing* zurückgeführt wird (Baker/Evans 2016: 27; Pleace 2011: 114–116). Mit dem Ansatz geht entsprechend des Namens zunächst einher, die dauerhafte Wohnungsversorgung als Grundrecht ohne weitere Verpflichtungen und Zugangsvoraussetzungen nicht an das Ende, sondern an den Anfang von Wohnungsnotfallhilfen zu rücken (Busch-Geertsema 2017: 111). Es sollen dennoch flankierend niederschwellige Hilfsangebote bereitgestellt werden; die Annahme dieser wird aber nicht zur Voraussetzung des Wohnungserhalts gemacht. Kritisiert wird mit dem Ansatz ein sogenanntes *continuum of care*, gemäß dessen wohnungslose Menschen über verschiedene Stufen des sogenannten sekundären Wohnungsmarkts hinweg – von Notschlafstellen über Angebote des betreuten Wohnens und befristete Mietverträge – in den primären Wohnungsmarkt hocharbeiten müssen (Busch-Geertsema 2014: 159). Diesem Modell läge der Gedanke einer sogenannten *Wohnfähigkeit* zugrunde, die Klient:innen über die Zeit hinweg in Formen des sekundären Wohnens erlernen sollen (Marquardt 2013; Nagel 2015). Es wird mithin unterstellt, dass Wohnraumverluste mit der Unfähigkeit, richtig wohnen zu können, einhergingen; ein Deutungsmuster, das nach wie vor auch für Teile der deutschen Wohnungslosenhilfe beobachtet werden kann (Marquardt 2013). Strukturelle Bedingungen, die die Gefahr von Wohnungslosigkeit erhöhen und deren Relevanz bspw. von Busch-Geertsema (2019) aufgezeigt wird, fänden nur unzureichend Eingang in Darstellungen zur Emergenz von Wohnungslosigkeit. HF setzt hier an, indem nicht eine mangelnde Fähigkeit zu wohnen, sondern strukturelle Umstände als Grundlage von verfestigter Wohnungslosigkeit kritisiert werden.

Die Anwendung des Hilfemodells wird mittlerweile in vielen Ländern erprobt (Padgett et al. 2016). Auch in Deutschland existieren erste Umsetzungen, bspw. in Berlin (Housing First Berlin 2019) oder Gießen (Diakonisches Werk Gießen o.J.). Eine besondere Umsetzung des Hilfemodells im deutschsprachigen Raum stellt ein Projektzusammenschluss mehrerer Träger in Form des sogenannten *Housing-First-Fonds* (fortan: HFF) dar, an dem zum Ende einer ersten Projektförderungsphase 22 Träger der Wohnungslosenhilfe aus 13 Kommunen NRWs (Stand: Oktober 2020) beteiligt gewesen sind (Busch-Geertsema 2020: 26).

Das Hilfemodell HF erfreut sich, wie erwähnt, einer international wachsenden Beliebtheit. Die Kontexte der Einführung sind entsprechend vielfältig und unterliegen multiskalaren Einflüssen (Raitakari/Juhila 2015: 160). Es ist daher wenig verwunderlich, dass mit der Verbreitung des Ansatzes auch eine zunehmende Diversität von Umsetzungsformen auszumachen ist (Baker & Evans 2016: 25). So ist etwa bekannt, dass die Idee dauerhaften Wohnraums zuweilen zugunsten eines sog. Konzept des Graduierens aufgegeben wird: Personen erhalten hier zwar ebenfalls eine eigene Wohnung, jedoch wird ihnen diese im Sinne eines Rotationsprinzips nur zeitlich befristet zur Verfügung gestellt (Anderson-Baron & Collins 2018). Wenn aber eine allgemeine Wohnungsknappheit ausschlaggebend für den fehlenden Erfolg bei der Wohnungssuche ist, so kann jenes Konzept nur bedingt das grundlegende Problem der dauerhaften Wohnraumversorgung derzeit wohnungsloser Personen lösen. Ein weiteres Problem, das im kritischen sozialwissenschaftlichen Diskurs um HF angeführt wird, ist das einer diskursiven Verschleierung sozialer Problemlagen durch Rückbezug auf den HF-Ansatz. So wird beispielsweise von einzelnen Umsetzungen berichtet, deren Initiator:innen den Ansatz vorrangig nutzten, um öffentliche Kosten zu senken, anstatt die Reduzierung von Wohnungsnotlagen zu zentralisieren (Baker/Evans 2016: 30f.). HF wird deshalb zuweilen eine größere Übereinstimmung mit neoliberalen statt ethisch-humanistischen Anliegen vorgeworfen, weshalb ausgehend von spezifischen Umsetzungen auch nicht mit weitreichenden gesellschaftlichen Veränderungen zu rechnen sei (Willse 2010 in Raitakari & Juhila 2015: 174).

Am Beispiel des oben genannten HFF habe ich mich vor dem Hintergrund der genannten Kritik genauer mit dem Aufkommen des Ansatzes und dem Prozess dessen Verbreitung beschäftigt (Meyer 2021). Hierzu habe ich zwischen Mai und Juli 2020 Interviews mit Projektverantwortlichen und kooperierenden Trägern im HFF geführt. Für die Analyse wurde von mir das aus der *Akteur-Netzwerk-Theorie* stammende *Modell der Übersetzung* mobilisiert, das einen Weg bereitet, um die Komplexität von Institutionalisierungsprozessen schritt- und phasenweise zu rekonstruieren. Eine solche empirische Annäherung wird auch von Baker und Evans (2016: 30) nahegelegt und als wertvoll für die als ausbaufähig erachtete gesellschaftstheoretisch informierte Analyse von HF beschrieben.

Ausgehend von übergeordneten Ergebnissen der Studie zur Institutionalisierung von HF in NRW wird in diesem Beitrag schwerpunktmäßig darauf Bezug genommen, wie die Einführung des Ansatzes von Pandemiebedingungen tangiert wurde. Zur Vorbereitung der übersetzungstheoretischen Analyse von HF in NRW und des diesbezüglichen Einflusses der Covid-19-Pandemie ist im Folgenden zunächst noch genauer auf HF im HFF und die *Soziologie der Übersetzung* einzugehen.

3. Housing-First in NRW

In der Abschlusstagung des dreijährigen Projektes des HFF am 11.11.2020 wurde neben dem HFF selbst auf Initiativen aus Berlin und Gießen hingewiesen, die den Ansatz HF umsetzen. Zu der Umsetzung von HF in Berlin (Gerull 2022) sowie zum HFF (Busch-Geertsema 2020) existieren umfassende Begleitdokumentationen. Auf letztere soll nachfolgend kurz eingegangen werden, da Verständnisse des Hilfeansatzes beim HFF im Fokus dieses Abschnitts stehen.

Die Umsetzung des Modellvorhabens HFF wurde zwischen Dezember 2017 und November 2020 mit Mitteln aus dem Aktionsprogramm *Hilfen in Wohnungsnotfällen* gefördert (Busch-Geertsema 2020). Im Rahmen des Vorhabens sollte aus Erlösen aus einer Kunstspende von Gerhard Richter der Erwerb von bis zu 100 Wohnungen unterstützt werden, in denen »Langzeitwohnungslose mit komplexen Problemlagen mit dauerhaften Mietverträgen versorgt werden und nach den Prinzipien des Housing First-Ansatzes wohnbegleitende Hilfen erhalten« (Busch-Geertsema 2020: 26). Die zahlreichen Kooperationspartner:innen waren Mitglieder des Paritätischen Landesverbands (fortan: der Paritätische NRW) oder Träger, die Mitglied eines kirchlichen Wohlfahrtsverbands sind (ebd.: 26).

Die Zielgröße von 100 Wohnungen wurde um rund 40 Wohneinheiten verfehlt (ebd.: 27). Die Evaluation des Projekts konnte jedoch eine hohe Wohnstabilität nachweisen; nur in einem Fall kam es zu einer Kündigung aufgrund von angesammelten Mietschulden. Aufgrund dessen schlussfolgert Busch-Geertsema (ebd.: 27f.), dass unter anderem eine weitere Implementierung des Hilfeansatzes in lokale Hilfesysteme empfehlenswert sei. Diese Ergebnisse, wie auch die der Evaluation zu HF in Berlin (Gerull 2022) sind begrüßenswert, da Studien zur Wirksamkeit von Projekten zur direkten Vermittlung von Personen in dauerhaften Wohnraum für den deutschsprachigen Raum noch wenige Jahre zuvor fehlten und zu jener Zeit außerdem noch kaum ein Bestreben vorlag, den HF-Ansatz konsequenter zu verfolgen (Joseph 2020).

Die Analyse von Busch-Geertsema (2020) legt den Erfolg erster Umsetzungen von HF in NRW hinsichtlich der Wohnraumerhaltung nahe, weist aber auch auf Probleme bezüglich der Wohnraumbeschaffung hin. Ferner wird dargelegt, dass zum Vorhandensein von HF-Prinzipien sowie zu Vorstellungen von *Wohnfähigkeit* in der bestehenden Wohnungslosenhilfe aktuell kein Wissen vorläge (ebd.: 24). Bei der Verbreitung des Ansatzes spielen die mit diesem verbundenen Logiken der Hilfe jedoch eine nicht unerhebliche Rolle, da sich diese auf die praktische Ausgestaltung von HF auswirken können (s. weiter oben). Es erschien daher naheliegend, sich offen der Umsetzung von HF aus Sicht der im HFF beteiligten Akteur:innen anzunähern. Hierbei konnten auch Aussagen zur Relevanz der Pandemie eingeholt werden. Die Analyse dieser Auffassungen folgte dem *Modell der Übersetzung*, das im Folgenden kurz vorgestellt wird.

4. Zur Soziologie der Übersetzung nach Callon

Das *Modell der Übersetzung*, das zur Analyse herangezogen wurde, stellt eine bekannte Operationalisierung der *Akteur-Netzwerk-Theorie* dar und kann als »heuristisch analytisches Wahrnehmungsmodell für Verhandlungen und Übersetzungen innerhalb komplexer Phänomene« (Dimai 2012: 138) verstanden werden. Callons

Soziologie der Übersetzung verfolgt die Untersuchung von Wissenschaft und Technik in der Strukturierung von Machtbeziehungen. Hiermit ist gemeint, dass es zur Bildung von wissenschaftlichem Wissen immer auch der Überzeugung und Zusammenführung verschiedener, an der Schaffung des Wissens beteiligter Parteien, in Form eines Übersetzungsprozesses bedarf. Für die Analyse unterscheidet Callon vier Phasen der Netzwerkbildung: *Problematisierung*, *Interessement*, *Enrolment* und *Mobilisierung*. Nachfolgend kann nur kurz auf Grundzüge des Modells eingegangen werden; Callon selbst hat jenes anhand eines anschaulichen Beispiels ausführlich beschrieben (Wieser 2014).

Die *Problematisierung* meint den Prozess, in dem etwas durch einzelne Akteur:innen zu einem Problem, also »zum Gegenstand einer Debatte oder Kontroverse« (ebd.: 37) wird. Die Definition des Problems geht gleichzeitig mit einer Definition derjenigen einher, die für die Lösung des Problems als relevant erachtet werden, sowie mit einer Definition deren Interessen. Die so definierten Akteur:innen sind diejenigen, mit denen eine Netzwerkbildung ins Auge gefasst wird. Teil der Problematisierung ist schließlich, dass die verschiedenen Akteur:innen in einem Punkt zusammenfinden, der die jeweiligen Interessen vereint. Diesen Punkt bezeichnet Callon als obligatorischen Knotenpunkt (ebd.).

Das *Interessement* meint eine anschließende »praktische Stabilisierung der um ein Problem angesiedelten Akteursgruppen und ihrer Identitäten« (ebd.: 38). Nach der *Problematisierung* steht das Ziel im Raum, die potenziellen Verbündeten auch für das eigene Vorhaben zu gewinnen. Das *Interessement* meint hierbei die Techniken, die Anwendung finden, um diese anzusprechen.

Das *Enrolment* beschreibt die nächste Phase der Netzwerkbildung im *Modell der Übersetzung* nach Callon, die beinahe parallel zum *Interessement* abläuft (Dimai 2012: 150). Hiermit beschreibt Callon den Punkt des Verhandelns mit den angesprochenen Akteur:innen sowie das Einbinden dieser in das eigene Netzwerk. Callon unterscheidet bezüglich des *Enrolments* vier idealtypische Antworten der Assoziierten »auf die problematische Situation als Ganzes und auf die konkrete Problematisierung, die die jeweilige Aktantengruppe betrifft« (ebd.):

a) Mitlaufen: Interessen der angesprochenen Gruppen gehen mit der Lösung der problematisierten Situation einher
b) Verhandlung bei Ablehnung der problematisierten Situation
c) Verhandlung bei Ablehnung der konkreten Problematisierung
d) Opposition: aktives Anzweifeln der Problemdefinition sowie der Voraussetzungen der Problematisierung

Es zeigt sich, dass in der Phase des *Enrolments* in multilateralen Verhandlungen die Identität der beteiligten Akteur:innen bestimmt und getestet wird, wobei potenziell aus Sicht des Assoziierenden immer die Gefahr der Einnahme oppositioneller Positionen besteht (ebd.: 154).

Mobilisierung meint schließlich die Bestimmung von wenigen Stellvertreter:innen der angesprochenen Gruppen durch die assoziierenden Akteur:innen (ebd.: 155). Das entstehende Netzwerk kann dabei immer wieder von den versammelten Repräsentant:innen in Frage gestellt werden. Aufgrund möglicherweise auftretender Verschiebungen hin zu einem Anzweifeln des sich bildenden Netzwerks lassen sich nach Callon auch »vier plus eins Momente [der Netzwerkbildung]« (Dimai 2012: 139) unterscheiden, wobei letztere optionale Phase die der *Dissidenzen* darstellt. So können »[z]u jedem Zeitpunkt des scheinbar stabilen Netzwerks [...] unterschiedliche Kontroversen die Repräsentativität der Sprecher bzw. Vermittler in Frage stellen, sie anders diskutieren, ablehnen oder neu verhandeln« (Dimai 2012: 157). Das *Modell der Übersetzung* kann somit als Folge »andauernde[r], sich wiederholende[r], chaotische[r] Übersetzungsprozesse« (ebd.: 139) verstanden werden. Die zu identifizierenden Phasen tragen somit zwar zur Etablierung eines Netzwerks bei und verschaffen Sichtbarkeit für beteiligte Akteur:innen und deren Verständnisse, doch sind diese weiterhin hinterfrag- und veränderbar (ebd.).

5. Übersetzungen auf dem Weg zum Housing-First-Fonds

Um die pandemiebezogenen Einflüsse auf die Initialisierung von HF im Zuge einer übersetzungstheoretischen Analyse nachvollziehen zu können, wird folgend zunächst näher auf allgemeine Übersetzungen im HFF eingegangen. Die Betrachtung der spezifischen Einflüsse im Zuge der Pandemie schließt sich an.[1]

Die Analyse hat aufgezeigt, dass die HF-Verständnisse verschiedener *Interviewpartner:innen* von den Zugängen des Vereins *fiftyfifty* beeinflusst werden oder mit diesen übereinstimmen. Die Implementierung von HF in NRW ist aufs Engste mit dieser Organisation verbunden, die HF zunächst in Düsseldorf über circa drei Jahre hinweg erprobte, wodurch Wohnraum für etwa 60 ehemals wohnungslose Menschen zur Verfügung gestellt werden konnte. Bezüglich des Verständnisses des Ansatzes wurde sich vom Verein stark an aktuellen wissenschaftlichen Einsichten wie den Arbeiten von Tsemberis (s. o.) orientiert, das heißt beispielsweise, dass Personen in besonders herausfordernden Lebensumständen unterstützt werden sollten (Meyer 2021: 46–50). Die Übernahme dieser HF-Grundsätze im Sinne einer Strategie des Mitlaufens verwundert nicht aufgrund der Übereinstimmung dieser mit der Philosophie von *fiftyfifty* (ebd.: 53–55).

---

1   Einzelheiten zur allgemeinen Analyse des Übersetzungsprozesses sowie der Methodik der Erhebung der Datengrundlage werden an anderer Stelle dargestellt (Meyer 2021).

Es wird in der Literatur zum Netzwerkbilden die folgende Frage formuliert: »Wer wird jemals wissen, ob das Parasitentum ein Hindernis für das Funktionieren des Systems ist oder gerade dessen Dynamik?« (Serres 1981: 47 in Dimai 2012: 154). Für die Entstehungsgeschichte des HFF kann festgehalten werden, dass es ohne *Dissidenzen* in geplanten Übersetzungen des Vereins *fiftyfifty* zumindest nicht so frühzeitig zu Versuchen der Etablierung eines landesweit agierenden Netzwerks gekommen wäre: das Scheitern einer angestrebten Kooperation mit der Stadt Düsseldorf trotz eines aufwendigen *Interessements* in Form einer mehrteiligen HF-Reihe wurde zur Voraussetzung der Herausbildung des HFF (Meyer 2021: 45–52). Eine Suche nach Alternativen zur Verbreitung des Ansatzes traf mit dem Umstand zusammen, dass der Paritätische NRW zu jener Zeit eine größere Verantwortung im Bereich der dauerhaften Wohnraumversorgung wohnungsloser Personen übernehmen und sich stärker sozialpolitisch zum Thema positionieren wollte (ebd.: 53–55). Die Verständnisse seitens *fiftyfifty* und des Paritätischen NRW passten somit überein und erlaubten eine wechselseitige Strategie des Mitlaufens. Gepaart mit weiteren kleinteiligen Übersetzungsschritten konnte so der Grundstein des HFF gelegt werden.

Gleichzeitig kam es im Zuge des Aufbaus des HFF zu einer Verschiebung der *Problematisierung*. Mit der *Problematisierung* durch *fiftyfifty*, Langzeitwohnungslosigkeit durch HF anders zu begegnen, war noch ein Wunsch zu einem paradigmatischen Wechsel in der Wohnungslosenhilfe einhergegangen. Im Aufbau des Kooperationsverbunds wurde indes eine relativierende *Problematisierung* formuliert, die der Kritik anderer Wohlfahrtsverbände Rechnung trägt, welche sich durch eine Formulierung von HF als Gegenspieler zur bestehenden Hilfepraxis angegriffen fühlten. Weiter werde hierdurch berücksichtigt, dass zu wenig zu den genauen Strukturen der Wohnungslosenhilfe in NRW sowie deren Hilfeverständnissen bekannt sei, um HF bei der Ansprache weiterer Akteur:innen in strikter Abgrenzung zu bestehenden Hilfeverständnissen zu positionieren (ebd.: 62).

Die potenziell in dem Vorhaben Kooperierenden stehen somit einer Ansprache gegenüber, bei der sowohl die Grundkategorien als auch eine relativierende Positionierung von HF zur bestehenden Wohlfahrtspflege übermittelt werden. Diese Darstellungen können einen Einfluss auf Verständnisse von HF im HFF nehmen, wobei seitens der Projektsteuerer im HFF aufgrund der Unkenntnis konkreter struktureller Gegebenheiten bewusst ein Aushandlungsspielraum für die kooperierenden Organisationen eröffnet wurde. Trotz einer notwendigen Zustimmung zu einem Kooperationsvertrag, in dem auf die Bedeutung der HF-Grundkategorien hingewiesen wurde, und denen seitens der kooperierenden Träger grundsätzlich zugestimmt wurde, zeigte sich, dass die partielle Offenheit des Modells dazu geführt hat, dass die Bedeutung des Ansatzes teils unterschiedlich eingestuft wurde (ebd.: 63–67).

Bezüglich der Abweichungen von HF-Grundsätzen im HFF wurde eine große Abhängigkeit von umgebenden Strukturen ersichtlich: vom Wohnungsmarkt, von Vorgaben der Landschaftsverbände sowie von den konkreten Umständen bei den beteiligten sozialen Trägern (ebd.: 67–73, 76–79). Abweichungen erfolgen dabei prinzipiell aufgrund des Ideals, bedürftigen Personen mit dem Ansatz zu dauerhaftem Wohnraum zu verhelfen und nicht, um HF zu anderen Zwecken zu instrumentalisieren. Neben der strengen Vertretung des Ziels einer permanenten Wohnraumversorgung zeigt sich eine prinzipielle Orientierung an den Zielen der Initiator:innen vom HFF seitens der Träger darin, dass zu starke Abweichungen von den Grundprinzipien von HF eher als Gefährdung von HF denn als gewinnbringend wahrgenommen werden.

Dem Vokabular der *Soziologie der Übersetzung* entsprechend kann die Pandemie als Akteurin verstanden werden, die den soeben geschilderten, übergeordneten Übersetzungsprozess negativ wie positiv beeinflusst hat. Um dies aufzuzeigen, werden nachfolgend die Einflussnahmen der Pandemie auf die Situation wohnungsloser Menschen sowie die Implementierung von HF im HFF thematisiert (5.1). Hieraufhin wird näher besprochen, welchen Phasen des *Modells der Übersetzung* diese Einflussnahmen zugeordnet werden können (5.2).

5.1 Pandemische Dissidenzen: Herausforderungen und Chancen bzgl. der Implementierung von HF in NRW unter Einfluss der Covid-19-Pandemie

Verlangsamung von Prozessen

Die Pandemie hat laut Aussage von Interviewpartner:innen negativen Einfluss auf den Prozess der Wohnungskäufe im HFF genommen (PT3[2]; PP3; PP4). So verzögerten sich Ankaufprozesse, da sich Makler:innen teils im Homeoffice befanden und da Unsicherheiten bezüglich der Zukunft die Investitionsbereitschaft von Träger:innen hemmten (PP3; PP8). Außerdem habe sich die pandemische Situation erschwerend auf die Zusammenarbeit mit Handwerker:innen ausgewirkt (PP2).

Schließlich kann auch eine Verlangsamung bezüglich der Öffentlichkeitsarbeit zu HF festgestellt werden, da pandemiebedingt Veranstaltungen im Rahmen des HF-Projekts teilweise nicht stattfinden konnten (PT2; PP6).

Auswirkungen auf das Klientel

Die Corona-Pandemie wurde von einzelnen Gesprächspartner:innen als Gefährdung der physischen und emotionalen Gesundheit der Klientel wahrgenommen (PP3; PP6). Ein Gesprächspartner berichtete, dass ein Pärchen in eine mit Mitteln des HFF kofinanzierte Wohnung eingezogen sei, aufgrund des Lockdowns

---

2   Die verwendeten Kürzel entsprechen der Benennung der Interviews in Meyer (2021): PT steht hierbei für Projektteam des HFF und PP für Projektpartner:innen, also kooperierende Träger. Insgesamt wurden sieben Interviews mit Mitgliedern des Projektteams und zehn mit im Projekt kooperierenden Träger:innen geführt.

dann aber keine adäquate Einrichtung dieser Wohnung möglich gewesen wäre. Der Träger konnte diesbezüglich intervenieren, indem Möbel aus einem eigenen Sozialkaufhaus trotz des Lockdowns zur Verfügung gestellt wurden (PP6). Er konstatierte aber, dass aufgrund von pandemiebedingten Kontakteinschränkungen insgesamt weniger zum Wohlbefinden der Klientel in Erfahrung gebracht werden könne (ebd.).

Hinsichtlich der Lebensumstände von Personen, deren Wohnungslosigkeit nicht bereits durch den Bezug einer HF-Wohnung beendet werden konnte, wird von einzelnen Gesprächspersonen eine Verschlechterung im Zuge der Corona-Pandemie betont. So wurde auf die erhöhte Ansteckungsgefahr von Personen, die in Notschlafstellen nächtigen, hingewiesen (PT3). Auch Beschäftigungsformen, wie der Verkauf von Straßenmagazinen oder das Angebot von Stadtführungen, wurden unter pandemischen Bedingungen deutlich erschwert oder verunmöglicht, auch wenn teils vorübergehend neue Optionen zum Gelderwerb, wie die Reinigung von Einkaufswägen, aufgekommen sind (PP3). Neben der Verschlechterung der Lebensumstände wohnungsloser Menschen wurde ebenfalls angeführt, dass die pandemischen Umstände Wohnraumverluste, auch von Familien, wahrscheinlicher machten (PP8).

Diskursive Aufmerksamkeit

Die erschwerte Versorgungssituation von Personen in Wohnungsnotlagen im Tagesverlauf habe für eine erhöhte Beachtung der Problemlage seitens der lokalen Politik gesorgt, wie ein Gesprächspartner für Düsseldorf beschreibt (PP3). Außerdem seien aufgrund alternativer Unterbringungsformen zu Zeiten der Pandemie hohe Kosten im Bereich der Wohnungslosenhilfe entstanden. Dieser zusätzliche Kostenpunkt könne gemäß einzelner Gesprächspartner:innen zu einem Umdenken bezüglich der Wohnraumversorgung wohnungsloser Personen beigetragen und zusätzlich für den Ansatz HF sensibilisiert haben (PP3; PT3).

5.2 Pandemische Prägung der Übersetzungsarbeit im HFF

Übertragen auf das Vokabular des *Modells der Übersetzung* können Auswirkungen der Pandemie übergeordnet als *Dissidenzen* im Prozess der Netzwerkbildung im HFF gelesen werden. Die Verlangsamung von Prozessen des Wohnungsankaufs, der -aufbereitung und -vermietung könnten sich negativ auf die Kredibilität des HFF auswirken. So kann angenommen werden, dass diese Umstände dazu geführt haben, dass das Ziel, im dreijährigen Projektzeitraum des HFF 100 Wohnungen für die Umsetzung von HF zu schaffen (PT2; PT3; PP9; PP10), pandemiebedingt deutlicher verfehlt wurde. Neben einer ambitionierten Formulierung des Projektziels, die mit dem Selbstbild von *fiftyfifty* einhergegangen sei (PT3), kann der Wohnungsmarkt als zentraler Akteur im HF-Netzwerk betrachtet werden, der auch abseits der pandemischen Umstände Prozesse der Umsetzung von HF verlangsamt hat (s. Abschnitt 5). Wenn die HF-Wohnung selbst als Akteurin verstanden wird, in der sich die Ideen der Umsetzenden zur Wohnraumversorgung ehemals wohnungsloser Personen stellvertretend materialisieren, so kann festgehalten werden, dass dieser *Mobilisierung* im HFF teils Steine in den Weg gelegt wurden. So wird die Lage am Wohnungsmarkt von diversen Interviewpartner:innen als sehr angespannt und als großes Hindernis bezüglich der Wohnraumversorgung aktuell wohnungsloser Menschen wahrgenommen (PT1, PT3, PP2, PP4, PP5, PP8), wobei die Lage sich in der jüngeren Vergangenheit exponentiell verschlechtert habe (PT1; PT2; PT3; PP5; PP10). Da für wohnungslose Personen in einem bestimmten Segment des primären Wohnungsmarkts nach Wohnraum gesucht wird, und selbiges auch stark von anderen Nutzer:innengruppen nachgefragt werde, gelte diese Problematik zum Teil auch für anderweitig entspanntere Wohnungsmärkte. Neben der Wohnungssuche habe auch die Abwicklung von Wohnungskäufen zuweilen länger als erwartet gedauert (PP3; PP6; PP9). Außerdem habe die angespannte Situation am Wohnungsmarkt dazu geführt, dass verstärkt sanierungsbedürftige Objekte inseriert wurden, was eine intensivere Auseinandersetzung mit Inseraten erforderlich machte (PT2; PT3; PT6). Als zentrale *Dissidenz* im Zuge der *Mobilisierung* von HF-Wohneinheiten erscheint ferner auch die Finanzierbarkeit von Objekten (PT5; PT6; PT7; PP4).

Ein ungünstiges und sich weiter verschärfendes Verhältnis von Angebot und Nachfrage im relevanten Wohnungsmarktsegment verlängert somit den Prozess der Wohnungssuche. Ein Fehlen von Fachkenntnissen und ein erhöhter Bedarf dieser aufgrund jüngerer Entwicklungen angesichts der Komplexität der Finanzierbarkeit treten als Hindernisse beim Wohnungsankauf auf. Der Wohnungsmarkt, der als widerständig für die Wohnraumversorgung aktuell wohnungsloser Personen gilt, tritt somit als Akteur auf, der den Projekterfolg des HFF abschwächt und so *Dissidenzen* befördert. Die pandemische Situation verschärft diese ohnehin angespannte Situation bezüglich des Wohnungserwerbs weiter, indem Investitionsbereitschaften seitens der Träger:innen teils aus Existenzängsten heraus rückläufig sind, zentrale Wohnungsmarktakteur:innen zum Teil schwieriger erreichbar waren und die Verfügbarkeit von Personal aus dem Bausektor merklich eingeschränkt war. Die Pandemie wird mithin zu einer intermediären Akteurin, die Verhandlungen zwischen Wohnungsmarkt und HFF belastet und somit das Erreichen des selbstgesetzten Ziels bezüglich des Wohnungserwerbs seitens des HFF zusätzlich erschwert hat, was zu einer Gefährdung der Außenwirkung des Fonds beigetragen haben könnte.

Mit *Dissidenzen* können jedoch auch Chancen verbunden sein (s. Abschnitt 5). Während das Erreichen von Umsetzungszielen des HFF durch die Pandemie gefährdet wurde, könnte mit ihr auch eine erhöhte gesellschaftliche Aufmerksamkeit für die prekären Lebensbedingungen wohnungsloser Menschen einhergehen.

So könnten Herausforderungen im sekundären Wohnungskreislauf, die unter pandemischen Bedingungen verstärkt wurden, dazu führen, dass eine erhöhte Handlungsrelevanz seitens politischer Akteure erkannt wird. Ein Interesse an der weiteren Implementierung von HF in Deutschland könnte ferner durch die Evaluationsergebnisse zum HFF (Busch-Geertsema 2020) und zu Housing-First-Berlin (Gerull 2022) gestärkt werden sowie durch eine zunehmende mediale Aufmerksamkeit für den Ansatz. Dies alles könnte ein weiteres *Enrolment* öffentlicher Akteure im Prozess der Etablierung von HF vorantreiben.

Gleichzeitig muss auf die Gefahr hingewiesen werden, die besteht, wenn der begrifflich nicht geschützte HF-Ansatz exportiert und auf andere Standorte übertragen wird. Wie aus den vorstehenden Ausführungen hervorgegangen ist, können nicht nur strukturelle Bedingungen zu einer Abweichung von HF-Grundsätzen führen, sondern auch spezifische ideologische Vorannahmen. Ökonomische Vorzüge können als ein bedeutsamer Aspekt der Umsetzung von HF benannt werden, sie sollten jedoch nicht die alleinige und zentrale Voraussetzung zum Interesse an einer Implementierung von HF darstellen. Außerdem ist zu beachten, dass strukturelle Einflüsse Anpassungen der HF-Idee im Projekt notwendig erscheinen ließen (bspw. Veränderung der *Problematisierung*). Die Einsichten zum HFF verdeutlichen, dass weder Abweichungen von HF-Prinzipien grundsätzlich zu verurteilen, noch bestehende Angebote der Wohnungslosenhilfe pauschal mit einem sogenannten Stufensystem der Hilfe gleichzusetzen sind. Hier sollte vielmehr der Grundgedanke der wechselseitigen Verhandlungen aus der *Soziologie der Übersetzung* Beachtung finden (s. Abschnitt 4). Für die Umsetzung von HF im HFF erschien es zielführend, dass Vorgaben zu einzuhaltenden Prinzipien nicht zu streng formuliert wurden. Gleichzeitig seien durch Monitorings (ungewollte) Abweichungen von Grundsätzen des Ansatzes aufzuzeigen (PP4, PP5, PP8, PP9, PP10). Die nachfolgende Abbildung (Abb. 2) führt zwecks Übersicht die in diesem Artikel hervorgehobenen Aspekte der Umsetzung von HF im HFF gemäß des Modells der Übersetzung zusammen.

Abb. 2: Übersetzungsprozesse im HFF mit besonderem Blick auf Dissidenzen und pandemische Einflüsse

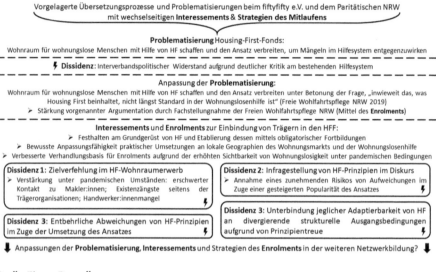

Quelle: Eigene Darstellung

6. Fazit: Pandemie als Be- und Entgrenzerin von (Diskursen um) HF?

Dieser Beitrag des Sammelbands hat sich zur Aufgabe gemacht, die Einführung des Ansatzes HF in NRW aus einer übersetzungstheoretisch informierten Perspektive unter Berücksichtigung pandemischer Einflüsse zu beleuchten.

Die Grundlage der Analyse bildeten Interviews, die zur Anfangsphase der Corona-Pandemie in Deutschland geführt wurden. Wie Schneider/Böhmer (2020) formulieren, waren die ohnehin »schwächsten Glieder der Gesellschaft« verstärkt von pandemischen Umständen betroffen, etwa durch ein nicht einlösbares *Staying Home*, was eine weitere Ungleichstellung wohnungsloser Personen beförderte (ebd.; Giertz/Bösing 2021). Die Autor:innen halten aber auch fest, dass sich aus der extrem prekären Situation wohnungsloser Menschen unter pandemischen Bedingungen auch die Chance eines diskursiven Wechsels ergeben könnte (Schneider/Böhmer 2020). Die Autor:innen plädieren unter anderem für institutionelle und strukturelle Maßnahmen, die Wohnen, Gesundheit, Bildung und Teilhabe sicherstellen, wozu flexiblere Versorgungsformen benötigt würden (ebd.). Im Zuge der vorstehenden Darstellung zur Initiierung von HF im HFF wurden ergänzende pandemische Herausforderungen herausgestellt, die sich aus einer weiteren Verschärfung wohnungsmarktbezogener Abläufe im Projekt ergeben: Ankaufphasen verlängerten sich, Umbaumaßnahmen verzögerten sich, aber auch die Einrichtung von Wohnungen wurde erschwert.

Busch Geertsema et al. (2020: 28) weisen darauf hin, dass insbesondere »[i]n den ersten sechs bis acht Wochen nach Ausbruch der Pandemie [...] der Situation von Wohnungslosen und insbesondere der Obdachlosen auf der Straße hohe mediale Aufmerksamkeit zuteil [wurde]«. Die dauerhafte Wohnraumversorgung mit Normalwohnraum als Weg um Wohnungslosigkeit zu beenden aber, »trat in den Monaten des Lockdowns zumindest in der öffentlichen Wahrnehmung in den Hintergrund« (ebd.: 33) trotz entsprechender Presseberichte. Auch führte die zeitliche Unterbringung eines Teils wohnungsloser Menschen in Hotels nicht dazu, dass Personen im Anschluss hieran dauerhaft mit Wohnraum versorgt wurden (ebd.). Bezüglich der Umsetzung von HF im HFF äußerten Gesprächspartner:innen dennoch die Hoffnung, dass die verstärkte Ungleichbehandlung wohnungsloser Personen unter Pandemiebedingungen einen Beitrag dazu leisten könnte, die Relevanz eigenen mietvertraglich abgesicherten Wohnraums und somit des Ansatzes HF im Diskurs zu stärken. Durch seinen Hinweis auf Mängel in der Wohnraumverfügbarkeit bietet HF die Chance, »sich (sozial)politisch neu zu sortieren und dabei Wohnen vor allem als strukturelles Problem statt schwerpunktmässig als individuelles Problem zu bearbeiten« (Drilling/Dittmann 2020: 19). Bezüglich der Verbreitung von HF wurde auf der Abschlussveranstaltung zum HFF im November 2020 dafür geworben, den politischen Willen zur Umsetzung des Ansatzes sowie eine bundesweite Vernetzung von HF-Umsetzungsorten voranzutreiben. Auch wurde über eine Verbreitung des HFF jenseits der NRW-Landesgrenzen diskutiert. Welche Relevanz den verschärften Notlagen unter pandemischen Bedingungen bezüglich der sich anschließenden Vernetzungsarbeit zukam und welche weiteren Faktoren die Verbreitung von HF ausgehend vom HFF prägten, könnte Gegenstand weiterer Analysen sein. Ein möglicher Startpunkt hierzu wäre die Aufarbeitung der Übersetzungsprozesse, die zur Gründung des Bundesverbands Housing First e.V. im September 2022 führten.

Ein weiterer, detaillierter Nachvollzug der Übersetzungsprozesse bezüglich HF in Deutschland scheint unter anderem in Anbetracht der Frage nach dem nachhallenden Einfluss der pandemischen Umstände relevant. Inwiefern wurden nachhaltig »Lehren ›aus Corona‹« (Schneider/Böhmer 2020) bezüglich des Umgangs mit und der Wege zur Überwindung von Wohnungslosigkeit gezogen? Methodische Verbesserungen in der zahlenmäßigen Erfassung von Wohnungslosigkeit (Brüchmann et al. 2022) sowie die erstmalig am 31.01.2022 durchgeführte »Bundesstatistik untergebrachter wohnungsloser Personen« (Statistisches Bundesamt 2021) könnten einen Beitrag dazu leisten, die Sichtbarkeit von Wohnungslosigkeit zu erhöhen und somit womöglich zu einer Verabschiedung von Förderprogrammen in Anlehnung an HF-Prinzipien beizutragen. Eine intensivierte quantitative Erfassung von Wohnungslosigkeit sollte aber nicht dazu führen, dass HF alleinig als Möglichkeit zur Reduzierung von Wohnungslosenzahlen dient. Vielmehr sollten Prinzipien von HF weiterhin grundlegend fokussiert werden, wenngleich von diesen unter Umständen aufgrund variierender Ausgangslagen bedingt abgewichen werden kann. Lokal variierende Anforderungen gilt es zu berücksichtigen, sodass diese für andere Projektkontexte in weiteren Studien aufzuarbeiten sind; strukturelle Missstände, die ungewollte Aufweichungen von HF-Grundprinzipien bedingen, gilt es gleichzeitig langfristig zu überwinden.

Literaturverzeichnis

Anderson-Baron, Jalene/Collins, Damian (2019): Not a ›forever model‹: the curious case of graduation in Housing First, in: Urban Geography 39 (4), 587–605.

Baker, Tom/Evans, Joshua (2016): ›Housing First‹ and the changing terrains of homeless governance, in: Geography Compass 10 (1), 25–41.

Brüchmann, Katharina/Busch-Geertsema, Volker/Henke, Jutta/Schöpke, Sandra/ Steffen, Axel (2022): Wohnungslose ohne Unterkunft und verdeckt Wohnungslose in Nordrhein-Westfalen. Ergebnisse einer Befragung. Bremen: Gesellschaft für innovative Sozialplanung und Sozialforschung e.V.

Busch-Geertsema, Volker (2014): Housing First: Die Wohnung als Grundvoraussetzung für weitergehende Hilfen, in: Keicher, Rolf/Gillich, Stefan (Hg.): Wenn Würde zur Ware verkommt. Soziale Ungleichheit, Teilhabe und Verwirklichung eines Rechts auf Wohnen, Wiesbaden: Springer VS, 155–166.

Busch-Geertsema, Volker (2017): Wohnungslosigkeit auf EU-Ebene, in: Gillich, Stefan/Keicher, Rolf (Hg.): Ohne Wohnung in Deutschland. Armut, Migration und Wohnungslosigkeit, Freiburg i.Br.: Lambertus-Verlag, 103–122.

Busch-Geertsema, Volker (2019): Wohnungslosigkeit, in: Bürger & Staat 69 (2–3), 150–155.

Busch-Geertsema, Volker (2020): Evaluation des Housing-First-Fonds NRW. Endbericht im Auftrag des Paritätischen Landesverbandes Nordrhein-Westfalen (Stand Oktober 2020). Bremen: Gesellschaft für innovative Sozialplanung und Sozialforschung e.V.

Busch-Geertsema, Volker/Henke, Jutte/Kruger, Nadine (2020): Auswirkungen der Covid-19-Pandemie auf die Wohnungsnotfallhilfen: Kurzexpertise als Ergänzung zum Forschungsbericht »Entstehung, Verlauf und Struktur von Wohnungslosigkeit und Strategien zu ihrer Vermeidung und Behebung«, Berlin/ Bremen: Bundesministerium für Arbeit und Soziales/Gesellschaft für innovative Sozialplanung und Sozialforschung e.V.

Callon, Michel (1986): Some Elements of a Sociology of Translation. Domestication of the Scallops and the Fishermen of St. Brieuc Bay, in: Law, John (Hg.): Power, Action and Belief. A New Sociology of Knowledge?, London: Routlege & Kegan Paul, 196–233.

Diakonisches Werk Gießen (o.J.): Aufsuchende Straßensozialarbeit und ZuHAuSE-Projekt II (EHAP). https://diakonie-giessen.de/strassensozialarbeit_zuhause_h ousing-first (abgerufen am 15.05.2022).

Dimai, Bettina (2012): Innovation macht Schule. Eine Analyse aus der Perspektive der Akteur-Netzwerk Theorie, Wiesbaden: Springer VS.

Drilling, Matthias/Dittmann, Jörg (2020): Für wen wäre Housing First eine Antwort? Überlegungen anhand der Basler Obdachlosenstudie, in: Carlo Fabian, Carlo/Müller, Esther/Zingarelli, Jacqueline/Daurù, Andreas (Hg.): Housing First. Ein (fast) neues Konzept gegen Obdachlosigkeit, Basel/Zürich: Verein für Gassenarbeit Schwarzer Peter/Schweizerische Gesellschaft für Sozialpsychiatrie, Sektion Deutschschweiz/Stiftung Pro Mente Sana, 10–20.

Gerull, Susanne (2022): Evaluation des Modellprojekts »Housing First Berlin«. Endbericht, Berlin: Alice Salomon Hochschule.

Giertz, Karten/Bösing, Sabine (2021): Wohnungslos und vergessen, in: Trauma & Gewalt 15 (3), 212–220.

Housing First Berlin (2019): Kurzkonzept. Stand: 06.12.2019. https://housingfirs tberlin.de/wp-content/uploads/2019/12/HFB-Kurzkonzept.pdf (abgerufen am 15.05.2022)

Joseph, Simone (2020): »In einer eigenen Wohnung könnte ich sein, wer ich bin« – zur Relevanz der Umsetzung des Rechts auf Wohnen. Möglichkeiten und Herausforderungen des Housing First-Ansatzes im Kontext Wohnungslosigkeit, in: Soziale Arbeit Plus (Hg.): »Ausgezeichnet«. Nominierte und prämierte Abschlussarbeiten an der Fakultät für Angewandte Sozialwissenschaften der Technischen Hochschule Köln 2020/04. Köln: Technische Hochschule.

Marquardt, Nadine (2013): Räume der Fürsorge. Regieren der Wohnungslosigkeit im betreuten Wohnen, in: Geographische Zeitschrift 101 (3–4), 148–165.

Meyer, Tom (2021): Erstmal eine Wohnung für sich selbst. Sozialgeographische Annäherungen an eine junge Form der Wohnungslosenhilfe in NRW namens Housing-First. Bonn: Rheinische Friedrich-Wilhelms-Universität (Unveröffentlichte Masterarbeit in leicht veränderter Fassung).

Nagel, Stephan (2015): Wohn(unfähigkeit) – ein Wiedergänger in der Wohnungslosenhilfe, in: wohnungslos 57 (3–4), 82–87.

Padgett, Deborah/Henwood, Benjamin/Tsemberis, Sam (2016): Housing-First: Ending Homelessness, Transforming Systems, and Changing Lives, New York: Oxford University Press.

Pleace, Nicholas (2011): The ambiguities, limits and risks of Housing First from a European perspective, in: European Journal of Homelessness 5 (2), 113–127.

Raitakari, Suvi/Juhila, Kirsi (2015): Housing First literature: different orientations and political-practical arguments, in: European Journal of Homelessness 9 (1), 145–189.

Schneider, Jürgen/Böhmer, Anselm (2020): Wohnungslos in der Pandemie, in: Böhmer, Anselm/Engelbracht, Mischa/Hünersdorf, Bettina/Kessl, Fabian/Täubig, Vicki (Hg.): Soz Päd Corona. Der sozialpädagogische Blog rund um Corona.

Serres, Michel (1981): Der Parasit, Frankfurt a.M.: Suhrkamp.

Statistisches Bundesamt (2021): Statistik untergebrachter wohnungsloser Personen. Fachinformation zur Statistik ab Berichtsjahr 2022, Wiesbaden: Statistisches Bundesamt.

Wieser, Matthias (2014): Das Netzwerk von Bruno Latour. Die Akteur-Netzwerk-Theorie zwischen Science & Technology Studies und poststrukturalistischer Soziologie, Bielefeld: transcript.

Willse, Craig (2010): Neo-liberal Biopolitics and the Invention of Chronic Homelessness, in: Economy and Society 39 (2), 155–184.

In der doppelten Krise
Prekäres Wohnen zwischen angespanntem Wohnungsmarkt und Pandemie

Robert Tiede

1. Einleitung

Trotz der pandemischen Krisensituation und allen dazugehörigen Aufrufen *Zuhause* zu bleiben, wurden bundesweit im Jahr 2020 mindestens 29.744 Zwangsräumungen durchgeführt, davon allein 1.700 in Berlin (BMJV 2021: 1481). Die Anzahl der tatsächlichen unfreiwilligen Umzüge liegt jedoch um ein Vielfaches höher, wenn auch Kündigungen und Räumungsklagen berücksichtigt werden.

Eine unsichere Wohnsituation ist durch die neoliberalen Wohnungsmarktpolitiken für viele Mieter:innen zum Alltag geworden. Kündigungen und Räumungsklagen transformieren diesen prekären Dauerzustand in eine akute Krise, da drohender Wohnraumverlust einen tiefgreifenden Einschnitt in das Grundbedürfnis nach Wohnen darstellt. Gerade auf angespannten Wohnungsmärkten finden gekündigte Mieter:innen in ihrem räumlichen Umfeld meist keine angemessene und leistbare Wohnung (Beran/Nuissl 2019). Der Wohnraummangel besteht dabei nicht nur für einkommensschwache Haushalte, sondern auch für immer größere Teile der Mittelschicht. Dazu tragen die steigenden Mieten und Nebenkosten, die sinkende Anzahl von Sozialwohnungen und die Umwandlungen von Miet- in Eigentumswohnungen bei (Holm et al. 2021; IBB 2022; Trautvetter 2020).

Diese *Krise des Wohnungsmarktes* und die 2020 einsetzende *Corona-Krise* sind die strukturellen Hintergründe, vor denen die *subjektiv empfundenen Krisen* derjenigen Mieter:innen stattfinden, die von Kündigungen und Räumungen betroffen sind. Durch die Pandemie nimmt dabei die Bedeutung der Wohnung zu. Einerseits als geschützter Raum, da der *Rückzug in das Private* gesundheitspolitisch erwünscht ist und zeitweise verlangt wird (*Lockdowns*). Andererseits steigt die Relevanz der Wohnung auch durch die Verbreitung des Homeoffice und die Zunahme an häuslicher Sorgearbeit, beispielsweise während der Schließung von Schulen und Kindertagesstätten.

Wie sich die Wohnkrisen durch Kündigungen und Räumungsklagen (während einer Pandemie) auf Mieter:innen auswirken und wie diese damit umgehen, stellt dabei ein erst recht wenig erforschtes Feld dar. Um einen Beitrag zu diesem Forschungsbereich zu leisten, werden daher neue empirische Daten genutzt, um die Perspektive der Mieter:innen in prekären Wohnsituationen während der Corona-Pandemie in den Fokus zu rücken. Im Rahmen meines Dissertationsprojekts habe ich dazu von August 2021 bis September 2022 insgesamt 26 qualitative Interviews in Berlin geführt. Basierend auf den Evidenzen aus Interviews mit Mieter:innen sowie mit Expert:innen werden in diesem Beitrag folgende zwei Forschungsanliegen bearbeitet: *Erstens* werden Auswirkungen und Bewältigungsformen von Verdrängungsprozessen der Mieter:innen aufgezeigt. *Zweitens* werden die Effekte der Maßnahmen zur Eindämmung der Covid-19-Pandemie in Fällen entsicherter Mietverhältnisse herausgearbeitet.

Dazu werden zunächst theoretische Aspekte der Wohnsoziologie sowie des Forschungsstandes beleuchtet, um daraufhin auf mein methodisches Vorgehen einzugehen. Im Analyseteil werden Auswirkungen und Bewältigungsweisen entsicherter Mietverhältnisse skizziert (5.1). Danach zeigen zwei Fallbeispiele, wie sich die Eindämmungsmaßnahmen ausgewirkt haben (5.2). Analysen der Expert:inneninterviews verdeutlichen anschließend die Konsequenzen der sozialen Isolation von Mieter:innen (5.3). Andererseits wird abschließend auch auf die Kontinuitäten und situativen Anpassungen der anwaltlichen und sozialen Beratung in der Pandemie hingewiesen (5.4).

2. Soziologie des Wohnens

Die Frage danach, *was Wohnen bedeutet,* lässt sich zwar empirisch nur milieu-, zeit- und raumspezifisch beantworten, allerdings können aus der Theorie einige Aspekte abgeleitet werden, die für die etablierten Formen (bürgerlichen) Wohnens heute gelten: Wohnen übernimmt zunächst eine grundlegende »physische Schutzfunktion« (Häußermann/Siebel 1996: 12). Das bedeutet zwar nicht, dass jede Wohnung einen sicheren Raum darstellt, aber es besteht in der Regel ein gewisser räumlicher Schutz vor »Witterung, Tieren und Mitmenschen« (Häußermann/Siebel 1996: 13). Somit kann sie auch vor einer Erkrankung, wie beispielsweise Covid-19, schützen oder als Rückzugsort dienen. Über den physischen Aspekt hinaus erfüllt das Wohnen in der Moderne drei zentrale Funktionen (in Anlehnung an: Häußermann/Siebel 1996: 15): Die Wohnung beeinflusst *erstens* die materielle Teilhabe – insbesondere in der räumlichen Verbindung mit anderen Institutionen, wie Erwerbsarbeitsplätzen, kulturellen Einrichtungen, Bildungs- und Betreuungseinrichtungen. *Zweitens* ist die Wohnung eine Grundlage sozialer Beziehungen wie zu Freund:innen, Partner:innen, Familie oder Nachbar:innen. Und *drittens* besteht in der Regel eine sozialpsychologische Bindung an die Wohnung und den umgebenden (Stadt-)Raum.

Der Zugang zu Wohnraum ist dabei an die rechtliche und ökonomische Verfügbarkeit gebunden: Der angebotene Wohnraum ist von Makrostrukturen, wie der ökonomischen und demographischen Entwicklung, der Wohnungspolitik sowie der Stadtplanung abhängig (Häußermann/Siebel 2004: 153–157). Auf der Nachfrageseite spielen zwar auch die Präferenzen (Lebensstile, Biographien usw.) eine Rolle. Entscheidend, vor allem auf angespannten Wohnungsmärkten, ist allerdings die Ausstattung mit Kapital. Dazu zählen das ökonomische (Einkommen, Vermögen, Kredite), kulturelle (Sprache, Wissen zum Wohnungsmarkt und Mietrecht) und soziale Kapital (soziale Netzwerke zu Verwandten, Kolleg:innen, Bekannten oder Gatekeeper:innen des Wohnungsmarktes) (Bourdieu 1983; Häußermann/Siebel 2004: 157–159).

Umgekehrt wirkt sich prekäres Wohnen auf die materiellen, sozialen, körperlich-gesundheitlichen und symbolischen Lebensbedingungen von Bewohner:innen einer Wohnung, eines Hauses oder Viertels aus (Häußermann/Siebel 2004: 165). Solche Effekte können als Prozesse der sozialen Exklusion verstanden werden (Kronauer 2006). Im Anschluss daran kann das Exklusions-Konzept auch auf die prekären Wohnverhältnisse übertragen werden. Die mit dem Begriff der Exklusion erarbeiteten *Zonen der Integration, Verwundbarkeit* und *Entkopplung* (Castel 2000: 525; Dörre 2007) werden in Abschnitt 5.1 mit den prekären Mietverhältnissen der befragten Mieter:innen und den Kapitalien nach Bourdieu zusammengebracht.

3. Forschungsfeld Verdrängung

Untersuchungen zu den Folgen von Verdrängung finden zunehmend Eingang in Studien der Ethnologie, Geographie und Soziologie. Beran und Nuissl erforschen beispielsweise in ihrer *Berliner Verdrängungsstudie* Umzüge in Berlin. Die häufigsten Gründe für einen Umzug von Verdrängten sind in abnehmender Reihenfolge Mieterhöhungen, Instandhaltungsstau, Kündigungen, *unter Druck setzen*, Verkauf, Störung des Wohnens und bauliche Aufwertung (Beran/Nuissl 2019: 127). Dabei korrelieren Mieterhöhungen und Instandhaltungsstau beispielsweise mit Kündigungen, andererseits hängen Verkäufe mit baulicher Aufwertung, der Störung des Wohnens und einem *unter Druck setzen* der Mietenden zusammen (Beran/Nuissl 2019: 129). Hier zeigt sich bereits, dass die hierarchischen Beziehungen zwischen Vermietenden und Mietenden in komplexe ökonomische, juristische und soziale Strukturen eingebettet sind, die jeweils unterschiedlich ausgeprägt sein können. Gemeinsames Merkmal der Verdrängungsprozesse ist aber, dass sie einen Einschnitt in das Grundbedürfnis Wohnen darstellen. Dabei finden gerade Haushalte mit mittleren und niedrigen Einkommen kaum alternative Wohnungen und/oder müssen einen größeren Teil ihres Einkommens für die Miete aufwänden. Dies drückt sich auch in der steigenden Mietbelastungsquote aus. In Berlin zahlt fast die Hälfte der Haushalte mehr als 30 Prozent ihres Einkommens für die Miete (800.000 Haushalte). 165.000 Haushalte bringen sogar mehr als 50 Prozent ihres Einkommens dafür auf (Holm 2021: 15). Darüber hinaus besteht in Berlin eine Versorgungslücke von fast 700.000 Wohnungen (Holm 2021: 118).

In der Soziologie gibt es zunehmend Studien, die sich mit angrenzenden Phänomenen, wie Wohnungslosigkeit (Brem 2011; Wimmer 2022), Obdachlosigkeit (Gerull 2016; Gruber 2007; Wesselmann 2009) oder Zwangsräumungen (Brickell et al. 2017; Desmond 2012; Desmond/Shollenberger 2015; Holm et al. 2015; Kokot/Gruber 2007; Sullivan 2017) befassen. Insbesondere angesichts der wieder verstärkten Gentrifizierungsforschung (Holm 2014; Smith 1979) sind vermehrt Studien zur Verdrängung durchgeführt worden. Rowland Atkinson beschreibt in seiner Studie zu gentrifizierten Nachbarschaften in Melbourne und Sydney die Narrative verdrängter Mieter:innen zum Wandel *ihrer* Stadtviertel, den Marktungerechtigkeiten und ihrer *symbolischen Vertreibung* (Atkinson 2015). Die verdrängten Mieter:innen zeigen verschiedene emotionale Reaktionen auf den ökonomischen Verdrängungsdruck – diese umfassen Zorn, Verbitterung, Niedergeschlagenheit, Isolation, Entfremdung, Angst und Verlust. Atkinson spricht daher vom *losing one's place*, ähnlich wie Furrer et al. (2022: 147) von dem *Gefühl der Entwurzelung* und dem *Herausgerissen-Werden aus der Nachbarschaft* sprechen. Hannah Wolf nennt diese Effekte in ihrer Forschung zu den Auswirkungen entsicherten Wohnens *displacement anxiety* (Wolf 2022). Wolf kommt zu dem Schluss, dass gerade die zentralen Qualitäten des *Zuhauses*, darunter Sicherheit, Ausgeglichenheit, Handlungsfähigkeit und Kontrolle, durch das entsicherte Wohnen als bedroht oder verloren wahrgenommen werden (Wolf 2022: 134).

In einigen Studien werden die Wahrnehmungen und Praxen von Mieter:innen somit zwar bereits analysiert. Die Mieter:innen werden dabei aber häufig als relativ homogene Gruppe konzeptualisiert. Wolf hält dagegen an einer Stelle fest, dass das Ausmaß der *displacement anxiety* mit dem sozio-ökonomischen Status zusammenhängt: »am größten ist die Angst für Haushalte mit geringem Einkommen, prekären Arbeitsverhältnissen und geringer sozialer Absicherung« (Wolf 2022: 129)[1]. Im vorliegenden Beitrag soll daher auch verstärkt auf den sozialstrukturellen Hintergrund und die Lebenslagen der Mieter:innen eingegangen werden.

---

1   Stärker differenziert im Hinblick auf die Klassenzugehörigkeit wird auch in einigen Beiträgen zu Bewältigungsstrategien prekären Wohnens (Facius 2022; Knabe/Gille 2022).

4. Narrative Interviews mit Mieter:innen

Die empirische Grundlage des Beitrags bilden 13 narrative Interviews mit Berliner Mieter:innen und 13 Expert:inneninterviews. In allen herangezogenen Fällen ist das Miet- und damit das Wohnverhältnis aufgrund einer Kündigung, einer Räumungsklage oder eines drohenden Hausabrisses als *prekär* einzuordnen. Die Interviewführung wurde an die Methoden der interpretativen Sozialforschung (Rosenthal 2015: 150–182) angelehnt, dabei jedoch stärker *problemzentriert* auf das Wohnen ausgerichtet (Lamnek 2010: 332–337; Witzel 2000). Außerdem wurden mit einem Fragebogen sozio-demographische Daten und Angaben zur Wohnsituation der Mieter:innen quantifizierend erfasst. Die Expert:inneninterviews wurden mit vier Berliner Fachanwält:innen für Mietrecht sowie mit vier Mitarbeiter:innen der kommunalen Mieterberatungsstellen geführt. Des Weiteren wurden ein Schuldnerberater, eine Sozialarbeiterin, ein Kommunalpolitiker sowie zwei Aktive aus Mieter:inneninitiativen interviewt. Die Interviews wurden mit MAXQDA anhand einer qualitativen Inhaltsanalyse codiert und ausgewertet (Kuckartz 2010; Kuckartz/Rädiker 2022; Mayring 2000).

5. Empirische Befunde

5.1 Auswirkungen und Bewältigungsformen von Verdrängung

Eine Kündigung stellt für Mieter:innen eine Krisensituation dar, da das Grundbedürfnis nach Wohnen, ihr Alltag und Lebensstil gefährdet sind. Bei den befragten Mieter:innen hat sich der drohende Wohnraumverlust entlang der drei Merkmale des Wohnens (Häußermann/Siebel 1996: 15) folgendermaßen ausgewirkt:

Erstens zeigt sich im Bereich der *Funktionalität und materiellen Teilhabe*, dass es zu einer Entsicherung des Zugangs zu Ressourcen und Infrastrukturen kommt. Beispielsweise droht der Verlust der räumlich nahen Erwerbsarbeit oder der Kindertagesstätten- und Schulplätze der Kinder (I. 10). Dabei wird deutlich, dass die Mietenden durch den angespannten Wohnungsmarkt zunehmend schlechtere Wohnverhältnisse und vertragliche Konditionen (z.B. Mietpreise) akzeptieren, um den Zugang zu einer Wohnung und den Infrastrukturen zu erhalten. Eine Mieterin beschreibt den Erhalt der Kündigung daher folgendermaßen:

>»das war so ein richtig krasser Schock, weil wir auch/also mit so einem kleinen Kind umzuziehen und in Berlin ist es ja eh nicht so leicht, eine Wohnung zu finden. Wenn man die Straße weitergeht, da ist unsere Kita und wir arbeiten ja auch beide. [...] Also wir sind da schon darauf angewiesen, dass wir diesen kurzen Weg zur Kita und von der Kita dann direkt weiter zur Arbeit können. Und deshalb war

total klar: Wir müssen irgendwie in der Nähe der Kita eine Wohnung finden, weil sonst hätten wir gar nicht mehr/also sonst hätte einer von uns nicht arbeiten gehen können« (I. 10: 5).

Zweitens droht auf der Ebene der *sozialen Beziehungen* der Verlust der kulturellen und sozialen Integration in Haus und Nachbarschaft. Viele Mieter:innen begründen ihren Widerstand gegen Kündigungen und Räumungsklagen dabei mit ihrer sozialen und räumlichen Integration:

> »[...] also da bin ich vielleicht schon ganz schön verwurzelt so mit diesem Kiez. [...] [das würde] mich entwurzeln und rauszureißen irgendwie, ich lebe jetzt 25 Jahre hier und da kannst du dir ungefähr vorstellen, wie es Leuten geht, die 35 oder 45 Jahre hier leben, gerade die ganzen Alten« (I. 2: 275).

Drittens betonen die Mieter:innen in den narrativen Interviews die gesundheitliche Bedeutung der Wohnung und damit einhergehend den *sozialpsychologischen Wert* des Wohnens. Eine Kündigung und drohende Wohnungslosigkeit erzeugt bei den Mietenden eine Krisensituation (»den Boden unter den Füßen weggerissen«; I. 10: 51). Das Eindringen in die *eigene Wohnung* und das *Zuhause*, führt zum Empfinden von Ungerechtigkeit, Wut und Trauer. Dabei werden Ängste und Stress ausgelöst, die bis zu Phobien und physischen und psychischen Krankheiten führen können.

> *Interviewer:* »Aber du hast jetzt noch einen Anwalt und willst in diesen Prozess reingehen?« *Befragte Mieterin:* »Ja, ich muss. Was soll ich denn sonst machen? Soll ich mich jetzt schon umbringen? Also ich ziehe nie aus. Nie. [...] Ich habe wahnsinnige Erschöpfungssyndrome, also wie Burnout, auch körperliche, weil mich das alles so krank macht. Ich bin depressiv [...]. Das bin ich alles in der Folge« (I. 13: 188–189).

Neben der *displacement anxiety* (Wolf 2022: 129) kann eine drohende Räumung folglich noch bedeutendere Auswirkungen auf das Leben und die Gesundheit von Mieter:innen haben, wie dieser Interviewausschnitt gezeigt hat. Hierbei ist auch zu beobachten, dass eine starke affektive Bindung an die Wohnung zwar die Bereitschaft erhöht, (juristische) Konflikte einzugehen, allerdings der drohende Verlust dadurch umso stärker wirkt. Die Auswirkungen werden nur in sehr wenigen Fällen als gering beschrieben, wenn beispielsweise die Wohnung als temporärer Aufenthaltsort gesehen wird:

> »Wir sind eine WG, wir sind alle ziemlich flexibel, [...] oder diese Kündigung an sich, dass es irgendwann kommt, das ist für uns nicht so dramatisch« (I. 12: 3).

Die Auswirkungen von drohendem Wohnraumverlust unterscheiden sich damit zwischen den untersuchten Fällen. Kapitalstruktur und -volumen, Möglichkeiten des Umzugs, die Bindung an die Wohnung und Nachbarschaft sind entscheidend für die Intensität der Auswirkungen einer Kündigung. Im Umgang mit Kündigungen entwickeln Mieter:innen verschiedene Handlungsformen, die zwischen aktivem und reaktivem Verhalten einzuordnen sind. Dazu zählen:

a) Eintritt in Mietvereine und anwaltliche Vertretung (*»die Anwältin ist eine Retterin in der Not gewesen«*)

b) Vernetzung in Mieterinitiativen und Hausgemeinschaften (*»[andere Mieter:innen] haben an der Tür geklopft und gefragt, wie wir das machen«*)

c) Wohnungssuche und Umzug (*»eine Familie die auf so einem Pulverfass sitzt [sucht dann eine neue Wohnung]«*)

d) Rückgriff auf soziale Netzwerke (*»dann könnte ich da [ein ländliches Wohnprojekt] hingehen. Also das ist für mich ein Teil meines Sicherheitsgefühls, dass das die Fallhöhe ist*)

e) Innerer Rückzug (*»ich bin nur noch misstrauisch«*) und abwartendes Verhalten (*»ja, erstmal gucken«*)

Zwar geraten auch Mittelschichtsangehörige – insbesondere durch Eigenbedarfskündigungen – zunehmend in prekäre Mietverhältnisse. In den untersuchten Fällen konnten diese jedoch aufgrund ihrer sozialen Beziehungsnetzwerke ihre Wohnlage stabilisieren, indem sie erfolgreich für den Erhalt ihrer Wohnung oder eine Ersatzwohnung gekämpft haben. Ihre Bewältigungsstrategie ist die des Widerstands und der Vernetzung. Ihr ökonomisches Kapital ist für den Erfolg am Wohnungsmarkt ebenfalls von Bedeutung (Häußermann/Siebel 2004: 157), welches genauso wie das soziale und kulturelle Kapital (hier v.a. Sprache und Wissen) ungleich verteilt ist. Es zeigt sich, dass die Fälle, die über ökonomisches, kulturelles und/oder soziales Kapital verfügen, eher in der Lage sind, eine Verunsicherung der Wohnsituation erfolgreich zu überwinden. Sie schaffen es, in die *Zone der Integration*[2] zurückzukehren. Sie steigen lediglich zeitlich begrenzt in die Zone der prekären Wohnverhältnisse ab, geraten aber nicht in den Bereich des Ausschlusses vom Wohnen oder die Zone der permanenten Verwundbarkeit. Entscheidend ist, dass jenes *feldspezifisch passende (soziale) Kapital* (Bourdieu/Wacquant 2006: 128) vorhanden ist, das auch auf dem Wohnungsmarkt eine Wirkung entfalten kann. Das können Mitgliedschaften in Mietervereinen, sozialen Bewegungen, aber auch Kontakte zu Bekannten und Kolleg:innen sein, die wiederum mit Kapital in diesem Sinne ausgestattet sind. Hier zeigt sich auch die besondere Stärke der *weak ties* (Granovetter 1973): »Die Netze der

---

2   In Anlehnung an das Zonenmodell prekärer Erwerbsarbeit (Castel 2000, 2007; Dörre 2007; Weingärtner 2019).

Mittelschicht sind größer, heterogener und räumlich diffuser als die Netze der Unterschicht« (Häußermann/Siebel 2004: 167), sie sind »weit produktiver als eng geknüpfte, homogene Netze« (ebd.). Gerade die Corona-Maßnahmen haben aber die »lokal orientierten, kleineren und homogeneren« Netze (ebd.) sowie die persönlichen sozialen Kontakte zeitweise stark vermindert.

Insgesamt ist festzustellen, dass die Auswirkungen und Bewältigungsformen eines drohenden Wohnraumverlustes im Zusammenhang mit der aktuellen Lebenslage, der subjektiven Bindung an die Wohnung, sowie dem Kapitalvolumen (Bourdieu 1983) stehen. Je offener die Lebenslage, je geringer die Bindung an die Wohnung und das Umfeld, je höher das Kapitalvolumen, desto leichter fällt ein Umgang mit der Situation einer Kündigung. Die Handlungsoptionen und das Verhalten der Mieter:innen sind damit auch immer Ausdruck ihrer Position im sozialen Raum und ihrer entsprechenden Möglichkeit über Ressourcen zu verfügen (Bourdieu 2014 [1979]: 195–213).

5.2 Effekte der Corona-Maßnahmen: Zwei Fallbeispiele

Die folgenden zwei Fallbeispiele wurden aus dem Interview mit einem Fachanwalt für Mietrecht rekonstruiert (I. 8). Beim *ersten Fall* handelt es sich um eine Mieterin, die in einem innerstädtischen Berliner Bezirk in einem Wohnkomplex aus den 1970er Jahren wohnt und Sozialleistungen bezieht. Nachdem die Sozialbindung der Wohnungen auslief, soll das Gebäude saniert werden und daher wird eine Entmietungsstrategie verfolgt. Die Mieterin verfügt über einen befristeten Mietvertrag, der regelmäßig verlängert werden muss. Dennoch hat die Mieterin zum Jahresende 2019 keine Verlängerung erhalten. Im Januar und Februar 2020 wurden die Kosten der Unterkunft (KdU) nicht mehr vom Jobcenter übernommen, »weil kein aktueller Mietvertrag vorlag aus deren Sicht« (I. 8: 86). Bereits im Februar wurden aufgrund der entstehenden Mietausfälle die Kündigung und die Räumungsklage zugestellt. Die Mieterin konnte mit ihrem Anwalt zwar zunächst eine Verlängerung ihres Mietvertrages erwirken, die Kündigung und Räumungsklage wurden dennoch aufrechterhalten. 2021 kam es dann durch das Jobcenter erneut zu einem Zahlungsverzug, weil sich die Bearbeitung der jährlichen Verlängerung des Leistungsbezugs verzögert hat. »Das hat beim Jobcenter corona-bedingt gedauert« (I. 8: 86), sodass die Anträge nicht fristgerecht bearbeitet worden sind. Zwar werden Bezüge in solchen Fällen nachgezahlt, aber den zweiten Zahlungsverzug haben die Vermietenden zum Anlass genommen, eine weitere Kündigung auszusprechen. Die Mieterin verlor schließlich vor Gericht. Die Richterin hat zwar anerkannt, dass die Mieterin unverschuldet in diese Situation geraten ist, die zweite Kündigung war dennoch wirksam.

Laut Anwalt war das Ziel der Eigentümer:innen zunächst der Räumungstitel an sich, der 30 Jahre gültig ist (§ 197 Abs. 1 S. 2). »Das heißt ja nicht, dass die [sofort] räumen« (I. 8: 86), daher kann die Mieterin noch befristet in der Wohnung verbleiben. Dies ist auch darauf zurückzuführen, dass das Jobcenter die Miete wieder regelmäßig übernimmt und ein Leerstand durch das Berliner Zweckentfremdungsverbot-Gesetz untersagt ist (§ 2 Abs. 1 S. 4 ZwVbG). Zusammen mit dem weiter gültigen Räumungstitel und dem befristeten Vertrag verbleibt die Mieterin so in einem prekären Mietverhältnis. Der Fall zeigt deutlich, welche Relevanz die gesetzlichen Fristen und behördlichen Verwaltungsprozesse – verzögert durch die Corona-Maßnahmen – auf Mieter:innen haben können.

Beim *zweiten Fallbeispiel* handelt es sich um einen Mieter in Friedrichshain, der ebenfalls in einer privatisierten Sozialwohnung lebt. Zum 30.09.2020 endeten aufgrund seines Eintritts in das Regelrentenalter seine Bezüge vom Jobcenter. Daraufhin hat er den Antrag auf *Grundsicherung im Alter* beim Sozialamt gestellt, welcher dort über vier Monate bearbeitet wurde. In dieser Zeit wurde die Miete nicht mehr übernommen, wodurch ein Zahlungsverzug eintrat. Gemeinsam mit dem Anwalt hat der Mieter die Vermietenden über die Antragstellung informiert. Die Eigentümer:innengesellschaft hat dennoch den Mietvertrag gekündigt und nach zwei säumigen Monatsmieten die Räumungsklage eingereicht. Ende Februar 2021 wurde der Antrag beim Sozialamt positiv beschieden, sodass das Sozialamt alle ausstehenden Leistungen nachzahlte. Darüber hinaus wurde zugesichert, dass künftig die Mieten übernommen werden würden. Der Anwalt berichtet davon, dass die Streitparteien sich dann »glücklicherweise einigen« konnten, da »die [Eigentümer:innen] festgestellt haben, der Mieter konnte jetzt nicht wirklich was dafür« (I. 8: 90). Schließlich ist innerhalb der *Schonfrist*[3] die Zahlung eingegangen, sodass die außerordentliche, fristlose Kündigung aufgehoben werden konnte. Auch eine gleichzeitig ausgesprochene ordentliche Kündigung kann alle zwei Jahre *geheilt* werden, sofern seitens des Mieters/der Mieterin eine *unverschuldete* Zahlungsunfähigkeit vorliegt (§ 569 Abs. 3 S. 2 BGB; § 573 Abs. 2 S. 1 BGB). Schließlich haben sich beide Parteien darauf verständigt, dass das Mietverhältnis bestehen bleibt und dass der Mieter die bisherigen Kosten zahlt. Die Kosten wurden durch das Sozialamt übernommen, »weil die eingesehen haben, dass deren Bearbeitungszeitraum vielleicht etwas lang war« (I. 8: 90).

Solche Verzögerungen in der Bearbeitung von Anträgen sind laut befragtem Anwalt »Ausnahmefälle, die sicher auch durch diese Lockdown-Situation im letzten Winter bedingt waren« (I. 8: 90). Dennoch zeigt der Fall, dass scheinbar kleine Prozessverzögerungen durch den corona-bedingten Krisenmodus durchaus drastische Auswirkungen auf Mieter:innen hatten. Die beschriebenen Fälle verbleiben damit

---

3   Nach der Zustellung einer Räumungsklage kann ein Mieter/eine Mieterin oder eine öffentliche Stelle innerhalb von zwei Monaten Zeit den Mietrückstand begleichen und die Kündigung aufheben. Dies gilt nicht, wenn innerhalb der letzten zwei Jahre bereits eine Kündigung auf diese Art aufgehoben worden ist (§ 569 Abs. 3 S. 2 BGB).

weiterhin in *der Zone der Verwundbarkeit* und müssen sogar ein weiteres Abdriften in die *Zone der Entkopplung* (Castel 2000: 525) und damit auch den Ausschluss vom Wohnen und verstärkte soziale Exklusion – im Sinne eines Ausschlusses von materieller, sozialer und symbolischer Teilhabe (Kronauer 2006: 34–35) – befürchten.

Die Fälle wurden hier aus anwaltlicher Sicht wiedergegeben, sodass eher das prekäre Mietverhältnis und weniger die subjektiven Wahrnehmungen analysiert werden konnte. Dennoch ist auch hier davon auszugehen, dass beide von ähnlichen materiellen, sozialen und gesundheitlichen Auswirkungen betroffen waren, die oben besprochen wurden.

5.3   Isolation der Mieter:innen und Anonymisierung in den Institutionen des Sozialstaats

Empirisch hat sich oben unter anderem ein Zusammenhang von (sozialem) Kapital und den Auswirkungen sowie Umgangsformen mit entsicherten Mietverhältnissen gezeigt. Vor diesem Hintergrund werden im Folgenden einige Effekte des *pyhsical and social distancing* untersucht, welches für die Pandemieeindämmung notwendig wurde.

Durch die Schutzmaßnahmen zur Verhinderung der Ausbreitung von Covid-19 kam es auch bei Behörden zu Schließungen. Interviewte aus den Sozial- und Mieterberatungen berichten davon, dass der persönliche Kontakt zu den Sachbearbeiter:innen dadurch systematisch eingeschränkt wurde. Vor der Pandemie sind die Beratenden und Sozialarbeiter:innen mit ihren Klient:innen regelmäßig persönlich zu den jeweiligen Sachbearbeiter:innen in den Jobcentern oder Sozialämtern gegangen, um dringende Angelegenheiten vor Ort, persönlich und sofort zu klären (*Begleitungen*). Eine Sozialarbeiterin berichtet davon, dass sie zuvor »die Leute an die Hand genommen« hat, zum Jobcenter oder einer Behörde gegangen ist und dort gesagt hat: »Ich gehe erst weg, wenn das geklärt ist« (I. 11: 18). Oft haben die Mieter:innen dann kurzfristig Gutscheine, Vorschüsse oder einen Kredit bekommen. In der Pandemie seien sie dagegen »wie machtlos« gewesen (ebd.). Die Kontakte über Telefon und Mail sind sowohl für die Mieter:innen, als auch für Beratende oder Sozialarbeiter:innen sehr viel problematischer, da häufig keine persönliche, kommunikative Situation entsteht. Es ist damit insgesamt schwieriger geworden, spontane Lösungen zu finden, auch »weil man niemanden mehr persönlich hat, sondern immer so diese Schriftformebene dazwischen hat« (I. 11: 20). Dabei sind mehrere Gruppen von Mieter:innen besonders durch den anonymen und verschriftlichten Prozess benachteiligt: Erstens die Mieter:innen, die gar nicht oder kaum Lesen und Schreiben können (bundesweit ca. 6,2 Millionen Menschen; Grotlüschen/Buddeberg 2020) und zweitens diejenigen, die gar nicht oder kaum Deutsch können. Es ist außerdem zu vermuten, dass sich hier auch allgemein Bildungsungleichheiten ausdrücken, wenn es darum geht die *Sprache der Behörden* zu verstehen und entsprechende Sachverhalte zu verschriftlichen. Die Beratenden berichten davon, dass insbesondere Geflüchtete, die zuvor Beratungen vor Ort – teilweise mit Sprachmittlung – in Anspruch genommen haben, weniger an telefonischen Beratungen teilnehmen. Vor der Pandemie haben die Beratenden häufiger mit den Mieter:innen zusammen bei Behörden angerufen. Auch das wurde durch die Pandemie zeitweise unmöglich, da die Mieter:innen bei Anrufen in Behörden immer selbst mit am Telefonat teilnehmen müssen. Außerdem berichten Beratende davon, dass durch die verstärkte Anonymisierung das Verständnis von Sachbearbeiter:innen für die Lage der Mieter:innen (beispielsweise bei Mietschulden) verloren gegangen ist, welches zuvor bei persönlichen und begleiteten Terminen noch aufgebracht wurde. Die Behörden sind damit insgesamt »ungreifbarer« geworden (I. 11: 22).

Die Maßnahmen mit den mitunter strengen Lockdowns haben Tendenzen der Vereinsamung – gerade von Älteren – in vielen Bereichen noch verstärkt. Mehrere Mieterberatungen berichten davon, dass sie sich zwischenzeitlich »wie ein Sorgentelefon« gefühlt haben oder davon, dass die Mieter:innen über die sozialen Kontakte sehr dankbar waren (I. 11; I. 7: 52). Auch die Kontakte unter den Mieter:innen im direkten »laienhaften Austausch« (I. 7: 52) wurden reduziert, welche für kollektive und politische Auseinandersetzungen um Mieten besonders relevant sind. Das heißt in Hausgemeinschaften ist beispielsweise im Fall eines Verkaufs oder der Luxussanierung eines Hauses die Vernetzung unter den Mieter:innen schwieriger geworden. Insgesamt kam es also zu einer Reduktion der sozialen Kontakte, die allerdings, wie oben bereits deutlich wurde, für einen aktiven Umgang mit krisenhaften Mietsituationen entscheidend sind.

Im Falle einer Kündigung in der Pandemie entsteht so für die Mieter:innen eine doppelte Krisensituation. Sie sind vom gesamtgesellschaftlichen Krisenmodus, den Maßnahmen, die ja explizit direkte physische und soziale Kontakte reduzieren sollten, sowie von einer *persönlichen* Krise betroffen. Eingeschränkte soziale Kontakte – das zeigen die Auswertungen – können die Bewältigungsmöglichkeiten der Mieter:innen stark negativ beeinflussen. Den Anonymisierungs- und Isolationstendenzen gegenüber steht allerdings auch die Beobachtung einiger Beratenden, dass Beratungsangebote von vielen weiter angenommen wurden, sei es hybrid, telefonisch oder digital. Außerdem kam es auch zu Solidarisierungen, sodass beispielsweise in Hausgemeinschaften ältere Mieter:innen von jüngeren Menschen bei digitalen Mieter:innenversammlungen unterstützt wurden (I. 7: 50).

5.4 Kontinuität und Anpassung: Anwaltliche Vertretung in der Pandemie

Die befragten Anwält:innen berichten im Vergleich zu den Sozial- und Mietberatungsstellen von wesentlich weniger pandemiebedingten Problemen. Gefragt nach Corona-Effekten, verweisen die Anwält:innen häufig auf den *Faktor Zeit*. Einerseits, wie oben beschrieben, unter dem Aspekt der Bearbeitung von Anträgen bei Behörden, andererseits auch vor allem bei laufenden Gerichtsverfahren. So kam es seitens der Mieter:innen, aber auch seitens der Eigentümer:innen oder der Gerichte in vielen Verfahren zu einer Verzögerung der Prozesse in Mietrechtsfällen. Bei anhängigen Räumungsklagen kann eine Verlängerung den Mieter:innen Zeit verschaffen, in vielen Fällen von ca. sechs (I. 4) bis neun Monaten (I. 5). Solche Fristverlängerungen sind gerade in Räumungsfällen durchaus im Interesse der Mieter:innen, stellen jedoch nur eine zeitliche Verschiebung dar. Außerdem beschloss die Bundesregierung angesichts der Covid-19-Pandemie 2020 ein dreimonatiges Kündigungsmoratorium. Dabei wurden Kündigungen aufgrund von Mietschulden der Monate April bis Juni 2020 ausgeschlossen. Mietschulden aus diesen drei Monaten mussten allerdings bis zum 30. Juni 2022 zurückgezahlt sein (BMJ 2021). Die befragten Anwälte und Anwältinnen berichten davon, dass dieses Moratorium in ihrer Arbeit keine Rolle gespielt hat.

Die Arbeit der Anwält:innen und Beratungsstellen in der Pandemie ist insgesamt von einer Mischung aus Kontinuität und Neuausrichtung geprägt. In Präsenzberatungen wird auf Hygienestandards, Masken und Tests/Impfungen geachtet (adaptive Strategien), aber auch viel auf telefonische und digitale Beratung umgestellt (I. 8: 115). Lockdowns und Digitalisierung stellen gerade für ältere und ärmere Menschen eine besondere Herausforderung bis Benachteiligung dar (I. 4: 157–164). Die befragten Stellen berichten aber auch davon, dass sie zukünftig verstärkt telefonische und digitale Beratung anbieten möchten, da diese auch neue kommunikative Möglichkeiten bieten (transformative Strategie) (I. 7: 50). Für einige Gruppen – wie beispielsweise mit fehlenden Sprach- und Schriftkenntnissen – war die Situation schwieriger. Insgesamt zeichnet sich die Arbeit der Anwält:innen in der Pandemie damit durch eine Mischung aus Anpassung und Transformation aus, die für verschiedene Gruppen unterschiedlich gut kompatibel war.

6. Fazit

Die empirischen Ergebnisse zeigen deutlich, dass sich die Auswirkungen und Bewältigungsstrategien bei Verdrängung unterscheiden. Zwar sind verschiedene Mieter:innen von ähnlichen Prozessen betroffen, deren Effekte und Umgangsformen differieren allerdings hinsichtlich der biographischen Lage und dem verfügbaren ökonomischen, sozialen und kulturellen Kapital. Während es bei einem Typ – verstärkt durch die Pandemie – zu einem völligen Kontrollverlust der eigenen Handlungsmacht kommt, bleiben andere Fälle (insbesondere der Mittelschicht) handlungsfähig und können aufgrund milieuspezifischer Ressourcen widerständiger bleiben. Diese Befragten konnten die Krise durch das Halten der Wohnung oder durch einen statuserhaltenden Umzug überwinden. So zeigen sich auch im Wohnen Mechanismen der *sozialen Reproduktion*. Weitere Fälle zu generieren und auch hinsichtlich anderer Dimensionen (Gender, Sprache, Gruppenzugehörigkeit, Raum usw.) zu interpretieren, stellt ein Forschungsdesiderat dar, das zukünftig ergründet werden sollte.

Schließlich zeigt die Forschung zwar, dass sich die einzelnen Verläufe und Typen von Verdrängung mitunter unterscheiden. Die Soziologie sollte dennoch auch stets die Gemeinsamkeiten der verdrängten Mieter:innen berücksichtigen, da im Kapitalismus, verstärkt durch die Finanzialisierung des Wohnens und die angespannten Wohnungsmärkte, die gesellschaftliche Spaltung in Besitzende und Nicht-Besitzende (hier: Mieter:innen) weiterhin das zentrale Ausbeutungs- und Ungleichheitsverhältnis darstellt.

Hinsichtlich der corona-spezifischen Auswirkungen hat sich vor allem gezeigt, dass sich hier multiple Krisenphänomene überlagern, wenn die *subjektive Krise* einer Kündigung oder Räumungsklage auf die objektiven Fakten eines angespannten Wohnungsmarktes und die pandemiebedingten Maßnahmen trifft. Gerade wenn dann der persönliche und begleitete Zugang zu Behörden oder die Unterstützung eines breiten Netzwerkes (soziales Kapital) verhindert wird oder zunehmend die schriftliche Kommunikation benötigt wird (kulturelles Kapital), kommt es zu Belastungen für Mieter:innen und in besonderem Ausmaß für bestimmte soziale Gruppen, wie ältere, nicht-alphabetisierte oder fremdsprachige Menschen. Die anpassenden und transformativen Strategien der Beratungsangebote und Anwält:innen konnten aber dabei helfen, einigen dieser Tendenzen entgegenzuwirken.

Auf den Sozialstaat bezogen stellt sich darüber hinaus die Frage, wie krisensicher dieser ist. Denn die Bearbeitungsprozesse sind durch Lockdowns und Homeoffice der Beschäftigten zwischenzeitig derart in Verzug geraten, dass Mietzahlungen durch Behörden ausfielen und den Mieter:innen die Räumung drohte. Aus gegenwartsdiagnostischer Sicht drängt sich abschließend auch die Frage auf, wie unsere Gesellschaft auf elementare Krisen reagiert und inwiefern dabei *scheinbar* einheitliche Lösungen für unterschiedliche Gruppen und Klassen gänzlich unterschiedliche Auswirkungen haben.

Literaturverzeichnis

Atkinson, Rowland (2015): Losing One's Place: Narratives of Neighbourhood Change, Market Injustice and Symbolic Displacement, in: Housing, Theory and Society, 32 (4), 373–388.

Beran, Fabian/Nuissl, Henning (2019): Verdrängung auf angespannten Wohnungsmärkten. Das Beispiel Berlin, Ludwigsburg: Wüstenrot Stiftung.

BMJ (2021): Kündigungsschutz für Mieterinnen und Mieter und wichtige Zahlungsaufschübe für Verbraucherinnen und Verbraucher und Kleinstgewerbetreibende. Berlin.

BMJV (2021): Antwort auf die Schriftliche Frage von Caren Lay, Nr 8/391 vom 27. August 2021.

Bourdieu, Pierre (1983): Ökonomisches Kapital, kulturelles Kapital, soziales Kapital, in: Kreckel, Reinhard (Hg.): Soziale Ungleichheiten, Göttingen: Schwartz, 183–198.

Bourdieu, Pierre (2014 [1979]): Die feinen Unterschiede Kritik der gesellschaftlichen Urteilskraft, Frankfurt a.M.: Suhrkamp.

Bourdieu, Pierre/Wacquant, Loïc (2006): Reflexive Anthropologie, Frankfurt a.M.: Suhrkamp.

Brem, Detlef (2011): Alt und wohnungslos, in: Sozialer Fortschritt, 60 (11), 249–256.

Brickell, Katherine/Fernández Arrigoitia, Melissa/Vasudevan, Alexander (2017): Geographies of Forced Eviction Dispossession, Violence, Resistance, Palgrave: London.

Castel, Robert (2000): The Roads to Disaffiliation: Insecure Work and Vulnerable Relationships, in: International Journal of Urban and Regional Research 24 (3), 519–535.

Castel, Robert (2007): Die Fallstricke des Exklusionsbegriffs, in: Bude, Heinz/ Willisch, Andreas (Hg.): Exklusion. Die Debatte über die »Überflüssigen«, Frankfurt a.M.: Suhrkamp.

Desmond, Matthew (2012): Eviction and the Reproduction of Urban Poverty, in: American Journal of Sociology, 118 (1), 88–133.

Desmond, Matthew/Shollenberger, Tracey (2015): Forced Displacement From Rental Housing: Prevalence and Neighborhood Consequences, in: Demography, 52 (5), 1751–1772.

Dörre, Klaus (2007): Prekarität – Zentrum der sozialen Frage am Beginn des 21. Jahrhunderts. Präsentation zum Vortrag, in: Die soziale Frage am Beginn des 21. Jahrhunderts – Prekarität, Abstieg, Ausgrenzung, Konferenz am 4. Mai 2007 in Jena, o. S.

Facius, Sascha (2022): Wohnen im Rahmen von dauerhaften Ungleichheiten: Städtische Arme und Verdrängung, in: Sowa, Frank (Hg.): Figurationen der Wohnungsnot. Kontinuität und Wandel sozialer Praktiken, Sinnzusammenhänge und Strukturen, Weinheim/Basel: Beltz Juventa, 170–192.

Furrer, Heidi/Hilti, Nicola/Lingg, Eva/Roth, Patricia (2022): Soziale Beziehungen im Kontext bedrohten Wohnens, in: Sowa, Frank (Hg.): Figurationen der Wohnungsnot. Kontinuität und Wandel sozialer Praktiken, Sinnzusammenhänge und Strukturen, Weinheim/Basel: Beltz Juventa, 138–153.

Gerull, Susanne (2016): Wege aus der Wohnungslosigkeit. Eine qualitative Studie aus Berlin, Alice Salomon Hochschule Berlin.

Granovetter, Mark S. (1973): The Strength of Weak Ties, in: American Journal of Sociology, 78 (6), 1360–1380.

Grotlüschen, Anke/Buddeberg, Klaus (2020): LEO 2018. Leben mit geringer Literalität, Bielefeld: wbv.

Gruber, Martin (2007): Platzverweis. Obdachlose in der Hamburger Innenstadt, Saarbrücken: VDM Verlag.

Häußermann, Hartmut/Siebel, Walter (1996): Soziologie des Wohnens. Eine Einführung in Wandel und Ausdifferenzierung des Wohnens, Weinheim und München: Juventa Verlag.

Häußermann, Hartmut/Siebel, Walter (2004): Stadtsoziologie. Eine Einführung, Frankfurt a.M.: Campus Verlag.

Holm, Andrej (2014): Gentrifizierung – mittlerweile eine Mainstreamphänomen, in: Informationen zur Raumentwicklung, 4, 277–289.

Holm, Andrej/Berner, Laura/Jensen, Inga (2015): Zwangsräumungen und die Krise des Hilfesystems. Eine Fallstudie in Berlin, Berlin: Humboldt-Universität zu Berlin, Institut für Sozialwissenschaften.

Holm, Andrej/Regnault, Valentin/Sprengholz, Maximilian/Stephan, Meret (2021): Die Verfestigung sozialer Wohnversorgungsprobleme. Entwicklung der Wohnverhältnisse und der sozialen Wohnversorgung von 2006 bis 2018 in 77 deutschen Großstädten, Düsseldorf: Hans-Böckler-Stiftung.

IBB (2022): IBB-Wohnungsmarktbericht 2021.

Knabe, Judith/Gille, Christoph (2022): »Hochwohnen« und »Straße-Machen«: Bewältigungsweisen des Wohnens im transformierten Wohlfahrtskapitalismus, in: Sowa, Frank (Hg.): Figurationen der Wohnungsnot. Kontinuität und Wandel sozialer Praktiken, Sinnzusammenhänge und Strukturen, Weinheim/Basel: Beltz Juventa, 154–169.

Kokot, Waltraut/Gruber, Martin (2007): Betroffene von Räumungsklagen und Verbleib von Zwangsgeräumten. Eine ethnologische Untersuchung zu Lebenssituation und Verbleibsalternativen, Hamburg: LIT-Verlag.

Kronauer, Martin (2006): »Exklusion« als Kategorie einer kritischen Gesellschaftsanalyse. Vorschläge für eine anstehende Debatte, in: Bude, Heinz/Willisch, Andreas (Hg.): Das Problem der Exklusion. Ausgegrenzte, Entbehrliche, Überflüssige, Hamburg: Hamburger Ed., 27–45.

Kuckartz, Udo (2010): Einführung in die computergestützte Analyse qualitativer Daten, Wiesbaden: VS Verlag.

Kuckartz, Udo/Rädiker, Stefan (2022): Qualitative Inhaltsanalyse. Methoden, Praxis, Computerunterstützung, Weinheim: Beltz Juventa.

Lamnek, Siegfried (2010): Qualitative Sozialforschung, Weinheim/Basel: Beltz.

Mayring, Philipp (2000): Qualitative Inhaltsanalyse, in: Forum Qualitative Sozialforschung, 1 (2), o. S.

Rosenthal, Gabriele (2015): Interpretative Sozialforschung. Eine Einführung, Weinheim/München/Basel: Beltz Juventa.

Smith, Neil (1979): Towards a Theorie of Gentrification. A Back to the City Movement by Capital, not People, in: Journal of American Planning Association, 45 (4), 538–548.

Sullivan, E. (2017): Displaced in Place: Manufactured Housing, Mass Eviction, and the Paradox of State Intervention, in: American Sociological Review, 82 (2), 243–269.

Trautvetter, Christoph (2020): Wem gehört die Stadt? Analyse der Eigentümergruppen und ihrer Geschäftspraktiken auf dem Berliner Immobilienmarkt, Berlin: Rosa Luxemburg Stiftung.

Weingärtner, Simon (2019): Soziologische Arbeitsmarkttheorien. Ein Überblick, Wiesbaden: Springer VS.

Wesselmann, Carla (2009): Biografische Verläufe und Handlungsmuster wohnungsloser Frauen im Kontext asymmetrischer Machtbalancen, Leverkusen: Verlag Barbara Budrich.

Wimmer, Christopher (2022): Zwischen gesellschaftlicher Spaltung und individuellem »Versagen«. Verschiedene Bewusstseinsformen marginalisierter Menschen, in: SWS-Rundschau, 62 (1), 24–63.

Witzel, Andreas (2000): Das problemzentrierte Interview, in: Forum: Qualitative Social Research 1 (1).

Wolf, Hannah (2022): »Es ist, als ob der Stuhl wackelt« – Entsichertes Wohnen und Zuhause, in: Sowa, Frank (Hg.): Figurationen der Wohnungsnot. Kontinuität und Wandel sozialer Praktiken, Sinnzusammenhänge und Strukturen, Weinheim/Basel: Beltz Juventa, 116–138.

Folgen von Recht und Verwaltungspraxen für die Situation wohnungsloser alleinerziehender Frauen während der Covid-19-Pandemie

Katharina Winkler

1. Einleitung

Auf den Ausbruch der Covid-19-Pandemie hat der deutsche Gesetzgeber umfangreich reagiert, um die Ausbreitung der Pandemie einzudämmen und deren Auswirkungen abzumildern. Die eingeführten Gesetze und Verwaltungsvorschriften betrafen sehr verschiedene Lebensbereiche und priorisierten die Bedürfnisse von Menschen sowie die Folgen der Pandemie unterschiedlich. Besonders deutlich lässt sich die (soziale) Tragweite von neu geschaffenen, aber auch bestehenden gesetzlichen Regelungen während der Pandemie vor dem Hintergrund der Situation und der Bedarfe wohnungsloser alleinerziehender Frauen feststellen.

Alleinerziehende sind Personen, die mit »einem oder mehreren Kindern zusammenleben und allein für deren Pflege und Erziehung sorgen« (Bundessozialgericht (BSG) Urteil vom 3. 3. 2009 – B 4 AS 50/07 R, Rn. 16). Oftmals sind sie allein für das Einkommen der Familie verantwortlich (Lenze 2021: 38). Ihr Alltag zeichnet sich dadurch aus, dass sie geringe zeitliche Ressourcen haben und oftmals auf soziale Unterstützungssysteme angewiesen sind (BSG Urteil vom 3. 3. 2009 – B 4 AS 50/07 R, Rn. 17). Wenn sie zudem wohnungslos sind, potenziert sich ihr Zeitmangel durch die Notwendigkeit, eine neue Unterkunft zu finden und zusätzliche Behördengänge zu erledigen (Dries et al. 2016). Als wohnungslos gelten Personen, die ihre bisherige Wohnung verlassen mussten, ohne eine neue Bleibeperspektive zu haben, oder wenn sie über keinen eigenen, lediglich unzureichenden oder unsicheren Wohnraum verfügen (ETHOS-Typologie, FEANTSA 2017).

Bereits vor der Pandemie gab es eine steigende Zahl wohnungsloser Familien in Deutschland (Neupert/Lotties 2018: 18), wobei alleinerziehende Frauen mit Kindern und mit niedrigen Einkommen besonders gefährdet sind, wohnungslos zu werden (Neupert/Lotties 2018: 17; Busch-Geerstema et al. 2019: 79; Cohen/Samzelius 2020; Dries et al. 2016). Die steigenden Zahlen erfassen jedoch nur einen Bruchteil des tatsächlichen Ausmaßes von prekär wohnenden Haushalten mit Kindern, weil *versteck-*

te Wohnungslosigkeit nicht erfasst wird (Mostowska 2016; Pleace/Hermans 2020). Frauen mit Kindern greifen häufig auf *versteckte* informelle Strategien zur Bewältigung von Wohnungslosigkeit zurück und gehen *Mitwohnverhältnisse* ein, indem sie (zunächst) bei Freund:innen oder Familienangehörigen unterkommen (Busch-Geerstema et al. 2019: 140; Cohen/Samzelius 2020; Dries et al. 2016: 184).

Die Kombination aus den begrenzten zeitlichen Ressourcen von Alleinerziehenden, zusätzlichen Belastungen durch Wohnungslosigkeit und den besonderen Herausforderungen der Pandemie stellten Alleinerziehende insbesondere vor dem Hintergrund des öffentlich deklarierten Gesundheitsschutzes zum Beispiel durch Kontakt- und Aufenthaltsverbote vor Probleme. Dies war besonders während der Schließung von Schulen und Kinderbetreuungseinrichtungen problematisch, als zusätzlicher Bedarf an Wohnraum stieg und besondere Anforderungen an die Räumlichkeit für Homeschooling und Homeoffice sowie an die digitale Infrastruktur (Internetzugang, digitale Endgeräte) und zugleich an finanzielle Ressourcen (zum Beispiel durch den Wegfall der Mittagsverpflegung für Kinder) entstanden.

Neben den offenkundigen Auswirkungen der Infektionsschutzgesetzgebung auf die Lebenssituationen bei Wohnungslosigkeit zeigen erste Auswertungen aus dem SNF-Forschungsprojekt *Rechtsbewusstsein und Rechtsmobilisierung wohnungsloser Personen in der Schweiz und in Deutschland*[1], dass Verwaltungspraxen und gesetzliche Regelungen, die auf den ersten Blick nichts mit der Pandemie und der sogenannten Corona-Gesetzgebung zu tun hatten, die tatsächliche Bewältigung von prekären Wohnsituationen während der Covid-19-Pandemie beeinflussten. Bei Alleinerziehenden handelt es sich um Personen, die aufgrund von Elternschaft und/oder einer Trennungssituation besonders oft mit Behörden in Kontakt stehen. Das Zusammenleben mit einem Kind führt fast zwangsläufig zu Interaktionen mit Behörden, beispielsweise bei der Beantragung von Geburtsurkunden und Kindergeld, Vaterschaftsanerkennungen, der Beantragung von Kinderbetreuung oder eines Schulplatzes. Im Falle einer Trennung können Kontakte zu Jugendämtern und Familiengerichten wegen der Regelung des Sorgerechtes oder eines Unterhalts(-zuschusses) bedeutsam sein. Das Einkommen von Alleinerziehenden setzt sich häufig aus mehreren Einkommensquellen zusammen (zum Beispiel aus Lohn, Kindergeld, Unterhalt oder Unterhaltsvorschuss, Kinderzuschlag, Wohngeld oder Sozialleistungen nach dem SGB II oder SGB XII). Bereits zwei verspätete Mietzahlungen können zur Kündigung des Mietvertrages durch den Vermieter führen (§ 543 Abs. 2 S. 1 Nr. 3 BGB bzw. § 573 Abs. 2 Nr. 1 BGB). Für die Neuanmietung von Wohnraum ist ein geregeltes Einkommen nachzuweisen, meistens in Form von Einkommensnachweisen der letzten drei Monate. Während der Pandemie kam es

---

1   Dieser Beitrag wurde im Rahmen des Projektes (Nr. 197688) *Rechtsbewusstsein und Rechtsmobilisierung wohnungsloser Personen in der Schweiz und in Deutschland* vom Schweizerischen Nationalfonds gefördert.

aufgrund von Schließungen während des Lockdowns oder durch andere Pandemie-einschränkungen zu kurzfristigen Einkommensänderungen oder zum Wegfall von Einkommen sowie zum Wegfall von Unterhaltsleistungen des anderen Elternteils.

Der Beitrag untersucht zwei Auswirkungen der Covid-Pandemie auf die Situation von alleinerziehenden Personen in der Wohnungslosigkeit:

Zunächst geht der Beitrag auf Kontakt- und Aufenthaltsverbote nach der Infektionsschutzgesetzgebung als unmittelbarste Auswirkung auf *Mitwohnverhältnisse* ein. Anschließend werden mittelbare Folgen von Verwaltungshandeln für alleinerziehende Frauen und ihre Wohnsituation aufgezeigt, wenn Anforderungen an Regelmäßigkeit, Struktur und Verlässlichkeit von Einkommensverhältnissen auf Behörden treffen, die ihre Verwaltungspraxis an die Pandemiebedingungen anpassen mussten. Die Beantragung von Sozialleistungen ist für alleinerziehende Familien komplex und erfordert viele Unterlagen, was besonders in der Pandemie zusätzliche Herausforderungen mit sich brachte. Der erleichterte Zugang zu Sozialleistungen in der Pandemie war nur teilweise wirksam, da trotz verstärkter Digitalisierung weiterhin persönliche Vorsprachen und Dokumenteneinreichungen erforderlich waren. Der Beitrag entwickelt aus den dargestellten Ergebnissen Implikationen für die Bewältigung von prekären Wohnsituationen für postpandemische Zeiten.

2. Methodisches Vorgehen

Anhand einer rechtlichen Prüfung von zwei exemplarischen Regelungen zu Aufenthalts- und Kontaktverboten nach der Infektionsschutzgesetzgebung wird aufgezeigt, welche unmittelbaren Auswirkungen der Diskurs um die Fokussierung auf *Stay at home*, der die Wohnung als sichersten Ort in der Pandemie bezeichnete, auf *Mitwohnverhältnisse* hatte. Die Covid-19-Pandemie dauert zum Zeitpunkt des Schreibens dieses Beitrages noch immer an, weshalb hierfür nur die deutsche Gesetzgebung aus der Zeit von März 2020 bis März 2022 herangezogen wurde.

Im zweiten Teil stehen Verwaltungspraxen und der Zugang zu Behörden im Vordergrund. Ein rechtssoziologischer Ansatz zeigt auf, dass die tatsächlichen, zunächst nicht intendierten Folgen von im Hinblick auf die Pandemie-Situation geschaffenen Verwaltungspraxen für Alleinerziehende andere sind als vor der Pandemie. Die Auswirkungen werden illustriert anhand von ersten Erkenntnissen aus dem rechtssoziologischen SNF-Forschungsprojekt *Rechtsbewusstsein und Rechtsmobilisierung wohnungsloser Personen in der Schweiz und in Deutschland*. Das Projekt untersucht, welche Rolle das Recht bei der Bewältigung von Wohnungslosigkeit spielt. In einem Teil des Projektes, der sich auf Berlin fokussiert, wird untersucht, wie Familien ihre rechtlichen Handlungsmöglichkeiten in Bezug auf ihre prekäre Wohnsituation verstehen und nutzen. Für den zweiten Teil werden zwanzig leitfadengestützte Expert:inneninterviews (Meuser/Nagel 1991; Helfferich 2014) mit

Sozialarbeiter:innen von Einrichtungen und Beratungsstellen, für die (drohende) Wohnungslosigkeit in ihrer Arbeit eine zentrale Rolle spielt, herangezogen. Die Erhebung läuft seit März 2022 in Berlin und dauert an. In den durchgeführten Interviews lag der Schwerpunkt nicht auf den Auswirkungen der Covid-Pandemie. Jedoch wurde insbesondere zu Beginn der Erhebung schnell deutlich, dass die Expert:innen Veränderungen in den Verwaltungspraxen der Behörden in Bezug auf die Pandemie hervorhoben. Dabei wurden alleinerziehende Frauen mit Kindern als eine besonders von Wohnungslosigkeit betroffene Gruppe identifiziert. Es wurde auf ihre spezifischen Schwierigkeiten beim Umgang mit Behörden während der Wohnungslosigkeit eingegangen. Es ist anzumerken, dass der vorliegende Beitrag aufgrund der laufenden Erhebung nicht auf einer umfassenden Analyse des gesamten Datenmaterials basiert, sondern die identifizierten Themen der Expert:innen aufgreift, um sie rechtlich zu kontextualisieren und zu diskutieren.

3. *Stay at home* – Auswirkungen von Kontakt- und Aufenthaltsverboten auf *Mitwohnverhältnisse*

3.1 Versteckte Wohnungslosigkeit in Mitwohnverhältnissen

>»Wir wohnen derzeit vorübergehend bei meiner Schwester in einer kleinen Wohnung. Mein Sohn wird diesen Monat eingeschult und meine zwei Jugendlichen möchten dieses Jahr noch mit [der] Ausbildung anfangen. Sie brauchen ihre Privatsphäre und die Möglichkeit sich aufs Lernen zu konzentrieren. Es ist ganz wichtig für sie. Hier haben sie das alles leider nicht.« (Natalie, B_17)

Während der Pandemie wurde die Wohnung als sicherer Ort zur Bekämpfung gegen das Coronavirus ausgerufen (Farha 2020). Erste Beobachtungen zur Covid-19-Pandemie zeigen, dass sich die Strategie des informellen Wohnens in der Pandemie bei allen wohnungslosen Personen verstärkt hat (Busch-Geertsema/Henke 2020: 19).

Das informelle Unterkommen bei Freund:innen, Familie oder Bekannten zur Vermeidung von Obdachlosigkeit wird auch *Mitwohnverhältnis* genannt. Es zeichnet sich dadurch aus, dass die unterkommenden Personen keine rechtlichen Wohn- oder Verbleiberechte geltend und die Wohnungsinhaber:innen jederzeit von ihrem Hausrecht Gebrauch machen können, wodurch die *Gäste* die Wohnung verlassen müssen. Oft sind die unterkommenden Personen in der Wohnung nicht gemeldet und haben deshalb keine offizielle Meldeadresse. Ein Kennzeichen dieser Wohnform ist eine unzureichende Privatsphäre, da sich mehrere Personen einen Raum teilen. Diese – zumeist als vorübergehend angedachten – Lösungen können aufgrund ihrer *Unsichtbarkeit* Abhängigkeitsverhältnisse produzieren und so die Vulnerabilität erhöhen.

Insbesondere alleinerziehende Frauen mit Kindern wählen in ihrer prekären Wohnsituation (zunächst) informelle Strategien und kommen bei Familie, Freund:innen und Bekannten unter, anstatt stationäre Institutionen aufzusuchen (Busch-Geerstema et al. 2019: 140; Cohen/Samzelius 2020; Dries et al. 2016: 184). Sie zögern, sich als wohnungslos zu erkennen zu geben oder soziale Hilfe zu beantragen – teilweise aus Angst vor der Inobhutnahme der Kinder (Gerull/Wolf-Ostermann 2012; Riedner/Haj Ahmad 2020: 39) oder vor dem Verlust des Aufenthaltsstatus (Mostowska/Sheridan 2016).

Während der Lockdowns hat die Anzahl der *Mitwohnverhältnisse* zugenommen (Busch-Geertsema/Henke 2020: 19). Mit dem Ende der Lockdowns stieg indessen die Nachfrage nach stationären Hilfen, weil *Mitwohnverhältnisse* beendet wurden (Busch-Geertsema/Henke 2020: 22). Zum Zeitpunkt des Verfassens des Beitrags liegen noch keine Daten vor, wie alleinerziehende Frauen Wohnungslosigkeit im Allgemeinen und *Mitwohnverhältnisse* im Speziellen während der Covid-19-Pandemie bewältigen. Erste (internationale) Studien zeigen jedoch einen Anstieg von häuslicher Gewalt während der Pandemie (Pleace et al. 2021: 54; Steinert/Ebert 2020). Gewalterfahrungen in der Partnerschaft stellen insbesonderse für Frauen (mit Kindern) ein Risiko dar, wohnungslos zu werden (Mayock et al. 2016). Öffentliche Anlaufstellen konnten nach ersten Rückmeldungen im Rahmen des Forschungsprojektes keinen signifikanten Anstieg an wohnungslosen Alleinerziehenden in ihren Einrichtungen während der Lockdowns vermerken. Dies sind erste Indizien dafür, dass auch enge Wohnverhältnisse während der Lockdowns mit Kontakt- und Ausgangsbeschränkungen möglicherweise vermehrt zu Strategien des informellen Wohnens und zu *Mitwohnverhältnissen* geführt haben könnten.

3.2 Kontakt- und Ausgangsbeschränkungen nach dem Infektionsschutzgesetz

Vorübergehend war es in den Lockdowns der Covid-19-Pandemie rechtlich geboten, sich möglichst allein oder in der *Kernfamilie* in der eigenen Wohnung aufzuhalten und nur zu bestimmten – rechtlich geregelten – Anlässen, die Wohnung zu verlassen. An dieser Stelle ist es nicht das Ziel des Beitrags, eine vollständige Chronologie der unterschiedlichen Regelungen zu Kontakt- und Ausgangsbeschränkungen vorzulegen, da diese sich aufgrund sich ständig ändernder Infektionslagen oft modifizierten und von den Bundesländern unterschiedlich umgesetzt wurden. In einigen Fällen wurden die Regelungen von der Rechtsprechung aufgehoben (so zum Beispiel Oberverwaltungsgericht des Saarlandes, Beschluss vom 20.01.2021 – 2 B 7/21), was die fehlende Konsistenz verstärkte.

Die rechtliche Grundlage für die Kontakt- und Aufenthaltsbeschränkungen fand sich in der Infektionsschutzgesetzgebung, welche in der Zwischenzeit aufgehoben wurde. Als Grundlage diente das 2001 in Kraft getretene Infektionsschutzgesetz

(IfSG), was lange Zeit im juristischen und öffentlichen Diskurs ein Schattendasein fristete. Dies änderte sich schlagartig mit dem Aufkommen des Sars-Cov19-Virus, das seit März 2020 Anlass für mehrere Überarbeitungen des Gesetzes und Änderungen der Befugnisse von Bund und Ländern zur Eindämmung des Pandemiegeschehens war. Auf der Grundlage der §§ 28ff. IfSG sowie den jeweiligen Umsetzungsverordnungen/Allgemeinverfügungen der Länder bzw. Kommunen auf Grundlage von § 32 IfSG wurden zu Beginn der Pandemie Kontakt- und Ausgangsbeschränkungen mit unmittelbarster Auswirkung auf die Lebensführung eingeführt. So hieß es in § 14 der SARS-CoV-2-Eindämmungsmaßnahmenverordnung des Landes Berlin (vom 02.04.2020) hierzu:

> »Im Stadtgebiet von Berlin […] befindliche Personen haben sich, vorbehaltlich anderweitiger Regelungen dieser Verordnung, ständig in ihrer Wohnung oder gewöhnlichen Unterkunft aufzuhalten. Dies gilt auch für wohnungslose Menschen, soweit sie kommunal oder ordnungsrechtlich untergebracht sind.«

Ein Jahr später regelte nach Diskussionen um bundeseinheitliche Vorgaben die sogenannte *Bundesnotbremse* in § 28b Absatz 1 IfSG (a.F.) ab dem 22.04.2021 bußgeldbewehrte inzidenzabhängige Ausgangs- und Kontaktbeschränkungen:

> »[…] 1. private Zusammenkünfte im öffentlichen oder privaten Raum sind nur gestattet, wenn an ihnen höchstens die Angehörigen eines Haushalts und eine weitere Person einschließlich der zu ihrem Haushalt gehörenden Kinder bis zur Vollendung des 14. Lebensjahres teilnehmen; Zusammenkünfte, die ausschließlich zwischen den Angehörigen desselben Haushalts, ausschließlich zwischen Ehe- oder Lebenspartnerinnen und -partnern, oder ausschließlich in Wahrnehmung eines Sorge- oder Umgangsrechts oder im Rahmen von Veranstaltungen bis 30 Personen bei Todesfällen stattfinden, bleiben unberührt;
> 2. der Aufenthalt von Personen außerhalb einer Wohnung oder einer Unterkunft und dem jeweils dazugehörigen befriedeten Besitztum ist von 22 Uhr bis 5 Uhr des Folgetags untersagt; […]«

Die beiden aufgeführten Regelungsbeispiele verdeutlichen die Tragweite und besondere Eingriffsqualität der Ausgangs- und Kontaktbeschränkungen in die persönlichen Grundrechte (Freiheit der Person, Art. 2 Abs. 2 S. 2 Grundgesetz (GG), Freiheitsbeschränkung im Sinne des Art. 104 Abs. 1 GG, Recht auf Freizügigkeit Art. 11 Abs. 1 GG). Während Personen in regulären Wohnverhältnissen diese Eingriffe regelmäßig einschränkend wahrnahmen, waren die Einschränkungen für wohnungslose Personen ungleich höher.

Nach den dargestellten Regelungen der Infektionsschutzgesetzgebung war es geboten, sich in der eigenen Wohnung oder in der gewöhnlichen Unterkunft aufzuhalten. Dies war für Personen in *Mitwohnverhältnissen* schwer nachzuweisen, da sie oft nicht an der Adresse gemeldet waren, an der sie sich aufhielten. Hotels und Hostels waren während der Lockdowns für Privatpersonen geschlossen. Diese Regelung führte also zu erhöhter, aber mindestens persistenter Unsicherheit, weil die Familien vom Wohlwollen der Wohnungsinhabenden abhängig waren und wenig bis keine Handlungsalternativen hatten. Sie waren schlechthin auf das Auskommen in der informellen Wohnsituation angewiesen.

Ein weiterer relevanter Punkt war die Frage, wer zu einem *Haushalt* gehört. Haushaltsangehörige durften sich weiterhin uneingeschränkt treffen und in einer Wohnung aufhalten. Informell Untergekommene müssen nicht unbedingt zu demselben Haushalt der Wohnungsinhabenden gehören, sondern sie können auch bloße Zweckgemeinschaften bilden. Ein Haushalt zeichnet sich grundsätzlich durch einen gemeinsamen Wohnsitz aus (Ausnahmen gab es bei Partner:innen in nichtehelichen Lebensgemeinschaften etc.). Informell Untergekommene sind jedoch in der Regel nicht in der Wohnung gemeldet und haben keinen Untermietvertrag, weshalb sie nicht zum Haushalt gehören, sondern *Gäste* sind. Die genannte Änderung des Infektionsschutzgesetzes bestimmte, dass sich nur eine Person und ein Kind unter 14 Jahren mit anderen Personen privat auch innerhalb einer Wohnung treffen durften. Das hatte zur Folge, dass informell untergekommene Familien – soweit sie Kinder über 14 Jahren hatten und nicht zum Haushalt der Wohnung gehörten, per se ordnungsrechtlich verantwortlich waren und damit ein Bußgeld allein dadurch riskierten, dass sie mit ihren älteren Kindern informell unterkamen. Selbst wenn die Kinder der unterkommenden Familie unter 14 Jahren alt waren und somit der Aufenthalt der Mutter mit ihren Kindern erlaubt war, musste auf alle weiteren sozialen Kontakte aller in der Wohnung lebenden Personen innerhalb der Wohnung verzichtet werden. Dadurch konnten keine weiteren sozialen Kontakte in der Wohnung gepflegt oder eine externe Kinderbetreuung organisiert werden, auf die Alleinerziehende insbesondere angewiesen sind. Für *Mitwohnverhältnisse* hatten die dem Infektionsschutz dienenden Kontakt- und Ausgangsbeschränkungen weiterhin zur Folge, dass diese Personen häufig auf kleinem Raum in einer Wohnung zusammen waren, ohne eine Ausweichmöglichkeit zu haben. Auch in der Öffentlichkeit waren die sozialen Kontakte stark einzuschränken und zeitweise, wie oben in der angeführten Regelung beispielhaft gezeigt, der Aufenthalt im Freien in der Nacht sogar untersagt. Während die Kinder schliefen, gab es jedenfalls unter Beachtung der gesetzlichen Vorgaben keine Kontaktmöglichkeiten im Freien oder die Möglichkeit *Luft zu schnappen*.

Zusätzlich ging mit dem Einhalten der gesetzlichen Vorgaben für die betroffenen Familien ein erhöhtes Infektionsrisiko einher. Es bestand das Risiko aufgrund der größeren Anzahl an Personen auf engem Raum in Quarantäne innerhalb der Wohnung zu müssen, wobei aufgrund des begrenzten Raums kaum Isolation möglich war. Im Forschungsprojekt berichtete eine Fachberaterin einer Beratungsstelle für Alleinerziehende, dass die Nachfrage von Alleinerziehenden nach einer Beratung zu Fragen wie *Was ist, wenn man selbst erkrankt und gleichzeitig die Kinderversorgung sicherstellen muss?* stark gestiegen sei. Diese Fragen ergaben sich insbesondere in einer engen Wohnsituation mit einem erhöhten Infektionsrisiko. Auch hier ist erkennbar, dass der Zweck des Gesetzes, der Infektionsschutz, vor dem Hintergrund der Besonderheiten der Mitwohnverhältnisse nicht nur nicht erfüllt wurde, sondern teilweise konterkariert wurde. Insgesamt ist daher festzuhalten, dass Alleinerziehende in informellen *Mitwohnverhältnissen* (aufgrund der Vielfalt der betroffenen Lebensbereiche) außerordentlich von den Kontaktbeschränkungen betroffen waren und eine in der Regel größere Intensität an Grundrechtseingriffen hinzunehmen hatten. Gleichzeitig wurde durch die dem Gesundheitsschutz dienenden Regelungen bezogen auf die Lebenssituation wohnungsloser Alleinerziehender das Gegenteil erreicht. Teilweise wurden die gesundheitlichen Risiken sogar erhöht. Nicht zu vernachlässigen ist zudem, dass es angesichts der vielfältigen Kontaktbeschränkungen praktisch nahezu ausgeschlossen war in dieser Situation eine neue Wohnung zu finden.

4. Auswirkungen von Verwaltungshandeln in der Covid-19-Pandemie auf prekäre Wohnsituationen

4.1 Die Bedeutung der Einkommenssituation und des Zugangs zur Verwaltung für die Vermeidung von Wohnungslosigkeit

In den von Wohnungslosigkeit bedrohten Haushalten wohnt ein großer Teil alleinerziehende Frauen (Busch-Geertsema et al. 2019: 79). Alleinerziehende und ihre Kinder sind überproportional von Armut betroffen (Butterwegge 2021; Hübgen 2019; Lenze 2021: 29). Neben der Geringfügigkeit hat das Einkommen von finanziell prekär lebenden Alleinerziehenden eine Besonderheit. Es zeichnet sich dadurch aus, dass in vielen Fällen neben einem regulären Erwerbslohn zusätzliche Einkommensarten hinzukommen. So können Kindergeld und ggf. Kinderzuschlag, bei einer Trennung vom anderen Elternteil Unterhalt und ggf. Unterhaltsvorschuss sowie ergänzend Wohngeld oder Sozialleistungen nach dem SGB II oder SGB XII bezogen werden. Die verschiedenen Einkommensarten müssen bei unterschiedlichen Behörden beantragt werden und haben abweichende Bewilligungszeiträume und Mitwirkungspflichten zur Folge. Hinzu kommt, dass verschiedene Leistungen vorrangig beantragt werden müssen (§ 12a SGB II), Leistungen miteinander angerechnet werden oder sich gegenseitig ausschließen. So ist es für viele Antragstellerinnen schwierig zu verstehen, ob sie Kinderzuschlag, Wohngeld oder Sozialleistungen nach dem SGB II beantragen können (Lenze 2021: 17; siehe auch Fachliche Weisungen zu § 12a SGB II der Bundesagentur für Arbeit). Diese komplexe Einkommenssituation wird als wesentlicher Faktor für einen drohenden

Wohnraumverlust bei Alleinerziehenden gesehen (Busch-Geertsema et al. 2019: 84). Denn durch den Ausfall einer einzigen Leistung können weitere Einkommensarten eingestellt oder neu beantragt werden. Beispielhaft sind hier der (teilweise) Ausfall von Einkommen durch Kündigung des Arbeitsverhältnisses oder Kurzarbeit aufgrund der Schließung der Dienstleistungen oder Wegfall der Kinderbetreuung in der Corona-Pandemie zu nennen. Auch der Wegfall von Unterhaltszahlungen kann erhebliche Auswirkungen haben. Soweit bspw. ein Mindesteinkommen für Wohngeld und Kinderzuschlag nicht erreicht wird, sind entsprechend umfangreiche Veränderungsmitteilungen und eventuell eine Neuantragstellung notwendig. Hier ist also schneller Kontakt der Alleinerziehenden mit den entsprechenden Behörden gefragt, obgleich sie schon grundsätzlich über wenige zeitliche Ressourcen für die Kommunikation mit Behörden verfügen. Diese Situation kann dazu führen, dass die Miete nicht mehr pünktlich gezahlt werden kann und Mietschulden entstehen, die bereits nach zwei Monaten eine Kündigung des Wohnraums zur Folge haben können. Ein geregeltes Einkommen ist folglich wichtig, um eine Wohnung zu halten und nicht wohnungslos zu werden, aber auch für die Wege aus der Wohnungslosigkeit und um eine neue Wohnung zu finden. Andererseits ist es wichtig, um eine neue Wohnung zu finden, d.h. für die Wege aus der Wohnungslosigkeit. Um einer Kündigung des Mietverhältnisses und einem drohenden Mietausfall entgegenzuwirken, ist eine schnelle Reaktion notwendig. Hier sind die Personen darauf angewiesen, unverzüglich Beratungen in Anspruch zu nehmen und Unterstützung bei der Beantragung auf ergänzende Leistungen oder auf eine Mietschuldenübernahme zu bekommen (Neupert/Lotties 2018:18).

Bei Familien mit sozialen Schwierigkeiten kommt hinzu, dass gerade sie auf einen niedrigschwelligen Zugang zu Behörden angewiesen sind, da für sie bspw. die persönliche Vorsprache besonders bedeutsam ist, um selbstständig ihre Angelegenheiten wahrnehmen zu können. In persönlichen Gesprächen können Bedarfe grundsätzlich besser ermittelt, Anträge erklärt und Sachverhalte auf kurzem Wege besprochen werden. Auch ist davon auszugehen, dass Antragstellende mit wenig Kenntnissen der Amtssprache eher die Behörde aufsuchen und ihre Angelegenheit vor Ort zu klären suchen und so auch auf die Dringlichkeit ihrer Anliegen hinweisen können. Hierbei ist es ihnen möglich Dolmetschende, Handyübersetzung oder Schriftstücke mitzubringen, um sich auf diese Art mehr Gehör zu verschaffen als am Telefon. Auch Adressat:innen mit wenig Schreiberfahrung können vor Ort ihre Angelegenheit besser vertreten als in Form von Briefen. All diese Personen profitierten in der Zeit vor der Pandemie von niedrigschwelligen Öffnungsangeboten von Behörden und konnten auf diesem Weg ihre Dinge selbst, ohne fremde Unterstützung erledigen.

Grundsätzlich gilt in Verwaltungsverfahren die Nichtförmlichkeit des Verwaltungsverfahrens (§ 9 SGB X). Danach sind Verwaltungsverfahren an keine bestimmten Formen wie persönliche oder schriftliche Antragstellungen gebunden, wenn es nicht gesondert geregelt ist. Obwohl das Verwaltungsverfahren nach § 9 SGB X einfach, zweckmäßig und zügig durchzuführen ist, gab es vor der Pandemie zum Teil große Hürden Anträge digital zu stellen oder telefonisch die zuständige Sachbearbeitung zu erreichen. Die Möglichkeit Anträge per E-Mail zu stellen, wurde erst wenige Monate vor Beginn der Pandemie höchstrichterlich bestätigt (Bundessozialgericht, Urteil vom 11.07.2019, B 14 AS 51/18 R). Eine weitere Hürde bei der Antragstellung von Sozialleistungen ist die Vorlage von schriftlichen Nachweisen, wie die Geburtsurkunde der Kinder, der Kindergeldbescheid oder Nachweise zu Unterhaltszahlungen und -vereinbarungen. In Berlin, so berichtete eine Sozialarbeiterin aus der ambulanten Hilfe für wohnungslose Frauen, gab es langwierige Verzögerungen bei der Ausstellung von Geburtsurkunden. Dies führte dazu, dass Leistungen nur vorläufig oder gar nicht entschieden oder sogar wegen fehlender Mitwirkung (§ 66 SGB II) versagt wurden.

4.2 Erleichterter Zugang zu Sozialleistungen in der Covid-19-Pandemie?

In der Covid-19-Pandemie beabsichtigte der Gesetzgeber, die pandemiebedingten Auswirkungen zu mildern und die Beantragung von Sozialhilfen zu erleichtern. Sozialleistungen sollten schnell bewilligt und pragmatische Lösungen für diejenigen gefunden werden, die aufgrund der Pandemie plötzlich und vorübergehend auf Sozialleistungen angewiesen waren. So gab es Weisungen – zum Beispiel beim Kinderzuschlag-, Leistungen (bei Erstantragsstellung) schnell vorläufig zu bewilligen und das Einkommen lediglich einer *einfachen Pauschalitätsprüfung* zu unterziehen. Die Regelungen richteten sich nicht an diejenigen, die bereits Sozialleistungen bezogen oder an diejenigen, die aufgrund der Pandemieauswirkungen dauerhaft auf Unterstützung der Sozialhilfe angewiesen waren. Zu Beginn der Pandemie wurde eine befristete Regelung zur erleichterten Antragsstellung auf Sozialleistungen nach dem SGB II bzw. XII beschlossen (§ 67 SGB II/§ 141 SGB XII), die mehrmals bis 2022 verlängert wurde. Diese Regelung setzte den Fokus auf die Aussetzung der Prüfung von Vermögen und der Angemessenheit von Kosten der Unterkunft. So heißt es in den Weisungen zu § 67 SGB II:

> »2.7 Erstantragstellung [...]. (3) Können die notwendigen Unterlagen durch die Kundinnen und Kunden nicht rechtzeitig beigebracht werden, ist gleichwohl die schnelle oder lückenlose Erbringung der existenzsichernden Leistungen sicherzustellen« (Bundesagentur für Arbeit 2022: 31).

Die zunächst pragmatische Lösung, die aber nach den Berichten von Sozialarbeiter:innen sehr unterschiedlich umgesetzt wurde, führte indes dazu, dass die zum Teil sehr umfangreich erforderlichen Unterlagen von den Behörden dennoch gefordert wurden und Anträge teilweise so lange nicht bearbeitet wurden, bis alle Unterlagen vollständig vorlagen. Für die alleinerziehenden Frauen war es aber sehr schwer oder unmöglich, bestimmte Unterlagen zu beschaffen, da andere Behörden wegen der Pandemiesituation nicht erreichbar waren oder nur sehr eingeschränkt und langfristig Termine in Angelegenheiten vergaben, bei denen zwingend eine persönliche Vorsprache erforderlich war. Das bestätigte auch eine Fachperson für die ambulante Betreuung wohnungsloser Frauen:

>»Es wird gesagt, sie müssen auch Unterhaltsvorschussleistungen beantragen. Oder sie müssen Kindergeldleistungen beantragen. Da muss ich sagen, dass die Erreichbarkeit von vielen Behörden in der Coronazeit sehr schwierig war. Die sind alle sehr überarbeitet, unterbesetzt. Da gibt es teilweise MONATElang keine Rückmeldung. Ja und da sagt das Jobcenter aber: ›Zeigen Sie es uns, dass sie es beantragt haben.‹ Das sagen sie einmal, das sagen sie zweimal und dann sagen sie: ›Nein, da stellen wir jetzt die Leistungen ein. Sie haben ja offenbar, sie wirken ja offenbar nicht mit.«‹ B_02, Z.108)

Es zeigen sich in den Interviews zwei sich teilweise widersprechende Stränge, auf die prekär wohnende Familien in der Behördenpraxis gestoßen sind: Persönliche Erreichbarkeit und Digitalisierung. Mittels verstärkter Digitalisierung wurden Arbeitsweisen in der Verwaltung vielfach auf die Pandemiesituation angepasst und auf eine persönliche Erreichbarkeit der Behörden vor Ort verzichtet. Vieles wurde auf das Telefon verlagert. Teilweise war eine Kommunikation per E-Mail möglich oder sogar erwünscht, weshalb manche Bearbeitungen viel schneller als vor der Pandemie erfolgten. Teilweise wurden auch Anträge zugeschickt und mussten dann ausgefüllt per Post zurückgesendet werden. Gleichzeitig wurden teilweise digitale Eingabemasken entwickelt, mittels derer Anträge und Dokumente hochgeladen werden konnten. Die Umgehung von persönlicher Vorsprache mittels Digitalisierung bestätigte auch eine Sozialarbeiterin, die alleinerziehende Frauen zu Schwangerschaft berät:

>»Und dann ist es normalerweise so, dass diese [Beratungen] obligatorisch auch vor Ort stattfinden müssen. Das ist ausgesetzt in der Coronazeit von der Stiftung, die uns die Information gegeben hat in den Beratungsstellen, dass auch in dieser Zeit ausnahmsweise und jeweils nur befristet auch eine telefonische beziehungsweise Onlineberatung oder Antragsannahme gestattet ist.« (B_05, Z. 31)

Durch verstärkte Digitalisierung wurden viele Verwaltungsabläufe angepasst, jedoch erforderte dies eine entsprechende digitale Infrastruktur seitens der Antragstellenden. Hierzu zählen digitale Endgeräte, eine E-Mail-Adresse und digitale Medien-Kompetenz. Bei fehlender Ausstattung benötigten sie Unterstützung, was Abhängigkeiten von Beratungsstellen schuf. Expertinnen berichteten von zusätzlichen Anforderungen in der Pandemie, wie dem Einscannen von Kontoauszügen, der Komprimierung von Pdf-Dateien oder der Kontaktaufnahme per E-Mail mit den Behörden, weil die Personen nicht über eine eigene E-Mail-Adresse oder die digitale Infrastruktur verfügten. So zeigte sich eine Sozialarbeiterin frustriert, dass sie nun Angelegenheiten der Frauen übernehmen musste, die diese vor der Pandemie eigenständig geregelt hätten, indem sie persönlich zur Behörde gegangen wären. So berichtete eine Sozialarbeiterin:

> »Also, das ist ein grosses Problem von uns oder für uns für die Frauen, dass die Jobcenter im letzten Jahr derartig angezogen haben mit diesen Mitwirkungspflichten. Dass wir quasi nur zu tun haben.[...] Ich habe so einen Stapel an Sachen, die Jobcenter haben seit 2 Jahren zu. Sie haben nicht offen. Die Frauen können nicht hingehen, weil die nicht so fit sind mit E-Mails schreiben, die die Sprache nicht so können, sind sie in der Regel zum Jobcenter gegangen, haben da vorgesprochen, haben gesagt: ›Hier das ist das Problem.‹ Und KONNTEN wenn es geht, was lösen. Und so haben wir das auch gehandhabt.« (B_02, Z.91)

Es ist festzustellen, dass die Reduzierung der Möglichkeit zur persönlichen Vorsprache für diejenigen, die auf einen niedrigschwelligen Zugang zu Behörden angewiesen waren und sich nicht telefonisch oder schriftlich äußern konnten, eine Benachteiligung darstellte (so auch Busch-Geertsema/Henke 2020: 44f) und dem Grundsatz der Erreichbarkeit der Verwaltung entgegenstand. Trotz aller Herausforderungen muss es einen geeigneten Ort geben, an dem sachdienliche Anträge gestellt werden können (§ 16 SGB I).

Waren die Antragsteller:innen hingegen digital gut ausgestattet, erleichterte die digitale Erreichbarkeit und Kommunikation den Prozess. Nach den Angaben einer Beratung für Alleinerziehende verringerte sich ihr Arbeitsvolumen etwas, weil sie die Frauen nur darauf hinweisen musste, auf welcher Internetseite sie den Antrag abrufen konnten, den die Frauen dann eigenständig und zeitlich flexibel von zu Hause aus ausfüllen konnten. Eine Alleinerziehende berichtete, dass sie froh sei, da sie als Person, die kaum Deutsch sprach, mithilfe des Google-Translators die gesamte schriftliche Kommunikation und die Anträge übersetzen konnte.

Es profitierten aber nicht alle von der Digitalisierung, weil für manche – insbesondere Kinder betreffende Dokumente (Vaterschaftsanerkennung) – weiterhin eine persönliche Vorsprache erforderlich war und diesbezüglich keine Erleichterungen vorgesehen waren. Diese Dokumente können für Anträge auf Sozialleistungen Voraussetzung sein, weshalb sie bei Nichtbeibringung entweder einer längeren Bearbeitungszeit unterlagen oder die Leistungen sogar wegen fehlender Mitwirkung (§ 66 SGB I) versagt wurden, obwohl die Betroffenen für das Fehlen der Unterlagen nicht verantwortlich waren. In diesen Fällen waren die Personen trotz der Anpassung der Verwaltung an die Pandemiesituation darauf angewiesen, dass Behörden persönliche Vorsprachen in Familienangelegenheiten ermöglichten. Es wurde in den Gesprächen mit Sozialarbeiter:innen berichtet, dass es hier zu langen Wartezeiten bei der Terminvergabe und Bearbeitungszeiten kam. Erschwerend kam hinzu, dass Alleinerziehende in der Pandemie aufgrund der zusätzlichen Kinderbetreuungsaufgaben und Anforderungen im Homeschooling oder ggf. Mehrarbeit in systemrelevanten Berufen weniger schnell agieren konnten (Lenze 2021: 38). Von einer widersprüchlichen Praxis berichtete eine Sozialarbeiterin, da zum einen Schulen und Kinderbetreuungseinrichtungen geschlossen waren und es zugleich bei der zwingenden persönlichen Vorsprache teilweise in den Behörden verboten war, die eigenen Kinder mitzubringen. Gleichzeitig war jedoch eine eigene externe Betreuung der Kinder pandemiebedingt untersagt, was die Frage der Obhut der Kinder in dieser Situation ungelöst ließ.

5. Fazit

Der Beitrag zeigt die Auswirkungen von Kontakt- und Aufenthaltsbeschränkungen während der Covid-19-Pandemie auf Mitwohnverhältnisse, insbesondere auf die Situation von alleinerziehenden Familien. In diesen informellen Wohnverhältnissen konnte das intendierte Ziel der Infektionsschutzgesetzgebung, das Ansteckungsrisiko zu minimieren, nicht erreicht werden. Stattdessen wurden Abhängigkeiten und Vulnerabilitäten erhöht. Insbesondere die Definition eines Haushalts und die Beschränkung auf Treffen mit einer weiteren Person stellten eine Herausforderung dar. Der Beitrag zeigt auch, dass die Verwaltung während der Pandemie versuchte, den Zugang zu Sozialleistungen zu erleichtern, jedoch mit gemischtem Erfolg.

Insgesamt verdeutlicht der Beitrag die komplexen Herausforderungen, denen Alleinerziehende in der Wohnungslosigkeit während der Pandemie gegenüberstanden. Zu hoffen ist, dass der Digitalisierungsschub, der auch bei der Verwaltung zumindest teilweise einsetzte, dauerhaft bleibt und Erleichterungen wie die Kontaktaufnahme über *alternative Kommunikationswege* im Allgemeinen bringt, die Behörden aber weiterhin *offen* und *erreichbar* bleiben. Ein erleichterter Zugang zu Sozialhilfeleistungen ist für die Betroffenen nur vorhanden, wenn der tatsächliche Zugang zu den Verwaltungen gegeben ist und die entsprechenden Anträge gestellt werden können. Es wird deutlich, dass Gesetze und Verwaltungshandeln, die nicht gender- bzw. familiensensibel formuliert sind und umgesetzt werden, unmittelbare und mittelbare Auswirkungen auf die Wohnsituation haben können. Der Beitrag zeigt daher, dass in einem Diskurs um steigende Zahlen von wohnungslosen Familien die Auswirkungen *allgemeiner* Gesetze und des Verwaltungshandelns stärker in den Blick genommen werden muss.

Literaturverzeichnis

Bundesagentur für Arbeit (2022): Weisungen zum Gesetz für den erleichterten Zugang zu sozialer Sicherung und zum Einsatz und zur Absicherung sozialer Dienstleister aufgrund des Coronavirus SARS-CoV-2(Sozialschutz-Pakete) sowie ergänzende Regelungen (Loseblattsammlung), Nürnberg. https://www .arbeitsagentur.de/datei/fachliche-weisungen-zu-67-sgb-ii_ba037270.pdf (abgerufen am 14.02.2023).

Busch-Geertsema, Volker/Henke, Jutta (2020): Auswirkungen der Covid-19-Pandemie auf die Wohnungsnotfallhilfen. Kurzexpertise als Ergänzung zum Forschungsbericht »Entstehung, Verlauf und Struktur von Wohnungslosigkeit und Strategien zu ihrer Vermeidung und Behebung«, https://www.armuts- und-reichtumsbericht.de/SharedDocs/Downloads/Service/fb-566-auswirku ngen-covid-19-auf-wohnungsnotfallhilfen.pdf?__blob=publicationFile&v=3 (abgerufen am 14.02.2023).

Busch-Geertsema, Volker/Henke, Jutta/Steffen, Axel/Reichenbach, Marie-Therese/ Ruhstrat, Ekke-Ulf (2019): Entstehung, Verlauf und Struktur von Wohnungslosigkeit und Strategien zu ihrer Vermeidung und Behebung: Endbericht, Bundesministerium für Arbeit und Soziales, FB534. Bremen: Gesellschaft für innovative Sozialforschung und Sozialplanung e.V.

Butterwegge, Christoph (2021): Kinderarmut in Deutschland: Entstehungsursachen und Gegenmaßnahmen, in: Sozial Extra 45, 19–23.

Cohen, Sue/Samzelius, Tove (2020): Through the lens of single parenthood: a comparative snapshot of the impact of neoliberal welfare, housing and employment policies on single mothers in the UK and Sweden, in: Feminismo/s (35), 127- 153.

Dries, Linda van den/Mayock, Paula/Gerull, Susanne/Loenen, Tessa van/Hulst, Bente van/Wolf, Judith (2016): Mothers who experience homelessness, in: Mayock, Paula/Bretherton, Joanne (Hrsg): Women's homelessness in Europe, London: Palgrave Macmillan, 179–208.

Farha, Leilani (2020): COVID – 19 Guidance Note. Protecting those living in homelessness, https://www.ohchr.org/sites/default/files/Documents/Issues/Housin g/SR_housing_COVID-19_guidance_homeless.pdf (abgerufen am 13.05.2022).

FEANTSA (2017): ETHOS – European Typology of Homelessness and Housing Exclusion, https://www.feantsa.org/download/ethos2484215748748239888.pdf (abgerufen am 13.05.2022).

Gerull, Susanne/Wolf-Ostermann, Karin (2012): Unsichtbar und ungesehen. Wohnungslose Frauen mit minderjährigen Kindern in Berlin, Berlin, Milow, Strasburg: Schibri-Verlag.

Helfferich, Cornelia (2014): Leitfaden- und Experteninterviews, in: Baur, Nina/ Blasius, Jörg (Hrsg): Handbuch Methoden der empirischen Sozialforschung, Wiesbaden: Springer Fachmedien, 559–574.

Hübgen, Sabine (2019): Armutsrisiko alleinerziehend: Die Bedeutung von sozialer Komposition und institutionellem Kontext in Deutschland, Opladen, Berlin, Toronto: Budrich UniPress.

Lenze, Anne (2021), Alleinerziehende unter Druck. Bedarfe, rechtliche Regelungen und Reformen, Gütersloh: Bertelsmann Stiftung, https://www.bertelsmann-sti ftung.de/de/publikationen/publikation/did/alleinerziehende-weiter-unter-dr uck (abgerufen am 13.05.2022).

Mayock, Paula/Bretherton, Joanne/Baptista, Isabelle (2016): Women's Homelessness and Domestic Violence: (In)visible Interactions, in: Mayock, Paula/Bretherton, Joanne (Hrsg): Women's Homelessness in Europe, London: Palgrave Macmillian, 127–154.

Meuser/Nagel (1991): ExpertInneninterviews – vielfach erprobt, wenig bedacht: ein Beitrag zur qualitativen Methodendiskussion, in: Garz, Detlef/Kraimer, Klaus (Hrsg): Qualitativ-empirische Sozialforschung: Konzepte, Methoden, Analysen, Opladen: Westdeutscher Verlag, 441–471

Mostowska, Magdalena (2016): How the production of statistics makes homeless women (in)visible, in: FEANTSA Magazine: Homeless in Europe, 5–7.

Mostowska, Magdalena/Sheridan, Sarah (2016): Migrant Women and Homelessness. in: Mayock, Paula/Bretherthon/Joanne (Hg.): Women's Homelessness in Europe, London: Palgrave Macmillan UK, 235–263.

Neupert, Paul/Lotties, Sarah (2018): Statistikbericht. Zur Lebenssituation von Menschen in den Einrichtungen und Diensten in Wohnungsnotfällen in Deutschland, Berlin: Bundesarbeitsgemeinschaft Wohnungslosenhilfe e.V., htt ps://www.bagw.de/fileadmin/bagw/media/Doc/STA/STA_Statistikbericht_201 8.pdf (abgerufen am 13.05.2022).

Pleace, Nicholas/Hermans; Koen (2020): The Case for Ending Separate Enumeration of ›Hidden Homelessness‹, in: European Journal of Homelesseness 14, 35–62.

Pleace, Nicholas/Baptista, Isabel/Benjaminsen, Lars/Busch-Geertsema, Volker/ O'Sullivan, Eoin/Teller, Nóra (2021): European Homelessness and COVID 19. FE-ANTSA. York: White Rose https://eprints.whiterose.ac.uk/173020/1/European_ Homlessness_and_COVID_19Web_1_.pdf (abgerufen am 13.05.2022).

Riedner, Lisa/Haj Ahmad, Marie-Therese (2020), Bedarfsanalyse wohnungsloser EU-Bürger_innen in Frankfurt a.M., Frankfurt a.M.. https://www.amka.de/be darfsanalyse-wohnungsloser-eu-buergerinnen-frankfurt-am-main (abgerufen am 4. 11. 2021).

Steinert, Janina/Ebert, Cara (2020): Gewalt an Frauen und Kindern in Deutschland während COVID-19-bedingten Ausgangsbeschränkungen: Zusammenfassung der Ergebnisse, https://drive.google.com/file/d/19Wqpby9nwMNjdgO4_FCqqlf YyLJmBn7y/view (abgerufen am 13.05.2022).

Covid-19 als Zugangskrise
Nutzung und Ersatz grundlegender Infrastrukturen durch wohnungslose Menschen in Berlin während der Pandemie

Andrea Protschky

Während der Corona-Pandemie wurde es für Menschen, die in Berlin im öffentlich zugänglichen Raum leben oder Notunterkünfte nutzen, schwerer sich regelmäßig zu waschen, Geräte zu laden oder von A nach B zu kommen. Der Zugang zu Gastronomie, Einzelhandel und sozialen Einrichtungen, in denen viele wohnungslose Menschen auf Infrastrukturen für Wasser, Energie oder Kommunikation zugreifen, sowie zum ÖPNV, wurde durch Corona-bedingte Regelungen immer wieder eingeschränkt. Maßnahmen wie die Öffnung von 24/7-Unterkünften trugen zu einer Verbesserung des Infrastrukturzugangs bei, allerdings für einen begrenzten Zeitraum (Lupprich/Meyer 2020).[1]

Die schwierige Situation wohnungsloser Menschen in der Pandemie wurde seit den ersten Maßnahmen durch Interessenvertretungen, soziale Organisationen und Forschende thematisiert (etwa Selbstvertretung wohnungsloser Menschen 2020; Busch-Geertsema et al. 2020). Zum Teil wiesen Publikationen auch auf den eingeschränkten Zugang etwa zu digitaler und sanitärer Infrastruktur hin. Allerdings liegt bisher kaum ein expliziter und übergreifender Fokus auf dem Zugang zu grundlegenden Infrastrukturen.

Die Nutzung dieser Arrangements ist für Menschen ohne dauerhafte Unterkunft ohnehin eingeschränkt. In Deutschland werden Wasser (Frischwasser und sanitäre Anlagen), Energie (Strom, Wärme) und zum Teil auch Kommunikation (Internet- und Telefonverbindung, Endgeräte) meist in Wohnungen oder anderen Unterkünften genutzt, oder sie erfordern eine Postadresse (im Fall von Handyverträgen). Für die Nutzung solcher Infrastrukturen, auch für Mobilität, muss in der Regel gezahlt werden. Menschen ohne dauerhafte Unterkunft, die häufig wenig Geld zur Verfügung haben, nutzen Infrastrukturen in einem begrenzten Rahmen

---

1 Schriftliche Anfrage des Abgeordneten Taylan Kurt (GRÜNE) vom 16. August 2022 zum Thema: Wie gut arbeiten die 24/7 Einrichtungen in der Wohnungslosenhilfe? Abgeordnetenhaus Berlin. Drucksache 19/13003.

zum Beispiel in sozialen Organisationen, Läden, öffentlichen Einrichtungen oder improvisieren Lösungen (vgl. auch Marquardt 2017).

In diesem Beitrag betrachte ich, wie Menschen, die in Berlin im öffentlich zugänglichen Raum leben oder Notunterkünfte mit begrenzter Verweildauer aufsuchen[2], während der Covid-19-Pandemie Infrastrukturen für Wasser, Energie, Kommunikation und Mobilität nutzten oder ersetzten und welche Auswirkungen veränderte Zugangsbedingungen auf ihre soziale Situation hatten. Diese Analyse basiert auf ersten Ergebnissen einer qualitativen empirischen Studie in Berlin.

Auf den folgenden Seiten umreiße ich zuerst bisherige Forschung und theoretische Grundlagen zu Wohnungslosigkeit, Infrastruktur und sozialen Praktiken. Zweitens beschreibe ich mein methodisches Vorgehen, bevor ich, drittens, Ergebnisse zur veränderten Infrastrukturnutzung wohnungsloser Menschen in Berlin während der Pandemie vorstelle. Zuletzt fasse ich, viertens, die Ergebnisse zusammen und schließe mit offenen Fragen für Politik und Praxis.

1.   Thema und theoretischer Hintergrund

Als Grundlage für die empirische Analyse gehe ich in diesem Abschnitt auf drei Punkte ein: Erstens bisherige Forschung zu Wohnungslosigkeit, Infrastruktur und Covid-19, zweitens ein Verständnis von Infrastruktur als Basis täglichen Lebens und drittens den Fokus auf Praktiken im Umgang mit Infrastruktur.

1.1   Wohnungslosigkeit, Infrastruktur und Covid-19

Forschung zu Wohnungslosigkeit hat erst in den letzten Jahrzehnten begonnen, sich explizit mit dem Infrastrukturzugang wohnungsloser Menschen zu beschäftigen. Vor allem der Zugang zu Wasser und sanitärer Infrastruktur (Lancione/McFarlane 2016; Speer 2016), Mobilität (Jocoy/Del Casino 2010) und digitaler Infrastruktur (Hauprich 2021; Rösch et al. 2021) liegen im Fokus der Forschenden. Einige neuere Arbeiten zu diesen Themen beschäftigen sich auch mit Auswirkungen von Covid-19

---

2   Diese Gruppe entspricht der Kategorie *obdachlos* der Europäischen Typologie für Wohnungslosigkeit (FEANTSA o.J.). Im Text werde ich dennoch meist von *wohnungslosen Menschen* sprechen. Erstens, weil der Begriff *obdachlos* teilweise als stigmatisierend diskutiert wird (Gerull 2018). Zweitens, weil in Interviews häufig eine breitere Gruppe wohnungsloser Menschen (also ohne mietvertraglich oder durch Eigentum abgesicherten Wohnraum) adressiert wird und auch bei meinen Interviewpartner:innen die Grenzen nicht immer klar sind: Viele schlafen teils im öffentlich zugänglichen Raum, teils bei Bekannten. Wenn explizit von Menschen die Rede ist, die im öffentlich zugänglichen Raum leben oder Notunterkünfte nutzen, spreche ich von *Menschen ohne dauerhafte Unterkunft*.

und stellen etwa verstärktes Zufluchtsuchen wohnungsloser Menschen im öffentlichen Nahverkehr (Ding et al. 2021) oder eingeschränkte Handwaschmöglichkeiten für diese Gruppe (Montgomery et al. 2021) während der Pandemie heraus.

Beiträge zur allgemeinen Situation wohnungsloser Menschen während der Pandemie weisen ebenfalls auf den schwierigen Zugang zu sanitären Anlagen oder digitaler Infrastruktur zur Informationsbeschaffung hin (etwa Specht et al. 2020). Bisher liegen aber kaum Studien vor, die sich explizit auf veränderte Möglichkeiten der Nutzung verschiedener Infrastrukturen fokussieren.

1.2   Infrastrukturen als Basis täglichen Lebens

Infrastrukturen verstehe ich als Arrangements, die als Basis für soziale Aktivitäten dienen. Sie bestehen aus »einer Vielzahl integrierter Bestandteile [...], [die] ein übergeordnetes Vorhaben unterstützen« (Carse 2017: 27, eigene Übersetzung). Infrastrukturen »formen, erhalten und ermöglichen urbanes Leben, Politik und ungleiche gelebte Erfahrungen der Stadt« (Truelove/Ruszczyk 2022: 2, eigene Übersetzung). Während frühe Infrastrukturforschung vor allem deren materielle Strukturen, wie Rohre oder Gleise, in den Blick nahm, verstehen aktuelle Beiträge Akteur:innen und Praktiken als unverzichtbaren sozio-materiellen Teil dieser Arrangements (Coutard/Rutherford 2016).

Viele Infrastrukturen sind eng mit Körperfunktionen verbunden, besonders durch ihre Einbindung in die Wohnung. Gandy (2005) argumentiert, dass die moderne Wohnung »durch ihre Versorgung mit Wasser, Wärme, Licht und anderen grundlegenden Bedürfnissen zu einem komplexen Exoskelett für den menschlichen Körper geworden [ist]« (Gandy 2005: 28, eigene Übersetzung). Hierauf aufbauend zeigen Lancione und McFarlane (2016), dass Menschen ohne dauerhafte Unterkunft keinen Zugriff auf dieses Exoskelett haben und Bedürfnissen in zum Wohnen ungeeigneten Räumen nachgehen müssen.

Ein solches Verständnis grundlegender Infrastrukturen als Basis täglichen Lebens bildet einen nützlichen Ansatz für Forschung zu Wohnungslosigkeit, wo bisher kaum übergreifende Perspektiven auf das tägliche Ringen um Infrastrukturzugänge vertreten sind.

1.3   Praktiken und Infrastruktur

Praktiken werden in aktueller Infrastrukturforschung untersucht, um die Interaktion von Nutzenden mit diesen Arrangements zu verstehen und soziale Ungleichheiten in Infrastruktursystemen und ihrer Nutzbarkeit aufzudecken (etwa Lawhon et al. 2014). Vor allem Forschung im Globalen Süden zeigt, dass die Grenze zwischen Praktiken der Bereitstellung und Nutzung von Infrastruktur verschwimmt: Nutzende agieren häufig als Ko-Produzent:innen, indem sie Aufgaben übernehmen, die anderswo von Personal oder technischen Systemen ausgeführt werden, wie etwa Errichtung und Reparatur technischer Infrastruktur oder das Wasserholen von zentralen Anlaufstellen (Simone 2004; Truelove/Ruszczyk 2022). Dieselbe Beobachtung trifft auch auf Personen ohne dauerhafte Unterkunft zu, die Zugang zu oder Ersatz von Infrastruktur aufwändig organisieren müssen (Marquardt 2017).

Im Anschluss an Reckwitz verstehe ich Praktiken als »routinisiertes Verhalten, das aus mehreren, miteinander verbundenen Elementen besteht: körperliche Aktivitäten, mentale Aktivitäten, *Dinge* und ihre Verwendung, Hintergrundwissen in Form von Verstehen, Know-How, Emotionen und Motivation« (Reckwitz 2002: 249, eigene Übersetzung). So wie *Dinge*, also materielle Objekte, eine Voraussetzung für Praktiken darstellen (Reckwitz 2002: 253), verstehe ich auch Elemente wie körperliche Konstitution und Wissen als Ressourcen für Praktiken (vgl. Bourdieu 2021).

Solche Ressourcen sind in Gesellschaften ungleich verteilt und die Möglichkeit zum Durchführen von Praktiken nicht für all ihre Mitglieder gleichermaßen gegeben. Kronauer (2010) argumentiert, dass Exklusion von solchen Aspekten sozialen Lebens keine Abkopplung von der Gesellschaft bedeutet, sondern in ihr stattfindet, interne Machtverhältnisse widerspiegelt und häufig mit einseitigen Abhängigkeiten und dem Ausschluss aus sozial akzeptierten Lebensstandards und -chancen einhergeht (Kronauer 2010: 23–25, 144).

Ausschlüsse von infrastrukturellen Praktiken sind wie im Fall von klar abgegrenzten Tarifzonen bei ÖPNV-Betreibern oder Hausregeln in Shopping Malls häufig *territorial verräumlicht* – in klar begrenzten Zonen, wo der Zugang von Nutzenden und Praktiken kontrolliert werden (Busch-Geertsema 2006; Belina 2013). Zudem haben infrastrukturelle Ausschlüsse wohnungsloser Menschen eine *zeitliche* Komponente, die sich in zeitintensiven Wegen, begrenzten Nutzungsfenstern oder langen Wartezeiten äußert (Göttlich 2018; Jocoy/Del Casino 2010). Wie oben angesprochen, sind Infrastrukturen eng mit Körperfunktionen verbunden und ihr Fehlen sowie daraus resultierende Praktiken haben *körperliche* Aspekte und Auswirkungen (Gandy 2005; Bourdieu 2021). Im weiteren Text gehe ich darauf ein, wie sich diese Dimensionen während der Corona-Pandemie entwickelten.

2. Methodisches Vorgehen

Nutzung und Ersatz von Infrastruktur durch wohnungslose Menschen während der Corona-Pandemie betrachte ich auf Grundlage erster Ergebnisse einer qualitativen empirischen Studie in Berlin. Dieses Kapitel basiert auf 14 leitfadengestützten Interviews (zwölf Einzel- und zwei Gruppeninterviews) (Merton/Kendall 1993) und zwei informellen Gesprächen mit Menschen, die während der Pandemie wohnungslos waren, vier leitfadengestützten Expert:inneninterviews (drei Einzel- und ein Gruppeninterview) und einem informellen Gespräch mit Vertreter:innen von

Organisationen, die mit wohnungslosen Menschen arbeiten (Ullrich 2006), E-Mail-Korrespondenz mit Vertreter:innen einer sozialen Organisation und von ÖPNV-Betreibern, sowie drei teilnehmenden Beobachtungen bei Veranstaltungen zum Thema Wohnungslosigkeit in Berlin und im öffentlich zugänglichen Raum (Lüders 2013) (Zeitraum: 12/2020-07/2022). Einige der Interviews wurden als Go-Alongs oder am Aufenthaltsort der Interviewpartner:innen geführt (Kusenbach 2008). Hierbei habe ich die Materialität von Orten und Gegenständen mit Zustimmung der Interviewten sowie der Betreiber:innen der jeweiligen Einrichtungen teilweise auch fotografisch dokumentiert.

Die aktuell oder ehemals (einige hatten zum Zeitpunkt des Interviews wieder eigenen Wohnraum) wohnungslosen Interviewpartner:innen nutzten während der Pandemie Notunterkünfte oder lebten im öffentlich zugänglichen Raum. Sie waren zwischen 18 und 64 Jahre alt, etwa die Hälfte identifizierte sich als Frauen, bzw. Männer. Ihre Geburtsorte liegen in Deutschland, Polen und Rumänien. Die Namen der Interviewten wurden pseudonymisiert, wobei die Interviewten die Möglichkeit hatten, selbst ein Pseudonym zu wählen. Interviews mit Menschen mit wenigen Deutsch- oder Englischkenntnissen wurden teilweise über eine Übersetzungsapp geführt und im Nachhinein durch ein Transkriptionsbüro transkribiert und übersetzt.

Die Interviewtranskripte und Beobachtungsprotokolle habe ich theoretisch kodiert, wobei ich Kategorien, wie beobachtete Zusammenhänge, Strukturen oder Mechanismen, aus dem Material entwickelt und an weiterem Material überprüft habe (Strauss/Corbin 1996).

3. Infrastrukturnutzung und -ersatz während der Pandemie

Auf Grundlage meines empirischen Materials sowie von Rechtsnormen und Medienberichten betrachte ich nun, wie sich die Infrastrukturnutzung von Menschen ohne dauerhafte Unterkunft während der Pandemie gestaltete, mit welchen Strategien sie und ihr Umfeld auf die veränderte Situation reagierten und welche Folgen veränderte Zugänge für sie hatten.

3.1 Eingeschränkte Nutzung in Einrichtungen, (begrenzte) neue Möglichkeiten

Fast alle Interviewpartner:innen, die während der Pandemie wohnungslos waren, berichten, dass sie für den Zugang zu Wasser, Energie und teils Kommunikation auf Einrichtungen wie Notübernachtungen, Tagestreffs oder Beratungsstellen zurückgriffen. Diese Einrichtungen stellen einerseits von den Nutzenden geschätzte Anlaufstellen dar. Andererseits werden von fast allen Gesprächspartner:innen auch schlechte Zustände und ausschließende Faktoren wie eingeschränkte Öffnungszeiten, Konsumverbote oder mangelnde Barrierefreiheit betont. Während der Covid-19-Pandemie wurden viele dieser Angebote zusätzlich eingeschränkt – soziale Organisationen schufen daraufhin teilweise *Corona-konforme* Angebote.

Einschränkungen des Infrastrukturzugangs

Während der Corona-Pandemie schlossen viele Einrichtungen (vor allem zu Anfang des Ausbruchs in Deutschland) oder reduzierten ihr Angebot, etwa weil sie sonst die Hygieneanforderungen nicht hätten erfüllen können (GEBEWO pro 2020; Busch-Geertsema et al. 2020).[3]

Interviewpartner:innen erklären, dass sie oder ihre Adressat:innen durch solche Einschränkungen bestimmte Infrastrukturpraktiken, wie sich aufwärmen, duschen, Hände waschen, die Toilette nutzen, warm essen, das Laden von Geräten oder die Nutzung von Leihlaptops in Einrichtungen zumindest zeitweise nicht mehr durchführen konnten. Außerdem wird in den Interviews angeführt, dass durch Kapazitätsbeschränkungen insgesamt weniger Menschen soziale Einrichtungen und damit dort vorhandene Infrastrukturzugänge nutzen konnten, Nutzungszeiten begrenzt waren (sodass z.B. Handys nicht mehr vollständig geladen werden konnten) oder es zu langen Wartezeiten kam. Eine Mitarbeiterin einer sozialen Organisation erklärt:

> »Und während des Lockdowns – beziehungsweise im ersten Lockdown – war es ja so, dass viele Einrichtungen einfach dicht machen mussten und dann waren gar keine Duschmöglichkeiten mehr da. [...] Wo man sich dachte: ›Ja und jetzt?‹ Und keiner hat eine Lösung gehabt, ne?« (Laura Richter, RG/LR/HS, Abs. 152)

Diese Aussage muss zwar in Bezug auf einen bestimmten Teil Berlins verstanden werden, sie verdeutlicht aber den eingeschränkten Infrastrukturzugang vor allem zu Anfang der Pandemie. In der Folge, erklärt die Interviewpartnerin, habe die »Verwahrlosung« (RG/LR/HS, Abs. 159) von Menschen, die sich im öffentlich zugänglichen Raum aufhalten, stark zugenommen. Diese habe dann wiederum einen verstärkten sozialen Ausschluss für diese Menschen zur Folge. Als Auswirkung des eingeschränkten Zugangs zu Lademöglichkeiten beschreibt sie außerdem eine verschlechterte telefonische Erreichbarkeit von Adressat:innen für Sozialarbeitende und Behörden.

---

3   Zum Teil galten in den Einrichtungen der Wohnungslosenhilfe im Winter 2021/22 auch 3G-Regeln (teilweise bis Ende Mai 2022) – in den meisten Fällen war ein Test direkt in den Einrichtungen möglich. Laut Mitarbeitenden sozialer Organisationen wurden in einzelnen Einrichtungen aber keine Tests vor Ort durchgeführt, wodurch es teilweise zum Ausschluss von Gästen ohne 3G-Nachweis kam (s. 3.2).

Diese Situation hatte unterschiedliche Auswirkungen auf das Nutzungsverhalten wohnungsloser Menschen. Viele der während der Pandemie wohnungslosen Interviewpartner:innen berichten, dass sie die Infrastrukturangebote sozialer Einrichtungen unter den gegebenen Möglichkeiten weiterhin nutzten, andere erklären aber auch, dass sie dies aus Angst vor Ansteckung oder wegen weggefallener Angebote nicht täten.

Neue Angebote

Angesichts dieser schwierigen Situation schufen soziale Einrichtungen teilweise pandemiekonforme Angebote. Gesprächspartner:innen beschreiben, dass Einrichtungen ein wegfallendes Angebot in Innenräumen durch ein ambulantes oder mobiles Angebot ersetzten und zum Beispiel Essen ausgaben oder Hygieneartikel wie Feuchttücher verteilten. Eine soziale Einrichtung verteilte während der Pandemie Smartphones an wohnungslose Menschen. Zum Teil wurden durch den Senat und soziale Organisationen auch neue temporäre Angebote, wie Tagestreffs oder Dusch- und Waschmöglichkeiten in geschlossenen Gastronomiebetrieben oder Kältehilfeeinrichtungen geschaffen.

Ab dem Frühjahr 2020 konnten sich Gäste in mehreren im 24/7-Modell betriebenen Notübernachtungen auch tagsüber aufhalten (Lupprich/Meyer 2020). In der Wintersaison 2020/21 richteten Bezirke und Senat zudem mehrere Notunterkünfte in leerstehenden Hostels ein, von denen ebenfalls einige in einem 24/7-Modell betrieben wurden (Oberwalleney 2020; Wahmkow 2021). In einigen dieser Hostels wurden Gäste in Einzelzimmern mit eigenem Badezimmer untergebracht. Auch wenn die Zimmer nicht den gleichen Komfort wie das Leben in einer Wohnung boten, beschreiben Interviewpartner:innen eine von anderen Nutzenden und einrichtungsspezifischen Zeitplänen unabhängigere Nutzung von sanitären Anlagen, Strom, Wärme und WLAN. Durch diese Basis seien auch weniger Unterlagen verloren gegangen und die Menschen seien motivierter gewesen, nach Möglichkeiten zu suchen, um ihre Situation weiter zu verbessern. Eine Bewohnerin berichtet:

»Der Ort, an dem ich jetzt bin, ist warm und ich fühle ein wenig Normalität. Einige Unterkünfte muss man um 9 Uhr morgens verlassen und um 18 Uhr wiederkommen und da fragt man sich, was man den ganzen Tag machen soll« (Agnieszka Marciniak, AMar, Abs. 157).

Abb. 3: Hostelzimmer mit Licht und Elektrizität

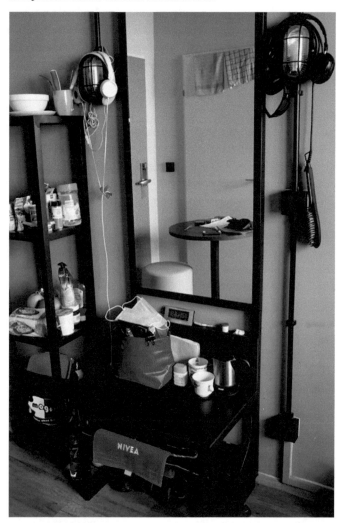

Quelle: Eigene Photographie

Im Juni 2021 endete allerdings der Mietvertrag für die letzten offenen Hostels und die Gäste mussten ihre Zimmer verlassen (Wahmkow 2021). Durch die zeitliche Limitierung änderte die Hostelunterbringung trotz ihrer positiven Bewertung darum wenig an der Unsicherheit der Unterbringungssituation und des Infrastrukturzugangs wohnungsloser Menschen. Im Winter 2021/22 wurden zwar neue ganzjährige 24/7-Projekte aus EU-Mitteln ins Leben gerufen, allerdings waren die Kapazitäten erheblich kleiner als im Vorjahr.[4] Während am 31. März 2021 784 von 1.589 Plätzen in Notunterkünften 24/7 geöffnet waren, wurden nur 130 der 1.064 am 31. März 2022 gezählten Plätze und 153 der 1.042 am 31. Dezember 2022 gezählten Plätze in einem 24/7-Modell betrieben (GEBEWO pro 2021, 2022, 2023).

3.2 Eingeschränkte Nutzung von Läden, Gastronomie und öffentlichen Einrichtungen

Viele Interviewpartner:innen beschreiben, dass sie Wasser, Energie (Strom und Wärme) und Kommunikation (z.B. freies WLAN) für gewöhnlich in Läden, Gastronomie oder Bibliotheken nutzen. Zudem sind viele stark auf den öffentlichen Nahverkehr angewiesen, da sie etwa zwischen solchen Zugangspunkten, verschiedenen sozialen Einrichtungen, Arbeitsorten und privaten Kontakten hin- und herreisen. Für einige sind S- und U-Bahnzüge, Busse und Bahnhöfe auch Orte, an denen sie sich aufwärmen. Die Nutzung dieser Räume ist durch ausschließende Haus- und Beförderungsregeln oder Nutzungsentgelte im öffentlichen Nahverkehr, Gastronomie, Einzelhandel, oder in öffentlichen Toiletten allerdings eingeschränkt.

Erste Phase: Schließungen und Verbot von Praktiken

Während der ersten anderthalb Jahre der Pandemie fokussierte sich die deutsche Politik vor allem auf die Schließung oder Einschränkung von Läden, Gastronomie und öffentlichen Einrichtungen.[5] Durch diese Regelungen wurden gewohnte Infrastrukturpraktiken wohnungsloser Menschen zusätzlich limitiert. Interviewte beschreiben beispielsweise, dass Cafés oder Restaurants zum Teil zwar noch Essen und Getränke zum Mitnehmen servierten, sie oder ihre Adressat:innen sich aber nicht mehr setzen und aufwärmen, ihr Handy laden, das WLAN oder die Toilette (auch um sich zu waschen) nutzen konnten. Eine Mitarbeiterin einer Einrichtung erklärt:

> »[A]ls wir versucht haben, Genehmigungen [für Dixie-WCs] zu bekommen. Und dann wurde gesagt, ›Ja, es gibt ja diese [...] Toiletten im öffentlichen Raum.‹ Die ja dann aber auch wieder Geld kosten und so weiter. [...] Also das war wirklich auch zu Beginn [...], als auch die Einkaufszentren zu hatten und so, da – das bedenkt natürlich keiner, dass das für die Zielgruppe der wohnungslosen Menschen, das war total dramatisch. Also in Restaurants konnte man nicht mehr rein, genau

---

4   Schriftliche Anfrage des Abgeordneten Taylan Kurt (GRÜNE) vom 16. August 2022 zum Thema: Wie gut arbeiten die 24/7 Einrichtungen in der Wohnungslosenhilfe? Abgeordnetenhaus Berlin. Drucksache 19/13003.

5   Verordnung über Maßnahmen zur Eindämmung der Ausbreitung des neuartigen Coronavirus SARS-CoV-2 in Berlin (SARS-CoV-2-Eindämmungsverordnung – SARS-CoV-2-EindV) vom 14. März 2020. GVBl. S. 210.

Einkaufszentren und so weiter. [...] Und dann hatten einige soziale Einrichtungen auch geschlossen« (Carolin Sommer, CS, Abs. 93).

Öffentliche Bibliotheken, die ein Interviewpartner als wichtige Anlaufstelle zum Aufwärmen und Nutzen von PCs beschreibt, waren zu Anfang der Pandemie ebenfalls geschlossen. Er berichtet außerdem, dass es für ihn schwieriger war, seine Geräte zu laden:

> »[Während einer bestimmten Phase der Pandemie] konnte man auch ›zum Outdoorgeschäft‹[6] reingehen, ja? [...] Und da habe ich mich immer auf so eine Bank gesetzt, durfte man eigentlich nicht sitzen, ne? Und die haben auch Steckdosen, da habe ich dann meine Dinge an -. Da kam gleich der Security an und, ›Oah, nimm das Ding hier raus!‹ Ne und, ›Das geht ja gar nicht! Sie dürfen hier nicht sitzen!‹« (Bernhard Friedrich, BF2, Abs. 21).

Während solche Praktiken für alle Nutzenden der Läden, Gastronomie oder Einrichtungen verboten waren, sind Menschen mit Wohnung viel weniger darauf angewiesen, im öffentlich zugänglichen Raum auf Infrastruktur zuzugreifen. Interviewte, die während der Pandemie wohnungslos waren, berichten, dass sie aufgrund der Einschränkungen verstärkt auf weiterhin zugängliche Räume wie Supermärkte, den ÖPNV oder Einkaufszentren zurückgriffen, um sich aufzuwärmen, die Toilette zu nutzen, sich und ihre Wäsche auf der Toilette zu waschen und heimlich ihre Geräte zu laden. Auf die Frage, wo sie sich in ihrer Zeit ohne dauerhafte Unterkunft aufgewärmt habe, erklärt eine Interviewpartnerin:

> »Naja also vor Corona ja hauptsächlich hier so [in der sozialen Einrichtung], [...] und ansonsten keine Ahnung, Bahnhöfen oder in der Bahn halt eben. Oder wenn man einkaufen gegangen ist, ist man dann doch mal eine Runde extra gegangen, dass man halt noch mal länger im Laden war. Aber so wirklich Möglichkeiten gab es ansonsten nicht« (Sam, S, Abs. 170).

Diesen erschwerten Zugang und die zunehmenden Verweise aus bestimmten Räumen während der Pandemie beschreiben Interviewte als einschränkend und »demütigend« (BF, Abs. 113).

Zweite Phase: Ausschluss aufgrund fehlender Nachweise

Nachdem 2021 die Impfung für breite Teile der Bevölkerung zugänglich war, ging man in Deutschland ab August 2021 zu einer teilweisen Öffnung unter 3- bzw. 2G-Regeln in Läden, Gastronomie und öffentlichen Einrichtungen über. Nutzende mussten also eine Genesung, Impfung (2G) oder einen tagesaktuellen Test (3G)

---

6   ›Daten anonymisiert‹.

nachweisen (Bundesregierung 2021a). Ab November 2021 wurde die 3G-Regelung auch im öffentlichen Nahverkehr eingeführt, ab Dezember galt sie in Berlin auch am Bahnsteig.[7]

Der Nachweis von Impfungen oder Tests gestaltete sich für viele wohnungslose Menschen schwierig. Da viele nicht über Ausweispapiere verfügen, war ihr Zugang zu Impfungen am Anfang der Pandemie eingeschränkt.[8] Anfängliche Impfaktionen für wohnungslose Menschen konzentrierten sich vor allem auf soziale Einrichtungen (Senatsverwaltung für Integration, Arbeit und Soziales 2021). Ein Interviewpartner, der solche Angebote nicht nutzt, gibt an, nicht über solche Aktionen informiert gewesen zu sein.

Aber auch mit Impfung konnten viele nicht die geforderten Dokumente vorweisen, da sie bei Impfaktionen zum Teil nur einen Impfnachweis, aber nicht den ab Ende September 2021 als Nachweis geforderten QR-Code erhalten hatten.[9] Wenn ein Impfnachweis, aber kein QR-Code vorlag, konnte dieser nur dann später bei Apotheken oder Ärzt:innen eingeholt werden, wenn Personen ihre Identität nachweisen konnten (§ 22a Abs. 5 IfSG). Selbst mit dem QR-Code kam es laut einer Interviewpartnerin vor, dass wohnungslose Menschen z.B. von Cafés abgewiesen wurden, wenn dieser nur ausgedruckt und nicht digital vorlag:

> »Und bei den Maßnahmen ist es halt vor allem auch ein Thema, dass, wenn die Leute […] geimpft sind, was ja bei vielen der Fall ist, dann mangelt es am Nachweis. Also wir hatten es jetzt erst, wo wir ein Beratungsgespräch führen wollten in einem Café und derjenige hatte wirklich seinen Impfpass dabei und diesen QR-Code, mit dem er das digitale Zertifikat hätte holen können, aber er hatte

---

7   Gesetz zur Änderung des Infektionsschutzgesetzes und weiterer Gesetze anlässlich der Aufhebung der Feststellung der epidemischen Lage von nationaler Tragweite vom 22. November 2021, BGBl. I S. 4906; Zwölfte Verordnung zur Änderung der Dritten SARS-CoV-2-Infektionsschutzmaßnahmenverordnung vom 3.12.2021, GVBl. S. 1298. Mitte Dezember 2021 wurde ÖPNV-Betreibern die Möglichkeit eingeräumt, »Verkehrsflächen in Bahnhöfen und an Bahnsteigen zum Aufenthalt für obdachlose Menschen ohne 3G-Bedingung« auszuweisen. Die Berliner Verkehrsbetriebe (BVG) erklären auf Anfrage, Zwischengeschosse und Vorräume der Bahnhöfe seien von der 3G-Regelung ausgenommen gewesen; die S-Bahn Berlin erklärt, dass keine Ausnahmen von der 3G-Regel umgesetzt worden seien. (Vierte Verordnung über erforderliche Maßnahmen zum Schutz der Bevölkerung vor Infektionen mit dem Coronavirus SARS-CoV-2 [Vierte SARS-CoV-2-Infektionsschutzmaßnahmenverordnung – 4. InfSchMV] vom 14.12.2021, GVBl. S. 1334; E-Mail-Korrespondenz mit BVG-Vertreter:in vom 25.05.2022 und S-Bahn-Vertreter:in vom 08.07.2022)

8   Bis Anfang September 2021 wird auf den Seiten der Senatskanzlei angegeben, dass ein Personalausweis in den Berliner Impfzentren erforderlich sei (Der Regierende Bürgermeister von Berlin – Senatskanzlei 2021).

9   Siebte Verordnung zur Änderung der Dritten SARS-CoV-2-Infektionsschutzmaßnahmenverordnung vom 21. September 2021. GVBl. S. 1095.

kein Telefon. Wir durften da nicht Kaffeetrinken« (Laura Richter, RG/LR/HS, Abs. 133).

Dieses Beispiel verdeutlicht einerseits, wie sich in der Corona-Pandemie verschiedene sozio-technische Ausschlüsse gegenseitig verstärkten – der Ausschluss vom Zugang zu Smartphones trägt zum Ausschluss von Gastronomie und damit geheizten Innenräumen, warmen Lebensmitteln, Strom-, Toiletten oder WLAN-Zugang bei. Zudem zeigt es, wie die Regelungen in der Praxis teilweise anders ausfielen als gesetzlich vorgesehen – formal wäre der ausgedruckte QR-Code ausreichend gewesen, um die 2G-Regel zu erfüllen (s. auch Schumacher 2021).

Zudem berichten Mitarbeitende sozialer Organisationen, dass wohnungslose Menschen ihre Impfausweise mangels sicherer Aufbewahrungsmöglichkeiten zum Teil auch verloren. Gerade bei dezentralen Impfaktionen seien die Impfärzt:innen, die die Impfungen dokumentiert hatten, für die Geimpften häufig schwer herauszufinden und es darum schwierig, den Impfnachweis wiederzuerlangen. Organisationsmitarbeitende beschreiben auch, dass einige ihrer Adressat:innen sich in dieser Situation weitere Male impfen ließen, um den benötigten Nachweis wiederzuerhalten.

Gleichzeitig hatten Personen ohne Papiere auch keinen Zugang zu den kostenlosen Bürger:innentests, die – mit kurzer Unterbrechung im Oktober 2021 – von März 2021 bis Juni 2022 angeboten wurden (§ 6 Abs. 3 Nr. 4 TestV[10]; Bundesregierung 2021b)[11]. Einrichtungen der Wohnungslosenhilfe führten zwar zum Teil Tests mit Nachweis durch, allerdings lag laut Mitarbeiter:innen sozialer Organisationen keine Übersicht vor, welche Einrichtungen solche Tests anboten und diese waren teilweise auf die Gäste der Einrichtungen beschränkt. Interviewte erklären, dass durch diese Hürden die Möglichkeiten, Infrastruktur in Einzelhandel oder Gastronomie zu nutzen oder sich legal an Bahnsteigen aufzuwärmen für wohnungslose Menschen eingeschränkt wurden.

Im öffentlichen Nahverkehr wurden diese Regelungen nicht immer durchgesetzt. Gesprächspartner:innen berichten, dass wohnungslose Menschen ohne Nachweis den ÖPNV trotz der Regelungen nutzten. Sozialsenatorin Katja Kipping erklärte auf der Bundestagung der Bundesarbeitsgemeinschaft Wohnungslosenhilfe im März 2022 zudem, dass sie die BVG und Deutsche Bahn gebeten habe, die 3G-Regel im Fall wohnungsloser Menschen nicht strikt durchzusetzen. Es scheint allerdings unwahrscheinlich, dass Menschen ohne Nachweismöglichkeiten über

---

10   Verordnung zum Anspruch auf Testung in Bezug auf einen direkten Erregernachweis des Coronavirus SARS-CoV-2 (Coronavirus-Testverordnung – TestV), i. d. F. v. 21. September 2021, Referentenentwurf (Bundesministerium für Gesundheit 2021).

11   Dritte Verordnung zur Änderung der Coronavirus-Testverordnung vom 29. Juni 2022, BAnz AT 29.06.2022 V1.

diese Absprache informiert waren, wie auch aus einem informellen Gespräch mit einer wohnungslosen Person hervorgeht. Dadurch stellte die Nutzung des ÖPNV für diese Gruppe eine rechtliche Unsicherheit dar, bis die 2- und 3G-Regelungen in Deutschland am 20. März 2022 weitestgehend aufgehoben wurden (Bundesministerium für Gesundheit 2022).

3.3 Öffentliche Hilfsbereitschaft und unabhängige Lösungen

Interviewpartner:innen, die während der Pandemie wohnungslos waren, beschreiben, dass Nachbar:innen oder Mitarbeitende von Cafés, Bars oder Restaurants ihnen in dieser Zeit warmes Essen und Trinken gaben oder sie trotz der Schließung des Gastronomiebetriebs die Toiletten benutzen ließen. Mitarbeitende von Organisationen berichten zudem von privaten Projekten für wohnungslose Menschen. Sie weisen allerdings darauf hin, dass sich diese Projekte stark auf Essensangebote konzentrierten und es so zu einem relativen Überangebot im Verhältnis zur Unterversorgung mit Gesundheits- oder Hygieneleistungen kam. Interviewte erklären außerdem, dass wohnungslose Menschen während der Pandemie häufiger als sonst bei Bekannten unterkamen.

Solche private Hilfe unterstützte auch Ersatzstrategien wohnungsloser Menschen, die fehlende Infrastrukturzugänge so gut es ging kompensierten. Ein Interviewpartner beschreibt etwa die Schwierigkeiten sich als Nicht-Nutzender von Notunterkünften während der Pandemie aufzuwärmen. Als es Anfang 2020 zu einem Kälteeinbruch kam, behalf er sich mit zusätzlicher Isolierung und wurde von Anwohnenden unterstützt:

> »Dann habe ich also mir noch ein paar Schlafsäcke drübergezogen, so dass ich dann mit fünf Schlafsäcken – […] ich habe nicht einmal gefroren. […] Da habe ich dann immer – da hab ich dann auch immer meinen Kaffee bekommen. Und die Leute um mich gekümmert. […] Sie haben mir sogar Decken gebracht. […] Und noch Jacken gebracht, die Anwohner. Weil sie sich Sorgen gemacht haben« (Bernhard Friedrich, BF1, Abs. 121).

Einzelne wohnungslose Interviewte, die auch vor der Pandemie relativ unabhängig von sozialen Einrichtungen und Gastronomie gelebt haben, sich etwa auf der Supermarkttoilette oder bei Freund:innen wuschen oder ihre Geräte bei lokalen Läden oder Bekannten luden, beschreiben kaum Veränderungen angesichts der Einschränkungen. Eine Möglichkeit dieser unabhängigen Infrastrukturnutzung bildet für Interviewpartner:innen gewöhnlich auch das Zahlen für die Nutzung von öffentlichen Toiletten, Duschen, Internetcafés oder ÖPNV, soweit Geld verfügbar ist. Interviewte erklären, dass es durch Corona und dem eingeschränkten öffentlichem Leben zu verschlechterten Einkünften durch Betteln, Zeitungsverkauf oder Sexarbeit kam. Dadurch stand ihnen auch weniger Geld für diesen bezahlten Zugang zur Verfügung.

4. Eingeschränkte Praktiken

Die Ergebnisse zeigen, dass der Zugang zu grundlegenden Infrastrukturen für viele wohnungslose Menschen während der Pandemie durch räumliche Ausschlüsse sowie zeitliche Einschränkungen von sozialen, öffentlichen und privaten Einrichtungen erschwert wurde. Maßnahmen wie die Hostelunterbringung stellten dagegen eine deutliche Verbesserung des unabhängigen Infrastrukturzugangs der Gäste in einem geschützten Raum dar, waren aber zeitlich beschränkt. Wohnungslose Menschen und private Initiativen kompensierten diese Einschränkungen mit improvisierten Lösungen, die aber bisherige Zugänge nicht vollständig ersetzen konnten.

Die Folgen dieser Einschränkungen sind schwer abschätzbar. Von einzelnen Interviewten wird explizit geschildert, dass ein zusätzlich eingeschränkter Zugang zu Wasser und sanitären Anlagen, Wärme und Elektrizität (und damit Kommunikationsmöglichkeiten) sowie legaler Mobilität negative körperliche und psychosoziale Auswirkungen hat. Dies entspricht auch bisheriger Forschung, die etwa zeigt, dass eingeschränkte Körperhygiene oder seltene Kleidungswechsel das Risiko für verschiedene Erkrankungen, wie Parasiten, Haut- und Wundinfektionen erhöhen und mit psychischen Belastungen einhergehen (etwa Leibler et al. 2017).

Insgesamt wird klar, welch entscheidende Rolle der Zugang zu Infrastrukturen für Menschen ohne dauerhafte Unterkunft spielt und wie dieser in der Corona-Pandemie vernachlässigt wurde. Der Fokus auf die Praktiken von Menschen in dieser Situation zeigt diese Wichtigkeit von Infrastrukturen für die Organisation des täglichen Lebens und praktische Zugangsschwierigkeiten deutlich auf. Der Schwerpunkt öffentlicher Diskussionen und organisierter Hilfe während der Pandemie scheint häufig auf dem Zugang zu Essen, teils Schutz vor Erfrierung und Ansteckung mit Covid-19 gelegen zu haben, weniger auf der legalen Nutzung von Wasser und sanitären Anlagen, Wärme, Elektrizität und Mobilität. Viele Fachdiskussionen drehen sich jetzt aus guten Gründen um die Rolle des Hilfesystems in der Krise, seltener wird aber betrachtet, dass viele wohnungslose Menschen dieses System nicht nutzen (können) und damit auch ihre Situation jenseits der Einrichtungen adressiert werden muss.

Maßnahmen wie die Impfkampagne für wohnungslose Menschen zeigen, dass bei politischen Entscheidungen zwar teilweise der Gesundheitsschutz, weniger aber Nachweise für eine Berechtigung zur Teilhabe am öffentlichen Leben und eine selbständige Versorgung mitgedacht wurden. Initiativen wie die Öffnung von Hostels stimmten dagegen hoffnungsvoll, dass neue Wege in der Hilfe für wohnungslose Menschen möglich sind, die ein unabhängigeres Leben ermöglichen.

Im Moment scheint die Bilanz allerdings eher ernüchternd: In Berlin wird seit dem Winter 2021/22 zwar wieder ein gewisser Anteil der Notunterbringung 24/7 angeboten, allerdings ist die Platzzahl sehr viel kleiner als im Winter 2020/21.

Wenn also die *Krise als Chance* genutzt werden soll, wäre es wünschenswert, tatsächlich aus ihr zu lernen: Die vergangenen Jahre haben gezeigt, dass die aktuelle Form der Massenunterbringung neben fehlender Privatsphäre auch gesundheitliche Gefahren mit sich bringt und ein privater Bereich den besten Schutz vor Ansteckung und einen Ort für die Erfüllung körperlicher Bedürfnisse darstellt. In Form einer mietvertraglich abgesicherten Wohnung böte dieser zudem Schutz vor Räumung am Ende der Saison. Die Ergebnisse verdeutlichen außerdem, dass es bei der Hilfe für wohnungslose Menschen nicht um bloßen Lebenserhalt, sondern um ein selbstbestimmtes Leben in Gesundheit und soziale Teilhabe gehen sollte. Wenn ein solches Lernen aus der Krise politisch gewollt ist, wird es sicherlich mehr Aufmerksamkeit, aber auch der Umwälzung bisher gehegter Grundsätze und Interessen bedürfen.

Literaturverzeichnis

Belina, Bernd (2013): Raum. Zu den Grundlagen eines historisch-geographischen Materialismus, Münster: Westfälisches Dampfboot.

Bourdieu, Pierre (2021): Die feinen Unterschiede. Kritik der gesellschaftlichen Urteilskraft, Frankfurt a.M.: Suhrkamp.

Bundesministerium für Gesundheit (2021): Verordnung zum Anspruch auf Testung in Bezug auf einen direkten Erregernachweis des Coronavirus SARS-CoV-2. Referentenentwurf. https://www.bundesgesundheitsministerium.de/fileadmi n/Dateien/3_Downloads/C/Coronavirus/Verordnungen/CoronavirusTestV_Se pt-2021_mit_Begruendung.pdf (abgerufen am 14.02.2023).

Bundesministerium für Gesundheit (2022): Änderung des Infektionsschutzgesetzes. https://www.bundesgesundheitsministerium.de/service/gesetze-und-ver ordnungen/ifsg.html (abgerufen am 22.05.2022).

Bundesregierung (2021a): Impfen – ein Schutz für uns alle. https://www.bunde sregierung.de/breg-de/service/archiv/bund-laender-beratung-corona-19496 06#:~:text=Bund%20und%20L%C3%A4nder%20haben%20sich,Innenr%C3% A4umen%20einen%20negativen%20Coronatest%20vorlegen (abgerufen am 30.05.2022).

Bundesregierung (2021b): Corona-Tests wieder kostenlos. https://www.bundesregi erung.de/breg-de/themen/coronavirus/kostenlose-coronatests-1980930 (abgerufen am 22.05.2022).

Busch-Geertsema (2006): Urban Governance, Homelessness and Exclusion. Homelessness and Access to Space in Germany. Working Group 1 European Observatory on Homelessness, FEANTSA, Brussels.

Busch-Geertsema, Volker/Henke, Jutta/Krugel, Nadine (2020): Auswirkungen der Covid-19-Pandemie auf die Wohnungsnotfallhilfen: Kurzexpertise als Ergänzung zum Forschungsbericht »Entstehung, Verlauf und Struktur von Wohnungslosigkeit und Strategien zu ihrer Vermeidung und Behebung«, Berlin.

Coutard, Olivier/Rutherford, Jonathan (2016): Beyond the Networked City. An Introduction, in: dies. (Hg.): Beyond the Networked City. Infrastructure Reconfigurations and Urban Change in the North and South, Abingdon, New York: Routledge.

Der Regierende Bürgermeister von Berlin – Senatskanzlei (2021): Schutzimpfung gegen das Coronavirus SARS-CoV-2: Voraussetzungen, Termine und Ablauf. Stand 03.09.2021, Zugriff über WayBack-Machine. http://web.archive.org/web/20210903050629/https:/www.berlin.de/corona/impfen/ (abgerufen am 14.02.2023).

Ding, Hao/Loukaitou-Sideris, Anastasia/Wasserman, Jacob L. (2021): Homelessness on public transit: A review of problems and responses, in: Transport Reviews, 1–23.

FEANTSA (o.J.): ETHOS Europäische Typologie für Wohnungslosigkeit.

Gandy, Matthew (2005): Cyborg Urbanization: Complexity and Monstrosity in the Contemporary City, in: International Journal of Urban and Regional Research, 29 (1), 26–49.

GEBEWO pro (2020): Berliner Kältehilfe Auslastungsanalyse. Periodenauswertung Oktober 2019 bis April 2020. https://kaeltehilfe-berlin.de/images/KHT_Periodenauswertung_2019_-_2020.pdf (abgerufen am 31.05.2022).

GEBEWO pro (2021): Berliner Kältehilfe Auslastungsanalyse. Periodenauswertung Oktober 2020 bis April 2021. https://kaeltehilfe-berlin.de/images/KHT_Periodenauswertung_2020_-_2021.pdf (abgerufen am 31.05.2022).

GEBEWO pro (2022): Berliner Kältehilfe 2021/2022. Auswertung für den Monat März 2022. https://kaeltehilfe-berlin.de/images/Auswertung_KHT_M%C3%A4rz_2022.pdf (abgerufen am 06.04.2022).

GEBEWO pro (2023): Berliner Kältehilfe 2022/2023. Auswertung für den Monat Dezember 2022. https://kaeltehilfe-berlin.de/images/Auswertung_KHT_Dezember_2022.pdf (abgerufen am 15.02.2023).

Gerull, Susanne (2018): »Unangenehm«, »arbeitsscheu«, »asozial«. Zur Ausgrenzung von wohnungslosen Menschen, in: Aus Politik und Zeitgeschichte, 68 (25–26), 30–36.

Göttlich, Andreas (2018): Warten und Warten-Lassen, in: Sozialer Sinn, 19 (2), 281–308.

Hauprich, Kai (2021): Die Mobiltelefon- und Internetnutzung durch Menschen mit Lebensmittelpunkt Straße in Nordrhein-Westfalen und ihr Nutzen in deren besonderen Lebensverhältnissen, Duisburg/Essen.

Jocoy, Christine L./Del Casino, Vincent J. (2010): Homelessness, Travel Behavior, and the Politics of Transportation Mobilities in Long Beach, California, in: Environment and Planning A, 42 (8), 1943–1963.

Kronauer, Martin (2010): Exklusion. Die Gefährdung des Sozialen im hoch entwickelten Kapitalismus, Frankfurt a.M., New York: Campus Verlag.

Kusenbach, Margarethe (2008): Mitgehen als Methode. Der »Go-Along« in der phänomenologischen Forschungspraxis, in: Raab, Jürgen (Hg.): Phänomenologie und Soziologie. Theoretische Positionen, aktuelle Problemfelder und empirische Umsetzungen, Wiesbaden: VS Verlag für Sozialwissenschaften/GWV Fachverlage, Wiesbaden, 349–358.

Lancione, Michele/McFarlane, Colin (2016): Life at the Urban Margins: Sanitation Infra-Making and the Potential of Experimental Comparison, in: Environment and Planning A: Economy and Space, 48 (12), 2402–2421.

Lawhon, Mary/Ernstson, Henrik/Silver, Jonathan (2014): Provincializing Urban Political Ecology: Towards a Situated UPE Through African Urbanism, in: Antipode, 46 (2), 497–516.

Leibler, Jessica H./Nguyen, Daniel D./León, Casey/Gaeta, Jessie M./Perez, Debora (2017): Personal Hygiene Practices among Urban Homeless Persons in Boston, MA, in: International journal of environmental research and public health, 14 (8).

Lüders, Christian (2013): Beobachten im Feld und Ethnographie, in: Flick, Uwe/Kardorff, Ernst v./Steinke, Ines (Hg.): Qualitative Forschung. Ein Handbuch, Reinbek bei Hamburg: Rowohlt Taschenbuch Verlag, 384–401.

Lupprich, Alexandra/Meyer, Franziska (2020): Evaluierung der aufgrund der Covid-19 Pandemie kurzfristig eingerichteten 24/7-Unterkünfte für obdachlose Menschen.

Marquardt, Nadine (2017): Zonen infrastruktureller Entkopplung. Urbane Prekarität und soziotechnische Verknüpfungen im öffentlichen Raum, in: Flitner, Michael/Lossau, Julia/Müller, Anna-Lisa (Hg.): Infrastrukturen der Stadt, Wiesbaden: Springer VS, 89–104.

Merton, Robert K./Kendall, Patricia L. (1993): Das fokussierte Interview, in: Hopf, Christel/Weingarten, Elmar (Hg.): Qualitative Sozialforschung, Stuttgart, 171–204.

Montgomery, Martha P./Carry, Monique G./Garcia-Williams, Amanda G./Marshall, Brittany/Besrat, Bethlehem/Bejarano, Franco/Carlson, Joshua/Rutledge, Ty/Mosites, Emily (2021): Hand hygiene during the COVID-19 pandemic among people experiencing homelessness-Atlanta, Georgia, 2020, in: Journal of community psychology, 49 (7), 2441–2453.

Oberwalleney, Stefan (2020): In drei Berliner Hotels können Obdachlose übernachten, in: rbb24 vom 12.11.2020.

Rösch, Benedikt/Heinzelmann, Frieda/Sowa, Frank (2021): Homeless in Cyberspace? Über die digitale Ungleichheit wohnungsloser Menschen, in: Freier, Carolin/König, Joachim/Manzeschke, Arne/Städtler-Mach, Barbara (Hg.): Gegenwart und Zukunft sozialer Dienstleistungsarbeit, Wiesbaden: Springer Fachmedien Wiesbaden, 347–359.

Schumacher, Ute (2021): Digital lesbare Impfnachweise für 2G-Veranstaltungen in Berlin nötig, in: rbb24 vom 21.9.2021.

Selbstvertretung wohnungsloser Menschen (2020): Die eigene Wohnung ist mit Abstand die beste Kältehilfe und der beste Schutz vor Corona! https://www.wo hnungslosentreffen.de/inhalte-blog/246-2020_positionspapier_kaeltehilfe_co rona.html (abgerufen am 11.05.2022).

Senatsverwaltung für Integration, Arbeit und Soziales (2021): Berlin setzt Impfkampagne für obdachlose Menschen fort. Pressemitteilung vom 27.04.2021. ht tps://www.berlin.de/sen/ias/presse/pressemitteilungen/2021/pressemitteilun g.1079541.php (abgerufen am 22.05.2022).

Simone, AbdouMaliq (2004): People as Infrastructure. Intersecting Fragments in Johannesburg, in: Public Culture, 16 (3), 407–429.

Specht, Anabell/Sarma, Navina/Hellmund, Theresa/Lindner, Andreas (2020): Charité COVID-19-Projekt für und mit obdachlosen Menschen. Unterstützung der Antigen-Schnelltestung während der Kältehilfe und digitale Wissensvermittlung, in: wohnungslos, 62 (4), 118121.

Speer, Jessie (2016): The Right to Infrastructure: A Struggle for Sanitation in Fresno, California Homeless Encampments, in: Urban Geography, 37 (7), 1049–1069.

Strauss, Anselm/Corbin, Juliet (1996): Grounded Theory: Grundlagen Qualitativer Sozialforschung, Weinheim: Beltz.

Truelove, Yaffa/Ruszczyk, Hanna A. (2022): Bodies as Urban Infrastructure: Gender, Intimate Infrastructures and Slow Infrastructural Violence, in: Political Geography, 92, 102492.

Ullrich, Peter (2006): Das explorative ExpertInneninterview. Modifikationen und konkrete Umsetzung der Auswertung von ExpertInneninterviews nach Meuser/Nagel, in: Engartner, Tim/Kuring, Diana/Teubl, Thorsten (Hg.): Die Transformation des Politischen. Analysen, Deutungen und Perspektiven, Berlin: Dietz, 100–109.

Wahmkow, Jonas (2021): Aus dem Hostel auf die Straße, in: taz (online) vom 2.7.2021.

Raumaneignung obdachloser Menschen
Die Entstehung kollektiver Handlungsfähigkeit am Beispiel einer Kölner Hausbesetzung

Hannah Boettcher

1. Einleitung

> »Wir sind das OMZ! Wir sind Obdachlose
> mit Zukunft. Und nicht Obdachlose mit
> Zelt. Irgendwann wieder.«
> *(Interview 7: 43)*

Obdachlosigkeit[1] stellt ein alltäglich wahrnehmbares Phänomen dar, was vor allem im urbanen, öffentlichen Raum Sichtbarkeit erlangt. Beispielsweise werden in Folge der verstetigten Sicherheitsdebatte obdachlose Menschen unter stereotypen Zuschreibungen zu einer Gruppe marginalisiert, die im gesellschaftlichen Diskurs als Problem wahrgenommen wird. Während einerseits die Anzahl an Menschen wächst, die den öffentlich Raum nutzen, um dort bspw. zu betteln oder zu schlafen, ist der Ausbau restriktiver, juristischer, sozialer und räumlicher Kontrollmechanismen, wie z.B. strengere Stadtverordnungen, Kameras, Sicherheitspersonal usw., zu verzeichnen. Prozesse des Ausschlusses, der Verdrängung und der Grenzziehung führen dazu, dass obdachlose Menschen an den sozialen und physischen Rand des städtischen Lebens gedrängt werden (Gottwalles ET AL. 2020). Objektivierende Perspektiven, die sich entweder auf das Eigenverschulden der prekären Lage beziehen oder die Betroffenen als Opfer gesellschaftlicher Verhältnisse charakterisieren, tendieren zudem dazu ihnen die Handlungsfähigkeit abzusprechen,

---

1   In dieser Arbeit wird sich auf die Definition der FEANTSA (»Fédération Européenne des Associations Nationales Travaillant avec les Sans-Abri«) (2005) berufen, um die Prekarität verschiedener Lebenssituationen im Kontext von Wohnungslosigkeit zu berücksichtigen. Die FEANTSA entwickelt eine Typologie der Wohnungslosigkeit (ETHOS – Europäische Typologie für Obdachlosigkeit, Wohnungslosigkeit und prekäre Wohnversorgung). Obdachlose Menschen besitzen keinen Zugang zu privaten Rückzugsorten und sind dementsprechend in der Bestreitung ihres Lebensalltags stärker an den öffentlichen Raum gebunden.

sich eigenständig aus dieser Lebenslage zu befreien. Diese Perspektive birgt jedoch die Gefahr, sozialen Wandel sowie gesellschaftliche Transformation auf politische Entscheidungen und öffentliches Einwirken zu reduzieren. Dass Menschen in solch prekären Lebenssituationen aber innerhalb ihrer täglichen Lebensführung Raum aneignen sowie aktive Handlungen, Anpassungen und Widerstände vollziehen, mit denen sie sich stets im Spektrum der Gewinnung von Handlungsfähigkeit bewegen, hat noch nicht allzu lange Einzug in den wissenschaftlichen Diskurs erhalten (Candeias 2008). Beispielsweise rücken in aktuellen wissenschaftlichen Debatten der Sozialforschung[2] immer stärker Fragen in den Fokus, anhand welcher Parameter der Zugang zu Ressourcen der Stadt entschieden wird (Buckel 2011) und wer unter hegemonialen Deutungen als Teil der Stadtgesellschaft begriffen wird.

Das Projekt *OMZ – Obdachlose mit Zukunft*, eine Hausbesetzung ehemals obdachloser Personen, stellt ein aktuelles Phänomen dar, bei dem sich Menschen gemeinsam urbanen Raum aneignen. Im Kontext des sich global ausbreitenden *SARS-CoV-2-Virus* verschärften sich die Lebensbedingungen der betroffenen Personen, beispielsweise durch einen erschwerten Zugang zu staatlichen Hilfs- und Versorgungsleistungen. Die Besetzung eines leerstehenden Hauses konnte dahingehend den Zweck erfüllen, lebensnotwendige Ressourcen sicherzustellen und sich selbst zu schützen. Hausbesetzungen stellen aber nicht nur ein Ereignis dar, sondern sind mit einem langwierigen Etablierungsprozess verbunden, der gleichermaßen interne Organisationen und Aushandlungen mit außenstehenden politischen Akteur:innen betrifft. Indem fortlaufend um die Legitimität und den Erhalt der angeeigneten Räume verhandelt werden muss, wird deutlich, dass städtische Prozesse als umkämpfte Verhältnisse zu verstehen sind. Städtische Wirklichkeiten konstituieren sich durch unterschiedliche Konfliktpraktiken, innerhalb dessen die Konfliktartikulationen marginalisierter Personen Formen sind, Mitgestaltung und Teilhabe auszudrücken (Hohenstatt/Rinn 2014: 210).

Aus diesem Grund ist es aus sozialwissenschaftlicher Perspektive gerade interessant, was nach der Hausbesetzung geschieht, also welche Bedürfnisse die Menschen haben und wie sie diese in ihrer sozialen und räumlichen Praxis ausdrücken, organisieren und materialisieren. Außerdem stellt sich die Frage, inwiefern sie innerhalb dieser Praxis ihre Lebensbedingungen produzieren und welche *Kämpfe* sie führen, um diese zu verbessern. Besonders die Bedeutung kollektiver Zusammenschlüsse nimmt für diese Arbeit eine zentrale Perspektive ein.

Die Forschungsarbeit wird demnach von den zwei folgenden Fragen geleitet:

---

2   Z.B. in der Forschung zu Ungleichheit, Stadt, Migration und Bewegungen (Buckel 2011; Etzold 2011; Mengay/Pricelius 2011; Hohenstatt/Rinn 2014; Gottwalles et al. 2020; May 2020).

a) In welcher Form wird sich Raum von den Bewohner:innen des OMZ's angeeignet?
b) Kann dahingehend kollektive Handlungsfähigkeit entstehen?

Diese Arbeit versucht aufzuzeigen, dass Raumaneignung ein dynamischer und alltäglicher Prozess ist, in dem fortlaufend Erfahrungen und Bedeutungen geschaffen werden. Aus diesen resultieren wiederum Bedingungen, welche potenziell Handlungsfähigkeit hervorbringen.

Zunächst wird der theoretische Rahmen vorgestellt. Dieser beinhaltet die Definition des Begriffs der Aneignung nach Lefebvre (1974), welcher im Kontext der Theorie um die Produktion von Raum erläutert wird sowie die Kategorie der Handlungsfähigkeit nach Holzkamp (1983). Nach der Projektbeschreibung und der Darstellung des Forschungszugangs folgen die empirischen Ergebnisse und das Fazit.

2. Die Produktion von Raum

Henri Lefebvres (1974) Theorie zur Produktion von Raum stellt für diese Arbeit eine geeignete Analyseperspektive dar, mit welcher es möglich wird, sich den komplexen raumwirksamen, sozialen Praktiken und Aneignungsprozessen der ehemals obdachlosen Personen anzunähern.

Jede menschliche Tätigkeit bezieht sich auf Raum, wobei laut Lefebvre die vorzufindenden räumlichen Realitäten und ihre Bedeutungen nicht beliebig, sondern im Kontext gesellschaftlicher Verhältnisse zu verorten und zu bestimmten Zwecken hervorgebracht sind (Belina 2013: 50). *Raum* ist dem zu Folge als Produkt gesellschaftlicher Praxis und Machtverhältnisse zu verstehen (ebd.: 9). Lefebvre geht davon aus, dass die Produktion von Raum in drei zusammenspielende Prozesse, oder auch Dimensionen, aufzuteilen ist, welche dialektisch miteinander verbunden sind (Schmid 2011: 35):

a) Die räumliche Praxis bzw. der wahrgenommene Raum:
   Die mit den Sinnen fassbare Basis des Raums ist der *wahrgenommene Raum*. Die materiellen Elemente, welche einen Raum konstituieren, werden durch die räumliche Praxis von Menschen zu einer Ordnung verbunden und hervorgebracht (ebd.). Gleichzeitig strukturieren die räumlichen Anordnungen die Handlungsvollzüge von Menschen vor (Löw 2018: 25).
b) Die Repräsentation des Raums bzw. der konzipierte Raum:
   Die Dimension des *konzipierten Raums* verweist auf abstrakte Diskurse, Wissen und Darstellungen, die von und über den jeweiligen Raum existieren. Die Darstellungen sind aber nicht unabänderlich, sondern umstrittene und im politischen Diskurs ausgehandelte Ideen (Schmid 2011: 37).

c)   Der Raum der Repräsentation bzw. der gelebte Raum:
Die Dimension legt ihren Fokus auf die Prozesse, durch welche Räumen Bedeutung zugeschrieben wird. Produzent:innen dieser Bedeutungen sind Menschen innerhalb ihrer Alltagspraxis. Sie erleben oder erfahren Raum unterschiedlich und eignen sich diesen bei der alltäglichen Nutzung an (Schmid 2011: 38).

Lefebvres Begriff der *Aneignung* kann nicht trennscharf von seinem Verständnis der *Produktion* abgegrenzt werden (Belina 2013: 80). Allgemein definiert er *Aneignung* wie folgt:

> »Von einem natürlichen Raum, der im Dienste der Bedürfnisse und im Rahmen der Möglichkeiten einer Gruppe umgeformt wurde, kann man sagen, dass ihn diese Gruppe *angeeignet* hat« (Lefebvre 1974: 192; Herv. i. Orig., zitiert nach: Belina 2013: 80).

In diesem Sinne werden die soziale Praxis der Bewohner:innen des OMZ's und die damit einhergehenden Herstellungsprozesse von Raum als ein Aneignungsprozess begriffen.

3. Kollektive Handlungsfähigkeit

Bei der Frage danach, in welchem Zusammenhang gemeinsame Organisation mit der Erweiterung individueller Handlungsmöglichkeiten steht, wird die von Klaus Holzkamp (1983) geprägte kritisch-psychologische Grundkategorie der *Handlungsfähigkeit* herangezogen.

Unter Handlungsfähigkeit fasst Holzkamp »die Fähigkeit, im Zusammenschluss mit anderer Verfügung über meine jeweiligen individuell relevanten Lebensbedingungen zu erlangen« (Holzkamp 1987: 14). Allgemein stellt Handlungsfähigkeit eine Vermittlungskategorie zwischen subjektiven Bedürfnissen und institutionell-gesellschaftlichen Bedingungen dar. Wesentlicher Einflussfaktor auf die Art und den Grad der Handlungsfähigkeit ist, neben den vorherrschenden gesellschaftlichen Bedingungen, die subjektive Befindlichkeit. Die Befindlichkeit ist die Erfahrungsqualität der Handlungsfähigkeit und ihren Einschränkungen (ebd.: 15). Das Gefühl, den vorherrschenden Bedingungen ausgeliefert zu sein, reproduziert die tatsächliche Einschränkung der Handlungsfähigkeit. Die Überwindung von dem Gefühl der Ausgeliefertheit ist »die zentrale perspektivische Entwicklung meiner individuellen Lebensqualität« (ebd.). Der Versuch der Verfügungserweiterung ist laut Holzkamp jedoch kein widerspruchsfreier Prozess (ebd.: 16), da »die subjektive Notwendigkeit der Erweiterung meiner Lebensqualität« (ebd.) im Konflikt zum Verfügungsanspruch bestehender Hegemonien steht. Das Subjekt besitzt die Fähigkeit sich bewusst zu den gesellschaftlichen Möglichkeiten zu verhalten (Süß 2015: 81), was Holzkamp in dem polaren Begriffspaar der *restriktiven* und der *verallgemeinerten* bzw. *erweiterten* Handlungsfähigkeit konzeptualisiert (Holzkamp 1983: 383–415). Restriktive Handlungsfähigkeit bezieht sich auf beschränkt gestaltetes, sich anpassendes Handeln, das einen gewährten Handlungsspielraum *innerhalb* herrschender Verhältnisse ausnutzt (Holzkamp 1987: 18; Candeias/Völpel 2014: 33). Die verallgemeinerte bzw. erweiterte Handlungsfähigkeit umfasst Handlungen, welche neue (Handlungs-)Räume eröffnen (Candeias/Völpel 2014: 33).

Obgleich Holzkamps wissenschaftliches Anliegen primär dem individualwissenschaftlichen Kategorienrahmen gilt (ebd.: 92), appelliert er an einen »kooperativen Zusammenschluss« (Holzkamp 1983: 331) von Individuen, um die eigene Zielkonstellation zu realisieren (ebd.). Entsprechend der individuellen Befindlichkeit als Erfahrungsqualität der Handlungsfähigkeit und ihren Einschränkungen, ist das gemeinsame Erfahren und Bewusstwerden von gemeinschaftlich, geteiltem Leid wichtig für die Konstitution von kollektiven Akteur:innen (Süß 2015: 93).

4. Projektbeschreibung und Forschungszugang

Gegenstand der Forschungsarbeit ist das selbstorganisierte Projekt *OMZ – Obdachlose mit Zukunft*, welches aus einer Hausbesetzung ehemals obdachloser Personen entstanden ist. Die Projektgeschichte des *OMZ's* beginnt Anfang Januar 2020 mit einer stillen Besetzung eines leerstehenden Bürokomplexes in der Kölner Südstadt. Bis zu einem Gewaltvorfall im Haus, in den die Polizei involviert wird, bleibt die Besetzung unbemerkt (Interview 1: 9). Bereits Ende März 2020 plant die Kölner Stadtverwaltung daraufhin die Räumung der Unterkunft unter dem Vorwand, diese sei mit Schwarzschimmel befallen. Nachdem jene Behauptung jedoch zurückgezogen wird, erhält die Besetzung den Status der Duldung (SPD-Fraktion 2020: 1). Der Status und die Dauer der Duldung orientieren sich an den verschärften pandemiebedingten Einschränkungen im öffentlichen Raum und der Stadt Köln, welche sich im Zuge dessen als sozialer Akteur inszeniert. »Sobald die pandemiebedingte Situation dies zulässt« (Stadt Köln – Amt für Presse- und Öffentlichkeitsarbeit 2020), sollen die Bewohner:innen das Haus räumen. Die Fläche soll stattdessen für das Großbauprojekt *Parkstadt-Süd* ökonomisch in Wert gesetzt werden. Auf Grundlage von erheblichen Sicherheitsmängeln der Bausubstanz argumentiert die Stadtverwaltung im Juni 2020 erneut für die Räumung des Gebäudes. Die Vollstreckung der Räumung kann jedoch von den Bewohner:innen und Personen, die sich mit ihnen solidarisieren, abgewendet werden (Interview 1: 47, 49).

Darauffolgend stellt die SPD-Fraktion einen Antrag für die nächste Stadtratssitzung am 29.06.2020 mit dem Titel: »Geplante Räumung der Marktstraße 10 – Wohnraum schaffen statt räumen« (SPD- Fraktion 2020). In diesem fordern sie adäquate, alternative Wohnangebote für die Besetzer:innen zu schaffen, statt weitere Räumungsversuche zu initiieren (ebd.: 1f.). Im Zusammenhang der sich global ausbreitenden Corona-Pandemie betonen sie die Sinnhaftigkeit des Anliegens der ehemals obdachlosen Personen und bezeichnen die Besetzung als »ein weiteres Symbol für die Kölner Wohnraumnot« (SPD-Fraktion 2020: 2). Die Mängelliste, auf dessen Grundlage die Räumung angesetzt wurde, erweist sich nach der Prüfung der Bausubstanz als unzureichend (Interview 1: 49), weshalb in der Stadtratssitzung beschlossen wird, dass die Bewohner:innen das Haus bis zum angesetzten Abbruchtermin bewohnen dürfen (Stadt Köln 2020). Die Stadtverwaltung ist bis dato beauftragt ein geeignetes Alternativobjekt ausfindig zu machen, in welchem es den Bewohner:innen möglich ist, ihr selbstverwaltetes Wohnprojekt weiter fortzuführen. Des Weiteren wird die Begleitung des Projekts durch die Stadtverwaltung vorgesehen (ebd.). In diesem Sinne werden die sogenannten *Stollwerksitzungen* eröffnet, welche einen Interessenaustausch zwischen der Stadtverwaltung und den Besetzer:innen ermöglichen sollen (Interview 1: 61). In den Verhandlungen kann eine Einigung erzielt werden, welche den Umzug der 45 Hausbewohner:innen in ein Gebäude in Köln Deutz vorsieht. Da sich das Nutzungsrecht jedoch auf zwei Jahre beschränkt, stellt das Haus für die Bewohner:innen ein Interim dar (Stadt Köln 2020).

Die Forschungskonzeption der empirischen Arbeit beläuft sich auf eine Kombination eines ethnographischen Forschungsansatzes mit dem von der *Grounded Theory* (Glaser/Strauss 1967) (fortan GT) vorgeschlagenen Datenerhebungs- und Auswertungsverfahren. Neben Beobachtungen und der aktiven Teilnahme an der Lebenspraxis im Projekt wurden insgesamt neun offene, teilstrukturierte Leitfadeninterviews geführt. Angepasst an die Alltagssituationen der Bewohner:innen wurden diese einzeln, oder auch zu zweit befragt. Die Interviewdaten wurden in zwei Durchgängen mit einem zeitlichen Abstand von sechs Monaten erhoben.

Die erste Erhebungsphase im September 2020 markiert den Zeitpunkt knapp einen Monat nach der abgewendeten Räumung und dem Beginn der *Stollwerksitzungen*. Die Datenerhebung zielte darauf ab, Inhalte festzustellen, welche für die Bewohner:innen im Kontext des Zusammenlebens und -organisierens bedeutsam sind. Die durchgeführten Befragungen, welche als Tonaufnahmen festgehalten wurden, verfolgten deshalb einen eher explorativen Ansatz (Honer 1993: 81). Aus den transkribierten und offen kodierten Tonaufnahmen konnten Überschneidungen von Bedeutungsinhalten herausgelesen werden. Von dieser Kodierung ausgehend konnten die zentralen Forschungsfragen konkretisiert werden.

Die zweite Erhebungsphase fand Anfang März 2021, kurz nach dem Umzug der Bewohner:innen nach Köln Deutz, statt. Um einen präzisierten Bezug auf die Forschungsfragen herzustellen, wurden Leitfäden mit drei thematischen Schwerpunkten erstellt: Der Selbstorganisation, der Raumaneignung und den Prozessen mit dem *Außen* und deren wahrgenommenen Wirkung. Die Auswahl der Interviewpartner:innen erfolgte nach der *Samplingstrategie* der GT³. In der Forschungspraxis konnten heterogene Fälle erst in der zweiten Erhebungsphase durch die Kenntnis unterschiedlicher sozialer Gruppen ausfindig gemacht werden. Auf Grund von Sprachbarrieren, die im Rahmen dieser Arbeit nicht zu überwinden waren, konnte die *polnische Community*, welche knapp ein Drittel der Hausgemeinschaft darstellt, nicht in die Forschung mit einbezogen werden.

Elementarer Bestandteil der Datenanalyse und der Entwicklung theoretischer Konzepte mit der GT sind die unterschiedlichen Kodierschritte (Strübing 2018: 131). Für die finale Auswertung des Datenmaterials wurde sich auf die Modi des offenen und axialen Kodierens begrenzt.

5. Formen der Raumaneignung und kollektive Handlungsfähigkeit: Empirische Ergebnisse

Der Projektprozess wird in fünf Phasen unterteilt, chronologisch aufgeführt. Die erste Phase greift die Erfahrungen, die im Kontext von Obdachlosigkeit gesammelt wurden, auf. Zentrale Ereignisse, wie die Besetzung, die versuchte Räumung, der Beginn der Verhandlungen und der Umzug, markieren den Beginn der darauffolgenden Phasen.

5.1 Phase 1: Obdachlosigkeit

Die Motivation sich dem Hausprojekt anzuschließen, resultierte für die interviewten Personen größtenteils aus der Notwendigkeit, ihre objektiven Lebensbedingungen zu verbessern. Im öffentlichen Raum sind sie Belastungen, wie Lärm, Schutzlosigkeit, dem Verlust von Besitz, Kontrollen durch Polizei und Ordnungsamt und Verdrängungserfahrung konfrontiert, was sie mit dem Gefühl von Angst und Willkür verbinden (Interview 4: 55; Interview 9: 91–93; Interview 10: 18). Auch mögliche Alternativen, wie private oder staatliche Wohnungslosenhilfesysteme, werden als unzureichend empfunden. Diese stellen für die Befragten prekäre Strukturen dar, die ihnen keinen anhaltenden physischen und sozialen Schutz, und somit keine für die Selbstbestimmung unterstützenden Sicherheiten, bieten können. Außerdem prägen negative Erfahrungen, wie Gewalterfahrungen und mangelnde Unterstützungsstrukturen vor Ort oder die Angst vor potenziellen Grenzüberschreitungen, ihre Bereitschaft auf solche Strukturen zurückzugreifen (Interview 1: 57; Interview 4: 8). Individuelle Raumaneignungen werden durch Möglichkeiten im Stadtraum nicht unterstützt oder sogar beschränkt, so dass eine Diskrepanz zwischen Bedürfnissen und gesellschaftlichen Möglichkeiten festzustellen ist. Kein Obdach

---

3   Vgl. Strauss 1991: 70f.; Glaser u. Strauss 1998: 53ff.; Strübig 2014: 29ff.; 2018: 129.

zu besitzen, versetzt die Personen in einen Zustand des Ausgeliefertseins, da zwar ein Bewusstsein bezüglich der Handlungsnotwendigkeit zur Überwindung dieser Einschränkungen besteht, die persönlichen Handlungsmöglichkeiten aber als soweit beschränkt wahrgenommen werden, dass keine Veränderungsmöglichkeiten ersichtlich erscheinen (Interview 7: 33). Über ein beständiges Obdach zu verfügen, stellt eine relevante Erweiterung ihrer Lebensbedingungen dar, durch die sie ihren Bedürfnissen nach Rückzug, Selbstbestimmung und einem *kontrollfreien* Alltag nachkommen können (Interview 1:19; Interview 4: 8). Das OMZ kann als eine Alternative gelesen und die Entscheidung sich diesem anzuschließen als Handlung zu den bestehenden Möglichkeiten verstanden werden.

5.2   Phase 2: Hausbesetzung und erste Organisation

Die prekäre Wohnsituation zum Zeitpunkt der stillen Besetzung als auch während dem Duldungsstatus, hindert die Personen nicht daran sich das Haus nach ihren Zwecken und Bedürfnissen anzueignen. Die Nutzung und der Gestaltungsanspruch der Personen begrenzt sich nach dem Einzug in das besetzte Haus vorerst auf das Eigene – also auf ihren privaten Raum und ihre individuellen Problemlagen, sowie die Abgrenzung gegenüber Anderen. Durch die räumliche Nähe bedingt, treten die Menschen in Kontakt, entwickeln soziale Beziehungen und Freundschaften (Interview 1: 19; Interview 2: 7). Mit dem Bilden und dem Erleben von Gemeinschaft – also der individuellen Wahrnehmung eines bestehenden Gemeinschaftsgefühls – verschiebt sich der Fokus auf die Verfolgung überindividueller Ziele. Diesem Wandel liegt ein Solidaritätsgefühl zu Grunde, welches auf das Erkennen von Intersektionalität[4] zurückgeführt werden kann. Alle interviewten Personen sind sich durch die unterschiedlichen Erfahrungen der Gruppenmitglieder über strukturelle Ungleichheiten bewusst geworden. Diese äußern sich in Sprache, Staatsangehörigkeit, Zugang zu staatlichen Sozialhilfeleistungen und bestehenden sozialen Netzwerken (Interview 1: 19; Interview 4: 10). Aus diesem Bewusstsein, welches über das »Bewusstsein von gemeinsam geteiltem Leid« (Süß 2015: 93) hinausgeht, formieren sich Motivationen eigene Kapazitäten aufzuwenden, um andere Personen zu unterstützen (Interview 4: 10). Daneben entwickelt sich der Erhalt und die Stärkung der Gemeinschaft zu einem gemeinsamen Ziel. Sowohl die Bewältigung individueller als

---

4   Vgl. Meyer, K. 2017: »Intersektionalität kann eine Perspektive sein, die dem Aufrechnen von unterschiedlichen Diskriminierungen und Ungleichheiten im politischen Alltag eine andere Haltung entgegensetzt. Sie kann zeigen, dass das, was als Gegensatz und Konflikt unterschiedlicher Interessengruppen konstruiert wird, jeweils einer beschränkten Perspektive folgt, die den intersektionalen Zusammenhang, aber auch die internen Spannungen, die zwischen kapitalistischer Ausbeutung, nationalstaatlicher Souveränität, rassistischer und sexistischer Organisation von Arbeit und der heteronormativen Organisation von Nationalstaat, Familie und Subjekt bestehen, aus dem Blick verliert«: 155.

auch das Zusammenleben betreffende Herausforderungen scheinen eine organisatorische Angelegenheit zu sein, zu dessen Lösung es Vertrauen sowie gemeinsame Organisationsstrukturen, Regeln und Übereinkünfte, bedarf (Interview 1: 25, 27).

5.3 Phase 3: Räumungsandrohung und Räumungsabwehr

Im Rahmen der geführten Interviews hat sich herausgestellt, dass die drohende Räumung ein prägendes Ereignis für die Konstitution des Projekts und der Gemeinschaft bedeutet. Die Räumungsandrohung stellt eine Bedrohung dar, welcher alle Individuen gleichermaßen ausgesetzt sind. Sie produziert ein kollektives Moment, in dem die Personen ein klares gemeinsames Ziel, nämlich den Erhalt des Wohnraums, verfolgen und dieses als ein gemeinsames Projekt artikulieren können. Die existenzielle Bedrohung des Eigenen verschiebt den Fokus der Motivation auf das Gesamte, damit das Eigene erhalten werden kann. Es handelt sich also um eine gemeinsame intersubjektive Interessenlage, die jedes Individuum als ihr eigenes, mit den Anderen geteiltes Interesse ansieht. Entscheidend ist nicht die Frage, ob Widerstand geleistet werden soll, sondern die Frage nach dem *wie* steht im Fokus der Diskussion (Interview 2: 7, 9). Demzufolge bezieht sich das bewusste Verhalten auf die Verallgemeinerung von Handlungsfähigkeit. Durch die gemeinsame Erarbeitung von Lösungsstrategien in der Notsituation und den späteren Erfolg der Strategien, hat sich darüber hinaus ein Gefühl von Zusammengehörigkeit eingestellt (Interview 1: 57; Interview 2: 9).

Die Aneignung und Gestaltung des Raumes verfolgen in dieser Phase den Zweck, die bestehenden Verfügungen über das besetzte Haus zu erhalten. Dazu beziehen die Bewohner:innen den gebauten Raum als zugängliches Mittel in ihre Handlungspraxis ein, indem sie diesen gemeinsam umgestalten, z.B. durch das Errichten von Barrikaden (Interview 1: 47; Interview 2: 9). Im Gegensatz dazu richtet sich die Gestaltung nach der verhinderten Räumung mit der angekündigten Prüfung der Bausubstanz auf die Anforderungen der Stadtverwaltung. Ziel dabei ist es, den Ausschluss einer Gefährdung und das eigene Engagement zu demonstrieren (Interview 1: 49, 53). Zusätzlich nimmt die Außendarstellung, also *die Repräsentation des Raums*, eine wichtige Rolle ein (Interview 2: 7). Die ehemals obdachlosen Personen wollen sich explizit nicht als gewaltbereite Aktivist:innen inszenieren, da damit von ihren Forderungen abgelenkt werden könnte.

Mit der kooperativen, widerständigen Handlungsorientierung können Diskontinuitäten bisheriger Verhältnisse herbeiführt werden. Mit dem Zugeständnis der Stadtverwaltung, nicht nur Wohnraum bereitzustellen, sondern auch die Selbstverwaltung des Projekts anzuerkennen, wird den Bewohner:innen Verfügung über einen Lebensbereich zugesprochen, von dem ihre subjektiven Entwicklungsmöglichkeiten abhängen. Auf Grundlage der Bedrohung der Lebenssituation und der subjektiven Handlungsnotwendigkeit, diese Bedrohung zu überwinden, konnte eine erweiterte Handlungsfähigkeit hergestellt werden.

5.4 Phase 4: *Entscheidungsphase*

Die Gespräche mit der Stadtverwaltung in den *Stollwerksitzungen* stellen das Feld dar, in dem über die Verfügung von Einflussbereichen verhandelt wird. Diese belaufen sich auf den Umfang, also die materielle Ausstattung des Folgeobjekts, wie auch die Nutzungsdauer und den rechtlichen Status. Das *Kollektiv* fungiert dabei als Vermittlungsorgan zwischen individuellen Interessen und der Stadtpolitik. Im Fokus der Analyse stehen die Prozesse innerhalb des Projekts. Diese stellen den Wahrnehmungs- und Erfahrungsraum der Bewohner:innen dar und sind demzufolge auch der Erfahrungsraum möglicher Veränderungen objektiver Verhältnisse.

Zentral zur Beantwortung der Forschungsfragen ist in dieser Phase die Frage nach der Entscheidungsfindung. Das Plenum stellt ein Organisationselement dar, welches eine geeignete Zeigerfunktion besitzt, die Dynamiken innerhalb der Gruppe sichtbar zu machen.

In Anbetracht der stadtplanerischen Resolution, welche den Abriss des besetzten Gebäudes vorsieht, ist ein zeitlicher Rahmen für die Suche eines Alternativobjekts festgelegt. Die Stadtverwaltung, als Akteur, der an die Gruppe herantritt, adressiert die Gruppenmitglieder als geschlossene Gruppe und diskutiert ihren Verbund auf Projektebene (Interview 2: 57). Demzufolge besteht die Notwendigkeit, die Interessen der Hausgemeinschaft zu verallgemeinern und Rollen zu besetzen, welche die Gruppe repräsentieren (Interview 2: 24). Voraussetzung dafür sind gruppeninterne Organisationsprozesse, welche die Erarbeitung gemeinsamer Interessen zum Ziel haben. Die organisatorischen Anforderungen des *Außens* an die Gruppe stehen im zeitlichen Konflikt zu den Anforderungen der Gruppe an sich selbst. Durch den Versuch, basisdemokratische und partizipative Strukturen zu etablieren, sind die Bewohner:innen daran gehindert, politisch effizient zu arbeiten. Dadurch, dass die Hausgemeinschaft aus einem heterogenen Verbund von Menschen besteht, die über ungleiches soziales Kapital verfügen und damit über ungleiche Möglichkeiten, sich in den Prozess der Organisierung einzubringen, sind Demokratisierungsprozesse zusätzlich erschwert.

Unter den veränderten Bedingungen erfahren sich die Bewohner:innen nicht als aktiver Teil der Aushandlungsprozesse (Interview 1: 39, 41, 61, 83; Interview 4: 10). Sie können nicht an Entscheidungen, die das Projekt betreffen, wie beispielsweise dem Einsatz von Finanzen oder der stadtpolitischen Verhandlungsstrategie, partizipieren (Interview 1: 39, 61; Interview 4: 26). Durch die Bewusstwerdung der Prozesse im Plenum und ihrer Grenzen werden die Strukturen vorherrschender Hegemonialansprüche sichtbar.

Das Medium Plenum ist in diesem Zustand nicht dafür ausreichend, eine gemeinschaftliche Aushandlung von Wünschen und Bedürfnissen, in dessen Rahmen gemeinsame Ziele herausgestellt werden können, zu ermöglichen. Infolgedessen ist es nicht möglich, Forderungen an die politischen Akteur:innen zu artikulieren und eine Erweiterung der Handlungsfähigkeit zu erzielen, welche die Interessen aller Personen mit einbezieht. Somit stellen vorerst interne Arrangements Aspekte dar, welche die Handlungsfähigkeit der Individuen unterminieren.

Neben der Organisationsebene stellen aber auch informelle Aushandlungsprozesse zwischen den Menschen Bereiche dar, in denen Strategien entworfen werden, um Handlungsfähigkeit innerhalb des Projekts zu erlangen.

Durch die Art und Weise, wie die Individuen den Raum OMZ in der Entscheidungsphase in ihrer Alltagspraxis erfahren, transformiert sich der symbolische Gehalt, welchen die Individuen dem Raum zuschrieben. Das OMZ repräsentiert dahingehend nicht mehr nur einen Wohnraum, sondern es wird als ein politisches Projekt mit Außenwirkung wahrgenommen (Interview 2: 24). Bezüglich dessen kann festgestellt werden, dass Bedeutungszuschreibungen und Gestaltungsansprüche im regen Austausch zueinanderstehen. Die Bewohner:innen richten ihr Interesse der Mitgestaltung von der internen und räumlichen Ebene auf die Gestaltung des Projekts und seiner Repräsentation. Es wird ersichtlich, dass es den Bewohner:innen nicht nur um die Aneignung von Bestehendem geht, sondern darüber hinaus auch um die Neuanordnung und Erweiterung dessen.

5.5   Phase 5: Umzug

In den Verhandlungen mit der Stadtverwaltung kann, trotz Uneinigkeiten unter den Bewohner:innen, eine Einigung erzielt werden. Auch wenn das Nutzungsrecht für das Alternativobjekt auf zwei Jahre befristet ist (Stadt Köln 2020), konnte so das illegalisierte Wohnverhältnis in einen legalen Zustand überführt werden. Statt den Bewohner:innen jedoch eine langfristige, rechtlich abgesicherte Möglichkeit zu bieten, ihr selbstverwaltetes Projekt umzusetzen, wird sich von städtischer Seite perspektivisch die Möglichkeit offengelassen, das Objekt nach zwei Jahren für weitere Bauvorhaben weiterzuvermitteln (ebd.).

Gegenüber der vierten Phase, in welcher die Wechselwirkungen mit dem *Außen* eine zentrale Rolle einnehmen, rücken in der fünften Phase Konflikte und Aushandlungsprozesse innerhalb der Gruppe stärker in den Vordergrund.

Die unzureichende Möglichkeit, sich an den Zielsetzungen der Gruppe zu beteiligen und die mangelnde Verbindlichkeit von Beschlüssen, wirken sich auf die Motivation aus am Projektgeschehen zu partizipieren. Ohne eine aktive Beteiligung an der Setzung der Ziele gehen auch die Erfolge an den Interessen der Bewohner:innen vorbei (Interview 5: 98). Die Personen erkennen in der Partizipation im Projekt keine mögliche Verbesserung ihrer Lebensbedingungen. Laut Holzkamp werden Ziele nur motiviert verfolgt, wenn vorweggenommen werden kann, dass die Realisierung des Ziels eine stückweite Verbesserung der Lebensqualität bedeutet (Holzkamp 1987: 16).

Zudem scheint die Beteiligung am Projekt im Zusammenhang mit der erfahrenen Notsituation zu stehen (Interview 5: 114). Mit der Legalisierung der Wohnsituation gehen gefühlte und faktische Auswirkungen auf die Sicherheit der Bewohner:innen einher (Interview 6: 12; Interview 7: 13; Interview 8: 27, 31, 39). Das versetzt die Personen in die Lage, sich mit weiteren Problembewältigungen auseinanderzusetzen, welche ebenfalls Teil ihrer Lebensrealität sind. Das Partizipationsinteresse und die Mobilisierung von eigenen Kapazitäten für die Gruppe nehmen ab: »Das Kämpfen ist auch ein bisschen in den Hintergrund geraten, weil wir jetzt ne Perspektive für zwei Jahre haben« (Interview 7: 11).

Die Erfahrungen von Handlungsgrenzen innerhalb des Projekts und der geringe Handlungsdruck führen bei einigen Bewohner:innen dazu, das Plenum nicht mehr zu besuchen und individuelle Handlungsstrategien im Umgang mit ihren Lebensbedingungen zu verfolgen. Zugleich gibt es Personen, die sich zu einzelnen Interessengemeinschaften innerhalb der Gesamtgruppe zusammenschließen, deren Motivation sich für das Projekt und die Gemeinschaft einzusetzen einem starken Zusammengehörigkeitsgefühl entspringt (Interview 5: 54). Durch dieses wird das Potenzial überindividueller Zusammenschlüsse, also die mögliche Verschiebung der Grenzen von bislang Möglichem und die Erschließung neuer (Handlungs-)Räume, erkannt. Obwohl die betreffenden Personen ebenfalls strukturelle Handlungsgrenzen innerhalb des Projekts erfahren, streben sie die Verfügungserweiterung und Lösung von Abhängigkeitsverhältnissen an. Die Bewohner:innen bewegen sich dabei im Spektrum zwischen Anpassung und Widerstand. Es kann festgehalten werden, dass auch wenn das Verhalten zu den gegebenen Verhältnissen von einer Mehrheit der Bewohner:innen als restriktiv zu lesen ist, widerständige Handlungen immer wieder festgestellt werden können.

Durch die Sicherung des Wohnverhältnisses können Raum, Zeit und Ruhe dazu genutzt werden, Strukturen, wie etwa ökonomische Sicherheiten (Interview 7: 9) und soziale Beziehungen, aufzubauen oder Wünsche und Interessen überhaupt festzustellen (Interview 9: 98–99, 182). Dies spiegelt sich auch auf der räumlich-materiellen Ebene wider. Die Aneignung des privaten Zimmers nimmt im neuen Haus einen hohen Stellenwert ein. Tiefgreifende Umgestaltungs- und Renovierungsarbeiten werden von den Bewohner:innen als ineffizient angesehen, da die formelle Nutzung des Hauses begrenzt ist (Interview 8: 18). Stattdessen werden Bereiche umfunktioniert, wie bspw. das Bad für den Abwasch genutzt (Interview 10: 10).

Die Aneignung des Raumes kann darüber hinaus als Arbeit an Repräsentationen verstanden werden. Einige Bewohner:innen sprechen der Beteiligung am öffentlichen Diskurs zum Thema Obdachlosigkeit Wert zu, da sie der öffentlichen Darstellung über obdachlose Personen nicht zustimmen und diesen Darstellungen aktiv positive Repräsentationen entgegensetzen wollen. Der sozialen Praxis der Bewohner:innen des OMZ's – als *gelebter Raum* – wird die Wirkmächtigkeit zugesprochen, die Repräsentationen und Diskurse über marginalisierte Menschen – also den *konstituierten Raum* – zu beeinflussen. Das Hausprojekt fungiert damit indirekt als Plattform, um über ihren gesellschaftlichen Status und eine erweiterte Akzeptanz und Anerkennung zu verhandeln. Aber nicht nur in umkämpften Räumen, wie dem OMZ und ihren politischen Auseinandersetzungen, wird die Repräsentation der marginalisierten Individuen ständig neu ausgehandelt. Es hat sich in der Analyse herausgestellt, dass grade die Frage danach, wer innerhalb des Zusammenschlusses als Repräsentant:in wahrgenommen wird, eine Schnittstelle zwischen sozialer Praxis und Repräsentation darstellt.

6. Fazit

Wie zu Beginn dargestellt wurde, vollziehen auch Menschen in prekären Lebenssituationen innerhalb ihrer alltäglichen Lebensführung Aneignung sowie aktive Handlungen, Anpassungen und Widerstände. Mit diesen Praktiken wird unter anderem der Zugang zu Ressourcen der Stadt sowie die Auffassung, wer als Teil der Stadtgesellschaft begriffen wird, ausgehandelt. Im Rahmen der empirischen Arbeit hat sich herausgestellt, dass sich die Bedürfnisse der obdachlosen Menschen »nicht immer mit den Möglichkeiten decken, die im Stadtraum geboten werden« (Benze/ Kutz 2017: 76). Die interviewten Personen haben sich aus der Notwendigkeit, ihre Lebensbedingungen zu verbessern, der Hausbesetzung angeschlossen.

Anhand der Daten, welche in einem Zeitraum von sechs Monaten erhoben wurden, wurde deutlich, dass die Raumaneignung der Bewohner:innen einen dynamischen Prozess darstellt. Die Dynamiken der einzelnen Projektphasen haben verdeutlicht, dass das OMZ ein durch Konflikte und Aushandlungsprozesse geprägtes Feld ist. Die Produktion des Raums OMZ kann als ein Spannungsverhältnis zwischen unterschiedlichen Akteur:innen, Interessen, Deutungen und Machtverhältnissen beschrieben werden. Die Aneignung von Raum, also die Nutzung und Gestaltung, vollzieht sich in einem Wechselspiel der Bedeutungen, welche von den Bewohner:innen im Rahmen dessen produziert und reproduziert werden.

In diesem Zusammenhang wird auch die Verbindung zur Entstehung kollektiver Handlungsfähigkeit deutlich: Die Aneignung von Raum hat neue Erfahrungs- und Handlungsräume eröffnet, im Kontext derer Interessen erkannt und verfolgt werden können, die vor der Kollektivierung nicht möglich waren. Es konnte festgestellt werden, dass auch Handlungsfähigkeit von dynamischen Prozessen geprägt ist. In erhöhten Drucksituationen, wie z.B. bei der Räumungsandrohung oder unter dem Zeitdruck während der Verhandlungsgespräche, erfahren die Individuen die Notwendigkeit einer Handlungserweiterung. Das *Kollektiv* fungiert dabei als Vermittlungsorgan zwischen individuellen Interessen und stadtpolitischen Akteur:innen. Es wurde deutlich, dass für die Herstellung kollektiver Handlungsfähigkeit die Verallgemeinerung von Interessen notwendig ist. Eine Voraussetzung dafür ist die Herausbildung kollektiver Bewusstseinsformen. Diese ist zu jeder Zeit abhängig von einem bestehenden oder nicht bestehenden Gemeinschaftsgefühl, welches sich durch zwischenmenschliche Beziehungen, dem »Bewusstsein von gemeinsam geteiltem Leid« (Süß 2015: 93) sowie dem Bewusstwerden von strukturellen Ungleichheiten und Intersektionalität unter den Gruppenmitgliedern konstituiert. Im Rahmen dessen wenden die Bewohner:innen Kapazitäten, welche nur begrenzt vorhanden sind, für überindividuelle Thematiken auf, »die gleichwohl jedem involvierten Individuum als *meine* mit den anderen geteilte[n] Interessen gegeben sind« (Holzkamp 1983: 238). Um eine Erweiterung von Handlungsfähigkeit zu erzielen, wird jedoch ein Medium bedeutsam, in dessen Rahmen Ängste, Differenzen, Interessen und Ziele abgebildet sowie Kompromisse ausgehandelt werden können. Im Zusammenhang bestehender Hegemonien kann das Plenum, als Organisationselement, diesen Zweck nicht erfüllen. Die internen Hegemonien stellen ausschlaggebende Hindernisse dar, welche die gemeinsame Herausstellung von Interessen und somit auch die gemeinsame Setzung von Zielen verhindert. Auf Grundlage der erfahrenen Gestaltungsgrenzen ist es in der Entscheidungsphase und nach dem Umzug nicht möglich, kollektive Handlungsfähigkeit herzustellen. Jedoch kann der Versuch der Teilhabe an den Projektstrukturen sowie die Organisation in Kleingruppen als alltäglicher Versuch der Gewinnung von Handlungsfähigkeit begriffen werden. Demzufolge lässt sich Handlungsfähigkeit als ein an Voraussetzungen gebundener Aushandlungsprozess begreifen. Genauso können punktuelle Ereignisse ausschlaggebend für die Konstitution von Handlungsfähigkeit sein. Wie bei der Räumungsandrohung, bei der ein klares, kollektives Ziel fokussiert wurde und Forderungen unmittelbar an politische Akteur:innen artikuliert wurden, konnten die Erweiterung bisheriger Verfügungsmöglichkeiten herbeigeführt werden. Die Handlungsfähigkeit innerhalb des Projekts kann als Basis verstanden werden, aus welcher im Folgenden Handlungsfähigkeit in der Gesellschaft, also außerhalb des Projekts, ermöglicht werden kann.

Am Beispiel des Projekts OMZ kann aufgezeigt werden, inwiefern städtische Wirklichkeiten innerhalb unterschiedlicher Konfliktpraktiken geprägt werden. Die Hausbesetzung ehemals obdachloser Personen stellt eine Wiederaneignung dar, nicht nur des städtischen Raumes, sondern auch lebensnotwendiger Ressourcen. Sie positionieren sich nicht nur physisch, sondern auch sozial als relevanter Teil innerhalb der Stadtgesellschaft.

Literaturverzeichnis

Belina, Bernd (2013): Raum. Zu den Grundlagen eines historisch-geographischen Materialismus, Münster: Westfälisches Dampfboot.

Benze, Andrea/Kutz, Anuschka (2017): Nahezu unsichtbare Aneignung. Alltägliche Stadträume von Senioren, in: Hauck, Thomas E./Hennecke, Stefanie/Körner, Stefan (Hg.): Aneignung urbaner Freiräume. Ein Diskurs über städtischen Raum, Bielefeld: transcript, 75–104.

Buckel, Simone (2011): Urban Governance und irreguläre Migration: Städtische Politik als Handlungsraum im Konfliktfeld irreguläre Migration, in: Frey, Oliver/ Koch, Florian (Hg.): Die Zukunft der Europäischen Stadt. Stadtpolitik, Stadtplanung und Stadtgesellschaft im Wandel, Wiesbaden: Springer VS, 246–262.

Candeias, Mario (2008): Verallgemeinerung einer Kultur der Unsicherheit. Prekarisierung, Psyche und erweiterte Handlungsfähigkeit, in: VPP Verhaltenstherapie und psychosoziale Praxis (Zeitschrift der DGVT), 40 (2), 249–276.

Candeias, Mario/Völpel, Eva (2014): Plätze sichern! ReOrganisierung der Linken in der Krise. Zur Lernfähigkeit des Mosaiks in den USA, Spanien und Griechenland, Hamburg: VSA.

Etzold, Benjamin (2011): Die umkämpfte Stadt. Die alltägliche Aneignung öffentlicher Räume durch Straßenhändler in Dhaka (Bangladesch), in: Holm, Andrej/ Gebhardt, Dirk (Hg.): Initiativen für ein Recht auf Stadt. Theorie und Praxis städtischer Aneignung, Hamburg: VSA, 187–220.

FEANTSA (Hg.) (2005): Ethos – Europäische Typologie für Obdachlosigkeit, Wohnungslosigkeit und prekäre Wohnversorgung, Brüssel.

Glaser, Barney G./Strauss, Anselm, L. (1967): The Discovery of Grounded Theory. Strategies for Qualitative Research, New Brunswick & London: Transaction Publishers.

Glaser, Barney G./Strauss, Anselm, L. (1998): Grounded Theory. Strategien qualitativer Forschung, Göttingen: H. Huber.

Gottwalles, Lorenz/Stremmer, Annika/Wagner, Manuel (2020): Urban Commoning unter Ausgeschlossenen – Die Sichtbarmachung ungesehener Sozialität mit der Situationsanalyse nach Adele Clarke, in: Sozialraum.de 12, 1.

Hohenstatt, Florian/Rinn, Moritz (2014): Diesseits der Bewegungsforschung: Das »Recht auf Stadt« als umkämpftes Verhältnis, in: Gestring, Norbert/Ruhne, Renate/Wehrheim, Jan (Hg.): Stadt und soziale Bewegungen, Wiesbaden: Springer VS, 198–213.

Holzkamp, Klaus (1983): Grundlegung der Psychologie, Frankfurt/New York: Campus.

Holzkamp, Klaus (1985): Grundkonzepte der Kritischen Psychologie, in: Diesterweg-Hochschule (Hg.): Gestaltpädagogik – Fortschritt oder Sackgasse, 31–38. (Wiederabdruck in AG Gewerkschaftliche Schulung und Lehrerfortbildung (Hg.)

(1987): Wi(e)der die Anpassung. Texte der Kritischen Psychologie zu Schule und Erziehung, 13–19.)

Honer, Anne (2011): Das Perspektivenproblem in der Sozialforschung. Bemerkungen zur lebensweltlichen Ethnographie, in: Honer, Anne (Hg.): Kleine Leiblichkeiten. Erkundungen in Lebenswelten, Wiesbaden: Springer VS, 27–40.

Lefebvre, Henri (1974): The Production of Space. Übersetzt von Nicholson-Smith, Donald (1991), Oxfort/Cambridge: Blackwell.

Löw, Martina (2018): Vom Raum aus die Stadt denken. Grundlagen einer raumtheoretischen Stadtsoziologie, Bielefeld: transcript.

May, Michael (2020): Partizipatorische Sozialraumforschung und gesellschaftliche Teilhabe, in: Meier, Sabine/Schlenker, Kathrin (Hg.): Teilhabe und Raum. Interdisziplinäre Perspektiven, Opladen: Verlag Barbara Budrich, 21–36.

Mengay, Adrian/Pricelius, Maike (2011): Das umkämpfte Recht auf Stadt in Brasilien. Die institutionalisierte Form der »Stadt Statute« und die Praxis der urbanen Wohnungslosenbewegung des MTST, in: Holm, Andrej/Gebhardt, Dirk (Hg.): Initiativen für ein Recht auf Stadt. Theorie und Praxis städtischer Aneignung, Hamburg: VSA, 245–270.

Meyer, Katrin (2017): Theorien der Intersektionalität. Zur Einführung, Hamburg: Junius Verlag.

Schmid, Christian (2011): Henri Lefebvre und das Recht auf Stadt, in: Holm, Andrej/Gebhardt, Dirk (Hg.): Initiativen für ein Recht auf Stadt. Theorie und Praxis städtischer Aneignung, Hamburg: VSA, 25–51.

SPD-Fraktion (Hg.) (2020): Geplante Räumung der Marktstraße 10 – Wohnraum schaffen statt räumen, Köln.

Stadt Köln – Amt für Presse- und Öffentlichkeitsarbeit (Hg.) (2020): Besetztes Gebäude an der Bonner Straße, Köln.

Stadt Köln (Hg.) (2020): Besetztes Haus an der Bonner Straße: Stadt bietet Bewohnerinnen und Bewohnern ein alternatives Gebäude an, Köln.

Strauss, Anselm, L. (1991): Grundlagen qualitativer Sozialforschung. Datenanalyse und Theoriebildung in der empirischen soziologischen Forschung, München: Fink.

Strübing, Jörg (2014): Grounded Theory. Zur sozialtheoretischen und epistemologischen Fundierung eines pragmatistischen Forschungsstils, Wiesbaden: Springer VS.

Strübing, Jörg (2018): Qualitative Sozialforschung. Eine komprimierte Einführung, Berlin: De gruyter.

Süß, Rahel Sophia (2015): Kollektive Handlungsfähigkeit. Gramsci – Holzkamp – Laclau/Mouffe, Wien: Turia + Kant.

Die tägliche Bahn als Corona-Hindernislauf
Muster des Raumnutzungsverhaltens obdachloser Menschen im städtischen Sozialraum[1]

Nora Sellner, Guido Heuel und Werner Schönig

1. Einleitung

Obdachlose Menschen leben nicht nur in der Stadt, sie wohnen auch in ihr und speziell in ihren öffentlichen Räumen. Plätze, Unterstände, Bürgersteige, Passagen, Parks und andere Grünflächen dienen zum Verweilen und auch als Durchgangs- und Verkehrswege auf der Bahn, die täglich absolviert werden muss. So haben obdachlose Menschen ihren Lebensmittelpunkt im öffentlichen Raum auf der Straße. Es handelt sich um Menschen, die auf der Straße leben, an öffentlichen Plätzen wohnen, die ohne eine Unterkunft sind, die als solche bezeichnet werden kann und generell um Menschen ohne festen Wohnsitz, die in Notschlafstellen und niederschwelligen Einrichtungen übernachten oder sich kurzfristig dort aufhalten (FEANTSA 2017). Sie wohnen damit in den meist städtischen »Rest-Räume(n)« (Hasse 2018: 7) und versuchen in diesen u.a. durch die Nutzung verschiedener Institutionen, Angebote und Dienste ihre Bedürfnisse zu befriedigen.

Menschen, die obdachlos sind, bilden damit eine spezielle sozialräumliche Nutzungsgruppe, deren konkretes Verhalten von einer Reihe von Faktoren abhängt, wie etwa der Witterung, dem Geschlecht, der ethnisch-kulturellen Gruppenzugehörigkeit und nicht zuletzt dem Einsatz staatlicher oder privater Ordnungskräfte. Darüber hinaus beeinflusst die vorhandene Infrastruktur sozialer Dienste das Nutzungsverhalten nachhaltig; sie strukturiert das Wohnen und Leben auf der Straße und die damit verbundene Raumnutzung sowohl inhaltlich als auch zeitlich. Im nationalen und internationalen Kontext liegen hierzu seit langem eine Reihe von Studien vor, die das Wohnen auf der Straße, die Bewegung auf festen Bahnen aufgrund funktionaler Nutzungsmuster herausgearbeitet haben (exemplarisch hierzu

---

1 Dieser Text enthält Auszüge aus dem Buch »Raumnutzungsverhalten von Menschen in Obdachlosigkeit – Grundfragen und besondere Aspekte der Coronapandemie am Beispiel Kölns« der Autor:innen Nora Sellner, Werner Schnönig und Guido Heuel, Opladen 2024«.

von Mahs (2013) für Los Angeles und Berlin sowie Münch (2013) für das Kölner Beispiel).

Der vorliegende Beitrag baut auf diesen Analysen auf, schreibt sie mit einem verbreiteten Methodenset fort und beachtet insbesondere die Effekte der Coronapandemie auf das funktionale Nutzungsverhalten. Dazu wird zunächst der theoretische Zugang vertieft, sodann der methodische Ansatz erläutert, um abschließend erste Ergebnisse der zum Redaktionsschluss des Sammelbandes noch laufenden Untersuchung darzustellen.

2. Theoretische Zugänge

2.1 Verhaltensperspektive und Aktionsräume sozialer Gruppen

Nimmt man den Alltags- und Lebensweltbezug von Sozialraumanalysen ernst und konzentriert sich auf das Bewältigungshandeln obdachloser Menschen (vgl. Sellner 2021), so liegt es auf der Hand, nach den tatsächlich erfahrenen Grenzen und den täglichen Bahnen der Raumnutzung zu suchen. Thema ist somit hier die »Verhaltensperspektive« (Riege/Schubert 2005: 15f.) durch Beschreibung von »Aktionsräumen« (Werlen 2004:149; einschlägig zudem Werlen 2010) der Bewohner:innen allgemein und speziell der obdachlosen Menschen. Sie wurde in den späten 1950er Jahren begründet und etablierte sich zunehmend in den 60er und 70er Jahren.

In Deutschland hat die Verhaltensperspektive mit Blick auf die Nutzung des öffentlichen Raums durch die Aktivitäten der Burano-Gruppe aus den 1970er Jahren einige Bekanntheit erlangt. Grundidee dieser Methode ist es, die alltägliche Nutzung des öffentlichen Raumes – im klassischen Beispiel einer Straße der Laguneninsel bei Venedig – zu verschiedenen Tageszeiten und mit Blick auf unterschiedliche Nutzungsgruppen zu beschreiben. Besondere Beachtung richtet sich dabei auf die Funktion des öffentlichen Raumes als Ort des Verkehrs, der Kommunikation, der Selbstdarstellung, der Willensbildung und des Zeitvertreibs. Diese Aktivitäten gehen je nach sozialräumlicher Gruppe zu unterschiedlichen Zeiten, an anderen Orten und in verschiedener Weise vonstatten.

So steht bei der Untersuchung von Aktionsräumen die aktive Raumnutzung (*spacing*) im Mittelpunkt des Interesses von Analyse und Konzeptentwicklung (Schönig 2020b: 15 und 120 – bis 125; als neueres Beispiel mit Blick auf die Segregation vgl. Schönig 2020a). Ausgangspunkt ist der Wohnort, der als Bezugsort für die Rekonstruktion des individuellen, raumbezogenen Verhaltens herangezogen wird. Ausgehend vom Wohnort wird dabei der eigentliche Aktionsraum, d.h. der durch Aktion genutzte Raum, darüber hinaus aber auch die subjektive Kartierung des wahrgenommenen, genutzten wie auch ungenutzten Raumes ermittelt (vgl. schon Friedrichs 1993: 307). Interessante Ergebnisse der Aktionsraumforschung beziehen sich dann auf die Raumnutzung aus der Perspektive von Zielgruppen sowie deren Raumwahrnehmung. Aus der Fülle des Materials seien zwei Aspekte erwähnt:

- Ein erstes Beispiel sind Unterschiede nach dem *Geschlecht*, d.h. zwischen weiblicher und männlicher Raumnutzung. Sie beziehen sich zum einen auf den Aktionsradius, der mit Erwerbsarbeit oder Familie verbunden ist, sowie zweitens auf die teilweise völlig unterschiedliche Wahrnehmung von Angst- und Meideorten.
- Eine andere Zielgruppenperspektive, die sich an die klassischen Segregationsdimensionen der Chicagoer Schule anlehnt, ist diejenige nach dem *Lebensalter, sozial-ökonomischen Status* und der *ethnisch-religiösen Zugehörigkeit*, d.h. die unterschiedliche Raumnutzung und Raumwahrnehmung von Kindern, Jugendlichen, Erwachsenen und alten Menschen, diejenige von Angehörigen der Unter-, Mittel- und Oberschicht sowie diejenige von Angehörigen von Migrant:innen und Menschen aus besonderen religiösen Gemeinschaften. Generell gilt, dass mit steigendem sozialem Status, im mittleren Lebensalter sowie bei Zugehörigkeit zu Mehrheitsgruppen die Aktionsräume der Menschen am größten und differenziertesten sind. Den größten Aktionsradius haben demnach in der Regel wohlhabende Menschen mittleren Alters, welche in Deutschland der Mehrheitsbevölkerung angehören, den geringsten Radius haben einkommensschwache Rentner:innen und Kinder in Armutssituationen sowie aus randständigen Gemeinschaften.

Ermittelt und betrachtet man die einzelnen Aktionsräume, so sind überraschende Erkenntnisse vorprogrammiert und es bietet sich an, die unterschiedlichen Nutzungsmuster zu Typen zusammenzufassen. So hat beispielsweise eine Studie zu den Aktionsräumen Jugendlicher ergeben, dass »häusliche Quartierfans, pragmatische Quartiersflitzer, spontane Stadtsurfer, mobile Stadtfahrer und kommunikative Stadthopper« (Begriffe nach Seggern et al. 2009: 56) unterschieden werden können. Neigung und Notwendigkeit der Befragten ergaben Sozialraumkonstruktionen, die sich so deutlich unterscheiden, dass man sie kaum einer einzelnen Gruppe – den Jugendlichen – zurechnen würde. Schon dies zeigt eindrücklich die Notwendigkeit einer qualitativen Raumanalyse. Dabei ist der Aktionsraum einer sozialgeographischen Gruppe jener Raum, in dem sich Mitglieder dieser Gruppe in Bezug auf eine bestimmte Form der Bedürfnisbefriedigung bewegen.

Vor diesem Hintergrund ist zu erwarten, dass sich obdachlose Menschen im städtischen Sozialraum alltäglich auf festen Bahnen mit einem eher kleinen Radius bewegen. Auf diesen Bahnen werden jene Funktionen erfüllt, die den persönlichen Alltag prägen, d.h. es wird gewohnt und gearbeitet, einige Räume dienen nur der Passage, in anderen wird länger verweilt. Dabei spielen auf der Straße der Zufall in

Form von Restriktionen und Nutzungsoptionen eine besondere Rolle und dies – so ist zu vermuten – insbesondere unter Pandemiebedingungen.

Eine neuere Untersuchung aus Deutschland von Aktionsräumen speziell der obdachlosen Bevölkerung im städtischen Sozialraum, die der Sozialen Arbeit zugeordnet werden kann fehlt bislang, obgleich diese mit Sicherheit sehr spezifische Nutzungsschemata zeigen würde. Wenige diziplinär anders verortete internationale Studien aus Dänemark, USA und Teschechien, die bereits eine Kombination aus GPS-Trackings und Interviews anwandten, haben vielversprechende Ergebnisse aufzeigen können (Busch-Geertsema 2015; North et al. 2017; Šimon et al. 2020). Konkretere Daten, welche mittels GPS-Trackings und Interviews ermittelt werden können, erscheinen demnach als hilfreich die Passung und Interdependenz dieser Nutzungsschemata mit Blick auf die Infrastruktur sozialer Dienste für diese Gruppen zu zeigen. Zudem können konkrete Bedarfe identifiziert werden, die ein Hilfesystem noch nicht bedient. Hiermit wäre auch ein wesentlicher Beitrag zur Versachlichung der Diskussion um Nutzungskonflikte im öffentlichen Raum geleistet und ein Theorie-Praxis-Transfer möglich.

2.2   Lebensbedingungen obdachloser Menschen in der Coronapandemie

Obdachlose Personen befinden sich fast ausschließlich auf der Straße in versteckten »Rest-Räume(n)« (Hasse 2018: 7) und somit in öffentlichen Bereichen und Räumen des »Statt-Wohnens« (ebd). Sie sind dem öffentlichen Raum, den jeweils städtischen Rahmenbedingungen und den sich dort bewegenden Personen meist schutzlos und permanent ausgesetzt und gleichzeitig auf diese(n) angewiesen (u.a. Betteln, Pfand sammeln). Obdachlose Menschen sind in extremer Form von existenzieller, sozialer und kultureller Ausgrenzung bzw. »sozialer Exklusion« (Kronauer 2010) in verschiedenen Lebensbereichen betroffen und sind tagtäglich gefordert, ihre Lebenssituation zu bewältigen und ihren Tag innerhalb des zur Verfügung stehenden Sozialraums zu strukturieren.

Die Coronapandemie hat diese Strukturierung modifiziert, wenn auch in unterschiedlichem Maße je nach Infektionslage, persönlicher Betroffenheit und den einzelnen Regelungen vor Ort. Die aktuelle Situation der Coronapandemie, die Lockdown- und Schutzmaßnahmen, die für alle Menschen geforderte Distanz, die wiederkehrenden Hygienemaßnahmen und der Rückzug in die Wohnung lässt sich mit der Lebenswelt von obdachlosen Personen – Menschen, die im Freien leben und schlafen oder in Einrichtungen der Obdachlosenhilfe unterkommen (Schenk 2018: 23) – nicht oder kaum in Einklang bringen. Die allgemeine Aufforderung *Bleib Zuhause* ist für Obdachlose unmöglich zu realisieren. Der Verdrängungsprozess im urbanen Raum (Gerull 2018), der durch die Lockdown- und (Hygiene-)Schutzmaßnahmen nochmals an Verschärfung zugenommen hat, ist gerade für obdachlose

Personen eine Hürde, die erforderlichen Unterstützungsmöglichkeiten zu erreichen.

Mediale Berichte und die immer wiederkehrenden Maßnahmen zur Eindämmung der Coronapandemie verweisen darauf, dass sich daraus auch eine Veränderung des Sozialraums obdachloser Menschen ergibt. Die Maßnahmen führen u.a. zu leereren Straßen, weniger und distanzierteren Passant:innen, weniger Plätzen in Notunterkünften, Schließung öffentlicher sanitärer Anlagen sowie von Tagesaufenthalten und der eigenen Sorge sich in Sammelunterkünften oder im öffentlichen Raum mit dem Virus anstecken zu können. Es findet eine Verschärfung der existenziell bedrohten und sozial und kulturell ausgegrenzten Lebenssituation obdachloser Menschen statt. Die Wohlfahrtsverbände sowie die Einrichtungen und Angebote der Wohnungsnotfallhilfe reagieren auf die Maßnahmen und versuchen die obdachlosen Frauen und Männer trotz Lockdown- und (Hygiene-)Schutzmaßnahmen in ihrer besonderen und existenziell bedrohten Lebenssituation zu unterstützen (u.a. Einsatz von öffentlichen Wasch- und Duschcontainern, Essensausgaben, Realisierung von Schutz- und Hygienemaßnahmen in den Einrichtungen und Angeboten der Wohnungsnotfallhilfe).

Inwiefern obdachlose Menschen diesen Wandel des Sozialraums im Kontext der Coronapandemie erfahren und auf welche Weise das Raumnutzungsverhalten sich verändert, wurde bislang nicht untersucht. Diese Frage steht im Fokus des hier vorgestellten Forschungsprojektes.

3. Erhebungsdesign

Die leitenden Fragestellungen unserer Studie[2] lauten wie folgt: Wie nehmen obdachlose Menschen ihren Sozialraum wahr und welches Raumnutzungsverhalten Obdachloser ist zu unterschiedlichen Wochentagen und Tageszeiten zu erkennen? Welche Interdependenz besteht zwischen Raumnutzungsverhalten und Versorgungsinfrastruktur? Was folgt daraus für die Sozialraumorientierung, die Wohnungsnotfallhilfe und deren Nutzerorientierung? Wie nehmen obdachlose Menschen unter Berücksichtigung der Coronapandemie ihren Sozialraum wahr und welches (neue/veränderte) Raumnutzungsverhalten ist zu erkennen?

Das vorgestellte Projekt wird von Oktober 2021 bis Dezember 2022 in Köln durchgeführt, wobei wesentliche Teile zum Redaktionsschluss des vorliegenden Bandes noch nicht abgeschlossen waren. Es können in diesem Beitrag daher weder zur Methode noch zu den empirischen Ergebnissen abschließende Aussagen getroffen werden.

---

2   Die Studie wird aus Mitteln der CaritasStiftung im Erbistum Köln und der Kommission für Forschung und Weiterbildung der Katholischen Hochschule Nordrhein-Westfalen finanziert.

Das Erhebungsdesign zeichnet sich durch eine Methodentriangulation und ein partizipatives Grundverständnis aus. Bislang gibt es kaum partizipative Forschungsansätze, die die Perspektive obdachloser Menschen im urbanen Raum planvoll und zeitnah erfassen. Partizipation meint hierbei die Beteiligung dreier relevanter Stakeholder:innen: Erstens obdachlose Menschen im Kölner Stadtgebiet, zweitens Interessenvertreter:innen und Leitungsverantwortliche der Hilfeanbieter (und Leistungsträger) für obdachlose Menschen in Köln und drittens Mitarbeiter:innen der Einrichtungen und Angebote der Wohnungsnotfallhilfe in Köln (Träger der Freien Wohlfahrtspflege und der Stadt Köln).

Das Projekt zielt darauf ab, erstens durch eine breit angelegte quantitative Befragung obdachloser Menschen einen differenzierten Einblick in deren Nutzungsverhalten zu erlangen und zweitens dieses Nutzungsverhalten bei ausgewählten Personen per Tracking und Auto-Fotografie nachvollziehen zu können. Dabei wird die Methodentriangulation in enger Abstimmung mit Fachkräften der Sozialen Arbeit vor Ort umgesetzt, da ohne deren Feldzugang und vertrauensvolle Unterstützung eine erfolgreiche Ansprache und Kooperation der obdachlosen Menschen unmöglich wäre. Der Ablauf unserer Studie ist wie folgt:

a) Quantitative Erhebung zum Raumnutzungsverhalten durch Befragung obdachloser Menschen in Köln. Dazu wurde zunächst Fachkräften der Sozialen Arbeit im Rahmen eines Workshops der Entwurf eines Fragebogens vorgestellt und dieser mit ihnen diskutiert, damit sich die Fragen zur Lebenssituation der obdachlosen Menschen möglichst eng auf die aktuellen Themen und Gegebenheiten beziehen. Nach interner Diskussion im Forschungsteam sowie einer weiteren Rückmeldung aus der Praxis entstand ein *evasys-basierter Fragebogen* in einfacher Sprache (deutsch, polnisch, rumänisch, englisch), der von den Teilnehmer:innen in der Regel zusammen mit Fachkräften der Sozialen Arbeit vor Ort ausgefüllt wurde. Dabei unterstützten uns elf Angebote der Wohnungslosen- und Drogenhilfe (Notunterkünfte, Kontaktstellen, Streetwork), die insgesamt 200 vorgesehenen Fragebögen mit obdachlosen Personen auszufüllen. Hierfür erhielten die Teilnehmer:innen einen REWE-Einkaufsgutschein im Wert von 5€. Insgesamt konnten letztlich 165 Fragebögen ausgewertet werden. Welche Personen konkret befragt wurden, war als Entscheidung den Fachkräften überlassen, die somit das Sampling bestimmten. Kriterien hierfür waren die grundsätzliche Möglichkeit, mit der Person ein Gespräch zu führen sowie eine möglichst gute Mischung nach den gängigen sozialen Merkmalen wie Geschlecht, Alter, Zeit in der Obdachlosigkeit, Komplexität der besonderen Problemlage. Da die Fragebögen anonymisiert sind, hat das Forschungsteam keinerlei Information über die Namen der befragten Personen.

Der Fragebogen fokussiert das aktuelle Raumnutzungsverhalten, fragt jedoch auch nach Veränderungen, die sich durch die Coronapandemie ergeben haben.

Er umfasst zum einen allgemeine Fragen zur Nutzung und Wahrnehmung des öffentlichen Raums und zum anderen spezifische Fragen zum Wandel der Lebenssituation und der Hilfen seit der Coronapandemie. Im Einzelnen stehen folgende Themenkomplexe im Fokus: 1. Fragen zur Person, 2. Fragen zum alltäglichen Leben im Kölner Stadtgebiet (Schlafen und Ausruhen, Waschen und Hygiene, Essen, Kontakte, Hilfe und Unterstützung, Gesundheit und Krankheit, Arbeit), 3. Fragen zur Fortbewegung im Kölner Stadtgebiet, 4. Fragen zur Veränderung der Lebenssituation und der Hilfen seit der Coronapandemie. Beginn der Befragung war im Mai 2022, Befragungsende und Auswertung erfolgte im Juli bzw. Herbst 2022.

b) Parallel zu der Fragebogenerhebung fand von Februar bis Juni 2022 die *Tracking-Feldphase* statt. Hierzu wurden zehn Teilnehmer:innen für jeweils eine Woche mit einem Tracking-Gerät ausgestattet, das sie durchgehend mit sich führten. Die Datenerhebung umfasste jeweils eine Woche, um Daten zu unterschiedlichen Wochentagen und Tageszeiten erheben und vergleichen zu können. Die teilnehmenden Obdachlosen wurden daher mit einem *GPS-Tracker* ausgestattet, der über eine Akkulaufzeit von mind. sieben Tagen verfügt. Zudem erhielten Sie eine *Einwegkamera*, verbunden mit der Bitte, die für sie besonders wichtigen Orte im Bild zu dokumentieren. Diese Daten (Tracking und Fotos) wurden ab Februar 2022, jeweils ca. eine Woche nach der Tracking-Phase in einem leitfadenstrukturierten Interview mit den Teilnehmer:innen besprochen und analysiert. Die Auswertung der Trackingdaten und Fotografien erfolgte demnach zunächst – auch dies im Sinne partizipativer Forschung – zusammen mit den Obdachlosen. Für alle drei Aktivitäten – das Mitführen des Tracking-Gerätes, das Anfertigen der Fotos und die Teilnahme am Interview – erhielten die Teilnehmer:innen ein Honorar bar ausgezahlt. Anschließend wurden diese Gespräche inhaltsanalytisch nach der Methode von Kuckartz (2012) ausgewertet. Auf Basis des qualitativen GPS-Trackings und Mappings wurden Daten zu den oben erläuterten Aktionsräumen, der aktiven Raumnutzung (*spacing*) und den Nutzungsschemata obdachloser Frauen und Männer im Kölner Stadtgebiet erhoben und ausgewertet.

Sowohl in der Konzeptionsphase als auch zur Diskussion der Zwischenergebnisse wurde im Projekt ein Workshop mit den relevanten Stakeholder:innen organisiert. Zum Abschluss des Projekts findet eine Veranstaltung zur Präsentation und Diskussion der Endergebnisse statt. Ziel dieses partizipativen Ansatzes ist die methodische und inhaltliche Reflexion. Darüber hinaus nehmen wir an, dass sich im Raumnutzungsverhalten Muster erkennen lassen, die wiederum zu Typen zusammengefasst werden können, d.h. mit mehr oder weniger linearen oder zirkulären Bewegungen im Raum. Diese Muster stehen – so unsere Erwartung – in Interdependenz zur Versorgungsinfrastruktur, beides hängt also voneinander ab.

Die partizipative Ausrichtung im Forschungsvorhaben zielt darauf ab, alle relevanten Stakeholder:innen und deren jeweilige Expert:innenperspektive an unterschiedlichen Schritten im Forschungsprozess zu integrieren. Dadurch wird zum einen davon ausgegangen, Erkenntnisse zum Raumnutzungsverhalten Obdachloser zu erlangen, die sich möglichst nahe an der Lebenslage und -welt dieser orientiert. Zum anderen kann nur unter Beteiligung der Stakeholder:innen eine kritische Betrachtung zur Passung der Hilfeinfrastruktur erarbeitet und ausgewertet werden. Aufbauend auf den empirischen Erkenntnissen könnten die Hilfeangebote im Sinne einer am Sozialraum orientierten Wohnungsnotfallhilfe (Gillich 2010) konzeptionell angepasst und ggf. verbessert, d.h. die Erkenntnisse über das Raumnutzungsverhalten Obdachloser in Köln können so im Feld nutzbar gemacht werden.

Ein zentrales Instrument dazu ist eine neu erstellte Stadtkarte der Kölner Innenstadt, in der Angebote der Wohnungs- und Obdachlosenhilfe eingetragen sind. Diese Stadtkarte verfügt über eine Legende, sodass deutlich wird, um welche Angebote es sich jeweils handelt und welcher Adressat:innenkreis angesprochen wird. Diese professionell von einer Grafikerin erstellte Karte wurde zusammen mit den Fachkräften der Einrichtungen und Dienste erarbeitet und wird der Praxis der Wohnungsnotfallhilfe zur Verfügung gestellt.

4. Erste Ergebnisse

4.1 Methodische Reflexion

Mit Blick auf den Umfang des vorliegenden Beitrags muss eine kurze methodische Reflexion ausreichen. Sie bezieht sich auf die vier Methoden: quantitative Fragebögen, Erstellung der Map, Tracking und qualitative Interviews.

Der Einsatz der *quantitativen Fragebögen* über die Einrichtungen und Dienste der Wohnungslosen- und Drogenhilfe kann zum aktuellen Zeitpunkt des Projekts als gelungen bewertet werden. Von den 200 ausgegebenen Fragebögen wurden 165 ausgefüllt und können nun ausgewertet werden. Zum Teil wurde zurückgemeldet, dass die befragten Personen es als positiv bewerteten, dass sie nach ihrer Einschätzung zum Hilfesystem – was ist gut, was ist nicht gut gelungen – seit Beginn der Coronapandemie gefragt wurden und auch eigene Verbesserungsvorschläge für die Zukunft anführen konnten.

Die *Erstellung der Stadtkarte* zu den Angeboten der Obdachlosenhilfe stellte einen aufwändigeren Prozess dar als angenommen, da sich die Informationen aus dem Feld teilweise unterschieden und immer wieder Korrekturschleifen vorgenommen werden mussten. Dennoch ist abschließend eine grafisch anschauliche und informative Stadtkarte zu den Angeboten für obdachlose Menschen im Kölner Stadtgebiet entstanden, die als Druckversion aber auch übers Handy genutzt werden kann. In einem Arbeitskreis der aufsuchenden Hilfen wurde jedoch bereits reflektiert, dass das Hilfesystem immer wieder im Wandel ist und die Stadtkarte ggf. in ein anderes Format überführt werden sollte, welches leichter zu bearbeiten ist (App oder Homepage) und nicht durch einen externen (kostenintensiven) Dienst geleistet würde. Wer sich dem annehmen würde, ist aber nicht geklärt worden.

Entsprechend den Anforderungen unserer Hochschule zur Einhaltung ethischer Standards wurde das Design unserer Erhebung durch die zuständige Ethikkommission geprüft und im November 2021 als unbedenklich eingestuft. Ausschlaggebend für diese positive Bewertung war einerseits das geschilderte Forschungsdesiderat, dessen Behebung einen klaren Nutzen für die Zielgruppe der obdachlosen Menschen erbringen wird und andererseits der partizipative und transparente Ansatz der Erhebung. So ist die Zielgruppe zwar als vulnerabel; jedoch werden mögliche Belastungen für die Zielgruppe angemerkt und konkrete Interventionen zur Verhinderung von Nachteilen der Proband:innen beschrieben. Die Befragung erfolgt in enger Absprache mit den Teilnehmenden und auf mögliche Schwierigkeiten wird sachgerecht und sensibel reagiert. Die Teilnahme an der Datenerhebung erfolgt ebenso freiwillig, wie die Teilnahme an dem abschließenden Interview zur Evaluation (hier und im Folgenden vgl. Ethikkommission 2021).

Weiterhin stellt die Kommission fest, dass die Befragten in angemessener Form über die Ziele der Forschung und den Umgang mit erhobenen Daten informiert werden, dass die Teilnahme freiwillig erfolgt und die Daten anonymisiert werden. Es wird zudem auf informierte Einwilligung geachtet, wobei den Befragten eine Beendigung ihrer Teilnahme möglich ist. Diese Punkte wurden vorab durch ein umfangreiches, präzises und gemeinsam mit der Datenschutzbeauftragten der katho erarbeitetes Datenschutzkonzept sichergestellt.

Hinsichtlich des *Trackings* ist festzustellen, dass dieses sehr gut funktioniert hat. Die verwendeten Geräte (Garmin GPSMAP 66sr) sind sehr robust und verfügen über einen sogenannten *Expeditionsmodus*, in dem außer der Erfassung der Trackingdaten alle anderen Funktionen – auch das Display und die speziellen Bedientasten – abgeschaltet sind. Dies hat zwei zentrale Vorteile: Erstens wird dadurch der Stromverbrauch auf ein Minimum reduziert und ein durchgehender Betrieb von über einer Woche möglich. Zweitens ist eine Fehlbedienung durch unabsichtlichen Tastendruck nahezu unmöglich, so dass auch hierdurch der durchgehende Betrieb gewährleistet ist. In der Feldphase haben alle Geräte hervorragend funktioniert, so dass nun vollständige Tracking-Daten vorliegen. Das recht hohe *Honorar* von 100 Euro für das abschließende Interview war eine zusätzliche Motivation, die sehr teuren Geräte (499,99 €) auch zurückzugeben.

Probleme zeigten sich bei der Auswertung der Tracking-Daten im Detail erstens dann, wenn die Teilnehmer:innen nicht in Bewegung waren. In diesen Zeiten springt der GPS-Punkt um den Ruhepunkt herum und erzeugt somit Bewegungsdaten, denen keine reale Bewegung entspricht. Eine rein formale Auswertung z.B.

der real absolvierten Entfernung ist mit diesen Daten nicht möglich oder nur zu den Zeiten, in denen überhaupt eine Bewegung stattgefunden hat. Darüber hinaus sind die GPS-Tracks in der Großstadt Köln oftmals erstaunlich ungenau, so z.B., wenn ein Track mitten durch einen Wohnblock geht oder deutlich an einem erkennbaren Weg vorbeiführt. Dies ist zwar visuell und im Interview leicht erkennbar, es steht jedoch, wie gesagt, einer rein formalen Analyse im Wege.

Sehr deutlich hingegen zeigen die Tracks im Tagesvergleich die festen Bahnen im Raumnutzungsverhalten und damit auch die erwarteten Muster und Typen. Sie waren für die Interviews eine sehr gute Grundlage, um in ihnen die jeweilige Woche zu rekonstruieren und zu reflektieren. Bezogen hierauf – und mit Blick auf die Vollständigkeit der Tracking-Daten – kann dieses als voller Erfolg bezeichnet werden.

Die begleitenden *qualitativen Interviews* mit den Teilnehmer:innen des Trackings konnten in guter, vertrauensvoller Atmosphäre in einer den ihnen bekannten sozialen Einrichtung durchgeführt werden. Ein gemeinsames Analysieren der erlebten Woche anhand der Trackingdaten war eine Situation besonderer Nähe an der Lebensrealität der Menschen und ermöglichte ihnen die Daten im partizipativen Sinne selbst zu beschreiben und einzuordnen. Dabei war es sehr hilfreich, dass die visualisierten Tracking-Daten auch für die Teilnehmer:innen interessant und gelegentlich sogar überraschend waren. So entstand durchweg ein angeregtes Gespräch, das für beide Seiten ein Gewinn war. Mögliche Bedenken und Ablehnungen wurden von den Teilnehmer:innen nicht geäußert.

Auf unterschiedliche Resonanz stieß allerdings die Bitte, wichtige Orte mit der *Einwegkamera* zu dokumentieren und diese Fotos dann im Interview zu besprechen. Hier gab es ein breites Spektrum von völliger Verweigerung/Vergessen bis hin zu einer sehr prägnanten Foto-Dokumentation der wichtigen Orte der letzten Woche oder der Darstellung anhand von Notizen. Diese sehr unterschiedliche Resonanz ist vermutlich auf eine Mischung zweier Faktoren zurückzuführen: Einerseits auf die individuelle Neigung und das Interesse der Personen, diese recht persönlichen Fotos anzufertigen und später in einem Interview zu erläutern. Hinzu kommen zweitens die Fähigkeit und die Ressourcen, diese zusätzliche Aufgabe zu erfüllen. Beides zusammen ergibt das breite Spektrum des fotografischen Materials. Hier ist also das Material sehr unterschiedlich aussagekräftig, was jedoch vermutlich nur etwas über die persönliche Neigung und die Methode der Autofotografie sagt und nicht im Bezug zu einem konkreten Raumnutzungsverhalten oder einer speziellen Lebenssituation steht.

Abschließend ist noch zu benennen, dass die Teilnehmer:innen einen siebenseitigen Aufklärungs- und Datenschutzbogen lesen und unterzeichnen mussten, was rechtlich geboten war, allerdings in der Praxis wirklichkeitsfremd erschien. Menschen in besonderen Lebenslagen durch einen mehrseitigen Papierbogen zu erklären und noch mit Datenschutzrichtlinien und Unterschriften zu traktieren, ist nicht niedrigschwellig. Zumal der Hinweis auf die ›einfache Sprache‹ einige Teilnehmer:innen zu Recht nicht angemessen fanden. Solche rechtlich vorgegebenen Standards sind ein in einer praxisnahen Feldforschung beidseitig (Forscher:innen und Teilnehmer:innen) ermüdend und so ist zu hoffen, dass es hier bald praxisnähere Wege gibt, um dem Datenschutz gerecht zu werden.

Im Folgenden stehen die Analyse der Tracking-Daten und die damit im Zusammenhang stehenden ausgewerteten Interviews im Fokus.

4.2 Analyse der Tracking-Daten: Feste Bahnen und sternförmige Erweiterungen

Wie aus der bereits oben zitierten Literatur bekannt, können allgemein unterschiedliche Muster im Raumnutzungsverhalten festgestellt werden, die sich alltäglich oder in größeren Abständen wiederholen. Diese Muster sind Ausdruck einer anlassbezogenen und in diesem Sinne funktionalen Raumnutzung; sie sind zudem unterschiedlich eng oder weit gefasst, wobei die ausgreifende Raumnutzung zu einem insgesamt sternförmigen Bild führt. In der Mitte dieser Raumnutzung liegt der Lebensmittelpunkt (typischerweise die eigene Wohnung), um ihn herum der Bereich fußläufig erreichbarer Infrastruktur des täglichen Bedarfs und um diesen liegt die – annähernd sternförmige – Zone selektiver Nutzung (z.B. Pendeln zum Arbeitsplatz, Besuch bei Bekannten und im Hofladen des Umlandes).

Die Analyse der Tracking-Daten hat diese unterschiedlichen Muster auch für die Raumnutzung der obdachlosen Menschen bestätigt, auch hier zeigen sich

a) Ein Lebensmittelpunkt,
b) alltägliche feste Bahnen um den Lebensmittelpunkt herum sowie
c) selektive sternförmige Erweiterungen außerhalb dieser Bahnen.

Abb. 4a: Muster des Raumnutzungsverhaltens in den Wochentracks. Hier: Sternförmig-variable Raumnutzung durch Gosia und Anton.

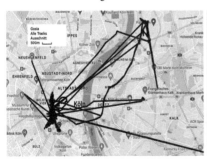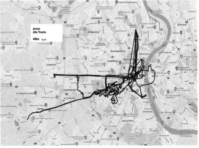

Quelle: Google Maps, eigene Darstellung

Abb. 4b: Muster des Raumnutzungsverhaltens in den Wochentracks. Hier: Linienförmig-weiträumige Raumnutzung durch Emilia und Fabienne

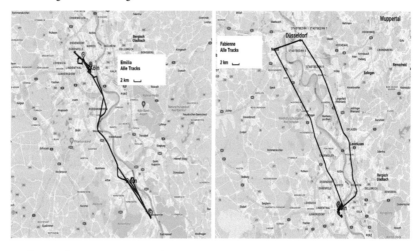

Quelle: Google Maps, eigene Darstellung

Abb. 4c: Muster des Raumnutzungsverhaltens in den Wochentracks. Hier: Kleinräumig-enge Raumnutzung durch Clemens und Hans

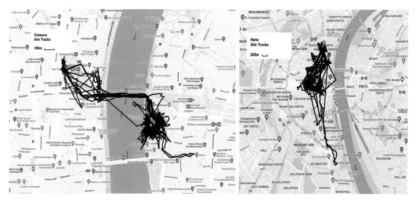

Quelle: Google Maps, eigene Darstellung

Je nach befragter Person mischen sich diese Elemente in unterschiedlichem Maße, d.h. es gibt jene, deren alltägliche Lebensbewegung in engen Bahnen rund um den Lebensmittelpunkt verläuft und jene, die mehr oder weniger häufig und ausladend diese Bahnen verlassen, um Ziele außerhalb aufzusuchen. Diese Muster lassen sich in den Tracks gut nachvollziehen, wobei aus der Fülle des Materials hier nur einige Beispiele gezeigt werden können.

In recht grober Vereinfachung lassen sich aus den Wochentracks somit drei Raumnutzungsmuster unterscheiden. Erstens ist dies die *sternförmig-variable Raumnutzung* durch Gosia und Anton, die im Wochenverlauf sehr mobil waren und Orte im Umland in unterschiedlichen Richtungen aufgesucht haben. Dies kann man als Ausdruck einer vergleichsweise hohen Mobilität und auch Souveränität sehen. Für Anton hat dies sogar Züge einer Reisetätigkeit: *»Ja, diese Reisetätigkeit finde ich jetzt gar nicht schlecht«* (Anton, Z. 888).

Zweitens ist diese Mobilität und Souveränität bei der *linienförmig-weiträumigen Raumnutzung* durch Emilia und Fabienne weniger ausgeprägt, da sie sich auf sehr wenige Orte im Umland beschränkt, wie z.B. den Besuch bei der gesetzlichen Betreuung oder bei Bekannten. Drittens ist dann die *kleinräumig-enge Raunutzung* durch Clemens und Hans gegenüber den anderen Mustern nochmals reduziert. Deren Mobilität beschränkt sich auf ein Gebiet von wenigen Kilometern im Stadtgebiet, in dem täglich dieselben Bahnen zu den unterschiedlichen sozialen Einrichtungen oder zum Flaschensammeln abgelaufen werden. Berta formuliert das im Interview prägnant:

> »Und dann bin ich die Straße rauf und runter, rauf und runter, rauf und runter, rauf und runter, habe die vollgemacht, zum Supermarkt, wieder rauf und runter, rauf und runter und wieder Supermarkt, und so ging das dann von morgens bis abends und dann ab ins Zelt, knacken« (Berta, Z. 859).

Noch deutlicher werden die unterschiedlichen Muster des Raumnutzungsverhaltens beim hier – aus Platzgründen – nicht möglichen Vergleich der Tagestracks. Er zeigt eindrucksvoll die täglich festen Bahnen von Clemens und Hans, die in der Tat sehr an eine Bewegung zwischen den Funktionsbereichen einer Wohnung erinnern. Diese Bewegungen sind sehr von der Notwendigkeit getrieben, den Anforderungen des Alltags gerecht zu werden. Sie sind daher – mit Blick auf die Infrastruktur der Wohnungslosenhilfe vor Ort – auch als *angebotsinitiierten Strukturierung der Raumnutzungsmuster* zu verstehen.

Ebenso eindrucksvoll sind die variablere und ausgreifendere Mobilität in den beiden anderen Mustern. Sie widerspricht den täglichen Bahnen keineswegs, zeigt jedoch, dass diese mehr oder weniger regelmäßig verlassen werden, was tendenziell für eine höhere Souveränität beider alltäglichen Lebensbewältigung spricht. In diesem Sinne kann hier von einer stärker *selbstinitiierten Strukturierung der Raumnutzungsmuster* gesprochen werden.

Letztlich ist daher im Einzelfall von einem komplementären Verhältnis von *angebotsinitiierter und selbstinitiierter Strukturierung* des individuellen Raumnutzungsmusters auszugehen. Beide stehen zueinander in einem individuell unterschiedlichen

Mischungsverhältnis. Die verschiedenen Mischungen zeigen sich dann in den obigen Trackings.

4.3 Analyse der qualitativen Interviews: Unterschiedliche Corona-Vulnerabilität

Eine zentrale Frage der vorliegenden Studie war jene nach den Auswirkungen der Coronapandemie auf die Raumnutzung der obdachlosen Menschen. Da hierzu die quantitativen Fragebögen noch nicht ausgewertet sind, beschränken sich die folgenden Ausführungen auf die qualitativen Interviews, in denen die Tracks besprochen wurden und auch direkt Fragen zum Corona-Effekt gestellt werden konnten. Im Ergebnis zeigt sich ein zweigeteiltes Bild, da sich die Befragten hinsichtlich ihrer Corona-Vulnerabilität recht deutlich unterscheiden.

Die Interviewten betonen erstens, dass der Effekt der Coronapandemie auf ihr Raumnutzungsverhalten und ihralltägliches Bewältigungshandeln eher gering ist. Zwar gibt es mehr alltägliche Hindernisse, jene führen jedoch nicht zu grundlegenden Veränderungen. Es wird benannt, dass es Corona-Veränderungen »eigentlich nicht« (Anton, Z. 800) gibt. Somit ist der Corona-Effekt für sich betrachtet als eher gering einzuschätzen (vgl. auch Clemens, Z. 543; Dora, Z. 1014; Emilia, Z. 1314; Gosia, Z. 792), was auch dadurch unterstrichen wird, dass das Corona-Thema von den Befragten nie selbständig angesprochen wurde, sondern immer durch eine ausdrückliche Frage der Interviewer:innen thematisiert wurde. Pointiert formuliert es Hans: *»Also du hättest wahrscheinlich das gleiche Tracking. So ungefähr im Schnitt das Gleiche, ja«* (Hans, Z. 1264).

Deutlich wichtiger als Corona erscheint zweitens der Effekt der Jahreszeiten, d.h. der Sommer- im Vergleich zu den Wintermonaten. Auf jenen Jahreszeiten-Effekt haben einzelne Befragte selbständig und gleichsam korrigierend hingewiesen und damit den Schwerpunkt ihrer Wahrnehmung klar gesetzt. So ist es im Sommer *»absolut anders«* (Berta, Z. 830) und *»total unterschiedlich [...]. Da habe ich wirklich größere Kreise oder Entfernungen, die ich zurücklege«* (Berta, Z. 830, vgl. auch Z. 873 und Z. 928; Dora Z. 1096).

Drittens äußern alle Befragten – wenig überraschend –, dass die Coronapandemie eine Reihe von Problemen und Hindernissen mit sich bringt. Hier sind vor allem die Zugangsbeschränkungen der Angebote der Wohnungslosenhilfe von Bedeutung (Testpflicht, Begrenzung der Zahl der Besucher:innen, Begrenzung der Dauer des Aufenthaltes), ebenso auch die Enge in Wartesituationen (z.B. Essensausgaben) und im öffentlichen Raum (z.B. beim Flaschensammeln, Verweilen), die als Belastung empfunden werden. Darüber hinaus entfallen wegen der strengeren Kontrollen in der Pandemie auch informelle Schlafmöglichkeiten in einer Toreinfahrt (Anton, Z. 964, 1081).

Tendenziell geht damit eine verminderte Nutzungsfrequenz der Angebote der Wohnungslosenhilfe einher, insbesondere bei jenen Personen, die aus verschiedenen Gründen nicht geimpft sind und die besonderen Hygieneanforderungen eher befürworten (Berta, Z. 782; Fabienne, Z. 1053, Z.1093, Z. 1163, Z. 1207, Emilia, Z. 1296, Dora, Z. 989, Z. 1021, Z. 1035). Auf die Frage, ob sie mehrere Orte aufgesucht hätte, wenn keine Pandemie wäre, wird die individuelle Einschränkung und auch die Sorge vor einer Ansteckung in Fabiennes Aussage sehr deutlich: »Auf jeden Fall hätte ich mehrere Orte aufgesucht. Aber man ist ja sehr vorsichtig auch. Man weiß ja nie, wo das alles lauert« (Fabienne, Z. 1089f.). Auch Emilia beschreibt sehr anschaulich, inwiefern die Sorge vor einer Ansteckung beim Aufsuchen von Angeboten der Wohnungslosen- und Drogenhilfe besteht und wie dies ihre Nutzung der Angebote beeinflusst:

> »Ja, ich – Mit dem (Name der Einrichtung), da gehe ich nicht so gerne hin. [...] da war letztens ein Corona-Kranker, das habe ich nicht gewusst. Der macht Test, ich sehe, positiv, direkt einen Satz nach hinten gemacht, weil der keine Maske aufhatte. Ich sage, ja, na, super. Ja, und ich habe mich an demselben Tag noch mal testen müssen. Deswegen gehe ich da so ungern wieder hin. [...] Leute, die keine Ausweise, die nicht geimpft sind, die müssen sich da testen lassen« (Emilia, Z. 872f.).

Darüber hinaus ist deutlich geworden, dass vor allem die Angebote der Wohnungslosenhilfe weiterhin genutzt werden, die über ein Hygienekonzept verfügen und dieses auch in der Praxis umsetzten. Exemplarisch ist hier Clemens anzuführen, der seine individuelle Perspektive auf die Nutzung entsprechender Angebote beschreibt:

> »Na ja, also mir persönlich – Warum mache ich das? Warum gehe ich hier zur (Name der Einrichtung), warum gehe ich zum (Name der Einrichtung)? Weil genau diese beiden Einrichtungen ein Hygienekonzept haben. Also man hat einen Tischplatz für einen, ja? Also ist da sitzen nicht mehrere an einem Tisch. Man muss Maske tragen, sowohl im (Name der Einrichtung) also auch hier. Hier kommt ja noch hinzu, und darum halte ich mich hier tatsächlich am liebsten auf, man achtet darauf, dass jeder desinfiziert ist und sich auch die Hände wäscht« (Clemens, Z. 449f.).

Generell wird den sozialen Einrichtungen und den auferlegten Beschränkungen ein hohes Maß an Verständnis entgegengebracht. So ist der Kontakt zwischen den obdachlosen Menschen und den Angeboten der Wohnungslosen- und Drogenhilfe nicht abgerissen und die Corona-Restriktionen werden als notwendiges Übel das alltägliche Bewältigungshandeln integriert. Beispielsweise wird bei Fabiennes Auswertung deutlich, dass sie jeden Tag eine ähnliche Route läuft, um täglich beim

Testzentrum einen offiziellen Schnelltest zu machen, den sie abends bei der Notunterkunft, in der sie nächtigt, vorzeigt. Die Notunterkunft hätte sie auch getestet, ihr war es aber zum einen wichtig selbst die Gewissheit zu haben, dass sie keine Corona-Infektion hat und zum anderen konnte sie auf diese Weise die abendliche Aufnahme beschleunigen (Fabienne, Z. 449f.).

Letztlich kann man aufgrund unserer Ergebnisse vermuten, dass bei obdachlosen Menschen aufgrund ihres besonderen Raumnutzungsverhaltens eine besondere und besonders hohe Corona-Vulnerabilität vorliegt. Diese ist generell höher, da die Restriktionen den öffentlichen Raum und die sozialen Einrichtungen betreffen, die ja gleichsam die Wohnung der Obdachlosen sind. Darüber hinaus ist die Corona-Vulnerabilität ohne Zweifel differenziert zu betrachten, da sich die Raumnutzungsmuster – wie gezeigt – unterscheiden. Die festen Bahnen sind zum Corona-Hindernislauf geworden, dabei unterscheiden sich die individuelle Betroffenheit und das Bewältigungshandeln der obdachlosen Menschen.

5. Zusammenfassung

Ziel der hier vorgestellten Studie ist die Erfassung von Mustern des Raumnutzungsverhaltens obdachloser Menschen als Ausdruck ihres Bewältigungshandelnsund dies insbesondere unter den Bedingungen der Coronapandemie. Obdachlose Menschen werden in diesem Sinne als sozialräumliche Nutzungsgruppe angesehen, die im öffentlichen Raum wohnen und regelmäßig ihre Ansprüche an die Wohnfunktion (Essen, Schlafen, Freizeit u.a.) verwirklichen wollen. In der Erfassung wurde mit einer Methodentriangulation gearbeitet, d.h. einer Kombination aus quantitativer Befragung, dem Tracking obdachloser Menschen über den Zeitraum von einer Woche einschließlich einer Autofotografie in diesem Zeitraum und einem qualitativen Abschlussinterview zur Besprechung der Tracks und Fotos.

Zwar ist das Projekt zum Redaktionsschluss dieses Sammelbandes noch in der Auswertungsphase, allerdings ist jetzt schon deutlich geworden, dass sich das Vorgehen methodisch bewährt hat, insbesondere haben die Trackings sehr solide Ergebnisse erbracht. Sie lassen auf drei unterschiedliche Muster der Raumnutzung schließen (*sternförmig-variabel*, *linienförmig-weitläufig* und *kleinräumig-eng*), die ein unterschiedliches Bewältigungshandeln spiegeln.

Darüber hinaus ist der Corona-Effekt auf das Raumnutzungsverhalten eher gering zu bewerten, d.h. die Pandemie hat an den festen Bahnen der Raumnutzung tendenziell wenig geändert. Zumindest ist anzunehmen, dass dieser Effekt geringer ist als derjenige, welcher im Wechsel der Jahreszeiten liegt. Differenzierungsnotwendigkeiten zeigen sich dort, wo die obdachlosen Menschen unterschiedlich von der Pandemie betroffen sind, da sie z.B. aufgrund von Vorerkrankungen oder aus anderen Gründen ungeimpft sind oder da sie persönlich die räumliche Enge von sozialen Einrichtungen, in der Warteschlange oder im öffentlichen Raum aufgrund der Ansteckungsgefahr meiden oder nur Einrichtungen nutzen, die eine Art Hygienekonzept realisieren. Insofern lassen sich – wie auch in der Gesamtbevölkerung – unterschiedliche Grade der Corona-Vulnerabilität obdachloser Menschen erkennen. Die feste Bahn ihrer Raumnutzungsmuster wird so zum Corona-Hindernislauf mit unterschiedlichem Schwierigkeitsgrad.

Literaturverzeichnis

Busch-Geertsema, Volker (2015): Discussion Paper on HABITACT peer review on homelessness policies in Odense City (Denmark). Odense City.

Ethikkommission der Katholischen Hochschule NRW (2021): Gutachten der Kommission zur ethische Begutachtung von Forschungsfragen zum Forschungsprojekt »Raumnutzungsverhalten von Menschen in Obdachlosigkeit« vom 3. November 2021, unveröffentlicht.

FEANTSA (2017): ETHOS Europäische Typologie für Wohnungslosigkeit. Online verfügbar unter: www.feantsa.org/download/ethos_de_2404538142298165012.pdf (abgerufen am 10.05.2022).

Friedrichs, Jürgen (1993): Stadtanalyse. Soziale und räumliche Organisation der Gesellschaft. 3. Aufl. Opladen: Westdeutscher Verlag.

Gerull, Susanne (2018): »Unangenehm«, »Arbeitsscheu«, »Asozial«. Zur Ausgrenzung von wohnungslosen Menschen. in: Aus Politik und Zeitgeschichte. Wohnungslosigkeit, 68, 30–36.

Gillich, Stefan (2010): Wohnungslosenhilfe im Sozialraum. Was sonst? in: Sozialmagazin, 35, 14–25.

Hasse, Jürgen (2018): Was bedeutet es, zu wohnen? in: Aus Politik und Zeitgeschichte. Wohnungslosigkeit, 68, 4–8.

Kronauer, Martin (2010): Exklusion. Die Gefährdung des Sozialen im hoch entwickelten Kapitalismus. 2., aktualisierte und erweiterte Auflage, Frankfurt a.M., New York: Campus Verlag.

Kuckartz, Udo (2012): Qualitative Inhaltsanalyse. Methoden, Praxis, Computerunterstützung, Weinheim/Basel: BeltzJuventa.

Mahs, Jürgen v. (2013): Down and Out in Los Angeles and Berlin. The Sociospatial Exclusion of Homeless People, Philadelphia: Temple University Press.

Münch, Thomas (2003): Raum-Globalisierung und Produktion sozialer Wohlfahrt. Diss. Universität Duisburg/Essen.

North, Carol S.; Wohlford, Sarah E.; Dean, Denis J.; Black, Melissa; Balfour, Margaret E.; Petrovich, James C.; Downs, Dana L.; Pollio, David E. (2017): A pilot study using mixed GPS/narrative interview methods to understand geospatial behavior in homeless populations. Community Mental Health Journal 53(6), 661–671.

Riege, Marlo/Schubert, Herbert (2005): Zur Analyse sozialer Räume: Ein interdisziplinärer Integrationsversuch. in: Riege, Marlo/Schubert, Herbert (Hg.): Sozialraumanalyse. Grundlagen – Methoden – Praxis. 2. Aufl., Wiesbaden: VS Verlag für Sozialwissenschaften, 7–68.

Schenk, Britta-Marie (2018): Eine Geschichte der Obdachlosigkeit im 19. und 20. Jahrhundert. in: Aus Politik und Zeitgeschichte, Wohnungslosigkeit, 68, 23–29.

Schönig, Werner (2020a): Ethnic-cultural and religious segregation in urban social space – con-ceptual framework and current developments. in: Hobelsberger, Hans (Hg.): Social Glocalisation and Education. Social Work, Health Services, and Practical Theology Perspectives on Change, Opladen/Berlin/Toronto: Barbara Budrich, 349–361.

Schönig, Werner (2020b): Sozialraumorientierung. Grundlagen und Handlungsansätze. 3. vollständig überarbeitete Auflage, Schwalbach/Ts.: Wochenschau.

Seggern, Hille von/Schmidt, Anke/Detten, Börries v./Heinzelmann, Claudia/ Schultz, Henrik/Werner, Julia (2009): Stadtsurfer, Quartierfans & Co. Stadtkonstruktionen Jugendlicher und das Netz urbaner öffentlicher Räume., Jovis Verlag GmbH, Berlin.

Sellner, Nora (2022): Alltägliche Bewältigungspraxen obdachloser Menschen. Eine Rekonstruktive Analyse im Spannungsfeld gesellschaftlicher Begrenzungen und Erwartungen. Leverkusen-Opladen: Verlag Barbara Budrich.

Šimon, Martin; Vašát, Petr; Daňková, Hana; Gibas, Petr; Poláková, Markéta (2020): Mobilities and commons unseen: spatial mobility in homeless people explored through the analysis of GPS tracking data. GeoJournal 85, 1411–1427.

Werlen, Benno (2004): Sozialgeographie. 2. Aufl., Bern/Stuttgart/Wien: Haupt.

Werlen, Benno (2010): Gesellschaftliche Räumlichkeit 2. Konstruktion geographischer Wirklichkeiten, Stuttgart: Steiner.

Relevanz und Gelingensbedingungen professioneller Netzwerke in der Wohnungslosenhilfe
Auswirkungen der Corona-Pandemie und Folgen für die Adressat:innen

Elke Schierer und Lara Hein

Das Handlungsfeld der Obdachlosen- und Wohnungslosenhilfe hat sich in den letzten Jahren, sowohl was den fachlichen Diskurs anbelangt als auch in Bezug auf das Hilfesystem, stark gewandelt und ausdifferenziert (Lutz et al. 2017). Dieser Beitrag nimmt darauf Bezug, indem die Netzwerke der Institutionen in der Wohnungslosigkeit thematisiert werden und der Fragestellung nachgegangen wird, wie sich tertiäre soziale Netzwerke in pandemischen Zeiten verändern und wie Menschen, die sich in Obdach- und Wohnungslosigkeit befinden, von diesen profitieren. Institutionen der Wohnungslosenhilfe sind schon lange nicht mehr nur Auffangort für Menschen ohne eigenen Wohnsitz, sondern für in Armut lebende und sozial isolierte Menschen, deren (soziale) Existenz durch Multiproblemlagen gefährdet ist: Armut, Suchtproblematiken, psychische Erkrankungen, instabiler rechtlicher Status usw. zeichnen die Zielgruppe aus. Um nachhaltige professionelle Hilfe unter diesen Bedingungen leisten zu können, ist ein Maximum an Vernetzung und Kooperation auf professioneller Ebene mit ganz verschiedenen fachlichen Zuständigkeiten und Kompetenzen anderer Einrichtungen und Professionen unerlässlich.

1. Obdach- und Wohnungslosigkeit zu Zeiten der Corona-Pandemie

Die wesentlichen Erkenntnisse der GISS- Studie[1] (Evers/Ruhstrat Ekke 2015) machen deutlich, wie unterschiedlich Städte und Gemeinden bzw. die dort lebenden Menschen von Wohnungslosigkeit bedroht sind: es zeigt sich ein ganz klares Stadt-Land-Gefälle im Sinne von je größer die Orte, umso höher der Anteil der wohnungslosen Bevölkerung. Baden-Württemberg nimmt eine Spitzenposition im Ranking der Bundesländer ein, da vor allem die Anzahl der Menschen, die ordnungsrechtlich untergebracht werden, besonders hoch ist (ebd.). Eine Änderung ergab sich in Bezug auf die Bedarfslage. Es sind nicht mehr ausschließlich Menschen mit komplexen Problemlagen, die von Wohnungslosigkeit bedroht sind, sondern auch Menschen, die *nur* eine Wohnung benötigen. Des Weiteren ist ein Personenkreis zu beobachten, der stark zu verelenden droht und durch erhebliche physische, psychische sowie suchtspezifische Probleme und Krankheit nicht nur von Wohnungslosigkeit betroffen ist. Dieser hat nicht nur den damit verbunden Anspruch auf Hilfen nach §§ 67ff SGB XII, sondern es kann auch einen Bedarf an Eingliederungshilfe nach § 102 SGB IX in Betracht gezogen werden kann. Dieser Personenkreis ist Zielgruppe der professionellen Netzwerke in diesem Beitrag. Wichtig zu erwähnen ist an dieser Stelle, dass der Übergang zwischen den Hilfesystemen durch die eigentlich adressat:innenfreundlichere Gesetzgebung für wohnungslose Menschen noch hochschwelliger geworden ist.

Waren die Lebenssituation und Lebenslage der Menschen dieser Zielgruppe vor Beginn der Corona-Pandemie schon äußerst prekär und benachteiligend, so kann nun von einer Verschärfung der Problemlagen auf mehreren Ebenen und den damit verbundenen Herausforderungen für den Infektionsschutz gesprochen werden. Alle Maßnahmen, die im Rahmen des Infektionsschutzes erforderlich sind, können in der entsprechenden Wohnsituation in Notunterkünften nur sehr schwer eingehalten werden, da in den Räumlichkeiten gemeinschaftliche Nutzung von Schlaf-, Aufenthalts- und Sanitärbereich vorgehalten wird (Robert Koch Institut 2022). Diese Situation kann nicht befriedigend zum Schutz der Menschen, die darüber hinaus häufig gesundheitlich schwere Einschränkungen aufweisen, gelöst werden. Der hier angesprochene Personenkreis befindet sich häufig in einer Pendelbewegung

---

[1]   Erstmals wurde 2015 in Baden-Württemberg auf dem Hintergrund der durchgeführten Armuts- und Reichtumsberichterstattung drohende und eingetretene Wohnungslosigkeit auf politischer Ebene ernsthafter thematisiert und fokussiert. Infolgedessen gab das Ministerium für Arbeit, Sozialordnung, Familie, Frauen und Senioren Baden-Württemberg eine landesweite qualitative und quantitative Erhebung in Auftrag: die sogenannte GISS-Studie. Dank dieser Studie können das Feld und die damit verbundenen Themen und Problemstellungen in einer Übersicht und Gesamtschau für Baden-Württemberg konstatiert werden und stehen den öffentlichen und freien Trägern der Hilfeerbringung zur Verfügung für die weitere inhaltliche Ausgestaltung ihrer Hilfen.

zwischen Notunterkunft und Leben auf der Straße, im öffentlichen Raum wie beispielsweise Parkanlagen. Die Lebenslage im öffentlichen Raum wird durch ein Ausgangsverbot, wie es zeitweise verhängt wird, bei entsprechenden Inzidenzen und je nach Gefahr der Virusvariante, unmöglich gemacht. Häufig werden Symptome verschwiegen, wenn es um die Aufnahme in Notunterkünfte geht, da die Betroffenen Angst haben, abgewiesen zu werden (Robert Koch Institut 2022). Zum Faktor Wohnen kommen die Angewiesenheit der Wohnungslosen auf öffentliche Nahverkehrsmittel sowie Bewegung im öffentlichen Raum hinzu. Der Zugang zur Mobilität ist wegen der bestehenden Infektionsschutzmaßnahmen während der Pandemie nur begrenzt möglich. Ebenso werden die fehlende soziale Absicherung, Vorerkrankungen sowie die fehlende Krankenversicherung zu einer hohen gesundheitlichen Gefahr, die darauf schließen lassen, dass die Zielgruppe ein erhöhtes Risiko aufweist »sowohl für eine Infektion mit dem SARS-CoV-2, als auch für einen schwereren Krankheitsverlauf« (ebd.: 2).

Auch die privaten Netzwerke der von Wohnungslosigkeit betroffenen Menschen und die daraus resultierenden Ressourcen scheinen im Zuge von Kontaktbeschränkungen und Quarantäneregelungen nicht mehr zugänglich. Persönliche Netzwerke erfüllen grundlegende Bedürfnisse und sind für ein geachtetes Leben als Bürger:in unverzichtbar. Sie erfüllen vielfältige Schutz-, Bewältigungs-, Identitäts-, Entlastungs-, Puffer-, Unterstützungs- und Kontrollfunktionen (Galuske 2013). Soziale Netzwerke beeinflussen demnach nachhaltig die Entwicklungschancen, Lebensbedingungen und Handlungsspielräume von wohnungslosen Menschen (Rieger 2019: 207). Allgemein haben Adressat:innen der Wohnungslosenhilfe eher kleine oder gar keine sozialen Netzwerke und wenig private Unterstützer:innen. Auch die Peer-Unterstützung wird durch die Auswirkungen der Pandemie eingeschränkt. Bestandteil der Handlungsfelder in der Obdach- und Wohnungslosenhilfe ist der Ansatz des Empowerments, der traditionell gewachsen, beabsichtigt, die ehemalige Adressat:innen zu stärken indem sie beispielsweise die Funktion der Helfer:innen im ehrenamtlichen oder auch Honorarbereich übertragen bekommen. Genau diese Stärke und Besonderheit des Feldes wird durch die Lage in der Pandemie beeinträchtigt, da »der Anteil von Menschen mit erhöhtem Risiko für einen schweren Krankheitsverlauf [.] auf Grund des durchschnittlich höheren Alters unter ehrenamtlich Arbeitenden hoch [ist]« (Robert Koch Institut 2022: 2). Das hat zur Folge, dass eine Verunsicherung um sich greift, da helfende Personen, die zum Netzwerk der Betroffenen gehören und selbst Schutz bedürfen, nicht mehr berechenbar niederschwellig zu erreichen und anzutreffen sind.

Vor dem Hintergrund der Pandemie wird deutlich, welche Ressource persönliche Netzwerke darstellen und welche Konsequenzen diese fehlende Ressource hat. Wo primäre (Verwandtschafts-, Nachbarschaftsbeziehungen und Freund:innen) und sekundären Netzwerke (Freizeitgruppen, schulische, berufliche Beziehungen usw.) der Adressat:innen fehlen, sollen tertiäre, professionelle Netzwerke die Lücken füllen (Rieger 2019: 206).

2. Tertiäre professionelle Netzwerke als Unterstützer der Adressat:innen

Insgesamt kann eine Zunahme an Vernetzungsformen in verschiedenen Handlungsfeldern der Sozialen Arbeit festgestellt werden, allen voran im Kinderschutz, den Frühen Hilfen oder bei der Zusammenarbeit von Schule und Jugendhilfe. Aber auch in vielen anderen Arbeitsfeldern ist eine breite Dynamik bei der Implementierung von Netzwerken wahrnehmbar (Fischer/Kosellek 2019: 12). Netzwerkarbeit und Kooperation in der Wohnungslosenhilfe ist kein neues Phänomen und lässt sich als klar formuliertes Prinzip in einem der wichtigsten Paradigmen Sozialer Arbeit finden: der Sozialraumorientierung. »[So] heißt das Konzept, das analytisch den Blick auf grundlegendere soziale und räumliche Verursachung und Entstehungsbedingungen von Hilfenotwendigkeit lenkt und das zugleich praktische Handlungsperspektiven anbietet, die an den Möglichkeiten und Ressourcen eines Quartiers ebenso wie der dort lebenden Menschen ansetzt« (Kalter/Schrapper 2006: 11).

Angebote und Leistungen werden lebensweltorientiert an die sozialräumlichen Bedingungen der Adressat:innen angepasst und in den sozialen Raum integriert. Soziale Arbeit zielt dabei »auf die Veränderung bzw. Gestaltung sozialer Räume und nicht auf die wie auch immer geartete gezielte Beeinflussung psychischer Strukturen von Menschen« (Hinte/Treeß 2014: 29) ab.

Sozialraumorientierung stellt demnach eine konzeptionelle Weiterentwicklung dar, die auf engere Abstimmung zwischen Akteur:innen vor Ort und in der Kommune abzielt. Es soll sich dadurch eine gemeinsame Hilfekultur unter Berücksichtigung der Bedingungen der immer komplexer werdenden Lebenswelten wohnungsloser Menschen etablieren.

Sozialraumorientiert arbeiten bedeutet, eine ganzheitliche Sichtweise auf Problemlagen zu haben, um umfassende und nachhaltig wirkende Problemlösestrategien entwickeln zu können. Beharrung und Einengung auf Zuständigkeitsbereiche und Abgrenzung zu anderen Institutionen und Akteur:innen im Sozialraum verhindern dies.

Der Ausbau der Netzwerkperspektive für die Lösung von Kernherausforderungen in der Wohnungslosenhilfe ist demnach sehr zu begrüßen. So entstehen völlig neue Formen der interinstitutionellen und multidisziplinären Zusammenarbeit und Berufsgruppen sowie Institutionen kommen miteinander in Berührung, die oftmals noch nie zusammengearbeitet haben. Die dadurch geförderten Lernprozesse bei sowohl den Professionellen wie auch den beteiligten Institutionen und das

Entstehen neuer Handlungsansätze reduzieren Unsicherheiten im Umgang mit den komplexen Lebensrealitäten der Adressat:innen (Fischer/Kosellek 2019: 12; Winkler 2019: 40)

Es wird deutlich, dass eine Sozialraumperspektive unter dem Aspekt der Kooperation und Vernetzung die Wohnungslosenhilfe den gesellschaftlichen Anforderungen entsprechend weiterentwickelt und diese so ihrer dringlichen Aufgabe nachkommen kann, sich an der aktiven Gestaltung sozialer Räume zu beteiligen.

2.1 Professionelle Netzwerke in der Wohnungslosenhilfe als Träger von Sozialkapital

Wie bereits festgestellt erfüllen soziale Netzwerke vielfältige Funktionen und halten für die Akteur:innen im Netzwerk Ressourcen bereit. Bei Betrachtung der im Netzwerk vorhandenen Ressourcen ist vor allem die fachliche Auseinandersetzung mit dem Begriff des sozialen Kapitals zielführend. Der Ausdruck wurde in den 1980er Jahren in Europa maßgeblich von dem Soziologen Pierre Bourdieu geprägt. Er definierte »[...] Sozialkapital [als][...] die Gesamtheit der aktuellen und potentiellen Ressourcen, die mit dem Besitz eines dauerhaften Netzes von mehr oder weniger institutionalisierten Beziehungen gegenseitigen Kennens oder Anerkennens verbunden sind; oder, anders ausgedrückt, es handelt sich dabei um Ressourcen, die auf der Zugehörigkeit zu einer Gruppe beruhen« (Bourdieu 1983: 190).

Soziales Kapital ist demnach eine besondere Form von Kapital, welches aus einem Netzwerk an Beziehungen gewonnen werden kann. Zum einen besteht es aus der sozialen Beziehung, welche einzelnen Personen Zugang zu Ressourcen anderer Akteur:innen verschafft, und zum anderen aus den Ressourcen selbst (Esser 2008: 25; Stadelmann-Steffen/Freitag 2007: 296).

Soziales Kapital ist von den direkten und indirekten Beziehungen der Akteur:innen im Netzwerk abhängig. Dabei ist der Umfang des Sozialkapitals, das jede:r Akteur:in besitzt, einerseits abhängig von der Größe des Netzwerks und vom Umfang der Ressourcen zu denen dadurch Zugang geschaffen wird, andererseits aber auch von der Art und Qualität der Beziehungen, die er oder sie unterhält.

Als weiterer wichtiger Aspekt von Sozialkapital in Netzwerken der Wohnungslosenhilfe ist zu erwähnen, dass Netzwerkstrukturen, die Sozialkapital produzieren, es auch Dritten erlauben Nutzen daraus zu ziehen, obwohl diese nicht am direkten Austausch von Ressourcen beteiligt sind (Avenarius 2010: 106). Professionelle Netzwerke in der Wohnungslosenhilfe schaffen so für die Adressat:innen Zugang zu Ressourcen, die ohne sie nicht erreicht werden könnten.

Dieser Effekt kommt in der Netzwerkarbeit der Zielgruppe der Wohnungslosenhilfe zugute. Der Nutzen, den die Zielgruppe als Dritte ziehen kann, spielt vor allem in Zeiten, in denen, wie in Abschnitt 1 beschrieben, Ehrenamtliche und direkte Bezugspersonen auf Grund der Pandemie wegfallen, eine wichtige Rolle. Für die Adressat:innen, denen auf privater Ebene oft ein soziales Netzwerk fehlt und die Anzahl der Unterstützer:innen gering ist, stellen professionelle Netzwerke einen essentiellen Zugang zu Grundversorgung und zur erfolgreichen Suche nach Wohnraum und somit einer Verringerung der Dauer der Wohnungslosigkeit dar.

Es stellt sich nun die Frage, wie sich in Zeiten von Kontaktbeschränkungen, Quarantäne, Krankheitsfällen und Personalausfall professionelle Netzwerke der Wohnungslosenhilfe verändern und welche Auswirkungen daraus für das soziale Kapital wohnungsloser Menschen hervorgehen.

3. Netzwerkanalyse im Rahmen der *Neue Bausteine* in der *Wohnungslosenhilfe 2019–2021*

Der Kommunalverband für Jugend und Soziales Baden-Württemberg (KVJS) als überörtlicher öffentlicher Träger fördert und unterstützt Projekte öffentlicher Träger, die sich mit einer Konkretion der Professionalisierung und Strukturierung der Hilfen in der Wohnungslosenhilfe beschäftigen. Der Förderschwerpunkt der auf drei Jahre ausgelegten Projekte im Rahmen der *Neuen Bausteine in der Wohnungslosenhilfe 2019- 2021 Praxisentwicklung und Begleitforschung zur Weiterentwicklung der ordnungsrechtlichen Unterbringung* beinhaltet die Entwicklung von bedarfsgerechten Hilfsangeboten für Menschen, die ordnungsrechtlich untergebracht sind (Holzwarth 2022: 18).

Das Projekt PASST[2] in Freiburg i.Br. befasst sich mit der speziellen Zielgruppe der ordnungsrechtlich untergebrachten Wohnungslosen mit Bedarf an Hilfen zur Überwindung besonderer sozialer Schwierigkeiten (§§ 67ff. SGB XII). Neben den komplexen Problemlagen der Bedarfssituation nach §§ 67ff. SGB XII, werden bei den Adressat:innen oft Anhaltspunkte einer psychischen Erkrankung erkennbar, weshalb grundsätzlich Leistungen der Eingliederungshilfe nach § 102 SGB IX in Betracht gezogen werden können. Hierfür müssen jedoch die Voraussetzungen für die Eingliederungshilfe erfüllt sein.

In der Versorgungspraxis zeigt sich, dass zwischen den beiden Leistungsbereichen für die bestimmte Personengruppe immer noch eine Versorgungslücke besteht bzw. die Durchlässigkeit der Hilfen Optimierungsbedarf aufweist.

Dies kann auch als negative Folge des Ausbaus der Kommunalverwaltung im Sozialstaat seit der Mitte des 20. Jahrhunderts gewertet werden, wobei die Gesamtaufgabe der kommunalen Daseinsvorsorge in funktionale Teilaufgaben zerlegt wurde. Diese funktionsbezogene Zergliederung von Zuständigkeiten führte zu einem

---

2   Der Projektname PASST steht für **p**sychiatrisch, **a**ufsuchend, **s**elbstbestimmt, **s**ozial, **t**eilhabend und wurde von den Expert:innen des Handlungsfelds beim öffentlichen Träger selbst gewählt.

Rückgang von Informationsaustausch und Zusammenarbeit der einzelnen Funktionsbereiche (Schubert 2019: 332).

Gerade das Handlungsfeld der bedarfsgerechten Hilfsangebote für Personen mit ordnungsrechtlicher Unterbringung ist nach wie vor durch ein hohes Engagement in der Beziehungsarbeit und Einzelfallhilfe gekennzeichnet. Um das Feld weiter zu professionalisieren, sind jedoch auch weitere Zugänge und das damit verbundene methodische Handeln von wesentlicher Bedeutung. Dabei muss das Rad nicht neu erfunden werden, sondern nach Hiltrud von Spiegel ist es wesentlich, ein regelgeleitetes Vorgehen zu initiieren und »nach den Regeln der professionellen Kunst« (2021: 105) zu arbeiten. Für einen gelingenden Umgang mit den Multiproblemlagen und komplexen Lebenswelten der genannten Zielgruppe ist ein interprofessionelles Hilfesystem mit mehrdimensionaler Diagnostik unabdingbar.

»Manchmal ist es wie mit dem Huhn und mit dem Ei, was war zuerst da – die Wohnungslosigkeit oder die psychische Erkrankung? Ich finde das brauchen wir nicht anfangen zu überlegen, sondern da geht es um Menschen und dann müssen wir einfach gucken welche Hilfe ist passend« (FB NWA 3, Pos. 215).

Was hier von der Fachkraft fast wie ein intuitiver Akt beschrieben wird, ist in der Realität gekennzeichnet durch methodisch geleitetes Handeln. Im Projekt PASST wurden deshalb die aktuellen Versorgungs- und Unterstützungsstrukturen an der Nahtstelle der Leistungen weiterentwickelt und ergänzt. So soll vermieden werden, dass sich die Problemlagen der Adressat:innen verfestigen und sich bestehende psychosoziale und gesundheitliche Probleme verschlimmern.

Mit Hilfe der wissenschaftlichen Begleitung konnten in diesem Kontext mehrere Maßnahmen methodengeleitet initiiert werden: die Entwicklung eines Bogens zur Verlaufsbeobachtung mittels sozialpädagogischer Diagnostik als fachliche Rahmung sowie eine Netzwerkanalyse zur Weiterentwicklung der Unterstützungsstrukturen an der Nahtstelle der Leistungen der §§ 67ff. SGB XII und § 102 SGB IX auf Verwaltungsebene, um eine Verzahnung der Hilfen auch von Leistungsträgerseite aus zu vereinfachen.

3.1 Durchführung der Netzwerkanalyse mit Fachkräften in der Wohnungslosenhilfe

Als Forschungsinstrument wurde eine soziale Netzwerkanalyse verwendet. Die soziale Netzwerkanalyse hat sich in den letzten Jahren als eigene Forschungsrichtung in den Sozialwissenschaften etabliert und umfasst sowohl ein statistisches Analyseinstrument von Netzwerken als auch eine Theorieperspektive. Betrachtet werden bei beiden Aspekten die Strukturen und Muster von Beziehungen. Dabei liegt der Fokus nicht auf individuellen Merkmalen, wie zum Beispiel Alter oder Einkommen, sondern auf der strukturellen Eingebundenheit in sozialen Netzwerken, das heißt den Beziehungen zu anderen. Hintergrund ist die Annahme, dass aus den Beziehungen und Positionen im Netzwerk Aussagen über die Handlungsfähigkeit der Akteur:innen im Netzwerk getroffen werden können (Scheidegger 2012: 46; Fickermann et al. 2012: 10, 14–18).

Das Ziel der Analyse besteht darin, mehr oder weniger offensichtliche Ordnungsstrukturen sichtbar zu machen und zu beschreiben, die die jeweiligen Einzel-Entitäten übergreifen und verbinden. Dabei werden die Beziehungen der oder des Einzelnen zu den anderen Akteur:innen im Netzwerk untersucht (Rürup et al. 2015: 10).

Im Projekt PASST wurden zunächst anhand sechs Expert:inneninterviews sechs einzelne personenbezogene, sogenannte egozentrierte Netzwerke erhoben. Anschließend wurden diese zu einem Gesamtnetzwerk zusammengefügt. Die qualitativen Daten der Interviews wurden anhand Techniken der qualitativen Inhaltsanalyse nach Philipp Mayring ausgewertet. Die qualitative Inhaltsanalyse ist ein systematisches, theorie- und regelgeleitet vorgehendes Instrument zur Analyse jeglicher Form von fixierter Kommunikation, um Rückschlüsse auf bestimmte Aspekte dieser zu ziehen (Mayring 2015: 12). Die quantitativen Netzwerkdaten wurden anschaulich in Soziogrammen dargestellt, um später mit den qualitativen Ergebnissen verknüpft zu werden. Zur Auswertung der quantitativen Daten wurden die Analyseprogramme UCINET und NetDraw der Firma Analytic Technologies verwendet sowie das Programm VennMaker der Firma Kronenwett & Adolphs UG. Die Programme ermöglichen die Analyse sozialer Netzwerke mittels Matrizenberechnungen, um quantitative Daten und Maße zu berechnen und grafisch darzustellen.

Ziel der Gesamtnetzwerkanalyse war es, die Netzwerkpartner:innen, die Art und Qualität der vorhandenen Beziehungen und Zusammenarbeit zu erheben und fördernde und hindernde Strukturmerkmale in den Beziehungen der beteiligten Fachkräfte sichtbar zu machen, um die Kooperation und Kommunikation zwischen den beiden Hilfesystemen der Eingliederungshilfe und Wohnungslosenhilfe zu verbessern. Zusammengefasst sollte ein Ist-Zustand des Netzwerks erhoben und Empfehlungen für einen Soll-Zustand ausgesprochen werden.

3.2 Gelingensbedingungen professioneller Netzwerke

Um gelingende professionelle Netzwerke zu etablieren, müssen vielfältige Bedingungen und Voraussetzungen erfüllt werden.

Auf struktureller Ebene können zunächst die geografische Nähe der Träger und Institutionen als förderliche Bedingung für Netzwerkarbeit genannt werden. Ein gemeinsames Einzugsgebiet bildet demnach die Grundlage einer möglichen Kooperation.

Des Weiteren gilt das Prinzip der Freiwilligkeit, nach dem die Teilnahme an einem Netzwerk nicht verpflichtend ist, sondern nur dazu eingeladen oder aufgefordert werden kann. Dies ist in der Praxis jedoch nicht immer umzusetzen, da ein festgestellter Hilfebedarf bei der Zielgruppe den Aufbau eines Netzwerks forciert. Dennoch sollte das Prinzip im Sinne einer theoretischen Freiwilligkeit nicht außer Acht gelassen werden und bedacht werden, das Netzwerk nicht top-down als Gestaltungsaufgabe zu delegieren, um Widerstände zu vermeiden. Vor diesem Hintergrund gestaltet sich Netzwerkarbeit als sensible Angelegenheit und fortfahrende Gestaltungsaufgabe.

Hier schließt sich ein weiterer wichtiger Aspekt für die Etablierung eines Netzwerks an, und zwar der Aufbau partizipativer Strukturen und flacher Hierarchien, um eine Kommunikation und Diskussion auf Augenhöhe zu ermöglichen. Dabei soll allen Akteur:innen im Netzwerk eine gleichberechtigte, eigenständige Rolle zukommen und eine kooperationsoffene Eigenständigkeit, gegenüber einer Verschmelzung oder Unterordnung einer der Systeme favorisiert werden (Rürup et al. 2015: 121; Spieß 2018: 763; Floerecke et al. 2011: 192; Maykus et al. 2013: 37).

Auf Basis einer gleichberechtigten Struktur kann ein gemeinsames Leitbild entwickelt werden. Anschließend muss unter Berücksichtigung der sozialräumlichen Gegebenheiten eine gemeinsame, schriftliche Zielvereinbarung festgesetzt werden. Hierfür ist es wichtig, dass die Wohnungslosenhilfe zunächst separat anhand ihrer Ressourcen ihre Möglichkeiten, Erwartungen und Ziele in Bezug auf die Kooperation bestimmt. Es wird dabei eine Mischung aus kurzfristigen, handlungsbezogenen Zielen und längerfristigen, anspruchsvolleren Zielen präferiert, um Erfolge kontinuierlich erlebbar und beobachtbar zu machen und die Motivation zur Teilnahme im Netzwerk zu erhalten. Zusätzlich zur Zielvereinbarung muss eine schriftliche Kooperationsvereinbarung getroffen werden. Nur dadurch kann mit Blick auf Zielorientierung, Aufgaben- und Kostenverteilung im Netzwerk eine klare Verbindlichkeit geschaffen werden (Spieß 2018: 765; Rürup et al. 2015: 120).

Die Aufgabenverteilung sollte anhand professionsspezifischer Kompetenzen und Ressourcen festgelegt werden. Fest definierte Ansprechpartner:innen und eine gewisse personelle Kontinuität ermöglichen klare, kurze Kommunikationswege und erleichtern die Arbeit im Netzwerk zusätzlich. Weiterhin wird eine Dokumentation und Evaluation der Netzwerkarbeit empfohlen, um Schwachstellen in den Kooperations- und Arbeitsvollzügen zu ermitteln und konkrete Erfolgsindikatoren zu entwickeln (Spieß 2018: 764; Floerecke et al. 2011: 191; Speck et al. 2011: 80).

Neben diesen strukturellen, organisationalen Bedingungen ergeben sich auch auf der Seite der Fachlichkeit und Haltung einige Gelingensbedingungen. Wichtig hierbei ist die Bedeutung von Anerkennung und Wertschätzung der unterschiedlichen Professionen und Akteur:innen im Netzwerk als Basis einer kollegialen Zusammenarbeit. Um respektvolles Verstehen des anderen Bezugssystems zu ermöglichen, sollten zum Beispiel gemeinsame Fortbildungen und Fachtage organisiert werden. Akteur:innen können so Wissen über die spezifischen Rollen und die Profession des Gegenübers erlangen und professionstypische Konzepte und Methoden besser verstehen. Dadurch können Erwartungen angeglichen, Enttäuschungen vorgebeugt und Konflikte frühzeitiger erkannt und gelöst werden. Falls es aber doch zu Problemen in der Zusammenarbeit kommt, sollten bisherige Enttäuschungen und Ängste thematisiert und versteckte Erwartungen und Ziele transparent gemacht werden, um einen Fortbestand der Netzwerkbeziehungen zu ermöglichen. Auf Grundlage dieser Bedingungen kann Vertrauen im Netzwerk entstehen, welches den *Klebstoff* innerhalb der Netzwerkstruktur darstellt und somit neben anderem Kontinuität und Wirksamkeit eines Netzwerks ermöglicht (Rürup et al. 2015: 122).

Abschließend sollen noch ein paar allgemeine Aspekte für gelingende Netzwerkarbeit genannt werden. Wichtig ist die Zeit, die benötigt wird, um durch organisationales und individuelles Lernen nachhaltig Entwicklung und Veränderung zu bewirken. Demnach sollte nicht versucht werden, Netzwerkarbeit von heute auf morgen aus dem Nichts zu etablieren (Spieß 2018: 763). Es wird deshalb ein exemplarischer Aufbau von *Pilot-Netzwerken* empfohlen, als Hilfe und Lernobjekt für weitere Kooperationen. Zusammenfassend kann konstatiert werden, dass Netzwerke kontinuierlich zeitlicher, personeller, materieller und fachlicher Ressourcen bedürfen, um nachhaltig und wirkungsvoll erhalten zu bleiben. Dabei darf Engagement und Mitarbeit im Netzwerk nicht als Zusatzaufgabe für die Teilnehmenden angesehen werden, sondern muss in der Struktur, den Arbeitsabläufen und Zeitplänen der Träger integriert und entsprechend honoriert werden. Wichtig ist, wie eingangs erwähnt, auch die Verankerung der Netzwerkarbeit im Sozialraum. Nur mit dieser Perspektive und unter Einbezug der Lebenswelten der wohnungslosen Menschen kann sich ein Netzwerk nachhaltig etablieren (Speck et al. 2011: 79; Maykus et al. 2013: 51).

3.3 Ergebnisse der Netzwerkanalyse in Bezug auf die Auswirkungen der Corona-Pandemie

Was zunächst 2019 als geplantes Projekt mit Vor- Ort- Terminen zu Workshops, Forschungsarbeit und Beratungseinheiten starten konnte, wurde im Frühjahr 2020 durch die Corona-Pandemie und den damit verbundenen besonderen Herausforderungen für die Projektpartner:innen abrupt gebremst. Es mussten neue, virtuelle Wege und Kooperationsformen gefunden werden, um den gesetzten Zielen der Einzelprojekte und dem Austausch auf übergeordneter Ebene mit allen Beteiligten gerecht zu werden.

Diese besonderen Herausforderungen, die Handlungsfelder der Wohnungslosenhilfe an die neuen Bedingungen auf Grund der Pandemie anzupassen, erzeugten bei den Professionellen und in den Strukturen der Handlungsfelder Veränderungen und Belastungen, mit denen niemand bei Projektstart gerechnet hatte. Der Zugang zu den Adressat:innen wurde für die beteiligten Fachkräfte schwieriger, das operative Alltagsgeschäft konnte nicht mehr routiniert ablaufen, es mussten neue Wege gesucht und strukturell verankert werden. Unter diesen Rahmenbedingungen wurde die folgende Netzwerkanalyse durchgeführt.

Abbildung 5 zeigt das erhobene Gesamtnetzwerk mit Kennzeichnung der einzelnen Arbeitsbereiche. Zu beachten ist, dass es sich bei den erhobenen Beziehungen speziell um Kontakte in Bezug auf die Arbeit mit der Zielgruppe Menschen in der ordnungsrechtlichen Unterbringung mit psychischer Erkrankung handelt. Das Netzwerk kann somit nicht dem Anspruch genügen, alle tatsächlich vorhandenen Beziehungen darzustellen.

Fett dargestellt ist das Kernnetzwerk PASST. Dies zeichnet sich durch häufig wiederkehrende, reziproke Kontakte aus, die von den Akteur:innen als sehr wichtig für die Zusammenarbeit in Bezug auf die Zielgruppe eingestuft werden. Deutlich wird, dass die Hauptaufgaben im Projekt PASST unter diesen Akteur:innen aufgeteilt wurden. Ein Wegfall der Akteur:innen würde das Projekt und auch die Zusammenarbeit im Netzwerk allgemein gefährden.

Abb. 5: Gesamtnetzwerk PASST mit Kennzeichnung des Kernnetzwerks. Blau: Abteilung Wohnungslosenhilfe, Gelb: Abteilung Eingliederungshilfe, Rot: Freie Träger.

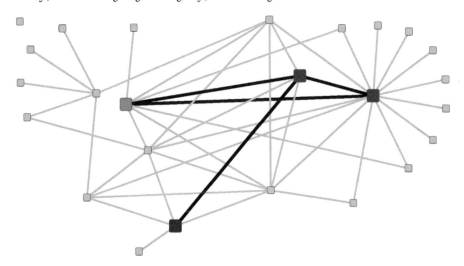

Quelle: Eigene Darstellung

Kritisch zu bewerten ist, dass das Kernnetzwerk PASST nur zwischen Akteur:innen auf der Strukturebene existiert. Die operative Ebene (Fallmanagement) der Abteilungen ist nicht im Projekt involviert, wobei hier einer der größten Entwicklungsbedarfe festgestellt werden kann.

So werden Akteur:innen auf der Strukturebene zwar als sehr verlässliche Netzwerkpartner:innen bewertet, mit langjähriger Arbeitserfahrung, fundiertem Wissen über Strukturen und einem guten *Überblick* über das Hilfesystem. Die operative Ebene wird jedoch als essenziell für das Gelingen des Projekts und die Verzahnung der Hilfen im Sinne der Zielgruppe gesehen. Die operative Ebene zeichnet sich aus durch spezifisches Fachwissen für den jeweiligen Arbeitsbereich, eine hohe Fachkompetenz, langjährige Arbeitserfahrung nah an der Zielgruppe und Expertise für *Machbarkeit*.

> »Corona hat uns, hat auf allen Ebenen zu einer Konzentration auf Kernaufgaben geführt. Eine unserer großen Kernaufgaben ist die ordnungsrechtliche Unterbringung. Da muss man mal schauen, dass so Sachen noch [...] ja, nicht komplett untergehen« (FB NWA 3, Pos. 745).

Beim Gesamtnetzwerk PASST handelt es sich um ein reines Austauschnetzwerk. Dies bedeutet, dass es im Netzwerk bisher nur um den Austausch und die Reflexion von Erfahrungen und Konzepten geht, um gemeinsames Lernen von und miteinander zu ermöglichen. In Austauschnetzwerken sollen die entstandenen Impulse und Irritationen im Austausch Lernprozesse bei den Akteur:innen anstoßen und so Weiterentwicklung an der Basis fördern. Die dezentralen Akteur:innen des Netzwerks kommen aus ähnlichen Berufsfeldern und werden über eine zentrale Anlaufstelle koordiniert. Diese zentrale Anlaufstelle stellt das Kernnetzwerk PASST dar. Ein Ausfall des Kernnetzwerks führt zur Auflösung des gesamten Netzwerks, sofern sich nicht Kontakte zwischen den anderen Personen gebildet haben, die zum Fortbestand des Netzwerks beitragen. Während der Corona-Pandemie wurde dieser Effekt besonders deutlich.

Durch fehlende zeitliche, personelle und materielle Ressourcen kommt es zu einer Konzentration auf fachgebietsinterne Kernaufgaben und zu einer Reduktion bzw. Stagnation der Zusammenarbeit im (Kern-)Netzwerk. Engagement und Mitarbeit im Netzwerk wird zur Zusatzaufgabe für die Teilnehmenden und kann zunächst nicht im gewollten Umfang erfolgen.

> »Also da war glaube ich echt eine Lücke da haben wir wegen Corona, da war gar nichts. Da haben wir auch ganz andere Themen auch gehabt. Das ist seit März tatsächlich sodass wir uns überhaupt wieder auf dem Schirm haben [die beiden Leistungsbereiche], glaub ich« (FB NWA 3, Pos. 560).

Auch die durch die Pandemie bedingten Kontaktbeschränkungen und Quarantänezeiten beeinflussen den weiteren Ausbau des Netzwerks negativ. Trotz digitaler Formate für Austausch und Treffen können wichtige Gelingensbedingungen wie bei-spielsweise ein kollegialer Zusammenhalt und Vertrauen im Netzwerk durch per-sönlichen Austausch, gemeinsame Veranstaltungen und einen kontinuierlichen Er-fahrungs- und Wissensaustausch nicht erreicht werden. Eine adäquate Aufrecht-erhaltung des Netzwerks oder ein genereller Aufbau des Netzwerks ist unter ande-rem auf Grund der aktuellen Pandemielage deutlich erschwert.

> »Ja das ist glaub ich zeitweise auch ein bisschen, muss ich schon sagen dieser Co-rona Zeit auch geschuldet, weil man einfach auch versucht hat sich gar nicht mit so vielen verschiedenen zu treffen und dann waren auch Kollegen immer lange krank. und diese, diese realen reellen Treffen dieses Gesicht zu Gesicht, das ist halt oft entfallen und ich finde deswegen ist es vielleicht auch für mich jetzt ein-fach gar nicht so sehr präsent« (FB NWA 4).

An dieser Stelle sei darauf hingewiesen, dass die Stagnation des Netzwerkausbaus im Zuge der Corona-Pandemie und die Konzentration der Ressourcen auf Kernauf-gaben, keine negativ zu bewertenden Entwicklungen darstellen. Vielmehr ist es be-wundernswert, unter welch schwierigen Bedingungen die Wohnungslosenhilfe ver-sucht, ihre systemrelevanten Angebote weiter offen zu halten.

Deutlich wird jedoch, dass ein Wegfall des Netzwerks, in diesem Fall der Aus-tausch zwischen kommunalen Abteilungen der Wohnungslosenhilfe und der Ein-gliederungshilfe sowie der zugehörigen freien Trägereinrichtungen und Leistungs-erbringern, einen Rückgang an passgenauer Hilfeleistung für die Adressat:innen bedeutet. Das aus den tertiären Netzwerkbeziehungen entstehende Sozialkapital ist für die Netzwerkteilnehmenden und somit auch die von Wohnungslosigkeit betrof-fenen Menschen mit Bedarf an Leistungen der Eingliederungshilfe gar nicht oder nur eingeschränkt zugänglich.

4. Fazit und Desiderate

Die Pandemie und ihre Auswirkungen auf die Gesellschaft machen die Relevanz sozialer Netzwerke noch einmal deutlich. Netzwerke als Träger von Sozialkapital ermöglichen oder verhindern Teilhabechancen und beeinflussen die Entwick-lungschancen, Lebensbedingungen und Handlungsspielräume von wohnungslosen Menschen (Rieger 2019: 207). Da Adressat:innen der Wohnungslosenhilfe eher kleine oder gar keine sozialen privaten Netzwerke besitzen, spielen tertiäre, profes-sionelle Netzwerke eine große Rolle für den Zugang zu Sozialkapital. Professionelle Netzwerke in der Wohnungslosenhilfe schaffen für die Adressat:innen Zugang zu Ressourcen, die ohne sie nicht erreicht werden könnten (Rieger 2019: 206). Fallen die Netzwerke weg oder können die Netzwerkbeziehungen zeitweise nicht genutzt werden, wie am Beispiel des Austauschnetzwerks PASST in Freiburg deutlich wurde, fehlt für die Adressat:innen dieser Zugang.

Es stellt sich nun die Frage, wie tertiäre Netzwerke als essenzieller Bestandteil des Hilfesystems wohnungsloser Menschen möglichst stabil und *krisensicher* gestaltet werden können.

Eine wichtige Grundlage für die Weiterentwicklung und den Ausbau von Netzwerken ist, die Netzwerkgegebenheiten und den Status des Netzwerks genauer zu betrachten. Hierbei kann eine Netzwerkanalyse aufschlussreiche Erkenntnisse bringen. Unter Berücksichtigung der aufgeführten Gelingensbedingungen können dann eher instabile und lose Austauschnetzwerke über Entwicklungsnetzwerke zu Kooperationsnetzwerken weiterentwickelt werden.

Entwicklungsnetzwerke stellen eine Weiterführung der Austauschnetzwerke dar. So stehen auch hier zunächst Austausch und gemeinsames Lernen im Mittelpunkt, Ziel des Netzwerkes ist jedoch, ein gemeinsames Produkt in einem bestimmten Zeitraum zu erstellen. Demnach wird in Entwicklungsnetzwerken nach einer anfänglichen Austauschphase eine gezielte Arbeits- und Maßnahmenplanung durchgeführt. Um Themen vertiefend zu bearbeiten, finden Kontakte zwischen Akteur:innen häufiger, regelmäßiger und intensiver statt. Dabei konstituieren sich Entwicklungsnetzwerke, im Gegensatz zu Austauschnetzwerken, über gemeinsame Arbeits- und Zielvereinbarungen und schaffen somit größere Verbindlichkeit für die Netzwerkpartner:innen. Innerhalb der Netzwerkstruktur findet eine Aufgabenteilung statt, so werden zum Beispiel Akteur:innen bestimmte Koordinations- und Sprecherrollen zugeteilt. Wichtig ist, dass, obwohl Informationszugänge und Einflussmöglichkeiten ungleich verteilt werden, keine Hierarchien im Netzwerk entstehen und alle Akteur:innen weiterhin gleichberechtigt zum Arbeitsergebnis beitragen können.

Kooperationsnetzwerke stellen eine langfristig angelegte, zielgerichtete Form der Zusammenarbeit dar. Dabei soll eine systematische, nicht nur auf Netzwerktreffen begrenzte, themenbezogene Zusammenarbeit zwischen zuvor weitgehend getrennt und unabgestimmt handelnden Netzwerkpartner:innen etabliert werden. Ziel des Netzwerks ist demnach eine verbesserte Koordination der Netzwerkpartner bis hin zur Ausbildung einer gemeinsamen Identität und eines gemeinsamen Problembewusstseins. So geht es nicht nur um die Herstellung eines einheitlichen Produkts, sondern um eine beständige und nachhaltige Veränderung der Praxis regionaler, kommunaler und sozialräumlicher Zusammenarbeit. Bis sich eine dauerhafte Netzwerkstruktur entwickelt, können Kooperationsnetzwerke anfänglich auch als Entwicklungsnetzwerke auftreten (Rürup et al. 2015: 96).

Fischer und Kosellek (2019: 14) betonen darüber hinaus wie wichtig eine Durchlässigkeit und Offenheit der professionellen Netzwerke ist:

»Netzwerke, die durch ihren multiprofessionellen und interinstitutionellen Zuschnitt geprägt sind, können ihren Auftrag langfristig nur erreichen, wenn Übergänge zu sozialen Kapitalformen in der Zivilgesellschaft geschaffen werden und die Bestimmung sozialer Probleme nicht allein expertokratisch wahrgenommen wird. Im Sinne ihrer gesellschaftlichen Funktion können Netzwerke ihre Legitimation sichern, solange sie die integrativen Potentiale des Vernetzungsansatzes auch tatsächlich ausschöpfen und sich nicht ausschließlich hinter professioneller Fremddeutung verschanzen.«

Nur mit dieser Perspektive und unter Einbezug der Lebenswelten der wohnungslosen Menschen kann sich ein Netzwerk nachhaltig etablieren.

Zusammenfassend lässt sich netzwerkorientiertes Handeln als ein konstitutiver Bestandteil der Wohnungslosenhilfe beschreiben. Die Etablierung nachhaltiger Netzwerkarbeit und *krisensicherer* Netzwerke stellt das Arbeitsfeld und die Netzwerkpartner:innen vor große Herausforderungen. Es stellt sich die Frage, welche Konsequenzen aus den Lernerfahrungen während der Corona-Pandemie gezogen werden und wie vorhandene Netzwerkstrukturen im Sinne der Adressat:innen *krisensicher* weiterentwickelt oder auch neu etabliert werden können. Diese Desiderate einzulösen erfordert ein Bewusstsein der beteiligten Akteur:innen, tertiäre Netzwerke und Netzwerkarbeit generell als ein sozialpolitisches Instrument für die Stärkung der Rechte und Interessen wohnungsloser Menschen zu sehen. Die hierfür erforderliche Haltung und Ausstattung sollte von der Leitungsebene und institutionsübergreifend unterstützt werden. Mit den Ergebnissen dieser Netzwerkanalyse könnte ein Augenmerk auf die Ausgestaltung der Netzwerkarbeit gelegt und so ein Lerneffekt erzielt werden, aus der Situation der Pandemie die Erkenntnis zu ziehen, die Netzwerkarbeit nachhaltiger zu stärken.

Literaturverzeichnis

Avenarius, Christine B. (2010): Starke und Schwache Beziehungen, in: Stegbauer, Christian/Häußling, Roger (Hg.): Handbuch Netzwerkforschung, Wiesbaden: VS Verlag für Sozialwissenschaften, 99–111.

Bourdieu, Pierre (1983): Ökonomisches Kapital, kulturelles Kapital, soziales Kapital, in: Kreckel, Reinhard (Hg.): Soziale Ungleichheiten, Göttingen: Schwartz.

Esser, Hartmut (2008): The two meanings of social capital, in: Castiglione, Dario/van Deth, Jan W./Wolleb, Guglielmo (Hg.): The handbook of social capital, Oxford: Oxford University Press, 22–49.

Evers, Jürgen/Ruhstrat Ekke, U. (2015): Wohnungslosigkeit in Baden-Württemberg. Untersuchung zu Umfang, Struktur und Hilfen für Menschen in Wohnungsnotlagen https://sozialministerium.baden-wuerttemberg.de/fileadmin/redakt

ion/m-sm/intern/downloads/Publikationen/Bericht_Wohnungslosigkeit_BW_ GISS-Studie.pdf (abgerufen am 14.02.2022).

Fickermann, Detlef/Schwippert, Knut/Frank, Keno/Kulin, Sabrina (2012): Einleitung, in: dies. (Hg.): Soziale Netzwerkanalyse. Theorie, Methoden, Praxis, Münster: Waxmann, 9–18.

Fischer, Jörg (Hg.) (2019): Netzwerke und Soziale Arbeit. Theorien, Methoden, Anwendungen, Weinheim: Beltz Juventa.

Fischer, Jörg/Kosellek, Tobias (2019): Netzwerke in der Sozialen Arbeit von der quantitativen zur qualitativen Herausforderung. Eine Einleitung zur zweiten Auflage, in: Fischer, Jörg (Hg.): Netzwerke und Soziale Arbeit. Theorien, Methoden, Anwendungen, Weinheim: Beltz Juventa, 11–16.

Floerecke, Peter/Eibner, Simone/Pawicki, Michael (2011): Ganztagsschulen in der sozialraumorientierten Kooperation. Gelingens- und Misslingensbedingungen, in: Speck, Karsten/Olk, Thomas/Böhm-Kasper, Oliver/Stolz, Heinz-Jürgen/ Wiezorek, Christine (Hg.): Ganztagsschulische Kooperation und Professionsentwicklung. Studien zu multiprofessionellen Teams und sozialräumlicher Vernetzung, Weinheim: Beltz Juventa, 182–196.

Galuske, Michael (2013): Methoden der Sozialen Arbeit. Eine Einführung, Weinheim: Beltz Juventa.

Holzwarth, Julia (2022): Stein für Stein zu mehr bedarfsgerechten Hilfen. Finaler gemeinsamer Blick auf Projekte der Wohnungslosenhilfe, Stuttgart.

Kalter, Birgit/Schrapper, Christian (2006): Die Leistungsfähigkeit von Sozialraumorientierung bewerten? Das Modell- und Forschungsprojekt EPSO, in: dies. (Hg.): Was leistet Sozialraumorientierung? Konzepte und Effekte wirksamer Kinder- und Jugendhilfe, Weinheim: Juventa-Verlag, 11–17.

Lutz, Ronald/Sartorius, Wolfgang/Simon, Titus (2017): Lehrbuch der Wohnungslosenhilfe. Eine Einführung in die Praxis, Positionen und Perspektiven, Weinheim und Basel: Belzt Juventa.

Maykus, Stephan/Brinks, Sabrina/Kasper, Lisa (2013): Kinder- und Jugendhilfe gestalten – Ganztagsschule als Impuls für kommunale Praxisentwicklungen: Praxishandbuch, Stuttgart: Kommunalverband für Jugend und Soziales Baden-Württemberg.

Mayring, Philipp (2015): Qualitative Inhaltsanalyse. Grundlagen und Techniken, Weinheim: Beltz Verlagsgruppe.

Rieger, Günter (2019): Soziale Arbeit, Netzwerke und Gerechtigkeit, in: Fischer, Jörg (Hg.): Netzwerke und Soziale Arbeit. Theorien, Methoden, Anwendungen, Weinheim: Beltz Juventa, 205–220.

Robert-Koch Institut (2022): Coronavirus-Erkrankung 2019 (COVID-19) im Kontext Wohnungslosigkeit – Empfehlungen für Gesundheitsämter und Anbieter der Wohnungslosen- und Obdachlosenhilfe https://www.rki.de/DE/Cont

ent/InfAZ/N/Neuartiges_Coronavirus/Wohnunglosigkeit.html (abgerufen am 20.02.2022).

Rürup, Matthias/Röbken, Heinke/Emmerich, Marcus/Dunkake, Imke (2015): Netzwerke im Bildungswesen. Eine Einführung in ihre Analyse und Gestaltung, Wiesbaden: Springer Fachmedien Wiesbaden.

Scheidegger, Nicoline (2012): Der Netzwerkbegriff zwischen einem Konzept für Handlungskoordination und einer Methode zur Untersuchung relationaler Phänomene, in: Kulin, Sabrina/Frank, Keno/Fickermann, Detlef/Schwippert, Knut (Hg.): Soziale Netzwerkanalyse. Theorie, Methoden, Praxis, Münster: Waxmann, 41–51.

Schubert, Herbert (2019): Netzwerkmanagement in der Sozialen Arbeit, in: Fischer, Jörg (Hg.): Netzwerke und Soziale Arbeit. Theorien, Methoden, Anwendungen, Weinheim: Beltz Juventa, 329–348.

Speck, Karsten/Olk, Thomas/Stimpel, Thomas (2011): Professionelle Kooperation unterschiedlicher Berufskulturen an Ganztagsschulen – Zwischen Anspruch und Wirklichkeit, in: Speck, Karsten/Olk, Thomas/Böhm-Kasper, Oliver/Stolz, Heinz-Jürgen/Wiezorek, Christine (Hg.): Ganztagsschulische Kooperation und Professionsentwicklung. Studien zu multiprofessionellen Teams und sozialräumlicher Vernetzung, Weinheim: Beltz Juventa, 69–84.

Spiegel, Hiltrud von (2021): Methodisches Handeln in der Sozialen Arbeit. Grundlagen und Arbeitshilfen für die Praxis, München: Ernst Reinhardt Verlag.

Spieß, Anke (2018): Jugendhilfe als Kooperationspartnerin von Schule – Strukturmaßnahmen im Bildungssetting, in: Böllert, Karin (Hg.): Kompendium Kinder- und Jugendhilfe, Wiesbaden: Springer Fachmedien Wiesbaden, 755–770.

Stadelmann-Steffen, Isabelle/Freitag, Markus (2007): Der ökonomische Wert sozialer Beziehungen. Eine empirische Analyse zum Verhältnis von Vertrauen, sozialen Netzwerken und wirtschaftlichem Wachstum im interkulturellen Vergleich, in: Kölner Zeitschrift für Soziologie und Sozialpsychologie, (Sonderheft 47), 294–320.

Winkler, Michael (2019): Netzwerke(n) in der Sozialen Arbeit. Vermutlich eine Polemik, zumindest aber der Verweis auf eine Dialektik, in: Fischer, Jörg (Hg.): Netzwerke und Soziale Arbeit. Theorien, Methoden, Anwendungen, Weinheim: Beltz Juventa, 24–49.

Institutionelle und informelle Formen der Unterstützung für obdach- und wohnungslose Menschen während der COVID-19-Pandemie

Marco Heinrich und Frank Sowa

1. Einleitung

Als die durch das Coronavirus SARS-CoV-2 (COVID-19) ausgelöste Pandemie im Januar 2020 erstmals Deutschland erreichte, waren politische Entscheidungsträger:innen dazu angehalten, geeignete Maßnahmen zum Schutz der Bevölkerung zu etablieren. Diese politischen Maßnahmen fokussierten auf eine physisch-räumlichen (sozialen) Distanzierung der Menschen, um Infektionsketten einzudämmen und schwere COVID-19-Erkrankungen zu vermeiden. Eine allgemeine Maskenpflicht in öffentlichen Innenräumen sollte die Verbreitung des Virus verlangsamen. Die eigene Wohnung sollte zunächst nur noch für Einkäufe, Spaziergänge oder zum Ausüben der Erwerbsarbeit, falls nicht im *Homeoffice* möglich, verlassen werden. Mit diesen Einschränkungen des öffentlichen Lebens verlagerte sich der Lebensmittelpunkt großer Teile der Bevölkerung in den Schutzraum des eigenen Zuhauses. Demnach waren die politischen Maßnahmen zur Eindämmung der COVID-19-Pandemie zunächst so ausgestaltet, dass sie die besondere Situation von obdach- und wohnungslosen Menschen[1] nicht berücksichtigten. Die solidarischen Aufrufe zur Reduktion von persönlichen Kontakten durch das Verbleiben in den eigenen vier Wänden (#wirbleibenzuhause) musste für sie ironisch klingen (Roy et al. 2023), denn wie sollten sie diesen Aufrufen nachkommen? Folgerichtig machten Initiativen, Organisationen und Medien öffentlichkeitswirksam auf diesen Missstand

---

[1]   Die Unterscheidung zwischen Obdach- und Wohnungslosigkeit folgt der Europäischen Typologie für Wohnungslosigkeit von der European Federation of National Organisations Working with the Homeless. Als obdachlose Menschen werden somit Menschen bezeichnet, die über keinerlei Unterkunft verfügen, auf der Straße leben, und in öffentlichen Räumen oder in Notschlafstellen der Wohnungslosenhilfe schlafen. Wohnungslose Menschen werden als Menschen definiert, die in (Dauer-)Einrichtungen, in Pensionen oder Wohngruppen der Wohnungslosenhilfe leben (FEANTSA 2017). Als Dachbegriff verwenden wir Menschen ohne Wohnung.

aufmerksam und forderten den Schutz sowie die Aufrechterhaltung und Erweiterung von Unterstützungsformen für obdach- und wohnungslose Menschen (BAG W 2020a, b; Deutsches Institut für Menschenrechte 2020; Farha 2020; FEANTSA 2020; Selbstvertretung wohnungsloser Menschen 2020).

2. Formen der Unterstützung für obdach- und wohnungslose Menschen

Während die Allgemeinbevölkerung der Gesundheitskrise durch den Rückzug ins private Zuhause trotzen sollte, war unklar, welche Formen der Unterstützung für obdach- und wohnungslose Menschen während der Pandemie vorhanden sind und genutzt werden. Unterstützungsformen sollen in diesem Beitrag als Möglichkeiten verstanden werden, die von Menschen in Anspruch genommen werden können, um Lebensverhältnisse in Obdach- bzw. Wohnungslosigkeit zu bewältigen. Dazu zählt die Inanspruchnahme *institutioneller Unterstützung* und die Nutzung *informeller Unterstützung*; sollten beide Formen abgelehnt werden: die *Nicht-Nutzung* von Unterstützung (Heinrich et al. 2022b). *Institutionelle Unterstützung* umfasst das mittelfristige Wohnen in Einrichtungen der Wohnungslosenhilfe (Pensionen oder Wohnheime), die Übernachtung in Notunterkünften der Obdachlosenhilfe, aber auch Essensausgaben wie Tafeln oder Wärmestuben sowie Leistungsbezüge von Jobcentern oder Sozialämtern. *Informelle Unterstützung* beinhaltet Hilfen aus privaten Netzwerken wie beispielsweise Übernachtungen bei Freund:innen, Bekannten oder Verwandten (Couchsurfing). Mit *Nicht-Nutzung* von Unterstützung sind alle weiteren Bewältigungsformen von Menschen ohne Wohnung gemeint. Oft bedeutet die Nicht-Nutzung von Unterstützung ein Leben auf der Straße, wo viele Betroffene eine eigene Expertise entwickeln, die das Überleben sichert.

Im vorliegenden Beitrag soll die Frage beantwortet werden, wie sich die CO-VID-19-Pandemie auf institutionelle und informelle Formen der Unterstützung für obdach- und wohnungslose Menschen ausgewirkt hat. Dabei werden sowohl die Perspektive von professionellen Fachkräften der Obdach- und Wohnungslosenhilfe als auch die Perspektive von obdach- und wohnungslosen Menschen berücksichtigt. Zur Untersuchung dieser Fragestellung wurde ein exploratives Forschungsdesign ausgewählt: Methodisch wurde sich am *Forschungsstil* (Strübing 2019) der Grounded Theory (Breuer et al. 2019; Glaser/Strauss 1998) orientiert. Als Datenbasis dienten jeweils 15 narrativ angelegte, leitfadengestützte Interviews (Kaufmann 2015) mit obdach- und wohnungslosen Menschen sowie mit Praktiker:innen der Obdach- und Wohnungslosenhilfe. Die Interviews wurden im Rahmen des Forschungsprojekts *Obdach- und Wohnungslosigkeit während der Corona-Pandemie am Beispiel der Metropolre-*

gion Nürnberg[2] im Zeitraum von April bis September 2020 erhoben. Die Daten beziehen sich somit auf die erste Phase der Pandemie und im Speziellen auf die Zeit des ersten pandemiebedingten *Lockdowns*. In der Auswertung wurden die Daten zunächst durch Kodierung und Kategorisierung strukturiert und anschließend in Auszügen sequenzanalytisch interpretiert (Oevermann et al. 1979; Wernet 2009).

Die Struktur dieses Beitrags folgt der beschriebenen Kategorisierung von Unterstützungsformen. In Abschnitt 3 werden zunächst die Auswirkungen der Pandemie auf *institutionelle Unterstützungsformen*, insbesondere auf das Obdach- und Wohnungslosenhilfesystem, nachgezeichnet. Dabei liegt der Fokus auf den pandemiebedingten Veränderungen des Hilfesystems, die in den Interviews mit Sozialarbeitenden artikuliert wurden. Im Anschluss folgt die Darstellung der pandemieevozierten Veränderungen für das Leben von wohnungslosen Menschen, die diese institutionellen Unterstützungsformen in Anspruch nehmen (Abschnitt 4). Diese Ergebnisse stützen sich auf die Interviews mit wohnungslosen Menschen. Daraufhin werden die pandemiebedingten Auswirkungen auf das Leben der Menschen rekonstruiert, die keine oder kaum institutionelle Unterstützung in Anspruch nehmen und Obdachlosigkeit durch die Nutzung *informeller Unterstützung* im Freundes- und Bekanntenkreis oder durch die *Nicht-Nutzung* von Hilfen allein bewältigen (Abschnitt 5). Die Ergebnisse dieses Kapitels fußen auf Erzählungen der Interviewten, die während der Pandemie Phasen von Obdachlosigkeit erlebten. Schließlich werden die auf allen Ergebnissen basierenden Schlussfolgerungen formuliert (Abschnitt 6).

3. Obdach- und Wohnungslosenhilfe in pandemischen Zeiten

Mit Beginn des ersten Lockdowns im Frühjahr 2020 stand für die Einrichtungen der Obdach- und Wohnungslosenhilfe der Schutz der eigenen Beschäftigten im Mittelpunkt: der Kontakt zu Nutzer:innen und Mitarbeitenden wurde massiv reduziert, Sozialarbeiter:innen erhielten häufig einen Arbeitsplatz im Home Office, Teamsitzungen wurden teilweise mit Hilfe von Videochat-Diensten organisiert. Zum Teil wurde von einem reduzierten Kontakt zu ihren Zielgruppen berichtet. Außerdem wurden neue Teams in Form von Vor-Ort-Teams und Homeoffice-Teams gebildet, die sich mit der Arbeit in der Einrichtung beispielsweise in einem wöchentlichen Rhythmus abwechselten. Auf diese Weise sollte verhindert werden, dass die gesamte Belegschaft im Falle einer Feststellung eines positiven Coronafalls in Quarantä-

---

2   Das von 15. Juli 2020 bis 14. Juli 2021 laufende Projekt »Obdach- und Wohnungslosigkeit während der Corona-Pandemie am Beispiel der Metropolregion Nürnberg« an der Technischen Hochschule Nürnberg Georg Simon Ohm wurde aus Mitteln des Bayerischen Staatsministeriums für Familie, Arbeit und Soziales gefördert.

ne muss und ausfällt. Angst und Unsicherheit existierte unter den Beschäftigten, so dass viele interne Gespräche notwendig waren, um Sicherheit im täglichen Arbeiten wiederherzustellen. Die Umsetzung von Hygienevorschriften in Form der AHA-Regelungen (Abstand halten, Hygiene beachten mit Hilfe von Desinfektionsmitteln, im Alltag Maske tragen) wurden positiv bewertet, auch das regelmäßige Lüften sorgte mit der Zeit für einen eher routinierten Umgang mit der Pandemie.

Die institutionellen Unterstützungsangebote der Sozialen Arbeit unterlagen aufgrund der eingeleiteten Gegenmaßnahmen zur Pandemiebekämpfung einigen gravierenden Veränderungen: So mussten einige Hilfeleistungen der Wohnungslosenhilfe eingestellt, andere konnten nur noch in reduzierter Form angeboten werden. Die *Einschränkung der sozialen Dienste* betraf beispielsweise eine Wärmestube, die obdach- und wohnungslosen Menschen einen Tagesaufenthalt und warme Mahlzeiten bietet. Diese war zu Beginn der Pandemie gänzlich geschlossen. Die Kommunikation zwischen obdach- und wohnungslosen Menschen und den Praktiker:innen der Sozialen Arbeit wurde durch die Pandemie somit gestört. Eine Praktikerin berichtet über diese Situation wie folgt:

> »Ich muss sagen, am Anfang, da waren alle sehr sehr besorgt vor allem um unser Klientel ähm, weil auch viele nicht erreichbar waren oder Streetwork auch erstmal eingestellt wurde, [...] [unser Angebot für Frauen] geschlossen wurde und dadurch auch viele Kontakte auch erstmal abgebrochen sind.« (05 Praxis, Abs. 32)

Auch die Unterbringungsformen in konkreten Einrichtungen reduzierten sich. So wurde die Kapazität einer Notschlafstelle beispielsweise begrenzt, um die vorgegebenen Abstandsregelungen einhalten zu können:

> »Wir haben normal Schlafplätze für neun + also wir haben normal neun Betten stehen, wo neun Leute übernachten können, aber das ist auf drei Zimmern aufgeteilt und um des quasi den Abstand irgendwie gewahren, gewähren zu können ehm nehmen wir nur Übernachter aktuell ehm fünf auf.« (08 Praxis, Abs. 16)

Vor allem die Hilfsangebote, die in Gruppen stattfanden, konnten aufgrund der Kontaktbeschränkungen nicht weitergeführt werden: »also im Moment finden viele Gruppenveranstaltungen, die sonst stattfinden und die auch wichtig sind um [...] Tagesstruktur zu gewährleisten, nicht statt« (013 Praxis, Abs. 14). Eine Ausnahme bildet hier eine berichtete Gruppenmaßnahme (Yoga-Kurs), die mit Hilfe einer Videochat-Plattform digital organisiert wurde (09 Praxis).

Die *Praktiken der Kontaktpflege* zwischen Sozialarbeiter:innen und ihren Klient:innen gestalteten sich in pandemischen Zeiten schwierig. Aus den Interviews mit Einrichtungen, die ihre Hilfsangebote weitgehend aufrechterhalten konnten, lassen sich unterschiedliche Strategien identifizieren: Eine erste Strategie ist die *unmittelbare Kommunikation in körperlicher Ko-Präsenz.* Hier wurden Beratungsgespräche vor Ort in den Einrichtungen weiter angeboten, jedoch nicht mehr in Einzelbüros, sondern in größeren Besprechungs- und Konferenzräumen, zuweilen auch unter ständiger Raumlüftung durch offene Fenster. An der face-to-face-Kommunikation schätzen die Interviewten im Gegensatz zur digitalen Kommunikation die Unmittelbarkeit und Ganzheitlichkeit. Sich gemeinsam zu treffen, bedeutet für sie, die Person in ihrer Körperlichkeit wahrzunehmen und zu spüren:

> »Ja und weil einfach auch dieses Zwischenmenschliche fehlt, also dieses eh grad die Menschen die ja oft auch sehr von Einsamkeit betroffen sind, die dann ein Lächeln kann ich schwer über ne Onlineberatung wenn ich jetzt nicht über über irgendwelche Videoschalte (h) spreche, kann ich ja net transportieren also n Smiley ist nicht das gleiche wie wenn ich jemanden anlächle oder wenn ich jemand vielleicht doch mal übern Arm streichle oder sowas das geht halt digital nicht.« (010 Praxis, Abs. 48)

Die Bedeutung des Sich-Spürens findet sich im Datenmaterial besonders in Einrichtungen wieder, die mit wohnungslosen Jugendlichen arbeiten: Umarmungen, die während der Pandemie nicht möglich waren, wurden beispielsweise durch die Verwendung eines Seils ersetzt, an dem Jugendliche ziehen, um den jeweils anderen zu spüren (09 Praxis). Andere Einrichtungen boten Beratungsgespräche auch außerhalb des Gebäudes in Form von gemeinsamen Spaziergängen an der frischen Luft an.

> »Da machen wir jetzt diese Spaziergänge, ähm wobei die Klientinnen auch in die Einrichtung kommen dürfen in ihren Krisen und da gibts dann auch die Form einen Konferenzraum zu setzen mit viel Abstand zueinander und sich zumindest im persönlichen Kontakt zu sehen.« (06 Praxis, Abs. 24)

Obwohl dieses Angebot von den Interviewten häufig positiv bewertet wird, ergibt sich durch die fehlende Privatsphäre Begrenzungen in der fachlichen Arbeit (ambulante Therapie, systemische Arbeit):

> »Ich mein des ist nicht einfach draußen spazieren zu gehen ähm den Kontakt den Abstand einzuhalten ist schwierig, miteinander über persönliche Dinge zu reden in einem Umfeld wo andere Menschen rumlaufen ist schwierig, eine ein Plätzchen zu finden wo man in gutem Abstand in Ruhe reden kann also des is so ne Herausforderung find ich wenn man sich draußen trifft.« (06 Praxis, Abs. 24)

Um Infektionen zu vermeiden und die Kontaktbeschränkungen einzuhalten, wurde der Präsenzkontakt in vielen Einrichtungen dagegen weitgehend vermieden. Um den Kontakt zu den Betroffenen dennoch aufrechtzuerhalten, fanden einige Einrichtungen kreative Alternativen. Die Kontaktpflege wurde im Sinne einer zweiten Strategie als *technisch-vermittelte Kommunikation auf Distanz* mit Hilfe von Telefon- und Onlineberatung fortgeführt. In einem Fall wurden auch persönlich adressierte Postkarten verschickt, um die Beziehung zu Klient:innen zu pflegen.

> »Genau wir haben mit dieser Vorgabe dann als das dann kam mit dieser Aus-gangsbeschränkung und so weiter, haben wir den Face-to-face-Kontakt ein-geschränkt, wir haben alle bestehenden Termine angerufen, ehm und denen mitgeteilt, dass es eben keinen direkten Kontakt mehr geben wird, sondern wenn dann nur als Telefontermin.« (010 Praxis, Abs. 24)

Vor Beginn der Pandemie kamen diese Medien bei der Beratung und Betreuung nur vereinzelt zum Einsatz. Begründet wird dies durch die Relevanz der räumlichen und körperlichen Nähe bei der Beratung von als vulnerabel angesehenen Gruppen, welche *face-to-face* Kommunikation bevorzugen, um Vertrauen aufbauen zu können (Heinzelmann et al. 2023). Durch die distanzierte Beratung per Telefon oder Video-chat ergeben sich für die Interviewten besondere Probleme und Herausforderun-gen, die mit dem fehlenden körperlichen Kontakt in Verbindung gebracht werden. Ein Praktiker verweist auf diesen Umstand wie folgt: »der Direktkontakt der ist in meiner Arbeit einfach so zentral wichtig, weil es gibt ja auch Menschen die haben Ängste, die haben ganz große Schwierigkeiten überhaupt mit Hilfesystemen in Kon-takt zu kommen« (014 Praxis, Abs. 20). Da man »im persönlichen Gespräch dann doch ganz anders mit den Leuten ehm interagieren kann wie so am Telefon« (02 Pra-xis, Abs. 16), war es ein wichtiges Anliegen der Praktiker:innen, den Direktkontakt zu den Betreuten zu erhalten. Gerade bei sensiblen Tätigkeiten wie der Beratung von Menschen mit psychischen Krankheiten führte die neue Art der Kommunikation zu Unsicherheiten. Eine Praktikerin fühlte sich für Telefonberatungen beispielsweise nicht ausreichend ausgebildet:

> »Es geht ja manchmal wirklich schon so in die Richtung Telefonseelsorge ähm wo ich mir dann auch denk da hab ich ja jetzt auch keine spezielle Ausbildung für die Telefonberatung ne, also des ist finde ich schon nochmal n anderer Bereich, wo auch nochmal auf andere Sachen beachtet werden müssen,+ des ich da jetzt von einem Tag auf den anderen oder wir alle machen mussten, und aber so gar nicht so ausgebildet dafür sind.« (05 Praxis, Abs. 36)

Manche Telefonberatungen wurden erschwert, da Klient:innen Kinder betreuen mussten und sich nicht auf die Beratung konzentrieren konnten. Dennoch kön-nen telefonische Kontakte erfolgreich praktiziert werden, wie ein Praktiker aus einer anderen Einrichtung berichtet: »Also auch wenn ich jetzt schon der Meinung bin, dass ein persönliches Gespräch viel mehr Wert, Wertigkeit hat als ehm ein

Telefongespräch ehm merkt man trotzdem oder hat sich bestätigt, dass es so auch funktioniert« (02 Praxis, Abs. 36). Hier wurden den Klient:innen ebenfalls Kompetenzen zugeschrieben (vgl. Heinzelmann et al. 2021; Rösch et al. 2021; Sowa et al. 2022a):

> »Haben wir jetzt mal wieder gemerkt wie viel wir noch von unseren Klientinnen lernen können als wo viele wirklich sehr krisenerprobt sind und + auch super schnell sich drauf einstellen konnten auf diese Veränderung was wir in der Beratungsstelle hatten und auch mit Telefonberatung und + ähm eben diese Digitalisierung sich da sehr schnell sehr gut mitgehen konnten, viele zumindest. Wo wir auch am Anfang Bedenken hatten, dass uns mehr wegbrechen. Also des sind so Sachen wo wir glaub ich einfach mehr unseren Klientinnen auch zutrauen dürfen, + dass sie auch ähm mehr mit Digitalisierung oder eben auch Krisen umgehen können.« (05 Praxis, Abs. 92)

Die Pandemiebedingungen führten aufgrund einer verdichteten Belegung in einzelnen Einrichtungen zu einem Auftrag, mehr Unterkünfte in der Stadt zu schaffen, welcher sich durch die Etablierung einer neuen Unterbringungsstätte und einer neuen Wärmestube realisieren ließ. Diese *Erweiterung des Hilfeangebots* ließ sich u.a. aufgrund der Ausnahmesituation finanzieren.

Der Kontakt von obdach- und wohnungslosen Menschen mit *sozialstaatlichen Institutionen* wie Jobcenter oder Sozialämtern wurde durch die COVID-19-Pandemie ebenfalls beeinflusst. Sozialstaatliche Institutionen nehmen im Leben dieser Menschen durch den Sozialleistungsbezug eine gesonderte Rolle ein. Viele Einrichtungen der Sozialen Arbeit bieten Unterstützung bei dem Kontakt mit Behörden an. Die Vermittlung an die richtige Behörde, Hilfe beim Ausfüllen von Formularen und Begleitung bei Behördengängen sind typische Unterstützungsangebote dieser Einrichtungen. Durch die pandemiebedingten Kontaktbeschränkungen unterlag der Kontakt zwischen Behörden und deren Nutzer:innen einigen Veränderungen. Der Umstieg auf telefonische Kommunikation sowie die Einführung vereinfachter Anträge (z.B. ALG II) führte zum Teil zu einer Erleichterung des Kontakts durch geringere »Hürde[n]« (08 Praxis, Abs. 30). Allerdings entstanden auch lange, pandemiebedingte Wartezeiten. Eine wohnungslose Befragte berichtet von langen Wartezeiten auf eine »Testung« (16 WoLo, Abs. 76), also auf eine Überprüfung ihrer Arbeitsfähigkeit. Diese Verzögerungen führen in ihrem Fall zum Gefühl der Ohnmacht, denn ohne die Möglichkeit, einer Erwerbsarbeit nachzugehen, erschwert sich die eigenmächtige Beendigung der Wohnungslosigkeit bedeutend.

Für die *institutionellen Unterstützungsangebote* der Obdach- und Wohnungslosenhilfe lässt sich zusammenfassen, dass durch den Beginn der COVID-19-Pandemie einige Hilfsangebote von Einrichtungen der Sozialen Arbeit eingeschränkt wurden. Die Bewältigungsstrategien der Praktiker:innen offenbaren die veränderte

Kommunikation mit den Betroffenen. Hier wurde mit kreativen Lösungen für die Aufrechterhaltung des persönlichen Kontakts experimentiert, die Offline- und On-line-Aktivitäten umfassen. Während sich einerseits eine Zurückhaltung gegenüber einer Digitalisierung des Angebots zeigt (z.B. hinsichtlich der körperlichen Ko-Präsenz oder des Datenschutzes), gibt es andererseits eine neue Offenheit hinsichtlich der zukünftigen Nutzung von digitalen Kommunikationsmitteln als ergänzendes Angebot (z.B. um Jugendliche zu erreichen oder Menschen, die sehr zurückgezogen leben und eher bereit wären, Videotelefonie zu nutzen). Der Kontakt zu sozialstaatlichen Institutionen wurde zum Teil als niedrigschwelliger beschrieben, war aber auch vermehrt von langen Wartezeiten geprägt. In folgendem Abschnitt werden die Auswirkungen der Pandemie auf wohnungslose Menschen aufgezeigt, die *institutionelle Unterstützung* in Einrichtungen der Wohnungslosenhilfe in Anspruch nehmen.

4. Pandemische Auswirkungen auf wohnungslose Menschen in Wohnheimen

Wohnungslose Menschen sind in Einrichtungen der Wohnungslosenhilfe wie Pensionen, Wohngruppen oder Wohnheimen untergebracht. Dort leben sie in Zimmern, die sie alleine, mit einem bzw. einer Partner:in, oder zusammen mit anderen wohnungslosen Menschen bewohnen. Die Zimmer werden als sehr klein beschrieben und sind nur minimal mit Gegenständen und Geräten des alltäglichen Gebrauchs ausgestattet (03 MoW, Abs. 16). Über private Koch- und Waschbereiche verfügen die wenigsten. Vielmehr müssen sich mehrere Parteien, oft ein ganzes Stockwerk, Badezimmer und Kochgelegenheiten teilen.

In der ersten Phase der Pandemie unterscheidet sich die Situation wohnungsloser Menschen von der der obdachlosen Menschen dahingehend, dass wohnungslose Menschen über einen Rückzugs- und Schutzraum verfügten. Daher finden sich auch Aussagen im empirischen Material, dass sich für einige deren subjektive Deutung über ihre Lebenssituation durch die Pandemie kaum verändert hat:

> »Ehm, für mich persönlich eh habe ich kaum Auswirkungen […], ich bin eher zurückgezogen, also für mich hat sich unterm Strich gar nichts verändert.« (11 MoW, Abs. 6)

Andere Bewohner:innen berichten über Auswirkungen der Pandemie. Dabei werden *Ängste aufgrund der Wohnbedingungen* artikuliert. Durch gemeinsame Koch-, Wasch- und Wohnbereiche fühlen sich manche Befragte einem erhöhten Infektionsrisiko ausgesetzt. Folglich beeinflusst eine solche Wohnsituation das subjektive

Sicherheitsempfinden, wie die Aussage eines Bewohners in einer Wohngruppe verdeutlicht:

> »Wir teilen ja auch die Toilette und das Bad und dann teilen wir auch Corona wenn es sein muss (I lacht), ja unsere große Angst war halt, weil ich bin ja davon ausgegangen dass wir hier in der Einrichtung 100 Prozent irgendeinen Coronafall kriegen, das war keine Frage. Das war für mich nicht die Frage ob sondern nur wann.« (10 MoW, Abs. 124)

Neben der Angst vor einer COVID-19-Infektion kam es für Bewohner:innen zu einem *Verlust der Tagesstruktur* und einem *Verlust der sozialen Kontakte*. Viele verloren ihre Tagesstruktur, ihren Schlafrhythmus und große Teile ihres sozialen Umfelds:

> »Also sagen wir so ich wurde ziemlich eingeschränkt, davor war ich eigentlich die ganze Zeit draußen unterwegs, mit Freunden und seit der Corona-Maßnahmen hocke ich eigentlich nur noch Zuhause.« (03 MoW, Abs. 8)

Die Ausgangs- und Kontaktbeschränkungen führten zu einer *Situation der sozialen Isolation*. Langeweile war zu konstatieren, da Beschäftigungsformen eingeschränkt wurden und keine sozialen Kontakte gepflegt werden konnten. Um diese neuartige Situation zu bewältigen, passten einige Befragte ihr Verhalten an die neuen Regelungen an. Bei manchen Befragten scheinen *(digitalen) Medien* eine besondere Rolle gegen die Langeweile in der sozialen Isolation zu spielen:

> »Ich lieg hauptsächlich im Bett, spiel [Videospiel] am Handy oder guck mir […] Videos an oder les Nachrichten oder so +++ also ich hänge eigentlich durchgehend nur am Handy, weil ich nichts anderes machen kann.« (03 MoW, Abs. 16)
> »Der Tagesablauf […] war extrem eintönig, also sprich morgens aufstehen eh Glotze an, Beine hoch aufs Sofa, zwischenzeitlich eh zum Speisesaal gehen eh Mittagessen, wieder zurück, ab aufs Sofa eh, den Laptop hoch, oder eh Handy angeschmissen + und einfach nur eh rumgedaddelt so wirklich eh vernünftige Tagesstruktur war das nicht.« (04 MoW, Abs. 16)

Andere bevorzugten eine *Flucht in die Natur* und verbrachten viel Zeit an der frischen Luft – ein Pandemieverhalten, das gesellschaftlich weit verbreitet war (vgl. Habelt et al. 2022; Sowa 2021):

> »Aber ansonsten ab auf das Fahrrad und raus die Sonne genießen, einfach rumfahren, ja das war so mein typisches Ding am Tag weil ich hab mich, ne ich brauche meine Freiheit, ich brauche auch das Rausgehen und eigentlich auch die Leute treffen aber das ging halt einfach nicht, deswegen musste man den Kopf irgendwie anderweitig ein bisschen von Corona befreien.« (08 MoW, Abs. 12)

Die Gespräche mit den Befragten geben einen Einblick in ihren Alltag in der ersten Phase der COVID-19-Pandemie. Ähnlich wie die Restbevölkerung litten sie unter den Kontaktbeschränkungen und der daraus resultierenden Isolation. Aufgrund ihrer prekären Wohnverhältnisse war die Situation für diese Menschen zum Teil schwerer zu ertragen. So entwickelten Befragte auch maladaptive Bewältigungsstrategien wie *übermäßiger Alkoholkonsum*, um mit der Situation umzugehen. Ein Befragter berichtet hierzu folgendes:

> Als »diese pure Langeweile kam bin ich in alte Verhaltensmuster zurück verfallen was das Thema Alkoholkonsum anging. Eh die Langeweile ist im wahrsten Sinne des Wortes mit dem ein oder anderen Bierchen zu viel + ehm konsumiert worden« (04 MoW, Abs. 18).

Zudem berichten Befragte, dass die soziale Isolation *negative Auswirkungen auf die psychische Gesundheit* mit sich brachte (vgl. Giertz/Sowa 2021): »Ängste« (05 MoW, Abs. 146), »Panikattacken« (06 MoW, Pos 12) und depressive Schübe (08 MoW, Abs. 8) wurden artikuliert und können das Zusammenleben in Einrichtungen erschweren.

> »Also es war halt es waren halt zu viele Einschränkungen und des war für mich nicht gut und also für mich psychisch einfach nicht so gut und dann gings mir halt immer schlechter also hatte ich halt immer schlechte Tage eigentlich.« (09 MoW, Abs. 16)

Schließlich wird die Stimmung in einigen Einrichtungen von den Interviewten als zunehmend negativ beschrieben, was mit konkret erlebten Aggressionen und Gewalterfahrungen zusammenhängt:

> »Klar gibt es auch gerade auch hier in der Einrichtung eh auch genug wahre Beispiele eh was Alkohol alles anrichten kann weil eh nicht alle kommen eh mit Alkohol gut klar weil eh wenn sie zu viel getrunken haben schlägt es auf eh Aggressionen um, auch solche Situationen haben wir hier in der Einrichtung die letzten Wochen gehabt.« (04 MoW, Abs. 22)

Zusammenfassend lebten wohnungslose Menschen, die stationäre Angebote der Unterbringung nutzen, zu Beginn der COVID-19-Pandemie in einem Zustand der sozialen Isolation, was zu einer Verschlechterung des (psychischen) Gesundheitszustands führen kann. Befragte berichten von depressiven Phasen, Angst- und Panikattacken oder Schlaflosigkeit. Die Reduktion der sozialen Kontakte kann zudem zu maladaptiven Verhaltensweisen, die sich beispielsweise durch erhöhten Alkoholkonsum äußern, führen. Zudem artikulierten Bewohner:innen von Wohnungsloseneinrichtungen Ängste über eine erhöhte Infektionsgefahr aufgrund von geteilten Wohn-, Schlaf-, Essens- oder Hygieneräumen. In folgendem Abschnitt werden eingeschränkte Möglichkeiten von Menschen besprochen, die keine *institutionelle Unterstützung* in Anspruch nehmen.

5. Eingeschränkte Unterstützungsformen für obdachlose Menschen

Zu Beginn der COVID-19-Pandemie wurde die Situation von Menschen, die Wohnungs- bzw. Obdachlosigkeit durch *informelle Unterstützung* oder durch *Nicht-Nutzung* von Hilfen bewältigten, insbesondere durch eine pandemiebedingte Ausgangssperre und durch Kontakteinschränkungen verkompliziert. Im Bundesland Bayern war der nächtliche Aufenthalt auf öffentlichen Plätzen in dieser Phase der Pandemie verboten.[3] Die *Nicht-Nutzung* von Unterstützung in der Form von Übernachtungen in öffentlichen Räumen stellte somit ein Verstoß gegen die Ausgangssperre dar und war für obdachlose Menschen mit der Gefahr verbunden, durch Bußgelder sanktioniert zu werden. Somit waren Betroffene, die öffentliche Räume als Schlafmöglichkeiten nutzten, dazu angehalten, andere Lösungen zu suchen.

Aber auch die Möglichkeit, die Situation durch die Nutzung *informeller Unterstützung* zu bewältigen, wurde durch Kontaktbeschränkungen erschwert. Denn in dieser Phase der Pandemie war lediglich der Besuch eines Hausstands erlaubt, und auch nur, wenn eine Gesamtzahl von insgesamt fünf Personen nicht überschritten wurde (Bayerische Staatskanzlei 2020). Im Zuge dieser Maßnahme entstand mitunter die Deutung, dass die Nutzung *informeller Unterstützung* durch beispielsweise Übernachtungen bei Freund:innen oder Bekannten ebenfalls die Gefahr der Sanktionierung innehat. Ein Befragter half beispielsweise bei Bekannten im Haushalt mit und übernahm Teile der Erziehungsarbeit. Im Gegenzug erhielt er kostenlose Verpflegung oder eine temporäre Bleibe. Er berichtet über den Beginn der Pandemie wie folgt:

> »Im Normalfall bin ich jemand der dann viel unterwegs ist oder auch ähm mit Freunden was unternimmt oder bei denen im Haushalt mal hilft halt. Weil ich dadurch halt was von denen dann, also irgendwie was kochen dann kann ich mitessen, für die mal was Einkaufen dann kaufen die mir mit was ein, also ich des sind alles Dinge die ich jetzt so nicht mehr machen kann.« (05 MoW, Abs. 19)

Obdachlose Menschen fanden sich somit aufgrund der staatlichen Maßnahmen zur Eindämmung der Pandemie in einer Situation wieder, die deren Möglichkeiten, Unterstützung in Anspruch zu nehmen, einschränkte. Denn sowohl die *Nicht-Nutzung*

---

3   Die nächtliche Ausgangssperre in Bayern wurde am 16.12.2020 eingeführt und ab 15.02.2021 phasenweise abgesetzt.

und die damit verbundene alleinige Bewältigung der Situation auf der Straße als auch die Nutzung *informeller Unterstützung* durch Freund:innen oder Bekannte büßten an Legitimität ein. Ein Befragter beschreibt dieses Dilemma in folgendem Zitat:

> »Ich fühl mich scheiße. Ich fühl mich irgendwie vom vom System ein bisschen verarscht weil + keine Ahnung++ ich kann halt auch nichts dafür. Sowas [Obdachlosigkeit, Anm. d. Verf.] kann jeden treffen [...] und dass ich dann zu meinem eigenen Schutze quasi bestraft werde aufgrund einer Pandemie [...] Ich kann ja nichts dafür wenn ich keinen Wohnsitz hab, wenn ich nichts hab wo ich unterkommen kann und wenns dann noch diese Regelungen gibt wie man darf keine Besucher Zuhause haben ist doch klar dass ich dann nicht bei irgendwem in der Bude chill weil kein Bock auf Bußgeld weil wenn da die Polizei reinkommt dann ist blöd dann zahlt man gleich 1000 Euro oder sowas. Und dass ich dann halt draußen abkacken muss ist halt leider so und dass ich dann deswegen noch ein Bußgeld krieg weil ich mich quasi irgendwie an die Regeln halt aber irgendwie auch nicht, das find ich halt scheiße.« (07 MoW, Abs. 82)

Zusammenfassend zeigt sich, dass sowohl die *Nicht-Nutzung* von Unterstützung (und ein selbstbestimmtes Leben auf der Straße) als auch die *Nutzung informeller Unterstützung* in der ersten Phase der Pandemie mit der Angst vor Sanktionen verbunden wurde. Solche Ängste können für Betroffene einen Anlass darstellen, von ihren zuvor erfolgreich genutzten Unterstützungsformen abzusehen und nach Alternativen zu suchen. Dies zeigt sich auch am zuletzt dargestellten Beispiel: Der Befragte zog schließlich in ein Pensionszimmer der Wohnungslosenhilfe ein und bewältigte das Dilemma fortan durch die Inanspruchnahme *institutioneller Unterstützung*.

6. Schlussfolgerungen

In der ersten Phase der Pandemie kann eine geringe politische Repräsentanz der Gruppen von obdach- und wohnungslosen Menschen attestiert werden: Bei der Etablierung der Ausgangssperre in Bayern, die den nächtlichen Aufenthalt in öffentlichen Räumen einschränkte, wurde wenig berücksichtigt, dass obdachlose Menschen diesen als Lebensraum nutzen. Bei den Kontaktbeschränkungen wurde nicht bedacht, dass *informelle Unterstützung* durch die temporäre Unterkunft bei Freund:innen, Bekannten und Verwandten eine gängige Bewältigungsstrategie von Menschen ohne Wohnung darstellt. Als nicht-intendierte Nebenfolgen der Maßnahmen zu Beginn der COVID-19-Pandemie wurde für obdach- und wohnungslosen Menschen Unterstützungsformen für den Umgang mit der Situation eingeschränkt. Sowohl die *Nicht-Nutzung* von Hilfen als auch die Nutzung *informeller Unterstützung* wurden durch den Einzug der Pandemie mit der Gefahr verbunden, mit Bußgeldern sanktioniert zu werden. Durch den Verlust der Legitimität dieser Unterstützungsformen gewann, so unsere Hypothese, die Nutzung *institutioneller Unterstützung* durch die Wohnungslosenhilfe an Relevanz. Somit erhöhte sich die Abhängigkeit von obdach- und wohnungslosen Menschen von Hilfsangeboten der Sozialen Arbeit in Zeiten von Lockdown, Ausgangs- und Kontaktbeschränkungen. Bei der Nutzung *institutioneller Unterstützung* traten bei den Bewohnenden von Einrichtungen der Wohnungslosenhilfe Ängste aufgrund der Wohnbedingungen, soziale Isolation durch Verluste von Tagesstrukturen und sozialen Kontakten sowie maladaptive Bewältigungsstrategien auf. Hinzu kommt, dass stark reglementierte Phasen einer Pandemie zu Einschränkungen der sozialen Dienste in der Form von reduzierten Aufnahmekapazitäten und geschlossenen oder eingeschränkten Hilfs-angeboten geprägt sind. Dies führt zu veränderten Praktiken der Kontaktpflege und damit oft zu räumlich distanzierten Beratungsmöglichkeiten. Zusammenfas-send scheint während einer Pandemie ein reduziertes Angebot von *institutioneller Unterstützung* im Rahmen der Wohnungsnotfallhilfe einer erhöhten Nachfrage von obdach- und wohnungslosen Menschen gegenüberzustehen.

Um dieser Verknappung entgegenzuwirken, wurden vieler Orts neue insti-tutionelle Unterstützungsangebote geschaffen, um negative Auswirkungen der Pandemie abzufedern. In Nürnberg wurde beispielsweise eine ehemalige Geflüch-tetenunterkunft umfunktioniert, um dort obdach- und wohnungslose Menschen unterzubringen. Über die Effekte dieser Maßnahme kann in diesem Beitrag keine Aussage getroffen werden. Dennoch kann sie aufgrund ihrer zeitlichen Beschrän-kung nur als temporäre Lösung für strukturelle und anhaltende Problemlagen angesehen werden. Zudem gilt für diese wie auch für andere Unterkünfte der Woh-nungslosenhilfe, dass aufgrund von geteilten Räumlichkeiten nicht dasselbe Niveau an Infektionsschutz gewährleisten werden kann, was eine eigene, mietrechtlich geschützte Wohnung bietet. Um obdach- und wohnungslose Menschen effektiv in einer Pandemie zu schützen, scheint eine dezentrale Unterbringung notwendig. Privater Wohnraum ermöglicht es, betroffene Menschen dezentral unterzubringen, ihnen Schutzräume zu bieten und ihren Handlungsspielraum zu erweitern. Die Schaffung von Wohnraum ist somit das effektivste Werkzeug, um Obdach- und Wohnungslosigkeit entgegenzuwirken und Betroffene zu schützen – sei es vor einer Infektion mit einem pandemischen Virus oder vor der Kälte im Winter.

Literaturverzeichnis

Albrecht, Günter (1975): Obdachlose als Objekt von Stigmatisierungsprozessen, in: Brusten, Manfred/Hohmeier, Jürgen (Hg.): Stigmatisierung I. Zur Produktion gesellschaftlicher Randgruppen, Neuwied und Darmstadt: Hermann Luchter-hand, 79–107.

BAG W (2020a): CORONA-Krise – Auswirkungen auf Menschen in Wohnungslosigkeit und Wohnungsnot, 03. April 2020, Berlin: Bundesarbeitsgemeinschaft Wohnungslosenhilfe e. V.

BAG W (2020b): CORONA und Wohnungslosigkeit, 28. April 2020, Berlin: Bundesarbeitsgemeinschaft Wohnungslosenhilfe e. V.

Bayerische Staatskanzlei (2020): Bericht aus der Kabinettssitzung. Ministerrat beschließt weitere Maßnahmen zur Eindämmung der Corona-Pandemie, München.

Breuer, Franz/Muckel, Petra/Dieris, Barbara (2019): Reflexive Grounded Theory. Eine Einführung für die Forschungspraxis, Wiesbaden: Springer VS.

Deutsches Institut für Menschenrechte (2020): Wohnungslose Menschen benötigen gleiche Gesundheitsversorgung und zusätzlichen Wohnraum. Pressemitteilung zur Corona-Pandemie (27.03.2020), Berlin: DIMR.

Farha, Leilani (2020): Housing, the front line defence against the COVID-19 outbreak. Press release (18. März 2020), Genf: The Office of the High Commissioner for Human Rights.

FEANTSA (2017): ETHOS. European Typology of Homelessness and Housing Exclusion, Brussels: Feantsa.

FEANTSA (2020): COVID-19: »Staying Home« Not an Option for People Experiencing Homelessness. Press release (18. März 2020), Brussels: Feantsa.

Giertz, Karsten/Sowa, Frank (2021): Wohnungslosigkeit und psychische Erkrankungen, in: Giertz, Karsten/Große, Lisa/Gahleitner, Silke B. (Hg.): Hard to reach: Schwer erreichbare Klientel unterstützen, Köln: Psychiatrie Verlag, 48–60.

Glaser, Barney G./Strauss, Anselm L. (1998): Grounded theory: Strategien qualitativer Forschung, Bern: Huber.

Gurr, Thomas/Becker, Nikolas/Debicki, Sonja/Petsch, Franciska (2022): ...eine 100 prozentige Abweisung, Abwendung auf Anhieb; und das habe ich sehr oft erfahren. Über Stigmatisierungserfahrungen der von Obdachlosigkeit Betroffenen, in: Sowa, Frank (Hg.): Figurationen der Wohnungsnot. Kontinuität und Wandel sozialer Praktiken, Sinnzusammenhänge und Strukturen, Weinheim/Basel: Beltz Juventa, 402–425.

Habelt, Lisa/Herzog, Marissa/Morozov, Marina/Sowa, Frank/Wiesneth-Astner, Astrid (2022): Pandemische Protokolle der Wirklichkeit: Mit studentischen Tagebüchern die Auswirkungen des Lockdowns verstehen und bewältigen, in: Bartmann, Sylke/Erdmann, Nina/Haefker, Meike/Schörmann, Christin/Streblow-Poser, Claudia (Hg.): Verstehendes Forschen in der Pandemie und anderen Ausnahmesituationen: Praktische und methodologische Erkenntnisse der Rekonstruktiven Sozialen Arbeit, Opladen/Berlin/Toronto: Budrich, 95–113.

Heinrich, Marco/Heinzelmann, Frieda/Kress, Georgina/Sowa, Frank (2022a): Othering von wohnungslosen Menschen, in: Zeitschrift für Gemeinwirtschaft und Gemeinwohl (Z'GuG), 45 (1), 45–57.

Heinrich, Marco/Heinzelmann, Frieda/Sowa, Frank (2022b): Zuhause bleiben? Über Auswirkungen der COVID-19-Pandemie auf Alltage und Bewältigungsstrategien wohnungsloser Menschen, in: Aghamiri, Kathrin/Streck, Rebekka/van Rießen, Anne (Hg.): Alltag und Soziale Arbeit in der Corona-Pandemie: Einblicke in Perspektiven der Adressat*innen, Opladen, Berlin, Toronto: Budrich, 246–256.

Heinzelmann, Frieda/Domes, Michael/Ghanem, Christian/Sowa, Frank (2023): »Weil dieser Mensch hat's einfach in mein Kopf, in mein Herz [...] geschafft«: Zur Beziehungsgestaltung von jungen wohnungslosen Menschen und Sozialarbeiter:innen, in: Österreichisches Jahrbuch für Soziale Arbeit (ÖJS), 4 (1), 161–182.

Heinzelmann, Frieda/Holzmeyer, Tanja/Proschek, Katrin/Sowa, Frank (2021): Digitalisierung als Projektionsfläche für Sehnsüchte und Ängste in Narrativen von wohnungslosen Menschen, in: Wunder, Maik (Hg.): Digitalisierung und Soziale Arbeit. Transformationen und Herausforderungen, Bad Heilbrunn: Klinkhardt, 143–156.

Kaufmann, Jean-Claude (2015): Das verstehende Interview. Theorie und Praxis, Konstanz: uvk.

Oevermann, Ulrich/Allert, Tilman/Konau, Elisabeth/Krambeck, Jürgen (1979): Die Methodologie einer »objektiven Hermeneutik« und ihre allgemeine forschungslogische Bedeutung in den Sozialwissenschaften, in: Soeffner, Hans-Georg (Hg.): Interpretative Verfahren in den Sozial- und Textwissenschaften, Stuttgart: J.B. Metzler, 352–434.

Rösch, Benedikt/Heinzelmann, Frieda/Sowa, Frank (2021): Homeless in Cyberspace? Über die digitale Ungleichheit wohnungsloser Menschen, in: Freier, Carolin/König, Joachim/Manzeschke, Arne/Städtler-Mach, Barbara (Hg.): Gegenwart und Zukunft sozialer Dienstleistungsarbeit. Chancen und Risiken der Digitalisierung in der Sozialwirtschaft, Wiesbaden: Springer VS, 347–359.

Roy, Alastair/Fahnøe, Kristian/Farrier, Alan/Heinrich, Marco/Kronbæk, Mette/Sowa, Frank (2023): A qualitative study examining how the COVID-19 pandemic has affected processes of social exclusion and inclusion for homeless young people in three European cities, Copenhagen/Nuremberg/Manchester.

Selbstvertretung wohnungsloser Menschen (2020): Corona – Schützt die wohnungslosen Menschen! Stellungnahme der Selbstvertretung wohnungsloser Menschen (16.03.2020), Freistatt:

Sowa, Frank (2021): #TH_Diary: Studentisches Leben im Ausnahmezustand, in: LEONARDO – Zentrum für Kreativität und Innovation (Hg.): Pandemie in Pixeln. Fotografiewettbewerb 2020, Nürnberg: 40–44.

Sowa, Frank/Heinrich, Marco/Holzmeyer, Tanja/Proschek, Katrin (2022a): Digitalisierte Wohnungslosenhilfe? Über die Anforderungen an eine App für wohnungslose Menschen, in: Gillich, Stefan/Kraft, Gabriele/Moerland, Heike/Sartorius, Wolfgang (Hg.): Würde, Haltung, Beteiligung. Herausforderungen in der Arbeit mit Menschen ohne Wohnung, Freiburg i.Br.: Lambertus, 170–181.

Sowa, Frank/Heinzelmann, Frieda/Heinrich, Marco (2022b): Wohnend oder Nicht-Wohnend? Über die Ausgrenzung ›wohnungsloser‹ Menschen, in: Gutsche, Victoria/Holzinger, Ronja/Pfaller, Larissa/Sarikaya, Melissa (Hg.): Distinktion, Ausgrenzung und Mobilität. Interdisziplinäre Perspektiven auf soziale Ungleichheit, Erlangen: FAU University Press, 175–193.

Sowa, Frank/Wießner, Frank (2022): Wohnungslos in der Metropolregion Nürnberg: Ergebnisse einer quantitativen Befragung, in: Sowa, Frank (Hg.): Figurationen der Wohnungsnot. Kontinuität und Wandel sozialer Praktiken, Sinnzusammenhänge und Strukturen, Weinheim/Basel: Beltz Juventa, 519–537.

Strübing, Jörg (2019): Grounded Theory und Theoretical Sampling, in: Baur, Nina/Blasius, Jörg (Hg.): Handbuch Methoden der empirischen Sozialforschung, Wiesbaden: Springer VS, 525–544.

Wernet, Andreas (2009): Einführung in die Interpretationstechnik der Objektiven Hermeneutik, Wiesbaden: VS Verlag für Sozialwissenschaften.

Un/doing Corona
Wie wohnungslose Forschungspartner:innen und Sozialarbeitende die Folgen der COVID-19-Pandemie erleben

Jan Harten

1. Einleitung

Den Ausgangspunkt dieses Beitrags bildet die Frage, welche Relevanz Sozialarbeitende und wohnungslose Forschungspartner:innen der Zeit der COVID-19-Pandemie in Deutschland zuschreiben. Der Fokus liegt auf den je beigemessenen Folgen der Pandemie für Personen, die ohne Unterkunft im öffentlich zugänglichen Raum oder in zeitlich befristeten Notunterkünften leben. Die Datengrundlage bildet ein ethnografisch ausgerichtetes Dissertationsprojekt mit seelsorgetheoretischem Interesse, in dem untersucht wird, wie wohnungslose Forschungspartner:innen ihre sozialen Beziehungen erleben und gestalten. Zwischen Dezember 2019 und Mai 2022 habe ich in Hamburg und Berlin ca. 120 Beobachtungsprotokolle erstellt und ca. 25 Feldgespräche mit wohnungslosen Forschungspartner:innen aufgezeichnet. Für den Beitrag habe ich zusätzlich drei leitfadengestützte Interviews mit Sozialarbeiter:innen in Hamburg geführt.[1] Die Datenauswertung ist an kodierenden und sequenzanalytischen Verfahren der Grounded Theory orientiert (vgl. u.a. Breuer et al. 2019).

Als hilfreiche Heuristik für die Beantwortung der Ausgangsfrage hat sich im Laufe des Auswertungsprozesses Stefan Hirschauers Konzept des *un/doing differences* erwiesen. Hirschauer analysiert die »Kontingenz von Humandifferenzierungen« und unterscheidet u.a. zwischen Situationen und Prozessen, in denen bestimmte Humandifferenzierungen relevant gemacht werden (*doing gender/age/etc.*), nicht relevant gemacht werden (*not doing gender/age/etc.*) oder gezielt dethematisiert werden

---

1 Der Verweis auf Interviews mit Sozialarbeiter:innen wird wie folgt abgekürzt: I Soz. A/B/ C, Zeilenangabe; auf Feldgespräche mit wohnungslosen Forschungspartner:innen wird wie folgt verwiesen: FG Name und Nummer des Feldgesprächs, Zeilenangabe; der Verweis auf Beobachtungsprotokolle wird wie folgt abgekürzt: BP Name und Nummer des Beobachtungsprotokolls, Zeilenangabe.

(undoing gender/age/etc.) (Hirschauer 2017: 11f.). Hirschauer zeigt, dass diese kulturellen Differenzierungen insofern kontingent sind, als sie zum einen sozial hergestellt werden, zum anderen aber auch in Konkurrenz mit anderen, nicht vorab festgelegten Kategorisierungen geraten, gegenüber denen sie situativ »aufrechterhalten *oder* unterlaufen, [...] verstärkt *oder* verdrängt werden können« (Hirschauer 2014: 181; s. auch ebd.: 170). Die Heuristik des un/doing differences wurde im Rahmen des Auswertungsprozesses zu sechs abstrahierenden Heuristiken verdichtet. So wird im Rahmen dieses Beitrags analysiert, wie wohnungslose Forschungspartner:innen mögliche Auswirkungen der Pandemie für ihre Lebenssituation relevant machen *(doing being affected by the pandemic)*, nicht relevant machen *(not doing being affected by the pandemic)* oder sogar dezidiert irrelevant machen *(undoing being affected by the pandemic)*. Demgegenüber möchte ich ergänzend die Perspektiven der interviewten Sozialarbeitenden stellen, d.h. wie Personen ohne Unterkunft von Sozialarbeitenden als von den Folgen der Pandemie betroffen relevant gemacht werden *(being done as being affected by the pandemic)*, nicht relevant gemacht werden *(not being done as being affected by the pandemic)* oder wie die Folgen für Personen ohne Unterkunft von Sozialarbeitenden gezielt dethematisiert werden *(being done as not being affected by the pandemic)*.

Vor diesem theoretischen Hintergrund ließe sich die Ausgangsfrage also wie folgt präzisieren: Wie werden die Folgen der COVID-19-Pandemie für Personen, die in dieser Zeit ohne Unterkunft im öffentlich zugänglichen Raum oder in Notunterkünften leben, von wohnungslosen Forschungspartner:innen selbst und Sozialarbeitenden (de-)thematisiert?[2]

Im vorliegenden Beitrag wird nun folgende These entfaltet: Im Vergleich der Perspektiven von Sozialarbeitenden (Kap. 2) und wohnungslosen Forschungspartner:innen (3) zeigt sich, dass Letztere die Pandemie in ihren Auswirkungen tendenziell wenig thematisieren im Sinne des *not doing* oder sogar in ihrer Bedeutung gezielt herunterspielen im Sinne des *undoing*. Daran anknüpfend wird erläutert, wie genau und aus welchen Gründen Forschungspartner:innen die Pandemie nicht thematisieren (4) oder gezielt dethematisieren (5). Dargestellt wird insbesondere, inwiefern sich Versuche wohnungsloser Forschungspartner:innen, die Folgen der Pandemie zu relativieren, auch als kommunikative Strategien verstehen lassen, sich vor ungewollten und teils stigmatisierenden Zuschreibungen (z.B. als vermeintlich *hilfebedürftige Person* oder als *die/der Andere*) zu schützen. Als Konsequenz für die Praxis Sozialer Arbeit wird ausblickhaft überlegt, inwiefern dethematisierte Lebensbereiche von wohnungslosen Klient:innen durch Sozialarbeiter:innen überhaupt zum Gegenstand von Beratungsgesprächen gemacht werden *können* oder *sollten* (6).

---

2   Die daran anknüpfende Frage, welche Fremd- und Selbstbilder von Forschungspartner:innen sich in der Thematisierung der Covid-19-Pandemie zeigen, wird diskutiert in: Harten 2023.

2. Auswirkungen der COVID-19-Pandemie aus der Perspektive von Sozialarbeitenden

Im Folgenden wird zunächst entfaltet, welche Relevanz Sozialarbeitende der Zeit der Pandemie hinsichtlich ihrer Folgen für wohnungslose Klient:innen zuschreiben.

2.1 Die Pandemie als Krise der Ressourcenorganisation und Zunahme verhaltensbezogener Restriktionen

Hinsichtlich des Beginns gesamtgesellschaftlich wahrnehmbarer Folgen der CO-VID-19-Pandemie in Deutschland ab Februar/März 2020 wird zunächst ein Zusammenbruch der Organisationsmöglichkeiten von *Ressourcen und Dienstleistungen* in den Innenstädten hervorgehoben, insbesondere hinsichtlich der Essens- und Gesundheitsversorgung: So seien durch den Wegfall verlässlicher Strukturen – wie Absprachen mit Geschäftsinhaber:innen und der zeitweisen Schließung von Einrichtungen des Hilfesystems oder finanzieller Einnahmen – viele existentielle materielle Ressourcen knapp geworden (I Soz. C, Z. 151–167). Auch die Befriedigung elementarer Bedürfnisse wie zu duschen oder Toiletten nutzen zu können sowie wichtige Dienstleistungen wie Post zu empfangen seien herausfordernd oder zeitweise nicht möglich gewesen. Soz. A weist sodann auf die besonders prekäre *Einkommenssituation* derjenigen Personen ohne deutschen Pass, die zu Beginn der Pandemie keine Leistungsansprüche erworben hatten, hin: So hätten einige Klient:innen ihren Job verloren, andere hätten sich in dem oft angstbesetzten Dilemma befunden, in den Phasen von Grenzschließungen entweder ihre Familie nicht sehen zu können oder ihre berufliche Grundlage zu gefährden. Hervorgehoben wird von den Sozialarbeitenden also besonders die Unsicherheit und Abhängigkeit ihrer Klient:innen von bestimmten Strukturen der Ressourcenorganisation. Diese Darstellung der Klient:innen lässt sich im Sinne Hirschauers als Akt des *being done as being economically dependent and insecure* verstehen – im Kontext der Pandemie wird die jeweilige Person also vor allem hinsichtlich ökonomischer Abhängigkeit zum Thema. Im Laufe der Pandemie habe sich aus Sicht von Soz. C die Versorgungslage grundsätzlich normalisiert, die Situation von Klient:innen in der Innenstadt sei angesichts stark einschränkender Regeln wie der ganztägigen Maskenpflicht sowie verstärkter Polizeipräsenz – teils einhergehend mit Bußgeldern bei Nichtbeachten der Infektionsvorschriften und Freizügigkeitskontrollen von EU-Bürger:innen – emotional aber angespannt geblieben.

2.2 Beschränkte Zugangsmöglichkeiten zum Wohnungslosenhilfesystem

Als weitere Auswirkungen der Pandemie verweisen die Sozialarbeitenden auf weitreichende Einschränkungen der Zugangsmöglichkeiten zu Behörden, Beratungsstellen sowie weiteren Einrichtungen des Wohnungslosenhilfesystems. Dies betrifft erstens zusätzliche *Zugangsbarrieren* zu städtischen Behörden und Beratungsstellen: So kritisiert Soz. C am Beispiel lokaler Jobcenter, dass Klient:innen noch zwei Jahre nach Pandemiebeginn nur nach telefonischer Terminvereinbarung und im Rahmen eingeschränkter Öffnungszeiten vor Ort vorstellig werden könnten. Eine Zunahme an technisch und sprachlich bedingten Barrieren – ob durch Umstellung auf telefonische Beratung, vorherige Terminbuchung oder die zeitweise Schließung bestimmter Einrichtungen oder Angebote – beobachteten die Sozialarbeitenden aber für viele Einrichtungen des Wohnungslosenhilfesystems oder Gesundheitswesens (I Soz. C, Z. 103–106; 305). Soz. A problematisiert, dass durch Maßnahmen wie diese die sprachbedingten Zugangsbarrieren für diejenigen EU-Bürger:innen, die nicht fließend Deutsch sprechen, weiter zugenommen und Klient:innen an Selbständigkeit verloren hätten.

Neben dem erhöhten Organisationsaufwand, »überhaupt das Recht, was man hat, zu bekommen« (I Soz. C, Z. 128), wird zweitens der gestiegene *Informationsaufwand* von Klient:innen betont. Dies betreffe geltende Zugangsbedingungen zu Einrichtungen oder Transportmitteln sowie Informationen zur Organisation der für den Zugang nötigen Ressourcen: z.B. Masken, Impfung, Corona-Testmöglichkeiten (I Soz. B, Z. 62; I Soz. C, Z. 120–124). Als Folge dieses gestiegenen Organisations- und Informationsaufwandes wird ein massiver Anstieg des Beratungsbedarfs beobachtet, der das Ungleichgewicht aus Beratungsangebot und -bedarf noch verstärkt habe. Mit Blick auf die von den Sozialarbeitenden so kategorisierten Personen lässt sich dies als Akt des *being done as being marginalized and dependent* verstehen: Im Kontext der Pandemie werden diese von Sozialarbeitenden als besonders *ausgeschlossen* vom Zugang zu einigen sozialstaatlichen Einrichtungen und Behörden und in der Folge als zunehmend *abhängig* von Akteur:innen Sozialer Arbeit beschrieben.[3]

2.3 Die Grenzen des Wohnungslosenhilfesystems im Lichte der Pandemie

Aus der Perspektive der befragten Sozialarbeiter:innen hat die COVID-19-Pandemie – wie unter einem Brennglas, das bestehende Probleme verschärft und so deutlicher sichtbar macht – aber letztlich auch grundsätzliche *strukturelle Defizite* offen-

---

3   An dieser Stelle sollen nicht die Wahrnehmungen der interviewten Sozialarbeiter:innen relativiert werden, die wichtige Problemanzeigen hinsichtlich der Auswirkungen der Pandemie zur Verfügung stellen. Im Rahmen dieser Problemanzeigen sollen aber ebenfalls die Kategorisierungen und Zuschreibungen von Sozialarbeiter:innen gegenüber ihren Klient:innen und deren Lebenssituationen dargestellt werden, um in den folgenden Kapiteln aufzuzeigen, inwiefern sich diese jeweils von der Selbstwahrnehmung wohnungsloser Forschungspartner:innen unterscheiden.

gelegt.[4] Kritisiert werden zum einen die besonderen Zugangsbeschränkungen zum Hilfesystem für Klient:innen ohne deutschen Pass: Dies betreffe laut Soz. A zum Beispiel hohe Anforderungen an digitale Kompetenzen oder die mangelnde Nutzung von sprachlicher Übersetzungsinfrastruktur in Behörden und Beratungsstellen.

Zum anderen würden sich aber auch in Bezug auf alle Klient:innen – mit und ohne deutschen Pass – besonders deutlich Spannungen zwischen individuellen Bedürfnissen und Strukturen des Hilfesystems zeigen: So beobachtet Soz. C beispielsweise, dass die Stadt Hamburg selbst in Pandemiezeiten noch auf *Massenunterkünfte* setze und erst spät auf öffentlichen Druck hin[5] und nur für eine geringe Personenzahl ein alternatives Angebot geschaffen habe (I Soz. C, Z. 231–282). Bezüglich der Unterbringung hätten einige Klient:innen ihre Bedürfnisse nun vehementer als zuvor eingefordert, was Soz. C so zusammenfasst: »Einzelunterbringung, dezentral, 24 Stunden, ohne Bedingung« (I Soz. C, Z. 247–268). Bezogen auf die Orientierung Sozialer Arbeit lässt sich die Zeit der Pandemie insofern auch als Impuls verstehen, Soziale Arbeit stärker an Bedürfnissen von Klient:innen zu orientieren – in Praxis (wie Soz. C fordert: I Soz. C, Z. 273–290) und Theorie (z.B. Staub-Bernasconi 2018: 86–92).

Fazit: Ihre Klient:innen beschreiben die interviewten Sozialarbeitenden hier als strukturell teils ausgeschlossen, abhängig von Strukturen des Hilfesystems, demgegenüber aber auch besonders widerstandsfähig – im Sinne Hirschauers lässt sich dies aus Perspektive der Klient:innen als Akt des *being done as being partly excluded and dependent while being done as being resilient* verstehen. Wichtiger als die detaillierte Bezeichnung erscheint die ihr zugrundeliegende Beobachtung, dass Sozialarbeitende ihre Klient:innen im Zuge der Pandemie vor allem auf ihre Vulnerabilität hinsichtlich struktureller gesellschaftlicher Ausschlüsse und ihre individuellen Fähigkeiten, mit diesen umzugehen, hin klassifizieren.[6] Einen Kontrast bilden demgegenüber die Auswirkungen, die viele wohnungslose Forschungspartner:innen selbst der COVID-19-Pandemie in Bezug auf ihre Lebenssituationen zuschreiben. Wie gezeigt

---

4   Dass viele dieser von Ungleichheit geprägten Strukturen während der Pandemie lediglich verstärkt wurden, die je ursächlichen gesellschaftlichen, ökonomischen und politischen Rahmenbedingungen aber bereits vor Pandemiebeginn existierten, zeigt u.a. Butterwegge eindrucksvoll (Butterwegge 2021).

5   Soz. C kritisiert hier die Reaktion der Hamburger Stadtpolitik als zu zögerlich angesichts 26 kältebedingter Todesfälle wohnungsloser Personen [Anm.: gemeint zu sein scheint die Zeit von Wintereinbruch 2020] bis Februar 2021 (I Soz. C, Z. 260).

6   Auch hier sollen nicht die Wahrnehmungen der interviewten Sozialarbeiter:innen mit Blick auf die pandemischen Folgen infrage gestellt werden. Deutlich herausgearbeitet werden sollen aber zugleich die unterschiedlichen Klassifizierungen und die Kontraste zwischen Fremd- und Selbstbeschreibungen von wohnungslosen Forschungspartner:innen, die in diesem Zuge entstehen.

wird, betreffen diese Zuschreibungen, welche tendenziell die Relevanz der Pandemie relativieren, nicht nur die Folgen der pandemischen Situation, sondern es zeigen sich darin auch Selbstbeschreibungen der eigenen Person (z.B. als nicht betroffen von oder in Kontrolle über die Auswirkungen des pandemische Geschehens).

3. Auswirkungen der COVID-19-Pandemie aus der Perspektive wohnungsloser Forschungspartner:innen

Die Perspektiven der Sozialarbeitenden werden nun mit den Perspektiven von wohnungslosen Forschungspartner:innen ins Gespräch gebracht. Fokussiert wird dabei, welche Relevanz diese selbst den Auswirkungen der Pandemie zuschreiben. Gegenüber dem ersten Abschnitt unterscheidet sich dieses hinsichtlich der Datengrundlage – Beobachtungsprotokolle und Transkripte von Feldgesprächen – was wiederum Auswirkungen auf die Art der Darstellung hat. Statt einer systematisierenden Zusammenschau werden triangulierend explorative Tiefenbohrungen vorgenommen: Es wird exemplarisch verdichtet, was sich im Forschungsprozess an Perspektiven der beteiligten Forschungspartner:innen gezeigt hat. Die Namen der Forschungspartner:innen sind ausnahmslos durch Pseudonyme ersetzt.

3.1 Einschränkung der Einkommensmöglichkeiten

Bezüglich der Einschränkung materieller Ressourcen problematisieren beispielsweise Tobias und Hubert vor allem die beschränkten *finanziellen Erwerbsmöglichkeiten* (z.B. bezüglich Praktiken des sog. *Schnorrens*: BP Tobias19, Z. 129–133; FG Hubert2, Z. 71–73). Insofern beide Sozialleistungen beziehen, betrifft der Rückgang nur einen Teil der Einnahmen. Anders als bei sozialversicherungspflichtigen Tätigkeiten wird von keinen Maßnahmen berichtet, die diesen Ausfall ausgeglichen hätten.

3.2 Die Pandemie als eine Situation autoritär durchgesetzter Verhaltensvorschriften

Als unmittelbare Auswirkungen heben verschiedene Forschungspartner:innen autoritär durchgesetzte Verhaltensvorschriften bezüglich Hygiene- und Abstandsregeln oder dem Tragen medizinischer Masken sowie das Verbot, Alkohol zu konsumieren, hervor. Situativer Kontext ist der Aufenthalt in öffentlichen Einrichtungen oder an öffentlich zugänglichen Orten. Im Rahmen dieses Befundes sind zwei Aspekte bemerkenswert: Im Kontext ihrer Durchsetzung durch andere Akteur:innen werden die Vorschriften selbst sehr unterschiedlich bewertet. Piotr macht beispielsweise – im Kontext ihrer Durchsetzung durch Polizist:innen – die Abstands- und Maskenpflicht in ihrer Bedeutung für ihn selbst irrelevant: »For homeless people [...] we don't give a fuck about corona, you know. Because we stick together, like we smoke one cigarette, share with few people. [...] I think about corona, when police stop us, we have to put the mask, keep the *abstand* like last year, you know« (FG Mila/Piotr, Z. 47–51). Tobias markiert das Alkoholkonsumverbot, das ihm gegenüber mittels des Sanktionsinstruments Bußgeld durchgesetzt wird, als unangemessen:»Die haben gesagt, ich darf keinen Alkohol in der Öffentlichkeit trinken. Aber ich hab halt kein Zuhause, wo ich hingehen kann« (BP Tobias19, Z. 131). Hubert stellt die Maskenpflicht im Winternotprogramm als selbstverständliche Konvention heraus:»Nee, also wir müssen alle Masken tragen, ganz normal. Also wie sich das gehört, ne?« (FG Hubert2, Z. 6). Mila beschreibt die Pandemie als politisch motivierten *Fake*, die ihr in als unangenehm erlebten Maßnahmen mit Zwangscharakter begegnet: So kritisiert sie insbesondere die berufsbedingte Impfung ihres erwachsenen Sohnes oder beklagt den Zwang, in U-Bahnen Masken tragen zu müssen (FG Mila/Piotr, Z. 79–105).

Zweitens ist protokollübergreifend auffällig, dass Piotr, Mila, Hubert und Tobias den von ihnen (de-)thematisierten Vorschriften außerhalb der oben skizzierten Kontexte, in denen sie als einschränkende, teils sinnfällige Maßnahmen beschrieben werden, für ihre sozialen Interaktionen kaum Relevanz zuschreiben.

3.3 *Corona* als Anlass für Stigmatisierung

Tobias berichtet in amüsiertem Tonfall von Gammels[7] Erfahrung im Krankenhaus:

»Gammel geht ins Krankenhaus (lacht). Dann kommt der Arzt zu Gammel und sagt: ›Herr [Nachname], Sie haben Corona. Bitte fahren Sie mit der Bahn in das Krankenhaus.‹ (Tobias fängt an, laut zu lachen.) Ok. Ok. Ich fahr jetzt mit der Bahn und steck noch ein paar Leute [an]. [...] Aber [für] einen normalen Menschen [...], dich zum Beispiel, hätten Sie einen Krankenwagen gerufen, hätten sie dich in diesen Krankenwagen gepackt und dann wärst du [...] ins andere Krankenhaus gefahren (lacht). Aber ihn [...] schicken die (lacht), fahr mal mit der Bahn los. [...]«
Ich:»Aber warum haben die für ihn keinen Krankenwagen gerufen?«
Tobias (in genervtem Ton):»Weil der obdachlos ist. Kostet zu viel Geld. Keine Ahnung.« (FG Tobias1, Z. 132–144)

In der Analyse dieser Sequenz soll nicht beurteilt werden, ob das Agieren des Arztes *wirklich* diskriminierend war. Vielmehr soll Tobias in seinem Erleben der Situation als stigmatisierend ernstgenommen werden, indem skizziert wird, welche Kategorien er in Bezug auf *Corona*, Gammel und sich selbst geltend macht. In Tobias' Beschreibung wird *Corona* als Mitteilung eines Arztes, mit einer Krankheit infiziert zu

---

7   Der Spitzname ist pseudonymisiert, hinsichtlich seiner Bedeutung aber dem eigentlichen Spitznamen, mit dem sich Gammel mir vorgestellt hat, nachempfunden.

sein, thematisiert. Die Mitteilung bildet den Anlass für die Aufforderung, die Einrichtung zu verlassen. Problematisiert wird von Tobias allerdings nicht die exkludierende Geste an sich, sondern die sich darin ausdrückende Ungleichbehandlung Gammels. Gammel, dessen Spitzname ohnehin (Selbst-/)Stigmatisierungspotenzial in sich birgt, wird nun in Tobias' Beschreibung vom Arzt als der *obdachlose Andere* figuriert, dem aufgrund des ihm zugeschriebenen Stigmas der medizinische Transfer zwecks Kostenersparnis verwehrt wird. Interessant ist nun, dass Tobias selbst an der Stigmatisierung Gammels mitarbeitet, indem er ihn im Gegenüber zu mir als den nicht *normalen Menschen* kategorisiert. Tobias macht sich selbst dagegen auffällig wenig zum Gegenstand der Beschreibung: Er bleibt unsichtbar, macht sich nicht zum potenziellen Objekt der Stigmatisierung, sondern gibt sich lachend souverän und unbeeindruckt. Im weiteren Gesprächsverlauf mache ich Tobias dann doch zum Thema, indem ich ihn nach seinen eigenen Erfahrungen mit Ungleichbehandlung durch Krankenhaus und Ärzte (!) frage. Tobias teilt daraufhin energisch mit, dass er Ärzte »hasse«, weil sie »alles schlimmer« machen würden und »alle immer nur Geld verdienen« wollten (FG Tobias1, Z. 147–149).

Das Pandemiegeschehen wird so als Anlass der Stigmatisierung Gammels beschrieben, anhand derer Tobias sich eigener Souveränität, aber auch der Gründe für seine aversive Haltung gegenüber Vertreter:innen des Gesundheitssystems sowie der ausbeuterischen Haltung, die sie für ihn verkörpern, zu vergewissern scheint.

3.4 Die Pandemie als nicht- oder irrelevantes Geschehen

Das wohl interessanteste Ergebnis der Datenanalyse ist die Nicht-Thematisierung der Pandemie im Sinne des *not doing* sowie deren gezielte Dethematisierung im Sinne des *undoing*. So finden sich in den ca. 120 Beobachtungsprotokollen verhältnismäßig wenige Sequenzen, in denen die Pandemie samt ihren Auswirkungen von Forschungspartner:innen explizit zur Sprache gebracht wird.

3.5 Zwischenfazit

Einerseits beschreiben Sozialarbeitende und wohnungslose Forschungspartner:innen ähnliche Phänomene als Auswirkungen der COVID-19-Pandemie: So heben Gesprächspartner:innen beider Zielgruppen vor allem für den Beginn drastische Einschnitte im Hinblick auf Einnahmen und Ausstattung mit materiellen Ressourcen hervor. Andererseits werden unterschiedliche Phänomene relevant gemacht. Die interviewten Sozialarbeitenden betonen, wie ihre Klient:innen in Form von zusätzlichen Zugangsbeschränkungen zu verschiedenen Einrichtungen eingeschränkt wurden im Sinne des *being done as being affected by the pandemic*.

Demgegenüber heben die wohnungslosen Forschungspartner:innen zwei machtbezogene Aspekte besonders hervor: *Corona* begegnet als Anlass für Stigmatisierung sowie in Gestalt autoritär durchgesetzter Vorschriften, die im Kontakt mit öffentlichen Einrichtungen und durch den Aufenthalt an öffentlich zugänglichen Orten bedeutend werden. Neben der Betonung ihrer Relevanz im Sinne des *doing* machen die beteiligten Forschungspartner:innen die Pandemie bezüglich ihrer Auswirkungen auf die eigene Lebenssituation aber auch nicht relevant oder sogar gezielt irrelevant. Im Sinne Hirschauers lässt sich dies als Akt des *not doing* oder sogar *undoing being affected by the pandemic* verstehen. Dies steht in Spannung zur Relevanz, die Sozialarbeitende geltend machen, aber auch zur Bedeutung, die der COVID-19-Pandemie und ihren Folgen gesellschaftspolitisch gemeinhin zugeschrieben wird. In Abschnitt 4 und 5 wird deshalb nach Gründen für diesen Befund gefragt, indem exemplarisch Varianten entfaltet werden, wie Forschungspartner:innen die Bedeutung der Pandemie nicht thematisieren (4) oder sogar gezielt dethematisieren (5). Wie sich zeigen wird, lassen sich dabei trotz aller theoretisch nötigen Differenzierung die Kategorien Nicht-Thematisierung im Sinne des *not doing* und dezidierte Dethematisierung im Sinne des *undoing* nicht trennscharf unterscheiden, sondern weisen in den Praxisbeispielen einige Überschneidungen auf.

4. Die Pandemie als nicht thematisiertes Geschehen

Im Folgenden werden zunächst zwei Varianten präsentiert, in denen Forschungspartner:innen im Sinne des *not doing* die Auswirkungen der Pandemie als für sie nicht bedeutsam markieren.

4.1 Variante 1: »Aber Einschränkungen habe ich da eigentlich nicht so wahrgenommen«

Hans erlebt vor allem die Zeit der ersten Lockdowns als pandemiegeprägte Zeit, da er und sein Mitbewohner sich verpflichtet fühlten, die meiste Zeit im gemeinsam bewohnten Container zu bleiben. Beschäftigt hätten sie sich mit Fernsehen und Radio hören. Im weiteren Pandemieverlauf scheint sich Hans hinsichtlich der Gestaltung seiner Tagesstruktur dagegen kaum noch als eingeschränkt zu erleben: »Ich bin trotzdem jeden Tag zu [Name Supermarkt] gegangen oder was weiß ich wohin und hab meine Einkäufe erledigt. [...] Ich bin zwar nie viel unterwegs gewesen oder so. Aber Einschränkungen habe ich da eigentlich nicht so wahrgenommen« (FG Hans2, Z. 65f.). Hans scheint die Möglichkeiten seiner Alltagsgestaltung während der Pandemie als nicht besonders begrenzt zu empfinden. Tatsächlich kann er aufgrund einer körperlichen Erkrankung nur kurze Strecken zu Fuß zurücklegen. In Beobachtungsprotokollen zeigt sich, dass er seine finanziellen Ressourcen vor allem in Essen, Zigaretten und Alkohol investiert. Und auch sein Kontakt mit Personen des näheren sozialen Umfeldes beschränkt sich mit dem Supermarkt, dem Wohncontainer und öffentlich zugänglichen Plätzen auf soziale Räume, die für ihn während der Pandemie weiterhin zugänglich sind, während er an vielen von Einschränkungen betroffenen sozialen Räumen nicht teilzuhaben scheint.

Andersherum zeigen sich im Spiegelbild der von Hans erlebten Nicht-Relevanz, also im *not doing being affected by the pandemic*, ebenso meine normativen Erwartungen als Forscher: Vor dem eigenen Erfahrungshintergrund medialer Omnipräsenz der Pandemie, Einschnitte bezüglich beruflicher und privater Praxisroutinen oder der Angst vor dem Infektionsgeschehen müsse sich doch auch in Hans' Alltagswelt ein radikaler Wandel vollzogen haben. Meine eigene normative Erwartungshaltung lässt die Erfahrungsperspektive von Hans überhaupt erst überraschend erscheinen. So wirft die Irritation über die Nicht-Thematisierung der Pandemie die Frage nach meinen normativen Erwartungen als Forscher auf.

4.2   Variante 2: »We don't give a fuck about corona, you know«

Nicht relevant gemacht werden die Auswirkungen des Pandemiegeschehens von einigen Forschungspartner:innen auch deshalb, weil anderen Problemlagen oder Bedürfnissen mehr Priorität zugewiesen wird. So wird im Rahmen der vielfältigen Beobachtungsprotokolle selten Phänomenen Bedeutung zugeschrieben, die in engem Zusammenhang mit der Pandemie als Infektionsgeschehen, den damit verbundenen Maßnahmen zur Eindämmung, mit medialen Diskursen oder mittelfristigen gesellschaftspolitischen Entwicklungen stehen. In den Feldgesprächen werden demgegenüber vielfältige andere Problemlagen relevant gemacht: Tobias macht sich Sorgen um seine Beziehung zu seiner Partnerin wegen einer bevorstehenden mehrjährigen Haftstrafe und hat Angst zu erblinden (FG Tobias2, Z. 62f.); Hubert fühlt sich allein, nachdem zu Beginn der Pandemie sein langjähriger Plattenkollege Roland stirbt (FG Hubert2, Z. 39); Ede äußert bei unseren Treffen wiederholt Suizidgedanken und den Eindruck, sein soziales Umfeld habe sich schon vor Pandemiebeginn zurückgezogen. Vor dem Hintergrund dieser Problemlagen tritt die Sorge vor einer Coronainfektion oder den Auswirkungen der Maßnahmen zur Eindämmung in den Hintergrund. Wo nicht mangelnde Berührungspunkte mit den – direkten und indirekten – Folgen der Pandemie Grund für die erlebte Nicht-Relevanz sind, sondern das emotionale und kognitive Übergewicht anderer Problemlagen, ließe sich dieser Modus auch als eine Art *trying doing normality* deuten: Das Ausblenden der medial vielfach transportierten Krise würde dann Ressourcen schützen, um andere Alltagsprobleme zu bearbeiten.

Neben der Priorität anderer *Problemlagen* zeigen sich in den Beobachtungsprotokollen aber auch andere *Bedürfnisse*, die mehr Gewicht haben als die Sorge vor den Folgen der Pandemie. Für Mila und Piotr wird *Corona* erst Thema, wenn die Polizei sie darauf hinweist, dass für das Zusammensitzen in der Gruppe Abstands- und

Maskenpflichten gelten (vgl. Abschnitt 3.2.). Auch für Hans zeigt sich protokollübergreifend, wie wichtig es ihm ist, mit Bekannten zusammenzusitzen, zu erzählen und gemeinsam Zigaretten oder Alkohol zu konsumieren, die neben der Suchtbefriedigung auch eine wichtige soziale Funktion für ihn zu haben scheinen. Wo beide Bedürfnisse miteinander in Konflikt geraten, scheint – gemessen an Hans' Verhalten – die gemeinsame Praxis des Zusammensitzens und Konsumierens schlichtweg eine höhere Priorität zu haben als beispielsweise der Infektionsschutz (z.B. BP Hans41).

5. Die Pandemie als gezielt dethematisiertes Geschehen

Neben dem Eindruck, dass pandemiebedingte Auswirkungen für die eigene Person unbedeutend (gewesen) sind, finden sich in den Feldgesprächen aber auch Versuche, deren Bedeutung im Sinne des *undoing* gezielt herunterzuspielen. Auch diese Varianten werden im Folgenden kurz skizziert.

5.1 Variante 1: »Die wollten mich nicht rauslassen und ich wollte unbedingt eine rauchen. Da bin ich einfach abgehauen!«

Der Anlass für ihre Dethematisierung ist in einer ersten Variante der Protest gegen einen angstgeleiteten Umgang mit der Pandemie, hier im Kontext von Maßnahmen des Krankenhauspersonals zum Infektionsschutz:

Ich sitze auf der Betonmauer direkt neben Gammel. Einige Treppenstufen weiter unten steht ein Mann, dessen Alter ich auf 35–40 Jahre schätze. Er ist selbst nicht wohnungslos, hält sich aber gelegentlich hier bei der Gruppe auf. Der Mann mischt sich in unser Gespräch ein.
Mann (lachend zu mir): »Oah, du bist ganz schön mutig! [...] So nah würde ich nicht mehr gehen. [...] Nicht mutig wegen was passiert [...] Die kloppen sich nur untereinander manchmal. Aber sonst anderen tun die nichts. [...] Warum du so nah mit denen...? Weil es ist doch Corona, ob man geimpft ist.« [...]
Gammel: »Ich bin genesen. Ich bin genesen.« [...]
Ich: »Ja, ich hab sonst mit Hubert viel rumgehangen und so.« [...]
Mann: »Ich kenn' die alle nicht. [...] Ich bin nur manchmal so hier.«
Gammel: »Ey, wir dachten vor kurzem so: ›Es gibt kein Corona.‹«
Mann (in energischem Tonfall): »Doch, natürlich gibt's Corona, Mann.«
Gammel: »›Ich krieg Corona. Ich krieg Corona.‹ So.« (Gammel lacht)
Mann: »Es gibt Corona!«
Gammel: »Ja, ja. Ich war im Krankenhaus. (Mann: Gibt's aber.) Ich war eine Woche im Krankenhaus. [...] Bis ich genesen bin. Jetzt habe ich drei Monate Zeit, dann soll ich mich impfen lassen. [...] Ja, die wollten mich nicht rauslassen und

ich wollte unbedingt eine rauchen. Da bin ich einfach abgehauen.«
Mann (in ironischem Tonfall): »Abgehauen? (Gammel lachend: Ja.) Das ist Verstoß gegen das Seuchenschutzgesetz. Das ist ganz schlimm. [...] Da kommen gleich die Bullen, Alter. Wenn du Pech hast, kriegst du einen Arsch voll noch.«
Gammel: »[...] Die anderen haben mir einen Krankenwagen gerufen. Die haben mir einen weißen Anzug angezogen, so.« (Mann lacht schrill auf: »Ahaha!«)
Gammel (lacht): »Und die haben mich wieder mitgeschleppt.« Der Mann klatscht in die Hände und stößt einen vergnügten Ton aus.
Mann: »Hast du hier so einen [...] Dinger aufgekriegt? So einen Sack, so einen durchsichtigen?« [...]
Gammel: »Ich durfte nachher auch wieder rauchen gehen. Aber ich sollte mir so einen komischen Pelz anziehen, so, Mütze aufziehen, Mundschutz, Gummihandschuhe, und dann durfte ich rauchen gehen so. [...] Das einzige, was gut war, [waren] die Mahlzeiten so.« (FG Gammel1, Z. 26–65)

Zu Beginn der Szene wird Gammel von dem Mann zur Projektionsfläche des *Anderen* gemacht, indem er mit einem wiederum vom Mann konstruierten Kollektiv (FG Gammel1, Z. 34: »die«; Z. 36: »denen«) identifiziert wird, dass sich durch eine – wenn auch auf gruppeninterne Interaktion beschränkt – erhöhte Gewaltbereitschaft, wenig Impfbereitschaft und ein erhöhtes Infektionsrisiko für das soziale Umfeld auszeichne. Das stigmatisierende Zerrbild wird hier auch gegenüber der Kontrastfolie meiner Person konstruiert, die vom Mann als gefährdetes Gegenüber inszeniert wird, ohne dabei einer spezifischen Gruppe zugeordnet zu werden. In der Zurückweisung der ihm zugeschriebenen Eigenschaft, besonders infektiös zu sein, bedient sich Gammel argumentativ Logiken des öffentlich-medialen Diskurses: *Genesen* gilt als ein Status, der die so klassifizierte Person als infektiös ungefährlich einstuft. Gammels Reaktion ist insofern interessant, als er die stigmatisierende Zuschreibung an sich – die sich, vom Mann nicht verbalisiert, vermutlich als *being done as being homeless* beschreiben ließe – nicht infrage stellt, sondern lediglich die ihm im Zuge dessen ebenfalls zugeschriebene Eigenschaft zurückweist, besonders infektiös zu sein. Gammel scheint an den Umgang mit dem ihm zugeschriebenen Stigma gewöhnt zu sein, er reagiert zumindest nicht sichtbar emotional erregt oder abwehrend. Gammels Reaktion ist insofern bemerkenswert, als klassische ethnografische Ansätze zum Umgang mit Stigmatisierung den emotionalen Handlungsdruck tendenziell auf Seiten der stigmatisierten Person verorten. So skizziert beispielsweise Goffman das *Täuschen* und *Kuvrieren* (Goffman 2014: 94–131) als Bewältigungsstrategien im Umgang mit sichtbaren Bezugspunkten von Stigmata. In dieser Sequenz scheint sich dagegen eher der Mann herausgefordert zu sehen, emotional auf seine stigmatisierenden Zuschreibungen gegenüber Gammel zu reagieren. So grenzt er sich vor mir als beobachtendem Ethnografen sprachlich gleich mehrfach als nicht zugehörig gegenüber Gammel und den anderen Anwesenden ab (FG Gammel1, Z. 31; 34; 36; 44). Die Pandemie wird so in diesem Abschnitt – als gesundheitsgefährdendes Infektionsgeschehen relevant gemacht – zum Anlass, Gammel als den *bedrohlichen Anderen* zu inszenieren, dessen (körperliche) Nähe man besser meidet. Im weiteren Verlauf verkehren sich die Zuschreibungen dessen, wer als *normal* und wer als der normabweichend *Andere* gilt, aber zunehmend. Der Mann karikiert dabei *Corona* vor allem als staatlich verordnetes Regelwerk, das in biederer Ernsthaftigkeit und autoritärem Gestus (»Arsch voll«; »Bullen«) durchgesetzt wird. Gammel macht demgegenüber das Krankenhauspersonal zu den *Nicht-Normalen*: Ihr Habitus wird als übertrieben vorsichtig und derart skurril beschrieben, dass sie beim Mann intensives Lachen auslösen. So bleibt in Gammels Beschreibung auch unklar, welchem Zweck die als aufwendig gekennzeichneten Maßnahmen überhaupt dienen sollen. In Bezug auf *Corona* begegnet Gammel in dieser Szene nicht eine gesundheitsgefährdende Infektionskrankheit, sondern die von ihm als skurril beschriebenen Vorschriften und Maßnahmen anderer. Im Befolgen der vom Krankenhauspersonal verordneten Vorschriften beschreibt sich Gammel in einer handlungsbezogen durchweg passiven Rolle, der er in weiten Teilen aber nachkommt: Er »soll« sich impfen lassen, andere »haben« den Krankenwagen gerufen, die Krankenhausangestellten »haben mir einen weißen Anzug angezogen«, »mich wieder mitgeschleppt« und »ich sollte mir so einen komischen Pelz anziehen« (FG Gammel1, Z. 50–61). So kehren sich die Zuschreibungen, wer als *normal* und wer als *anders* zu gelten hat, um: Nicht mehr Gammel ist als Projektionsfläche für stigmatisierende Zuschreibungen *der Andere*, sondern das medizinische Personal wird in Gammels Beschreibung zu *den Anderen* gemacht, die mit ihren angstgeleiteten Maßnahmen überzogen reagieren. Ihren Versuchen, Gammel als Coronapatienten wiederum zu *dem Anderen* zu machen, widersetzt sich dieser souverän durch Zigarettenkonsum. Gammels Beschreibung des angstgeleiteten Verhaltens des Krankenhauspersonals ließe sich darüber hinaus aber auch als Kritik an der verrückt gewordenen *Normalgesellschaft* verstehen, was wiederum eine protestierende Verweigerung impliziert, an der eigenen Stigmatisierung – also dem *being done as being different* – mitzuarbeiten. Mit Hirschauer ließe sich Gammels Protest also als *undoing being (done as being) different* beschreiben – eine Art kommunikative Selbstermächtigungsstrategie gegenüber stigmatisierenden Zuschreibungen. So verstanden ließe sich Gammels Protest nicht nur auf die Maßnahmen an sich beziehen, sondern auch auf die damit einhergehende Stigmatisierung, die ihn zu *dem Anderen* macht.

5.2 Variante 2: »Ich brauche keine Hilfe, ich krieg mein Leben selbst auf die Reihe!«

Die Dethematisierung der Pandemie lässt sich im Datenmaterial aber auch als Inszenierung eigener Unabhängigkeit – als *doing being in control* – beobachten. So berichtet Tobias zwar von einem starken Rückgang finanzieller Ressourcen – wobei unklar bleibt, ob dies ihn selbst oder sein soziales Umfeld betrifft. Grundsätzlich könne ihm die Pandemie aber weder gesundheitlich noch bezüglich der Verfügbarkeit (lebens-)wichtiger Ressourcen etwas anhaben:

> »Wenn du obdachlos bist, hast du ein gutes Immunsystem. Dann bist du gewohnt, dich durchzukämpfen. [...] Ich bin versorgt: Ich hab meinen Wodka (Tobias zeigt mir die Flasche), hab meinen Kiosk [Anm.: bei dem Tobias sein Geld am Monatsanfang hinterlegt und im Gegenzug Wodka beziehen kann.]. [...] Verhungern kannst du hier in [Stadt] sowieso nicht. [...] Wer hier verhungert, ist dumm« (BP Tobias19, Z. 135–138).

Tobias identifiziert die Pandemie sowohl als gesundheitliches Risiko als auch als potenzielle Bedrohung für die Ausstattung mit wichtigen materiellen Ressourcen, relativiert aber beide Gefahren angesichts der Ressourcen, die er für sich in Anspruch nimmt: ein gutes Immunsystem, Organisationstalent und Grips. Er inszeniert sich so als unabhängige Kämpfernatur, die die potenziellen Risiken der Pandemie unter Kontrolle hat. Die als Risikoschutz wirksamen Merkmale, die sich Tobias selbst zuschreibt, zielen dabei auf eine gute körperliche Gesundheit (BP Tobais1, Z. 135), eine ausreichende Ausstattung mit Nahrung und Alkohol (BP Tobias1, Z. 136–138) sowie eine auf Erfahrung beruhende mentale oder körperliche Anpassungsfähigkeit in Krisenzeiten (BP Tobias1, Z. 135). Interessant ist, dass Tobias dabei Merkmale nennt, die er teilweise nicht selbst beeinflussen kann, um zu zeigen, dass er die Situation unter Kontrolle hat. *Dass* die Pandemie für Tobias überhaupt ein potenzielles Reizthema darstellt, zeigt sich eher in Nebensätzen, wenn Tobias im Rahmen des Rückgangs finanzieller Einnahmen von »dieser Coronadreckszeit« (FG Tobias1, Z. 112) spricht oder sich genervt von wiederholten Bußgeldern zeigt, weil er in der Öffentlichkeit Alkohol konsumiert hat (BP Tobias19, Z. 131). Auch auf meine penetranten Versuche, das Gespräch auf pandemiebedingte Veränderungen zu lenken, reagiert Tobias genervt: »Verpiss dich jetzt einfach! Ich hab keinen Bock...« (FG Tobias1, Z. 193). Um den eingangs skizzierten Modus des *doing being in control* besser zu verstehen, lohnt sich ein protokollübergreifender Blick in eine andere Sequenz. In dieser inszeniert sich Tobias als souverän, indem er ebenfalls *doing being in control* performt:

> Ich sehe Tobias auf dem Rückweg vom Kiosk an einer Hauswand lehnen. Nach kurzer Begrüßung berichtet er mir, dass sein Schienbein gebrochen sei. Tobias setzt einen Schritt nach vorne, seine Gesichtszüge verzerren sich schmerzhaft. Tobias setzt zwei weitere Schritte: Er stößt einen schmerzerfüllten Laut aus. Mit aufmerksamem Blick gehe ich neben ihm her: »Wenn du willst, kannst du dich auch einhaken.«
> Tobias (in freundlichem, aber bestimmendem Ton): »Ich brauche keine Hilfe, ich krieg mein Leben selbst auf die Reihe. Ich bin nüchtern genug.« (FG Tobias1, Z. 37–41)

Bei aller Verschiedenheit der Sequenzen lassen sich doch gewisse Parallelen identifizieren: Auch in dieser Szene managt Tobias eine potenziell als Einschränkung
erlebte Krankheit, indem er ihren Einfluss auf seine Situation relativiert. Irrelevant
macht Tobias dabei aber nicht die körperliche Einschränkung selbst, sondern vielmehr seine eigene Angewiesenheit auf Unterstützung anderer. Als interpretative
Lesehilfe für die erste Sequenz zeigt diese Szene, dass Eigenständigkeit und Nicht-
Angewiesenheit auf die Unterstützung anderer wichtige Werte für ihn zu sein scheinen. Wenn Tobias sich also als gesundheitlich stark bzw. nicht gefährdet (FG Tobi-
as1, Z. 135), krisenerprobt (FG Tobias1, Z. 135) und materiell ausreichend ausgestattet
(FG Tobias1, Z. 136–138) beschreibt, lässt sich dies auch als Selbstmitteilung verstehen, dass er *nicht* auf die Unterstützung anderer angewiesen sei. So interpretiert,
lässt sich die Dethematisierung der Pandemie auch als protestierender Gegenentwurf zu allen (potenziell stigmatisierenden) Selbst- und Fremdzuschreibungen verstehen, die Tobias als *den (vermeintlich) Hilfebedürftigen* figurieren wollen.

6. Ausblick

Abschließend werden aus seelsorgetheoretischer Perspektive[8] Konsequenzen zum
Umgang mit Themenbereichen skizziert, die in der Beratungspraxis Sozialer Arbeit
von Personen ohne Unterkunft im Sinne des *undoing* heruntergespielt werden. Ausgehend vom Beispiel der Sequenzen zu Tobias werden im Folgenden die Fragen entfaltet, ob Dethematisiertes zum Gegenstand von Beratungsgesprächen im Rahmen
Sozialer Arbeit gemacht werden *sollte* und *kann*.

6.1 *Soll* das Dethematisierte überhaupt zum Gegenstand Sozialer Arbeit werden?

Am Beispiel Tobias hat sich gezeigt, dass die Performance von *being in control* einen
Schutz vor machtbedingten Beziehungsgefällen sowie für intime oder sogar scham-
behaftete Themenbereiche bieten kann. Was genau Tobias in dieser Sequenz tatsächlich veranlasst hat, die Auswirkungen der Pandemie herunterzuspielen und wie
er selbst die Situation wahrgenommen hat, bleibt letztlich unentscheidbar. Gerade
deshalb aber gilt es, die Deutungshoheit von Tobias über seine Lebenssituation zu
achten: Wenn Tobias die Zeit der Pandemie als für ihn folgenlos markiert, gilt es, –
trotz aller wahrgenommenen Versuche des kommunikativen *undoing* – dies als au-
thentischen Ausdruck seines Erlebens zu respektieren. Dies bedeutet nicht, dass das
Narrativ, alles unter Kontrolle zu haben, nicht auch in Frage gestellt werden darf, um

---

8   In der sich der Autor dieses Beitrags verortet.

über die möglicherweise dahinterliegenden Themen ins Gespräch zu kommen. Leitend sollte aber die Frage sein, ob Tobias selbst diesbezüglich ein kommunikatives Bedürfnis signalisiert oder nicht. Als Herausforderung erlebt dies z.b. Soz. C in Situationen, in denen Klient:innen gar nicht über bestimmte Probleme sprechen wollen, Soz. C sich durch die Zweckorientierung der Beratungspraxis aber »gezwungen« sieht, auf dieses Thema zu sprechen zu kommen (I Soz. C, Z. 34f.).

6.2 *Kann* das Dethematisierte zum Gegenstand Sozialer Arbeit werden?

Zweitens ist aber auch die gegenläufige Frage, wie Personen als irrelevant markierte Themenbereiche in einem geschützten Rahmen von sich aus überhaupt in die Beratungsarbeit einbringen *können*, mit grundlegenden Herausforderungen konfrontiert. So bilden für Soz. C neben dem als zu sehr zweck- und problemorientiert beschriebenen Gesprächsrahmen (I Soz. C, Z. 17–21) auch mangelnde zeitliche Ressourcen eine Herausforderung:»Und dann sind da Gespräche dabei, die dauern fünf Minuten, zehn Minuten, fünfzehn Minuten, fünf Minuten, zwei Minuten, [...] aber so Gespräche, die 30, 60 Minuten gehen, die kann ich mir gar nicht leisten an dem Tag [Anm.: Montag], weil vor der Tür die Hölle brennt« (I Soz. C, Z. 57f.).

Kompliziert kann sich die Kommunikation über sensible Themenbereiche und Lebensbereiche, die hinter heruntergespielten Problemlagen stehen können, aber auch deshalb gestalten, weil eingeübte *Rollenkonstellationen* mit damit einhergehenden *Haltungen* ein großes Hindernis bilden. So beschreibt Soz. C, dass zweck- oder problemorientierte Rollenmuster auch eine strukturell verankerte Dimension haben:»Es fängt schon bei der Ausbildung der Sozialen Arbeit [...] an, dass wir einfach fallbasiert, also im Sinne von Fallpauschalen wie im Krankenhaus [...] die Menschen nicht mehr als Mensch sehen, sondern die Probleme, die die Person mitbringt [...] nicht ver-*menschlichen*, sondern ver-*dinglichen*. [...] In der reinen Theorie, in der Sozialen Arbeit [...] kriegt man das alles mit. So, aber dadurch, wie unser Sozialsystem auch aufgebaut ist, muss man sich ganz schnell von diesen idealistischen [...] Dingen auch verabschieden« (I Soz. C, Z. 50–53).

Abschließend wäre also zu fragen, wie sich die von Klient:innen dethematisierten Lebensbereiche einerseits im Sinne persönlicher Grenzen schützen lassen, andererseits trotz knapper Ressourcen zum Gegenstand von Beratung werden können. Dies wirft allerdings auch die strukturbezogene Frage auf, wie problem- und zweckorientierte Rollenkonstellationen aufgeweicht oder verändert werden können. Beides – die Notwendigkeit, die als irrelevant markierten Themenbereiche zu schützen, und die Frage, wie diese dennoch zum Gegenstand von Beratung werden können – verweist also auf die Frage nach den strukturellen Bedingungen und den wechselseitig erlernten Rollenmustern im Beratungskontext Sozialer Arbeit.

Literaturverzeichnis

Breuer, Franz et al. (2019): Reflexive Grounded Theory, 4. Aufl., Wiesbaden: Springer VS.

Butterwegge, Christoph (2021): Das neuartige Virus trifft auf die alten Verteilungs-mechanismen: Warum die COVID-19-Pandemie zu mehr sozialer Ungleichheit führt, in: Wirtschaftsdienst 1/2021, 11–14.

Goffman, Erving (2014): Stigma. Über Techniken der Bewältigung beschädigter Identität, 22. Aufl., Frankfurt a.M.: Suhrkamp.

Harten, Jan (2023): Un/doing stigma: Fremd- und Selbstbilder wohnungsloser For-schungspartner:innen unter dem pandemischen Brennglas, in: Villa Braslavsky, Paula-Irene (Hg.): Polarisierte Welten: 41. Kongress der Deutschen Gesellschaft für Soziologie in Bielefeld vom 26. bis 30. September 2022.

Hirschauer, Stefan (2014): Un/doing Differences. Die Kontingenz sozialer Zugehö-rigkeiten, in: Zeitschrift für Soziologie 43 (3), 170–191.

Hirschauer, Stefan/Boll, Tobias (2017): Un/doing Differences. Zur Theorie und Em-pirie eines Forschungsprogramms, in: Hirschauer, Stefan (Hg.): Un/doing dif-ferences. Praktiken der Humandifferenzierung, Weilerswist: Velbrück Wissen-schaft, 7–26.

Staub-Bernasconi, Silvia (2018): Soziale Arbeit als Handlungswissenschaft. Auf dem Weg zu kritischer Professionalität, 2. Aufl., Opladen & Toronto: Verlag Barbara Budrich.

Wohnungslos in Göttingen in Zeiten der Pandemie
Zwischen Desaster und Endstation *Problemimmobilie*

Christian Hinrichs und Timo Weishaupt

1. Einleitung[1]

Wem die südniedersächsische Universitätsstadt Göttingen mit ihren rund 134.000 Einwohner:innen in den Sinn kommt, assoziiert den Ort sehr wahrscheinlich mit Bildung und Forschung, mit der historischer Kulisse einer pittoresken Altstadt oder mit der florierenden Fußgängerzone samt Gänseliesel-Brunnen auf dem Marktplatz. Trotz dieser idyllischen Bilder geraten auch in Göttingen Menschen in Wohnungslosigkeit, müssen auf der Straße oder in Notunterkünften nächtigen oder kommen vorübergehend bei Bekannten unter, wobei die Gefahr besteht, dass Hilfesuchende mitunter in schwerwiegende Abhängigkeitsverhältnisse hineinschlittern können. Wohnungslos zu sein bringt betroffene Menschen in eine besonders schwierige Lebenslage und das tägliche Organisieren des Überlebens dominiert häufig den Alltag. Nicht grundlos hat deswegen Georg Simmel Obdach- und Wohnungslosigkeit gar als »das extremste Phänomen der Armut« (Simmel 1908: 373) bezeichnet. Die Auswirkungen der Covid-19 Pandemie erschweren zusätzlich das Leben dieser Menschen, doch das Wissen darüber, wie sich Lebenslagen, soziale Beziehungen und auch das Hilfsangebot verändern, ist noch weitgehend unerforscht und – so die These – unterscheidet sich stark zwischen Kommunen, weswegen lokale Fallstudien wichtige Einblicke in institutionelle Gemeinsamkeiten und Unterschiede bieten. In diesem Beitrag rekonstruieren wir daher zunächst, wie die Göttinger Wohnungslosenhilfe und die Stadtpolitik auf die sich verschärfenden sozialen Herausforderungen in der Pandemie reagiert haben. Göttingen ist aus zweierlei Hinsicht ein »crucial case« (George/Bennett 2005). Zum einen verharrt die Zahl wohnungsloser Menschen trotz eines gut ausgestatteten Hilfesystems auf einem hohen Niveau. Welche Versorgungslücken und Hürden sind diesbezüglich relevant? Zum anderen zeigt die Situation in dieser Stadt exemplarisch auf, wie

---

1   Dieser Artikel entstand im Kontext des von der DFG geförderten Projekts »Selber schuld, ... oder? Eine vergleichende, stadtsoziologische Erklärung von Wohnungslosigkeit im Wechselspiel individueller, institutioneller und struktureller Faktoren« (Projektnummer 441782944).

die bundesweit in Verruf geratenen *Problemimmobilien* für viele unserer akut oder ehemals wohnungslosen Interviewpartner:innen oftmals die einzige (bezahlbare) Möglichkeit darstellen, auf dem Göttinger Wohnungsmarkt eine Bleibe und damit einen Ausweg aus der Wohnungslosigkeit zu finden. Wir machen uns den Terminus *Problemimmobilie* nicht zu eigen, sondern verstehen das Geschehen seit den 1990er Jahren rund um diese Wohnhäuser als Akte der Herstellung von Orten territorialer Stigmatisierung (Wacquant 2018). Damit werden diese stigmatisierten Wohnadressen selbst wiederum zu einer Ursache für soziale Ausgrenzung. Das Abrutschen ihrer Bewohner:innen in (sowohl erstmalige als auch wiederholte) Phasen der Wohnungslosigkeit bleibt eine stetige Gefahr. Mit diesem umfassenden Blick, der über die wohnungslosen Individuen hinausgeht und damit auch das Hilfsangebot des Wohnungslosenhilfesystems, der städtischen Sozialpolitik als auch des Göttinger Wohnungsmarktes nicht außer Acht lässt, gelingt es uns, eine konzise Analyse des Göttinger Falls vorzulegen.[2]

2. Hilfsangebote in Göttingen unter Corona-Bedingungen

2.1 Stadtportrait: Es ist nicht alles Gold, was glänzt

Der über 1000 Jahre alten Universitätsstadt Göttingen eilt der Ruf eines Ortes voraus, wo es sich gut und gerne leben lässt. Die über 30.000 eingeschriebenen Studierenden an den verschiedenen Hochschulen sowie deren Beschäftigte prägen nicht nur den universitären und studentischen Alltag, sondern auch Freizeit- und Kulturangebote, insbesondere in der Innendstadt. Die historische Altstadt, die sich vor allem durch ihre Fachwerkhäuser auszeichnet, wird durch den ehemaligen Stadtwall begrenzt und von einer langen Einkaufsstraße durchzogen. Auch im Hinblick auf die Mobilität bietet Göttingen aufgrund der geographischen Lage eine sehr gute Verkehrsanbindung in den Rest der Republik.

Doch auch eine so strahlende *Stadt, die Wissen schafft* – so der Slogan der Stadt – hat ihre Schattenseiten. Mit einem Anteil von knapp 25 % stellen Studierende eine in der Regel relativ finanzstarke Gruppe von Mieter:innen dar, welche für

---

2   Die empirische Evidenz dieses Beitrags basiert auf mehr als 25 Expert:innen-Interviews und zahlreichen (biographisch-)narrativen Betroffeneninterviews, die wir zwischen Oktober 2020 und Juli 2022 – zumeist in Präsenz – durchgeführt, aufgezeichnet, transkribiert und qualitativ inhaltsanalytisch nach Udo Kuckartz ausgewertet haben (Kuckartz 2018). Zudem stützt sich unsere Analyse auf eine systematische Durchsicht offizieller städtischer Dokumente, Zeitungsartikel sowie Online-Quellen, zahlreiche Beobachtungen von Sitzungen des kommunalen Ausschusses für Soziales, Integration, Gesundheit und Wohnungsbau und informierte Hintergrundgesprächen mit Göttinger Lokalpolitiker:innen und professionellen Fachkräften der Göttinger Wohnungslosenhilfe.

Vermieter:innen besonders attraktiv sind. Die mobilen und örtlich häufig nicht festgelegten Studierenden verweilen oft nur kurze Zeit in den Wohnungen, was regelmäßige Mieterhöhungen problemlos ermöglicht. Die Studierenden leben zudem oft in Wohngemeinschaften, was höhere Quadratmeterpreise erlaubt und verfügen zumeist über solvente Eltern im Hintergrund. Es überrascht daher kaum, dass Vermieter:innen Studierende gegenüber Menschen mit geringen Einkommen und/oder in Transferleistungsbezug präferieren. Der Humangeograph Michael Mießner bezeichnet diese »Studentifizierung« (Mießner 2019: 22) des Göttinger Mietwohnungsmarkt als eine spezifische Variante der Gentrifizierung, die auch und gerade dazu beiträgt, dass der Zugang zu preisgünstigem Wohnraum für soziökonomisch schwache Gruppen zu einer echten Herausforderung werden kann. Besonders prekär wird die Situation, wenn die Wartelisten der mehr oder weniger gemeinnützigen Städtischen Wohnungsbau Göttingen, der Wohnungsge-nossenschaft eG oder Volksheimstätte sehr lang sind, auch dort die Mieten steigen oder Personen aus verschiedenen Gründen als Mieter:innen nicht akzeptiert und bspw. aufgrund von Verschuldung, eines Schufa-Eintrags, des Nachnamens oder der Wohnanschrift diskriminiert und aussortiert werden. Im Rahmen unserer Forschung haben wir ein zweizeiliges Ablehnungsschreiben auf einen Mitglied-schaftsantrag bei der Wohnungsgenossenschaft eG sichten können, der über eine Einrichtung der Wohnungslosenhilfe verschickt wurde, und folgenden Wortlaut enthielt: »Sehr geehrte Damen und Herren, wir teilen Ihnen mit, dass uns In-formationen über Herrn Wagner [Namen geändert] vorliegen, die uns bewogen haben, ihn nicht als Mitglied aufzunehmen. Die Entscheidung ist abschließend. Mit freundlichen Grüßen ...«.[3] Wenn ohnehin benachteiligte Menschen selbst bei den nicht-profitorientieren Wohnungsanbietern der Stadt ohne Begründung abgelehnt werden – und den Wohnungssuchenden auch keine Gelegenheit geboten wird sich zu erklären – dann bleibt für diese Menschen meist nur noch Wohnraum in einer der sog. Göttinger *Problemimmobilien* (s. auch Abschnitt 4), die zum Teil seit Jahr-zehnten wiederholt in die Schlagzeilen geraten (s. bspw. Chlebosch/Stuckenberg 2022; Kettelhake 2005).

Wie viele Menschen ohne Mietvertrag in Göttingen leben, per Definition also *wohnungslos* sind, ist schwer zu beziffern, auch weil die meisten Menschen – vor al-lem Jugendliche und Frauen – verdeckt wohnungslos sind, also im Straßenbild nicht auffallen und überwiegend bei Bekannten informell unterkommen. In einem Inter-view mit dem Göttinger Tageblatt schätzt Mike Wacker, der Leiter der Straßensozi-alarbeit (bekannt als *Straso*) des Diakonieverbandes, dass es zwischen 200 und 250 solche Menschen gäbe. Laut Wacker sei die Zahl der »eigentlichen Wohnungslosen«, nämlich Menschen in den Wohnheimen, bei der Heilsarmee, in Notunterkünften

---

3   Alle Zitate wurden anonymisiert und Pseudonyme vergeben. Teilweise haben wir auch das Geschlecht der beteiligten Personen geändert.

wie am Maschmühlenweg, aber viel höher. Nach Schätzungen bewegt sich die Anzahl zwischen 500 und 1.000 Personen in der Stadt Göttingen (Lang 2021).

2.2 Das Janusgesicht des Göttinger Hilfesystems

Das Hilfsangebot in Göttingen ist einerseits sehr umfassend. Übernachtungsmöglichkeiten bietet neben der städtischen Notunterkunft im Maschmühlenweg (ca. 25
Minuten Fußweg vom Bahnhof, 35 Minuten von der Innenstadt), die Heilsarmee
direkt im Stadtzentrum sowie das Haus am Holtenser Berg der Diakonischen Gesellschaft im etwas außerhalb liegenden Stadtteil Holtensen. Als niedrigschwellige
Angebote bietet der Diakonieverband Göttingen einen Tagestreff für wohnungslose
Menschen (Straso) und das Drogenberatungszentrum (DroBZ) einen tagesstruktu-
rierenden Aufenthaltsort (Kontaktladen) an, während die Diakonische Gesellschaft
neben dem (stationären) Haus am Holtenser Berg auch eine ambulante Beratungsstelle, nahe der Innenstadt unterhält. Der Mittagstisch der Kirchengemeinde St.
Michael bietet neben einem täglichen kostengünstigen Mittagsessen – auch an allen
Sonn- und Feiertagen im Jahr – Raum für Begegnung und Seelsorge für Menschen,
die unter (chronischen) Erkrankungen und sozialer Isolation leiden. Der nahe der
Innenstadt liegende Verein Förderer – Wohnungslosenhilfe Göttingen stellt wiederum eine Vielzahl von niedrigschwelligen Beratungs- und Unterstützungsmöglichkeiten, Beschäftigungsmöglichkeiten, eine Kleiderkammer und einen kleinen Ge-
brauchtwarenladen bereit. Neben diesen Angeboten hält das städtische Hilfesystem eine spezialisierte Anlaufstellen für Haftentlassene, mehrere Schuldnerbera-
tung sowie Angebote der Jugendhilfe vor.

Trotz dieses umfangreichen Angebots gibt es im Göttinger Hilfesystem zahlreiche Defizite und Versorgungslücken. Die städtische Notunterkunft, ein ehemaliger
Kindergarten, liegt nicht nur deutlich außerhalb des Stadtkerns, was für mobili-
tätseingeschränkte Betroffene eine große Hürde darstellt. Das Gelände ist zudem
mit einem ca. 2,5 Meter hohen Zaun abgegrenzt und der Zugang wird durch einen
privaten Security-Dienst reglementiert. Die zu der Zeit noch gemischtgeschlecht-
liche Notunterkunft steht bei vielen der Betroffenen und Expert:innen, mit denen
wir gesprochen haben, in der Kritik, weil diese lediglich die vom Gesetzgeber aus
dem Gefahrenabwehr- und Ordnungsrecht hergeleiteten Mindeststandards bietet:
Es gibt keine Verpflegung, insbesondere Mehrbettzimmer, begrenzte Hygiene- und
Kochmöglichkeiten und nur minimale soziale Beratung (seit 2021 sucht ein Street-
worker der Stadt gelegentlich die Einrichtung auf). Dieses auf das vom Gesetzgeber
geforderte Minimum begrenzte Angebot wird im Interview von einem Kommunalpolitiker wie folgt begründet:

>»Es sind dann eben Notunterkünfte. Das heißt da ist 'ne gewisse Temperatur, da-
>für wird gesorgt, dass da niemand friert, da gibt es fließend Wasser – und nicht

nur von den Wänden – und Strom. Und das war's dann aber auch, klar« (Interview Exp. Nr. 101, Z. 326–329).

Der gut frequentierte, räumlich aber sehr beengte Tagestreff der Straso stellt *die* zentrale Einrichtung für wohnungslose Menschen dar und bietet Dusch- und Waschmöglichkeiten, Beratung und Wohnraumvermittlung, eine Posterreichbarkeitsadresse, günstige kalte und z.T. warme Verpflegung und zahlreiche Angebote von Ehrenamtlichen (wie bspw. Rechtsberatung, hausärztliche Versorgung oder eine Nähstube). Die Straso liegt jedoch 20 bis 25 Fußminuten außerhalb des Stadtkerns (und fußläufig fast eine Stunde von der städtischen Notunterkunft), hat nur eingeschränkte Öffnungszeiten und bleibt in den Abendstunden, an Wochenenden und Feiertagen geschlossen. Im Gegensatz zu anderen Städten ist die Bahnhofsmission in Göttingen räumlich nur knapp bemessen – ein kleines Häuschen zwischen zwei Gleisen – und kann neben warmen Getränken und Snacks vor allem ein offenes Ohr, Hilfe zur Selbsthilfe bzw. Weitervermittlung bieten. Es gibt aber keinen Tagesaufenthalt und keine Übernachtungsmöglichkeiten. Daher wird es in der extrem kalten Jahreszeit gelegentlich toleriert, wenn wohnungslose Menschen in den Wartehäuschen auf den Gleisen nächtigen. Aufgrund der Gestaltung der gewellten Bänke nach dem Design der *hostile architecture* ist ein längeres Ausruhen oder gar Hinlegen faktisch unmöglich. Ohnehin dürfen sich Personen, die einen Schlafplatz suchend, dort lediglich wenige Stunden aufhalten, nämlich nur dann, wenn der letzte Zug abgefahren und der erste Zug früh morgens noch nicht angekommen ist.

Einen sehr guten Ruf innerhalb des Hilfesystems genießt das Wohnheim der Heilsarmee in zentraler Innenstadtlage. Aber auch hier ist kaum zu übersehen, dass sich das Gebäude in einem seit Jahren völlig maroden Zustand befindet und die Stadt trotz regelmäßiger Willensbekundung keinen alternativen Standort für das Wohnheim finden konnte (Brakemeier 2021). Die Feuchtigkeit in den Kellerräumen hat jüngst dazu geführt, dass die Notschlafplätze speziell für Frauen aufgrund des damit einhergehenden Schimmelpilzbefalls nicht länger angeboten werden können, wie wir im Rahmen einer Besichtigung der Einrichtung im Februar 2022 erfahren haben. Das fehlende Angebot für Frauen wird als äußerst problematisch angesehen, da es für wohnungslose Frauen in Göttingen keine spezielle Einrichtung gibt, weder zum Übernachten noch für den Aufenthalt am Tage. Insbesondere die Vermittlung in Wohnraum oder auch in eine Notunterkunft stellt für den Frauen-Notruf eine große Schwierigkeit dar:

»Also oft geht es darum, im Frauenhaus einen Platz zu finden. Das ist momentan gerade unter Corona auch wirklich teilweise schwierig […] Also ich habe teilweise schon 14 Frauenhäuser angefragt, bis wir einen Platz hatten. Wenn es jetzt wirklich um eine akute Unterbringung geht oder/und jetzt seit Corona ist auch gerade dieses Einfach-mal-irgendwohin, ist total schwer geworden« (Interview Exp. Nr. 121, Z. 45–50).

Dabei ist aber nicht nur der fehlende Platz das Problem. In vielen Fällen kann das Frauenhaus wohnungslose Frauen erst gar nicht aufnehmen, da dieses speziell auf Familien ausgerichtet ist und nicht über, für diese Lebenslage ausgebildete, Therapeutinnen verfügt. Eine andere Interviewpartnerin beschreibt die Folgen des fehlenden Angebots besonders für junge Frauen:

> »Diese ganzen Mädels, die so jung sind, haben nichts anderes hinter sich, wie von irgendwelchen netten Studenten mit nach Hause genommen zu werden, mit denen ins Bett zu gehen und damit war es das. [...] Und da können Sie dann mal drei Nächte schlafen, was sie als Gegenleistung dafür bringen, kann man sich doch vorstellen. Und ob sie das gerne tun, kann man sich doch auch vorstellen« (Interview Exp. zitiert in Bödecker (2019, Anhang, S. 38)).

Diese prekäre Ausgangslage verschärft sich weiter dadurch, dass keine der Göttinger ambulanten Anlaufstellen über die nötigen Ressourcen verfügt, um für wohnungslose Frauen spezifische Angebote zu machen oder Öffnungszeiten zu bieten, oder auch sicherzustellen, dass zu jeder Öffnungszeit auch weibliches Personal vor Ort ist.

2.3   Corona, ein *Desaster für die Wohnungslosenhilfe*

Nicht nur die oben zitierte Aussage des Frauen-Notrufs zeigt, dass die Maßnahmen zur Bekämpfung der Corona-Pandemie das Göttinger Hilfsangebot stark eingeschränkt haben. Ein Sozialarbeiter der Straso beschrieb Corona als »regelrechtes Desaster« (Interview Exp. Nr. 103, Z. 629): So musste die Personenanzahl im Tagestreff von 25 bis 30 Menschen von nun an auf nur noch zwei Personen reduziert werden. Zudem waren plötzlich sowohl die individuelle Beratung als auch die Essensausgabe nur noch durch ein Fenster möglich, was auch dazu führte, dass keine warmen Mahlzeiten mehr angeboten werden konnten. Die Dusch- und Waschmöglichkeiten mussten extrem eingeschränkt werden. Nicht zuletzt wurden auch ehrenamtliche Angebote gestrichen, wie beispielsweise kostenfreie Haarschnitte durch eine lokale Friseurin oder das Angebot einer Schuldnerberaterin, während die beiden ehrenamtlich tätigen Rechtsanwälte für Sozial- und Strafrecht nur noch sporadisch telefonisch erreichbar waren.

Die Vertreter:innen der Heilsarmee berichteten ebenso, dass einerseits die Anfragen von Hilfebedürftigen wegen Corona »gravierend in die Höhe geschnellt« (Interview Exp. Nr. 104, Z. 99) seien und sie gleichzeitig niemanden mehr aufnehmen konnten, da die Räumlichkeiten für die Notübernachtung nicht mehr voll ausgelastet sein durften (zwei anstelle von fünf Personen in einem Gemeinschaftszimmer) oder – während des ersten Lockdowns – sogar komplett geschlossen werden mussten. Von diesen Maßnahmen sind Frauen und ganze Familien besonders hart getroffen worden. Aber auch diejenigen, die nach einem längeren Klinikaufenthalt oder nach ihrer Haftentlassung, vor der Pandemie in dem Wohnheim der Heilsarmee neue eine Bleibe abseits des alten (Drogen-)Milieus finden konnten, mussten nun ohne dieses Hilfsangebot allein zurechtkommen (Interview Exp. Nr. 104, Z. 500ff.).

Praktisch alle Einrichtungen berichteten, dass Beratungsangebote eingeschränkt bzw. verkürzt werden mussten und offene Sprechstunden gar nicht erst angeboten werden konnten. Das Vereinbaren von Terminen wiederum stellte sich für viele Menschen in Wohnungsnot als eine alltägliche Schwierigkeit dar, weil der Nachweis des G-Status ohne (geladenes) Mobiltelefon schwierig war, Internetzugang fehlte oder fixe Terminvereinbarungen aufgrund der Lebensumstände nicht immer eingehalten werden konnten. Aber auch jenseits der formalen Angebote führten die Corona-Auflagen zu deutlichen Einschränkungen: niedrigschwellige Möglichkeiten der Unterstützung, der gegenseitigen Solidarität, der Vertrauens- und Beziehungsarbeit und des Informationsaustausches wurden verunmöglicht, während gesellige Momente, wie bspw. gemeinsames Kochen, Essen und Ausflüge, nicht länger gestattet waren und somit die Vereinsamung letztes Endes massiv zunahm.

Auch die von uns interviewten wohnungslosen Personen betonten die Zunahme sozialer Isolation und beklagten vor allem finanzielle Einbußen, aber auch fehlende Übernachtungsmöglichkeiten. Die Göttinger Innenstadt ist für gewöhnlich ein wichtiger Ort für Einkommensquellen. In Folge der Pandemie erlitten viele wohnungslose Personen durch die deutliche Verringerung der Anzahl an Passant:innen Einbußen beim Betteln. Zudem ließen sich deutlich weniger Pfandflaschen aufgrund der geschlossenen Bars, Kneipen und Discos auffinden. Einer unserer wohnungslosen Interviewpartner, der in mehreren norddeutschen Städten Erfahrungen mit dem *Schnorren* gemacht hat, bringt die Veränderung in der Spendenbereitschaft in einer Zeit der Krise auf den Punkt: »Das ist heut/heute sehr schwierig geworden, sich als Obdachloser da hinzustellen und zu schnorren, weil die Leute auch/vielleicht hängt das auch mit Corona zusammen, dass die Leute halt dann weniger geben« (Interview Betr. Nr. 200, Z. 60–63). Ein anderer Interviewpartner bestätigt diese Erfahrung:

> »Das hat man ganz schön gemerkt. Auch die Leute, die ich kenne, die noch auf der Straße ..., so wie der, der in dem Zelt wohnt. Den kenn ich auch ganz gut. ›Ja scheiße‹ sagte er ›alles scheiße. Die Leute kein Geld‹ (lacht). Die Leute kein Geld‹ sagt er« (Interview Betr. Nr. 201, Z. 429ff.).

Neben verschlechterten Einkommensmöglichkeiten beklagten mehrere Interview-partner:innen, dass auch das Finden von Schlafplätzen schwieriger geworden sei. Damit wurde die städtische Notunterkunft zur einzigen noch verbleibenden Mög-lichkeit, in den kalten Wintermonaten ein Dach über den Kopf zu bekommen. Doch auch hier wurde Corona zur Belastung, wie folgende Aussage illustriert:

> »Das war/äh, da war auch Coronazeit, Coronazeit, deswegen hat der [Security Mit-arbeiter] mich abgelehnt. Deswegen wurde ich da nicht aufgenommen. [...] Die wollten in den Arztbrief gucken, ob ich negativ, äh, getestet war. Deswegen wur-de ich da nicht aufgenommen« (Interview Betr. Nr. 200, Z. 811ff.).[4]

Die Zeit der Corona-Pandemie haben viele unserer Interviewpartner:innen auch als eine Phase der Einsamkeit und sozialen Isolation erlebt. Der ca. 50-jährige Marian aus Bulgarien lebt seit fast 10 Jahren in Göttingen in einem Zelt in Bahnhofsnähe und verdient sich durch Gitarre spielen etwas Geld, um das Überleben zu sichern. Obwohl er jeden Tag an einem betriebsamen öffentlichen Platz verbringt, vermisst er vor allem zwischenmenschliche Kontakte. So antwortet Marian in dem gedol-metschten Interview auf die Frage, was ihm fehlt:

> »Ähm, und warum sollte ich lügen: Was ich tatsächlich brauche für heute Nacht, äh, ist was zu trinken und zehn Euro sozusagen. Also zehn Euro, damit ich mir was zu trinken kaufen kann, eine Flasche Wodka oder Rachiu, ähm, damit die Nacht nicht so kalt ist. Ich bin nicht mehr so ein Alkoholiker wie früher, aber im Winter sind die Nächte sehr hart. Es ist, manchmal dann, äh, liege ich im Bett und/oder auf so einer Matratze und trinke einen Schluck Rakiu und erzähle mir was. Sobald ich ein Radio hätte, äh, und ein Telefon, äh, wäre das auch schon ein-facher. Warum ich ein Handy brauche: Äh, ich würde mir gern Filme anschauen, äh, oder einfach mal Musik hören, weil ich immer alleine, alleine, alleine bin, äh, Tag und Nacht. Und ich habe niemanden, ähm, der mit mir spricht und genau, dafür brauche ich es« (Interview Exp. Nr. 202, Z. 144–153).

2.4   Wie Politik und Verwaltung auf die Corona-Pandemie reagiert haben

Während die Reaktion des Hilfesystems als *kreativ-besorgt* beschrieben werden könnte, zeichnete sich die Stadtpolitik eher durch Zurückhaltung aus. Die Stadt

---

4   Nach Aussage des Fachbereichs Soziales hätte die Person auf die Möglichkeit eines kosten-freien Corona-Tests am Göttinger Bahnhof hingewiesen werden sollen. Außerhalb der Öff-nungszeiten sollte auch ein Test in der Notunterkunft angeboten werden, der dann zwar den Zutritt zur Notunterkunft ermöglicht, aber nicht mit einem 24 Stunden gültigen Zertifikat zu verwechseln ist.

stellte zwar bereits Ende April 2020 eine Notunterkunft – ohne Küche oder Kochgelegenheiten – in der am südlichen Stadtrand liegenden Breslauer Straße für Covidinfizierte Geflüchtete und Wohnungslose zur Verfügung (Caspar 2020). Während die Stadt dieses Angebot beispielsweise für ausländische LKW-Fahrer nutzen konnte, die während ihres Transports in Deutschland in Quarantäne mussten und auch für Familien weitere Wohnungen »in der Hinterhand hatte« (Telefonat mit Stadtverwaltung, 25. Juli 2022), blieb das Angebot innerhalb der *Wohnungslosenhilfe* entweder gänzlich unbekannt oder wurde zum Teil auch kritisch gesehen. Kritik wurde dabei insbesondere an der mangelhaften sozialen Betreuung vor Ort und an der mutmaßlich nicht verlässlichen Essensversorgung von Personen, die sich in der Quarantäne aufhalten mussten, geübt.

Die Zurückhaltung seitens der städtischen rot-grünen Mehrheitsfraktionen wurde besonders deutlich, als die oppositionelle CDU im Sozialausschuss im Winter 2020 die Anfrage stellte, wie die Stadt unter Corona-Bedingungen während der Winterperiode entsprechende Wärmeangebote am Tage und Übernachtungsmöglichkeiten aufrechterhalten werde. Die schriftliche Antwort der Sozialdezernentin lautete, dass die Heilsarmee zwar keine Notübernachtungen mehr anbiete, aber die städtischen Notunterkünfte – wozu auch die Einrichtungen für geflüchtete Personen gelten – so gestaltet seien, dass wohnungslose Personen sich dort ganztägig aufhalten können (Broistedt 2020). Dass es zur Notunterkunft für wohnungslose Menschen ein weiter Weg ist, dass dort kaum auf Hygiene- und Abstandsregelungen geachtet werden kann, dass es dort keine Verpflegung gibt, oder dass sich viele Menschen, vor allem, aber nicht nur Frauen, aus Angst nicht in die Notunterkunft begeben wollen (oder dies aufgrund traumatisierender Ereignisse auch nicht können), wurde dabei nicht thematisiert. Die Aussage eines Interviewpartners, der lange Zeit – auch im Winter – auf der Straße lebte, zeigt deutlich, wie groß die Ablehnung gegenüber der Notunterkunft unter wohnungslosen Göttinger:innen ist:

> »Nicht jeder ist äh so drauf, dass er oder ist so kaputt, dass er sagt ›Okay dann geh ich dahin‹. Die sagen ›Nä! Vergiss es, ich bleib lieber auf der Straße als dahin zu gehen‹ […] Das sag ich ja selber auch. Das kann [ich] auch […] keinem empfehlen« (Interview Betr. Nr. 206, Z. 755ff).

Andere Städte gingen offensichtlich anders mit dieser Situation um. In der Landeshauptstadt Hannover wurden beispielsweise während der Wintermonate leerstehende Hotels und eine Jugendherberge geöffnet. Kirchen und soziale Einrichtungen boten feste Anlaufstellen zum Aufwärmen während des Tages an, ein Nachtcafé in der Innenstadt deckte die Nachtstunden ab und gleichzeitig sorgten Kältebusse für ambulante Wärmeangebote. Angesichts der Zurückhaltung von Politik und Verwaltung das Hilfsangebot aufgrund der nahenden Winterperiode auszubauen, sorgten sich mehrere Göttinger Einrichtungen extrem um wohnungslose Menschen und sprachen in zahlreichen informellen Gesprächen im Dezember 2020 von einem *Wunder*, wenn der Lockdown-Winter ohne Kältetote enden würde. Obwohl keine diesbezüglichen Fälle für das Stadtgebiet öffentlich bekannt geworden sind, hat die Gesundheit wohnungsloser Personen in Göttingen während dieser Zeit massiv Schaden genommen: So ist der in diesem Text bereits vorgestellte Marian aufgrund von Erfrierungen an seinen Gliedmaßen seit einer extrem kalten Winternacht bei mehr als minus 20 Grad im Februar 2021 auf den Rollstuhl angewiesen, wie wir im Laufe unserer Feldforschung erfahren haben.

Auch im zweiten Corona-Winter änderte die Stadt ihren Umgang mit der Notsituation wohnungsloser Menschen in den kalten Wintermonaten nicht und weitere Anfragen oder Vorstöße zum Thema blieben im Sozialausschuss aus. Die Regierungsbeteiligung der zuvor sehr energischen CDU, die sich seit der Kommunalwahl im September 2021 in einem Haushaltsbündnis mit SPD und FDP wiederfand, führte zu keiner grundlegenden Neuausrichtung der städtischen Sozialpolitik. Die Stadt, finanziell unterstützt durch den Verein für Gesundheitspflege, konzentrierte sich im Jahr 2021 vielmehr auf den Umgang mit den sogenannten Problemimmobilien (s. Abschnitt 3) und richtete hierfür bereits in den Sommermonaten eine *Task-Force* ein (Bielefeld 2021). Zudem führte sie eine großangelegte Impfaktion in diesen Immobilien durch (Eckermann 2021) und versorgte – auch wieder unterstützt durch großzügige Spenden – zahlreiche soziale Einrichtungen, darunter auch die Wohnungslosenhilfe, mit Masken und Schnelltests.

3. Göttinger *Problemimmobilien*: Corona-Hotspots und letzte Adresse vor dem Abrutschen in die Wohnungslosigkeit

Etwas, was viele unserer ehemals oder aktuell wohnungslosen Interviewpartner:innen gemeinsam haben, sind negative Erfahrungen in bestimmten Göttinger Wohnkomplexen, die in der Stadtgesellschaft gemeinhin als sogenannte *Problemimmobilien* bekannt sind. Die in den Interviews erzählten Geschichten drehen sich um die marode Bausubstanz, undurchsichtige Eigentumsverhältnisse, unhaltbare hygienische Zustände, das Unsicherheitsgefühl der potenziellen Bedrohung durch die Nachbarschaft und der sozialen Vereinzelung in den anonymen Wohnanlagen. Manche unserer Interviewpartner:innen nutzten jede sich bietende Gelegenheit, so wenig Zeit wie möglich an diesen Wohnadressen zu verbringen, weil sie das Leben in den vier Wänden dort als unerträglich empfinden. Sich bei Vermieter:innen zu beschweren oder gar eine Mietminderung einzufordern trauen sich jedoch die Wenigsten aus Angst, dann eine Kündigung zu erhalten und letztlich auf der Straße zu landen (Stadt Göttingen 2022: 10). Die Realität jedoch zeigt immer wieder, dass ein Auszug aus diesen *Problemimmobilien* so einfach nicht möglich ist, weil neben dem knappen Wohnungsangebot[5] in der Stadt, diesen Häusern ein derart schlechter Ruf in der Stadtgesellschaft vorauseilt, dass in diesem Fall von einem *territorialen Stigma* (Wacquant 2018) ausgegangen werden muss. Damit gibt es für bestimmte chancenlose Mieter:innengruppen auf dem Göttinger Mietwohnungsmarkt faktisch kein Entrinnen aus den sogenannten *Problemimmobilien*. In dieser Hinsicht drängt sich die empirisch begründete These auf, dass für unsere Interviewpartner:innen die Göttinger *Problemimmobilien* vielfach die letzte Adresse vor dem Abrutschen in die Wohnungslosigkeit sind bzw. die erste und meist auch einzige Option, um in Göttingen das Leben in der Wohnungslosigkeit zu beenden.

Die sogenannten Göttinger *Problemimmobilien*, bei denen es in zwei Fällen, dem Iduna-Zentrum im Mai 2020 und der Groner Landstraße 9 im Juni 2020, zu größeren Corona-Ausbrüchen gekommen ist, die bundesweite Aufmerksamkeit auf sich zogen, sind jedoch viel länger schon in regelmäßigen Abständen Gegenstand stadtpolitischer Diskussionen. Alle Immobilien verbindet eine Geschichte des Verfalls, die sich ab den frühen 1990er Jahren abzeichnete und der nicht isoliert von der finanzmarktgetriebenen Entwicklung des gesamtstädtischen Wohnungsmarkts betrachtet werden kann (Frieling *et al.* 2020: 16ff). In den früher einmal sehr begehrten *Top-Wohnadressen* änderte sich im Laufe der Jahre die soziale Zusammensetzung der Mieter:innenschaft. Heute lebt dort ein hoher Anteil von Sozialleistungsempfänger:innen und Personen, die neu nach Göttingen zugewandert sind, wobei »es auch ältere Leute [gibt], die schon lange dort wohnen und sogar noch einen Rest von Studierenden« (Bäckermann/Birke 2021). Die Häuser gelten stadtweit als *soziale Brennpunkte*, wo sich »Armut, Kriminalität, Drogensucht, Menschen mit Migrationshintergrund, mangelnde Integrationsbereitschaft konzentrieren« (Frieling 2020). Dieses Negativ-Image ist auch von Medien und Popkultur aufgegriffen und damit abermals befeuert worden. So hat die Punkband *Hund Kaputt* der Groner Landstraße bereits im Jahr 2014 einen eigenen Song[6] gewidmet und der NDR-Tatort »Born to die« (2018) inszeniert das Iduna-Zentrum »als im Verfall begriffenes Beton-Ghetto« (Bäckermann/Birke 2021). Über die Jahre sind auch mehrere SPIEGEL TV-Reportagen über den Hagenweg 20a entstanden, in denen das elende Schicksal der Bewoh-

---

5   Das knappe Wohnungsangebot, auf das die Bewohner:innen der sog. Göttinger Problemimmobilien zugreifen können, begründet sich durch eine institutionelle Regelung: Viele der Bewohner:innen sind Sozialleistungsempfänger:innen, für die jedoch die Unterkunftskosten nur bis zu einer bestimmten Miethöhe und Wohnungsgröße übernommen wird. Damit scheidet ein großer Teil des Göttinger Mietwohnungsangebotes für diesen Personenkreis aus.

6   In einer Passage des Songs Haus 9 a-c heißt es: »Wenige Quadratmeter, viele Menschen und eine Menge zerplatzter Träume in dieser Enge. Im Haus 9a-c. Flucht, Ohnmacht, Sucht. Beim Skandalisieren/Diffamieren des äußerlichen ›Schmutzes‹ interessiert euch das Leid dahinter einen Dreck«.

ner:innen dem Publikum vorgeführt und ganz banal geurteilt wird: »Göttingen ganz unten« (Spiegel TV 2020).

Damit fügt sich auch die mediale und kulturelle Darstellung dieser Göttinger Immobilien in die »Sprache des (Ausländer-)Ghettos« (Reinecke 2021: 228) ein, die als populäre Beschreibung urbaner Problemlagen eine lange Geschichte hat. Loïc Wacquant wiederum will das Ghetto hingegen mehr als eine analytische Raumkategorie verstanden wissen, es somit als Ort einer *Moral Panic* (Cohen 1972) entmystifizieren. Wacquant geht auf Distanz zu vermeintlichen Szenarien des Kontrollverlusts in migrantischen Wohnvierteln, die durch weite Teile von Politik und Journalismus geschürt werden (Wacquant 2018: 248). Im Anschluss an die Vorfälle im Frühjahr 2020 setzte sich schließlich auch die Göttinger Stadtverwaltung in einem entsprechenden programmatischen Strategiepapier kritisch mit der Bezeichnung der *Problemimmobilien* auseinander (Stadt Göttingen 2021). Darin wird gleich zu Beginn auf das generell diffuse Begriffsverständnis hingewiesen und eine für Göttingen positive Abgrenzung zum weit verbreiteten Verständnis der *Problemimmobilien* als Kriminalitätsschwerpunkte bzw. »gefährliche Orte« (Bäckermann/Birke 2021) vorgenommen: »Obgleich in Einzelfällen auch Straftaten von Mieter:innen erfasst werden, lassen sich organisierte Ausbeutung und Menschenhandel sowie Strukturen organisierter Kriminalität wie dies in anderen Städten [...] vorgekommen ist, bisher für keinen Göttinger Standort nachweisen« (Stadt Göttingen 2021: 5).

Daher hält es die Stadt auch nicht für opportun von Göttinger *Problemimmobilien* zu sprechen – wobei dieser Terminus in großen Teilen der Göttinger Stadtgesellschaft verbreitet ist – und bevorzugt daher den Begriff »prekärer Wohnimmobilien« (ebd.), um einerseits den baulichen Sanierungsbedarf und andererseits die prekären Lebensverhältnisse der Mieter:innen zu beschreiben. Allerdings wurde dieser neue, differenziert anmutende, Begriff auch gewählt, »um Stigmatisierungseffekte im Hinblick auf die Mieter:innenschaft abzuwenden, die in diesen Immobilienkomplexen leben« (ebd.: 6). Weitergehend räumt das städtische Papier ein: »Die gegenwärtige Situation zeigt bereits, dass Mieter:innen prekärer Wohnimmobilien auf dem freien Wohnungsmarkt ausgeschlossen werden und auch sonst aufgrund der Wohnadresse benachteiligende Erfahrungen sammeln« (ebd: 6).

Die Stadtpolitik und -verwaltung zeigen in diesem Konzeptpapier eine erstaunlich umfassende Einsicht bezüglich der Bedeutung dessen, was Wacquant als *territoriale Stigmatisierung* bezeichnet hat und unterstreicht damit, welche herausragende Rolle die Göttinger *Problemimmobilien* für die latent von Wohnungslosigkeit bedrohten Bewohner:innen hat. Wacquant zufolge entstehen die Diskurse der Verunglimpfung sowohl *von unten* in den Interaktionen des alltäglichen Lebens – bspw. zählt hierzu das despektierliche Sprechen über die Groner Landstraße als *Bunker* oder des Hagenwegs als *Schlüpferburg* – als auch *von oben* durch journalistisch, politisch, bürokratisch oder wissenschaftlich geführte Expert:innendiskurse über die – aufgrund ihrer Armut und/oder Herkunft – problematisierten Bewohner:innen marginalisierter Viertel (Wacquant 2007: 67). Der Makel des Ortes führt jedoch nicht nur zu einer Schuld und Scham erzeugenden Stigmatisierung[7], sondern hat darüber hinaus eine fixierende Wirkung[8], weil ein schlichtes Verlassen dieses *Raumes der Verbannung* durch einen Umzug in eine andere Wohnung – einerseits durch die Höhe der Mietpreise, andererseits durch die letztendliche Entscheidungsgewalt der Vermieter:innen -faktisch ausgeschlossen ist, wie auch die Stadtverwaltung selbst unumwunden einräumt.

Aus der Perspektive großer Teile der Göttinger Ratspolitik tragen »Miethaie« (Schröter 2021) die Verantwortung für die Missstände, wie bspw. die in Frankfurt a.M. ansässige Coreo AG, die im Jahr 2018 rund ein Viertel der Wohnungen in allen drei genannten »Problemimmobilien« (Frieling et al. 2020, 28f) erworben hat. Die reine Renditeorientierung dieser Investor:innen kann zu einer »systematischen Vermietung an Personengruppen im Sozialleistungsbezug [führen], um die anerkannten Höchstmieten (u.a. infolge einer Überbelegung) zu erwirtschaften« (Stadt Göttingen 2021: 7). Die somit forcierte Überbelegung führt in der Folge auch zu prekären Mietverhältnissen in den Göttinger *Problemimmobilien*. Dieses Geschäftsmodell funktioniert nur deswegen, weil es durch die von den Jobcentern festgelegten Mietobergrenzen bei den Kosten der Unterkunft (KdU) für Transferleistungsempfänger:innen in gewisser Weise abgesichert wird. Angesichts der enormen Mietpreissteigerungen auf dem Göttinger Wohnungsmarkt sind diese Mietobergrenzen jedoch zu niedrig angesetzt, weshalb »diejenigen [...], die im Existenzsicherungsbereich leben, [...] verdrängt [werden] in Bereiche, wo niemand anders wohnen will. Und das sind natürlich dann diese Häuser« (Interview Exp. Nr. 108, Z. 820–825), wie uns eine Rechtsanwältin für Sozialrecht im Interview berichtet. Wie sehr die Göttinger *Problemimmobilien* mittlerweile zu Investitionsobjekten geworden sind, verdeutlicht auch die Geschwindigkeit der Eigentümer:innenwechsel, die zu einem weiteren Merkmal prekärer Wohnverhältnisse zählen kann. Eine Sozialarbeiterin erläu-

---

7   Dieser Aspekt, welche Gefühle sozialer Entwürdigung die falsche Wohnadresse auslöst, wurde immer wieder in den Gesprächen von unseren wohnungslosen Interviewpartner:innen, die selbst phasenweise in den Göttinger Problemimmobilien gewohnt haben, betont. Wacquant weist daraufhin, dass aufgrund dieser empfundenen Scham und Schuld auch keine Akte der Solidarisierung zwischen den Bewohner:innen möglich werden, sondern diese lediglich permanente gegenseitige Distanzierung erlaubt: »I live here because I have problems right now but I'm not from here, I have nothing to do with all those people over here« (Wacquant 2007: 68).

8   Empirisch wird das Argument von Wacquant, der immer auf den Mehrwert der Verbindung von Goffmans Stigmatheorie und Bourdieus Konzept symbolischer Macht hingewiesen hat, besonders anschaulich am Beispiel der rein symbolisch erscheinenden politischen Initiative der CDU im Göttinger Stadtrat, »die Immobilie unter der Anschrift Hagenweg 20/20a mit neuen Hausnummern zu versehen, weil die dort lebenden Bewohner durch die in ihrem Ausweis befindliche jetzige Hausnummer stigmatisiert und benachteiligt werden« (Krüger-Lenz 2021).

tert uns dies am Beispiel eines Klienten, für den die Sozialbehörden die monatlichen Mietzahlungen leistet:

> »Ein Klient wohnt in der Groner 9a, dort wechselt gerne mal der Vermieter, also die Wohnung wird dann immer wieder weiterverkauft, dann ändert sich natürlich das Konto, auf das die Stadt das Geld einzahlen muss. Und das muss teilweise monatlich geändert werden. Und dann wird's teilweise falsch überwiesen, dann muss wieder zurücküberwiesen werden, dann müssen Belege eingereicht werden – in dem Fall, den wir da hatten, hatten wir 'nen sehr guten Sachbearbeiter, der hat das schon immer sehr gut hinbekommen, aber das ist halt leider nicht immer der Fall« (Interview Exp. Nr. 107, Z. 541–547).

Wir können neben diesem profitgetriebenen Mechanismus der Überlegung der Göttinger *Problemimmobilien* auch einen weiteren Aspekt identifizieren: Die massive Überbelegung ist der größeren Stadtöffentlichkeit erst mit den Vorgängen im Sommer 2020 bewusst geworden, wie uns ein leitender Mitarbeiter der Diakonie im Interview erklärt: »Die Corona-Ausbreitung [...] hat eigentlich sehr deutlich werden lassen, wo auch noch sehr, sehr viele Menschen leben, die keinen Mietvertrag haben« (Interview Exp. Nr. 102, Z: 276–278). Ein weiterer Sozialarbeiter der Diakonie erklärt, warum u.a. viele neu zugewanderte Personen aus den osteuropäischen Ländern – meist ohne von der städtischen Administration wahrgenommen zu werden – in den Immobilien unterkommen:

> »Ähm, wir haben jetzt aber auch ganz viele Leute, die haben hier [bei der Straso] eine Postadresse; die leben nicht direkt auf der Straße, die sind dann eher mit den Wohnungslosen zu betrachten. Ähm, leben aber halt ohne festen Mietvertrag bei/verdeckt obdachlos bei Bekannten, Verwandten, äh, vielleicht organisierten Strukturen in, äh, Groner Landstraße zum Beispiel. Ähm, (.) sind zwar nicht auf der Straße, aber sind trotzdem wohnungslos. Und, äh, ähnlich, also haben trotzdem prekäre Lebensbedingungen und relativ schwere Startbedingungen, um hier Fuß zu fassen« (Interview Exp. Nr. 116, Z: 569–575).

Für wohnungslose Personen sind die Göttinger *Problemimmobilien* in der Tat die einzige Option, auf dem angespannten Göttinger Mietwohnungsmarkt eine Wohnung zu finden. In der stadtpolitischen Diskussion hat sich die Position durchgesetzt, dass die Wohnverhältnisse in den *Problemimmobilien* im Grunde unzumutbar sind. Daher hat die städtische Sozialverwaltung sich selbst auch ein Vermittlungsverbot von Sozialleistungsempfänger:innen in die drei entsprechenden Häuser auferlegt. Über dieses Vermittlungsverbot entwickelt sich im Interview zwischen dem anwesenden Sozialarbeiter und seinem wohnungslosen Klienten ein Dialog, der gleichzeitig offenkundig macht, wie aussichtslos sich die Suche nach Wohnraum für wohnungslose Personen in Göttingen darstellt:

»Die haben bei der Stadt wirklich ihren Auftrag da wahrgenommen, haben gesagt ›Ich müsste Ihnen jetzt sagen, wir von der Stadt können das auf gar keinen Fall empfehlen. Davon raten wir ab.‹ Das hat der Mitarbeiter gesagt. Und dann hast du nochmal gesagt, weil du ja auch unter Druck warst und es gab nichts [B: Wo sollte ich denn auch hin?] Ja, dann hat er gesagt ›Ja‹. Aber da hat er tatsächlich diesen Auftrag wahrgenommen. Und das weiß ich noch ganz genau, da habe ich ja drauf geachtet einfach. ›Wir müssen Ihnen davon abraten. Das ist eine Immobilie, da-, da würde ich von abra-, das können wir guten Gewi-‹ Ich weiß nicht mehr, was er genau gesagt hat. Irgendwas, keine Ahnung. ›Können wir nicht drauf-‹ Äh aber dann hast du ja gesagt, was du sagen musstest ›Ja, ich hab' nichts anderes‹. [...] Ja was soll ich mit-, Ich hab' nicht schon wieder Bock, bei der Kälte draußen zu pennen. (1) Mein Gott, es war nicht mehr schön« (Interview Betr. Nr. 203, Z. 221–234).

Während die Stadt Göttingen ein Bewusstsein dafür zeigt, welch umstrittene sozialpolitische Bedeutung den sog. *Problemimmobilien* für die Wohnraumversorgung zuzurechnen ist, wirkt doch der bloße Verweis darauf, dass von einem Einzug abzuraten sei, einigermaßen hilflos. Viele unserer akut oder ehemals wohnungslosen Interviewpartner:innen haben selbst zeitweise, manche mehrfach, unterbrochen von Phasen der Wohnungslosigkeit, an diesen Wohnadressen gelebt. Andere wiederum sind faktisch wohnungslos, bleiben aber gegenüber den städtischen Institutionen unsichtbar. Wenn daher über das reale Ausmaß von (verdeckter) Wohnungslosigkeit in Göttingen die Rede ist, sollten die prekären Lebens- und Wohnbedingungen in den Göttinger *Problemimmobilien* nicht unberücksichtigt bleiben. Die Analyse individueller Prozesse der Entstehung, Persistenz und/oder Beendigung von Wohnungslosigkeit ist nicht vollständig ohne Rückgriff auf strukturelle Gegebenheiten, wie – in diesem Fall – auf die Spezifika des Göttinger Wohnungsmarktes zu verstehen. In dieser Hinsicht bestätigt sich unsere These von den Göttinger *Problemimmobilien* als erste und letzte vor bzw. nach der Wohnungslosigkeit.

4. Fazit

Die Auseinandersetzung mit dem Göttinger Fall bestätigt sehr deutlich den weit verbreiteten Eindruck, dass sich durch Corona bzw. die pandemiebedingten Auflagen, die bereits zuvor schon extremen Armutslagen von wohnungslosen Menschen noch weiter verschärft und verfestigt haben. Etablierte Einkommensquellen sind urplötzlich weggebrochen, während sowohl das formelle als auch das ebenso wichtige informelle Angebot seitens des Hilfesystems extrem eingeschränkt werden musste. Damit sind existenzielle und menschenwürdige Versorgungsleistungen, wie eine warme Mahlzeit, eine heiße Dusche oder die persönliche Sozialberatung zeitweise vollständig weggebrochen. Doch auch der persönliche Kontakt zwischen

Hilfesuchenden und Helfenden hat gelitten, was Problemlagen weiter verschärfte und bereits zuvor sozial isolierte Menschen noch mehr vereinsamen ließ.

In den kalten Wintermonaten gab es in Göttingen jenseits der kommerzialisierten Räume der Innenstadt kaum Möglichkeiten, sich in Tagesaufenthalten aufzuwärmen. Die ohnehin geringe Zahl an Notübernachtungsplätzen – gerade für Frauen, Paare und Familien – verringerte sich enorm. Nur durch den Einsatz (von teils ehrenamtlicher) Kreativität, Leidenschaft und Engagement konnten viele Einrichtungen weiterhin Angebote für wohnungslose Menschen aufrechterhalten und die Not der Menschen zumindest etwas lindern. Im Vergleich zu anderen Städten unterblieb während der Wintermonate 2020 und 2021 in Göttingen die Einrichtung zusätzlicher Angebote, wie bspw. einer Winter- oder Kältenothilfe.

Wer Wohnungslosigkeit in einem spezifisch städtischen Kontext verstehen will, muss auch Makrostrukturen, wie den örtlichen Mietwohnungsmarkt in die Betrachtung einbeziehen. In Göttingen – vermutlich exemplarisch für viele Städte in der Bundesrepublik – zeigt sich eindrucksvoll, wie Prozesse der Armut, Marginalisierung und sozialen Exklusion bestimmten Personen den Zugang zu Wohnraum systematisch verschließt, auch bei vermeintlich nicht-profitorientierten Anbieter:innen und trotz städtischer Bemühungen, Wohnraum mit sozialer Preisbindung zur Verfügung zu stellen. Wohnungslosen Menschen bleibt daher häufig – wenn überhaupt – nur noch die *Wahl* zwischen einem Leben auf der Straße oder dem Einzug in eine der Göttinger *Problemimmobilien*. Diese ermöglichen weder ein menschenwürdiges Wohnen, noch sind sie als kleineres Übel oder Zwischenstation zu verstehen, da die *falsche* Adresse, den Bewohner:innen systematisch jedweder Entfaltungsmöglichkeiten beraubt und diese territorial an den verunglimpfen Örtlichkeiten fixiert. Ein Umzug aus dem Elend ist faktisch unmöglich. Die Göttinger *Problemimmobilien* werden damit aber nicht nur zum Sammelbecken der im Stadtbild unerwünschten Personengruppen, sondern sind paradoxerweise zugleich für die institutionellen Eigentümer:innen ein einträgliches Geschäftsmodell auf dem Göttinger Wohnungsmarkt. Damit sind die spezifischen Göttinger Verhältnisse benannt, die bei der stadtsoziologischen Analyse von Entstehung, Verlauf und Persistenz von Wohnungslosigkeit, immer wirken.

Literaturverzeichnis

Bäckermann, Louisa/Birke, Peter (2021): Gefährliche Orte. Über die stadtpolitische Lokalisierung der Corona-Krise in Göttingen und Berlin, https://coronamonito r.noblogs.org/2021/01/15/gefaehrliche_orte/ (abgerufen am 25.01.2023).

Bielefeld, Britta (2021): Konzept für Göttinger Problemimmobilien. Wohnungen als unbewohnbar erklären und Mietern Wohnfähigkeit vermitteln. Göttinger Tageblatt, 16. Juni.

Bödecker, Marie (2019): weiblich. wohnungslos. wohin?, Georg-August-Universität Göttingen: Abschlussarbeit zur Erlangung des akademischen Grades Master of Arts.

Brakemeier, Michael (2021): Zu viele Bauschäden: Der Heilsarmee in Göttingen fällt die Decke auf den Kopf. Göttinger Tageblatt, 9. November.

Broistedt, Petra (2020): Antwort auf die Anfrage der CDU-Ratsfraktion an die Sozialdezernentin: Obdachlosenunterbringung in der Frostperiode unter Corona-Bedingungen, https://ratsinfo.goettingen.de/bi/voo20.asp?VOLFDNR=2 1397 (abgerufen am 25.01.2023).

Caspar, Michael (2020): Göttingen hat nun eine Unterkunft für Covid-19-infizierte Geflüchtete und Wohnungslose. hna, 29. April, hwww.hna.de/lokales/goetti ngen/goettingen-ort28741/goettingen-hat-nun-eine-unterkunft-fuer-covid-19-infizierte-gefluechtete-und-wohnungslose-13734702.html (abgerufen am 25.01.2023).

Chlebosch, Marie-Caroline/Stuckenberg, Lars (2022): Wohnen im Hagenweg 20: Zwischen Alltag und Vorurteilen. NDR Dokumentation, 22. Mai, www.ndr.de /nachrichten/niedersachsen/braunschweig_harz_goettingen/Wohnen-im-Ha genweg-20-Zwischen-Alltag-und-Vorurteilen-,hagenweg118.html (abgerufen am 25.01.2023).

Cohen, Stanley (1972): Folk Devils and Moral Panics, London: MacGibbon and Kee.

Eckermann, Nadine (2021): Hagenweg & Co: Impfteams rücken zu Menschen in prekären Wohnsituationen aus. Göttinger Tageblatt, 3. Juli.

Frieling, Hans-Dieter von (2020): »Hotspots« Iduna-Zentrum und Groner Landstraße 9 – Über soziale Brennpunkte, unverantwortliche Wohnungseigentümer und sozialstaatliche Wohnungspolitik, https://bit.ly/3cDyc3G, (abgerufen am 30.06.2022).

Frieling, Hans-Dieter von/Mießner, Michael/Marlow, Robin (2020): Wohnraumatlas Göttingen. Wohnungsversorgung und Wohnungspolitik in Göttingen seit 2010. Fakten – Analysen – Perspektiven, Göttingen: Online.

George, Alexander L./Bennett, Andrew (2005): Case Studies and Theory Development in the Social Sciences, Cambridge, Mass.: MIT Press.

Kettelhake, Silke (2005): Ghettos in Göttingen. taz, 30. März.

Krüger-Lenz, Peter (2021): Hagenweg 20/20a: Neue Hausnummern gegen Stigmatisierung? Göttinger Tageblatt, 8. Mai.

Kuckartz, Udo (2018): Qualitative Inhaltsanalyse. Methoden, Praxis, Computerunterstützung, Weinheim: Beltz Juventa.

Lang, Lea (2021): Kälte, Corona, Wohnungslosigkeit. Mit den Straso-Streetworkern durch Göttingen. Göttinger Tageblatt, 21. Dezember.

Mießner, Michael (2019): Studentifizierung in Göttingen. Ein Beispiel für sozialräumliche Verdrängung in deutschen Universitätsstädten, Geographische Rundschau, 10: 22–27.

Reinecke, Christiane (2021): Die Ungleichheit der Städte. Urbane Problemzonen im postkolonialen Frankreich und der Bundesrepublik. Göttingen: Vandenhoeck & Ruprecht.

Schröter, Per (2021): Grüne wollen gegen »Miethaie« in Göttingen kämpfen. hna (online), 11. Februar.

Simmel, Georg (1908): Soziologie: Untersuchungen über die Formen der Vergesellschaftung, Berlin: Duncker & Humblot.

Spiegel TV (2020): Göttingen ganz unten: Der Hagenweg 20, https://www.youtube.com/watch?v=oiZzUXQHB6E, (abgerufen am 14.09.2022).

Stadt Göttingen (2021): Strategie der Stadt Göttingen im Umgang mit prekären Wohnimmobilien, Göttingen: Referat des Oberbürgermeisters/Dezernat Kultur und Soziales.

Stadt Göttingen (2022): Bestandsaufnahme. Monitoring-Bericht der Stadt Göttingen im Umgang mit prekären Wohnimmobilien, Göttingen: Stadt Göttingen.

Wacquant, Loïc (2007): Territorial Stigmatization in the Age of Advanced Marginality, Thesis Eleven, 91, 1: 66–77.

Wacquant, Loïc (2018): Die Verdammten der Stadt: Eine vergleichende Soziologie fortgeschrittener Marginalität, Wiesbaden: Springer VS.

»Die Menschen werden diese Pandemie überleben, aber ob es die Menschheit wird, ist eine ganz andere Frage«
Grundrechte, Wohnungslosigkeit und Coronamaßnahmen in Deutschland

Luisa T. Schneider

Die Corona-Pandemie, bei der sich die Eindämmungsmaßnahmen auf die Selbstisolierung und das Zuhause bleiben konzentriert haben, hat auf eindringliche und schmerzhafte Weise verdeutlicht, welcher Stellenwert die Wohnung in unserer Gesellschaft gewonnen hat (Schneider 2020a; Schneider 2020c; Schneider 2021). Ein Beispiel hierfür sind die zahlreichen Kampagnen, die sich um den viralen Hashtag #wirbleibenzuhause herum formten, der von Politik, Gesellschaft und Prominenten aufgegriffen wurde und der soziale Verantwortung und Nächstenliebe an das Zuhause-bleiben knüpfte.[1] Wohnungen wurden zum sicheren, manchmal auch einschränkenden und gewalttätigen, aber dennoch unverzichtbaren Zufluchtsort, hinter dem wir uns selbst isolieren, uns einschließen und uns und andere schützen können. Ein zuvor passiver Akt, das Verschanzen hinter den eigenen vier Wänden, wurde zu einer heroischen Tat. Der Aufenthalt im öffentlichen Raum hingegen bekam eine unverantwortliche und egoistische Gefährdungshandlung. In ihren Bemühungen, die Auswirkungen dieser Pandemie zu mildern, bedienen sich deutsche Politiker:innen der Sprache der Solidarität, der sozialen Verantwortung und des Gemeinwohls. Sie betonen, dass Deutschland als Demokratie diese Pandemie nur gemeinsam besiegen kann. Doch während Bemühungen zur Begrenzung der Auswirkungen auf die Wirtschaft die unterschiedlichen Berufe und Lebensumstände der Menschen berücksichtigen, stützen sich die Maßnahmen zur Eindämmung des Virus auf Selbstisolierung in Wohnungen und können somit nicht von allen umgesetzt werden. Die Tatsache, dass Wohnende mit mietrechtlich abgesichertem Wohnraum oder mit Wohneigentum die Norm sind, wird dadurch zur unumstößlichen und ausgrenzenden Tatsache. Dass die Lebensumstände all jener, die nicht nach dem

---

1 Ein Beispiel ist die vom Bundesministerium für Gesundheit veröffentlichte Kampagne #Wir-BleibenZuhause Personen des öffentlichen Lebens setzen ein Zeichen (BMG 2022).

Muster einer abgesicherten Miet- oder Eigentumswohnung wohnen, erst nach einiger Zeit von Politik und Praxis aufgegriffen wurden, zeigt zum einen, wie normativ unsere Vorstellung des Wohnens in Wohnungen ist und löst zum anderen bei wohnungslosen Menschen Gefühle der Ausgrenzung und des Nicht-Zugehörens aus (siehe Schneider 2020a).

Um wohnungslose Menschen zu schützen, forderten deutsche Organisationen und Aktivist:innen Schutzmaßnahmen, die über Notunterkünfte hinausgehen und feste Wohnräume, Rund-um-die-Uhr-Betreuung durch Sozialarbeiter:innen, Verpflegung, kontrollierte Medikamentenabgabe sowie medizinische Hilfe umfassen. Doch eine kohärente Strategie gab es nicht. Nichtsdestotrotz haben sich deutsche Kommunen, Städte, Sozialwesen, freie Träger, NGOs und zahlreiche Einzelpersonen unermüdlich dafür eingesetzt, dass Menschen ohne Wohnung sich und andere schützen können und die Unterstützung erhalten, die sie brauchen. Doch all diese Maßnahmen waren Krisenmaßnahmen, keine langfristigen Lösungen und wurden, sobald Ansteckungszahlen sanken, reduziert oder ganz eingestellt. Was dabei nicht bedacht wird: Die Maßnahmen zur Eindämmung der Pandemie haben für viele wohnungslose Menschen sowohl entsetzliche Härten als auch existenzielle Krisen mit sich gebracht. Gleichzeitig haben sie aber auch Chancen eröffnet, durch die wohnungslose Menschen Wege in eine andere Zukunft sahen und manchmal auch erlebten; eine Zukunft, die der gemeinsamen Verwundbarkeit, der sozialen Teilhabe und einer Politik der Fürsorge mehr Aufmerksamkeit schenkt; eine, die aufgrund des gesamtpolitischen Rückruderns nun wieder in unerreichbare Ferne rückt.

In diesem Beitrag zeige ich anhand des Fallbeispiels Leipzig die Situation wohnungsloser Menschen auf, erläutere, welche Auswirkungen die Corona-Maßnahmen und die gesamtgesellschaftlichen Prioritäten auf diese Menschen hatten und haben, welche Fragen sich hieraus in Bezug auf grundlegende Menschenrechte und staatliche Schutzversprechen ergeben und welche Konsequenzen wir hieraus perspektivisch ziehen können und müssen. Meine Daten gewann ich in einer ethnografischen Langzeitstudie zwischen Oktober 2018 und Februar 2022. Basierend auf dem Faktum, das Grundrechte auf Privatsphäre und Intimität rechtlich an Wohnraum geknüpft sind, erfragte ich: Was passiert, wenn man keine eigene Wohnung hat, keine Mauern, die die Bedingungen schaffen, die es erlauben, Intimität zu leben? Wie können wohnungslose Menschen Beziehungen leben, Eltern sein, Privatsphäre, Intimität und Schutz genießen? In Leipzig habe ich offene, qualitative Interviews mit über 300 wohnungslosen Menschen geführt, 116 von Ihnen habe ich mehrmals interviewt (zwischen zwei- und fünfmal mit mindestens sechs Monaten Abstand zwischen Interviews), um zu sehen, wie sich ihre Lebenssituation entwickelt (Ellis 2017; Kvale 1996; Rubin and Rubin 2004; Skinner 2012). Zudem führte ich tägliche teilnehmende Beobachtungen unter verschiedenen Gruppen wohnungsloser Menschen durch. 27 obdach- und wohnungslose Menschen habe ich zudem ethnografisch durch ihren Alltag begleitet (Kusenbach 2003). Ich habe somit während der ersten zwei Pandemie Jahre durchgehend geforscht. Zudem arbeitete ich heraus, wie der rechtliche und politische Rahmen umgesetzt wird, mit welche Möglichkeiten und Barrieren sich wohnungslose Menschen konfrontiert sehen, wenn sie versuchen, ihre Rechte einzufordern und kollaborierte eng mit Dienstleistern des Hilfesystems in Leipzig.

1. Der Beginn der Pandemie in Leipzig: Ein Vakuum im Hilfesystem

Mit dem Ausbruch der Pandemie entstand ein Vakuum. Nicht nur, dass sich wohnungslose Menschen nicht an Schutzmaßnahmen wie sozialer Distanzierung, häufiges Händewaschen oder die Aufforderung, zu Hause zu bleiben, halten konnten; es gab kaum noch Menschen auf der Straße. Eine zunehmend verlassene Stadt bedeutete, dass das Betteln nicht mehr ertragreich war und das Auffinden und Einlösen von Pfandflaschen unmöglich wurde. Läden und Geschäfte schlossen, und diejenigen, die offen blieben, standen Bargeldzahlungen kritisch gegenüber, wiesen sie oft sogar ganz zurück, und kreierten somit eine Hürde für die vielen obdachlose Menschen, für die Bargeldzahlung die einzige Möglichkeit zu bezahlen darstellt. Viele trauten sich mit ihrem Kleingeld nicht mehr in den Supermarkt. Yanni (32) erklärt[2]:

> »Wenn ich mein Kleingeld an der Kasse zähle werde ich angeschaut wie jemand, der den Virus bewusst verbreitet, wie jemand, der anderen Schaden zufügen will, wie jemand mit einer Corona-Spritze der andere infiziert. Und wer weiß, vielleicht macht mein Geld krank. Also geh ich nicht mehr einkaufen. Lieber hungern als andere potenziell zu töten.«

Geschaffene Regeln fußten darauf, andere zu schützen, erschwerten es wohnungslosen Menschen aber an lebenswichtige Dinge wie Nahrung zu kommen. In der Entscheidung, ihre grundlegendsten Bedürfnisse zu befriedigen oder Stigma und potenzieller Ansteckungsgefahr für sich und andere aus dem Weg zu gehen, entschieden sie sich oft für letzteres. Hunger und Leid verstärkten sich in der Pandemie insbesondere unter denjenigen, die bereits zu kämpfen hatten. Ein weiteres Beispiel zeigt praktische Hürden auf: Für obdachlose Menschen war es zu Beginn der Maßnahmen nur schwer möglich, mit einem Einkaufswagen in ein Geschäft zu gehen. Gleichzeitig wurde der Einkaufswagen Bedingung des Einlasses, da er das Abstandhalten erleichterte. Das Problem lässt sich wie folgt skizzieren: Um einen Einkaufswagen von der Kette zu lösen, der ihn mit anderen Einkaufswägen verbindet,

---

2   Alle Interviews und ethnografischen Gespräche wurden persönlich geführt. Die Namen der Teilnehmenden wurden zu ihrem Schutz geändert.

braucht man einen Euro oder einen Einkaufswagenchip. Viele wohnungslose Menschen müssen allerdings erst Pfandflaschen zurückgeben, bevor sie das nötige Bargeld dafür haben. Der Zutritt zum Supermarkt war für diese Menschen somit nicht mehr möglich. Erst Wochen später wurden auf Hinweis von der aufsuchenden Straßensozialarbeit die Wägen entkoppelt, sodass sie nun auch ohne Euro oder Chip genutzt werden konnten. Kleine Änderungen führten somit zu großen Problemlagen. Unter diesen Umständen wurde die Befriedigung der Grundbedürfnisse zu einem existenziellen Problem, das immer mehr Mobilität und Kreativität erforderte. Später kamen Probleme rund um das hygienische Tragen von Masken hinzu (Schneider und Böhmer 2020).

2. Versteckte Wohnungslosigkeit wird sichtbar, Soziale Vereinsamung und der Zusammenbruch von Versorgungsketten und Informationsflüssen

Durch die Pandemie wurde Wohnungslosigkeit zudem sichtbarer. Da Bibliotheken, Universitäten und Krankenhäuser den Zugang beschränken mussten, konnten sich viele wohnungslose Menschen nicht mehr auf ihre bisherigen Strukturen verlassen, um sich zu waschen, Informationen und Vorräte zu erhalten (Schneider 2021a). Andere wurden aufgefordert, Keller, Gärten und Treppenhäuser zu verlassen, in denen sie Unterschlupf gefunden hatten, weil die dort Wohnenden Angst hatten, dass sie das Virus übertragen könnten. Viele der Menschen, mit denen ich forschte, nutzen das Hilfesystem nicht und konnten sich über zwei Monate lang nicht waschen. Für die grundlegende Hygiene mussten sie erst Flaschen finden, diese dann an einem Brunnen/Fluss auffüllen. Sich in der Öffentlichkeit zu waschen ist zudem nicht erlaubt. Vor allem Frauen, von denen einige nachts Windeln tragen, damit sie sich nicht an dunklen und potenziell gefährlichen Orten erleichtern müssen, konnten sich keine Windeln mehr leisten, noch Zugriff zu Windeln bekommen. Diese Einschränkungen der persönlichen Hygiene vergrößerten die Angst vor Ansteckung mit dem Corona Virus noch weiter.

Die Unmöglichkeit, sich selbst wenigstens rudimentär zu sichern, ging mit sozialer Vereinsamung einher. Da die Zahl der Menschen, die zusammenbleiben konnten, immer kleiner wurde, fingen viele an, allein zu schlafen, was bedeutete, dass sie aus Sicherheitsgründen die meisten Nächte herumliefen und nur versuchten, tagsüber etwas Schlaf zu bekommen.

Aber denen, die sich stark auf das Hilfssystem verlassen haben, ging es, zumindest zu Beginn des ersten Lockdowns, nicht viel besser. Das deutsche Kontaktverbot ging Hand in Hand mit dem Rückzug von Hilfsorganisationen, die ihre Dienste nicht mehr anbieten konnten, ohne gegen Vorschriften zu verstoßen, die Menschenansammlungen und soziale Kontakte verboten. Alle Tageszentren, Suppenküchen und andere Hilfsstellen in Leipzig schlossen am 23. März 2020 ihre Türen, und auch hier gab es keine Duschen und Toiletten mehr.[3] Stattdessen verließen sich die Organisationen stärker auf die Straßensozialarbeit, um jene, die auf der Straße leben, mit Lebensmitteln und lebensnotwendigen Dingen zu versorgen.

Auch Informationsflüsse verlangsamten oder versiegten ganz. Die Corona-Pandemie hat den Diskurs um Wohnen beeinflusst und eine, in den Worten der Stadt Leuven, *auch getrennt, immer zusammen* – Mentalität geschaffen. Während die physische Welt dramatisch schrumpfte, expandierte die virtuelle Welt um Menschen in Wohnräumen herum. Nicht nur, dass die Nachrichten der Welt immer nur einen Klick entfernt sind, viele begannen mit Großeltern per Video zu chatten, Fitnesskurse vom Wohnzimmer aus zu absolvieren und mit ihren Kindern Lernvideos anzusehen. Freunde und Familie waren zwar räumlich weit entfernt, aber virtuell ganz nah. Der Raum der Wohnung in ihrer Konnektivitätsfunktion begann sich auszudehnen, während der Ort der Wohnung als identitätsstiftende Einheit, die Privilegien schafft, sich weiter verhärtete. Für viele wohnungslose Menschen brach virtuelle Konnektivität fast vollständig ab. Die Orte, an denen sie ihre Telefone aufladen können – wenn sie denn welche haben – wurden geschlossen. Viele wurden völlig von Internet, Telefon und sozialen Medien abgekoppelt. Johannes (50er) erläutert:

»Für uns wohnungslose Menschen ist es nicht so einfach an aktuelle Nachrichten zu kommen. Wir können kaum Bücher mit uns herumtragen und uns auch keine Zeitschriften leisten. Viele Menschen haben keinen Zugriff zu tagesaktuellen Nachrichten. Wir sind darauf angewiesen, dass jemand eine Zeitung wegwirft oder wir fahren Straßenbahn für die Kurzmitteilungen, die es hier gibt. Stell dir mal vor du weißt nicht was in der Welt passiert, was um dich herum passiert? Da dissoziiert man von Gesellschaft und von sich selbst. Da merkt man erstmal, dass man sich am Rande der Gesellschaft befindet. Viele haben auch kein Handy, oder kein Handy mit Akku oder selbst wenn das alles klappt dann kein Internet. Ohne Zugang zu Informationen wissen wir nicht was in der Welt passiert, wir wissen nicht mal was um uns herum passiert.«

Infolge der Kontaktbeschränkungen war das Leben vieler wohnungsloser Menschen plötzlich nicht mehr von zwischenmenschlichen Kontakten und Gesprächen durchdrungen; sie konnten nicht mehr täglich mehrere Zeitungen lesen, weil die Stellen, die sie kostenfrei anboten, schließen mussten, und sie hörten selten die Geschichten, die im Umlauf sind. »Seit Corona bin ich völlig allein. Ich bin mit Sicherheit der einsamste Mensch auf der ganzen Welt«, sagte Corin (20er), als ich sie fragte, wie es ihr gehe. Der Zusammenbruch der Informationsketten, die normalerweise

---

3   Es dauerte etwa zwei Monate, bis ein alternatives System eingerichtet war, das sich auf Kirchen und einige wenige Organisationen stützte, die ihre Türen nur für Menschen öffneten, die duschen oder die Toilette benutzen wollten.

über Suppenküchen und Hilfszentren liefen, führte dazu, dass die Informationen wohnungslose Menschen viel später und oft angereichert mit Halbwahrheiten und Verschwörungstheorien erreichten. Helmut (60er) erklärt:

> »Die Stadt ist leergefegt. Die Leute trauen sich nicht mehr raus. Es ist eine Geisterstadt und dann hören wir Dinge wie, dass der Virus eine Massenvernichtungswaffe ist, die auf die Armen abzielt, die sich nicht wehren können, oder dass wir unfruchtbar gemacht werden sollen, damit wir uns nicht mehr verbreiten können. Ich kann diese Dinge nicht nachprüfen. Wie auch? Alles was ich weiß ist, dass die Menschen sich hinter ihren Mauern verstecken und schauen was mit uns passiert, die dem Virus ausgesetzt sind. Woher soll ich wissen, was wahr ist? Aber Angst machen diese Geschichten schon. Und unsicher sowieso.«

Neben generellem Misstrauen und geteilter Angst ergab sich aus dem stockenden Informationsfluss auch ein praktisches Problem. Regeln und Vorschriften änderten sich schnell, und die Menschen draußen brauchten Zeit, um sich darauf einzustellen; Zeit, die sie nicht hatten. Johannes (30er) erklärt:

> »In der Pandemie haben wir zum Beispiel nie gewusst, welche Regeln gerade gelten oder wie sich der Virus verbreitet oder wie schlimm es wirklich ist. Wir waren darauf angewiesen, dass uns jemand die Nachrichten erklärt. Oft war das dann die Polizei, wenn es schon zu spät war. Das ist schlimm.«

Und Sarah (40er) fügt hinzu:

> »Da ist es fast schon egal ob der Virus echt ist oder im Labor hergestellt, um uns zu vernichten. Die Strafen und Einschränkungen erledigen ihren Teil von alleine.«

3. Pandemiemaßnahmen, Bußgelder, Schutzversprechen und Strafe

Diese strengen Maßnahmen, so die Politik, können die Pandemie eindämmen, aber nur, wenn sich alle Menschen daranhalten. Deshalb wurden Polizeikontrollen verstärkt und Regelverstöße bestraft. Während vieler Monate war der Kontakt in der Öffentlichkeit nur noch allein, mit einer weiteren Person oder mit Haushaltsangehörigen erlaubt. Zwischen allen anderen Personen musste ein Abstand von mindestens eineinhalb Metern eingehalten werden. Die Pandemie hat uns gezeigt, wie begrenzt unser soziales und rechtliches Verständnis von Verwandtschaft und Beziehungen ist. Auch hier ging es um den rechtlichen Familienstatus und einen gemeinsamen Wohnort. In Deutschland war beispielsweise der Besuch des:der Lebenspartner:in, mit dem man nicht zusammenlebt und der:die in einem anderen Bundesland wohnt, in einigen Bundesländern zeitweise nicht erlaubt. Obdachlose Menschen, die oft Wahlfamilien, so genannte Wunsch- oder Scheinverwandte, bilden, waren von Einschränkungen betroffen, die sie auseinander und in die völlige Isolation trieben. Einige Städte wie München erkannten dies und begannen, in Rechtsdokumenten zu Corona-Maßnahmen, Menschen ohne Wohnung als Familien zu behandeln. Die Pandemie hat also eine Chance geboten, Beziehungen und Familie neu zu definieren (über Ehe oder eingetragene Partnerschaft sowie Adresse hinaus). In Leipzig ist dies nicht geschehen. Dort blieben auch Notschlafstellen weiterhin nach Geschlechtern getrennt, was bedeutete, dass die meisten Paare sich trennen oder draußen bleiben mussten, wo sie fast ständig mit Geldstrafen belegt wurden. Denn der Aufenthalt im Freien war generell nur noch unter bestimmten Umständen erlaubt, z.b. um zur Arbeit zu gehen, lebenswichtige Güter zu kaufen, medizinische Dienste in Anspruch zu nehmen oder Betreuungsaufgaben zu erfüllen. Für wohnungslose Menschen stellte dies ein unlösbares Problem dar. Viele meiner Forschungsmitarbeiter:innen haben Hunderte von Euro an Bußgeldern angehäuft – Bußgelder für das Stehen in der Öffentlichkeit mit mehr als zwei Personen, Bußgelder für das Nichttragen einer Maske in öffentlichen Verkehrsmitteln, Bußgelder für das Sitzen auf einer Bank, Bußgelder für das Trinken von Alkohol etc. Bußgelder, die sie unmöglich bezahlen können und die mit großer Wahrscheinlichkeit zu Haftstrafen führen werden. Viele Menschen, die ich begleite, haben Kinder in staatlicher Obhut, die sie monatelang nicht sehen konnten. Jetzt häufen sich die Behauptungen, dass diese Kinder sie nicht mehr wiedererkennen, und in einigen Fällen stehen Pflegefamilien statt einer Wiedervereinigung zur Debatte, in einem Fall wurde die Tochter bereits zur Adoption freigegeben. Gerichtstermine und Gefängnisstrafen wurden ebenso verschoben wie der Antritt neuer Arbeit. Dies zeigt, wie lebensverändernd die Pandemie-Einschnitte insbesondere für jene waren, die durch die Raster der Versorgungsketten fielen oder in die Reibemühle zwischen verschiedenen Ansprüchen gerieten. Viele Menschen wussten nicht, was die Zukunft bringen und wann diese Zukunft beginnen wird, und so wurden sowohl Furcht als auch Wut immer lauter. Dies war insbesondere der Fall, wenn der Staat erst mit Fürsorge überraschte, mit der nicht mehr gerechnet wurde, nur um dann später mit Härte durchzugreifen. Vor allem junge Menschen bekamen durch die anfänglichen Lockerungen von Hürden und dem vereinfachten Zugang zu Leistungen das Gefühl, dass sie nun gesehen und dass ihnen geholfen würde. Frank (21) meinte:

> »Die [Sozialarbeiter:innen der Stadt] lassen dich im Moment nicht im Stich. Du bekommst Leistungen und die werden nicht gekürzt ganz egal, was du machst. Endlich sehen die uns und helfen. Es gibt keine Zwangsräumungen mehr und seit dem Lockdown sperren sie dich auch nicht mehr wegen Unsinn in den Knast ein.«

Viele wohnungslose Menschen hatten, als das erste Vakuum geschlossen wurde und das Hilfesystem begann einzuschreiten, das Gefühl, dass der Staat sie beschützt, an sie denkt und für sie sorgt. Ihr Schock hätte nicht größer sein können, als Briefe mit Bußgeldern und Gerichtsterminen eintrafen und die Zwangsräumungen noch rigider als zuvor fortgesetzt wurden, gleich nachdem die Beschränkungen im Sommer 2020 zum ersten Mal gelockert worden waren. Schnell machte sich Unmut breit. Und als klar wurde, dass die Pandemie uns noch lange Zeit begleiten wird, verstärkte sich die Ansicht, dass alles verloren ist, dass es keine Zukunft geben wird, vor allem nicht für jene am unteren sozioökonomischen Ende der Gesellschaft. Die psychische Gesundheit und das allgemeine Wohlbefinden vieler wohnungsloser Menschen begannen zu leiden.

4. Wohnungslose Menschen werden als hilfesuchend nicht hilfegebend verstanden

Bei den Menschen, die viele Monate lang fast völlig allein waren, insbesondere während der Lockdowns, sah ich zwei Tendenzen. Entweder fast völliges, undurchdringliches Schweigen, als ob sie das Sprechen generell eingestellt haben, oder aber sie sprachen so viel und mit solchem Schmerz, immer mit dem Drang, jede menschliche Begegnung so lange wie möglich auszudehnen, bevor die Stille wiedereinsetzt. Viele hatten und haben noch stets das Gefühl, dass sie nicht gesehen oder als schlecht und potenziell schädlich angesehen und ausgegrenzt werden (McNeill 2018: 225; Schneider 2021b).

Gleichzeitig gab es ein starkes Bedürfnis, sich selbst und andere zu schützen. Viele sagten, dass sie aufgrund ihrer Überlebensfähigkeiten und ihrer Erfahrungen mit schwierigen Situationen viel zur Entwicklung und Durchführung sinnvoller Maßnahmen hätten beitragen können, wenn sie nur gefragt würden. Andere meldeten sich als Freiwillige, wurden aber nie berücksichtigt. Hier sind einige der Dinge, die sie mir sagten:

> »Warum ist es uns nicht erlaubt, unseren Teil dazu beizutragen, diese Pandemie einzudämmen? Wir kennen diese Stadt. Wir wollen helfen. Lasst uns helfen!« (Kai 52).
>
> »In Zeiten wie diesen muss man sich entscheiden, was für ein Mensch man sein will. Willst du anderen helfen oder sie in Gefahr bringen? Aber Menschen wie wir, die am unteren Ende der Gesellschaft stehen, haben nicht einmal diese Wahl. Nutzlos und Last sind die Worte, die mir in den Sinn kommen.« (Pascal 61).
>
> »Merkel sagte, dass die Taten eines jeden zählen. Wir sind alle aufgerufen, diese Pandemie zu stoppen. Aber ich bin in eine Position geraten, in der ich nur Schaden anrichten kann. Ich bin also nicht Teil der Alle. In diesem System bin ich niemand.« (Yelena 40s).

Viele wollen ihren Teil dazu beitragen, diese Pandemie zu beenden, und die Tatsache, dass sie das nicht können, verursacht großen Schmerz. In der Tat ist die Hauptsorge meiner wohnungslosen Forschungsmitarbeiter:innen nicht, krank zu werden, sondern andere anzustecken. Hinzu kommen Sorgen darüber, was die Pandemie mit sozialer Ungleichheit und sozialen Prioritäten machen wird (siehe unten).

5. Ein fragmentiertes Hilfesystem findet zusammen

Aber es gab auch positive Aspekte. Ein ansonsten zersplittertes Hilfesystem fand zusammen und begann auf effektive Weise zu kommunizieren und zu kooperieren. Innerhalb weniger Wochen entwickelte das Sozialamt, Hilfsorganisationen, freie Träger und ich selbst einen Hilfsplan. So richtete die Stadt beispielsweise eine zusätzliche Notunterkunft ein. Die Notunterkünfte blieben statt der üblichen Öffnungszeiten zwischen 16:00 und 08:00 Uhr auch tagsüber geöffnet und boten neben Schlafplätzen auch kostenlose Mahlzeiten an. Die Zimmerbelegung wurde von acht auf zwei reduziert, um Abstandsmaßnahmen aufrechterhalten zu können.[4] Personen, bei denen der Verdacht bestand, dass sie an COVID-19 erkrankt sind, wurden medizinisch versorgt, auch wenn sie nicht krankenversichert waren. Die regelmäßigen medizinischen Untersuchungen in den Unterkünften bedeuten, dass auch andere Krankheiten und Beschwerden behandelt werden konnten. Ich entwickelte einen Entwurf für einen Quarantäneplan und eine Quarantänestation in den Unterkünften und medizinisches Personal besuchte die Notschlafstellen in regelmäßigen Abständen. Über die spezifischen Lösungsansätze hinweg schaffte diese Kooperation eine verbesserte Kommunikation zwischen Wissenschaft, freien Trägern, kirchlichen Organisationen, NGOs und Stadt/Sozialamt sowie ein erhöhtes Verständnis für die Arbeitsbedingungen und Einsichten der jeweils anderen. Hierdurch wurden Lücken im System sichtbar und Dopplungen und Vorurteile konnten abgebaut werden.

6. Die Pandemie als Chance zur Beendigung der Wohnungslosigkeit

Neben dem Fokus auf die konkreten Auswirkungen der Pandemie auf wohnungslose Menschen stellt sich die übergeordnete Frage, ob die Pandemie eine Chance zur Beendigung von Wohnungslosigkeit sein kann. Hierzu müssen wir zunächst etwas über die Prämissen des Hilfesystems in Deutschland verstehen. Im Gegensatz

---

4   Doch auch hier gab es einen großen Nachteil, denn nur diejenigen, die offiziell als Leistungsempfänger registriert sind, hatten Zutritt, was eine große Anzahl von Menschen ausschloss.

zu Ländern, die Wohnen als Grundrecht verstehen und Wohnungen bedingungslos zur Verfügung stellen (Housing-First-Ansätze, siehe Tsemberis 2011), wird in Deutschland in der Regel nach einem Stufenmodell gearbeitet. Wohnungslose Menschen müssen verschiedene Stufen von temporären, meist geteilten und betreuten Unterkünften durchlaufen. In Leipzig beispielsweise gibt es Unterkünfte für Frauen, für Männer, für nasse Alkoholiker, für Drogenabhängige und für Flüchtlinge – die entweder von der Stadt, von freien Wohlfahrtsverbänden oder von einem Krankenhaus betrieben werden (Schneider 2020b). Sie bieten einen Schlafplatz und eingeschränkte Öffnungszeiten. Dann gibt es einige provisorische Wohngemeinschaften, die als nächste Stufe auf der Treppe vor dem Übergang in eine unabhängige Unterkunft dienen sollen (Schneider, 2020b:3). In diesen Nachtasylen, Kurzzeitunterkünften oder Wohngemeinschaften (vgl. Schneider 2020) werden wohnungslose Menschen im institutionellen Rahmen des (Wieder-)Erlernens des eigenständigen Wohnens betreut: Sie werden von verschiedenen Dienstleistern begleitet, bevor sie in eine eigenständige Wohnung übergehen können. Eine Wohnung wird also nicht als Grundlage für die Überwindung sozialer Probleme verstanden, sondern als eine Belohnung, die man sich durch die Lösung seiner sozialen Probleme verdienen muss. Die Unterstützung ist an die Verpflichtung geknüpft, aktiv auf die Beseitigung der Unterstützungsbedürftigkeit hinzuwirken (Mitwirkungspflicht) (Daigneault 2014). Deutschland betrachtet die Obdachlosigkeit somit eher als persönliches denn als gesellschaftliches Problem und fordert die Betroffenen auf, die notwendige Initiative zu ergreifen, um ihre Situation zu ändern. Darüber hinaus führt die Abhängigkeit von Hilfe zu einer gelebten Erfahrung des Schadens. Dies ist auf das Prinzip der geringeren Anspruchsberechtigung zurückzuführen (Rusche, et al. 1939; Sbraccia 2008), das auf der Befürchtung beruht, dass Menschen, denen es zu gut geht, ihre Situation nie ändern werden – wenn also z.B. Menschen ohne Arbeit zu viel staatliche Unterstützung erhalten, werden sie nie wieder arbeiten gehen; wenn Notschlafstellen so gut sind, dass sich Menschen dort wohlfühlen, werden sie sich nicht mehr um eine eigene Wohnung bemühen etc. Daher schränken die durch das Sozialleistungssystem geschaffenen Bedingungen die tägliche Lebenserfahrung von Menschen ohne Wohnung ein und bringen sie in eine wirtschaftlich und sozial prekäre und benachteiligte Position innerhalb der Zivilgesellschaft (siehe Moran, et al. 2017 für eine Beschreibung der karzeralen Bedingung der Benachteiligung) um sie dazu zu motivieren, diesen Beschränkungen entkommen zu wollen (Schneider 2021b). Und erst, wenn Probleme bewältigt wurden, ist eine veränderte Wohnsituation erreichbar.

Das bedeutet jedoch, dass Menschen, die nach den Begriffen der Sozialen Arbeit komplexe Mehrfachprobleme haben, mit komplexen Mehrfachanforderungen konfrontiert werden. Eine fehlende Mitwirkungspflicht – die oft keine Frage des Wollens, sondern des Könnens ist – führt zu Sanktionen und letztlich zum Entzug von Unterstützung. Diese Vorstellung von Menschen, die als Last angesehen werden, die sich *zusammenreißen* und *dem Staat so schnell wie möglich die Hände aus der Tasche ziehen* sollen, gepaart mit einem anspruchsvollen und oft undurchsichtigen Weg zur Eigenständigkeit, führt dazu, dass viele auf den Stufen dieses Hilfesystems stecken bleiben oder aufgeben. Viele werden die Treppe immer wieder hinuntergestoßen, andere stolpern und fallen. Letztlich geraten die meisten Menschen ohne Wohnung entweder in eine doppelte Zwickmühle: Unbeständigkeit der Wohnverhältnisse – in Unterkünften, die kaum mehr als Schutz vor rauen Wetterbedingungen bieten – und dauerhafte Abhängigkeit von staatlicher Unterstützung (Schneider 2020). Oder sie ziehen sich aus dem Hilfesystem zurück und versuchen, auf der Straße zurechtzukommen, oft ohne Leistungen und mit geringen Chancen, wieder eine Wohnung zu bekommen.

Durch die Umlenkung des Gesprächs weg von Fragen zum Recht auf Wohnen hin zu solchen zum Recht auf Gesundheit und Leben hat die Pandemie eine einzigartige Chance geboten, das Problem neu zu definieren und Lösungsansätze zu entwickeln. Als sich bestätigte, dass das Virus den Kontinent erreicht hatte, holten viele europäische Städte unfreiwillig wohnungslose Menschen von der Straße. Einige Städte öffneten rund um die Uhr Notunterkünfte (z.B. Leipzig, Berlin), andere nutzten Hotels oder große Veranstaltungszentren (z.B. London, Edinburgh, Paris). Zwar waren diese Maßnahmen mutmaßlich nicht das Ergebnis einer plötzlichen Schärfung des sozialen Bewusstseins; es handelte sich vielmehr um bevölkerungsgesundheitliche Maßnahmen zur Verringerung der Gesamtsterblichkeit in dieser Pandemie. Nichtsdestotrotz bestätigten sie, was Wissenschaftler:innen und Praktizierende seit Langem postulieren: Obdachlosigkeit ist lebensbedrohlich und kann behoben werden. Die Schnelligkeit, mit der viele Staaten als unmittelbare Reaktion auf die drohende Bedrohung durch COVID-19 eine (vorübergehende) Unterkunft für die zu der Zeit obdachlos lebenden Menschen gefunden haben, spricht für eine Ungereimtheit, die nur selten zugegeben wird: das Coronavirus ist keineswegs die einzige Bedrohung, der die auf der Straße lebenden Menschen ausgesetzt sind, und doch ist es die einzige Bedrohung für Gesundheit und Leben[5,] der derzeit direkt begegnet wurde. Durch die Gewährung von Unterkünften für wohnungslose Menschen haben die Staaten ihre erweiterten Pflichten zum Schutz des Rechts auf Leben während einer Pandemie anerkannt und auch bewiesen, dass ohne Wohnung zu leben, an und für sich schon eine Gefahr für Leben und Gesundheit und somit eine Menschenrechtsverletzung darstellt (siehe Lynch und Cole 2003). Wohnungslose sind *aufgrund ihrer Lebensumstände* anfällig für Krankheiten – unabhängig

---

5   Für die Menschenrechte auf Leben und Gesundheit siehe art. 3 Deklaration der Menschenrechte sowie art. 6.1 des ICCPR (der Internationale Pakt über bürgerliche und politische Rechte) ebenso geschützt in art 2 der europäischen Menschenrechtskonvention. Siehe auch HRC, CCPR General Comment 6: The Right to Life, [1], UN Doc HRI/GEN/I/Rev.5 (2001) [5] sowie Der Hohe Kommissar der Vereinten Nationen für Menschenrechte (OHCHR, 2008).

davon, ob zu diesen Umständen eine Pandemie gehört (Kirby 2020). Viele der Gesundheitsprobleme, mit denen Obdachlose konfrontiert werden, sind Probleme, die sich aus einer unzureichenden routinemäßigen Gesundheitsversorgung, der Unmöglichkeit, eine (kontinuierliche) Versorgung zu erhalten, und dem mangelnden Zugang zu Dienstleistungen ergeben. Durch die Behandlung von wohnungslosen Menschen als Hochrisikogruppe während der Pandemie erkannten Staaten an, dass der Zustand der Wohnungslosigkeit das Recht auf Gesundheit und die Möglichkeit, es in Anspruch zu nehmen, untergräbt. Die Beschäftigung mit dem Recht auf Gesundheit im Kontext der gegenwärtigen Pandemie zeigt, dass der Schutz dieses Rechts möglich ist. Die gesundheitlichen Bedürfnisse (und Rechte) von Menschen ohne Unterkunft können befriedigt werden, wenn die angebotene Unterkunft den Raum bietet, um auf diese Bedürfnisse (und Rechte) einzugehen. Praktiker:innen haben beschrieben, wie die Unterbringung von Menschen ohne Obdach während der Pandemie die Möglichkeit bot, andere Gesundheitsprobleme wie Drogenabhängigkeit oder psychische Probleme anzusprechen, und positiv zu verändern. Darüber hinaus haben die Unterkünfte in vielen Städten damit begonnen, medizinische Untersuchungen, Wundbehandlungen und -versorgungen sowie Behandlungen für andere anhaltende Gesundheitsprobleme anzubieten. (Dies ist auf der Straße nicht möglich, da die Zielgruppen nicht erreicht werden können und die für eine erfolgreiche Behandlung erforderlichen Hygienemaßnahmen nicht eingehalten werden können). Dies bestätigt, was Housing First-Ansätze seit Langem postulieren: dass Wohnen die Grundlage für die Lösung von Problemen sein muss, die mit Wohnungslosigkeit einhergehen, aber nicht die *Belohnung* dafür sein darf.

»Die Pandemie hat gezeigt, was jahrzehntelange Kampagnen gegen Wohnungslosigkeit nicht vollständig belegen konnten: dass Wohnungslosigkeit in der Tat kein individuelles Problem ist, das mit individuellen Mitteln zu lösen ist, sondern ein gesellschaftliches Problem und daher ein Problem für alle« erklärt Grohmann (2020:ks eigene Übersetzung). Durch die Anerkennung des Rechts auf Leben und Gesundheit (anstelle des Rechts auf Wohnen) haben sich die Staaten zumindest vorübergehend von einer Sichtweise abgewandt, in der Menschen ohne Wohnung (zumindest teilweise) implizit für ihre Situation verantwortlich gemacht werden.

Dies wirft wichtige Fragen für die Zukunft auf. Nun, da Staaten bewiesen haben, dass es möglich ist, wohnungslosen Menschen schnell und effektiv eine Unterkunft zu bieten, wie könnten sie dann rechtfertigen, dass sie dies in Zukunft nicht tun, insbesondere angesichts der positiven (gesundheitlichen und sozialen) Auswirkungen, die die Bereitstellung von Wohnraum mit sich bringt?

Die Tatsache, dass die Schutzmaßnahmen zeitlich begrenzt waren, wirft die Frage auf, wie es nun weitergehen wird, auch im Hinblick auf die kommende Rezession, die zu neuen Wellen der Wohnungslosigkeit führen kann. In vielen europäischen Staaten können private Unternehmen für die Verluste, die sie während der Pandemie erlitten haben, entschädigt werden – oder sie finden Mittel und

Wege, dies zu tun. Aber was ist mit den Verlusten, die die obdachlosen Menschen erleiden, vor allem, wenn sie aufgrund von Verlegungsbeschränkungen wieder auf die Straße gesetzt werden, was, wie wir gesehen haben, der Fall ist? Darüber hinaus zeigt die Umsetzung von Schnellwohnungsmaßnahmen oder *housing first*-Politiken in Städten mit schwerem Wohnungsmangel, dass die Wiederunterbringung eine Frage des Willens und der Verteilung und nicht der Möglichkeit ist.

In Leipzig konnten viele obdachlose Menschen aufgrund der geringeren Zugangshürden zu den Notunterkünften während der Lockdowns zum ersten Mal dort Zuflucht finden, und viele berichteten nicht nur, wie viel besser sie schliefen und wie viel Kraft sie gewannen, sondern auch, wie viel ruhiger und glücklicher sie waren. Dennoch schlossen diese Unterkünfte ihre Türen und kehrten zur alten Routine zurück, sobald die Beschränkungen nachließen, was denjenigen, die sie genutzt hatten, bestätigte, dass sie nur Spielfiguren in einer größeren Eindämmungsstrategie waren. Sie haben gesehen, was möglich ist, und verstehen nun nicht mehr, warum dies außerhalb einer Pandemie nicht möglich scheint.

7. Ein zweischneidiges Schwert

Einige der Pandemie-Maßnahmen verringerten die Sichtbarkeit des Leidens derjenigen, die am meisten Unterstützung brauchen, aber nicht ihr Leiden als solches. Andere Maßnahmen gaben Hoffnung auf positive Veränderungen auch über die Pandemie hinaus, Hoffnungen, die nun weitestgehend enttäuscht wurden. Eine der obdachlosen Menschen, mit denen ich forsche, Yelena (40), die während der Kontaktbeschränkungen nur begrenzten Zugang zu Nahrung, Wasser oder Geld hatte und den Kontakt zu ihrem sozialen Netzwerk verlor, formulierte die Herausforderung wie folgt: »Die Menschen werden diese Pandemie überleben. Aber ob die Menschheit überleben wird, ist eine ganz andere Frage.« Gesellschaftliche Krisensituationen sind dafür bekannt, dass sie den sozialen Zusammenhalt und die gegenseitige Unterstützung stärken können, aber auch dafür, dass sie Menschen gegeneinander aufbringen und radikale politische Strömungen, die auf Spaltung und Hass basieren, Rückenwind geben können. Die Pandemie zeigte uns also vor allem zwei Dinge. Erstens, unfreiwillige Wohnungslosigkeit ist lebensbedrohlich und unvereinbar mit Grund- und Menschenrechten wie Privatsphäre, Intimität, Familienleben, Rückzugsort und Sicherheit, aber auch mit dem Recht auf Leben und Gesundheit. Zweitens, und das sieht jetzt auch die EU mit ihrer Strategie zur Beendigung der Wohnungslosigkeit bis 2030, können und müssen Staaten unfreiwillige Wohnungslosigkeit beenden. Dass Krisenmaßnahmen nicht langfristig erhalten werden können, ist verständlich. Doch ein Rückgang zum Status Quo aus 2019, der das, was jetzt gelernt wurde, nicht aufgreift, wäre ein großer Verlust. Stattdessen muss auf das aufgebaut werden, was geschaffen wurde und kurzzeitige Krisenmaßnahmen in langfristig umsetzbare Lösungen verwandelt werden. Wenn wir jetzt zurückrudern, dann werden wir die Menschen, die Unterstützung erhielten und denen die Unterstützung dann wieder entzogen wurde mit dem resultieren Schmerz und Misstrauen allein lassen, ein Umstand, der nicht rückgängig gemacht werden kann. Und das wird Folgen für uns alle haben: sozial, finanziell und politisch. Insgesamt müssen wir dringend über den Weg nachdenken, der uns in und durch diese Pandemie geführt hat. Gesundheitliche Notlagen sind immer auch soziale Krisen, deren Auswirkungen von unserer Fähigkeit abhängen, zunehmende Armut und Ungleichheit zu dokumentieren und ihr entgegenzuwirken. Wie diese Pandemie unsere Gesellschaften langfristig prägen wird, hängt von unserer Fähigkeit ab, aus ihr zu lernen und einander zu unterstützen.

Literaturverzeichnis

Allgemeine Erklärung der Menschenrechte (1948): A/RES/217, UN-Doc. 217/A-(III) Art. 12 (Freiheitssphäre des Einzelnen), Online: https://www.ohchr.org/en/human-rights/universal-declaration/translations/german-deutsch, (abgerufen am 25.05.2022).

Bild Zeitung (2021): Obdachloser vermutlich in Holzschuppen erfroren. Veröffentlicht 27.01.2021,12:33 Uhr https://www.bild.de/regional/leipzig/leipzig-news/leipzig-obdachloser-vermutlich-in-holzschuppen-erfroren-75089858.bild.html, (abgerufen am 19.03.2022).

Bundesministerium für Gesundheit (2022): #WirBleibenZuhause. Personen des öffentlichen Lebens setzen ein Zeichen, https://www.zusammengegencorona.de/mediathek/wirbleibenzuhause-mediathek/?filter=allevideos, (abgerufen am 25.05.2022).

Büro des Hohen Kommissars der Vereinten Nationen für Menschenrechte (OHCHR) und Weltgesundheitsorganisation (WHO)(2008). The Right to Health: Fact Sheet No. 31, https://www.ohchr.org/Documents/Publications/Factsheet31.pdf (abgerufen am 30.05.2022).

Cieraad, Irene (2018): Home, The International Encyclopedia of Anthropology:1-8.

Daigneault, Pierre-Marc (2014): Three Paradigms of Social Assistance. SAGE Open 4(4).

Davis, Diane E. (2005): Wounded Cities: Destruction and Reconstruction in a Globalized World. Pp. 457–459, Vol. 29. Oxford, UK and Malden, USA.

Ellis, Carolyn (2017): Compassionate Research: Interviewing and Storytelling from a Relational Ethics of Care, in: The Routledge international handbook on narrative and life history. I. Goodson, ed: Routledge.

Giuffrida, Angela (2021): Deaths among Rome's rough sleepers surge as shelters turn many away due to Covid. The Guardian, 01.01.2021 https://www.theguardian.c

om/world/2021/feb/01/rome-covid-rough-sleeper-deaths-italy, (abgerufen am 01.09.2022).

Grohmann, Steph (2020): COVID-19's safe spaces for the homeless https://hauboo ks.org/grohmann-covid19-homeless/?fbclid=IwAR0RpUw-_gBLVT01r7Z9lhHjt QlWFzQeIYRLit_c8pA61s3nNlhtR9BGFpE, (abgerufen am 01.09.2022).

Kirby, Tony (2020): Efforts escalate to protect homeless people from COVID-19 in UK. The Lancet Respiratory Medicine 8(5):447-449.

Kusenbach, Margarethe (2003): The go-along as ethnographic research tool, Ethnography, 4 (3),455-485.

Kvale, Steinar (1996): InterViews: an introduction to qualitative research interviewing. Thousand Oaks London: Sage.

Lynch, Philip/Cole, Jacqueline (2003): Homelessness and Human Rights: Regarding and Responding to Homelessness as a Human Rights Violation, Melbourne Journal of International Law.

McNeill, Fergus (2018): Mass supervision, misrecognition and the ›Malopticon‹, Punishment & Society, 21 (2), 207–230.

Moran, Dominique/Turner, Jennifer/Schliehe, Anna K. (2017): Conceptualizing the carceral in carceral geography, Progress in Human Geography, 42 (5), 666–686.

Rubin, Herbert J./Rubin Irene (2004): Qualitative interviewing: the art of hearing data, California: SAGE.

Rusche, Georg/Kirchheimer, Otto/Sellin, Thorsten (1939): Punishment and Social Structure, New York: Columbia University Press.

Sbraccia, Alvise (2008): More or Less Eligibility: Theorethical perspectives on the Imprisonment Process of Migrants in Italy, 31, 5–23.

Schneider, Jürgen/Böhmer, Anselm (2020): Wohnungslos in der Pandemie. in: Böhmer, Anselm/Engelbracht, Mischa/Hünersdorf, Bettina/Kessl, Fabian/Täubig, Vicki (Hg.): Soz Päd Corona. Der sozialpädagogische Blog rund um Corona, Online: https://sozpaed-corona.de/wohnungslos-in-der- pandemie/ (abgerufen am 01.09.2022).

Schneider, Luisa T (2021a): Angst, Einsamkeit und unsichtbare Kämpfe Die Bedeutung der Corona-Pandemie für wohnungslose Frauen mit psychischer Krisenerfahrung in Leipzig. Soziale Psychiatrie 173.

Schneider, Luisa T (2021b): Let me take a vacation in prison before the streets kill me! Rough sleepers' longing for prison and the reversal of less eligibility in neoliberal carceral continuums. Punishment & Society online first.

Schneider, Luisa T (2020a): Imagine you were me. On how COVID-19 affects vulnerable groups. Culture in Quarantine.

Schneider, Luisa T (2020b): ›My home is my people‹ homemaking among rough sleepers in Leipzig, Germany. Housing Studies:1-18.

Schneider, Luisa T (2020c): They call it (social) physical distancing: elders, unhoused people and grassroots support in Leipzig, Germany. Collecting COVID-19.

Skinner, Jonathan (2012): The Interview. An ethnographic approach. London: Routledge.

Tsemberis, Sam (2011): Housing first: The pathways model to end homelessness for people with mental illness and addiction manual. European Journal of Homelessness, 5 (2), 235–240.

»Corona-Dead, auf einmal alles leer«[1]
Eine qualitative Untersuchung zur Harmonisierung der Alltagspraxis in Pandemiezeiten aus Sicht obdach- und wohnungsloser Menschen

Tim Middendorf und Alexander Parchow

1. Einleitung und Fragestellung

Die Corona-Pandemie beeinflusst seit dem Auftreten des entsprechenden Virus SARS-CoV-2 im Frühling 2020 die individuellen Lebenssituationen und das gesellschaftliche Zusammenleben der Menschen weltweit. Lockdowns, Abstand halten, das Tragen einer Mund-Nase-Bedeckung beim Einkaufen oder im öffentlichen Personenverkehr, die Reduzierung sozialer Kontakte, beschränkter Zugang zu Freizeit- und Kulturangeboten für geimpfte, genesene sowie negativ getestete Personen – das sind nur einige Beispiele verschiedener Auflagen, welche dazu führten, dass sich die Alltagspraxis nahezu aller Menschen stark gewandelt hat.

Wohnungs- und obdachlose Menschen sind von den Auswirkungen der Pandemie und den veränderten Kontextbedingungen in besonderem Maße betroffen. Denn die reflexartigen Bewältigungsstrategien in Deutschland gingen aus Sicht dieses Personenkreises an ihren Lebensbedingungen und ihrer Alltagspraxis vorbei. Wie sollten beispielsweise in Zeiten von Lockdowns die vor allem in den sozialen Medien unter dem Hashtag #StayAtHome verbreiteten Appelle zum Verbleib in der eigenen Wohnung von obdach- und wohnungslosen Menschen umgesetzt werden?

Darüber hinaus verstärkten die temporären Schließungen von Notunterkünften, Hilfs- und Tagestreffangeboten sowie die Schließung von und Schutzvorkehrungen in Einrichtungen des öffentlichen Lebens die Exklusionsprozesse der von Wohnungslosigkeit betroffenen Menschen. In Anlehnung an die Endzeit- und Horror-TV-Serie *The Walking Dead* beschrieb Frau Müller sinnbildlich diese dramatischen Veränderungen der schon prekären Lebensbedingungen als »Corona-Dead, auf einmal [war] alles leer« (Z. 179).

---

1   (Frau Müller, Z. 179). Alle Namen der Befragten wurden im Beitrag pseudonymisiert.

Doch trotz aller Schwierigkeiten und widrigen Umstände haben viele woh-nungs- und obdachlose Menschen ihre Alltagspraxis in pandemischen Zeiten angepasst und fortgeführt. In der vorliegenden Grounded-Theory-Interviewstudie sind wir deshalb in verschiedenen städtischen Ballungsräumen der Frage nach-gegangen, *wie sich die Alltags- und Bewältigungspraxis von obdach- und wohnungslosen Menschen durch die Pandemie aus ihrer Perspektive verändert hat.*

Der Beitrag gliedert sich wie folgt: Zu Beginn wird der Forschungsstand entlang bereits vorhandener Studien mit Bezug zur Corona-Pandemie expliziert, bevor wir im Folgeabschnitt das Forschungsdesign der Untersuchung vorstellen. Im Haupt-teil des Beitrags werden die Untersuchungsgruppe sowie die Ergebnisse der Studie beschrieben. In der Ergebnisdarstellung zeigen wir anhand der Kernkategorie *Harmonisierung der Alltagspraxis* die rekonstruierten zentralen Veränderungen der All-tagspraxis der obdach- und wohnungslosen Menschen in Pandemiezeiten. Anhand ihrer identifizierten Handlungsstrategien wird deutlich, wie die betroffenen Men-schen im Alltag die veränderten Anforderungen und ihr eigenes Agieren in Einklang bringen – eben harmonisieren. Der Beitrag endet mit einer kritischen Diskussion und wagt einen Ausblick auf postpandemische Zeiten.

2. Forschungsstand zur Wohnungs- und Obdachlosigkeit während der Corona-Pandemie

Mittlerweile sind einige sozialwissenschaftliche Beiträge zu den Auswirkungen der Corona-Pandemie sowohl überblicksartig (bspw. Lutz et al. 2021) als auch perspek-tivspezifisch (bspw. Aghamiri et al. 2022) veröffentlicht worden. Es fällt auf, dass sich gesellschaftliche Phänomene in der Studienlage spiegeln: Obdach- und woh-nungslose Menschen sind marginalisiert. Sie selbst und die entsprechenden Hilfe-systeme sind nur wenig im Fokus von wissenschaftlichen Forschungsprojekten und in Pandemiezeiten wurden sie lokal teilweise als nicht systemrelevant eingeschätzt (Rosenke/Lotties 2021: 20).

Die wenigen Studien und Beiträge zu den Themen Wohnungs- und Obdach-losigkeit im Kontext der Corona-Pandemie beziehen sich vorrangig auf die An-fangsphase im Frühjahr 2020 sowie den Spätsommer desselben Jahres. So weisen Sartorius und Simon (2021) in Bezug auf die in Verordnungen fixierten Corona-Schutzmaßnahmen darauf hin, dass viele hygienische Regeln (u.a. Abstand halten, Hände waschen und desinfizieren, Hust- und Niesetikette) an der Lebenswirklich-keit von wohnungs- und obdachlosen Menschen vorbei gingen. Weiter erläutern sie, dass die Lebenslagen dieser Personengruppe durch die temporären Schließun-gen niedrigschwelliger Hilfesettings im Lockdown, die Ausgangsbeschränkungen in einigen Bundesländern und die Auferlegung der Reduzierung sozialer Zusam-menkünfte prekarisiert wurden (Sartorius/Simon 2021: 250–253).

Eine Kurzexpertise der GISS, im Auftrag des Bundesministeriums für Arbeit und Soziales, unter anderem basierend auf Befragungen von Expert:innen aus verschiedenen Teilen des Hilfesystems, bestätigt die benannte Prekarisierung: »Die Schutzbestimmungen trafen das gesamte Hilfesystem der Wohnungsnotfallhilfen und die darin versorgten Menschen hart« (Busch-Geertsema/Henke 2020: 12). Hart getroffen waren und sind demnach sowohl die Institutionen, die Fachkräfte als auch vor allem die Adressat:innen.

Einen Einblick in die Alltagsroutinen und inkludierten Bewältigungsstrategien von wohnungslosen Menschen in pandemischen Zeiten gibt eine aktuelle Grounded-Theory-Studie der Technischen Hochschule Nürnberg (Heinrich et al. 2022: 247). Die Autor:innen stellen anhand vier kontrastierender Fallrekonstruktionen heraus, dass die Corona-Pandemie zu einer erhöhten Abhängigkeit wohnungsloser Menschen von Hilfesystemen geführt hat (ebd.: 255). Sie zeigen auf, dass, sofern die institutionelle Unterstützung – möglicherweise durch Maßnahmen zur Eindämmung des Infektionsrisikos – nicht aufrechterhalten werden kann, »nur noch die Einnahme einer resignierten Ohnmachtshaltung oder die Nicht-Inanspruchnahme von Hilfen im Sinne des Versuchs der alleinigen Bewältigung der Situation« (ebd.) bliebe.

Insgesamt wird deutlich, dass in aktuellen Untersuchungen im Kontext der Corona-Pandemie Wohnungs- und Obdachlosigkeit bislang kaum berücksichtigt werden. Darüber hinaus erhalten in den wenigen vorliegenden Studien zu dieser Thematik die subjektiven Perspektiven der betroffenen Menschen nur geringe Aufmerksamkeit.

Mit dieser Studie begegnen wir diesem Forschungsdesiderat. Wir verstehen obdach- und wohnungslose Menschen als aktiv handelnde Subjekte, die den erschwerten Lebensbedingungen nicht ausschließlich hilflos ausgeliefert sind, sondern die in erschwerten Lebensbedingungen in pandemischen Zeiten ihre Alltagspraxis aktiv (um-)gestalten. Folglich rekonstruieren wir die Alltagspraxis von wohnungs- und obdachlosen Menschen in pandemischen Zeiten mit all ihren Bewältigungsstrategien auf Basis ihrer individuellen Erzählungen. Gleichwohl werden die Negativerlebnisse, Belastungen und Herausforderungen im Kontext der Pandemie trotz dieser ressourcenorientierten Forschungsperspektive in die Analyse einbezogen und im Ergebnisteil dargestellt.

3. Rahmung der Untersuchung und methodische Vorgehensweise

Der Aufbau des Forschungsprojekts lehnt sich methodologisch und methodisch an die Grundannahmen der Reflexiven Grounded Theory-Methodologie (RGTM) an (Breuer et al. 2019). Zwischen August 2021 und Februar 2022 wurden sieben problemzentrierte Interviews (Witzel 2000) mit Menschen geführt, die während

der Corona-Pandemie durchgängig oder temporär von Obdach- bzw. Wohnungslosigkeit betroffen waren. Der Feldzugang entstand vor allem über Gatekeeper:innen
bzw. sozialpädagogische Fachkräfte, die in Notunterkünften der Wohnungslosenhilfe tätig waren. Die Interviews wurden lebensweltorientiert – teilweise auf der
Straße oder in Parks – durchgeführt.

Nach kurzer Skizzierung des Forschungsprojekts und dem Einholen der Einver-
ständniserklärungen begann jedes Interview mit Warm-up-Fragen. Anschließend
wurden die Befragten eingeladen, von ihrer ganz individuellen Lebensgeschichte zu
berichten. Die Narrationen der Interviewten wurden lediglich durch Verständnis-
fragen unterbrochen. Die Interviews schlossen mit Ad-Hoc-Fragen zur Lebenslage
und Alltagsgestaltung vor und während der Corona-Situation sowie mit einer pro-
spektiven Sicht nach der pandemischen Lage.

Im Forschungsprojekt berücksichtigten wir die zentralen wissenschaftlichen
Standards und ethischen Prinzipien des Forschungsethikkodexes der Deutschen
Gesellschaft für Soziale Arbeit (DGSA) (Franz/Unterkofler 2021: 39–54). Insbesondere der Reproduktion bestehender Machtverhältnisse und Stigmatisierungsprozesse
durch die Forschung wurde sensibel begegnet (ebd.: 43): Alle Befragten besaßen
die Kontrolle über Ort, Zeit und Kontextgestaltung der Befragungssituation. Wir
verstanden uns in diesem Zusammengang als Besucher von Lebenswelten und
hinterließen an verschiedenen Orten unsere Kontaktdaten zur Aufrechterhaltung
von Frage- und Widerrufsmöglichkeiten. Ebenfalls entschieden die Befragten
über eine individuell passende Anredeform, die in der Pseudonymisierung der
Zitatausschnitte in diesem Beitrag berücksichtigt wurde.

Im Sinne der RGTM erfolgte die mehrschrittige Datenanalyse parallel zur Datenerhebung. Nach einer anonymisierten Transkription der Audiodateien wurden
durch regelgeleitete Kodierprozesse neue theoretische Vorstellungen bis zur theoretischen Sättigung entwickelt (Breuer et al. 2019: 7). Die emergierenden Erkenntnisse
mündeten in einem gegenstandsbezogenen Modell *Harmonisierung der Alltagspraxis
in pandemischen Zeiten*. Darunter verstehen wir das in Einklang bringen der komplexen Alltagsgestaltung in pandemischen Zeiten, das zentral durch die interaktiona-
len Strategien *Anpassung, Vermeidung und Veränderung* gekennzeichnet ist (Strauss/
Corbin 1996: 95).

Bevor der Kern dieses Modells dargestellt wird, gehen wir auf die Lebenssituationen der befragten Menschen genauer ein.

4. Vorstellung der Untersuchungsgruppe

Die Untersuchungsgruppe in der vorliegenden Studie bestand aus drei Frauen und
vier Männern im Alter von 40 bis 72 Jahren, die sich deutschlandweit in verschiedenen städtischen Ballungsräumen (Klein-, Mittel- und Großstadträume) aufhiel-

ten. Die Kriterien zur Bildung der Untersuchungsgruppe setzten sich aus maximal kontrastierenden Bedingungen der Wohn- und Obdachlosigkeit in pandemischen Zeiten zusammen, unter anderem Dauer der Wohnungslosigkeit, Nutzung von Angeboten und familiärer Eingebundenheit.

Die Befragten waren zwischen 12 Monaten und 16 Jahren sowohl aus familiären Trennungsgründen als auch aufgrund von Zwangsräumungen wohnungs- bzw. obdachlos. Sie hatten somit vor und während der Corona-Pandemie ihre Wohnung verloren – ein Befragter bezog in der Pandemie eine durch im Hilfesystem tätige Fachkraft vermittelte Übergangswohnung. Zum Erhebungszeitraum schliefen zwei Interviewte auf der Straße, zwei in Übernachtungsstellen, eine bei ihrem Partner, eine in einer Übergangseinrichtung und ein Befragter in einer eigenen Wohnung.

Obwohl die Untersuchungsteilnehmer:innen durch sozialpädagogische Fachkräfte in Hilfeinrichtungen vermittelt wurden, nutzten zum Zeitpunkt der Interviews nicht alle Befragten die Schlaf- sowie niedrigschwelligen Hilfsangebote. Die Varianz erstreckte sich von Nichtnutzung über selektive Nutzungsstrategien bis zur Annahme nahezu vollständiger Leistungen durch die Einrichtungen.

Alle Interviewten berichteten von zumindest temporär schwerwiegenden psychischen und/oder somatischen Erkrankungen. Diese Krankheiten wurden einerseits als Grund und andererseits auch als Folge der Wohnungs- und Obdachlosigkeit benannt.

Vier der Befragten hatten eigene Kinder, die entweder erwachsen oder fremduntergebracht waren. Die Intensität der Kontakte zu den Kindern variierte bei den Interviewten von täglichen Kontakten bis zum vollständigen Kontaktabbruch.

5. Forschungsergebnisse

Die Forschungsergebnisse der Studie sind durch die Quantität und Heterogenität der Erzählungen nicht vollumfänglich in diesem Beitrag abbildbar. Wir beschränken uns deshalb auf die Darstellung der interviewübergreifenden Kernkategorie *Harmonisierung der Alltagspraxis* inklusive der inhärenten Handlungsstrategien der interviewten Menschen.

Der Verlust der eigenen Wohnung (teilweise schon vor der Pandemie) stellte für alle Befragten ein einschneidendes Ereignis dar, dass in der Regel als sehr plötzlich und teils unerwartet beschrieben wurde. Dabei ist zu bedenken: Die Lebenssituationen nahezu aller Befragten vor der Wohnungslosigkeit waren durch gesellschaftlich normierte Lebensverhältnisse gekennzeichnet, wie Frau Müller exemplarisch beschrieb.

»Von alles, von Haus, Hunde, Kinder, Arbeit-. Dieses Umfeld, was ich hatte, auf null« (Frau Müller, Z. 98f.).

Der als plötzlich erlebte Übergang in die Wohnungs- bzw. Obdachlosigkeit wurde von den Personen in der Untersuchungsgruppe durch Trennung, Krankheit oder Zwangsräumung begründet, auch wenn die Ursachen hierfür teilweise komplexer und mit anderen Problemlagen wie übermäßigem Alkoholkonsum oder häuslicher Gewalt verschränkt waren.

Die Interviewten waren durch den unerwarteten Verlust der Wohnung plötzlich herausgefordert, ihre Alltagspraxis unter stark veränderten Rahmenbedingungen wieder in Einklang zu bringen. Mehr noch – sie mussten zwangsläufig ihren Tagesablauf neu und anders gestalten sowie ihre Routinen an die neuen Gegebenheiten anpassen. Diese schon enorm herausfordernde Aufgabe wurde zusätzlich durch die globale Corona-Pandemie und ihre gesamtgesellschaftlichen Auswirkungen erschwert. Die Pandemielage führte dazu, dass selbst schon langjährig wohn- bzw. obdachlose Menschen zu einer Harmonisierung der Alltagspraxis in sich stark veränderten gesellschaftlichen Zusammenhängen aufgefordert waren.

Um die Harmonisierung des Alltags in pandemischen Zeiten zu bewerkstelligen, nutzten die Befragten unterschiedliche Handlungsstrategien. Diese wurden trotz aller Belastungen durch vielfältige persönliche und soziale Ressourcen ermöglicht, wie etwa eigene Fähig- und Fertigkeiten, eine positive Einstellung zum Leben, Freund:innen, Familie sowie sozialpädagogische Fachkräfte, und umfassten Anpassungs-, Vermeidungs- und Veränderungsstrategien. Die verschiedenen Strategien in ihrer Bedeutung für die Alltagspraxis wurden in engem Rückgriff auf das Datenmaterial analysiert und werden in den folgenden Abschnitten entlang exemplarischer Interviewauszüge dargestellt.

5.1. »War ja Pflicht«[2] - Anpassungsstrategien

Unter dem Begriff der Anpassungsstrategien sind die Handlungen und Aktivitäten subsumiert, die sich durch eine Anpassung, an die durch die Corona-Pandemie veränderten gesamtgesellschaftlichen Rahmen- und Lebensbedingungen auszeichnen und der Harmonisierung der Alltagspraxis der Befragten dienen. Die Anpassungsstrategien besitzen dementsprechend zwei Merkmale: Sie führen erstens zu einer gelingenderen Alltagspraxis bei den Befragten und fügen sich zweitens widerstandsfrei in die pandemische Gesamtlage ein.

Eine grundlegende Anpassungsstrategie liegt in der Corona-Schutzimpfung. Alle Befragten haben sich, zum Teil schon kurz nach der Zulassung und Freigabe verschiedener Vakzine für die entsprechende Alters- und Risikogruppe, durch eine Impfung immunisieren lassen, um unter den veränderten Pandemiebedingungen die Möglichkeiten der Alltagsstrukturierung umfangreich zu erhalten.

---

2   (Werner, Z. 335).

»Ja und dann, wie es hieß, dass es Johnson & Johnson gab, die Impfung, da habe
ich gesagt: Sofort, sofort die Impfung und dann ist gut. Ich meine, in den Lebens-
mittelläden müssen wir noch Masken auftun, aber ansonsten geht es jetzt« (Pia,
Z. 113–116).

Beispielhaft berichtete Pia, dass sie der Möglichkeit einer Immunisierung durch eine Impfung nach einem entsprechenden Angebot sofort zugestimmt hat. Die Impfung führte aus ihrer Perspektive dazu, dass viele pandemische Alltagsbeschrän-
kungen aufgehoben wurden. Trotz ihrer Vorerkrankungen stand für Pia nicht primär der Selbstschutz im Vordergrund, sondern die positiven und harmonisierenden Alltagsfolgen der Impfung in Form des Wegfalls einschränkender Schutzmaßnahmen.

Das Tragen einer Mund-Nase-Bedeckung im Alltag wurde von Pia in den Le-
bensmittelläden akzeptiert. Auch die anderen Befragten tolerierten trotz persönlicher Einschränkungen diese Veränderung im Kontakt mit anderen Menschen, wie
Werner exemplarisch berichtete:

»Mussten dann wie gesagt auch Maske auf dem Schulhof tragen und tralala und
alles. Während der Arbeit auch und das war schon unangenehm. Wenn du da den
ganzen Tag mit Maske arbeitest, kriegst du ja sowieso schlechter Luft drunter und
wenn du da beim Arbeiten die ganze Zeit die Maske hast, nervt. Naja, mussten
wir ja tragen. War ja Pflicht« (Werner, Z. 331–335).

Der obenstehende Zitatausschnitt von Werner bezieht sich auf eine umfangreiche
Erzählung seiner Malertätigkeit. Er berichtete, dass er in verschiedenen Einrichtungen, unter anderem in einer Schule, als Maler arbeitete und sowohl während der
Streichtätigkeiten als auch während seiner Pausen, wie hier im Zitat auf dem Schulhof, eine Maske zu tragen hatte. Obwohl ihn das Tragen der Maske bei der Arbeit
behinderte und störte, passte er sich den Vorgaben an, um seiner offenbar struktur-
und haltgebenden Tätigkeit auch zukünftig nachgehen zu können.

Neben den veränderten und zum Teil eingeschränkten Handlungsmöglichkeiten durch die Corona-Pandemie waren reduzierte Öffnungszeiten unterschiedlicher Hilfsangebote und Einrichtungen des öffentlichen Lebens bei den Befragten
ein zentrales Thema:

»Ja die Kirchenöffnungszeiten haben sich geändert, dann waren die ja zeitweise
ganz geschlossen, das ist auch so ein Ruheraum gewesen und dann waren keine Gottesdienste mehr und wie gesagt, da kriegt man wieder einen guten Input,
sowas Ordnendes« (Klaus, Z. 311–314).

Klaus gab beispielsweise an, dass die Kirche für ihn einen Schutzraum – einen Ort der Ruhe, des geistigen Inputs und der inneren Ordnung – darstellte. Da zum Zeitpunkt der Interviews die Kirchen nach einer Phase der vollständigen Schließung wieder reduziert geöffnet hatten, nutzte Klaus den für ihn bedeutenden Ort zu angepassten Zeiten. Durch die zeitliche Flexibilität in der Alltagsgestaltung konnte er weiterhin vom kirchlichen Angebot profitieren und auf diese Art zu einer Harmonisierung seiner Alltagspraxis beitragen. Auch in den Interviews der anderen Befragten finden sich entsprechende Anpassungen an veränderte, erschwerte und begrenzte Zugänge subjektiv wichtiger Orte. Dabei stellte sich heraus, dass die Schließung öffentlicher Räume zu großen – und belastenden – Veränderungen der Alltagspraxis der befragten Menschen führte.

Durch die Anpassungsstrategien konnten die Befragten eine Nutzung verschiedener Angebote sicherstellen. Dies bedeutet: Die aktive Anpassung an Corona-Schutzauflagen und veränderte Kontextbedingungen führten zu gesellschaftlichen Teilhabeprozessen der betroffenen Menschen.

Zusammenfassend wird in dieser Unterkategorie deutlich, dass die Befragten über verschiedene funktionale Anpassungsstrategien in einem wortwörtlich verrückten und stark herausfordernden Alltag in pandemischen Zeiten verfügten. Sie nutzten aktiv die Handlungsstrategien, um den veränderten Anforderungen zu entsprechen und zeitgleich die eigene Lebenssituation positiv zu beeinflussen.

5.2 »Da hatte ich keinen Bock drauf«[3] – Vermeidungsstrategien

Mit Vermeidungsstrategien sind die Aktivitäten gemeint, die sich aufgrund der Auswirkungen der Corona-Pandemie durch eine Vermeidung und Aussparung von Handlungen oder Nicht-Nutzung von Angeboten auszeichnen und der Harmonisierung der Alltagspraxis der Befragten dienen. Vermeidungsstrategien sind wie die Anpassungsstrategien ebenfalls durch zwei Merkmale gekennzeichnet: Sie führen zu einer gelingenderen Alltagspraxis bei den Befragten und dienen dazu, den Auswirkungen der pandemischen Gesamtlage auszuweichen.

Dass die Corona-Pandemie zu spürbaren Veränderungen bei den Hilfsangeboten für Menschen in prekären Lebenslagen führte, sei exemplarisch am Bericht von Klaus dargestellt. Er beschrieb die Veränderung am Beispiel des Gemeindefrühstücks:

> »Sonst bin ich sonntags immer zum Gemeindefrühstück gegangen. Jetzt seit Corona kann man nicht mehr reingehen, kriegt man nur noch so ein paar Pakete zum Mitnehmen. Manchmal gehe ich hin und hole mir einfach sowas ab, aber auch nicht mehr oft, eher selten« (Klaus, Z. 219–222).

---

3   (Werner, Z. 170f.).

Das gemeinsame sonntägliche Frühstück in einer Gemeinde war vor der Corona-Pandemie ein fester Bestandteil der Alltagspraxis von Klaus. Nach einer vollständigen Schließung wurde das Angebot durch die Verteilung von Essenspaketen umstrukturiert. Jedoch entsprach die reine Versorgung mit Lebensmitteln scheinbar nicht den Bedürfnissen von Klaus, sodass er das früher routiniert besuchte Frühstücksangebot zunehmend mied und nahezu komplett aus seiner Alltagspraxis ausschloss.

Im Fall von Werner zeigte sich eine ähnliche Vermeidungsstrategie. Er erläuterte im Interview ebenfalls eine erschwerte Zugänglichkeit von Hilfsangeboten.

> »Ja vieles, konntest nicht mehr so überall hin, wegen Essen holen und so. Weil man ja irgendwie immer die Coronatests da machen muss und tralala und da hatte ich keinen Bock drauf. So bin ich da nicht mehr so oft nach (Einrichtungsname), fast ein Jahr bin ich da gar nicht mehr hingegangen« (Werner, Z. 169–172).

Werner berichtete in seinem Interview von einer großen Veränderung seines Alltags durch die Corona-Pandemie. Im obenstehenden beispielhaften Zitatausschnitt ging er darauf ein, dass er sich durch verpflichtende Testungen in seiner Alltagspraxis eingeschränkt fühlte: Denn selbst das Essen holen in einer Hilfseinrichtung war ihm nur unter Vorlage eines aktuellen negativen Corona-Tests möglich. Das führte dazu, dass Werner die Einrichtung aus eigenem Willen fast ein Jahr nicht aufsuchte, um den Unannehmlichkeiten der Testung aus dem Weg zu gehen. Für ihn überwog offenbar die Nicht-Nutzung des Angebots der aus seiner Perspektive umständlichen Testverpflichtung.

Frau Müller wiederum sprach in Bezug zu Vermeidungsstrategien in ihrem Interview von strukturellen Angeboten außerhalb der spezifischen Obdach- und Wohnungslosenhilfe. Im folgenden Zitatausschnitt erzählte sie von ihrem Familienleben zu Beginn der Corona-Pandemie. Vor allem den öffentlichen Personenverkehr mit ihren kleinen Kindern vermied sie nach einer beängstigenden Erfahrung beim Busfahren:

> »Ja und ich weiß noch meine Kleine. Ich bin mit der mit dem Bus gefahren, nie wieder! Gerade sieben Jahre alt ›und was ist das und was ist dies?‹ Und touch hier an und touch da an. Und ich so ›oh nein, Scheiße, jetzt fasst sie alles an‹ und man wusste gar nicht irgendwie wie gehst du jetzt damit um. Ja Hände waschen toll, Desinfektionsmittel war ja auch noch nicht so-. Also man musste schon, ja es ist auch ganz viel Angst mit geschwungen so. Ich hatte einfach Angst, dass meine Kinder sich infizieren oder meine Eltern. [...] Ok dann sind wir natürlich Heidewitzka, sind wir erst mal laufen gegangen und Fahrrad gefahren« (Frau Müller, Z. 320–326).

Frau Müller sprach hier verschiedene Faktoren an, die aus ihrer Perspektive zu einer Vermeidung der Nutzung des öffentlichen Personenverkehrs führten: Einerseits die mitschwingende Angst einer Ansteckung ihrer Kinder und Eltern, andererseits Unsicherheit und fehlendes Wissen bezüglich eines risikominimierenden Umgangs mit Busfahrten in Begleitung von kleinen Kindern. Frau Müller entschied sich dazu, die Fahrten mit dem öffentlichen Personenverkehr einzustellen, um die Sorgen und Unsicherheiten im Alltag auszuschließen.

Es wird an den exemplarischen Erzählungen deutlich, dass die Interviewten verschiedene Vermeidungsstrategien nutzten, um den Alltag in pandemischen Zeiten zu harmonisieren. Die Vermeidungsstrategien wurden aus verschiedenen Gründen eingesetzt: Einerseits zur Nicht-Nutzung veränderter Angebote und andererseits zur Vermeidung intrapsychischer Sorgen und Ängste. Beides führte zu einer Veränderung der Alltagspraxis, die aus der Perspektive der Interviewten gelingender harmonisierte.

5.3 »Alles anders«[4] – Veränderungsstrategien

Unter Veränderungsstrategien werden die Handlungen verstanden, die den Folgen der Corona-Pandemie angepasst sind und zu einer harmonisierenden Veränderung der Alltagspraxis führen. Dabei passen sich die Strategien – im Unterschied zu den dargestellten Anpassungsstrategien – nicht ausschließlich den veränderten Corona-Bedingungen an. Vielmehr diente die pandemische Situation als Katalysator für neue Handlungsstrategien, die vor der Corona-Pandemie noch nicht möglich erschienen. Die pandemische Gesamtsituation war demnach der Auslöser für weitreichende Veränderungen der Alltagspraxis.

Maßgeblich zielten die Veränderungsstrategien der Befragten darauf ab, die eigene Alltagspraxis (neu) zu strukturieren. Pia schilderte in ihren Erzählungen beispielsweise, dass sie aufgrund der Corona-Pandemie ihre Hauptbeschäftigung im Alltag aktiv reorganisierte:

> »Da habe ich mich sogar beworben, dass ich so ältere Leute betreue, das hatte mir auch sehr viel Spaß gemacht. Und dann, wie ich gemerkt habe, dass gar nichts mehr geht, da habe ich das dann aufgegeben. [...]. Und eine Verantwortung bedeutet mir sehr sehr viel. Und jetzt mache ich HUNDESITTING. Ich gehe mit einem Hund spazieren. Ist ein kleiner Chihuahua« (Pia, Z. 87–103).

Vor dem Beginn der Pandemie war Pia laut ihrer Narrationen in einem Seniorenzentrum ehrenamtlich tätig. Sie leistete jeden Nachmittag im Rahmen eines stark

---

4   (Frau Meier, Z. 156).

strukturierten Alltags Hilfe bei alltäglichen Aktivitäten wie Einkauf oder Freizeitgestaltung. Nach Ausbruch der Corona-Pandemie wurde jedoch ein Besuchsstopp für Außenstehende installiert, sodass Pia die ehrenamtliche Tätigkeit beenden musste. Da eine geregelte Tätigkeit scheinbar wichtig für sie und ihre Tagesroutine war, suchte sie sich alternativ eine neue Beschäftigung, die ihr als ausgebildete Tierpflegerin nach eigenen Angaben sogar noch besser gefiel: Hundesitting. Die Arbeit schien ihr Freude zu bereiten, ließ sie offenbar Verantwortung übernehmen und half ihr – wie sie im Interview an anderer Stelle berichtete – bei der Bewältigung der Trauer um ihren eigenen verstorbenen Hund. Pia erlangte demnach durch den coronabedingten Abbruch der Tätigkeit im Seniorenzentrum und die selbst organisierte Veränderung der Beschäftigung einen stärkenden Harmonisierungseffekt der Alltagspraxis.

Auch Werner berichtete im Interview von Veränderungsstrategien, die sich im Kontext seiner Arbeit vollzogen:

> »Wegen Corona. Ja da durfte ich nicht arbeiten ne. Ich durfte dann ja nicht hier rein. Da war ich im Nebenhaus, hab da dann gestrichen (lacht). Ich habe ja hier das Haus gestrichen, dann [anderes Haus], da habe ich den kompletten Flur auch einmal gestrichen und da unten das [weitere Haus] habe ich auch gestrichen. [...] Ja da habe ich dann drüben gemalert. Bis ich dann hier wieder malern durfte« (Werner, Z. 180–187).

Werner war ausgebildeter Maler und Lackierer und berichtete im Interview geradezu leidenschaftlich von seinen unterschiedlichen Aktivitäten. Er setzte das *Malern* offenbar zur Alltagsbewältigung ein, da die Tätigkeiten nach eigenen Angaben sein Wohlbefinden steigerten. Werner nutzte das *Malern* pandemiebedingt in verschiedenen Settings: Im näheren Umkreis der Notunterkunft hatte er je nach Zugangsmöglichkeit kostenlos ganze Häuser gestrichen. Es erfreute ihn zwar nach eigener Aussage, dass die Flure und Wohnungen der Hilfseinrichtungen im Anschluss frisch gestrichen waren, allerdings gefielen ihm scheinbar ebenfalls erneute Verschmutzungen, da er hierüber eine neue Legitimation für weitere Arbeiten erhielt.

Im Fall von Werner stand demnach der Vollzug der Tätigkeiten im Mittelpunkt des Interesses – bei flexiblem Ort und Anlass. Die veränderten Streich- bzw. Rahmenbedingungen waren irrelevant, solange das weitere Arbeiten gewährleistet werden konnte. Die Veränderungsstrategien des Streichens verschiedener Häuser führten zu einer Aufrechterhaltung der Alltagsbewältigungsstrategie *Malern*.

Weitere Veränderungsstrategien außerhalb von (beruflichen) Tätigkeiten zeigten sich beispielsweise bei Frau Müller im Kontext familiärer Aktivitäten, ausgelöst durch den Wegfall der Schulbesuche ihrer Kinder.

»Alltagsstruktur, weil das fällt ja ganz schnell weg. Wenn du keine Schule mehr hast, kein Sport, keine Motivation, wofür willst du dann aufstehen? [...]. Also wir haben schon diese Zeit genutzt für uns und es waren auch wirklich viele schöne Momente dabei. Wir sind dann an unserem Fluss gewesen und haben unsere Picknicksachen eingepackt und, ja die Kinder waren glücklich. Ja und somit haben wir diese Zeit eigentlich versucht gut zu überbrücken. So, das war auch gut, wir sind dann ein bisschen enger zusammengerückt« (Frau Müller, Z. 347–360).

Frau Müller beschrieb, dass die Auswirkungen der Corona-Pandemie die familiären Beziehungen stark beeinflussten. Die etablierte Alltagsstruktur inklusive der Schul- und Freizeitgestaltung fiel für ihre Kinder weg, sodass sie sich als Mutter und alle gemeinsam als Familie neu zu arrangieren hatten. Diese Neuorganisation diente anscheinend dem Zweck, die Motivation und den Sinn des Lebens nicht zu verlieren. Frau Müller bezog sich im Zitatausschnitt auf gemeinsame Ausflüge und Aktivitäten mit ihren Kindern und ihrem Mann, die dazu führten, dass die einzelnen Familienmitglieder stärker zusammengebracht sowie deren Bindung und Wohlbefinden erhöht wurden. Durch die veränderte Gestaltung gemeinsamer Familienzeit waren die Kinder glücklich und konnten vor allem die Zeit der strikten Lockdowns gut überbrücken. Die Veränderungsstrategien führten auf diese Weise zu einer Stärkung ihres Familiensystems und zu einer Harmonisierung des Alltags in pandemischen Zeiten.

Des weiteren kam es auch zu positiven individuellen Effekten, wie ein weiteres Zitat von Frau Müller verdeutlicht.

»Und diese Coronaregelung, weil für mich ist das schwierig so meine Grenze aufzuweisen und nicht selber darüber hinaus zu gehen und Corona hat mir einfach gezeigt, so: So, du musst jetzt so und so und so. So blöd wie es sich jetzt anhört eigentlich quasi, aber ein Stück weit hat es mir auch geholfen und mir auch ein bisschen die Ängste genommen« (Frau Müller, Z. 73–77).

Frau Müller erläuterte in ihrem Interview, dass ihr die Corona-Maßnahmen resp. die Reduzierung sozialer Kontakte, Abstand halten und Rückzug aus dem öffentlichen Leben, bei der Bewusstwerdung eigener Grenzen und deren Wahrung geholfen haben. Nach eigener Aussage fiel es ihr beispielsweise schwer, gegenüber anderen Menschen ihre persönlichen Grenzen durchzusetzen: Die Corona-Pandemie und die damit einhergehenden Schutzmaßnahmen schufen jedoch die gesellschaftliche Legitimation, sich aus dem sozialen, gesellschaftlichen und öffentlichen Leben zurückzuziehen sowie für Abstand und die eigenen Grenzen zu sorgen. Das führte im Fall von Frau Müller zu einer Reduktion von Ängsten. Die Anpassung an gesellschaftlich veränderte Normen in pandemischen Zeiten ging demnach mit einer harmonisierteren Alltagspraxis und einer Verbesserung der persönlichen Umstände einher.

Insgesamt wird in dieser Unterkategorie deutlich, dass die befragten Menschen individuelle Veränderungsstrategien einsetzten, um die eigene Alltagspraxis in pandemischen Zeiten aktiv in einen größeren Einklang zu bringen. Die divergierenden Handlungsstrategien erfüllten auf diese Weise alle einen ähnlichen Effekt: die Harmonisierung der individuellen Alltagspraxis.

6. Diskussion und Ausblick

Zum Ende dieses Beitrags ist kritisch zu diskutieren, wie sich die Alltags- und Bewältigungspraxis obdach- und wohnungsloser Menschen durch die Pandemie aus ihrer Perspektive verändert hat, um abschließend einen Ausblick auf postpandemische Zeiten zu wagen.

Zunächst ist nach den Prämissen der RGTM selbstkritisch festzustellen, dass wir im Rahmen des Forschungsprojekts keine vollständige theoretische Sättigung erreichen konnten. Einerseits ist die Größe der Untersuchungsgruppe für diesen Anspruch zu gering und andererseits konnten ausschließlich Menschen mit Kontakt zu Fachkräften in Hilfseinrichtungen erreicht werden. Gerade das letztgenannte Spezifikum der Untersuchungsgruppe ist bei der Interpretation und Diskussion der Ergebnisse in besonderem Maße zu berücksichtigen – handelt es sich hierbei in gewisser Weise durch den Zugang mithilfe von Gatekeeper:innen um eine selektive Positivauswahl (z.B. Personen, denen ein Interview zuzumuten ist). Insgesamt sind innerhalb des Forschungsprojekts aber spannende und neue Erkenntnisse hervorgebracht worden, die sich trotz der kontrastierenden Faktoren als allgemeingültig für die Untersuchungsgruppe gezeigt haben.

Alle befragten Menschen befanden sich vor und während der Corona-Pandemie in multifaktoriell-prekären Lebenslagen. Sie waren aus eigenem Empfinden sehr plötzlich und teils unerwartet vor die Herausforderung gestellt, mit akuter Wohnungs- bzw. Obdachlosigkeit in pandemischen Zeiten umzugehen. Somit können auch wir durch unsere Untersuchung den Befund empirisch bestätigen und untermauern, dass sich die prekären Lebenslagen von obdach- und wohnungslosen Menschen durch die Corona-Pandemie verstärkt haben.

Trotz der Verschärfung der marginalisierten Lebenslagen und den damit einhergehenden Herausforderungen für eine adäquate Alltagsbewältigung können wir aber aufzeigen, dass die befragten Menschen die gesamtgesellschaftlichen Veränderungen nicht ohnmächtig über sich ergehen lassen (mussten). Ganz im Gegenteil: Die obdach- und wohnungslosen Menschen haben sich allesamt als aktiv Handelnde den Anforderungen gestellt und es geschafft, ihre Alltagspraxis entsprechend neu umzugestalten. Dazu nutzten sie sowohl Anpassungs-, Vermeidungs- als auch Veränderungsstrategien. Alle Handlungsstrategien erfüllten den Zweck, die Alltagspraxis in pandemischen Zeiten zu harmonisieren.

Sicherlich ist es weiterhin von großer Bedeutung, auf die Missstände und die Marginalisierung wohnungs- und obdachloser Menschen sowie ihrer Hilfesysteme aufmerksam zu machen und an ihrer Überwindung sowohl politisch als auch sozialarbeiterisch zu arbeiten. In diesem Zusammenhang ist es aus unserer Perspektive unerklärlich, dass das von Beginn an zweifelhafte Kriterium einer Systemrelevanz in pandemischen Zeiten für wohnungs- und obdachlose Menschen und ihre Hilfesystemen nicht überall zu greifen schien.

Obgleich unseres Unverständnisses darüber hat sich in unserem Forschungsprojekt eine weitere wichtige Erkenntnis gefestigt: Neben der dargestellten Sozialen Arbeit (Hilfsangebote etc.) bringen auch anderweitige gesellschaftliche Kontakte (Kirche, Treffpunkte, Arbeitsmöglichkeiten etc.) eine Vielzahl an persönlichen und strukturellen Ressourcen bei den Beteiligten hervor. Die Befragten nutzten in diesen Kontakten aktiv unterschiedliche Handlungsstrategien, um ihre Alltagspraxis unter erschwerten pandemischen Bedingungen in Einklang zu bringen und sie somit angemessen zu harmonisieren. Sie strahlten dabei eine bemerkenswerte Kreativität aus und passten die einzelnen Strategien ihren persönlichen Lebensumständen, Fähigkeiten, Fertigkeiten und sozialen Ressourcen an. Dabei trotzten sie selbst externen Zuschreibungs- und Exklusionsprozessen.

Die gesamten Erkenntnisse gilt es aus unserer Sicht postpandemisch sowohl wissenschaftlich als auch sozialarbeiterisch zu festigen und auszubauen. Wir sprechen uns aus einer wissenschaftlichen Sichtweise dafür aus, das benannte Forschungsdesiderat mit weiteren Untersuchungen zu beheben und die Perspektiven und Alltagspraxen wohn- und obdachloser Menschen stärker in den Blick zu nehmen. Denn sie beinhalten vielfältige und kreative Strategien der Alltagsbewältigung.

Daneben birgt das Feld aus einer sozialarbeiterischen Sichtweise enormes Potential, obdach- und wohnungslose Menschen noch intensiver als aktiv handelnde Subjekte zu verstehen, die ihre ganz individuellen, womöglich nicht immer direkt nachvollziehbaren Lösungsstrategien verfolgen und anwenden. Es ist denkbar, dass professionelle Fachkräfte der Sozialen Arbeit ressourcenorientiert die individuellen Strategien begleiten und stärken, um so die Adressat:innen in ihrer Handlungsfähigkeit zu stärken, das Wohlbefinden zu erhöhen und vor allem Marginalisierungsprozessen entgegenzuwirken.

Literaturverzeichnis

Aghamiri, Kathrin/Streck, Rebekka/Van Rießen, Anne (Hg.) (2022): Alltag und Soziale Arbeit in der Corona-Pandemie. Einblicke in Perspektiven der Adressat*innen, Leverkusen, Opladen: Verlag Barbara Budrich.

Breuer, Franz/Muckel, Petra/Dieris, Barbara (2019): Reflexive Grounded Theory. Eine Einführung für die Forschungspraxis, Wiesbaden: Springer VS.

Busch-Geertsema, Volker/Henke, Jutta (2020): Auswirkungen der Covid-19-Pan-
demie auf die Wohnungsnotfallhilfen. Kurzexpertise als Ergänzung zum
Forschungsbericht »Entstehung, Verlauf und Struktur von Wohnungslosigkeit
und Strategien zu ihrer Vermeidung und Behebung«, Online: https://www.bun
desregierung.de/breg-de/suche/auswirkungen-der-covid-19-pandemie-auf-di
e-wohnungsnotfallhilfen-1837064 (abgerufen am 07.02.2023).

Franz, Julia/Unterkofler, Ursula (Hg.) (2021): Forschungsethik in der Sozialen Arbeit.
Prinzipien und Erfahrungen, Opladen, Berlin, Toronto: Verlag Barbara Budrich.

Heinrich, Marco/Heinzelmann, Frieda/Sowa, Frank (2022): Zuhause bleiben? Über
die subjektiven Deutungen von wohnungslosen Menschen während der Corona-
Pandemie. in: Aghamiri, Kathrin/Streck, Rebekka/Van Rießen, Anne (Hg.): Alltag und Soziale Arbeit in der Corona-Pandemie. Einblicke in Perspektiven der
Adressat*innen, Leverkusen, Opladen: Verlag Barbara Budrich, S. 246–256.

Lutz, Ronald/Steinhaußen, Jan/Kniffki, Johannes (Hg.) (2021): Covid-19 – Zumutungen an die Soziale Arbeit. Praxisfelder, Herausforderungen und Perspektiven,
Weinheim und Basel: Beltz Juventa.

Rosenke, Werena/Lotties, Sarah (2021): Corona und die Auswirkungen von Menschen in Wohnungsnot und Wohnungslosigkeit und auf das Hilfesystem. Eine
Online-Erhebung der BAG-Wohnungslosenhilfe. in: wohnungslos (1), S. 20–24.

Sartorius, Wolfgang/Simon, Titus (2021): Wohnungslosigkeit und Wohnungsnotfallhilfe in pandemischen Zeiten, in: Lutz, Ronald/Steinhaußen, Jan/Kniffki, Johannes (Hg.): Covid-19 – Zumutungen an die Soziale Arbeit. Praxisfelder, Herausforderungen und Perspektiven, Weinheim und Basel: Beltz Juventa, 249–261.

Straus, Anselm L./Corbin, Juliet M. (1996): Grounded theory. Grundlagen qualitativer Sozialforschung. Weinheim: Beltz Psychologie Verlags Union.

Witzel, Andreas (2000): Das problemzentrierte Interview. In: Forum: Qualitative So-
zialforschung/Forum: Qualitative Social Research (1), Art. 22.

Bedarfe wohnungsloser Frauen mit schweren chronischen psychischen Erkrankungen in München – (k)ein pandemisches Phänomen

Ursula Unterkofler, Stephanie Watschöder und Jörn Scheuermann[1]

1. Einleitung

In diesem Beitrag wird ein Lehr- und Praxisforschungsprojekt vorgestellt, das auf Grundlage einer in der Wohnungsnotfallhilfe in München festgestellten Versorgungslücke während der Corona-Pandemie 2021/2022 aus der Praxis der Wohnungsnotfallhilfe heraus initiiert, in Kooperation zwischen Hochschule und Praxis konzipiert und im Rahmen des Studiums Sozialer Arbeit mit Studierenden gemeinsam durchgeführt wurde. In der Wohnungsnotfallhilfe waren vermehrt Frauen mit schweren chronischen psychischen Erkrankungen und Komorbiditäten aufgefallen, die selbst durch die niedrigschwelligsten Angebote der Unterbringung, psychosozialen und psychiatrischen Versorgung nicht oder nur sehr punktuell erreicht werden konnten. Im Laufe der Corona-Pandemie beobachteten die Fachkräfte eine Zunahme entsprechender Fälle sowie eine Verschlechterung der Lebenssituation der Frauen und ihrer Symptomatiken. Der Beitrag stellt den Prozess der Feststellung und Erhebung der Versorgungslücke für die Frauen in der Praxis der Wohnungsnotfallhilfe dar (2) und zeichnet die Einschätzung der erarbeiteten Ergebnisse und die darauffolgende Initiierung eines Lehr- und Praxisforschungsprojekts nach (3). Im Anschluss werden die Konzeption des Projekts (4) und die wichtigsten Ergebnisse dargestellt (5). Im Fazit wird vor dem Hintergrund des durch die Corona-Pandemie geschärften Blicks deutlich gemacht, dass hinsichtlich Inklusion und Barrierefreiheit im Kontext des Bundesteilhabegesetzes (BTHG) noch einiges zu tun ist (6).

---

1   Unter Mitarbeit von Sophie Bez, Katharina Blink, Martin Graf, Yvonne Heinrich-Woitsch, Alexandra Kloos, Antonia Maier, Virginia Obiakor, Simone Rutsch, Mathias Schießl, Kathrin Schneil, Kristyna Vachova, Mirjana Weidlich und Nora Wotzlaw.

2. Ausgangslage und Bedarfserhebung in der Praxis der Wohnungsnotfallhilfe

Ende 2020, zu Beginn des zweiten pandemiebedingten Lockdowns in Deutschland, wurde aus den Einrichtungen der Münchner Wohnungsnotfallhilfe vermehrt von Frauen berichtet, die von schweren chronischen psychischen Erkrankungen betroffen sind, auf der Straße leben und in den Einrichtungen auffielen, da sie vehement Hilfe einforderten, diese jedoch nicht annahmen. Die beteiligten Vertreterinnen der Träger berichteten, dass diese Frauen kurz auftauchten, sehr aggressiv und – bis adäquate Hilfe vor Ort war – meist schon wieder weg seien. Nach Einschätzung der Fachkräfte zeigten sie Symptome psychischer Erkrankungen, seien aber wenig bis gar nicht *krankheitseinsichtig*. Im Arbeitskreis *Hilfe für Frauen in Not* der Arbeitsgemeinschaft Wohnungsnotfallhilfe in München und Oberbayern und Koordination Wohnungslosenhilfe Südbayern wurde über dieses Phänomen von mehreren Seiten berichtet und darauf mit der Ausgründung einer Unterarbeitsgemeinschaft (UAG) *Chronisch schwer psychisch kranke, wohnungslose Frauen* reagiert.

Am häufigsten traten diese Frauen in den niedrigschwelligen Angeboten der Wohnungsnotfallhilfe in Erscheinung. Es galt zu der Zeit ein landesweiter Lockdown, das öffentliche Leben wurde fast auf null zurückgefahren, die Einrichtungen der Wohnungsnotfallhilfe mussten auf Grund der geltenden Hygienevorschriften die Angebote zeitlich und räumlich den Gegebenheiten anpassen. Die bislang selbstgestaltete Tagesstruktur dieser schwer psychisch kranken Frauen brach teilweise weg. Insbesondere fehlende Aufenthalte im öffentlichen Raum, bei ehrenamtlichen Angeboten z.B. in Pfarreien, in Bibliotheken und öffentlichen Geschäften des Alltags, verschärfte massiv die Gesamtsituation der haltgebenden Struktur für diesen Personenkreis.

Die Fachkräfte gingen davon aus, dass sich die Situation der obdachlosen Frauen mit schweren chronischen psychischen Erkrankungen und Komorbiditäten durch die Reduktion der Angebote im Zuge der Pandemie zugespitzt hat, die Versorgungslücke – hinsichtlich Unterbringung sowie psychosozialer und psychiatrischer Versorgung – jedoch grundsätzlich bestünde. Sie gingen weiter davon aus, dass der Anteil der obdachlosen Frauen mit schweren chronischen psychischen Erkrankungen stetig steige, und dass vor allem Frauen ab 40 Jahren davon betroffen seien.[2]

---

[2]   Dies überschneidet sich mit den Aussagen der Fachkräfte in den Gruppendiskussionen im unten dargestellten Forschungsprojekt (Unterkofler 2022: 20f.). Die befragten Frauen wurden konkret zur Unterbringung befragt und nahmen in den Interviews kaum Bezug auf die aktuelle Situation der Corona-Pandemie. Dennoch wird in den Interviews auch deutlich, dass die genannten Aufenthaltsmöglichkeiten den Frauen nicht mehr zur Verfügung standen (I2, I3).

Diese Einschätzung wird auch gestützt durch die Evaluation des sogenannten *Brückenteams wohnungslos* in München, in welchem Einzelfälle mit hochkomplexer und multimorbider Problematik (Wohnungslosigkeit oder Obdachlosigkeit i.V.m. einer oder mehreren psychischen Erkrankungen) datenschutzkonform mit dem Ziel besprochen werden, eine passgenaue, gesicherte, effiziente und zielgerichtete systematische Überleitung zwischen dem System der Wohnungsnotfallhilfe und dem psychiatrischen Hilfesystem sicherzustellen, um eine bedarfsgerechte Versorgungssituation des *sowohl als auch* statt eines *entweder oder* der Hilfesysteme zu ermöglichen. Das Brückenteam ist in der Landeshauptstadt München samt einer Lenkungsgruppe etabliert und bildet eine Kooperation zwischen dem Isar-Amper-Klinikum der Kliniken des Bezirks Oberbayern, der Landeshauptstadt München, dem Bezirk Oberbayern sowie der Arbeitsgemeinschaft Wohnungsnotfallhilfe München und Oberbayern mit regelmäßiger Evaluation, die für den Erhebungszeitraum 2019 (N= 111 Personen) einen frauenspezifischen Anteil am Fallaufkommen von 55,9 % aufweist (Kliniken des Bezirks Oberbayern 2020).

Vor diesem Hintergrund einigten sich die Beteiligten der UAG *Chronisch schwer psychisch kranke, wohnungslose Frauen*, Vertreterinnen der freien Träger der Wohnungsnotfallhilfe sowie die aufsuchend arbeitende Psychiaterin in München, in einem ersten Schritt darauf, zunächst mit einer eigenen Bedarfserhebung über einen dreimonatigen Zeitraum zu beginnen. Mit Hilfe eines Erhebungsbogens wurden die oben beschriebenen Vorfälle in den Einrichtungen stichpunktartig und anonymisiert dokumentiert. Erfasst wurden das Datum, an dem eine Frau in einer Einrichtung auftrat, die Einrichtung, das geschätzte Alter der Frau, ob sie in der Einrichtung bereits bekannt war und wenn ja, seit wann. In einem offenen Feld wurde in wenigen Stichpunkten die *Art des Vorfalls* (Einfordern von Hilfe, Nicht-Annehmen von Angeboten) aus Sicht der Fachkräfte formuliert.

Beteiligt waren folgende Einrichtungen:

- Bahnhofsmission München (Evangelisches Hilfswerk München gGmbH, INVIA e.V.)
- Frauenobdach KARLA 51 (Evangelisches Hilfswerk München gGmbH)
- Offene Hilfe/Sonderberatungsdienst (Sozialdienst Katholischer Frauen München e.V.)
- Tagesaufenthalt Otto&Rosi (Arbeiterwohlfahrt München gGmbH)
- Teestube »komm« – Tagesaufenthalt und Streetwork (Evangelisches Hilfswerk München gGmbH)

Die Auswertung der Beobachtungsbögen ergab, dass im Zeitraum von November 2020 bis Januar 2021 insgesamt 121 Vorfälle erfasst wurden, innerhalb derer ein Anteil von 15 Frauen an 62 Vorfällen beteiligt war. Ca. 60 bis 70 Frauen traten einmalig auf. Am häufigsten waren Frauen zwischen 40 und 70 Jahren vertreten. Einige Frauen waren unter 40 und sieben Frauen bereits (weit) über 70 Jahre alt.

Zwischenzeitlich fielen auf Grund der pandemischen Entwicklungen und Abstandregelungen diverse Bettplätze für kurzfristige Notübernachtungen der wohnungslosen Frauen weg. Aus diesem Grund wurde das Sozialreferat von der Arbeitsgemeinschaft Wohnungsnotfallhilfe in München und Oberbayern/ Koordination Wohnungslosenhilfe Südbayern über diese Problemstellung informiert, und das Amt für Wohnen und Migration stellte für sechs Wochen kurzfristig ein Zimmer in einer zentral gelegenen Pension für diese Frauen zur Verfügung. Alle beteiligten Einrichtungen konnten wohnungslose, psychisch auffällige Frauen ohne bürokratischen Aufwand dorthin vermitteln. Das Zimmer war für eine Doppelbelegung vorgesehen. Im genannten Zeitraum wurden insgesamt sechs Frauen in das Zimmer vermittelt, fünf davon sind angekommen, eine Frau wurde zwei Mal vermittelt, zu unterschiedlichen Zeiten. Die Frauen waren den Einrichtungen und der niedrigschwellig, aufsuchend arbeitenden Psychiaterin in München zum großen Teil bekannt, zum Teil hatten sie bereits Hausverbote in den anderen Einrichtungen. Die Betreuung und Beratung erfolgten über die einweisende Einrichtung unter Hinzuziehung der genannten Psychiaterin.

3. Einschätzung der Ergebnisse und Initiierung eines Lehr- und Praxisforschungsprojekts

Neben dem Erwirken dieser schnellen, jedoch vorübergehenden Schaffung einer an wenige Bedingungen geknüpften Unterbringungsmöglichkeit befassten sich die Teilnehmerinnen der UAG *Chronisch schwer psychische kranke, wohnungslose Frauen* ab Januar 2021 weiter mit den Ergebnissen und stellten vor dem Hintergrund ihrer Erfahrungen mit der Zielgruppe und im Praxisfeld der Wohnungsnotfallhilfe folgende Hypothesen auf:

- Durch den Wegfall der niedrigschwelligen Angebote während der Pandemie fehlt für diese Frauen die haltgebende Tagesstruktur: Anlaufstellen und Tagesaufenthalte können nur eingeschränkt, mit kurzen Aufenthaltszeiten und begrenzter Anzahl an Besucherinnen öffnen.
- Darüber hinaus sind die niedrigschwellig zugänglichen Übernachtungsangebote reduziert worden: Von Ehrenamtlichen betriebene Anlaufstellen wurden geschlossen, um die meist älteren Ehrenamtlichen zu schützen. Auf Grund der Hygienemaßnahmen mussten teilweise Bettplätze in Schutzräumen für Frauen verringert werden (z.B. wurden aus Vier-Bettzimmern Zwei-Bettzimmer).
- Die psychisch stark beeinträchtigten Frauen sind durch diese anhaltenden Begrenzungen und Einschränkungen schwer belastet und reagieren ent-

sprechend auffällig. Die Unterbringung im Sofortunterbringungssystem der Landeshauptstadt München über das Amt für Wohnen und Migration ist zu hochschwellig. Die Frauen gehen aus diversen Beweggründen nicht zum Amt – auch nicht in Begleitung. Das Unterzeichnen z.b. einer datenschutzrechtlichen Schweigepflichtentbindung ist den Frauen vor dem Hintergrund ihrer psychischen Erkrankung aus unterschiedlichen Gründen meist nicht möglich.

- Der Anteil an schwer und teils chronifiziert psychisch kranken, wohnungslosen Frauen steigt erfahrungsgemäß an. Vor allem Frauen über 40 Jahre sind betroffen. Diese Einschätzung wird durch die oben aufgeführten Zahlen der Evaluation des Brückenteams wohnungslos bestätigt und quantitativ belegt.

- Vor diesem Hintergrund wurde festgestellt, dass es für diesen Personenkreis leicht zugängliche Angebote braucht, die zeitlich nicht befristete Übernachtungsmöglichkeiten vorhalten und möglichst wenige Anforderungen an die Frauen stellen. Als zentrale Eckpfeiler wurde die Unterbringung in Einzelzimmern mit ebenso leicht zugänglichen, aber nicht verpflichtenden Beratungsangeboten durch Psychiatrie und Soziale Arbeit benannt.

Um die Bedarfe und erfahrungsbasierten Einschätzungen der Fachkräfte zu untermauern bzw. zu modifizieren oder zu ergänzen, wurde die Idee entwickelt, der Frage nach den Bedarfen für die Unterbringung von wohnungslosen Frauen mit schweren chronischen psychischen Erkrankungen empirisch nachzugehen, und zwar aus Sicht der Frauen selbst und aus Sicht (weiterer) fallverantwortlicher Fachkräfte. Stephanie Watschöder, Arbeitsgemeinschaft Wohnungsnotfallhilfe in München und Oberbayern/Koordination Südbayern, fragte dazu die Hochschule München, Professorin Ursula Unterkofler (Professur für empirische Sozialforschung und Evaluation), an. Im Sinne einer Vernetzung von Praxis, Lehre und Forschung wurde gemeinsam die Idee für ein Lehr- und Praxisforschungsprojekt mit dem Titel *Bedarfe bei der Unterbringung wohnungsloser Frauen mit schweren chronischen psychischen Erkrankungen* entwickelt.

Das Projekt wurde als Lehrveranstaltung im Modul *Forschungsprojekt* im vierten Semester des Bachelorstudiengangs Soziale Arbeit angesiedelt. Insgesamt nahmen 13 Studierende am Projekt teil. Sie führten die Datenerhebung sowie einen ersten großen Teil der Analyse der Daten durch und wurden dabei ihm Rahmen der Lehrveranstaltung sowie durch die beteiligten Praxisstellen begleitet.

4. Forschungsstand, Fragestellung und methodisches Vorgehen

Im Rahmen des Projekts wurde der Forschungsstand recherchiert (ausführlich: Unterkofler 2021: 5ff.), was deutlich machte, dass über die in der Praxis identifizierte Zielgruppe der Sozialen Arbeit und Psychiatrie kaum Erkenntnisse vorliegen.

Die spärliche Forschung zu wohnungslosen Frauen in Deutschland zeigt schon früh, dass diese in hohem Maße von psychischen Erkrankungen betroffen sind und gleichzeitig zurückhaltendes Hilfesuchverhalten zeigen, vor allem was den Kontakt- und Beziehungsaufbau und die Nachfrage nach einer kontinuierlichen Begleitung angeht (Paetow-Spinosa 1998, Nouverntné 2002, Greifenhagen/Fichter 1998, vgl. auch Wessel 2015: 158, Kautz 2010: 69). Dies wird insbesondere dadurch erklärt, dass die Frauen häufig in ihrer Biografie Beziehungsabbrüche und/oder Gewalt erfahren haben. Dadurch haben sie Distanzierungsprozesse von Bezugspersonen im sozialen Umfeld durchlebt und Bewältigungsmuster entwickelt, die unabhängig von Bezugspersonen funktionieren. Dies erschwert den Beziehungsaufbau im Rahmen des Hilfesystems, da die Frauen *in Ruhe gelassen werden* wollen (Macke 2000, Enders-Dragässer 2000, Wesselmann 2009). Als Gründe für die Entstehung und/oder ihren Verbleib in der Wohnungslosigkeit geben sie oft physische und psychische Beeinträchtigungen, inkl. psychische Erkrankungen und Suchterkrankungen, an. In psychiatrischen Einrichtungen sehen sie sich und ihre Lebensgeschichte jedoch oft nicht angemessen gewürdigt und unterstützt (Enders-Dragässer/Sellach 2005, Kipp 2013).

Die SEEWOLF-Studie (Bäuml et al. 2017) weist sowohl auf die Betroffenheit wohnungsloser Frauen von psychischen Erkrankungen (Lebenszeitprävalenz der befragten Frauen: 91,1 %, Ein-Monatsprävalenz 62,2 %) als auch auf deren Distanzierung von Diagnosen auf Grund von Stigmatisierungserfahrungen (»not to being crazy«, ebd.: 169) hin. Grundsätzlich werden schon länger erhebliche Versorgungslücken für wohnungslose Menschen mit psychischen Erkrankungen konstatiert (zusf. vgl. Giertz/Große/Sowa 2021), die sich v.a. auf eine strukturell bedingte Unterversorgung wohnungsloser Menschen hinsichtlich von ihnen nutzbarer psychiatrischer Angebote beziehen, die aus der strukturell bedingten Fragmentierung des Hilfesystems resultiert (Wohnungslosenhilfe, Psychiatrische Hilfen, Suchthilfe). Dies bezieht sich in erhöhtem Maße auf wohnungslose Menschen mit psychiatrischer Komorbidität. Es wird festgestellt, dass die Hauptlast der Versorgung wohnungsloser Menschen mit psychischen Erkrankungen die allgemeine Wohnungslosenhilfe trägt. Es wird davon ausgegangen, dass sich diese Unterversorgung im Zuge der Corona-Pandemie durch Einschränkungen der Leistungen der niedrigschwelligen Angebote der Wohnungsnotfallhilfe verstärkt haben, weil diese i.d.R. Zugänglichkeiten zur psychiatrischen Versorgung herstellen. Konzepte der Versorgung mit Wohnraum (Housing First, selbstbestimmtes Wohnen) inkl. niedrigschwelliger, bedarfsorientierter Hilfeangebote, die die Fragmentierung des Hilfesystems überwinden, werden auch vor dem Hintergrund internationaler Erfahrungen als notwendig erachtet (z.B. Giertz/Große 2020, Schreiter et al. 2020, Giertz et al. 2021).

Im Rahmen des Forschungsprojekts wurde deutlich, dass über die Bedarfe der Zielgruppe der wohnungslosen Frauen mit schweren chronischen psychischen Erkrankungen, die in der Praxis als un(ter)versorgt aufgefallen war, nur bedingt Erkenntnisse vorliegen. Entsprechend sollten die Frauen selbst zu ihren Bedarfen befragt werden, ebenso die Fachkräfte zu ihren Erfahrungen und Einschätzungen, die sie aus der professionellen Alltagspraxis gewinnen konnten. Fragestellungen des Projekts waren demnach:

- Welche Schwellen oder Hürden bestehen für wohnungslose Frauen mit schweren chronischen psychischen Erkrankungen in München bei der Unterbringung? Welche Merkmale müssen Angebote haben, damit sie diese auch längerfristig nutzen?
- Aus Sicht der Frauen: Welche Erwartungen, Anforderungen, Settings oder Strukturen sehen die Frauen als hinderlich an, um Angebote der (längerfristigen) Unterbringung zu nutzen? Wie müssten Angebote aus ihrer Sicht gestaltet sein, damit sie sie nutzen (können)?
- Aus Sicht der Fachkräfte der Wohnungsnotfallhilfe: Welche Hürden für die Nutzung bestehender Angebote stellen die Fachkräfte in ihrer alltäglichen Arbeit fest? Wie müssten Angebote aus Sicht der Fachkräfte gestaltet sein, damit sie von den Frauen genutzt werden und gleichzeitig angemessene (sozialarbeiterische und (sozial)psychiatrische) Unterstützungsangebote vorhalten können?

Diese Fragen wurden anhand eines explorativen Forschungsdesigns verfolgt (ausführlich: Unterkofler 2022: 10ff). Die Befragung der Frauen fand durch offene Leitfadeninterviews statt, wobei die Frauen die Wahl zwischen einem längeren offenen Leitfaden oder Feedback-Kärtchen (drei Fragen) hatten (van der Donk et al. 2012: 237, Moser 2014: 112ff.). Die Interviews fanden face-to-face in Einrichtungen der Wohnungslosenhilfe oder im Kontext des Streetwork auf der Straße statt. Um möglichst viele Interviewpartnerinnen zu gewinnen, wurde auf eine Aufzeichnung der Gespräche verzichtet, und stattdessen eine Dokumentation durch Feldnotizen und Beobachtungsprotokolle realisiert (Breidenstein et al. 2015, Emerson et al. 2007). Insgesamt nahmen 16 Frauen an einem Interview teil, alle, die sich im zur Verfügung stehenden Erhebungszeitraum (15.10.-15.12.2021) bereit erklärten. Hierbei wurde deutlich, dass eine Adressierung der Frauen als *psychisch krank* es teils erschwerte, die Frauen für Interviews zu gewinnen, die aus Sicht der Fachkräfte zu der Zielgruppe der Forschung gehörten. Dies erforderte eine hohe Sensibilität bei der Rekrutierung von Interviewpartnerinnen.[3] Zwölf weitere Frauen wurden angefragt, wollten

---

3   Angesprochen wurden Frauen, die aus Sicht der Fachkräfte schwere Symptome psychischer Erkrankungen zeigten. Beim Feldzugang befanden sich die Forscher:innen damit in einem forschungsethischen Spannungsfeld zwischen Fremdzuschreibung durch Fachkräfte und Selbstzuschreibungen der Frauen, was vor allem hinsichtlich der Frage herausforderte, inwieweit Frauen, die potenziell Zielgruppe der Forschung waren, zu beteiligen sind, auch

aber nicht teilnehmen. Gründe waren unter anderem, dass sie sich der Zielgruppe psychisch kranker Frauen nicht zugehörig sahen, aber auch, dass sie sich schämten, oder dass sie keine Informationen über sich preisgeben wollten.

Mit den Fachkräften wurden zwei Gruppediskussionen durchgeführt (Flick 2019: 248ff.), an denen insgesamt neun Fachkräfte teilnahmen. Auswahlkriterien für die Fachkräfte waren: Expertise hinsichtlich der Fragestellung, Professionszugehörigkeit (Soziale Arbeit und Psychiatrie), Fallverantwortung im Arbeitsalltag sowie Berufserfahrung in der Wohnungsnotfallhilfe (Aufsuchende Angebote, Übernachtungsangebote).

Die Datenanalyse erfolgte in Form einer strukturierenden qualitativen Inhaltsanalyse (vgl. Gahleitner/Mayring 2010). Sowohl die Interviews mit den Frauen als auch die Gruppendiskussionen mit den Fachkräften wurden vergleichend analysiert. Zur Kategorienbildung wurden als Analysefoki Herausforderungen der Frauen, Bedürfnisse bzw. Anliegen der Frauen, förderliche und hinderliche Faktoren für die Unterbringung deduktiv verfolgt. Die Kategorienbildung erfolgte dann induktiv und wurde im Vergleich der unterschiedlichen Materialien verdichtet.

5. Forschungsergebnisse

Im Folgenden werden einige zentrale Ergebnisse der empirischen Untersuchung dargestellt (ausführlicher Unterkofler 2022: 14ff.). Hierbei ist zu beachten, dass die befragten Frauen nicht als homogene Gruppe betrachtet werden können. Sie nehmen Hürden oder Zugangsschwierigkeiten teils unterschiedlich wahr. Die Ergebnisse der vorliegenden, explorativen Studie sind als Auflistung dieser teils unterschiedlichen Bedarfe zu lesen. Dies unterstreicht die Herausforderung, für die Zielgruppe der obdach- bzw. wohnungslosen Frauen mit schweren chronischen psychischen Erkrankungen und Komorbiditäten Angebote der Unterbringung und der weitergehenden psychosozialen und psychiatrischen Versorgung zu entwickeln.

5.1   Bedeutung der Unterbringung als privater, geschützter Raum

Viele der befragten Frauen beschreiben es als große Herausforderung, mit anderen Menschen zusammen zu wohnen. Eine Unterbringung in Doppel- oder Mehrbettzimmern ist für sie sehr belastend und mit hohem Konfliktpotenzial verbunden. Zentral für die Nutzung von Unterkünften ist es für viele, nicht »ständig in Konflikte mit ihren Mitbewohnerinnen zu geraten« (I15: Z. 24). Sie erleben ein Gefühl mangelnden Schutzes, wenn kein Ort zur Verfügung steht, den die Frau allein nutzt

---

wenn sie bestimmte Fremdzuschreibungen des Feldes ablehnen. Diese Problematik musste situativ und fallbezogen reflektiert werden.

und bestimmen kann, wer ihn – auch in ihrer Abwesenheit – betritt: ein Einzelzimmer (so wird etwa als extrem störend formuliert, dass »anscheinend Personen in ihr Zimmer gekommen sind als sie das Haus verlassen hat«, (I6, Z. 26)). Um sich sicher zu fühlen, benötigen einige Frauen auch eine Präsenz von (Fach-)Kräften in den Häusern – und sei es eine Pförtner:in – die für die Wahrung von Rahmenbedingungen im Haus zuständig sind (insbesondere in gemischtgeschlechtlichen Häusern, da die Frauen von übergriffigem und/oder gewalttätigem Verhalten untergebrachter Männer berichten und teils, wenn überhaupt nur frauenspezifische Einrichtungen nutzen).

Der Wunsch nach »einer Tür, die von innen verschlossen werden kann« (I15, Z. 58) ist Ausdruck davon, dass den Frauen ein Ort des Rückzugs fehlt. Die Frauen beschrieben ein immenses Bedürfnis nach Ruhe, sie wollen oft weder von Mitbewohner:innen noch von Fachkräften angesprochen werden, sondern selbst entscheiden, welche Angebote sie nachfragen. Ein eigenes Zimmer, zu dem nur sie Zugang haben, würde aus ihrer Sicht auch diese Entscheidungsfreiheit absichern. Für Frauen, die Tiere als Begleiter:innen haben, ist es außerdem undenkbar, in Unterkünften zu übernachten, in denen sie die Tiere nicht bei sich haben können.

Auch aus Sicht der Fachkräfte sind die von den Frauen genannten Punkte zentral. Sie betonen die Notwendigkeit von Einzelzimmern, die das von den Frauen artikulierte Bedürfnis nach Ruhe ermöglichen und Konflikte mit Zimmergenoss:innen und dem Personal reduzieren. Sie machen deutlich, dass dies auch die sanitären Anlagen betrifft, denn dort ist eine gemeinsame Nutzung ebenso belastend. Das Angebot an Einzelzimmern sehen sie – obwohl verhältnismäßig gut ausgebaut – als nicht ausreichend an. Die Fachkräfte bekräftigen ebenfalls das Bedürfnis der Frauen nach Sicherheit und führen an, dass die Frauen auf der Straße, aber auch in gemischtgeschlechtlichen Häusern vielfältigen Gefahren ausgesetzt sind, und sehen die Notwendigkeit frauenspezifischer Angebote für die Zielgruppe. Außerdem sprechen sie die Dringlichkeit einer längerfristigen Perspektive der Unterbringung für die Frauen an (»die wollen irgendwo hin, wo sie bleiben können«, G2, Z. 307) (Unterkofler 2022: 14ff.).

5.2 Niedrigschwellige Angebote als Voraussetzung für selbstbestimmte Nutzung

Die selbstbestimmte Nutzung von Angeboten der Unterbringung ist für viele Frauen zentral. Bedingungen für die Nutzung erleben sie als Einschränkung ihrer persönlichen, autonomen Alltags- und Lebensgestaltung. Förderlich für eine selbstbestimmte Nutzung sind unterschiedliche Faktoren:

Vielen Frauen ist, vor dem Hintergrund vielfältiger Diskriminierungserfahrungen, ihre *Anonymität* äußerst wichtig. Sie möchten nicht, dass sie beim Betreten einer offensichtlich für obdachlose Personen gedachten Einrichtung beobachtet werden. Sie sind bei der Nutzung von Einrichtungen außerdem darauf bedacht, keine oder zumindest so wenige Informationen wie möglich von sich preiszugeben (»geht niemanden was an« (I8, Z. 47)).

Weiterhin ist den Frauen *Unverbindlichkeit* wichtig. Sie wollen selbst entscheiden, wann sie erscheinen, was sie dafür tun oder preisgeben wollen. Hinderlich sind feste Zeiten, um einen Schlafplatz zu erhalten, oder tägliche Anwesenheit, um einen Schlafplatz zu behalten. Je weniger den Frauen abverlangt wird, desto eher nutzen sie ein Angebot.

Ein *flexibler Umgang mit Regeln* wird als bedeutsam erachtet: Durch Regeln der Einrichtung fühlen sich viele Frauen in ihrer Lebensführung eingeschränkt. Obwohl die Sinnhaftigkeit von Regeln des Zusammenlebens anerkannt wird, ist es Frauen oft nicht möglich, diese einzuhalten.

Eine gute *Erreichbarkeit der Einrichtung* ist außerdem wichtig. Zentrale bzw. szenenahe Lagen ist für viele Frauen zentral, weil sie lange Anfahrtswege – oft auf Grund physischer und psychischer Beeinträchtigungen – nicht bewältigen können.

Die Fachkräfte formulieren das als »viel kann, wenig muss« (G1, Z. 515). Sie betonen die Notwendigkeit unbürokratischer Aufnahmemöglichkeiten, ebenso dass es möglich sein muss, dass die Frauen einen Schlafplatz nicht verlieren, wenn sie nicht täglich erscheinen oder auch über mehrere Tage wieder auf die Straße gehen, und dass es zentral ist, dass die Frauen wiederkommen können, wenn sie sich dazu entscheiden.

Die Fachkräfte kritisieren außerdem unterschiedliche Mitwirkungspflichten, an die Schlafplätze oft gebunden sind (z.B. Putzdienste oder andere Beiträge im Haushalt, Teilnahme an einem sozialarbeiterischen Angebot wie Beratung, Gruppenangebote, Unterschriften o.ä.). Angebote von Fachkräften sollen vorgehalten werden, deren Nutzung soll jedoch den Frauen überlassen werden (Unterkofler 2022: 16f.).

5.3　Unterstützung bei Ämter- und Behördenangelegenheiten

Für die befragten Frauen stellt der Umgang mit Ämtern und Behörden eine riesengroße Herausforderung dar. Es gelingt nicht, Grundsicherung oder Arbeitslosengeld II zu beantragen und zu erhalten (»es ist wahnsinnig schwierig, das zu bekommen, was einem zusteht« (I6, Z. 20)) oder gar eine Wohnung oder ein langfristiges Unterbringungsangebot zu bekommen. Sie erleben sich in ihrer Handlungsfähigkeit äußerst eingeschränkt und von gesellschaftlichen Ungerechtigkeiten hinsichtlich des Wohnungsmarkts und der Wohnungspolitik betroffen.

Wenn Fachkräfte sie bei Ämter- und Behördenangelegenheiten unterstützen (»wie kommt man zu Geld, anmelden, ummelden« (I11, Z. 19)), nehmen sie das als große Entlastung wahr. Auch wenn das nicht bedeutet, dass die Frauen Zahlungen zeitnah (oder überhaupt) erhalten, kann durch die Unterstützung für einen

Teil der Frauen das Gefühl der Hilflosigkeit und Handlungsunfähigkeit abgemildert werden. Wartezeiten werden akzeptiert, wenn der Eindruck besteht, dass sich etwas bewegt. Teils sind Frauen aber auch frustriert über die eingeschränkten Unterstützungsmöglichkeiten der Fachkräfte (»Nichts ist geschehen« (I7, Z. 24)). Vor diesem Hintergrund sind Angebote der Unterstützung bei Ämter- und Behördenangelegenheiten äußerst wichtig für die Frauen.

Auch die Fachkräfte machen die Erfahrung, dass die Frauen sehr viel Kraft und Überwindung aufbringen müssen, um den bürokratischen Aufwand zu bewältigen. Insbesondere ist es für die Frauen herausfordernd, dass sie dort ihren Namen angeben und Unterschriften leisten müssen (s.o.) und verweigern dies Teils, auch vor dem Hintergrund erschütterten Vertrauens in Institutionen. Bis für die Frauen dringend benötigte Gelder bewilligt werden, können deshalb Wochen oder sogar Monate vergehen (Unterkofler 2022: 18f.).

5.4 Bedeutung von Wertschätzung, Respekt und Beziehung vor dem Hintergrund gesellschaftlicher Stigmatisierung

In der Lebensrealität der Frauen sind Stigmatisierungserfahrungen, auf Grund ihrer Wohnungslosigkeit sowie psychischer Erkrankungen, im Kontext der Öffentlichkeit, von Ämtern und Behörden, des Gesundheitssystems, und bei der Wohnungssuche allgegenwärtig. Oft erleben sie Abwertungen oder fühlen sich nicht ernst genommen. In Einrichtungen der Wohnungslosenhilfe, die ihnen (idealerweise) als Rückzugsorte dienen, wollen sie individuell gesehen und ernst genommen werden. Sie leiden darunter, wenn sie als Gruppe (psychisch kranker) wohnungsloser Frauen homogenisiert werden (»dass wir auch aus anderen Gründen wohnungslos geworden sind, interessiert keinen« (I6, Z. 32)). Vor allem ist es für sie unerträglich, wenn »ihre Geschichte nicht geglaubt« (I5, Z. 11) wird, weil sie wahrnehmen, dass das Gegenüber sie als unglaubwürdig einschätzt oder stereotype Zuschreibungen macht. Auch gibt es Frauen, die das Gefühl haben, eine Last zu sein, wenn sie Hilfe annehmen, oder dass sie Hilfeleistungen oder Unterstützung nicht erwarten können (»man müsse dankbar sein für das was man in der Lage überhaupt habe« (I6, Z. 17)).

Wenn die Frauen erwarten können, individuell gesehen und ernst genommen zu werden, bzw. wenn ihnen das Gefühl gegeben werden kann, dass sie Unterstützung verdienen, wirkt sich dies förderlich auf die Nutzung von Angeboten der Unterbringung aus.

Für die Frauen ist es oft ein langer Weg, Kontakt zu den Fachkräften aufzunehmen. Sie wollen von ihnen »einfach in Ruhe gelassen werden« (I15, Z. 31), ihnen »fehlt das Vertrauen zu den Sozialpädagog:innen« (I6, Z. 22). Wenn die Frauen jedoch Kontakt zu den Fachkräften zulassen und ein Vertrauensverhältnis entwickeln, ist dies äußerst förderlich für die weitere Nutzung der Angebote (»Alle sind lieb und nett und denken nur an das Wohl« (I11, Z. 19)).

Die Fachkräfte nehmen dies ähnlich wahr. Besonders betonen sie zum einen, dass Frauen nicht als psychisch krank bezeichnet werden wollen und es somit zentral ist, dass Angebote nicht als Angebote für Menschen mit psychischen Erkrankungen gelabelt sein dürfen, sollen sie die Zielgruppe ansprechen. Eine Idee der Fachkräfte dazu ist, ein Angebot zu entwickeln, dass sowohl Plätze für psychisch kranke als auch nicht psychisch kranke Frauen bereitstellt. Zum anderen haben sie die Erfahrung, dass die Frauen sehr viel Zeit benötigen, um Beziehungen einzugehen. Eine selbstbestimmte Kontaktaufnahme (und auch Kontaktabbruch und -wiederaufnahme) der Frauen muss möglich sein, jedoch fehlt es durch zeitliche Begrenzungen der Maßnahmen der Unterbringung oft an Kontinuität sozialarbeiterischer Angebote, und die Frauen, die über die Begrenzungen Bescheid wissen, beginnen gar nicht erst mit einem Beziehungsaufbau. Sich immer wieder auf neue Fachkräfte einzulassen, erscheint für die Frauen schwer möglich (Unterkofler 2022: 19f.).

5.5 Eckpunkte für die Angebotsentwicklung aus Sicht der Fachkräfte

Die Darstellung der Ergebnisse macht an unterschiedlichen Stellen deutlich, dass die von den Frauen formulierten hinderlichen und förderlichen Faktoren der Nutzung und die Einschätzungen der Fachkräfte stark übereinstimmen bzw. aneinander anknüpfen. Die Notwendigkeit, Einzelzimmer als Orte anzubieten, an denen die Frauen ihren Bedürfnissen nach Ruhe und Sicherheit nachgehen können, der Abbau bürokratischer Hürden, damit die Frauen eine Nutzung überhaupt in Erwägung ziehen, sowie eine selbstbestimmte Nutzung zu ermöglichen und den Frauen Zeit zu geben, die Aufnahme einer (Arbeits-)Beziehung zu erwägen, sind hierfür zentrale Beispiele.

Um dies organisatorisch zu ermöglichen, nennen die Fachkräfte verschiedene Eckpunkte, die beim Aufsetzen spezifischer Angebote zur Unterbringung und psychosozialen Versorgung der Zielgruppe eine Herausforderung darstellen dürften (Unterkofler 2022: 21f.):

Als zentral sehen sie eine *multiprofessionelle Zusammenarbeit in der Einrichtung*. Die Frauen sind in der Regel von kumulativen Problemlagen, insbesondere Obdach- bzw. Wohnungslosigkeit, psychischen und körperlichen Erkrankungen oder Beeinträchtigungen sowie Armut, betroffen. Um diese an einer Stelle bearbeiten zu können, anstatt von den Frauen zu erwarten, dafür unterschiedliche Stellen aufzusuchen, wäre die Zusammenarbeit verschiedener Professionen (Soziale Arbeit, Medizin, Psychiatrie, Pflege etc.) unabdingbar, um Bürokratie abzubauen, wäre außerdem der Einbezug von Sachbearbeiter:innen notwendig.

Zudem sehen sie es als zielführend an, *abrupte Beziehungsabbrüche zu vermeiden*. Vermittlungsprozesse zwischen den Einrichtungen müssten besser strukturiert werden, insbesondere sollten Fachkräfte der vermittelnden Einrichtungen, zu denen Beziehungen bestehen, die Frauen so lange weiter begleiten, bis sie in der längerfristigen Einrichtung angekommen sind.

Schließlich sehen sie eine *pauschale Mischfinanzierung* als notwendig an. Eine niedrigschwellige, selbstbestimmte Nutzung von Angeboten durch die Frauen kann nur dann ermöglicht werden, wenn zwar alle Kostenträger (auf Grundlage von SGB II, SGB V, SGB IX, SGB XII), eingebunden werden, ohne dass die Anteile fallbezogen genau ausgewiesen werden müssten. Nur dadurch könnte ein unbürokratischer Zugang für die Frauen gesichert, auf zu leistende Unterschriften verzichtet, und ein flexibles Anpassen notwendiger Angebote zur selbstbestimmten Nutzung durch die Frauen realisiert werden.

6. Fazit: Eine Frage der Barrierefreiheit

Wenn es um Barrierefreiheit geht, wie dies aktuell in der Umsetzung der UN-Behindertenrechtskonvention (UN-BRK) und des Bundesteilhabegesetztes (BTHG) diskutiert wird, denken wir meist als erstes an Menschen mit körperlichen Beeinträchtigungen. Doch was bedeutet es, wenn Angebote für Menschen mit psychischen Erkrankungen (in der UN-BRK und im BTHG als seelisch behinderte Menschen bezeichnet und unter dieser Kategorie subsummiert) erreichbar sein sollen – wie kann für sie Barrierefreiheit definiert werden?

Erfolgsversprechende Hilfen und potenzielle Übergänge sind, wie wir aufgezeigt haben, für die Zielgruppe der wohnungslosen Frauen mit schweren chronischen psychischen Erkrankungen niedrigschwellig zugänglich zu machen. Damit ist insbesondere verbunden, die Anforderungen an die Möglichkeiten zur Mitwirkung, an die (Non) Compliance und an die Veränderungsbereitschaft der zu erreichende Zielgruppe anzupassen, anstatt umgekehrt.

Die Bereitschaft, Unterstützung zu akzeptieren und Angebote selbstbestimmt wahrzunehmen, sollte zunächst genügen. Ziel sollte sein, Kontakt und darüber die Annahme von Unterstützung zu ermöglichen. Zentral hierfür wäre, die Frauen an der Definition und Priorisierung der Bearbeitung ihrer Problemlagen zu beteiligen und entsprechend zuerst eine Stabilisierung der Lebenssituation, allem voran eine Grundsicherung und die Ausstattung von angemessenem Wohnraum anzustreben. Barrierefreiheit für die Zielgruppe bedeutet vor diesem Hintergrund auch, sie z.B. an notwendigen Verwaltungsverfahren zu beteiligen, ohne zu riskieren, dass Überforderungserfahrungen reproduziert und Prozesse abgebrochen werden.

In diesem Zuge hergestellte Kontakte ermöglichen erst, Vertrauen in institutionelle Angebote und Beziehungen zu Fachkräften (wieder) zuzulassen, innerhalb derer eine weitere Bearbeitung psycho-sozialer Thematiken möglich wird. So liegt es nahe, sichere Orte zu schaffen, an denen die Frauen in einem ersten Schritt anonym und unverbindlich da sein dürfen, wo ihre Bedürfnisse nach Ruhe und Privatheit erfüllt werden, und dies mit selbstbestimmt zu nutzenden, bedarfsgerechten und unbürokratisch zu finanzierenden Angeboten der Sozialen Arbeit, Medizin, Psychiatrie, Pflege etc. zu kombinieren, wie dies auch der internationale Forschungsstand nahelegt (vgl. Abschnitt 4). Barrierefreiheit für Menschen mit psychischen Erkrankungen könnte gar darin bestehen, einen Zugang zu Hilfen zu organisieren und zu ermöglichen, ohne dass hierbei die – zugeschriebene oder diagnostizierte, oftmals selbst als stigmatisierend wahrgenommene und deshalb abgelehnte – Kategorie der psychischen Erkrankung benannt und offen thematisiert werden muss. Denn Behandlungs- und damit Veränderungsbereitschaft kann in diesem Sinne nicht vorausgesetzt werden, würde aber zu einer Eintrittskarte für eine bedarfsgerechte Unterstützung und insgesamt in das Hilfesystem.

Praktisch gehen wir jedoch als Gesellschaft aktuell im Kontext der Umsetzung des BTHG im SGB IX und der Herauslösung der Eingliederungshilfe aus dem SGB XII den exakt entgegengesetzten Weg. Während die für das SGB IX eigentlich handlungsleitende UN-BRK eine größtmögliche Barrierefreiheit für Menschen mit Behinderungen zum Ziel erklärt, wird der bisher für die Eingliederungshilfe geltende Grundsatz im SGB XII (Einsetzen der Sozialhilfe bei Bekanntwerden des Hilfebedarfs, § 18 Abs. 1 SGB XII) durch eine Antragserfordernis im § 108 SGB IX abgelöst. Die Zugangsbarriere zu Leistungen der Eingliederungshilfe erhöht sich für Menschen mit seelischer Behinderung, worunter die in diesem Beitrag fokussierten Frauen sozialrechtlich subsummiert werden, dadurch erheblich. Es besteht die Gefahr, dass diese neue Zugangsbarriere für sie eine diskriminierende Wirkung entfaltet: Eine Antragserfordernis setzt stets voraus, dass die Frauen die ihnen zugeschriebenen, über Diagnosen fachlich institutionalisierten, Problemkomplexe anerkennen (*Krankheitseinsicht, Compliance*). Dies widerspricht nicht nur dem Grundsatz der Beteiligung der Frauen an der Problemdefinition und -bearbeitung, sondern erscheint sogar innerhalb einer psychiatrischen Logik höchst widersprüchlich: Menschen mit einer psychischen oder einer Abhängigkeitserkrankung wird als Teil des Symptomkomplexes ja gerade die *fehlende Krankheitseinsicht* und *Non-Compliance* zugeschrieben. Menschen ohne Änderungsbereitschaft oder Menschen, die diesbezüglich ambivalent sind, stellen jedoch in der Regel keine Anträge.

Die Logik des BTHG setzt erst bei einem viel späteren Stadium der Veränderungsbereitschaft an, welcher im Einzelfall oft als weit entferntes Ziel einer bedarfsgerechten, erfolgreich verlaufenden Maßnahme der Eingliederungshilfe zu betrachten ist.

So scheint das Anliegen des Gesetzgebers, mit dem Herauslösen der Eingliederungshilfe aus der Systematik der Sozialhilfe Teilhabe statt *Bittstellung* zu ermöglichen, auf Kosten derer zu gehen, die gerade auf Grund ihrer Eingliederungsbedarfe die vom Gesetzgeber formulierten Anforderungen zur Generierung von Teilhabe (noch) nicht erfüllen können bzw. sich erst erarbeiten müssten.

Um im Einzelfall einen Leistungsanspruch auf Eingliederungshilfe zu einem späteren Zeitpunkt wahrnehmen zu können, sieht sich eine sozialhilferechtlich versierte Person ggfs. verleitet, sich mit einer argumentativen Krücke im Sinne der §§ 67ff. SGB XII, also der Überwindung besonderer sozialer Schwierigkeiten zu behelfen. Dies sollte allerdings nicht darüber hinwegtäuschen, dass das BTHG in seiner jetzigen Verfasstheit anspruchsberechtigte Personen aufgrund ihrer individuellen Problematiken im Zugang zu Leistungen diskriminiert.

Im Kontext der Corona-Pandemie wurde eindrucksvoll sichtbar, wo das gesellschaftlich vorgehaltene Hilfesystem nicht funktioniert. Durch diesen Beitrag haben wir das exemplarisch aufgezeigt. Dass der Gesetzgeber dringend handeln muss, allein um den eigenen Ansprüchen gerecht zu werden, sollte deutlich geworden sein. Bis dahin sind in der Praxis alle relevanten Akteur:innen gefordert, je ihren Teil für pragmatische Lösungen beizutragen. Denn das sichtbar Gewordene wird auch noch da sein, wenn es nach der Pandemie durch wieder gewonnene Normalität nicht mehr so gut zu sehen ist.

Literaturverzeichnis

Bäuml, Josef/Baur, Barbara/Brönner, Monika/Pitschel-Walz, Gabriele/Jahn, Thomas (2017): Die SEEWOLF-Studie. Seelische und körperliche Erkrankungen bei wohnungslosen Menschen. Freiburg i.Br.: Lambertus.

Breidenstein, Georg/Hirschauer, Stefan/Kalthoff, Herbert/Nieswand, Boris (2015): Ethnografie. Die Praxis der Feldforschung. Konstanz: UVK.

Emerson, Robert M./Fretz, Rachel I./Shaw, Linda L. (2007): Writing ethnographic fieldnotes. Chicago: University of Chicago Press.

Enders-Dragässer, Uta (2000): Frauen ohne Wohnung. Handbuch für die ambulante Wohnungslosenhilfe für Frauen. Stuttgart: Kohlhammer.

Enders-Dragässer, Uta/Sellach, Brigitte (2005): Frauen in dunklen Zeiten. Persönliche Berichte vom Wohnungsnotfall: Ursachen – Handlungsspielräume – Bewältigung. Forschungsbericht. Frankfurt a.M..

Flick, Uwe (2019): Qualitative Sozialforschung: Eine Einführung. 9., völlig überarb. Neuauflage. Reinbek b. Hamburg: Rowohlt.

Giertz, Karsten/Große, Lisa (2020): Hard-to-reach-Klient*innen in der psychiatrischen Versorgung: Ein Überblick zum aktuellen Forschungsstand. In: Klinische Sozialarbeit 16 (1), S. 7–10.

Giertz, Karsten/Große, Lisa/Gahleitner, Silke Birgitta (Hg.) (2021): Hard to reach: Schwer erreichbare Klientel unterstützen. Bonn: Psychiatrie-Verlag.

Giertz, Karsten/Große, Lisa/Sowa, Frank (2021): Hard to reach oder Hard to see? Wohnungslose Menschen werden in der Gemeindepsychiatrie nicht richtig gesehen und abgeholt – neue Konzepte sind gefragt. in: Psychosoziale Umschau, 36 (1), 40–41.

Greifenhagen, Annette/Fichter, Manfred (1998): Verrückt und obdachlos – psychische Erkrankungen bei wohnungslosen Frauen. in: wohnungslos, 40 (3), S. 89–98.

Kautz, Nicole (2010): Wohnungslosigkeit bei Frauen. Skizze eines Gesellschaftsproblems. Marburg: Tectum Verlag.

Kipp, Almut (2015): »Alltagswelten« obdachloser Frauen. Theaterpädagogik als Methodik der (Re)Integration. Herbolzheim: Centaurus Verlag.

Kliniken des Bezirks Oberbayern (KBO) (2020): Auswertung Brückenteam obdachlos 2019. Präsentation der KBO in der Lenkungsgruppe am 12.03.2020. München: Unveröffentlichter Bericht.

Macke, Kathrin (2000): Frauen ohne Wohnung. Spezifische Sozialisationsbedingungen, subkulturelle Strukturen und Interventionsansätze des Hilfesystems. Marburg: Tectum-Verlag.

Mayring, Philipp/Gahleitner, Silke B. (2010): Qualitative Inhaltsanalyse. in: Bock, Karin/Miethe, Ingrid (Hg.): Handbuch qualitative Methoden in der Sozialen Arbeit. Opladen: Budrich, 295–304.

Moser, Heinz (2014): Instrumentenkoffer für die Praxisforschung: Eine Einführung. 5., überarb. und erg. Aufl. Freiburg i. Br.: Lambertus.

Nouverté, Klaus (Hg.) (2002): Obdachlos und psychisch krank. Überarbeitete Neuauflage. Bonn: Psychiatrie-Verlag.

Paetow-Spinosa, Sibylle (1998): Psychische Krankheit bei wohnungslosen Frauen. Hg. v. Landeskommission Berlin gegen Gewalt. Berlin.

Schreiter, Stefanie/Gutwinski, Stefan/Rössler, Wulf (2020): Wohnungslosigkeit und seelische Erkrankungen. in: Der Nervenarzt, 91 (4), 1025–1031.

Unterkofler, Ursula (2022): Bedarfe wohnungsloser Frauen mit schweren chronischen psychischen Erkrankungen in München. Forschungsbericht. Unter Mitarbeit von Sophie Bez, Katharina Blink, Martin Graf, Yvonne Heinrich-Woitsch, Alexandra Kloos, Antonia Maier, Virginia Obiakor, Simone Rutsch, Mathias Schießl, Kathrin Schneil, Kristyna Vachova, Mirjana Weidlich und Nora Wotzlaw. München. Im Erscheinen.

van der Donk, Cyrilla/van Lanen, Bas/Wright, Michael T. (2014): Praxisforschung im Sozial- und Gesundheitswesen. Bern: Huber.

Wessel, Theo (2015): Wohnungslose, psychisch und suchterkrankte Männer und Frauen. in: Dörr, Margret (Hg.): Sozialpsychiatrie im Fokus Sozialer Arbeit. Balltmannsweiler: Schneider Verlag Hohengehren, 154–161.

Wesselmann, Carla (2009): Biografische Verläufe und Handlungsmuster wohnungsloser Frauen. Opladen: Budrich.

Pandemie digital?
Menschen ohne festen Wohnsitz und digitale Kommunikation unter neuen Vorzeichen

David Lowis, Vera Klocke und Maren Hartmann

1. Einleitung

Inwiefern hat die Corona-Pandemie das Leben von Menschen ohne festen Wohnsitz[1] im Hinblick auf digitale Kommunikation beeinflusst? Dieser Frage wollen wir in diesem Beitrag – ausgehend von einem Forschungsprojekt zu Obdachlosigkeit und digitalen Medien, das im Zeitraum von November 2019 bis Februar 2022 an der Universität der Künste Berlin angesiedelt war – auf den Grund gehen. In diesem, von der Deutschen Forschungsgemeinschaft (DFG) für drei Jahre finanzierten Projekt, untersuchen wir, ob und wie obdachlose Menschen in Berlin mobile Medien bereits nutzen, welchen Hürden sie hierbei begegnen, wie sich die Nutzung mobiler Medien auf ihr Leben auswirkt und inwiefern Hilfsorganisationen den Zugang zu digitalen Medien erleichtern können.

Das Projekt hat einen längeren Vorlauf mit etlichen Hürden durchlaufen, bevor es Mitte November 2019 endlich beginnen konnte (siehe auch Klocke et al. 2022). Mitten in dieser ersten intensiven Phase der Ethnographie begann die Pandemie sich auf das öffentliche Leben – und damit sehr stark auch auf das Leben von obdachlosen Personen, Menschen in Notunterkünften, sowie sozialen Einrichtungen – und dadurch wiederum auf unser Projekt – auszuwirken. Teile dieser Forschung und Erkenntnisse aus dem Forschungsprozess während Corona skizzieren wir in diesem Beitrag, ausgehend von vier verschiedenen Forschungsinstrumenten aus dem Projekt, welche in Abb. 6 bildlich dargestellt sind. Wir gehen

---

[1] Wenn wir von wohnungs- und/oder obdachlosen Menschen bzw. Menschen ohne festen Wohnsitz schreiben, beziehen wir uns in diesem Beitrag auf die ETHOS-Typologie von Wohnungslosigkeit, die von der FEANTSA (Europäischer Dachverband der Wohnungslosenhilfe) entwickelt wurde. Die Menschen, mit denen wir gearbeitet und geforscht haben, waren auf unterschiedlichste Weisen von Wohnungs- und Obdachlosigkeit betroffen; ein besonderes Augenmerk unserer Forschung galt Menschen, deren Wohnsituation unter die ETHOS-Kategorien 1–3 fiel.

auf ethnographische Forschung ein, die zwischen 2019 und 2022 mit Menschen ohne festen Wohnsitz sowie mit verschiedenen Einrichtungen der Berliner Wohnungslosenhilfe durchgeführt wurde. Teil dessen ist auch die ethnographische langfristige Begleitung von einzelnen Personen, denen wir im Rahmen eines qualitativen Experiments Smartphones ausgeteilt haben. Ein weiterer Datenpunkt stellt eine Umfrage zum Thema der digitalen Mediennutzung von Menschen ohne festen Wohnsitz dar. Diese fand in fünf verschiedenen Tagestreffs der Wohnungslosenhilfe in Berlin statt. Insgesamt nahmen 141 Personen an der Umfrage teil. Während eine ausführliche Diskussion der Ergebnisse dieser Umfrage im Rahmen dieses Abschnitts nicht möglich ist, beziehen wir uns hier teils auf erste Ergebnisse der Umfrage. Zuletzt beziehen wir uns auf eine wissenschaftlich begleitete Austeilung von über 330 Smartphones in Zusammenarbeit mit verschiedenen Organisationen der Berliner Wohnungslosenhilfe.

Abb. 6: Forschungsinstrumente des »Mowo«-Projekts

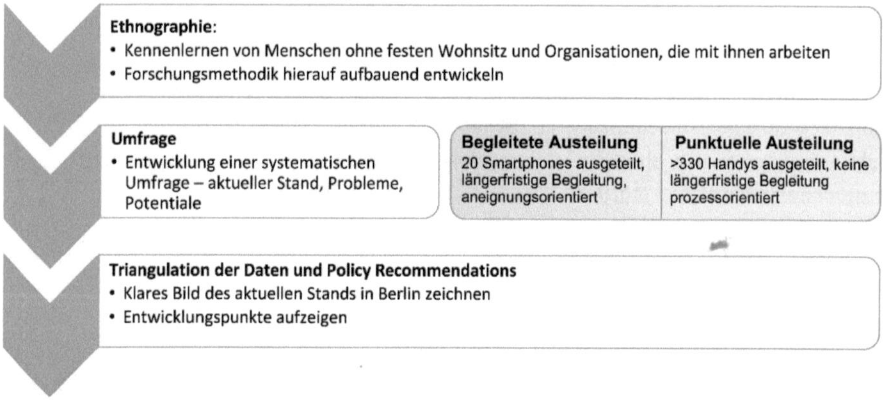

Ethnographie:
• Kennenlernen von Menschen ohne festen Wohnsitz und Organisationen, die mit ihnen arbeiten
• Forschungsmethodik hierauf aufbauend entwickeln

Umfrage
• Entwicklung einer systematischen Umfrage – aktueller Stand, Probleme, Potentiale

Begleitete Austeilung
20 Smartphones ausgeteilt, längerfristige Begleitung, aneignungsorientiert

Punktuelle Austeilung
>330 Handys ausgeteilt, keine längerfristige Begleitung prozessorientiert

Triangulation der Daten und Policy Recommendations
• Klares Bild des aktuellen Stands in Berlin zeichnen
• Entwicklungspunkte aufzeigen

Quelle: Eigene Darstellung

In diesem Beitrag möchten wir – ausgehend von diesen Punkten – insbesondere auf zwei Aspekte eingehen, die in einem engen Zusammenhang mit der Pandemie stehen:

Einerseits wollen wir ein Augenmerk auf die neuen Schwierigkeiten legen, inwiefern die Corona-Pandemie die Überlagerung und wechselseitige Beeinflussung von digitalen und nicht-digitalen Hürden im Bereich der gesellschaftlichen Teilhabe von Menschen ohne festen Wohnsitz vorangetrieben hat. So konnten zwischen November 2021 und April 2022 die allermeisten Räume in Deutschland nur noch mit einem digitalen Impfzertifikat betreten werden. An diesem Punkt zeigt sich die

Notwendigkeit eines Smartphones – ein Problem für viele Menschen ohne festen Wohnsitz.

Zugleich aber haben sich auch neue Möglichkeiten eröffnet. Letztere betreffen auch die zweite Frage, die wir adressieren wollen: die nach den innovativen Unterstützungsmöglichkeiten für wohnungs- und obdachlose Menschen, die im Rahmen der Pandemie entstanden sind. In unserem Fall sind es Möglichkeiten der digitalen Inklusion, welche auf einmal großen Anklang bei Hilfsorganisationen und Spender:innen fanden, da die Notwendigkeit digitaler Anbindung aufgrund von Kontaktbeschränkungen und Lockdowns klar sichtbar wurde. Hier legen wir ein besonderes Augenmerk auf die Austeilung von Smartphones.

2. Obdachlosigkeit und digitale Medien – ein Überblick

Die Frage der Digitalisierung im Kontext von Obdachlosigkeit ist ein wachsendes, aber nach wie vor überschaubares Forschungsfeld. Während es Anfang der 2010-er Jahre vor allem Studien aus den USA, Kanada oder Australien, und insbesondere Studien aus dem Bereich der Gesundheitsforschung waren (z.B. Rice et al. 2011; Rice/Barman-Adhikari 2014; Woelfer/Hendry 2012; Yost 2012), gibt es inzwischen auch Forschung im deutschsprachigen Raum. Beginnend mit Masterarbeiten zu dem Thema (Wesselmann 2012; Knief 2016), gibt es mittlerweile die erste Promotion dazu (Hauprich 2021), Arbeiten im Kontext der vorliegenden Studie (Hartmann 2018, 2022; Klocke et al. im Druck) als auch eine größere Studie aus dem Nürnberger Raum von den Herausgeber:innen dieses Bandes (z.B. Sowa/Wießner 2022).

Die ursprüngliche Fokussierung auf Gesundheitskommunikation setzt sich auch derzeit zum Teil fort (siehe z.B. Calvo et al. 2019), allerdings hat auch der kommunikationswissenschaftliche Schwerpunkt inzwischen zugenommen (für die USA z.B. Marler (2021); für Australien siehe Humphry (2019, 2021). Dass digitale Inklusion nicht automatisch soziale (und andere) Inklusion nach sich zieht, ist eine uns stets begleitende Annahme (siehe auch Bure 2005). Dennoch unterstreichen bereits die existierenden Studien das Potenzial von Digitalisierung, zumindest graduelle Formen von Teilhabe zu ermöglichen – und zum Teil auch einfach von Beschäftigung (d.h. Unterhaltung).

Eindeutig sind die unterschiedlichen Studien nicht (siehe z.B. Calvo et al. 2019, zur SNS-Nutzung Obdachloser). So ist selbst die Frage des Zugangs unklar. Während Rhoades et al. (2017) aufgrund der Tatsache, dass 58 % der Obdachlosen in ihrer Studie Smartphones besaßen, davon ausgehen, dass die Frage der *Digitalen Spaltung* nicht mehr ohne weiteres relevant ist, so ist die Frage der *Konnektivität* bei anderen Autor:innen durchaus ambivalenter (z.B. Humphry 2021). So fassen auch Heaslip et al. zusammen:

»It is evident that technology has the potential to support the health and well-being of individuals who are homeless; however, there are challenges regarding connectivity to the internet, as well as issues of trust in who has access to personal data and how they are used« (Heaslip et al., 2021:1).

Gekoppelt mit dieser Ambivalenz, die sich auch in unseren vorläufigen Projektergebnissen widerspiegelt, ist die zusätzliche Ambivalenz der Pandemie, die auch bereits in der Beschreibung des Projektverlaufs geschildert wurde. Wie ein Scoping Review zur Frage der Pandemie und Obdachlosigkeit nach einer Auflistung der damit verbundenen Probleme konstatiert:[2]

»Despite the negative impact the pandemic has had on PEH, unprecedented changes in policies and services brought about to reduce the spread of COVID-19 have also improved the health and well-being of PEH in some communities. Positive changes have included the rapid rehousing and shielding of PEH [...], expansion of harm reduction and treatment services [...], and cross-sector collaboration of services that increased access to mental health services [...]« (Corey et al. 2022: 2).

Zusätzlich findet sich in den bisherigen Berichten zu Obdachlosigkeit und Pandemie eine zunehmende Wahrnehmung der Zentralität des Digitalen. Noch ist es meistens nur ein Paragraph, der sich diesem Thema widmet. Allein das aber stellt eine Veränderung dar. So z.B. in einem Artikel über *contact tracing*: »Some populations that are particularly vulnerable to the health impacts of COVID-19 (eg, older adults, people who are homeless, and socioeconomically deprived populations) are also less likely to own a smartphone, [...] potentially amplifying their risks because contact-tracing apps could – for similar reasons – be less likely to reduce transmission within their social circles« (Braithwaite et al. 2020: 619). Auch in den speziellen Empfehlungen des Robert-Koch-Instituts zum Coronavirus für von Wohnungslosigkeit betroffene Menschen findet sich folgender Absatz:

»**Eingeschränkter Zugang zu Information und Hilfesystem:** Der Zugang zu Internet und Strom, sowie die Verfügbarkeit von (Mobil-)Telefonen und Telefonguthaben ist für wohnungs- und obdachlose Menschen nicht selbstverständlich (Digital Gap). Dadurch ist der Zugang zu Informationen und der Kontakt zum Gesundheitsamt, Einrichtungen usw. erschwert. Dies ist eine Herausforderung für die Kontaktpersonennachverfolgung, Terminvereinbarungen (z.B. für einen SARS-CoV-2-Test, COVID-19-Impfung) und die Mitteilung von Testergebnissen« (RKI 2022).

---

2   Die Abkürzung PEH steht hierbei für people experiencing homelessness.

Just diese Problematik ist einer der Aspekte, der auch uns immer wieder begegnet ist in unserem von Corona geprägten Projekt: neben der allgemeinen Schwierigkeit des Zugangs zum Digitalen (und der Frage der Notwendigkeit dessen) gab es immer wieder auch zusätzliche Diskriminierungen bzw. Problematiken in dieser speziellen Zeit. Hinzukommen aber auch (dies sollte bereits deutlich geworden sein), neue Möglichkeiten.

3. Veränderte und sich verändernde Lebensbedingungen

Mit Corona haben sich die Lebensbedingungen von obdachlosen Personen verändert. Diese Veränderungen beziehen sich vor allem auf die eingeschränkten Möglichkeiten, sich an öffentlichen und semi-öffentlichen Plätzen aufzuhalten und Geld mit dem Sammeln von Pfandflaschen und dem Verkaufen von Straßenzeitungen zu verdienen. Zeitgleich waren Orte wie öffentliche Bibliotheken, soziale Einrichtungen aber auch Cafés über längere Zeiträume geschlossen. Gerade die Schließungen dieser Orte haben sich auf die Möglichkeiten, sich im Warmen aufzuhalten, aber auch auf die Nutzung von digitalen Medien ausgewirkt. So sind etwa Bibliotheken für das Aufladen von elektronischen Geräten weggefallen. Gleichzeitig gaben 68 % der in unserer Umfrage befragten Personen an, dass Corona das Laden von Geräten nicht unbedingt erschwert habe. Diese Antworten lassen sich darauf zurückführen, dass sich zeitgleich mit dem Wegfallen bestimmter Orte auch neue Optionen, wie die sogenannten 24/7 *Unterkünfte*, aufgetan haben, in denen Personen sich konstant über einen längeren Zeitraum aufhalten konnten. Durch Corona ist hier ein Möglichkeitsraum entstanden, der die Nutzung digitaler Medien für bestimmte Gruppen sogar etwas erleichtert hat. Trotzdem zeigt unsere ethnographische Forschung, dass sich die Schließung von etwa Bibliotheken auf die Wahl von Aufenthaltsorten und die Wege, die obdachlose Personen auf sich nehmen, ausgewirkt hat.

Justine Humphry bezeichnet den Umgang mit diesen Barrieren, die obdachlose Personen, aber auch andere marginalisierte Gruppen, zurücklegen müssen, um an digitalen Medien zu partizipieren, als *survival infrastructure*. Sie schreibt: »Survival infrastructuring is the term I use to describe the repertoire of practices that arises from the inter-related demands of needing to save costs and secure digital access when homeless« (Humphry 2019: 10).

Auch wenn während Corona neue Möglichkeitsräume entstanden sind, haben sich die Barrieren teilweise verstärkt. Das ist insbesondere mit dem digitalen Impfausweis augenscheinlich geworden, der seit September 2021 notwendig geworden ist, um Räume wie Cafés, Restaurants, aber auch Bibliotheken und U-Bahnstationen in Deutschland zu betreten. Wenn obdachlose Personen auf ein Impfangebot eingegangen sind und sich haben impfen lassen, konnten sehr viele von ihnen keinen digitalen Impfnachweis vorlegen. Das lag zum einen an nicht vorhandenen oder schnell wechselnden Smartphones, zum anderen aber auch daran, dass gerade bei vielen der niedrigschwelligen Impfangebote keine QR-Codes ausgehändigt wurden, da für diese der Nachweis eines Ausweises mit gültiger Anschrift erforderlich war.

Ein 62-jähriger Mann, dem wir im Rahmen des Forschungsprojekts ein Smartphone ausgehändigt haben, erzählte, dass er mit seinem gelben Papierausweis den Bus, den er täglich nimmt, um seinen Sohn zu sehen, nicht mehr nehmen könne. An den Impfausweis mit QR-Code ist er über familiäre Kontakte gekommen, die ihm einen Termin in einer Arztpraxis beschafft haben. Mit dem digitalen Ausweis auf seinem neuen Smartphone konnte er sämtliche Räume wieder betreten, er nennt ihn immer wieder sein »goldenes Ticket«. Nun ist das Smartphone selbst eine große Herausforderung für ihn, da er bisher über keinerlei Erfahrung mit Smartphones verfügt. Der digitale Impfausweis hat für ihn einen entscheidenden Impuls dargestellt, um sich mit der Technologie auseinanderzusetzen. Die Schritte, die es benötigt, um den Impfausweis aufzurufen, sind vor allem in den ersten Wochen beschwerlich für ihn. Er studiert die Abläufe ein, während er die einzelnen Schritte, die sein Finger unternimmt, kommentiert. So ist das Smartphone zu Beginn vor allem dies – ein digitaler Impfausweis und ein Ticket, das ihm Eintritt verschafft. Insbesondere dieser Auszug zeigt, dass die Austeilung von Smartphones die individuellen Lebensbedingungen von Personen zumindest kurzzeitig und mit Blick auf eine (digitale) Teilhabe verbessern kann. Zeitgleich zeigt sich jedoch auch, dass gerade bei Personen, die noch nie ein Smartphone besessen haben, die Aushändigung eines Geräts alleine nicht reicht. Vielmehr ist insbesondere im Rahmen des qualitativen Experiments erkenntlich geworden, dass die Verteilung der technischen Ressource mit technischer Hilfestellung flankiert geschehen muss. Dies wird auch von den Mitarbeiter:innen von sozialen Einrichtungen gefordert, die schildern, wie wichtig das Digitale für den Alltag von obdachlosen Personen geworden ist. Ein Sozialarbeiter aus einer Notunterkunft erläutert, dass die Notwendigkeit, sich im digitalen Raum auszukennen, durch Corona noch einmal zugenommen hat:

> »Bestes Beispiel sind die Ämter, die aufgrund von Corona sagen, dass die Leute irgendwie Termine vereinbaren sollen oder so. Das kann man ja auch ganz locker flockig online machen da über ein System. Aber wie sollen es die Leute machen, wenn sie halt nicht mal eben Smartphone haben? Klar kannst du im Internetcafé oder bei uns mal fragen und so, aber das verkompliziert die ganze Geschichte einfach nur.«

Mehrere Einrichtungen versuchen – teils improvisiert, da meist keine zusätzlichen Gelder zur Verfügung stehen – digitale Teilhabe zu ermöglichen, indem sie WLAN, Mehrfachsteckdosen zum Laden der Geräte, aber auch Geräte zum Verleihen anbieten. Der Leiter einer Wohnungslosentagesstätte schildert, dass seine Kolleg:innen und er während Corona, im November 2020, damit begonnen haben, Geräte zum Verleihen mit Hilfe einer privaten Geldspende anzuschaffen. Während die meisten sozialen Einrichtungen wie Wohnungslosentagesstätten und Notunterkünfte eigeninitiativ versuchen, mit Blick auf digitale Medien Hilfestellung zu leisten, gibt es bisher wenige Einrichtungen, bei denen Hilfestellungen mit Blick auf digitale Teilhabe im Zentrum stehen. Dazu zählt das Projekt *Digitales Zuhause* von der Einrichtung *Neue Chance e.V.*, in dem obdach- und wohnungslose Menschen in Berlin mit digitalen Endgeräten und individuellen technischen Schulungen unterstützt werden.

Gerade das Beispiel des digitalen Impfausweises zeigt, wie verschränkt digitale und analoge Teilhabe sein können. Die Abwesenheit eines digitalen Dokuments kann dazu führen, dass Personen von Orten verdrängt und ausgeschlossen werden. Das zählt neben den digitalen Impfausweisen auch für die kostenlosen Bürgertests: »Der Bürgertest wird ganz oft nur online verschickt und wenn die Leute halt kein Handy oder keine Email haben, dann haben sie auch Pech gehabt« beschreibt der Sozialarbeiter einer Notunterkunft. Die obdachlosen Personen sind in diesen Situationen auf die Unterstützung von Individuen wie Kontrolleur:innen und Ordnungspersonal angewiesen.

Während der Informant, den wir eingangs beschrieben haben, einer der wenigen aus der Gruppe von Personen ist, die wir ethnographisch begleitet haben, der einen digitalen Impfausweis besessen hat, zeigt die Umfrage, dass 58 % der befragten Personen über einen QR-Code (in Papierform oder auf dem Smartphone) verfügen, wobei es sich bei der Mehrzahl um den QR-Code in Papierform handelt. 41 % der befragten Personen gaben an, keinen digitalen Impfausweis zu besitzen. Vor diesem Hintergrund lassen sich auch die Aussagen von 30 % der Personen einordnen, die besagen, dass sie aufgefordert wurden, einen Platz aufgrund eines fehlenden Impfausweises zu verlassen.

Abb. 7: Ein Informant nutzt sein neues Smartphone, um einen Impfausweis zu digitalisieren

Quelle: Eigene Darstellung

Abb. 8: Ein Informant nutzt das Smartphone vor allem für Unterhaltung und Information

Quelle: Eigene Darstellung

Mit dem Zurückgehen der Coronabeschränkungen ist auch die Notwendigkeit des digitalen Impfzertifikats in den Hintergrund getreten. Während der Impfausweis für einzelne Informant:innen ein Anlass war, ein Smartphone von uns anzunehmen, haben sich die Rollen der Geräte gewandelt. Für die allermeisten Personen, mit denen wir gesprochen haben, stand nach einer Eingewöhnung schnell die Rezeption von YouTube-Videos und Musik im Vordergrund.

So hat der beschriebene Informant, der sich zunächst nur auf das Aufrufen des digitalen Impfausweises konzentriert hat, in den folgenden Monaten damit begonnen, das Gerät auch für andere Tätigkeiten und vor allem für das Schauen von Videos zu nutzen. Mehrere Male am Tag ruft er die App der Tagesschau auf, um die neuesten Nachrichten zu schauen. »Dieses Gerät ist Gesellschaft für mich«, sagt er häufig und meint damit vor allem die Möglichkeit, an Informationen zu kommen und einen Zugang zu dem zu haben, was in der Welt geschieht. So weiß ich immer sofort Bescheid« sagt er. Da er in einem abseitsstehenden Auto lebt und gern abends ins Internet geht, ist er auf Datenvolumen angewiesen. Das Geld dafür verdient er mit dem Sammeln von Pfandflaschen.

Das Smartphone kann also für obdachlose Personen als wichtiger Ansatzpunkt für gesellschaftliche Teilhabe fungieren – und diese Bedeutung hat im Rahmen der Pandemie weiterhin zugenommen. Doch während wir im Rahmen der oben beschriebenen Forschung Smartphones gezielt ausgeteilt haben, stellt sich die Frage, inwiefern wohnungs- und obdachlose Menschen, bedingt durch ihre materiellen Umstände, Zugang zu Smartphones oder anderen digitalen Endgeräten haben – und inwiefern Hilfsorganisationen sie darin unterstützen können, diesen Zugang zu erhalten. Mit unserer Forschung zu dieser Thematik beschäftigt sich der folgende Abschnitt.

4. Smartphone-Austeilungen als Intervention zur Verbesserung des digitalen Zugangs wohnungsloser Menschen

Zu Beginn der Pandemie mussten viele Einrichtungen der Sozialhilfe bedingt durch Lockdown-Auflagen ab März 2020 ihre Pforten zeitweise schließen. Auch nach den ersten Lockerungen der Auflagen konnten viele Angebote nur noch eingeschränkt durchgeführt werden, um Kontaktbeschränkungen, Abstandsregeln etc. einzuhalten (vgl. Gangway 2020: 10).

Die Wohnungslosenhilfe stellte hier keine Ausnahme dar: Eine große Anzahl an Schlafplätzen für wohnungslose Menschen fiel abrupt weg. Gleichzeitig wurden viele weitere Hilfsangebote wie Beratung, medizinische Versorgung oder Hygieneangebote zunächst eingestellt. So beschrieb uns eine Sozialarbeiterin die Situation des Beratungsangebots, welches vor der Pandemie von ihrer Einrichtung angeboten wurde, folgendermaßen: »Auf einmal war alles zu – die Beratung dann natürlich auch. Wir wussten ja alle nicht, was da auf uns zukommt oder wie lange das jetzt dauern würde.« Ihre Einrichtung bot bald eine Telefonsprechstunde an, für die Termine über einen persönlichen Erstkontakt vermittelt wurden. Eine weitere Berliner Organisation, welche vor dem Lockdown ein aufsuchendes Peer-Projekt angeboten hatte, ergänzte bald die Streetwork-Arbeit der Peers durch eine neu eingerichtete Telefon-Hotline, welche auf Plakaten quer durch Berlin beworben wurde.

Diese Entwicklungen spiegelten den gesamtgesellschaftlichen Trend wider, jeglichen nicht zwingend notwendigen persönlichen Kontakt möglichst ins Digitale beziehungsweise Telefonische zu verlegen. Doch gerade Einrichtungen der Wohnungslosenhilfe sahen sich hierdurch vor besondere Herausforderungen gestellt: Ohne die Möglichkeit des direkten Kontakts vor Ort mit ihren Klient:innen fiel es ihnen oft schwer, diese zu erreichen oder für diese erreichbar zu sein. Dies war, wie uns in unserer Feldarbeit durch Mitarbeitende verschiedener Berliner Hilfsorganisationen mitgeteilt wurde, dadurch bedingt, dass viele der Klient:innen gar nicht oder nur eingeschränkt über digitale/telefonische Kanäle verfügten – oder, dass sie ihre Kontaktdaten nicht mit den Einrichtungen geteilt hatten oder teilen wollten. Im Jahresbericht einer Berliner Einrichtung, welche diverse Hilfsangebote für junge wohnungslose Menschen bereitstellt, lautet es: »Ein Umsteuern dieser Angebote auf telefonische oder digitale Kontaktmöglichkeiten war aufgrund der besonderen Problemlagen und der nicht vorhandenen technischen Voraussetzungen auf Seiten der Zielgruppe kaum möglich« (Klik e.V. 2020: 7).

Verschiedene neue Angebote wurden bald nach dem Beginn des ersten Lockdowns in Zusammenarbeit zwischen Berliner Senat und Organisationen der Wohnungslosenhilfe entwickelt und umgesetzt. Die sogenannten *24/7-Einrichtungen*, welche meist in pandemiebedingt geschlossenen Hostels oder Jugendherbergen eingerichtet wurden, sind hier besonders hervorzuheben. Diese stellten längerfristige Unterbringung sowie weitere Angebote bereit und füllten somit viele der Versorgungslücken, welche durch den Lockdown entstanden waren.[3]

Doch der unzureichende digitale Zugang von wohnungslosen Menschen wurde von vielen Organisationen der Wohnungslosenhilfe als ein hiervon nicht adressiertes, signifikantes Problem eingeschätzt. So schrieb ein Zusammenschluss aus sechs Berliner Organisationen in einem offenen Brief an die damalige Berliner Senatorin für Integration, Arbeit und Soziales, Elke Breitenbach: »Oft fehlt [in den 24/7-Einrichtungen] der Zugang zu WLAN und somit zu Information, Bildung und zwischenmenschlichen Kontakten außerhalb der Unterkunft. [...] Für obdachlose Menschen ist der Zugang zu Internet oder auch nur das Aufladen des Handys so gut wie gar nicht möglich« (AK Wohnungsnot et al. 2020: 1).

Unabhängig voneinander entwickelten verschiedene Hilfsorganisationen in Berlin sowie im Rest Deutschlands und in den USA und Kanada denselben Lösungsansatz für die so artikulierte Problematik des mangelhaften digitalen

---

3   Im Hinblick auf ihren Nutzen für den Infektionsschutz waren diese Einrichtungen hingegen durchaus kritisch zu betrachten (vgl. Lupprich/Meyer 2020: 18).

Zugangs wohnungsloser Menschen angesichts der sich rasant verändernden gesellschaftlichen Ansprüche durch die Pandemie: Die Austeilung von Smartphones. Während Smartphone-Austeilungen auch vor der Pandemie durchgeführt wurden (vgl. Miller 2015), erhielt die Idee durch die Pandemie neue Dringlichkeit. Die gleichzeitige Umsetzung von Smartphone-Austeilungen in verschiedenen Teilen der Welt ist auf die lange Tradition der Austeilung verschiedener Alltagsgüter wie Lebensmittel, Kleidung etc. in der Wohnungslosenhilfe zurückzuführen. Die Austeilung derartiger Güter stellt eine (verhältnismäßig) unkomplizierte Möglichkeit dar, die verschiedenen Bedarfe wohnungsloser Menschen (häufig kosteneffizient durch Spenden) zu decken. Die Idee, durch diesen Mechanismus auch den ins Blickfeld geratenen *Bedarf an digitalem Zugang* zu decken, ist daher naheliegend.

In unserer Feldarbeit erhielten wir die Möglichkeit, in Zusammenarbeit mit einem Berliner Hilfswerk eine Austeilung von über 330 Smartphones[4] an wohnungslose Menschen zu organisieren. Die auszuteilenden Smartphones – verschiedenster Marken und Modelle – wurden von einem Wiederverkaufsunternehmen gespendet. Die Verteilung führten wir in drei verschiedenen (teils parallelen) Phasen durch, welche sich aus unseren jeweils gewonnenen Erkenntnissen ergaben: (1) Austeilung über wohnungslose Peers, (2) eine frei zugängliche, über Aushänge beworbene Austeilung in einem *Umsonst-Laden* und (3) eine Austeilung über das Netzwerk verschiedener Einrichtungen der Wohnungslosenhilfe. Im Folgenden beschreiben wir die jeweiligen Phasen, sowie erste Erkenntnisse, welche wir über Smartphone-Austeilungen ziehen können.

4.1   Austeilung durch wohnungslose oder ehemals wohnungslose Peers[5]

Die erste Phase der Austeilung fand über ein Peer-Projekt statt. Die Peers teilten hierbei die Handys an ihre jeweiligen Klient:innen auf der Straße aus, die diese benötigten. Ein großer Vorteil dieses Vorgehens insbesondere zu Beginn der Pandemie war, dass die Peers durch ihre Netzwerke an persönlichen und professionellen Beziehungen schnell viele Menschen auf der Straße identifizieren konnten, die Bedarf hatten. Allerdings wurde von Seiten einiger Peers die Sorge geäußert, dass soziale Beziehungen zu den Klient:innen teils zu ausschlaggebend dafür seien, an wen Smartphones ausgeteilt wurden. So ärgerte sich ein Peer: »Es kann doch nicht sein, dass [ein Klient] jetzt schon wieder ein Handy gekriegt hat – der hat doch erst vor

---

4   Insgesamt wurde eine größere Anzahl an Smartphones ausgeteilt; jedoch wurden aufgrund mangelnder Kapazitäten nicht alle ausgeteilten Smartphones erfasst. Zudem ist die Austeilung weiterhin fortlaufend.

5   Abschnitt 4.1-4.3 sind adaptiert von einem Projektbericht, welcher im Tagungsband der EBET-Tagung 2021 erscheinen wird.

zwei Wochen eins bekommen!« Dem setzte ein anderer Peer mit einem Augenzwinkern entgegen: »Ich weiß, ich weiß, aber zumindest weiß ich bei ihm, dass er es nicht verticht!« Zusätzlich zu der Austeilung über die Peers, welche weiterhin stattfand, überlegten wir daher gemeinsam mit den Peers, wie man eine Austeilung durchführen könnte, an der jede wohnungslose Person auch ohne vorherige Kontaktherstellung teilnehmen kann.

4.2 Frei zugängliche, über Aushänge beworbene Austeilung in einem *Umsonst-Laden*

Aus der Frage, wie man die Smartphone-Austeilung einem breiteren Publikum zugänglich machen könnte, erwuchs die Idee einer zentralisierten Austeilung nach dem *Kleiderkammer-Prinzip*. Hierbei teilten wir zweimal die Woche in einem *Umsonst-Laden* jeweils 20 Smartphones aus. Diese Austeilung wurde über Aushänge in dem Laden beworben. Bei der Austeilung wurde eine kurze Fragebogenerhebung mit den Teilnehmenden durchgeführt, um Informationen über die demographischen Variablen der Teilnehmenden zu erfassen.

An den ersten zwei Tagen dieser Phase der Austeilung erschienen hierzu jeweils nur eine Handvoll Personen. Ab dem dritten Tag erschienen jedes Mal mehr als 20 Personen. In Absprache mit den Peers, die den Laden managten, entschieden wir uns dafür, morgens 20 Nummern auszugeben. Durch die hohe Nachfrage entstand bald das Problem, dass wohnungslose Personen jeden Tag früher an der Tür des Ladens warteten, um eine der Nummern erhalten zu können. Die Austeilung begann um 10.00 Uhr morgens; nach einigen Wochen standen Personen schon ab 5.30 Uhr morgens vor dem Laden. Entsprechend wurde es auch zunehmend schwieriger für vulnerable Personen, eine der zwanzig Nummern zu erhalten, da es teilweise zu Auseinandersetzungen über die Reihenfolge der Ankunft kam. Insbesondere Frauen und Personen mit Behinderungen wurden hierdurch benachteiligt. Daher begann der Peer, welcher die Nummern morgens austeilte, positive Diskriminierung zu Gunsten vulnerabler Menschen bei der Nummernvergabe durchzuführen. Dies hatte wiederum Streitigkeiten zur Folge. Letztlich entschieden wir uns aus diesen Gründen, die frei zugängliche Austeilung zu beenden.

4.3 Austeilung über Netzwerk verschiedener Einrichtungen der Wohnungslosenhilfe

Die Probleme der frei zugänglichen Austeilung führten uns zu der Entscheidung, die Austeilung über ein Netzwerk an Einrichtungen der Obdachlosenhilfe in Berlin zu organisieren. Diese kontaktierten wir über den Berliner *Kältehilfe Wegweiser*. Hierbei war bemerkenswert, dass viele Organisationen uns sehr klare und teils abweisende Absagen erteilten. Teilweise vermuteten sie unlautere Motive von unserer

Seite, da sie in der wissenschaftlichen Auswertung der Austeilungen ein Risiko für ihre Klient:innen sahen. Weiterhin hatten viele Organisationen schlicht keine Kapazitäten, um eine Austeilung durchzuführen.

Es fanden (bisher) Kooperationen mit acht verschiedenen Einrichtungen statt. An diese wurden, je nach Größe der Organisation, jeweils zwischen 15 und 70 Smartphones ausgehändigt. Die Methode der Austeilung überließen wir den jeweiligen Organisationen, mit der Hoffnung, hierdurch eine Bandbreite an Erkenntnissen über verschiedene Methoden der Austeilung sammeln zu können. Mit den Mitarbeitenden der kooperierenden Organisationen wurden nach der Austeilung Interviews durchgeführt, um zu evaluieren, wie sie die Austeilung jeweils organisiert und welche positiven Ergebnisse aber auch Schwierigkeiten sie hierbei hatten.

Insgesamt empfanden alle kooperierenden Organisationen die Austeilung als großen Mehrwert für ihre Klient:innen. Die Methode der Austeilung war jeweils stark bedingt von den Strukturen der jeweiligen Organisation: Während eine 24/7-Unterkunft z.B. Zimmerlisten nutzte, um die Austeilung zu organisieren, machten die Mitarbeitenden einer Tagesstätte sich im Laufe mehrerer Wochen eine Liste von Menschen, bei denen sie digitale Zugangsprobleme erkannten. Die Austeilung war für diejenigen Organisationen, die beratende Einzelarbeit anboten, durch deren Kenntnis der individuellen Klient:innen theoretisch am einfachsten durchführbar – allerdings teilten einige Sozialarbeitende aus der Beratung ähnliche Sorgen wie die wohnungslosen Peers bei ihren Austeilungen – dass es schwierig sei, zu entscheiden, an wen bzw. nach welchen Kriterien die Smartphones ausgeteilt werden sollten. Eine Sozialarbeitende formulierte es folgendermaßen: »Im Endeffekt gibt es nicht genug Handys für alle. Darum muss jeder von uns verschiedene Faktoren abwiegen, um zu entscheiden, wem wir Handys geben – und das ist nicht unbedingt angenehm.«

Alle Organisationen machten sich viele Gedanken darüber, wie sie die Smartphones an die *bedürftigsten* Klient:innen verteilen konnten. Hierbei stellte sich einigen der Mitarbeitenden, mit denen wir sprachen, die Frage, was Bedürftigkeit in einem Kontext der Vulnerabilität und Mittellosigkeit überhaupt bedeuten kann und ob der Versuch, diese abzuschätzen, ethisch vertretbar sei. Letztlich wurden die Entscheidungen darüber, wer ein Smartphone erhielt, oft kontextbezogen von den jeweiligen Sozialarbeitenden getroffen.

4.4 Erste Erkenntnisse

Derzeit ist die Auswertung der Smartphone-Austeilungen noch nicht beendet. Einige Ergebnisse sind dennoch bereits klar: Smartphones sind für den Alltag vieler Menschen ohne festen Wohnsitz unabdingbar; doch deren Anschaffung stellt für viele diese Menschen eine große Hürde dar. Die zentrale Frage, die wieder und wieder aufkam, ist: Wie kann ein Gut mit hohem Wert aber limitierter Verfügbarkeit möglichst effektiv und gerecht an wohnungslose Menschen ausgeteilt werden?

Zu Anfang wurde gerade auch von Seiten der wohnungslosen Peers die Frage nach einem möglichen Weiterverkauf der Handys durch die Teilnehmenden aufgeworfen, welchen einige der Peers als Missbrauch der Austeilung ansahen. Die Frage nach einem Weiterverkauf entsteht dadurch, dass nicht alle wohnungslosen Menschen ein Handy benötigen – weil sie eventuell bereits eines besitzen oder weil sie keins besitzen möchten – aber die meisten wohnungslosen Menschen Geld benötigen und der Verkaufswert der von uns ausgeteilten Smartphones – so erfuhren wir von einigen Teilnehmenden der Austeilungen – je nach Modell zwischen 10 und 100 Euro liegt. Unsere ethische Positionierung hierzu war stets klar: Ein geschenktes Gut weiterzuverkaufen ist nicht verwerflich – insbesondere unter dem Aspekt der Mittellosigkeit vieler der Teilnehmenden.

Während es den Teilnehmenden an Austeilungen selbst überlassen sein sollte und muss, was für sie der beste Nutzen des erhaltenen Smartphones ist – und ein Weiterverkauf und daraus resultierender Erhalt von Geld ist ein solcher Nutzen – fließt jedoch durch einen eventuellen Weiterverkauf ein nicht unbeträchtlicher Teil des Werts der Smartphones an die Ankaufenden – häufig einschlägige Schwarzmarkthändler:innen. Dieser so verlorene Wert kommt entsprechend nicht einer wohnungslosen Person zugute. Letztlich kann das »Problem« des Weiterverkaufs nur gelöst werden, indem wohnungslosen Menschen umfassendere Unterstützung angeboten wird, damit sie nicht auf einen Verkauf ihnen ausgeteilter Güter angewiesen sind. Aufgrund der Tatsache, dass wir die Teilnehmenden nicht systematisch ein zweites Mal nach der Austeilung aufsuchen, können wir die Häufigkeit eines eventuellen Weiterverkaufs nicht quantifizieren. Durch unsere ethnographische Arbeit begegneten wir jedoch vielen der Teilnehmenden im Laufe der Zeit wieder und stellten immer wieder fest, dass die Menschen, die wir wiedertrafen, ihre Handys entweder noch hatten oder diese verloren hatten beziehungsweise gestohlen wurden. Insbesondere in unserer Kooperation mit der 24/7-Unterkunft, wo wir viele der Teilnehmenden ein weiteres Mal antreffen konnten, wurde dies bestätigt.

Wieder und wieder haben wir sowohl von Hilfsorganisationen als auch von Teilnehmenden selbst gehört, dass die Smartphone-Austeilung für viele einen sehr greifbaren Unterschied in ihrem Leben gemacht hat und einen klaren Mehrwert darstellt, wie auch im vorigen Abschnitt dargelegt. So erzählte ein Teilnehmender: »Durch das Handy war ich erstmal wieder erreichbar fürs Amt und für meinen Betreuer. Das hat mir schonmal sehr geholfen. Außerdem kann ich jetzt endlich wieder Filme gucken!« Der Teilnehmende setzte sich mit Hilfe seines Betreuers über sein neues Smartphone mit einem Verein für betreutes Wohnen in Kontakt und erhielt nach einigen Monaten eine Wohnung.

Allerdings ist digitaler Zugang für wohnungslose Personen weder ein Allheilmittel für deren oft komplizierte Lebenslagen noch eine binäre Frage des Handybesitzes oder -nicht-besitzes. Der Zugang zu digitalen Medien ist vielmehr ein ständig andauernder Prozess des *survival infrastructuring*, welcher ihnen viele verschiedene Ressourcen abverlangt.

Menschen ohne festen Wohnsitz benötigen Geld, um Handys auch mit Guthaben nutzen zu können. Sie benötigen Zugang zu Strom, um sie aufladen zu können. Sie benötigen Zugang zu WLAN, um für ihre Internetaktivitäten nicht teures Datenvolumen nutzen zu müssen. Einige von ihnen benötigen weitergehende Unterstützung, um Medienkompetenzen zu erwerben. Sie benötigen einen Ausweis und oft auch Unterstützung, um SIM-Karten registrieren zu können. Und vielleicht am gravierendsten: Sie benötigen sichere Orte zum Verweilen und zum Schlafen, damit die Handys nicht innerhalb kurzer Zeit wieder gestohlen werden. Der Verlust von Smartphones (sowie anderen Habseligkeiten) stellt, bedingt durch die prekären und sich häufig ändernden Lebensumstände von Personen ohne festen Wohnsitz, ein großes Problem dar. In unserer Umfrage gaben 72 % der Teilnehmenden an, im letzten Jahr mindestens ein Smartphone verloren zu haben.

Insgesamt können wir daher sagen, dass wir durch die Smartphone-Austeilungen sehr konkrete Erfolge beobachten konnten. Smartphone-Austeilungen sind eine zielgerichtete, niedrigschwellige Intervention, welche gerade auch wegen der durch die Pandemie beschleunigten Digitalisierung der Gesellschaft zunehmend an Bedeutung gewann. Doch sie sind mit vielen Hürden in der Organisation und Durchführung verbunden und können per Definition immer nur denjenigen Menschen zielgerichtet helfen, die zum Zeitpunkt der Austeilung kein Smartphone haben. Weiterhin sollten sie von anderen, auf die Bedürfnisse der Teilnehmenden ausgerichteten, Interventionen und Unterstützungen begleitet werden.

5. Fazit

In diesem Beitrag haben wir beleuchtet, wie sich die Corona-Pandemie insbesondere im Hinblick auf digitale Inklusion auf Menschen ohne festen Wohnsitz ausgewirkt hat. Die Pandemie hat hierbei viele neue Hürden kreiert, wie zum Beispiel einen erschwerten Zugang zu Steckdosen, Orten mit WLAN etc. Das Beispiel des digitalen Impfpasses zeigt, dass sich die digitalen und nicht-digitalen Hürden von Menschen ohne festen Wohnsitz im Zuge der Pandemie vermehrt überlagt haben. Gleichzeitig ergaben sich neue Möglichkeiten, da der neue gesellschaftliche Fokus auf die Digitalisierung im Angesicht der Pandemie sich auch auf die Wohnungslosenhilfe auswirkte. Vermehrt wurde dafür sensibilisiert, dass digitale Inklusion von Menschen ohne festen Wohnsitz kein »Luxusproblem« ist. Smartphone-Austeilungen stellen *eine* Möglichkeit dar, wie der Zugang zu digitalen Medien für Menschen ohne festen Wohnsitz erleichtert werden kann – allerdings reichen sie allein nicht aus, um digitale Inklusion anhaltend zu realisieren. Projekte wie z.B. das *Digitale Zuhause* in Berlin bieten hier ganzheitlichere Angebote an, welche als Wegweiser für die Zukunft dienen können. Offen bleibt auch, inwiefern der Fokus auf digitale Inklusion im Bereich der Wohnungslosenhilfe weiterhin vorangetrieben wird oder ob dieses Themengebiet mit dem Abflauen der Pandemie wieder an wahrgenommener Wichtigkeit verlieren wird.

Literaturverzeichnis

AK Wohnungsnot/Bündnis Solidarische Stadt/Flüchtlingsrat Berlin/Selbstvertretung wohnungsloser Menschen/We'll Come United Berlin und Brandenburg/ Berliner Obdachlosenhilfe (2020): 10 Punkte Soforthilfeplan 2.0: Obdachlose und wohnungslose Menschen mit und ohne Migrations- oder Fluchtgeschichte jetzt schützen – drohende Katastrophen verhindern! Berlin.

Braithwaite, Isobel/Callender, Thomas/Bullock, Miriam/Aldridge, Robert W. (2020): Automated and partly automated contact tracing: a systematic review to inform the control of COVID-19. Lancet Digital Health 2020; 2.

Bure, Claire (2005): Digital Inclusion Without Social Inclusion: The consumption of information and communication technologies (ICTs) within homeless subculture in Scotland, in: The Journal of Community Informatics, 1. Jg., Nr. 2, 116–133.

Calvo, Fran/Carbonell, Xavier/Johnsen, Sarah (2019): Information and communication technologies, e-Health and homelessness: A bibliometric review, in: Cogent Psychology, 6. Jg., Nr. 1.

Claire Cain Miller (2015): Fighting Homelessness, One Smartphone at a Time. New York: The New York Times.

Corey, Julia/Lyons, James/O'Carroll, Austin/Stafford, Richie/Ivers, Jo-Hanna (2022): A Scoping Review of the Health Impact of the COVID-19 Pandemic on Persons Experiencing Homelessness in North America and Europe. in: Int. J. Environ. Res. Public Health 2022, 19, 3219.

Gangway – Straßensozialarbeit in Berlin e. V. (2020): Gangway Jahresbericht – Haushaltsjahr 2020. Berlin.

GEBEWO (2019): 2. Jahresbericht Koordinierungsstelle der Berliner Kältehilfe.

Hartmann, Maren (2018): Mobilising the Homeless? A Proposal for the Concept of Banal Mobilisation, in: Foellmer, Susanne/Lünenborg, Margreth/Raetzsch, Christoph (Hg.): Media Practices, Social Movements, and Performativity – Transdisciplinary Approaches, London, 59–80.

Hartmann, Maren (2022): Zuhause ist ...? Ontologische Sicherheit und Mediennutzung obdachloser Menschen, in: Sowa, Frank (Hg.): Figurationen der Wohnungsnot: Kontinuität und Wandel sozialer Praktiken, Sinnzusammenhänge und Strukturen, Weinheim, 264–283.

Hauprich, Kai (2021): Die Mobiltelefon- und Internetnutzung durch Menschen mit Lebensmittelpunkt Straße in Nordrhein-Westfalen und ihr Nutzen in deren besonderen Lebensverhältnissen. Dissertation.

Heaslip, Vanessa/Richer, Stephen/Simkhada, Bibha/Dogan, Huseyin/Green, Sue (2021): Use of Technology to Promote Health and Wellbeing of People Who Are Homeless: A Systematic Review. Int. J. Environ. Res. Public Health 2021, 18(13), 6845.

Humphry, Justine (2019): ›Digital First‹: homelessness and data use in an online service environment, in: Communication Research and Practice, 5. Jg., Nr. 2, 172–187.

Humphry, Justine (2021): Looking for Wi-Fi: youth homelessness and mobile connectivity in the city, in: Information, Communication and Society, 24. Jg., Nr. 7, 1009–1023.

Klik e.V. (2020): Klik e.V. Jahresbericht 2020. Berlin.

Knief, Alexandra (2016): Zur Mediennutzung einer sozialen Randgruppe. Eine qualitative Befragung von Bremer Obdachlosen. Unveröffentlichte Masterarbeit, MA Medienkultur.

Lupprich, Alexandra/Meyer, Franziska (2020): Evaluierung der aufgrund der Covid-19 Pandemie kurzfristig eingerichteten 24/7-Unterkünfte für obdachlose Menschen. Berlin: WZB.

Marler, Will (2021): ›You Can't Talk at the Library‹: The Leisure Divide and Public Internet Access for People Experiencing Homelessness, in: Information, Communication & Society.

Rhoades, Harmony/Wenzel, Suzanne L./Rice, Eric/Winetrobe, Hailey/Henwood, Benjamin (2017): No digital divide? Technology use among homeless adults. Journal of Social Distress and the Homeless, 26(1), 73–77.

Rice, Eric/Barman-Adhikari, Anamika (2014): Internet and Social Media Use as a Resource Among Homeless Youth, in: Journal of Computer-Mediated Communication, 19. Jg., Nr. 2, 232–247.

Rice, Eric/Milburn, Norweeta G./Monro, William (2011): Social Networking Technology, Social Network Composition, and Reductions in Substance Use Among Homeless Adolescents, in: Prev Sci, 12. Jg., 80–88.

RKI (2022): Coronavirus-Erkrankung 2019 (COVID-19) im Kontext Wohnungslosigkeit – Empfehlungen für Gesundheitsämter und Anbieter der Wohnungslosen- und Obdachlosenhilfe.

Sowa, Frank/Wießner, Frank (2022): Wohnungslos in der Metropolregion Nürnberg: Ergebnisse einer quantitativen Befragung, in: Sowa, Frank (Hg.): Figurationen der Wohnungsnot. Kontinuität und Wandel sozialer Praktiken, Sinnzusammenhänge und Strukturen, Weinheim/Basel, 519–537.

Wesselmann, Tobias (2012): Die Mediennutzung Obdachloser. Leitfadeninterviews mit obdachlosen Menschen und Sozialarbeitern in Münster. Unveröffentliche Masterarbeit, Universität Münster.

Woelfer, Jill Palzkill/Hendry, David G. (2012): Homeless Young People on Social Network Sites, in: Proceedings of the SIGCHI Conference on Human Factors in Computing Systems, 2825–2834.

Yost, Mary (2012): The Invisible Become Visible: An Analysis of How People Experiencing Homelessness Use Social Media, in: The Elon Journal of Undergraduate Research in Communications, 3 Jg., Nr. 2, 21–30.

Teil 4: Praxisberichte

Wohnungslosenhilfe in der Corona-Pandemie
Ein Praxisbericht aus der Stadt Karlsruhe

Regina Heibrock und Martin Lenz

1. Einleitung

Als sich im März 2019 die soziale Welt aufgrund der Corona-Pandemie mit dem ersten Lockdown konfrontiert sah, war eine Prognose zur Entwicklung der Unterstützungsbedarfe besonders vulnerabler Zielgruppen in der Sozialen Arbeit nicht nur schwierig anzustellen, sondern unmöglich. Schließlich hatte es solch ein Vorkommnis in der Sozialhistorie Deutschlands noch nie gegeben. Die Frage, wie sich die Inanspruchnahme der Hilfen in den verschiedenen Sektoren Sozialer Arbeit, insbesondere der Wohnungslosenhilfe, entwickeln würden, war nicht valide zu beantworten. Wer in öffentlicher Verantwortung stand, war zum Handeln angehalten, insbesondere auf der lokalen Ebene. Das Bild von Hanesch[1] des *lokalen Sozialstaats* hatte somit einmal mehr seine Berechtigung. Ein Warten auf Landes- oder gar Bundespolitik war aus Sicht der Stadt Karlsruhe keine Option, um der Bevölkerung vor Ort rasch Orientierung in Umgang und Bewältigung der Krise zu geben. Corona hat in allen gesellschaftlichen Systemen zu tiefgreifenden Veränderungen geführt. Kontaktbeschränkungen und fehlende Begegnungsmöglichkeiten haben das soziale Miteinander beeinträchtigt.

Insbesondere in Krisenzeiten ist es daher umso wichtiger, dass bereits benachteiligte und vulnerable Personen(gruppen) nicht weiter *abgehängt* werden. Sie sind besonders betroffen, wenn Beratungs- und Hilfsangebote eingeschränkt sind oder nicht zur Verfügung stehen. Hinzu kommt, dass – wie zahlreiche Studien belegen – die Corona-Krise soziale Ungleichheit verstärkt (u.a. Hans Böckler 2020; Butterwegge 2020; auch der 6. Armuts- und Reichtumsbericht befasst sich mit den sozialen Folgen der Pandemie). Sozial benachteiligte Personen wie wohnungslose Menschen benötigen daher besonderer Hilfestellungen entsprechend ihrer prekären Lebenslagen. Vom Recht auf angemessenen Wohnraum beginnend, über Teilhabege-

---

1 Hanesch (1997) hat das Bild des Lokalen Sozialstaats bzw. der Lokalen Sozialstaatlichkeit geprägt im Sinne einer Reserve für den zunehmend ausfallenden und defizitär für Bürger:innen vor Ort agierenden sozialen Bundesstaat.

während auch während des Lockdowns, Gesundheitsschutz bis hin zur Versorgung mit Lebensmitteln und Kleidung etc. unter den herausfordernden Bedingungen der Pandemie.

Städte und Gemeinden, die auf eine gut aufgestellte soziale Infrastruktur bzw. auf eine strategische Armutsbekämpfung, gestützt durch ein Sozialberichtswesen, zurückgreifen konnten, liefen vermutlich weniger Gefahr, in Aktionismus zu verfallen, wenn es galt, rasch Entscheidungen zu fällen, wie sie die Corona-Krise erforderte. Wer Armutsbekämpfung auf der Basis von Armutsberichterstattung in der Vergangenheit planvoll angegangen ist, dem sollte es möglich sein, planvoll auf die Herausforderungen der Corona-Krise in diesem sozialpolitischen Feld der Armutsbekämpfung zu agieren. »Entscheidungsgrundlage für lokale, soziale Infrastrukturplanung zu sein und Berichterstattung und Maßnahmenplanung auf die besonderen sozialen Probleme und lokalen Gegebenheiten abzustimmen« (Mardorf 2006: 30), ist die grundsätzliche Aufgabe der Armutsberichterstattung. Die Bewerkstelligung dieser Aufgabe war in Zeiten der Corona-Krise einem besonderen *Stresstest* ausgesetzt. Oftmals war die Gleichzeitigkeit von planvollem Handeln entlang der etablierten sozialen Infrastruktur und raschem Handeln durch soziale Innovationen gefragt, um durch die Krise zu navigieren.

Im Folgenden wird anhand von vier exemplarischen kommunalen Handlungsfeldern der strategischen Armutsbekämpfung beschrieben, wie wohnungslosen Menschen auch in Pandemiezeiten Teilhabemöglichkeiten gewährt werden, um Marginalisierung durch Exklusionen aus Teilbereichen der Gesellschaft (Wohnen, Arbeit etc.) zu vermeiden. Da prekäre Wohnsituationen oftmals mit fehlender Einbindung in die Arbeitswelt zusammenhängen, sind neben einer eigenen Wohnung weitere Maßnahmen in Kollaboration mit Sozialer Arbeit nötig, um gesellschaftliche Teilhabemöglichkeiten zu erhöhen. Die Gewährung von Teilhabe ist Aufgabe einer sozialen Infrastruktur, die in der Stadt Karlsruhe – in Bezug auf prekäre Lebenslagen – mit Hilfe einer strategischen Armutsbekämpfung umgesetzt wird (Lenz/Heibrock 2018).

Kooperationen und Koproduzent:innen der Sozialen Arbeit sind insbesondere in Krisenzeiten von immenser Wichtigkeit, um innovativ, kreativ und schnell reagieren zu können. Hierzu bedarf es eines weiten Netzwerkes der Armutsbekämpfung, von hauptamtlichen und zivilgesellschaftlichen Akteur:innen. Dies wird in der Stadt Karlsruhe anhand regelmäßig stattfindender Abstimmungsgespräche mit Kommune und Liga der freien Wohlfahrtspflege sowie mit dem ausdifferenzierten Netzwerk der Wohnungslosenhilfe umgesetzt und im Folgenden veranschaulicht. Im Anschluss wird reflektiert, inwiefern digitale Partizipationsstrategien in der lokalen Wohnungslosenhilfe zukünftig zu einer Erhöhung der Teilhabechancen wohnungsloser Menschen beitragen können.

2. Strategische Armutsbekämpfung in Karlsruhe

Eine der ersten Städte, die einen Armutsbericht veröffentlichten, war die Stadt Karlsruhe Anfang der 1990er Jahre. Über 100 ähnliche kommunale Berichte sollten in der damaligen Dekade folgen. Dies eruierte Mardorf (2006), die eine empirische Analyse zur Armutsberichterstattung in Deutschland vorlegte. Bis heute wird der Karlsruher Armutsbericht fortgeschrieben, letztmals im Jahr 2019 (vgl. Stadt Karlsruhe 2019). Armutsberichterstattung ist ein kontinuierlicher Prozess, der auf Dauer angelegt ist und so Entwicklungen vor Ort in den unterschiedlichen Bereichen sichtbar macht. Mit Hilfe der Berichterstattung ist es möglich, die soziale Lage der Bevölkerung aufzuzeigen, Problemlagen frühzeitig zu erkennen und Armut präventiv zu begegnen. Der Armutsbericht liefert wichtige Informationen für konkrete Planungen und Entscheidungen auf örtlicher Ebene sowie für Handlungsstrategien und Lösungsansätze. Dies ist im Feld der Wohnungslosenhilfe besonders wichtig, weil die dortige hohe Dynamik eine kontinuierliche Entwicklung und Anpassung des Hilfesystems erfordert. Das 1997 aus der Taufe gehobene *Gesamtkonzept Wohnungslosenhilfe* erfüllt mit seiner zweijährigen Sachstandsberichterstattung diesen Anspruch (Stadt Karlsruhe 2021a).

Abb. 9: Vier kommunale Handlungsfelder strategischer Armutsbekämpfung

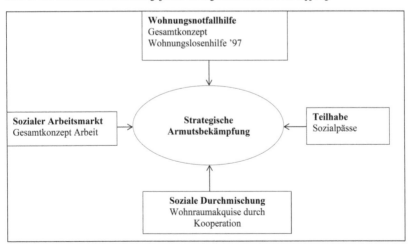

Quelle: Heibrock/Lenz 2019

Wie aus Abbildung 9 hervorgeht, ist die soziale Wohnraumversorgung eines von mehreren kommunalen Handlungsfeldern zur Förderung sozialer Teilhabe, die hier exemplarisch und nicht abschließend dargestellt sind. Weitere Felder sind: eine begleitende Arbeitsförderung (sozialer Arbeitsmarkt), die Sozial- und Bildungsteilhabe zur Herstellung von Chancengerechtigkeit (Sozialpässe) und die soziale Durchmischung. Diesen Handlungsfeldern[2] liegt eine Gesamtstrategie der Armutsbekämpfung zugrunde. Ziel dieser ist es, exkludierte Lebenslagen in Teilbereichen der Gesellschaft wie Arbeit, Teilhabe oder Wohnen, zu verhindern oder aufzuheben.

2.1   Konzept und Organisation: Gesamtkonzept Wohnungslosenhilfe und Fachstelle Wohnungssicherung

Auf der konzeptionellen Ebene ist das Gesamtkonzept Wohnungslosenhilfe '97 der Stadt Karlsruhe ein wichtiger Baustein der kommunalen Armutsbekämpfung. Es wurde vor über 20 Jahren als ein Gegenentwurf zur sozialen und baulichen Ausgrenzung wohnungsloser Menschen ins Leben gerufen und dient als Grundlage für ein integriertes Hilfesystem auf lokaler Ebene, in Kooperation mit dem Trägernetzwerk der Wohnungslosenhilfe (Heibrock/Lenz 2019). Thematisiert werden unter anderem die Entwicklung der Wohnungslosenzahlen, der Ausbau und die Differenzierung des Karlsruher Hilfesystems, aktuelle Trends und Bedarfe, zielgruppenspezifische Angebote wie u.a. die für junge Erwachsene oder Familien und zielgruppenübergreifende Angebote wie u.a. die medizinische Versorgung oder die Schuldner:innenberatung.

Über die regelmäßige Berichterstattung im Stadtparlament werden über *Agenda-Setting* (Nissen 2002) die über den Gemeinderat legitimierten finanziellen Ressourcen akquiriert. Ziel des *Agenda-Setting*-Prozesses auf stadtpolitischer Ebene im Kontext von lokaler Sozial- und Wohnungspolitik ist die nachhaltige Verankerung dieser Thematik, was auch einer Forderung der Bundesarbeitsgemeinschaft Wohnungslosenhilfe (BAG W) entspricht. Zum einen ist somit die Transparenz über die Weiterentwicklung der Hilfen gegenüber dem politischen Gremium gewährleistet. Zum anderen werden über das *Agenda Setting* die über den Gemeinderat legitimierten finanziellen Ressourcen akquiriert. Das alle zwei Jahre fortgeschriebene Gesamtkonzept ist mittlerweile zum festen Bestandteil der kommunalen Sozialpolitik geworden, das überparteilich Anerkennung findet. Dies ist umso wichtiger, da mit einer Entspannung des Wohnungsmarktes nicht vor 2030 zu rechnen ist. Im Jahr 2021 wurde der Bericht zum nunmehr zwölften Mal fortgeschrieben. Das Gesamtkonzept Wohnungslosenhilfe '97 ist dokumentiert in der Karlsruher Schriftenreihe *Wohnungssicherung am angespannten Wohnungsmarkt*. Deren Herausgeber:innen verfolgen das Ziel, den kommunalen Umgang mit ihre Bewohner:innen benachteiligenden Wohnbedingungen sowohl praxisbezogen als

---

2   Die Handlungsfelder hatten ihren Ursprung bereits im ersten, 1993 aufgelegten Armutsbericht der Stadt Karlsruhe.

auch theoretisch zu reflektieren. Vier Bände sind seit 2009 erschienen. In diesen werden die verschiedenen Ansätze der Bündnispartner:innen zur Bekämpfung der Wohnungsnot reflektiert (Bernart/Lenz 2009). Die regelmäßige Berichterstattung, auch während der Pandemie, hat dazu beigetragen, die Entwicklungen der Wohnungslosenzahlen sowie die besondere Herausforderung für die Wohnungslosenhilfe öffentlich und politisch zu thematisieren und zusätzliche finanzielle Mittel, z.B. für Einzelzimmer zu akquirieren.

Das grundsätzliche Ziel in der Karlsruher Wohnungsnotfallhilfe – die Versorgung von Menschen mit Wohnraum, die sich am Wohnungsmarkt nicht selbst behaupten können – ist ohne entsprechende organisationale Aufstellung nur schwer zu bewerkstelligen. Im Feld der Wohnungsnotfallhilfe stellt deshalb eine Fachstelle die Organisationsform dar, die den Kerngedanken verfolgt, die Zuständigkeitszersplitterung verschiedener städtischer Stellen zu überwinden, nach dem Motto: Alle Hilfen aus einer Hand, von der Prävention, Beratung, Unterbringung bis hin zur Wohnraumversorgung. Mit der Devise:»100 % Energie in die Prävention – 100 % Energie in Wohnraumversorgung« (Lenz 2017: 3) werden die beiden Pole abgebildet, zwischen denen die Gesamtaufgabe *Recht auf Wohnen* oszilliert und alle Hilfen zu bewerkstelligen sind. Die erforderlichen Hilfen können somit zielgenauer, koordinierter und schneller erfolgen. »Das Fachstellenmodell bietet seit dem Ende der 80er Jahre eine Möglichkeit der Bündelung von Kompetenzen und Ressourcen« so Susanne Gerull (2003: 62). Die Empfehlungen für eine Einführung von Fachstellen zur *Sicherung der Wohnungsversorgung in Wohnungsnotfällen und Verbesserung der Lebensbedingungen* sind in einer Arbeitsgruppe aus Vertreter:innen der Kommunen und der Spitzenverbände der freien Wohlfahrtspflege entstanden (Deutscher Städtetag 1987). Ott (2017: 430) stellt fest, dass mit Fachstellen ein sozialpolitischer Beitrag zur Erhaltung von Wohnungsraum geleistet werden und damit Wohnungslosigkeit vermieden werden kann.

2.2 Arbeit/Sozialer Arbeitsmarkt

Arbeitslosigkeit, insbesondere Langzeitarbeitslosigkeit, zählt zu den größten gesellschaftlichen Armuts- und Ausgrenzungsrisiken. Kommunale Arbeitsförderung als ein wichtiger Baustein der Armutsbekämpfungsstrategie hat in Karlsruhe eine lange Tradition. Als der Bund die Beschäftigung schaffenden Förderangebote drastisch kürzte, wurde mit der Verabschiedung des Konzepts des Sozialen 3. Arbeitsmarktes im Gemeinderat im Jahr 2013 eine weitere grundlegende sozialpolitische Maßnahme geschaffen, um langzeitarbeitslosen, gesundheitlich eingeschränkten Personen wieder eine Perspektive zu ermöglichen. Wesentliche Elemente des Karlsruher Modells sind die in der Arbeit mit Langzeitarbeitslosen erfahrenen Träger, eine Fülle von Einsatzstellen mit sinnstiftenden und gemeinwohlorientierten Tätigkeiten und eine vertrauensvolle Zusammenarbeit untereinander und mit dem

Jobcenter. Nicht die Integration in ungeförderte Arbeit ist primäres Ziel, sondern die geförderte Beschäftigung an sich wird als Wert gesehen. Ein Ansatz, dem der Bund mit dem Teilhabechancengesetz im Jahr 2019 folgte. Die Entwicklung eines in seinen Teilbereichen durchlässigen Arbeitsmarktes in Karlsruhe anhand von konkreten Maßnahmen und nachhaltigen Strukturen soll den Menschen, an denen der wirtschaftliche Aufschwung vorbeiging, eine Perspektive auf Arbeit bieten. Vor allem langzeitarbeitslosen Menschen soll es ermöglicht werden, entlang ihrer Ressourcen und unter Berücksichtigung ihrer besonderen Lebensumstände, Tagesstrukturierung und Perspektiven zur Teilhabe zu erlangen. Über die Maßnahmen werden die Menschen erreicht, die statistisch als Risikogruppen für Langzeitarbeitslosigkeit gelten. Dies waren zum Zeitpunkt der Erhebung Menschen über 55 Jahre, Langzeitarbeitslose mit besonders langer Dauer der Arbeitslosigkeit und Menschen mit gesundheitlichen Einschränkungen und Suchterkrankungen sowie Alleinerziehende. Das freiwillige Angebot wird begleitet von Sozialer Arbeit und ist frei von Sanktionen oder Restriktionen. Dass ein Großteil wohnungsloser Menschen in Karlsruhe (und auch bundesweit) ohne Erwerbsarbeit[3] ist, zeigt das Ausmaß der Exklusion vom 1. Arbeitsmarkt. Die Stadt Karlsruhe hat daher zusätzlich zum Sozialen Arbeitsmarkt Maßnahmen zur Tagesstrukturierung und, in Kooperation mit dem Jobcenter, Arbeitsgelegenheiten speziell für Menschen ohne eigene Wohnung aufgelegt.

Deutlich wurde während der Corona-Krise, wie wichtig die Angebote der Tagestrukturierung und des Sozialen Arbeitsmarktes für die jeweiligen Zielgruppen sind. Hier hat sich bewährt, dass die Stadt Karlsruhe die Durchführung der Maßnahmen während der gesamten Phase der coronabedingten Einschränkungen ermöglicht hat, unter erheblich erschwerten Bedingungen wie Kontaktbeschränkungen, Maskenpflicht, Hygiene- und Abstandsregeln etc. Dies war für die Teilnehmenden ein wichtiger Beitrag zur Erhaltung ihrer Tagesstruktur und umso essenzieller, da insbesondere die Zielgruppe des Sozialen Arbeitsmarktes, langzeitarbeitslose sowie wohnungslose Menschen, die Verliererinnen und Verlierer der Corona-Pandemie waren (Stadt Karlsruhe 2021b). Analog zum *Gesamtkonzept Wohnungslosenhilfe* findet in der Armutsberichterstattung der Stadt Karlsruhe das *Gesamtkonzept Arbeit* Berücksichtigung.

2.3 Wohnen/Sozialer Wohnungsmarkt

Wohnen ist ein elementares Grundbedürfnis aller Menschen. Eine eigene Wohnung ist eine der wichtigsten Voraussetzungen, um sich in die Gesellschaft zu integrieren.

---

3   Laut Statistikbericht der Bundesarbeitsgemeinschaft Wohnungslosenhilfe e. V. sind im Berichtsjahr 2020 85,3 % der Menschen, die von Wohnungslosigkeit betroffen oder bedroht und per Dokumentationssystem zur Wohnungslosigkeit erfasst sind, erwerbslos.

Die Versorgung mit Wohnraum für am Wohnungsmarkt benachteiligte Personen stellt dabei eine große Herausforderung dar, insbesondere in Pandemiezeiten. Wohnungslose Menschen fallen bei konventionellen Belegungssteuerungen, z.B. mittels Wohnberechtigungsschein, immer wieder *durch das Raster*, da sie bei einem angespannten Wohnungsmarkt in Konkurrenz zu anderen Gruppen mit niedrigen Einkünften treten (Heibrock/Lenz 2017). Für einkommensschwache Haushalte wird es immer schwieriger, bezahlbaren und geeigneten Wohnraum zu finden. Im Niedrigpreissegment des Wohnungsmarktes konkurrieren Auszubildende, Studierende, Geringverdienende, Sozialleistungsbeziehende etc. um ein knappes Wohnungsangebot. Dabei haben wohnungslose Menschen oft die geringsten Chancen, eigenständig eine Wohnung anzumieten, da bei der Vergabe von privatem Wohnraum neben finanziellen auch außerökonomischen Kriterien der Benachteiligung Zugänge beschränken (Krätke 1995). Dafür verantwortlich können strukturelle Diskriminierungen sein wie z.B. Stigmatisierungen gegenüber wohnungslosen Menschen von Seiten der Mehrheitsgesellschaft oder von Seiten der Vermieter:innen (*Messies, Mietnomad:innen*) (Heibrock/Lenz 2022). Daher bedarf es speziell auch für diesen Personenkreis eine sozial gerechte Belegungssteuerung, um das *Recht auf angemessenen Wohnraum* (Art. 11, Abs. 1 UN-Sozialpakt) zu verwirklichen. Um die exkludierenden Mechanismen des freien Wohnungsmarktes abzufedern, gilt es, den kommunalen Handlungsspielraum im Sinne einer Kommunalisierung der sozialen Wohnraumversorgung zu nutzen (Lenz 2022). Bislang gibt es bundesweit wenige Beispiele einer gezielten sozialen Wohnungsmarktsteuerung (wie der Ansatz *Housing First*[4]), mit deren Hilfe vorrangig wohnungslose Menschen mit eigenem Wohnraum versorgt werden.

Der Wohnungsmarkt ist kein einheitlicher Markt. Unterscheiden lassen sich die Teilmärkte öffentlich geförderte Sozialwohnungen, preiswerte, freifinanzierte Wohnungen sowie Eigentumswohnungen und Eigenheime. Die Abschaffung der Gemeinnützigkeit für soziale Wohnungsunternehmen Ende der 1980er Jahre sowie die Privatisierung öffentlicher Wohnungsbestände trugen wesentlich zur Finanzialisierung des Wohnungsmarktes bei. Wohnraum wird zur (globalen) profitorientierten ökonomischen Marktware bzw. als Finanzanlage gehandelt (*Betongold*) und unterliegt dem *Narrativ der Kalkulation* (Holm 2018: 6). Die Vermarktlichung sozialer Wohnraumversorgung erschwert für viele Haushalte in den Ballungsräumen mit engem Wohnungsmarkt die Finanzierung einer Wohnung. Wohnungspolitik hat sich zur Wohnungsmarktpolitik entwickelt. Für den hier vorgelegten Beitrag spielt der Markt der Sozialwohnungen die bedeutsamste Rolle, weil von diesem

---

4   Housing First ist ein Ansatz zur Überwindung von Wohnungslosigkeit mit dem Ziel der schnellen Reintegration von Wohnungslosen in normale Wohnverhältnisse mit Hilfe eines eigenen Mietvertrages (Busch- Geertsema 2011).

vor allem Haushalte mit niedrigem Einkommen profitieren (sollten). Diesbezüglich ist festzustellen, dass sich der Bestand von Sozialwohnungen in Deutschland kontinuierlich seit zwei Jahrzehnten in zunehmendem Maße verringert (vgl. etwa Brühl/Echtner 1998) und sich deren Zahl seit 2007 fast halbiert hat (Janson 2021).

Entsprechend des Bundestrends ist ebenso in Karlsruhe die Anzahl an Sozialmietwohnungen in den vergangenen Jahren stark zurückgegangen. Von 5.785 Wohnungen mit einer Mietpreis- und Belegungsbindung im Jahr 2009 hat sich deren Zahl auf 3.577 im Jahr 2017 verringert. Insgesamt 2.718 Sozialmietwohnungen sind in diesem Zeitraum aus der Bindung herausgefallen, 510 Wohnungen kamen zeitgleich dazu. Der Gesamtbestand an Sozialmietwohnungen hat sich somit zwischen 2009 und 2017 um 2.208 Wohneinheiten, also um 38,2 % reduziert. Demgegenüber steht ein kontinuierlicher Zuwachs an Wohnungen, die über das Programm Wohnraumakquise durch Kooperation[5] insbesondere wohnungslosen Menschen über die Kommune zur Verfügung gestellt werden. Seit 2005 konnten bis Mai 2022 1.000 Wohnungen für ca. 2.800 Personen bereitgestellt werden. Die Zahl der wohnungslosen Menschen wäre ohne dieses Instrument der Sozialen Wohnraumversorgung deutlich höher (Lenz/Heibrock 2022). Die Stadt Karlsruhe akquiriert leerstehende Wohnungen für wohnungslose Menschen mittels Belegungsvereinbarungen zwischen Stadt und Eigentümer:innen, gewährt für die leerstehende Wohnung einen Sanierungszuschuss und schließt eine zehnjährige Belegungsvereinbarung inklusive Mietausfallgarantie mit den Eigentümer:innen ab. Die Bewohner:innen bekommen einen Nutzungsvertrag, der nach einem Jahr in einen eigenständigen Mietvertrag mit den Eigentümer:innen übergeht.

Im Vergleich der Anzahl an Sozial- und Akquisewohnungen (vgl. Abb. 10) wird deutlich, dass der Rückgang der Sozialwohnungen im Zeitraum 2009 bis 2017 über die kommunale Steuerung im Bestand, insbesondere über die Akquise leerstehender Wohnungen, zu einem guten Teil kompensiert wird. Damit gleicht die kommunale Wohnungspolitik teilweise das durch staatliche Wohnungspolitik verursachte Defizit an Sozialwohnungen aus. Der kommunalen Ebene stehen bei dem Programm *Wohnraumakquise durch Kooperation* ausschließlich kommunale Finanzmittel zur Verfügung. Umso verständlicher erweist sich das Plädoyer von Lenz (2022), staatliche Förderpolitik im Sektor des Wohnens verstärkt auf die kommunale Ebene auszurichten und die Kommunen entsprechend auszustatten.

---

5   Das Programm Wohnraumakquise und sein Effekt als De-Labeling-Strategie ist ausführlich in Sowa (2022) beschrieben.

Abb. 10: Bestand an Sozial- und Akquisewohnungen in Karlsruhe 2009–2017

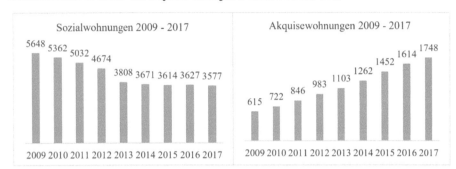

Quelle: Stadt Karlsruhe 2022

Ein weiteres Beispiel kommunaler Belegungssteuerung bei der sozialen Wohnraumversorgung erfolgte durch den Umbau einer Bestandsimmobilie, einer ehemaligen, in den 1970er Jahren errichteten Klinik, die jahrelang leer stand, mit Blick auf den Karlsruher Hausberg Turmberg, daher der Name *Haus Turmbergblick*. Die einstigen OP-Säle, Krankenzimmer und Verwaltungsräume wurden zu Apartments umgebaut, wodurch insgesamt 100 neue, zu 80 % barrierefreie Wohnungen entstanden sind. Für den lokalen Wohnungsmarkt bedeutet dies, dass bei 400 Baufertigstellungen im Jahr 2021 zusätzlich 25 % *on top*, ohne Flächenversiegelung, hinzugekommen sind.

Entsprechend des Leitbildes der sozialen Durchmischung wurden die Wohnungen nicht nur an wohnungslose Menschen, sondern beispielsweise auch an Beschäftigte oder Auszubildende in den Pflegeberufen, vergeben. Die 100 geschaffenen Wohnungen beherbergen rund 300 Menschen, die Mieten entsprechen den Angemessenheitsgrenzen bei Sozialleistungsbezug, sind also erschwinglich. Die Stadt hat analog der Wohnraumakquise für zehn Jahre ein Belegrecht erworben, die Mietenden erhalten sofort nach Einzug einen eigenen Mietvertrag. Das Haus ist im Stadtteil integriert sowie infrastrukturell sehr gut angebunden. In unmittelbarer Nähe befindet sich der ÖPNV, Einkaufsmöglichkeiten, auch eine Kindertagesstätte, so dass das Haus insbesondere auch für Alleinerziehende attraktiv ist. Über die dezentrale Verteilung von erschwinglichem Wohnraum für von am Wohnungsmarkt ausgegrenzte Personen(-gruppen) über das gesamte Stadtgebiet soll soziale Durchmischung gefördert bzw. über die sozial gerechte Steuerung im Bestand Segregation vermieden werden. Begleitende Hilfen bei der Zurverfügungstellung von Wohnraum können zudem eine gelingende Integration in die jeweilige Umgebung begünstigen und wird auf freiwilliger Basis angeboten.

Beide Beispiele der sozialen Wohnraumversorgung, die Wohnraumakquise durch Kooperation und das *Haus Turmbergblick* verdeutlichen, wie wichtig die Bereitstellung einer eigenen Wohnung für wohnungslose Menschen ist, gewährt sie doch, neben vielen anderen Aspekten, Schutz und Rückzugsmöglichkeit insbesondere auch während des Lockdowns im Jahr 2020. Während die Wohnraumakquise für soziale Durchmischung im Stadtgebiet steht, ist das *Haus Turmbergblick* exemplarisch für soziale Durchmischung innerhalb des Hauses.

2.4 Soziale Durchmischung

Die Stadt Karlsruhe verfolgt insbesondere mit ihrer kommunalen Wohnungsbaugesellschaft Volkswohnung GmbH und weiteren Akteur:innen ein Leitbild zur Vermeidung von Konzentration benachteiligter Gruppen in Quartieren, Stadtvierteln und Stadtteilen. Wenn Konzentrationen bereits vorhanden sind, galt und gilt es diese, wenn möglich, aufzulösen. Die beiden oben beschriebenen Beispiele stellen einen wichtigen Beitrag zur sozialen Durchmischung bzw. zur Vermeidung oder Abschwächung von Segregation dar (Lenz/Heibrock 2019). In diesem Zusammenhang evozieren die Ergebnisse einer aktuellen Segregationsstudie von Helbig/Jähnen (2018) die Frage, inwieweit Segregation *produziert* wird bzw. welche sozialen Strategien Segregation vorbeugen, verhindern oder abbauen helfen. Soziale Segregation wird definiert als »räumliche Ungleichverteilung der städtischen Bevölkerung nach sozioökonomischen Merkmalen wie Einkommen, Bildungsstand und Berufsqualifikation« (Helbig/Jähnen 2018: 1) bzw. in Anlehnung an Farwick (2012: 381) als »ungleiche [...] Verteilung von Bevölkerungsgruppen über städtische Teilgebiete«. Die Auswertung der 74 deutschen Städte – fast alles Großstädte mit mindestens 100.000 Einwohner:innen – ergibt für Karlsruhe ein vergleichsweise positiv zu bewertendes Bild. Beim Ausmaß der sozialen Segregation, den Helbig/Jähnen anhand des Segregationsindexes *SGB II-Bezug* messen, nimmt Karlsruhe mit einem Index von 17,4. den 69. Rang ein. Je weiter hinten im Ranking, desto besser durchmischt ist die Stadt gemäß der Studie, denn je niedriger der Index ist, desto weniger Segregation wird für die jeweilige Stadt konstatiert.[6]

Der kommunal gesteuerte soziale Wohnungsmarkt trägt durch eine dezentrale Wohnraumversorgung über das gesamte Stadtgebiet dazu bei, sowohl der Stigmatisierung von Menschen ohne eigene Wohnung als auch einer Stigmatisierung von Stadtteilen z.B. durch soziale Segregation, vorzubeugen. Für Menschen ohne ehemals eigene Wohnung ist dies oft der erste Schritt zu weiteren Integrationsprozessen. Ziel der mit dem Programm gekoppelten sozialen Arbeit ist es, Menschen zu befähigen, möglichst ohne institutionelle Hilfen leben zu können. Daher setzten die beschriebenen kommunalen Handlungsfelder an umfassenden individuellen Prozessen sozialer Teilhabe an. Hingegen wird räumliche Ungleichheit ver-

---

6   Der höchste Wert in Deutschland beträgt 40,0; Berlin beispielsweise hat einen Index von 31,3 (ebd.: 30).

stärkt, wenn die erschwinglichen, öffentlich geförderten Sozialwohnungen des freien Wohnungsmarktes auf bestimmte Stadtteile oder gar an den Rändern der Stadt konzentriert sind, was schließlich zur Verschränkung von territorialer und sozialer Stigmatisierung (gemäß Wacquant 2007) führen kann. Diese Prozesse der sozialen und territorialen Marginalisierung können entsprechend eines Leitbildes sozialer Durchmischung auf dem Wohnungsmarkt vermieden bzw. abgemildert werden.

Auf dezentral verteilte Wohnungen, anstatt auf große Sammelunterkünfte zu setzen, ist gerade in Zeiten der Corona-Krise von großem Vorteil. Bereits im Jahr 2003 hat es sich die Stadt Karlsruhe zur Aufgabe gemacht, große Sammelunterkünfte aufzulösen bzw. zu verkleinern. In der städtischen Einrichtung für wohnungslose Männer wurden folglich aus Doppelzimmern Einzelzimmer. Der Beweggrund war Wahrung der Menschenwürde durch Wahrung der jeweiligen Privatsphäre. Damals war innerhalb der Karlsruher Wohnungslosenhilfe nicht an Infektions- und Gesundheitsschutz gedacht worden. So wird aktuell in diesem herausfordernden sozialpolitischen Bereich der Wohnungslosigkeit auch der notwendige Gesundheitsschutz gewährleistet.

2.5   (Digitale) Teilhabe

Armut ist nicht nur ein Mangel an finanziellen Ressourcen, sondern auch ein Mangel an Teilhabechancen. Daher setzt sich die Stadt Karlsruhe bereits seit den 1960er Jahren – anfänglich mit der Gewährung von Freifahrtscheinen für die Verkehrsbetriebe Karlsruhe – und seit über 30 Jahren schließlich unter dem Titel *Karlsruher Pass* für die Erhöhung von Teilhabechancen ein. Der Karlsruher Pass und der Karlsruher Kinderpass ermöglichen es finanziell schlechter gestellten Personen, an vielen sozialen, kulturellen, Freizeit- oder Bildungsangeboten zu ermäßigten Preisen bzw. kostenfrei teilzunehmen. In Karlsruhe gibt es darüber hinaus die Möglichkeit des Erwerbs eines Sozialtickets für den Öffentlichen Personennahverkehr. Im Rahmen der Armutsbekämpfung der Stadt Karlsruhe wurden unter der Überschrift *Teilhabe ermöglichen* Leitlinien zur Bekämpfung sowohl der Kinderarmut als auch der Altersarmut entwickelt und fortgeschrieben. Die in diesen Papieren vorgeschlagenen Maßnahmen finden sich in den Sozialpässen wieder. Die Anspruchsvoraussetzung für den Karlsruher Pass richtete sich in der Vergangenheit nach dem Prinzip der Deckung des soziokulturellen Existenzminimums (Bezug von Transferleistungen). Der Nachteil dieser Eingrenzung des Berechtigtenkreises ist, dass insbesondere die Haushalte in prekären Einkommensverhältnissen, die *working poor*, nicht erfasst sind, da deren Einkünfte geringfügig über der Anspruchsgrenze liegen. Um auch den armutsgefährdenden Personenkreis der *working poor* umfassend zu erreichen, wurde im Jahr 2019 die Berechtigung für den Karlsruher Pass auf Grundlage des Nettoäquivalenzeinkommens erweitert. Neben den weiter bestehenden Anspruchsberechtigten von sozialen Transferleistungen öffnet sich der Nutzer:innenkreis seither auch für Familien, deren Einkommen für eine adäquate gesellschaftliche Teilhabe (Erwerbsarmut) nicht ausreicht. Dieser Paradigmenwechsel entspricht einer Umsetzung des fortgeschriebenen Armutsberichts und der Umsetzung der Leitlinien gegen Altersarmut.

Während der Pandemie konnten alle Angebote der Wohnungslosenhilfe in angepasster Form weitergeführt werden. Die präventiven Hilfen zum Wohnungserhalt fanden überwiegend in Form schriftlicher und telefonischer Kontakte statt und wurden im bisherigen Umfang fortgesetzt. Für die Unterbringung wohnungsloser Menschen war die Sozial- und Jugendbehörde durchgängig geöffnet. Auch konnte die Versorgung mit Wohnungen über das Programm *Wohnraumakquise* aufrechterhalten werden, so dass der eigene Mietvertrag zugleich Schutz und Rückzugsmöglichkeit in den eigenen vier Wänden garantierte.

Wohnungslos in pandemischen Zeiten heißt, in hohem Maße Gesundheitsrisiken ausgesetzt zu sein. Daher wurden u.a. mobile Impfteams, als freiwilliges Angebot, in die Einrichtungen der Wohnungslosenhilfe und bei den Angeboten des Sozialen Arbeitsmarktes, organisiert. Dies wurde von ca. 30–40 % der wohnungslosen Menschen genutzt. Ein wichtiger Faktor, der sich in Pandemiezeiten zudem als Infektionsschutz erwies, ist die menschenwürdige Unterbringung. Die Standards, die die Stadt Karlsruhe bereits vor der Pandemie aufgelegt hat, wurden unter zusätzlicher Anmietung von Hotelzimmern gewahrt. Einzelzimmer und dezentrale Unterbringung verhinderten größere Corona-Ausbrüche.

Ebenso wurden alle Beratungsangebote, sowohl städtische als auch bei den freien Trägern, fortgesetzt. Die Lebensmittel- und Basisversorgung war zu jedem Zeitpunkt gegeben, aber die Angebote, die darüber hinaus einer Vereinsamung entgegenwirken oder Kontaktmöglichkeiten schaffen, waren aufgrund der Kontaktbeschränkungen eingeschränkt. Schließlich bedrohten Maßnahmen des Infektionsschutzes die auf persönlichen Kontakt basierenden Methoden Sozialer Arbeit.

Zukünftig gilt es, neue Formen der Teilhabemöglichkeiten für wohnungslose Menschen im jeweiligen örtlichen Konzept in Städten und Gemeinden zu entwickeln, zumal zunehmende Digitalisierung auch zu zunehmender multipler Deprivation wohnungsloser Menschen führen kann (Heibrock et al. 2021). Deprivation drückt sich in diesem Feld dadurch aus, dass passgenaue digitale Angebote für Wohnungslose fehlen. Die Stadt Karlsruhe bietet mit ihrer städtischen Fachstelle Wohnungssicherung und dem ausdifferenzierten Trägernetzwerk zahlreiche Angebote für wohnungslose Menschen von der Prävention, bis hin zur Wohnraumversorgung wie oben beschrieben wurde. Die breite Angebotspallette soll die Basis für eine innovative digitale Unterstützungsstrategie zur Stärkung der Teilhabe wohnungsloser Menschen dienen. Auch wenn der Gebrauch von mobilen Endgeräten und Computern innerhalb der heterogenen Gruppe der Menschen ohne Wohnung unterschiedlich ist (Hauprich 2020), zeigen Studien, dass diese Smartphones und Computer zahlreich nutzen (z.B. Rhoades et al. 2017; Harris 2017). Vor diesem Hintergrund können Barrieren des Hilfesystems unter Zuhilfenahme digitaler Instrumente abgebaut werden (Sowa et al. 2020).

Die Entwicklung einer App für wohnungslose Menschen soll dazu beitragen, den vielfältigen Lebensweisen und Bedarfen wohnungsloser Menschen auch in Krisenzeiten gerecht zu werden. Dies ist insbesondere für diejenigen relevant, die über Mobiltelefone/Smartphones und digitale Medienkompetenz verfügen. Ziel ist es, die gesamte Angebotsstruktur der Wohnungslosenhilfe abzubilden und mit anderen Angeboten der (sozialen) Infrastruktur zu verknüpfen, z.B. mit dem ÖPNV, um einen erleichterten, barriere- sowie stigmatisierungsfreien Zugang zum Hilfesystem zu gewähren. Dieser Zugang bedarf weder langer Anfahrtswege noch Warteschlangen oder der Orientierung an Öffnungszeiten. Die zu entwickelnde App zielt auf den Abbau von Benachteiligungen wohnungsloser Menschen, die Steigerung ihrer Chancen und Teilhabe und somit zur Inklusion der Betroffenen. In diesem Kontext kann Digitalisierung als Chance betrachtet werden, um soziale Ungleichheit sowie vorhandene (räumliche, zeitliche, infrastrukturelle) Barrieren sowie Stigmatisierungen abzubauen (zu stigmatisierenden Angeboten einer Mitleidsökonomie s.u.a. Schoneville 2013), insbesondere in pandemischen Zeiten.

Um zu gewähren, dass die Digitalisierung des Hilfesystems nicht an den Bedarfen von wohnungslosen Menschen vorbeigeht, ist der Einbezug der Sozialen Arbeit und von wohnungslosen Menschen bei dessen Weiterentwicklung unabdingbar. In diesem Kontext kann Digitalisierung als Chance betrachtet werden, um soziale Ungleichheit sowie vorhandene (räumliche, zeitliche, infrastrukturelle) Barrieren und Stigmatisierungen abzubauen. Die Armutsbekämpfung der Stadt Karlsruhe ist partizipativ ausgerichtet (Stadt Karlsruhe 2019). Dementsprechend ist auch die Weiterentwicklung des Hilfesystems angelegt. Gemeinsam mit den Akteur:innen der Wohnungslosenhilfe, der Sozialen Arbeit und mit wohnungslosen Menschen soll eruiert werden, welche spezifischen Angebote abgebildet werden und wie ein niedrigschwelliger Zugang gewährt werden kann. Durch den Einbezug wohnungsloser Menschen werden diese nicht nur als Rezipient:innen des Hilfesystems, sondern als Expert:innen ihrer Lebenswelt anerkannt; sie sind direkt an den Gestaltungs- und Aushandlungsprozessen beteiligt und nehmen Einfluss auf die Angebotsstruktur des Hilfesystems. Sie selbst geben Hinweise, welche Bedarfe sie (in ihrer Heterogenität) haben, und sie sind direkt an den Gestaltungs- und Aushandlungsprozessen beteiligt. Teilhabe und Einflussnahme einer ansonsten stark ausgegrenzten Gruppe, oftmals ohne Lobby, sind wiederum wichtige Faktoren zur Stärkung von Self Empowerment. Die Bedarfe zur Umsetzung der App wurden Ende des Jahres 2021 zusammen mit der Sozialen Arbeit und weiteren Akteur:innen der Wohnungslosenhilfe sowie aktuell anhand einer Befragung unter wohnungslosen Menschen eruiert.

Gleichwohl kann und soll die App keine Soziale Arbeit ersetzen; diese bleibt in ihrem Verständnis, Grundlagen und Methoden wie aufsuchender Arbeit, der Möglichkeit zum unmittelbaren Kontakt usw. eine unverzichtbare Säule des Hilfesystems. Das Projekt kann allerdings zum digitalen Empowerment der Sozialen Arbeit beitragen und dazu befähigen, neue Wege einzuschlagen, die die Armutsbekämpfung bislang wenig bzw. nicht kennt.

Um das Hilfesystem gezielt unter Bedingungen der Corona-Pandemie anzupassen, hat sich als weiterer wichtiger Faktor die intensivierte Kooperation mit dem Trägernetzwerk der Wohnungslosenhilfe erwiesen. Schließlich galt es, tagesaktuelle Corona-Verordnungen rasch und oftmals kreativ gemeinsam umzusetzen. Um die Angebote besser zu vernetzen und die hauptamtlichen und ehrenamtlichen Strukturen zu verbinden, bildete das Kooperationsnetzwerk einen regelmäßigen Informationsaustausch, um sich auszutauschen oder neue Bedarfe aufzunehmen.

3. Fazit

Es wurde verdeutlicht, dass es in Krisenzeiten einerseits verlässlicher Strukturen (der sozialen Infrastruktur, der Wohnungslosenhilfe etc.) bedarf, um nicht stets ad hoc handeln zu müssen. Andererseits sind Anpassungen der professionellen Strukturen an den *Krisen-Modus* notwendig, um angesichts der Unwägbarkeiten und Kontingenzen einer Krise flexibel und entsprechend der Gegebenheiten handlungsfähig zu bleiben. Eine strategische Armutsbekämpfung greift in ihren Bausteinen ineinander, um Marginalisierung und Exkludierung aus den gesellschaftlichen Teilbereichen abzumildern bzw. zu vermeiden. Auf der konzeptionellen Ebene bildet das Gesamtkonzept Wohnungslosenhilfe die Grundlage eines integrierten lokalen Hilfesystems für Wohnungsnotfälle. Dies ist umso wichtiger, da wohnungslose Menschen trotz Heterogenität zu einer besonders vulnerablen Gruppe zählen, insbesondere während der Corona-Pandemie. Um Teilhabe auch in Krisenzeiten zu erhöhen, wird in der Stadt Karlsruhe zukünftig verstärkt auf die digitale Teilhabe wohnungsloser Menschen bzw. digitale Partizipations-Strategien in der Wohnungslosenhilfe gesetzt.

Der Grundpfeiler der strategischen Armutsbekämpfung, die soziale Wohnraumversorgung, die dezentrale Unterbringung in kleinen Einheiten, Standards jenseits von Massenunterkünften und Containern haben sich zugleich als effektiver Gesundheitsschutz erwiesen. Über die gezielte Wohnungsvergabe an wohnungslose Menschen wird verhindert, dass diese, wie bei anderen Belegungssteuerungen (z.B. über einen Wohnberechtigungsschein) immer wieder mit anderen Gruppierungen konkurrieren müssen und dadurch ihre Chance auf eigenen Wohnraum sinkt. Zudem wird anhand einer sozial gerechten, dezentralen Belegungssteuerung einer territorialen und/oder sozialen Stigmatisierung entgegengewirkt. Dies sind wichtige Faktoren, um Menschen, die aufgrund der Corona-Pandemie zunehmend exkludiert sind, Teilhabe, insbesondere in einem so essenziellen Bereich wie Wohnen zu ermöglichen.

Literaturverzeichnis

Bernart, Yvonne/Lenz, Martin (Hg.) (2009): Karlsruher Schriftenreihe »Wohnungssicherung am angespannten Wohnungsmarkt«, Göttingen: Cuvillier.

Brühl, Hasso/Echter, Claus-Peter (Hg.) (1998): Entmischung im Bestand an Sozialwohnungen, Berlin: Eigenverlag.

Bundesarbeitsgemeinschaft Wohnungslosenhilfe e. V. (Hg.) (2022): Statistikbericht. Zu Lebenslagen wohnungsloser und von Wohnungslosigkeit bedrohter Menschen in Deutschland – Lebenslagenbericht, Berlin 2022.

Busch-Geertsema, Volker (2011): Housing First, ein vielversprechender Ansatz zur Überwindung von Wohnungslosigkeit, in: Widersprüche: Zeitschrift für sozialistische Politik im Bildungs-, Gesundheits- und Sozialbereich, 31(121), 39–54.

Butterwegge, Christoph (2020): Pandemie verschärft soziale Ungleichheit in Deutschland https://www.migazin.de/2020/09/07/armutsforscher-pandemie-verschaerft-soziale-ungleichheit-in-deutschland/ (abgerufen am 22.03.2021).

Deutscher Städtetag (Hg.) (1987): Sicherung der Wohnungsversorgung in Wohnungsnotfällen und Verbesserung der Lebensbedingungen in sozialen Brennpunkten – Empfehlungen und Hinweise, Köln 1987.

Farwick, Andreas (2012): Segregation, in: Eckardt, F. (Hg.): Handbuch Stadtsoziologie, Wiesbaden: Springer, 381–419.

Gerull, Susanne (2003): Behördliche Maßnahmen bei drohendem Wohnungsverlust durch Mietschulden. Berlin: KBW.

Hanesch, Walter (Hg.) (1997): Überlebt die soziale Stadt? Konzeption, Krise und Perspektiven kommunaler Sozialstaatlichkeit. Opladen: Leske + Budrich.

Hans Böckler Stiftung (2020): Coronakrise verschärft soziale Ungleichheit; Impuls 12/2020.

Harris, Jennifer (2017): The shift to digital advice and benefit services: implications for advice providers and their clients. in: Kirwan, S. (Hg.): Advising in austerity: Reflections on challenging times for advice agencies (S. 53–62). Bristol: Policy Press.

Hauprich, Kai (2020): Handy- und Internetnutzung wohnungsloser Menschen in Deutschland. Erste Ergebnisse einer empirischen Studie zur Digitalisierung und Digitalität im Kontext von Wohnungslosigkeit und Wohnungsnot, in: Wohnungslos, 62. Jahrgang.

Heibrock, Regina/Lenz Martin (2017): Inklusion am lokalen Wohnungsmarkt kann mit Belegungssteuerung erreicht werden – trotz Wohnraumknappheit! in: Schader Stiftung (Hrsg): Reader zur Fachtagung »Die Rückkehr der Wohnungs-

frage. Ansätze und Herausforderungen lokaler Politik«. Eigenverlag: Darmstadt.

Heibrock, Regina/Lenz, Martin (2019): Wohnungsnotfallhilfe als Akteur strategischer Armutsbekämpfung, in: Gillich, Stefan/Keicher, Rolf/Kirsch, Sebastian
(Hg.): Alternativen zu Entrechtung und Ausgrenzung, Freiburg i.Br.: Lambertus, 153–161.

Heibrock, Regina/Lenz, Martin (2022): Die Karlsruher Wohnraumakquise als
De-Labelling-Strategie; in: Sowa, Frank (Hg.): Figurationen der Wohnungsnot.
Kontinuität und Wandel sozialer Praktiken, Sinnzusammenhänge und Struktu-
ren, Beltz, Juventa, 797–815.

Heibrock, Regina/Lenz, Martin/Wiepcke, Claudia (2021): Social Entrepreneurship
und Soziale Arbeit – Ein Kooperationsprojekt zur Entwicklung von Innovation
in der Wohnungslosenhilfe der Stadt Karlsruhe. in: Wohnungslos, 63. Jahrgang
2021, 109–115.

Helbig, Marcel/Jähnen, Stefanie (2018): Wie brüchig ist die soziale Architektur unserer Städte? Trends und Analysen der Segregation in 74 deutschen Städten. Berlin: Eigenverlag.

Holm, Andrej (2018): Rückkehr der Wohnungsfrage, www.bpb.de/themen/stadt-la
nd/stadt-und-gesellschaft/216869/rueckkehr-der-wohnungsfrage/) (abgerufen
am 15.05.2022).

Janson, Matthias (2021): Immer weniger Sozialwohnungen in Deutschland, Hamburg 2021. https://www.de.statista.com/infografik/12473/immer-weniger-sozi
alwohnungen-in-deutschland/ (abgerufen am 15.05.2022).

Krätke, Stefan (1995): Stadt-Raum-Ökonomie – Einführung in aktuelle Problemfelder der Stadtökonomie und Wirtschaftsgeographie, Basel: Birkhäuser.

Lenz, Martin (2017): Von der Prävention zur Wohnraumversorgung: Berlin.

Lenz, Martin (2022): Soziale Wohnraumversorgung innovativ. Kommunalisierung
als Chance. Baden-Baden: Nomos.

Lenz, Martin/Heibrock, Regina (2018): Strategische Armutsbekämpfung. Das Beispiel Wohnungsnotfallhilfe in Karlsruhe. in: Sozialmagazin 10/2018, S. 83–91,
Beltz – Juventa.

Lenz, Martin/Heibrock, Regina (2019): Zur Stabilisierung sozialer Architekturen. Eine Antwort auf die Frage »Wie brüchig ist die soziale Architektur unserer Städte?«; in: Nachrichtendienst des Deutschen Vereins für öffentliche und private
Fürsorge e. V., 2/2019, 71–76.

Lenz, Martin/Heibrock, Regina (2022): Sozialer Wohnungsmarkt – Beitrag zur Ar-
mutsprävention, in: Sozialwirtschaft 1/2022, 21–23.

Mardorf, Silke (2006): Konzepte und Methoden von Sozialberichterstattung. Eine empirische Analyse kommunaler Armuts- und Sozialberichte. Wiesbaden:
VS-Verlag.

Nissen, Sylke (2002): Die regierbare Stadt. Wiesbaden: VS-Verlag.

Ott, Heidi (2017): Fachstellen zur Verhinderung von Wohnungslosigkeit: effektiv, effizient und eng kooperierend, in: NDV des Großdeutschen Vereins für öffentliche und private Fürsorge e. V., 9/2017, 424 – 430.

Rhoades, Harmony et al. (2017): No digital divide? Technology use among homeless adults. in: Journal of Social Distress and the Homeless, 26(1), 73–77.

Schoneville, Holger (2013): Armut und Ausgrenzung als Beschämung und Missachtung; in: Soziale Passagen (2013) 5. Springer, 17–35.

Sowa, Frank et al. (2020): Digitalisierung für alle? Zur Auswirkung digitaler Angebote auf Teilbechancen von Wohnungslosen, in: Soziale Passagen (2020) 12. Springer,185-190.

Stadt Karlsruhe (Hg.) (1993): Sozialbericht '93 – Materiell und sozial benachteiligte Gruppen in Karlsruhe: Daten und Fakten zur Armut in Karlsruhe sowie Strategien ihrer Bekämpfung. Karlsruhe: Eigenverlag.

Stadt Karlsruhe (Hg.) (1997): Gesamtkonzept Wohnungslosenhilfe '97. Karlsruhe: Eigenverlag.

Stadt Karlsruhe (Hg.) (2019): Armutsbericht 2019. Karlsruhe: Eigenverlag.

Stadt Karlsruhe (Hg.) (2021a): Gesamtkonzept Wohnungslosenhilfe 97–12. Sachstandsbericht 2021, Karlsruhe: Eigenverlag.

Stadt Karlsruhe (Hg.) (2021b): Gesamtkonzept Arbeit, Karlsruhe: Eigenverlag.

Wacquant, Loïc (2007): Territorial Stigmatization in the Age of Advanced Marginality. in: Thesis Eleven (91), 66–77.

COVID-19: Ein Virus verschärft gesellschaftliche Trennlinien
Die Potenziale der (niederschwelligen) sozialen Arbeit zur Bewältigung einer Gesundheitskrise – und darüber hinaus

Barbara Unterlerchner

1. Einleitung

Die Covid-19-Pandemie hat zu tiefgreifenden Umbrüchen im wirtschaftlichen und sozialen Gefüge in Österreich geführt (BMSGPK 2022: 7). Seit Beginn 2020 wurden Maßnahmen zum Infektionsschutz gesetzt und richteten sich an die gesamte Bevölkerung. Die Möglichkeiten, sich selbst zu schützen sowie die Folgen und negativen Auswirkungen auf die Einkommensentwicklung durch Arbeitslosigkeit oder Kurzarbeit waren allerdings ungleich verteilt. Während sich gerade zu Beginn die gesamte Bevölkerung in den von der österreichischen Bundesregierung deklarierten Modus der nationalen Gesundheitskrise einstimmte und je nach Phase die geltenden Maßnahmen mehr oder weniger befolgte, befanden sich etliche Menschen bereits zuvor in existenziellen Notlagen. Durch die Pandemie verschärfte sich die Situation vor allem für jene, die durch Armutslagen und prekäre Lebenssituationen außerhalb der Gesellschaft stehen und oft unsichtbar bleiben. Etliche unter ihnen leben in ungesicherten Wohnverhältnissen und verfügen nicht über ihre eigenen vier Wände. Andere sind von Obdachlosigkeit betroffen und haben keine Rückzugsräume abseits des öffentlichen Raums, wo sie sich und andere vor einer Ansteckung mit SARS-CoV-19-Virus schützen können.

Was bedeutet es also während einer Pandemie wohnungs- oder obdachlos zu sein? Welche Auswirkungen haben Maßnahmen zum Infektionsschutz auf die Betroffenen? Der folgende Artikel hält Beobachtungen der Lebenslagen von obdachlosen, wohnungslosen und nicht-versicherten Menschen in Wien aus der Perspektive der Sozialorganisation *neunerhaus* fest. Besondere Aufmerksamkeit wird dabei auf die Bereiche Wohnen und Gesundheit als grundlegende Eckpfeiler für einen angemessenen Lebensstandard und die soziale Inklusion von marginalisierten Personengruppen gerichtet.[1]

Die Sozialorganisation *neunerhaus* ist eine von 33 Einrichtungen in Wien, die jährlich rund 12.400 obdach- und wohnungslose Menschen mit 131 verschiedenen Angeboten unterstützen (FSW 2022: 5ff). Neben stationären und mobilen Wohnangeboten[2] bietet das *neunerhaus* Gesundheitszentrum kostenlose medizinische Versorgung für obdachlose, armutsbetroffene und nicht-versicherte Menschen sowie Information und Beratung durch Sozialarbeiter:innen und Peers der Wohnungslosenhilfe. Die Angebote des Gesundheitszentrums sind niederschwellig und zielgruppenoffen, weswegen sie vor allem von jenen Menschen genutzt werden, die keinen Zugang zu Sozialleistungen und Wohnangeboten der Wiener Wohnungslosenhilfe haben (vgl. Verband Wiener Wohnungslosenhilfe: 11ff).[3] Wohnen ist ebenfalls ein wesentliches Hilfsangebot von *neunerhaus*, das drei Wohnhäuser für verschiedene Zielgruppen im Rahmen der Wiener Wohnungslosenhilfe betreibt.

Die Erfahrungen, die *neunerhaus* seit Beginn der SARS-CoV-19 -Pandemie sammeln konnte, werden im ersten Abschnitt mit den Ergebnissen von breit angelegten Studien zu den sozialen und finanziellen Folgen der Pandemie für die gesamte Bevölkerung in Zusammenhang gestellt. Der zweite Abschnitt basiert auf den Beobachtungen, die Mitarbeiter:innen der unterschiedlichen *neunerhaus* Wohn- und Gesundheitsangebote hinsichtlich der Auswirkungen auf die Zielgruppen gemacht haben. Der dritte Abschnitt möchte schließlich am Beispiel des *neunerhaus* Gesundheitszentrums verdeutlichen, welche entscheidende Brückenfunktion die niederschwellige Sozialarbeit zwischen den Menschen und dem Gesundheits- und Sozialsystem einnimmt, gerade für besonders vulnerable Personengruppen, die oft keinen Zugang zum allgemeinen Gesundheitssystem finden oder stigmatisierende und beschämende Erfahrungen vermeiden wollen. Zudem soll dem starken Ineinandergreifen von sozialen und gesundheitlichen Aspekten in der Betreuung und Beratung von obdach- und wohnungslosen sowie nicht-versicherten Menschen Rechnung getragen werden – in pandemischen Zeiten – und darüber hinaus.

---

1   Bereits die Allgemeine Erklärung der Menschenrechte 1948 postuliert den Anspruch eines jeden Menschen auf Gesundheit und Wohlbefinden, eine menschenwürdige Wohnung, ärztliche Betreuung und notwendige Leistungen der sozialen Fürsorge (Artikel 25 AEMR).

2   Im Rahmen von Housing First und der mobilen Sozialarbeit werden Nutzer:innen in der eigenen Wohnung betreut.

3   Das betrifft u.a. Drittstaatsangehörige ohne aufrechten Aufenthaltstitel, EU-Staatsangehörige, die kein Einkommen haben oder Personen, die aus den Bundesländern zugezogen sind und vorausgesetzte Meldezeiten in Wien nicht erfüllen.

1.1   Gesellschaftlicher Kontext

Die COVID-19-Pandemie machte gesellschaftliche Bruchstellen im Sinne sozialer Ungleichheiten und Ausschlüsse sowie bestehende Versorgungslücken und Vulnerabilitäten wie durch eine Lupe verstärkt sichtbar (Butterwegge 2022: 87f). Unabhängig von spezifischen gesundheitlichen Gefahren für Angehörige sogenannter Risikogruppen war die Verteilung von sozialen und gesundheitlichen Risiken innerhalb der Gesamtgesellschaft sehr unterschiedlich. Ausgangsbeschränkungen und die Minimierung des öffentlichen Lebens während der verhängten Lockdowns im ersten Pandemiejahr waren für jene Gruppen einfacher zu bewältigen, die großzügig mit Wohnraum ausgestattet sind und denen technische Infrastruktur, Internetanbindung und digitales Wissen für virtuellen Kontakt mit Bezugspersonen zur Verfügung stehen. Demgegenüber waren Menschen mit niedrigem Einkommen, die häufig in beengten Wohnverhältnissen leben, durch die zusätzliche Belastung im Zuge der Krise besonders stark betroffen.

1.1.1   Einkommen, Armutslagen und Arbeitslosigkeit

Generell hat die COVID-19-Krise österreichweit zur weiteren Prekarisierung und Erhöhung der Überschuldung von armutsbetroffenen Menschen geführt (Haas et al. 2021: 46). Finanzielle Probleme verschlimmerten sich einerseits durch Jobverlust, Arbeitslosigkeit, Zwangsurlaub, Kurzarbeit und fehlendem Zugang zu angemessener finanzieller Unterstützung, sowie andererseits durch steigende Lebensmittel- und Energiepreise. Erschwerend kam hinzu, dass etliche soziale Einrichtungen (z. B. kostenlose Lebensmittelausgaben) ebenfalls phasenweise geschlossen oder nur sehr eingeschränkt zugänglich waren. Behörden und Ämter waren nur noch telefonisch oder online erreichbar. Zudem konnten Personen, die bisher einer nicht angemeldeten Arbeit nachgingen oder mittels geringfügiger Zuverdienste ihre Einkünfte aufbesserten, keine staatlichen Corona-Hilfsmaßnahmen in Anspruch nehmen.

Als 2020 die COVID-19 Pandemie ins Land Einzug nahmen, galten gemäß den Ergebnissen der EU-SILC 2021[4] 14,7 % der Bevölkerung als armutsgefährdet. Die Quote steigerte sich gegenüber 2019 nur nur marginal um 0,8 %. Ausschlaggebend dafür waren die stabilisierenden Effekte von monetären Sozialleistungen auf die Zahl der Menschen mit niedrigen Einkommen. Ohne diese wäre der Anteil der armutsgefährdeten Personen in Österreich 2020 bei 26,3 % gelegen (Statistik Austria 2022a).[5]

---

4   EU-SILC ist eine Erhebung, durch die jährlichen Informationen über die Lebensbedingungen der Privathaushalte in der Europäischen Union gesammelt werden.

5   Seit 2020 ist der Anteil der armutsgefährdeten Personen wieder leicht gestiegen. 2022 lag er bei 17,5 %. Auch hier sind diverse Anti-Teuerungsmaßnahmen, z.B. auf Grund der ge-

Besonders gravierend war der Anstieg der Arbeitslosigkeit zu Beginn der Pandemie 2020.

Mit dem Erlass von Ausgangsbeschränkungs- und Geschäftsschließungsverordnungen im März 2020 stieg die Zahl der beim Arbeitsmarktservice (AMS) vorgemerkten Arbeitslosen innerhalb von zwei Wochen von 333.987 auf 504.345 an. Mitte April 2020 erreichte die Arbeitslosigkeit mit 588.000 Personen einen neuen Höhepunkt nach dem zweiten Weltkrieg (Eppel et al. 2020: 155). Neun von zehn verlorengegangenen Stellen betrafen Arbeiter:innenberufe (ebd.: 161).[6] Nach den Öffnungsschritten im Mai und Juni 2020 erholte sich Österreichs Wirtschaft über die Sommermonate bis die steigenden Infektionszahlen im Herbst und Winter zu Jahresbeginn 2021 wieder zu fast einer halben Million Arbeitslosen führten. Mit fortschreitender Durchimpfung und den Öffnungsschritten im Frühjahr 2021 sank die Arbeitslosigkeit wieder und übrig blieben vor allem Langzeitarbeitslose (Schönherr 2021: 29).[7] Für die Betroffen bedeutet das nicht nur finanzielle Probleme: Umfragen zu Folge sinkt der Selbstwert der Betroffenen mit der Dauer der Arbeitslosigkeit, während gleichzeitig das Gefühl der Scham und Exklusion steigt. Knapp 70 % der Langzeitarbeitslosen fühlen sich nicht mehr als wertvoller Teil der Gesellschaft (ebd.: 18).

1.1.2   Wohnkostenbelastung, Wohnungslosigkeit und Winterpaket

Die Pandemie-bedingten wirtschaftlichen Folgen trafen auf einen Wohnungsmarkt mit spürbaren Preissteigerungen, der nicht nur für armutsbetroffene Menschen,

---

stiegenen Energiekosten, in der Analyse mit zu berücksichtigen (Statistik Austria, EU-SILC 2018–2022).

6   Vgl. Brodil/Gruber-Risak (2022). Der Angestelltenbegriff ist in §§ 1 und 2 öAngG gesetzlich geregelt und umfasst Dienstverhältnisse von Personen, die im kaufmännischen Geschäftsbetrieb vorwiegend zur Leistung kaufmännischer (Handlungsgehilf:innen) oder höherer, nicht kaufmännischer Dienste oder zu Kanzleiarbeiten angestellt sind, sowie eine Reihe von weiteren Unternehmen (zB Vereine, Rechtsanwält:innen) erfasst. Damit ist der Angestelltenbegriff abschließend umschrieben, alle anderen Tätigkeiten, die von diesem Tatbestand nicht erfasst sind, bilden die Arbeiter:innen. Einschlägige Regelungen für Arbeiter:innen enthält ua. die Gewerbordnung 1859 (öGewO), die nach wie vor in Geltung stehende Bestimmungen über gewerbliche Hilfsarbeiter enthält. Während sich die für Arbeiter:innen benachteiligende Unterscheidungen im Individualarbeitsrecht nach und nach verringern (z.B. wurden Entgeltfortzahlungen im Krankheitsfall sowie die Kündigungsfristen und -termine an die der Angestellten angeglichen), gibt es im Kollektivarbeits- bzw. Betriebsverfassungsrecht weiterhin Unterschiede, z.B. bei Berufsunfähigkeit und Invalidität.

7   Darunter zur Hälfte ältere Arbeitslose über 50 Jahren, Menschen mit maximal Pflichtschulabschluss sowie ausländische Staatsbürger:innen. Rückblickend zeigen die Arbeitslosenzahlen der Folgejahre punktuelle Anstiege durch multiple Krisen, wie etwa die Aufnahme von ukrainischen Geflüchteten in die Arbeitslosenstatistik. Es wurden allerdings keine vergleichbaren Spitzen erreicht, wie zu Beginn der COVID-19 Pandemie (Vgl. BMAW 2023).

sondern für einen wachsenden Teil der Bevölkerung eine hohe Wohnkostenbelastung bedeutet. In Österreich hat sich der Trend seither nicht verändert, im Durchschnitt stiegen die Mietkosten inkl. Betriebskosten für alle Hauptmietwohnungen von 2018 bis 2022 pro Quadratmeter insgesamt um 11 % (Statistik Austria 2023). Die Ergebnisse einer Längsschnittstudie, die nach dem Covid-19-Ausbruch in der Europäischen Union wirtschaftliche und soziale Entwicklungen untersuchte, zeigen, dass die Pandemieeffekte 2021 erheblichen Einfluss auf das Haushaltseinkommen hatten. Diese Effekte hielten auch an, nachdem pandemiebedingte Maßnahmen beendet wurden. Aufgrund der hohen Inflation und den damit einhergehenden Preisanstiegen hatten viele Menschen weiterhin finanzielle Schwierigkeiten, viele, die Ende 2021 noch keine Schwierigkeiten hatten, gerieten im späteren Verlauf in finanzielle Schwierigkeiten (Statistik Austria 2023a: 22). Demzufolge erwarteten rund 1 240 000 18- bis 74-jährige Personen im 3. Quartal 2023 Wohnkostenrückstände.

Neben denjenigen, die sich seit der Pandemie um den Erhalt der eigenen vier Wände sorgten, gibt es auch Menschen, die schon vor Beginn bzw. während der Pandemie nicht über ihren eigenen Wohnraum verfügten: Im Jahr 2020 waren in Österreich 19.912 Personen offiziell als obdach- oder wohnungslos registriert (BMSGPK 2021a: 29–33).[8] Die Dunkelziffer dürfte doppelt so hoch gewesen sein, wie etwa die bundesweite Interessensvertretung für Einrichtungen der Wohnungslosenhilfe und von Obdach- und Wohnungslosigkeit betroffenen (BAWO) schätzt (BMSGPK 2021b: 8).

Der überwiegende Teil (58,2 %) der registrierten Obdach- bzw. Wohnungslosen hielt sich zu Beginn der Pandemie in Wien auf (BMSGPK 2021a: 30). Die Bundeshauptstadt zeichnet sich durch einen hohen Anteil an leistbaren sozialen Wohnbau und vielfältige Angebote für obdach- und wohnungslose Menschen aus. Dennoch waren in den Anfangszeiten der Pandemie die Zuäange zu niederschwelligen Versorgungsstellen, zu medizinischer Versorgung, aber auch zu Nacht- und Notquartieren stark eingeschränkt. Davon betroffen waren insbesondere obdachlose Menschen, ohne Zugang zu längerfristiger Wohnversorgung, etwa wegen fehlender Aufenthaltstitel oder Meldezeiten. Der beschränkte Zugang war einerseits eine Folge der hohen Auslastung vorhandener Betten, andererseits mussten Sicherheitsstandards, wie die Einhaltung von Mindestabständen zwischen den

---

8   Diese Zahl umfasst alle Personen, die mindestens einmal innerhalb eines Jahres eine Hauptwohnsitzbestätigung für Obdachlose im Zentralen Melderegister besaßen oder in einer Einrichtung für Obdach- und Wohnungslose registriert waren. Von den 19.912 sind 69 % Männer und 31 % Frauen, 57,40 % österreichische Staatsbürgerschaft und 42,60 % nicht-österreichische Staatsbürgerschaft 70 % im Alter von 25 bis 64 Jahren. Seither gehen die Zahlen leicht zurück, 2022 waren 19.667 Personen als obdach- und wohnungslos registriert, davon 11.2⁻ in Wien (Statistik Austria 2023a).

beherbergten Personen, eingehalten werden. Viele Menschen fanden folglich keinen Schlafplatz und keinen Ort, um sich tagsüber aufzuhalten. Die Stadt Wien reagierte rasch, indem jene Einrichtungen, die im Rahmen des sogenannten Winterpakets seit 2009/10 obdachlosen Menschen eine Übernachtungsmöglichkeit während der kalten Wintermonate bieten[9], nunmehr den Nutzer:innen[10] ganztägig zur Verfügung standen und nicht wie sonst üblich am Morgen wieder verlassen werden mussten (Unterlerchner et al. 2020: 38f). So konnte die Stadt Wien auf bereits etablierte Strukturen aufbauen, dennoch wird das Winterpaket seit seinem Bestehen kritisch gesehen. Denn mit dem Ende der Winterpakete im Frühling prekarisiert sich die Situation vieler Obdachloser jedes Jahr erneut dadurch, dass sie bis zum Beginn der nächsten Winterpakete auf der Straße nächtigen müssen oder Gefahr laufen, in ausbeuterischen Wohnverhältnissen zu leben. Unabhängig vom Infektionsgeschehen rund um COVID verschlechtert sich dadurch der Gesundheitszustand der Betroffenen erneut und erhöht ihr Risiko für schwere Verläufe bei Infektionskrankheiten. Daher fordern Mitgliedsorganisationen der Wiener Wohnungslosenhilfe seit Jahren, diese Versorgungslücke zu schließen – und zwar mit einem ganzjährigen Angebot für diejenigen Menschen, die derzeit keinen Zugang zu einer Förderung im Rahmen der Wohnungslosenhilfe haben und von chronischer Obdachlosigkeit betroffen sind (VWWH 2022: 38–41).[11]

2. Problemlagen von obdach- und wohnungslosen sowie nicht-versicherten Menschen seit Beginn der Pandemie: ein chronologischer Verlauf

Die Pandemie hat nicht nur gesellschaftliche Umbrüche ausgelöst, sondern auch die Arbeit der Sozialorganisationen erheblich verändert. Einrichtungen im Bereich der Wohnungslosenhilfe wie *neunerhaus* in Wien mussten sich ab März 2020 den sich ständig ändernden staatlich verordneten Schutzmaßnahmen im Wohn- und Gesundheitsbereich anpassen – und diese den Nutzer:innen laufend kommunizieren, was enorme Flexibilität und zusätzliche Zeit- und Personalressourcen erforderte.

---

9   2021 wurde das Angebot der Notschlafplätze im Sinne von COVID-Schutzmaßnahmen zunächst verlängert, ab dem Sommer wurden 230 Plätze für besonders vulnerable Personen zur Verfügung gestellt. Im jüngsten Winterpaket 2021/22 wurden rund 900 Notschlafplätze zur Verfügung gestellt.

10   Als Nutzer:innen werden Personen bezeichnet, die die Angebote der Wiener Wohnungslosenhilfe und deren Trägerorganisationen in Anspruch nehmen.

11   Wie oben erwähnt handelt es sich bei den Betroffenen überwiegend um Menschen aus anderen EU-Staaten und Drittstaatsangehörige, die seit vielen Jahren ihren Lebensmittelpunkt in Wien haben, jedoch auf Grund prekärer Arbeitsverhältnisse keine sozialrechtlichen Ansprüche geltend machen können.

z.B. bei Freund:innen oder Bekannten. Der Druck, einer akuten Obdachlosigkeit zu entgehen, stieg stetig an. Zudem verursachten die Verzögerungen der Wohnungs-übergaben zusätzliche Mehrkosten, die finanziell schwache Familienhaushalte besonders trafen und den Bezug der neuen Wohnung erschwerten.

Insgesamt gestaltete sich das zweite Pandemiejahr 2021 weiterhin sowohl für die *neunerhaus* Zielgruppen als auch für die Betreuungsarbeit im Wohnkontext als schwierig. Neue Rahmenbedingungen für das Zusammentreffen von mehreren Personen innerhalb oder außerhalb der Wohnhäuser mussten laufend neu erklärt und vor allem von Nutzer:innen und Mitarbeiter:innen verinnerlicht werden, wie etwa Zutritts- und Abstandsregelungen und weitere Haus-interne COVID-19-Präventionskonzepte. Zudem bedeuteten die Abwicklung der COVID-19-Impfungen und Testungen der Nutzer:innen einen hohen organisatorischen Aufwand sowie Informations- und Überzeugungsarbeit für die Betreuungsteams. Während die Sommermonate erneut für Entspannung sorgten, wurde die zweite Jahreshälfte 2021 bis ins Jahr 2022 hinein wieder zum Spießrutenlauf für Wohnungslose und sozialarbeiterische Betreuungsteams. Die Frustration über die Einschränkungen und das steigende Gefühl der Ohnmacht waren deutlich spürbar. Zeitweise kam es in den Wintermonaten durch COVID-Erkrankungen sowie Impfnebenwirkungen verstärkt zu Personalausfällen und erhöhter Arbeitsbelastung in allen sozialarbeiterischen Teams.

2.2 Gesundheit

Studien zeigen, dass wohnungs- und obdachlose Menschen zu einem erheblichen Teil von Multimorbidität und gesundheitlichen Beeinträchtigungen betroffen sind (Christanell et al. 2018–2019: 7). Folglich wird angenommen, dass ein erhöhtes Risiko besteht, schwer an einer SARS-CoV-2-Virus zu erkranken (BAWO 2020). Neben dem erhöhten Erkrankungsrisiko zeigen die Erfahrungen des *neunerhaus* Gesundheitszentrums und der ambulanten, medizinischen Behandlung von Nutzer:innen der *neunerhaus* Wohnhäuser, dass bei Engpässen der Kapazitäten in der Gesundheitsversorgung gerade diese vulnerablen Personengruppen nicht angemessen medizinisch behandelt werden.

2019 hat die Sozialorganisation *neunerhaus* 5.298 obdachlose, armutsgefährdete sowie nicht-versicherte Patient:innen im *neunerhaus* Gesundheitszentrum versorgt. Zum Gesundheitszentrum gehören eine Arztpraxis, eine Zahnarztpraxis, sozialarbeiterische Beratung und Betreuung sowie pflegerische Angebote und die Praxis Psychische Gesundheit. Seit Beginn der Pandemie 2020 hat sich die Anzahl an Menschen, die medizinisch und sozialarbeiterisch betreut wurden, auf 5.813 erhöht. Allein im ersten Halbjahr suchten um 37 % mehr Menschen die *neunerhaus* Arztpraxis auf. Zu Beginn der Pandemie 2020 wurden bei *neunerhaus* – gegenläufig zu sonstigen Tendenzen in Wien – die medizinischen Angebote aufgrund der Nachfrage erweitert sowie neue Angebote kurzfristig ins Leben gerufen.[15]

Im Zuge des ersten Lockdowns Mitte März 2020 wurden die Ambulanzen der Wiener Spitäler geschlossen und ein generelles Besuchsverbot von volljährigen Patient:innen trat in Kraft (Kleine Zeitung v. 18.04.2020). Andere Spitalsträger:innen trafen ähnliche Maßnahmen. Gleichzeitig wurden niederschwellige Gesundheitsangebote für nicht-versicherte Menschen reduziert bzw. eingestellt (Radio FM4 v 9.4.2020). Die neuen Rahmenbedingungen im Gesundheitssystem verursachten große Unsicherheiten bei den Nutzer:innen. Menschen wurden laufend von Ambulanzen und Ärzt:innen abgewiesen. Die an vielen Stellen etablierte telefonische Beratung, z.B. im psychosozialen Bereich, erwies sich oftmals als zu hochschwellig; die Verabreichung von Medikamenten, wie etwa Depotspritzen gegen psychiatrische Symptome, war im Bereich der Wohnungslosenhilfe schwierig zu organisieren, ebenso die Versorgung von Substitutionsmedikamenten im Falle einer Quarantäne (Unterlerchner et al. 2020: 401f). Im Laufe des ersten Halbjahres 2020 wurden mit der Zeit die psychischen und sozialen Auswirkungen des *Physical Distancing* spürbar.

Während für große Teile der Gesellschaft der Sommer 2020 den Anschein einer Rückkehr zur Normalität hatte, galt das nicht für die Patient:innen des *neunerhaus* Gesundheitszentrums: Viele Stellen, die ab März geschlossen wurden, nahmen ihre Angebote entweder sehr zögerlich, eingeschränkt, hochschwelliger oder gar nicht mehr auf. Für nicht-versicherte Personen in Wien gab es nach der Schließung der zahnärztlichen Notambulanz in einem Ordensspital nur noch die *neunerhaus* Zahnarztpraxis als einziges zahnärztliches Angebot in Wien. Auf der Straße wurde eine steigende Zahl an Menschen mit offenen Wunden und anderen Gesundheitsproblemen sichtbar.

In den *neunerhaus* Wohnhäusern kam es bereits im ersten COVID- Jahr zu Todesfällen, die eine Folge der Corona-bedingt eingeschränkten medizinischen Behandlungen waren. Außerdem wurden in mehreren Fällen Krebsdiagnosen verzögert gestellt, die in der Folge entsprechend schwerer zu behandeln waren. Ein hoher Anteil der Nutzer:innen hatte mit einer Verschlechterung des allgemeinen Befindens bzw. langjähriger chronischer Erkrankungen zu kämpfen (Herz/Kreislauf, Wassereinlagerung, Nierenprobleme, Diabeteswerte). Der Konsum von Alkohol und Medikamenten bei psychischen Erkrankungen stieg deutlich an, sowie auch Rückfälle

---

15   Das *neunerhaus* Gesundheitstelefon wurde pandemiebedingt im Auftrag des Gesundheitsdienstes der Stadt Wien und in Kooperation mit dem Fonds Soziales Wien entwickelt. Das Angebot richtete sich speziell an die Mitarbeiter:innen der Wiener Wohnungslosenhilfe, der Flüchtlingshilfe, der Behindertenhilfe sowie der Frauenhäuser (Österreichische Plattform Gesundheitskompetenz 2022).

im Bereich der Konsumation von illegalen Substanzen, trotz bzw. nach langjährigen Substitutionstherapien.

Auch 2021 war wie das Vorjahr von starken Einschränkungen im Gesundheitswesen für die *neunerhaus* Zielgruppen geprägt. Während medizinische Versorgungsangebote weitgehend wieder geöffnet wurden, blieb es dennoch mit Hürden verbunden, tatsächlich in eine Krankenanstalt oder Ärzt:innenpraxis Eingang zu finden. Einerseits wurden Nachweise über negative PCR-Tests, Impf- oder Genesungszertifikate verlangt, andererseits verwendeten niedergelassene Ärzt:innen komplizierte Zutritts- und Anmeldesysteme, um volle Wartezimmer zu vermeiden. Während diese Beschränkungen für alle Menschen galten, war der Zugang für wohnungs- und obdachlose Personen, etwa mangels digitaler Anwender:innenkenntnisse oder fehlender Endgeräte, wegen sprachlicher Barrieren oder psychischen Beeinträchtigungen besonders schwierig. Zudem stieg die Anzahl an Patient:innen mit komplexen, medizinischen Diagnosen und notwendigen Operationen.

3. Niederschwellige Sozialarbeit im neunerhaus Gesundheitszentrum

Seit Beginn der COVID-19-Pandemie wurde im *neunerhaus* Gesundheitszentrum die gesamte medizinische Primärversorgung für akut armutsbetroffene Erwachsene und Kinder durchgehend aufrechterhalten. Es zeigte sich, dass durch die pandemiebedingten Einschränkungen um ein Vielfaches mehr an sozialarbeiterischen Ressourcen gebunden wurden, als dies noch vor der COVID-19-Pandemie der Fall war. Der Zuwachs an Patient:innen in der *neunerhaus* Arztpraxis führte zu einem Anstieg an Unterstützungsbedarf und somit Unterstützungsleistungen der Sozialarbeiter:innen von 70 %.[16]

Um den erhöhten Bedarf an niederschwelliger sozialarbeiterischer Betreuung im Gesundheitszentrum im zweiten Pandemiejahr 2021, insbesondere in den Monaten mit tendenziell hohen Infektionszahlen, gerecht zu werden, wurden im Zuge eines geförderten Projektes sozialarbeiterische Ressourcen für das erste Halbjahr 2021 aufgestockt.[17]

Der folgende Abschnitt soll Einblicke in die täglichen Herausforderungen bei der Bewältigung von Pandemie-bedingten Folgen für obdachlose, armutsbetroffene und nicht-versicherte Menschen geben und die erforderlichen Zusatztätigkeiten für das Team der niederschwelligen Sozialarbeit im Gesundheitszentrum während der Projektlaufzeit aufzeigen.

---

16   Interne Zahlen aus dem *neunerhaus* Berichtswesen. Vergleichsperiode: Quartal 1+2 2019 zu Quartal 1+2 2020.

17   Das Projekt wurde aus den Mitteln des Sozialministeriums gefördert.

3.1 Organisatorischer Aufwand

Während etliche Dienste nur eingeschränkt zugänglich waren und eine bedürfnisorientierte Weitervermittlung damit nicht möglich, erforderten eine Reihe von zusätzlichen Maßnahmen, wie Quarantänebestimmungen oder Testpflichten, einen hohen Organisationsaufwand für die niederschwellige Sozialarbeit. Vor allem die Anbindung an andere Stellen wurde insgesamt schwieriger, viele Unterstützungsdienste boten nur mehr telefonische Beratungen an, die für viele Nutzer:innen ungeeignet waren. Die Sozialarbeiter:innen kompensierten fehlende Ansprechstellen durch zusätzliche persönliche Beratungsgespräche. Der Umstand, dass obdach- und wohnungslose Menschen häufig in Notschlafstellen und anderen Einrichtungen der Wiener Wohnungslosenhilfe nächtigen, führte dazu, dass sie auf Grund von gemeldeten positiven COVID-19 Fällen häufig zu K1 Personen wurden und sich in Quarantäne absondern mussten.[18] Die Einrichtungen schlossen in manchen Fällen vorübergehend das gesamte Quartier, was die Nutzer:innen vor enorme Probleme stellte.

2021 wurden wie im Vorjahr Patient:innen mit akuten Beschwerden von Spitälern abgewiesen und ans *neunerhaus* Gesundheitszentrum verwiesen. Ansonsten waren noch immer viele Angebote von Sozialdiensten, wie der mobilen Straßensozialarbeit, die Begleitungen anbieten, stark eingeschränkt. Die Sozialarbeiter:innen des *neunerhaus* Gesundheitszentrums begleiteten die Klient:innen zu Ämtern, Spitälern und niedergelassenen Ärzt:nnen – um 44 %[19] häufiger, als vor der Pandemie.

3.2 Beratungstätigkeit

Im zweiten Pandemiejahr 2021 wurden die Problemlagen unserer Nutzer:innen immer komplexer: Existenzsicherung, drohender Delogierung auf Grund von Mietrückständen, finanzielle Notlagen sowie Unterstützungsbedarf bei der Kontaktaufnahme und Antragstellung bei Behörden und Ämtern – die weiterhin keine persönliche Vorsprache ermöglichten. Die Nutzer:innen benötigten viel Unterstützung bei der Bewältigung von zusätzlichen Anforderungen zur Inanspruchnahme von medizinischer Behandlung, finanzieller Absicherung und Wohnen. Die Unklarheiten, die bezüglich Quarantänebestimmungen, Testpflichten und neue Verordnungen entstanden, erforderten zusätzliche Zeitressourcen der Sozialarbeiter:innen in

---

18   Kontaktpersonen sind Personen mit einem definierten Kontakt zu einem bestätigten SARS-CoV-2-Fall während der Zeitperiode der Ansteckungsfähigkeit (BMSGPK 2022: 4f). K1 bedeutete, dass es einen direkter Kontakt mit einer Covid-positiven Person gegeben hat.

19   Projektzeitraum: 01. Dezember 2020 bis 30. Juni 2021; Vergleichszeitraum: 01. August 2019 bis 28. Februar 2020 (vor der Pandemie). Der Zeitraum gilt für alle weiteren Angaben im 4. Abschnitt.

der Weitergabe von Informationen. Für viele Menschen waren die sich häufig ändernden Maßnahmen schwer zugänglich, mitunter wegen sprachlicher Barrieren oder kognitiver Probleme. Sehr hochschwellig waren für viele die COVID-19 Testungen, allen voran für Nicht-Versicherte, die ohne Sozialversicherungsnummer kaum Möglichkeiten hatten, sich zu testen.

Die Mitarbeiter:innen der niederschwelligen Sozialarbeit beobachteten zudem die zunehmenden psychischen Belastungen und die damit verbundene Pandemiemüdigkeit der Nutzer:innen. Gefühle der Unsicherheit und Ungewissheit sowie Einsamkeit stiegen sehr stark an, zumal Orte des sozialen Kontakts sowie tagesstrukturierende Angebote und Betreuungsdienste wegfielen. Die Anzahl der psychosozialen Entlastungsgespräche stieg um 48 %.

Die Anzahl an Kriseninterventionen verzeichnete ebenfalls einen deutlichen Zuwachs von rund 50 %. Viele Menschen, die in ihrer Vergangenheit Traumatisierungen durch Gewalt- und Missbrauchserfahrungen erlitten hatten, waren durch die pandemiebedingte Isolation besonders belastet. Überdies bemerkten die Sozialarbeiter:innen im Gesundheitszentrum eine beunruhigende Zunahme von Frauen, die von Partnerschaftsgewalt berichteten sowie ein Mehr an Beratungen bezüglich geäußerter Suizidgedanken, was erneut zusätzliche Ressourcen bei der Beratung und Vermittlung an einschlägige Einrichtungen band.

Abb. 11: Interventionen der niederschwelligen Sozialarbeit im neunerhaus Gesundheitszentrum

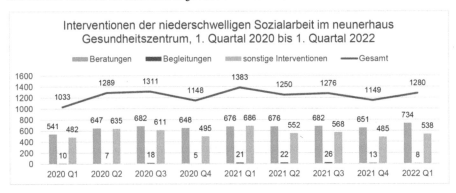

Quelle: Eigene Darstellung

4. Conclusio

Mit dem Anspruch, alle Angebote im Gesundheitsbereich für die *neunerhaus* Zielgruppen während der Pandemie aufrecht zu erhalten und den Bedarf an sozialarbeiterischer Betreuung im erforderlichen Ausmaß zu decken, stießen die Teams auf Grund der hohen Nutzer:innenanzahl an ihre Belastungsgrenzen. Gleichzeitig entstanden neue Hürden und Barrieren beim Zugang zur Gesundheitsversorgung, mitunter durch digitale Voranmeldesysteme. Der Trend der zunehmenden Digitalisierung in der Medizin und Gesundheitsvorsorge hält auch jenseits pandemischer Zeiten an und soll das Gesundheitssystem langfristig entlasten (Vgl. WKO 2023: 4ff). Dabei bleibt zu beobachten, ob und inwiefern diese Entwicklungen bei sozioökonomisch schlechter Gestellten zu weiteren Ausschlüssen führen, zumal die Möglichkeiten digitale Kompetenzen zu erwerben sowie der Zugang zur notwendigen Hardware ungleich innerhalb der Gesellschaft verteilt ist.

Das Thema Gesundheit ist zudem eng verwoben mit anderen sozialen Bereichen, wie Wohnen, finanzieller und sozialer Absicherung, Bildung oder dem sozialen Umfeld. Probleme in einem oder mehreren dieser Bereiche können nie losgelöst voneinander, sondern nur ganzheitlich bewältigt werden und bedürfen professioneller Unterstützung ohne Druck oder Bedingungen. Das gilt nicht nur für Menschen in prekären Lebenslagen und nicht nur in pandemischen Zeiten.

Der Anstieg an Patient:innen im *neunerhaus* Gesundheitszentrum und die erhöhten Bedarfe an sozialer Unterstützung und psychosozialer Hilfe haben gezeigt, dass etliche Menschen nicht in krisensicheren Lebensbedingen leben. Auch in den Folgejahren waren die Nachwirkungen der Pandemie spürbar, gefolt von den Auswirkungen des Kriegsgeschehens in der Ukraine, der allgemeinen Teuerungen, der Zunahme an geflüchteten Menschen aus unterschiedlichen Ländern, die noch keine aufrechte Versicherung haben, sowie Ängste und psychischen Belastungen, die allgemein zunahmen. Im Beratungskontext zeigte sich weiterhin eine Zunahme an immer komplexeren Fällen, die intensive und auch längere Beratungen und Begleitungen von wohnngs- und obdachlosen Menschen erforderlich machten in Anspruch nahmen. Die Pandemie zeigte außerdem, wie das Erfordernis eines aufrechten Versicherungsstatus als Voraussetzung für den Zugang zur qualitativen medizinischen Versorgung, den gesamtgesellschaftlichen (Gesundheits-)Interessen zuwiderläuft (neunerhaus 2021: 17). Dasselbe gilt für den Ausschluss von Menschen von einer menschenwürdigen Wohnversorgung auf Grund von formalen Erfordernissen. Die dadurch entstehenden Ungleichheiten spießen sich letztlich mit menschenrechtlichen Verpflichtungen Österreichs für einen diskriminierungsfreien Zugang zum Gesundheitswesen und zu einer angemessenen Wohnversorgung (Unterlerchner et al. 2020: 402- 404). Ohne das politische Bekenntnis, allen Menschen, unabhängig ihres sozio-ökonomischen Status eine angemessene und niederschwellige medizinische Versorgung zu sichern, könnten zukünftige Gesundheitskrisen vermutlich zu noch folgenschwereren Brüchen im sozialen Gefüge führen als die jüngste COVID-19-Pandemie. Es ist daher unerlässlich, das politische Krisenmanagement immer auch – und ganz besonders – an den Einkommensschwächsten zu orientieren, um weitere Ausschlüsse nach unten zu verhindern. Denn einer Gesellschaft im Ganzen kann es nur so gut gehen, wie es den vulnerabelsten Gruppen geht.

Die niederschwellige Sozialarbeit ist eine zentrale Maßnahme, um die Inklusion von Menschen, die von Armut, Krankheit und Ausgrenzung stark belastet sind, in unser Sozial- und Gesundheitssystem zu sichern – auch und vor allem in Krisenzeiten. Zu den direkten positiven Wirkungen gehören die ganzheitliche und nachhaltige Verbesserung der Gesundheit und dadurch eine gesteigerte Lebensqualität, Selbstermächtigung und Autonomie, soziale Teilhabe sowie soziale und gesundheitliche Chancengleichheit. Damit setzt *neunerhaus* für seine Zielgruppen ein zentrales Angebot für Menschen, die wenig freie Ressourcen haben, sich um die eigene Gesundheit zu kümmern und trägt damit zur Umsetzung von zwei der zehn Gesundheitsziele Österreichs maßgeblich bei: Die gesundheitliche Chancengerechtigkeit für alle Menschen in Österreich zu sichern, die persönliche Gesundheitskompetenz unter Berücksichtigung von vulnerablen Gruppen zu stärken und psychosoziale Gesundheit bei allen Bevölkerungsgruppen zu fördern (vgl. BMGF 2017) Folglich ist dieser Artikel ein Apell, die niederschwellige Sozialarbeit, mit all ihren Potentialen gesellschaftliche Brüche zu beheben, in Gesundheitseinrichtungen stärker zu verankern und die psychosoziale Gesundheit und Gesundheitskompetenz von nicht nur vulnerablen Bevölkerungsgruppen zu verbessern (Schinko/Unterlerchner: 35).

Die gesellschaftlichen Folgen der Pandemie und den darauf folgenden Krisen, werden uns noch lange beschäftigen. Ein wichtiger Schritt ist jetzt, weiter in den Ausbau von Gesundheitssystemen zu investieren, die soziale Bedürfnisse bzw. Belastungen von Patient:innen als wichtigen Einflussfaktor auf deren Gesundheit anerkennen und entsprechend in den Fokus nehmen. Davon profitieren nicht nur vulnerable und sozioökonomisch schlechter Gestellte, sondern weite Teile der Gesellschaft. Dabei ist es wesentlich, soziale und medizinische Bedarfe zusammen zu denken und bestehende Gesundheitskonzepte dahingehend zu überprüfen. Neue Modelle, wie Social Prescribing, die eine Verbesserung der *sozialen* Gesundheit als wesentlicher Eckpfeiler für die körperliche und psychische Gesundheit fördern, sind vielversprechende Ansatzpunkte für neue Wege im Gesundheitswesen (Haas et al. 2019:1f).

Literaturverzeichnis

Brodil, Wolfgang/Risak, Martin (2022): Arbeitsrecht in Grundzügen, Wien: LexisNexis.
Bundesarbeitsgesellschaft Wohnungslosenhilfe (2020): Stellungnahme über dringend umzusetzende Maßnahmen für obdachlose Menschen auf Grund des Co-

rona-Virus; Online unter: https://bawo.at/101/wp-Generellcontent/uploads/202
0/05/BAWO-Stellungnahme-zu-Corona.pdf (abgerufen am 28.05.2022).

Bundesministerium für Arbeit und Wirtschaft (2023): Bundesminister Kocher:
Arbeitslosigkeit Ende Oktober weiterhin weitgehend stabil. Online unter: h
ttps://www.bmaw.gv.at/Presse/AktuellePressemeldungen/Bundesminister-
Kocher--Arbeitslosigkeit-Ende-Oktober-weiterhin-weitgehend-stabil.html
(abgerufen am 08.03.2024).

Bundesministerium für Gesundheit und Frauen (2017): Gesundheitsziele Österreich. Richtungsweisende Vorschläge für ein gesünderes Österreich. Online
unter: https://gesundheitsziele-oesterreich.at/website2017/wp-content/upload
s/2018/08/gz_kurzfassung_2018.pdf (abgerufen am 28.05.2022).

Bundesministerium für Soziales, Gesundheit, Pflege und Konsumentenschutz
(BMSGPK) (2020a): Covid-19: Analyse der sozialen Lage in Österreich. Online unter: https://www.sozialministerium.at/dam/jcr:5f807a53-5dce-4395-
8981 682b5f1dc23b/BMSGPK_Analyse-der-sozialen-Lage.pdf (abgerufen am
28.05.2022).

Bundesministerium für Soziales, Gesundheit, Pflege und Konsumentenschutz
(BMSGPK) (2020b): Armutsbetroffene und die Corona-Krise. Eine Erhebung
zur sozialen Lage aus der Sicht von Betroffenen. Online unter: https://www.s
ozialministerium.at/dam/jcr:e655d53a-0349-4c10-a8e8-88bf1de9f4ca/ (abgerufen am 29.05.2022).

Bundesministerium für Soziales, Gesundheit, Pflege und Konsumentenschutz
(BMSGPK) (2021a): Kennzahlen zu Lebensbedingungen 2020, Indikatoren für
soziale Inklusion in Österreich. Online unter: https://www.sozialministerium.
at/dam/jcr:6ec5ef97-7e1d-4282-b00a-9423cdfe7b63/Kennzahlen%20zu%20Lebe
nsbedingungen_2020.pdf (abgerufen am 27.05.2022).

Bundesministerium für Soziales, Gesundheit, Pflege und Konsumentenschutz
(BMSGPK) (2021b): Obdachlosigkeit beenden. Eine bundesweite Strategie. Policy Paper der Bundesarbeitsgemeinschaft Wohnungslosenhilfe (BAWO), gefördert durch das Sozialministerium. Online unter: https://bawo.at/101/wp-conte
nt/uploads/2021/04/BAWO_Policy_Paper.pdf (abgerufen am 15.05.2022).

Bundesministerium für Soziales, Gesundheit, Pflege und Konsumentenschutz
(BMSGPK) (Hg.) (2023) So geht's uns heute: die sozialen Krisenfolgen im Zeitverlauf –Längsschnittbericht. Online unter: https://www.statistik.at/fileadmin
/user_upload/Soziale-Krisenfolge-Q3-2023.pdf (abgerufen am 08.03.2024).

Bundesministerium für Soziales, Gesundheit, Pflege und Konsumentenschutz
(BMSGPK) (Hg.) (2022): Behördliche Vorgangsweise bei SARS-CoV-2 Kontaktpersonen: Kontaktpersonennachverfolgung. Online unter: https://www.sozial
ministerium.at/dam/jcr:0606b9e2-72f6-4589-9816-2107c7c46e7f/Behoerdliche_
Vorgangsweise_bei_SARS-CoV-2_Kontaktpersonen_Kontaktpersonennachver
folgung.pdf (abgerufen am 05.06.2022).

Butterwegge, Christoph (2022): Die polarisierte Pandemie. Deutschland nach Corona, Beltz Juventa.

Christanell, Anja/Gremmel, Stephan (2018–2019): Professional, interdisciplinary care for people in situations of homelessness and mobile EU citizens without medical insurance: the neunerhaus health centre, in: Homeless in Europe, Services for Homeless EU Citizens, FEANTSA Magazine, 7–9.

DerStandard, Sozialarbeiter warnen vor Todesfällen unter Obdachlosen während Corona-Krise, derstandard.at v 26.3.2020. Online unter: https://www.derstandard.at/story/2000116106436 (abgerufen am 23.05.2022).

DerStandard, Winterquartiere für Obdachlose während Corona-Krise teils auch tagsüber offen, derstandard.at v 19.3.2020. Online unter: https://www.derstandard.at/story/2000115944433 (abgerufen am 23.05.2022).

Eppel, Rainer/Huemer, Ulrike/Mahringer, Helmut (2021): Arbeitslosigkeit, 151–174, in: BMSGPK: COVID-19: Analyse der sozialen Lage in Österreich, 151–170.

Fonds Soziales Wien (2022): Wohnungslosenhilfe in Wien. Grafiken und Daten zu Kund:innen, Leistungen & Partnerorganisationen. Online unter: https://www.fsw.at/downloads/ueber-den-FSW/zahlen-daten-fakten/fakten/Factsheet_Wiener_Wohnungslosenhilfe_2022.pdf (abgerufen am 08.03.2024).

Haas, Sabine/Antony, Daniela/Antony, Gabriela/Gaiswinkler, Sylvia/Griebler, Robert/Marbler, Carina/Weigl, Marion/Winkler, Petra (2021): Soziale Faktoren der Pandemie. Gesundheit Österreich, Wien.

Haas, Sabine/Bobek, Julia/Braunegger-Kallinger, Gudrun/Ladurner, Joy/Winkler, Petra (2019): Factsheet zu Social Prescribing, Online unter: https://jasmin.goeg.at/1411/1/Factsheet_Social%20Prescribing_2019_bf.pdf (abgerufen am 07.06.2022).

Kalleitner, Fabian/Pollak, Marlene/Partheymüller, Julia (2022): Corona Blog. Universität Wien. Online unter: https://viecer.univie.ac.at/coronapanel/corona-blog/ (abgerufen am 31.05.2022).

Kleine Zeitung: Ambulanzen bleiben weiter zu. Wiener Spitäler fahren OP-Betrieb wieder hoch, kleinezeitung.at v 18.4.2020. Online unter: https://www.kleinezeitung.at/international/corona/5801994 (abgerufen am 28.05.2022).

Mietspiegel Wien 5/2022 von wohnungsboerse.net. online unter: https://www.wohnungsboerse.net/8a801f0d-32fb-4278-a6cd-388003347353 (abgerufen am 18.05.2022).

neunerhaus- Hilfe für obdachlose Menschen (Hg.) (2022): neunerhaus Jahresbericht 2021.

Österreichische Plattform Gesundheitskompetenz (2022); oepgk.at/neunerhaus-gesundheitstelefon (abgerufen am 23.5.2022).

Radio FM4 (2022): Ärzt*innen warnen: Niemand darf in der Covid-19-Krise übersehen werden, fm4.at v 9.4.2020. Online unter: https://fm4.orf.at/stories/3001145/ (abgerufen am 30.6.2020).

Schinko, Daniela/Unterlerchner, Barbara (2023): Niederschwellige Sozialarbeit. Ein Eckpfeiler in der Gesundheitsversorgun von Menschen in prekären Lebenslagen. In Soziale Arbeit in Österreich (SIÖ) (Hg), Ausgabe 2.

Schönherr, Daniel (2021): Zur Situation von Arbeitslosen in Österreich 2021, SORA. Online unter: https://www.sora.at/fileadmin/downloads/projekte/2021_SOR A_21086_Momentum_Studie_Arbeitslosigkeit_in_der_Coronapandemie.pdf (abgerufen am 07.06.2022).

Statistik Austria (2023): Wohnen 2022. Zahlen, Daten und Indikatoren der Wohnstatistik. Online unter: https://www.statistik.at/fileadmin/user_upload/Wohn en-2022_barrierefrei.pdf (abgerufen am 08.03.2024).

Statistik Austria (2023a): Kennzahlen zu Lebensbedingungen 2022. Online unter: https://www.statistik.at/fileadmin/pages/338/Kennzahlen_zu_Lebensbedi ngungen_2022.ods (abgerufen am 16.05.2022).

Statistik Austria (28.04.2022a): COVID-19-Pandemie vergrößert Anteil der Personen in Erwerbslosenhaushalten; Sozialleistungen haben stabilisierenden Effekt auf die Einkommenssituation der Menschen. Pressemitteilung. Online unter: h ttps://www.statistik.at/web_de/presse/128032.html (abgerufen am 16.05.2022).

Unterlerchner, Barbara/Moussa-Lipp, Sina/Christanell, Anja/Hammer, Elisabeth (2020): Wohnungslos während Corona. Auswirkungen der Grundrechtseinschränkungen auf das Leben von obdach- und wohnungslosen Menschen während der COVID-19-Pandemie in Wien. in: juridikum, 3/2020, 395–406.

Verband der Wiener Wohnungslosenhilfen (2022): Ein Teil der Stadt. Wohnungslose und Anspruchslose in Wien. Situationsbericht 2022.

Wirtschaftskammer Österreich (2023): Digitalisierung im Gesundheitswesen-Wien. Online unter: https://www.wko.at/wien/news/20231113-fuer-wien-digita lisierungundgesundheitswesen-druckf.pdf (abgerufen am 10.03.2024).

Straßenjugendlichkeit in pandemischen Zeiten
Eine Bestandsaufnahme am Beispiel einer Notschlafstelle

Jan A. Finzi, Björn Kramp und Jenny Möllers

1. Einleitung

Die weltweite Corona-Pandemie verschärft soziale Ungleichheiten wie ein Brennglas (Butterwege 2020). Menschen in Wohnungsnot, der extremsten Form von Armut, sind davon im besonderen Maße betroffen. Obdach- und Wohnungslosigkeit wird auch in der Pandemie zumeist auf ein homogenes und stigmatisierendes Bild reduziert: bärtige alleinstehende Männer, die mit einer Flasche Bier in der einen und prall gefüllten Tüten in der anderen Hand in schmutziger Kleidung in Innenstädten umherlaufen (Wolf 2016: 11). Allerdings erzeugen die klassischen intersektionalen Ungleichheitsdimensionen, also die Kategorien *race, class, gender,* erhebliche Unterschiede in der Wahrscheinlichkeit zu erkranken oder gar zu sterben (Finzi 2022). Die Lebenslagen, Alltagsgestaltungen sowie Bewältigungsstrategien von Menschen in Wohnungsnot in der Corona-Pandemie unterschieden sich je nach Ungleichheitsdimension – Geschlecht, Gesundheitsstatus, Herkunft, Alter etc. – erheblich.

Jugendliche mit dem Lebensmittelpunkt Straße, sogenannte entkoppelte Jugendliche oder *Straßenjugendliche,* sind im besonderen Maße exkludiert und zugleich von einer Chronifizierung dieser Exklusion bedroht (Mögling et al. 2015). Um eine dauerhafte Exklusion zu verhindern, bedarf es niedrigschwelliger Hilfsangebote, die Jugendlichen einen Wiedereinstieg ins Hilfesystem ermöglichen. Notschlafstellen sind Schutzräume und können zugleich ein erster Baustein für einen Wiedereinstieg in das Hilfesystem sein.

In der Pandemie und der Diskussion über Obdach- und Wohnungslosigkeit fehlt(e) die Perspektive auf die Personengruppe der Jugendlichen mit dem Lebensmittelpunkt Straße nahezu gänzlich. Was machen *Straßenjugendliche*[1], wenn für alle gilt: *#StayAtHome* und *#WirBleibenZuhause*? Und wie können und müssen

---

[1] Im weiteren Verlauf des Beitrags werden wir Beierle/Hoch (2017) folgend die Begrifflichkeit Straßenjugendliche verwenden.

Einrichtungen für Straßenjugendliche reagieren? Für die Einrichtungen der Jugendhilfe eröffnet sich dabei ein Spannungsfeld zwischen Infektionsschutz und Jugendschutz.

Der Verbund Sozialtherapeutischer Einrichtungen NRW e. V. (VSE NRW e. V.)[2] betreibt seit über 20 Jahren die Notschlafstelle *Sleep In* für Jugendliche in Dortmund. Als Träger der Jugend- und Sozialhilfe sind *Straßenjugendliche* mit ihrer verdichteten Problemkomplexität eine der Kernzielgruppen der pädagogischen Arbeit des VSE NRW e. V. Auf Basis der Erfahrungen des Betriebs der Notschlafstelle analysieren wir die besondere Situation von *Straßenjugendlichen* während der Corona-Pandemie. Nach einem kurzen Überblick über die Lebenslagen von *Straßenjugendlichen* und der Verschärfung von Ungleichheiten im Zuge der Corona-Pandemie werden folgend die Veränderungen für *Straßenjugendliche* in der Pandemie beschrieben. Der Beitrag geht (1.) auf die veränderten Lebenslagen von *Straßenjugendlichen* ein – Entstehungsbedingungen, Verhalten und Bewältigungsformen – und erläutert die Konsequenzen dieser Veränderungen. Dabei werden (2.) auch die Herausforderungen und die Auswirkungen auf die konkrete soziale Arbeit beim Betrieb der Notschlafstelle beschrieben. Abschließend werden (3.) Konsequenzen und Handlungsempfehlungen dargelegt.

2. Lebenslage Straßenjugendlichkeit

Das Phänomen Straßenjugendlichkeit bedarf aufgrund der unklaren Definition der Personengruppe einer Begriffserklärung. Die Gruppe der *Straßenjugendlichen* ist insgesamt sehr heterogen (Beierle/Hoch 2017: 12). Die Altersspanne umfasst Jugendliche und junge Erwachsene unter 18 respektive 27 Jahren (Beierle/Hoch 2017: 7). Kinder, also Personen unter 14 Jahren, sind dabei eine Ausnahme (Beierle/Hoch 2017: 7). Zum Personenkreis zählen sowohl Kinder und Jugendliche, deren Eltern oder Elternteile in Wohnungsnot sind, die auf der Straße leben oder die zwischen Einrichtungen der Jugendhilfe, dem Mitwohnen bei Freund:innen und Aufenthalten in der Herkunftsfamilie pendeln (Finzi 2022: 493). Darüber hinaus gibt es Jugendliche, die nur kurzfristig aus der Herkunftsfamilie ausgerissen sind oder in ihrer Freizeit in der Szene sind (Paegelow 2009: 53). Die Lebenslagen von diesen *Straßenjugendlichen* unterscheiden sich erheblich. Beispielhaft wären zum einen Jugendliche zu nennen, die die klassischen (stationären) Jugendhilfemaßnahmen »sprengen« (siehe u.a. Endres 2021: 337–352)[3], zum anderen junge Erwachsene, die durch die gesetzlichen Bestimmungen der Jobcenter im U-25

---

2   Die Autor:innen des Beitrags sind Mitglieder des Vereins.

3   Die Begrifflichkeit »Systemsprenger« wird aufgrund der Implikationen, die der Begriff evoziert nicht benutzt (siehe Baumann 2020).

Bereich, durch Kürzungen der Leistungen in Wohnungsnot geraten[4] (Finzi 2022: 493). Für junge Erwachsene zwischen 18 und 21 Jahren ergibt sich zusätzlich eine Schnittstellenproblematik zwischen Jugend- und Sozialhilfe, bei der eine Versorgungslücke entstehen kann (Bundesarbeitsgemeinschaft Wohnungslosenhilfe e.V. 2013). Die heterogenen und individuellen Lebenslagen von *Straßenjugendlichen* können anhand intersektionaler Ungleichheitskategorien analysiert werden. Die vier Ungleichheitskategorien Armut, Herkunft, Geschlecht und Gesundheit können die Komplexität des Phänomens reduzieren und zugleich die Heterogenität des Phänomens erfassen (siehe dazu Finzi 2021). Armut und die Vertreibung oder Flucht aus Herkunftssystemen sind zumeist konstituierende Elemente von Straßenjugendlichkeit (Beierle/Hoch 2017: 14–22; Permien/Zink 1998: 123ff.; Specht 2017). Der Konsum von Drogen aber auch psychische Auffälligkeiten – zusammengefasst unter der Kategorie Gesundheit – können Auslöser von Straßenjugendlichkeit sein. Zugleich ist der Konsum von Drogen ein Element der Zugehörigkeit zu einer Gruppe oder Szene (Beierle/Hoch 2017: 20). Die gesundheitliche Situation von *Straßenjugendlichen* ist darüber hinaus, als Folge der Wohnungsnot, dem Konsum von Drogen aber auch aufgrund psychischer Auffälligkeiten zumeist prekär (Beierle/Hoch 2017: 20). Die Kategorie Geschlecht hat schließlich ebenso einen Einfluss auf die Auslöser von Straßenjugendlichkeit als auch auf deren Bewältigungsmuster (Bodenmüller 2010; Hansbauer 1998; Permien/Zink 1998). Gewalterfahrungen spielen sowohl als Ursache als auch als Bewältigungsmuster eine besondere Rolle (Finzi 2022: 494–495). Gemein ist (den meisten) *Straßenjugendlichen* hingegen die große Entfernung von Institutionen wie Schule aber auch Jugendhilfe (Beierle/Hoch 2017: 21). Mögling et al. (2015) sprechen passend von entkoppelten Jugendlichen. Für diese *Straßenjugendlichen* können niedrigschwellige Hilfeangebote wie Notschlafstellen sowohl ein (Wieder-)Einstieg als auch Schutzraum sein. Notschlafstellen können dabei ein Baustein für die Sicherung des individuellen Kindeswohl respektive Kindesschutzes sein (Clark/Ziegler 2020: 419–421).

3. Verschärfung intersektionaler Ungleichheitsfaktoren durch Corona

Bestehende Ungleichheiten werden durch die weltweite Corona-Pandemie sichtbarer und zugleich stärker (Butterwegge 2020b). Betrachtet man die klassischen intersektionalen Ungleichheitsdimensionen race, class und gender (siehe zu diesen Crenshaw 1989) können jeweils deutliche Zunahmen an Ungleichheiten festgestellt werden: Neben den auf der Hand liegenden gesundheitlichen Auswirkungen

---

4   Aufgrund der Entscheidung des Bundesverfassungsgerichtes im November 2019 wurde die Kürzung der Leistung um 100 %, inklusive der Kosten der Unterkunft, abgeschafft (BVerfG 2019).

der Pandemie – u.a. ein erhöhtes Infektions- und Sterblichkeitsrisiko (Butterwegge 2020a; in Bezug auf race siehe u.a. Alcendor 2020; Dyer 2020; Kumar et al. 2021; in Bezug auf class siehe u.a. Karmakar et al. 2021; Munir 2021; in Bezug auf gender siehe u.a. Fortier 2020; Gibb et al. 2020; Linden 2020) – verstärken sich auch die sozioökonomischen Ungleichheitslagen (Butterwegge 2020b). *Straßenjugendliche* sind im besonderen Maße von der Verschärfung von Ungleichheitslagen betroffen: Sie sind (1.) höchst vulnerabel, (2.) finden keinen/kaum Schutzraum und können (3.) behördlichen Anordnungen und Empfehlungen nicht nachkommen; zugleich mussten (4.) unterstützende Hilfeinrichtungen schließen oder mindestens die eigene Kapazität deutlich einschränken (Finzi 2021: 1–2). Darüber hinaus werden auch deutliche Unterschiede beim Schutz durch Impfungen sichtbar. Menschen mit weniger Einkommen sind deutlich seltener geimpft und somit seltener vor einem schweren Verlauf geschützt (Wirtschafts- und Sozialwissenschaftliches Institut der Hans-Böckler-Stiftung 2021). (Straßen-)Jugendliche konnten sich ferner aufgrund der vorgegebenen Impfpriorisierung im Regelfall erst nach der Aufhebung der Impffreihenfolge schützen.

4. Veränderungen der Lebenslage Straßenjugendlichkeit aufgrund von Corona

Im weiteren Verlauf des Beitrages werden die Erfahrungen des Betriebes der Notschlafstelle Sleep In des VSE NRW e. V. in pandemischen Zeiten geschildert. Die dargestellten veränderten Lebenslagen von *Straßenjugendlichen* aufgrund von Corona und den behördlichen Anordnungen haben demnach lediglich eine anekdotische Evidenz und sollen klar als Bericht aus der Praxis verstanden werden. Wie beschrieben, kann konstatiert werden, dass die Veränderungen für *Straßenjugendliche* erheblich sind respektive waren. Dabei gibt es sowohl veränderte Entstehungsbedingungen von Straßenjugendlichkeit als auch ein daraus resultierendes verändertes Verhalten von *Straßenjugendlichen* und demnach auch eine veränderte Gefährdungslage. Diese ist, das kann bereits vorweggenommen werden, unserer Ansicht nach deutlich verstärkt.

Der Blick auf die Zahlen zeigt einen deutlichen Rückgang der Übernachtungen im Sleep In, der im Austausch mit anderen Notschlaf- und Anlaufstellen in NRW von diesen bestätigt werden kann. Insbesondere minderjährige *Straßenjugendliche* scheinen *von der Bildfläche verschwunden* zu sein. Evidenzbasierte Erklärungen für diesen Rückgang gibt es nicht, weshalb an dieser Stelle lediglich Hypothesen bezüglich des Rückgangs formuliert werden können. Gründe von Jugendlichen für die Verlagerung ihres Lebensmittelpunktes auf die Straße liegen im Allgemeinen häufig in Konflikten mit ihrer stationären Jugendhilfeeinrichtung oder ihrer Herkunftsfamilie (Beierle/Hoch 2017: 16). Klassische Auslöser solcher Konflikte sind u.a. Abhängigkeiten, Alkohol- und oder Drogenmissbrauch sowie Schulabsentismus (Hoch 2016: 34–36). Wo jedoch pandemiebedingt Partys und größere Ansammlungen verboten sind und der Schulbesuch online stattfinden muss, so die Annahme, fehlen solche Auslöser. Auch die durch die Jobcenter vorgenommenen Sanktionsausnahmen während der Pandemie könnten zu einer Entlastung von Jugendlichen und Familiensystemen geführt haben. Trotzdem vermuten wir, dass die Zielgruppe mit ihren Problemlagen weiterhin existent ist. Konflikte in der Herkunftsfamilie aufgrund bestimmter Familienkonstellationen oder physische, psychische und oder emotionale Gewalterfahrungen sowie unpassende Rahmenbedingungen von Jugendhilfeeinrichtungen (Hoch 2016: 34) sind mindestens im gleichen Rahmen wie vor der Pandemie zu erwarten. Der Kontakt zum Jugendhilfesystem und seinen Institutionen scheint jedoch vielfach abgebrochen zu sein. Viele Jugendämter und Einrichtungen der Jugendhilfe konnten nur begrenzte Öffnungszeiten und Erreichbarkeiten realisieren. Wenn außerdem keine Empfehlungen durch peers erfolgen, fehlt, so unsere Hypothese, das Wissen über das Angebot der Notschlafstelle. Zugleich könnten die vielfältigen *Coronaregeln* die Attraktivität der Einrichtungen gemindert haben. Die mit den Coronaregeln verbundenen Einschränkungen in den Jugendhilfeeinrichtungen können für Jugendliche unattraktiv, abschreckend oder gar überfordernd wirken und dazu führen, dass sie deshalb die Einrichtungen nicht aufsuchen. Beispielsweise gab es Einrichtungen, bei denen vor jedem Besuch eine Anmeldung erforderlich war; eine Voraussetzung, die aus unserer Erfahrung für viele *Straßenjugendliche* eine unüberwindbare Hürde darstellt. Darüber hinaus wurde in einigen Einrichtungen kein *offener Treff* mehr angeboten, sondern lediglich eine Grundversorgung mit Lebensmitteln aufrechterhalten, wodurch sowohl die Kontaktanbahnung als auch die Aufrechterhaltung bereits entstandener Kontakte stark beeinträchtigt wurden. Das Tragen von Masken und die verminderten Öffnungszeiten führt in unserer Einrichtung zu einer weiteren Reduzierung von direkten und mittelbaren Kontakten zu Mitarbeiter:innen. Obwohl *Straßenjugendliche* als entkoppelte Jugendliche beschrieben werden (Mögling et al. 2015) zeigen Forschungen, dass auch *Straßenjugendliche* (Überlebens-)Hilfen des Jugendhilfesystems aufsuchen und nutzen (Hoch 2016: 36–38). Ein verminderter Kontakt zu diesen Hilfseinrichtungen hat, so muss angenommen werden, demnach gravierende Auswirkungen auf *Straßenjugendliche*.

Ferner muss die Verschärfung der Vertreibungs- und Verdrängungsproblematik angeführt werden. Bereits vor Corona waren Menschen in Wohnungsnot von der repressiven Verdrängung aus öffentlichen Räumen betroffen (Wolf 2016: 12–14). Die behördlichen Maßnahmen und Anordnungen in Bezug auf Corona verschärften diese Verdrängungstendenzen erheblich. Versammlungsverbote, Kontaktbeschränkungen sowie Test- und Maskenpflicht, wurden von Ordnungsamt und Polizei kontrolliert, durchgesetzt und bei Missachtung mit, insbesondere für *Straßenjugendliche*, erheblichen Bußgeldern geahndet. In der Konsequenz wurden

Straßenjugendliche von ihren üblichen Aufenthaltsplätzen – in Dortmund der zentrumsnahe Hauptbahnhof, die Innenstadt, Parks und andere öffentliche Plätze – vertrieben und verdrängt. Zeitgleich suchten die *Straßenjugendlichen* die Notschlafstelle nicht mehr beziehungsweise deutlich seltener auf. Neben Randbezirken sind *Straßenjugendliche*, so unsere Hypothese, auf Privathaushalte (Familien- und Freundeskreis sowie auch ein erweiterter Bekanntenkreis) ausgewichen. Daraus ergibt sich unseres Erachtens eine deutlich erhöhte Gefährdungslage. Zum einen ist der Ort, an dem *Straßenjugendliche* sich aufhalten nicht unbedingt sicher – sie sind dort gegebenenfalls Gewalt, Missbrauch, unzureichender Lebensmittelversorgung und oder bedenklichen Hygienezuständen ausgesetzt. Zum anderen entziehen sie sich auf diese Weise – ob bewusst oder unbewusst – dem Kontakt zum Jugendhilfesystem und dessen Schutzauftrag. Die Nutzung einer Notschlafstelle als sichere Übernachtungsmöglichkeit ermöglichte den Fachkräften, schrittweise ein Vertrauensverhältnis zu den *Straßenjugendlichen* aufzubauen und Unterstützungsangebote zu unterbreiten. Basierend auf diesem Vertrauensverhältnis gelingt es Perspektiven und Anschlussmöglichkeiten, wie die Aufnahme in eine Jugendhilfeeinrichtung oder die Rückkehr in die Herkunftsfamilie, zu erarbeiten und zu realisieren. Kommen die Jugendlichen in Einrichtungen wie dem Sleep In jedoch nicht mehr an, bricht diese Möglichkeit der niederschwelligen Kontaktaufnahme und Versorgung weg.

5. Auswirkungen von Corona auf den Betrieb einer Notschlafstelle

Die Corona-Pandemie, deren Herausforderungen und die damit einhergehenden vielfältigen Vorschriften haben komplexe Auswirkungen auf den Betrieb der Notschlafstelle und insbesondere die sozialpädagogische Arbeit in der Notschlafstelle. Deutlich zu Tage trat dabei das Spannungsfeld zwischen Kindesschutz und Infektionsschutz, denen wir als Betreiber einer Notschlafstelle für Jugendliche jeweils verpflichtet sind. In intensiven Diskussionsprozessen haben wir wiederholt den Zielkonflikt zwischen Kindesschutz und Infektionsschutz erörtert und neu bewertet. Aufgrund der Fülle und Komplexität der Auswirkungen werden folgend lediglich vier Bereiche aus dem Praxisbetrieb einer Notschlafstelle beispielhaft dargestellt.

Als erstes muss die veränderte Aufnahmevoraussetzung für *Straßenjugendliche* erwähnt werden. Jugendliche, die positiv auf Corona getestet wurden, durften nicht in der Notschlafstelle Sleep In übernachten, sondern mussten über den Jugendamt-Notdienst in Obhut genommen werden – eine Maßnahme, die aufgrund eines höheren Grades der Institutionalisierung unserer Ansicht nach nicht immer im Sinne der Jugendlichen war und durch den Entzug dieser Maßnahme durch Jugendliche bekräftigt wird. In der Konsequenz hat die Notschlafstelle häufig über mehrere Tage oder gar Wochen den Kontakt zu den Jugendlichen verloren und der Hilfeprozess musste übergeben oder abgebrochen werden.

Als sichtbarste Auswirkung kann die veränderte Kommunikation aufgeführt werden. Maskenpflicht und Abstandsregeln wirken negativ auf die Kommunikation zwischen Jugendlichen und Mitarbeiter:innen. Neben den eher seltener auftretenden Diskussionen und Konflikten zur Durchsetzung der Maskenpflicht entstehen unserer Erfahrung nach durch Maske und Abstand eine Distanz in der sozialpädagogischen Arbeit. Als maßgeblich entscheidend für eine solche Distanz zwischen Jugendlichen und Mitarbeiter:innen muss die jeweils individuelle Sorge vor einer Ansteckung der Mitarbeiter:innen erwähnt werden. Dementsprechend waren (nonverbale) Kommunikationsformen gestört und die Atomsphäre des *Du bist hier willkommen*, welche ein Kennzeichen der Niedrigschwelligkeit der Einrichtung ist, litten dauerhaft. In der Konsequenz entstand eine erschwerte Kontaktanbahnung und Beziehungsarbeit, welche grundlegend für eine gelingende Arbeit der Notschlafstelle sind.

Ein weiterer wichtiger Baustein der Arbeit einer Notschlafstelle ist die Netzwerkarbeit mit Jugendämtern, Kooperationspartner:innen und anderen Notschlafstellen. Diese Netzwerkarbeit war allerdings in der Pandemiezeit stark beeinträchtigt beziehungsweise fand nicht mehr statt. Brisant war dabei die eingeschränkte Arbeit der Jugendämter – bedingt durch Home-Office, Erkrankungen oder Quarantäne –, die durch langfristig ausgefallene Präsenztermine und teils auch über Telefon nicht erreichbare Ansprechpartner:innen gekennzeichnet war[5]. Auf diese Weise wurden Perspektivklärungs- und Unterstützungsprozesse stark verkompliziert, verlangsamt oder gar abgebrochen.

Schließlich sind auch die Mitarbeiter:innen der Notschlafstelle mit vielfältigen Herausforderungen konfrontiert. Neben einem deutlich erhöhten Verwaltungsaufwand – unter anderem bedingt durch die Erfassung von Besucher:innen der Einrichtung, die Durchführung und Dokumentation von Schnelltests sowie die Meldung positiv getesteter Mitarbeiter:innen und Nutzer:innen – musste die praktische Arbeit angepasst werden. Die Trennung in kleine Teams zur Aufrechterhaltung der Betriebsfähigkeit bei Krankheitsfällen sowie konkrete Erkrankungen und Ausfälle erforderten eine veränderte und deutlich aufwendigere Kommunikation zwischen den Mitarbeiter:innen. Neben diesen Aspekten der Arbeitsbelastung müssen der Mitarbeiterschutz sowie die Mitarbeiterfürsorge erwähnt werden. Zum einen

---

5   Es muss konstatiert werden, dass Jugendämter für Herausforderungen einer Pandemie nicht gerüstet waren. Dabei muss an dieser Stelle jedoch deutlich hervorgehoben werden, dass das zuständige Jugendamt Dortmund sich der Problematik bewusst war und ohne Zögern finanzielle Ressourcen für die Erweiterung der Öffnungszeiten zur Verfügung stellte. Die jeweiligen Mitarbeiter:innen wurden im Rahmen ihre Möglichkeiten insgesamt engagiert und motiviert erlebt.

haben die Ungewissheiten der Pandemie jeden individuell und somit auch den gesamten Betrieb belastet zum anderen belastete die Mitarbeiter:innen die stetige Abwägung des Spannungsfeld zwischen Kinderschutz und Infektionsschutz. Grade zu Beginn der Pandemie war keine eindeutige Einschätzung über die jeweiligen Gefährdungen möglich, weshalb die Abwägung stetig neu ausgehandelt werden mussten.

Die vier dargestellten Bereiche verdeutlichen die beträchtlichen Auswirkungen auf den Betrieb einer Notschlafstelle und demnach für *Straßenjugendliche*. Vor allem die geschilderten Kontaktabbrüche und daraus folgenden Hilfeabbrüche müssen für die Zielgruppe als gravierend und müssen aus unserer Perspektive als konträr zu der Idee des Kindesschutzes bewertet werden. In der Abwägung zwischen Kinderschutz und Infektionsschutz hat die Notschlafstelle Sleep In versucht, eine niederschwellige Kontaktaufnahme und Versorgung der *Straßenjugendlichen* zu garantieren. Während der gesamten Pandemie konnten wir den dauerhaften Betrieb der Notschlafstelle sichern. Die Öffnungszeiten wurden im ersten Lockdown (März bis Juni 2020) sogar erweitert, um die Versorgungslücke am Tag annähernd schließen zu können. Die Jugendlichen hatten die Möglichkeit, nach einer Übernachtung täglich bis 11:00 Uhr anstatt bis 10:00 Uhr im Haus bleiben. Darüber hinaus konnte eine zusätzliche Öffnungszeit von 12:00 Uhr bis 15:00 Uhr realisiert werden, die die Zeit bis zur regulären Öffnung am Abend (19:00 Uhr) auf ein Minimum verkürzte. Als sich im Februar 2021, während eines erneuten Lockdowns, die Witterungsverhältnisse aufgrund eines Kälteeinbruches erheblich verschlechterten, konnte die Notschlafstelle mit Unterstützung der auch durch den VSE NRW e. V. auf Spendenbasis betriebenen Anlaufstelle *Backyard* eine 24/7 Öffnungszeit an den zwei Standorten realisieren. Als ein bedeutender Baustein zur Sicherung der Niedrigschwelligkeit und Herstellung eines Mindestmaßes an Kinderschutz dürfen die jugendlichen Besucher:innen der Notschlafstelle bis heute ohne negatives Testergebnis und oder Impfnachweis die Einrichtung nutzen. Im Haus besteht zwar eine Maskenpflicht, auf den Zimmern dürfen diese jedoch abgenommen werden. Im besonderen Maße hervorgeheben werden muss die Möglichkeit des Besuchs der Notschlafstelle ohne Test – respektive Impfnachweis. Erwähnt werden muss an dieser Stelle, dass wir Testmöglichkeiten, dem mit dem Gesundheitsamt abgestimmten Hygiene- und Schutzkonzept folgend, sehr aktiv anbieten. Lehnt ein:e Jugendliche:r die Testung ab, suchen wir das Gespräch und ermöglichen die Nutzung der Notschlafstelle. Notschlafstellen der *regulären* Wohnungslosennotfallhilfe forderten hingegen eine negative PCR-Testung, eine hohe Hürde für (junge) Menschen in Wohnungsnot. Das bereits bestehende Spannungsfeld zwischen Jugendhilfe und Sozialhilfe wird dabei, so unserer Annahme, beträchtlich verschärft. Junge Menschen mit einem akuten Notschlafplatzbedarf unter 18 konnten ohne Hürden unsere Einrichtung Sleep In aufsuchen, wurden sie allerdings 18 mussten sie, bedingt durch die kommunale Belegungspolitik, Notschlafstellen für Erwachsene aufsuchen, die die hohe Hürde einer PCR-Testung sowie der damit einhergehenden Meldepflicht vorsahen. Die meisten jungen Erwachsenen konnte diese Hürde unserer Erfahrung nach nicht meistern und blieben somit ohne Schutz und Verpflegung.

6. Fazit

Wie dargestellt hat eine Pandemie wie die Corona-Pandemie gravierende Auswirkungen auf das Versorgungssystem für *Straßenjugendliche*. Notschlafstellen haben für *Straßenjugendliche* eine wichtige Funktion als Schutzraum, als Versorgungsmöglichkeit aber auch als (Wieder-)Einstieg ins Hilfesystem (Düding et al. 2018). In der Pandemie hat unseres Erachtens nach die Bedeutung als (zeitweise) letzter *Zufluchtsort* für *Straßenjugendliche* signifikant zugenommen. Zugleich muss konstatiert werden, dass auch Notschlafstellen teilweise Kontakt zu einzelnen Jugendlichen verloren haben. Es kann angenommen werden, dass dies zu einer Verschlimmerung und/oder Chronifizierung der prekären Lebenslagen führt.

Welche Maßnahmen bei einer Pandemie zu ergreifen sind, muss im Spannungsfeld zwischen Kindesschutz und Infektionsschutz reflektiert werden. Diese Abwägung ist jedoch aufgrund der nicht eindeutigen Faktenlage und fehlenden wissenschaftlichen Evidenzen zu den jeweiligen Auswirkungen mit Ungewissheiten verbunden. Die durch die Notschlafstelle Sleep In des VSE NRW e. V. getroffenen Entscheidungen während der Corona-Pandemie zugunsten des Kinderschutzes bewerten wir im Nachhinein und mit dem Wissen von heute als geeignet. Bei einem höheren pandemiebedingten Risiko muss diese Entscheidung in Zukunft jedoch neu bewertet werden. Für die Corona-Pandemie stellt sich dennoch die Frage, ob die einschneidenden Maßnahmen, die insbesondere die Lebensrealität von Jugendlichen betrafen, und vor allem den Schutz vulnerabler älterer Personengruppen galten, verhältnismäßig waren. Die negativen Konsequenzen des Primats des Infektionsschutzes können in Gänze (noch) nicht erfasst werden. Wir müssen jedoch annehmen, dass die Pandemie negative Auswirkungen für *Straßenjugendliche* hat, die Problemlagen sich erheblich verschärft haben und gleichzeitig der Kontakt zum Hilfesystem drastisch abgenommen hat. Wodurch zukünftig, so die Annahme, ein vermehrter – qualitativer und quantitativer – Hilfebedarf vermutet werden muss. Klar ist aber auch, dass die Erkenntnisse aus unserer Praxiserfahrung wissenschaftlich überprüft werden müssen, um ein abschließendes Urteil fällen zu können.

Aus den dargestellten Lebensrealitäten von *Straßenjugendlichen* und dem Betrieb einer Notschlafstelle für Jugendliche während der Corona-Pandemie können dennoch praxisorientierte Handlungsempfehlungen nicht nur für zukünftige Pandemieereignisse für Politik und Praxis abgeleitet werden. Ersichtlich ist dabei, dass auch in zukünftigen pandemischen Situation Maßnahmen im Spannungsfeld zwi-

schen Kindesschutz und Infektionsschutz bewertet werden müssen. Nichtsdestotrotz können Handlungsempfehlungen und Prämissen genannt werden:

a) Schutzraum und Versorgungsmöglichkeiten müssen jederzeit geöffnet und
   möglichst niedrigschwellig zugänglich sein.
b) Die Grundversorgung – Ernährung, Schlaf, Gesundheit – von Straßenjugendlichen muss jederzeit sichergestellt sein.
c) Einrichtungen der Jugendhilfe, insbesondere auch Jugendämter müssen zu den
   gewohnten Zeiten erreichbar und arbeitsfähig sein, also auch im Home-Office.
d) Insgesamt bedarf es seiner besseren digitalen Erreichbarkeit von allen relevanten Institutionen wie Ämtern, Behörden, Krankenkassen, Ärzten etc.
e) Strafen im Zuge von Ordnungswidrigkeiten müssen an die jeweiligen Lebenssituationen angepasst werden.
f) Testmöglichkeiten und Impfangebote müssen niedrigschwellig sein und sich an
   der Lebensrealität von Straßenjugendlichen orientieren.

Literaturverzeichnis

Alcendor, D. J. (2020): Racial Disparities-Associated COVID-19 Mortality among Mi-
   nority Populations in the US. Journal of Clinical Medicine, 9(8). https://doi.org/
   10.3390/jcm9082442 (abgerufen am 30.01.2023).
Baumann, M. (2020): Systemsprenger. Sozialmagazin (12), 14–20.
Beierle, Sarah/Hoch, Carolin (2017): Straßenjugendliche in Deutschland. Forschungsergebnisse und Empfehlungen. München: Deutsches Jugendinstitut
   e.V.
Bodenmüller, M. (2010): Auf der Straße leben. Mädchen und junge Frauen ohne
   Wohnung. LIT.
Bundesarbeitsgemeinschaft Wohnungslosenhilfe e.V. (2013): Rechtsansprüche junger Erwachsener in Wohnungsnot und sozialen Schwierigkeiten verwirklichen
   und fortentwickeln! Positionspapier der BAG Wohnungslosenhilfe e.V., erarbeitet vom Fachausschuss Sozialrecht, verabschiedet vom Vorstand der BAG
   W am 9. April 2013. Bielefeld. https://www.bagw.de/fileadmin/bagw/media/
   Doc/POS/POS_13_Rechtsansprueche_junger_Erwachsener.pdf (abgerufen am
   30.01.2023).
Butterwegge, Christoph (2020a): Corona und gesundheitliche Ungleichheit. Wer
   arm ist, muss eher sterben. Gesundheits- und Sozialpolitik, 74(4-5), 74–79. ht
   tps://doi.org/10.5771/1611-5821-2020-4-5-74 (abgerufen am 30.01.2023).
Butterwegge, Christoph (2020b): Mehr sozioökonomische Ungleichheit durch Corona? Wie das Virus die Verteilungsverhältnisse beeinflusst. GWP – Gesell-

schaft, Wirtschaft, Politik, 69(4-2020), 493–500. https://doi.org/10.3224/gwp.v
69i4.08 (abgerufen am 30.01.2023).

BVerfG (2019): Urteil des Ersten Senats vom 05. November 2019, 1 BvL 7/16, https://
www.bundesverfassungsgericht.de/SharedDocs/Entscheidungen/DE/2019/11/
ls20191105_1bvl000716.html (abgerufen am 30.01.2023).

Clark, Zoe/Ziegler, Holger (2020): Inobhutnahme zwischen Zwang und Freiwilligkeit. in: Praxis und Forschung. Handbuch Inobhutnahme: Grundlagen – Praxis
und Methoden – Spannungsfelder, Walhalla Fachverlag, 409–424.

Crenshaw, Kimberle (1989): Demarginalizing the Intersection of Race and Sex. A
Black Feminist Critique of Antidiscrimination Doctrine, Feminist Theory and
Antiracist Politics. The University of Chicago Legal Forum (1), 139–167.

Düding, Jannine/Grötschel, Manuela/Rauer-Meschkis, Stefan (2018): Bedingungslose Aufnahme/Angebote und Chancen in den Notschlafstellen in Nordrhein-
Westfalen. in: LAG Jugendsozialarbeit NRW & LAG Streetwork/Mobile Jugend-
arbeit NRW (Hg.): Kein Dach überm Kopf: Befunde aus der Arbeit mit jungen
Wohnungslosen und Konsequenzen für Politik und Praxis (Kontext #9, S. 13–16).

Dyer, Owen (2020): Covid-19: Black people and other minorities are hardest hit in
US. BMJ: British Medical Journal, 369, m1483. https://doi.org/10.1136/bmj.m148
3 (abgerufen am 30.01.2023).

Endres, Isabel (2021): »Systemsprenger*innen in der Wohnungslosenhilfe« – ein
Blick aus der Praxis. in: Kieslinger, Daniel/Dressel, Marc/Haar, Ralph (Hg.): Beiträge zur Erziehungshilfe: Band 49. Systemsprenger*innen: Ressourcenorien-
tierte Ansätze zu einer defizitären Begrifflichkeit (1. Aufl.), Lambertus, 337–352.

Finzi, Jan A. (2021): Wohnungsnot, Geschlecht und Gesundheit. Eine Analyse
von Teilhabe und Stigmatisierung [Dissertation]. Technische Universität Dortmund, Dortmund.

Finzi, Jan A. (2022): Wohnungsnot. Geschlecht als bedeutende Differenzierungs-
kategorie. in: Sowa, F. (Hg.): Figurationen der Wohnungsnot. Kontinuität
und Wandel sozialer Praktiken, Sinnzusammenhänge und Strukturen, Beltz,
482–501.

Fortier, Nikki (2020): COVID-19, gender inequality, and the responsibility of the state. International Journal of Wellbeing, 10(3), 77–93.

Gibb, James K./DuBois, Zachary L./Williams, Sarah/McKerracher, Luseadra/Juster,
Robert-Paul/Fields, Jessica (2020): Sexual and gender minority health vulnera-
bilities during the COVID-19 health crisis. American Journal of Human Biology,
32(5), e23499. https://doi.org/10.1002/ajhb.23499 (abgerufen am 30.01.2023).

Hansbauer, Peter (1998): Kinder und Jugendliche auf der Straße. Analysen, Strategien, Lösungsansätze. Votum.

Hoch, Carolin (2016): Straßenjugendliche in Deutschland – eine Erhebung zum
Ausmaß des Phänomens. Zwischenbericht – zentrale Ergebnisse der 1. Projekt-
phase. Halle (Saale). Deutsches Jugendinstitut e. V.

Karmakar, Monita/Lantz, Paula M./Tipirneni, Renuka (2021): Association of Social and Demographic Factors With COVID-19 Incidence and Death Rates in the US. JAMA Network Open, 4(1), e2036462. https://doi.org/10.1001/jamanetworkopen .2020.36462 (abgerufen am 30.01.2023).

Kumar, Amit/Roy, Indrakshi/Karmarkar, Amol M./Erler, Kimberly S./Rudolph, James L./Baldwin, Julie A./Rivera-Hernandez, Maricruz (2021): Shifting US Patterns of COVID-19 Mortality by Race and Ethnicity From June-December 2020. Journal of the American Medical Directors Association, 22(5), 966–970.e3. https ://doi.org/10.1016/j.jamda.2021.02.034 (abgerufen am 30.01.2023).

Linden, Mara (2020): Auswirkungen der Pandemie. Gesundheitskrise, Ökonomie und Ungleichheit. Geographica Helvetica, 75(3), 307–313. https://doi.org/10.519 4/gh-75-307-2020 (abgerufen am 30.01.2023).

Mögling, Tatjana/Tillmann, Frank/Reißig, Birgit (Juli 2015): Entkoppelt vom System. Jugendliche am Übergang ins junge Erwachsenenalter und Herausforderungen für Jugendhilfestrukturen. Düsseldorf. Deutsches Jugendinstitut.

Munir, Kamal A. (2021): Inequality in the Time of Corona Virus. Journal of Management Studies, 58(2), 607–610. https://doi.org/10.1111/joms.12674 (abgerufen am 30.01.2023).

Paegelow, Claus (2009): Handbuch Wohnungsnot und Obdachlosigkeit. Einführung zur Wohnungslosen- und Obdachlosenhilfe. Eigenverlag.

Permien, Hanna/Zink, Gabriela (1998): Endstation Straße? Straßenkarrieren aus der Sicht von Jugendlichen. DJI.

Specht, Thomas (2017): Heranwachsende und junge Erwachsene. in: Bundesarbeitsgemeinschaft Wohnungslosenhilfe e.V. (Hg.): Handbuch der Hilfen in Wohnungsnotfällen: Entwicklung lokaler Hilfesysteme und lebensbezogener Hilfeansätze, BAG W-Verlag, 347–370.

Wirtschafts- und Sozialwissenschaftliches Institut der Hans-Böckler-Stiftung (2021, 7. Juli): Geringverdienende geraten bei Impfungen ins Hintertreffen – Impfungen am Arbeitsplatz wichtiger Baustein für die Impfkampagne. Aktuelle Auswertung des WSI [Press release]. Düsseldorf. https://www.boeckler.de/ pdf/pm_wsi_2021_07_07.pdf (abgerufen am 30.01.2023).

Wolf, Sandra (2016): Über die Wahrnehmung von und den Umgang mit obdachlosen Personen im öffentlichen Raum, Weimar. https://www.kagw.de/themen-und-i nhalte/wissenswertes/ueber-die-wahrnehmung (abgerufen am 30.01.2023).

Anhang

Autor:innen

Hannah Boettcher, B.Sc. Geographie, Master Studentin im Studiengang Urbanistik an der Bauhaus-Universität Weimar. Arbeitsschwerpunkte: kritische Stadtforschung, Wohnungslosigkeit, alternative Wohnformen und qualitative Methoden. E-Mail: boettcher.hannah@posteo.de

Martin Böhnel, Mag. MSc., wissenschaftlicher Mitarbeiter am Institut Sozialplanung, Organisationaler Wandel und Stadtentwicklung an der Hochschule für Soziale Arbeit, Fachhochschule Nordwestschweiz (bis 2022). Arbeitet heute an der Haute Ecole et Ecole Supérieure de Travail Social HES-SO Valais-Wallis. Arbeitsschwerpunkte: Soziale Arbeit im Justizvollzug, qualitative Forschungsmethoden.

Dierk Borstel, Prof. Dr., Professor für praxisorientierte Politikwissenschaften im Fachbereich Angewandte Sozialwissenschaften der Fachhochschule Dortmund. Arbeitsschwerpunkte: Wohnungslosigkeit, Fragen sozialer Integration und Desintegration, Gefährdungen der demokratischen Kultur. E-Mail: dierk.borstel@fh-dortmund.de

Matthias Drilling, Prof. Dr., leitet das Institut Sozialplanung, Organisationaler Wandel und Stadtentwicklung an der Hochschule für Soziale Arbeit FHNW. Arbeitsschwerpunkt: Menschen in extremer Armut. E-Mail: matthias.drilling@fhnw.ch

Jan A. Finzi, Dr. Phil., Wissenschaftler an der TU Dortmund, Fachberater beim Verbund Sozialtherapeutischer Einrichtungen (VSE NRW e.V.) und KiJu Psych.-Therapeut (i.A.). Arbeitsschwerpunkte: Wohnungsnot, Stigmatisierung, Intersektionalität, Teilhabe, Beratung, Therapie und strategische Kommunikation. E-Mail: jan.finzi@tu-dortmund.de. E-Mail: j.finzi@vse-nrw.de

Jan Harten, Wissenschaftlicher Mitarbeiter am Institut für Praktische Theologie des Fachbereichs Evangelische Theologie der Universität Hamburg. Arbeitsschwerpunkte: Homiletik, Seelsorgetheorie, Seelsorge mit wohnungslosen Personen, Wohnungslosigkeit, Ethnografie. E-Mail: jan.harten@uni-hamburg.de

Maren Hartmann, Prof. Dr., Professorin für Kommunikations- und Mediensoziologie an der Fakultät Gestaltung der Universität der Künste Berlin. Arbeitsschwerpunkte: Domestizierung, Mobilität und Medien, Wohnungslosigkeit und Mediennutzung. E-Mail: hartmann@udk-berlin.de

Victoria Sophie Hazebrouck, M.A. M.A., Doktorandin der Politikwissenschaft an der Friedrich-Alexander-Universität Erlangen-Nürnberg und Analystin bei Denkfabrik Deradicalization & Security Initiative. Arbeitsschwerpunkte: Sicherheitspolitische Maßnahmen und deren Implikationen und Auswirkungen besonders auf Frauen und Kindern. E-Mail: vhazebrouck@dsinitiative.com

Regina Heibrock, M.A., hat Ethnologie, Soziologie und Psychologie an der Ruprecht-Karls-Universität in Heidelberg studiert. Sie ist seit 2006 bei der Stadt Karlsruhe beschäftigt. Als Sozialplanerin liegen ihre Tätigkeitsfelder vor allem im Bereich der Armutsbekämpfung und der Wohnungslosenhilfe. E-Mail: regina.heibrock@sjb.karlsruhe.de

Lara Corinna Hein, M.A., Sozialarbeiterin, Gemeinschaftsunterkunft für Geflüchtete der Albatros gGmbH in Berlin. Arbeitsschwerpunkte: Arbeit mit Geflüchteten, FLINTA* und MINTA*. E-Mail: l.hein@albatrosggmbh.de

Marco Heinrich, M.A., wissenschaftlicher Mitarbeiter an der Fakultät Sozialwissenschaften der Technischen Hochschule Nürnberg Georg Simon Ohm. Arbeitsschwerpunkte: Diskursforschung, Subjektivierungsforschung, Wohnungslosigkeit und qualitative Methoden. E-Mail: marco.heinrich@th-nuernberg.de

Frieda Heinzelmann, M.A., Sozialpädagogin, wissenschaftliche Mitarbeiterin an der Fakultät Sozialwissenschaften der Technischen Hochschule Nürnberg Georg Simon Ohm (bis 2022), arbeitet derzeit im Allgemeinen Sozialdienst. Arbeitsschwerpunkte: Wohnungs- und Obdachlosigkeit, qualitative Methoden.

Guido Heuel, Prof. Dr. phil., Supervisor DGSv., Professor für Soziale Gerontologie an der Katholischen Hochschule NRW, Fachbereich Gesundheitswesen. Arbeitsschwerpunkte: Lebensalter und Gesellschaft, Sozialer Raum, Alter und Altern, Soziale Ungleichheit und Entwicklungschancen im Leben; Organisation in Gesundheits- und Sozialeinrichtungen, Supervision. E-Mail: g.heuel@katho-nrw.de

Christian Hinrichs, M.A., wissenschaftlicher Mitarbeiter am Institut für Soziologie an der Georg-August-Universität Göttingen. Arbeitsschwerpunkte: Soziale Ungleichheit und Exklusion, Migration und Wohlfahrtsstaat, Rassismustheorien, Biographieforschung, Theorien und Methoden der Qualitativen Sozialforschung. E-Mail: christian.hinrichs@uni-goettingen.de

Gosalya Iyadurai, M.A. Soziale Arbeit, Wissenschaftliche Assistentin am Institut Sozialplanung, Organisationaler Wandel und Stadtentwicklung an der Hochschule für Soziale Arbeit, Fachhochschule Nordwestschweiz (bis 2022). Arbeitsschwerpunkte: Obdachlosigkeit sowie Obdachlosigkeit und Psychiatrie. Arbeitet heute in einer Beratungsstelle im Kanton Zürich

Vera Klocke, M.A., hat zuletzt als wissenschaftliche Mitarbeiterin in dem Projekt »Bewegte Öffentlichkeiten und Privatheiten am Rande: Obdachlosigkeit in Zeiten mobiler Medien« an der Universität der Künste Berlin gearbeitet. Arbeitsschwerpunkte: Medienethnographie, Aneignungsforschung und qualitative Methoden. E-Mail: vera.klocke@gmx.de

Björn Kramp, B. A. Soziale Arbeit, Sozialarbeiter in der Notschlafstelle »Sleep In« für Minderjährige in Dortmund des Verbundes Sozialtherapeutischer Einrichtungen (VSE NRW e. V.). E-Mail: B.Kramp@vse-nrw.de

Cornelius Lätzsch, M.A. (Empowerment Studies); akademischer Mitarbeiter am Institut für Erziehungswissenschaften der Universität Tübingen, Abteilung Sozialpädagogik. Arbeitsschwerpunkte: Flucht*Migrationsforschung, Teilhabeforschung, diskriminierungskritische Soziale Arbeit, qualitative Forschungsmethoden (insb. Grounded Theory und Situationsanalyse). E-Mail: cornelius.laetzsch@uni-tuebingen.de

Martin Lenz, Dr., ist diplomierter Erziehungswissenschaftler (Universität Koblenz-Landau) und promovierter Stadtsoziologe (Universität Karlsruhe). Seit 2009 ist er Bürgermeister der Stadt Karlsruhe. Sein Dezernat umfasst die Schwerpunkte Soziales, Migration, Jugend und Eltern, Schulen, Bäder, Sport sowie soziale Wohnraumversorgung. E-Mail: dez3@karlsruhe.de

David Lowis, M.A., wissenschaftlicher Mitarbeiter an der Fakultät Gestaltung der Universität der Künste Berlin. Arbeitsschwerpunkte: Digitale Ungleichheiten, Wohnungslosigkeit, empirische Sozialforschung. E-Mail: d.lowis@udk-berlin.de

Tom Meyer, M. Sc., Wissenschaftlicher Mitarbeiter und Doktorand am Geographischen Institut der Ruhr-Universität Bochum. Arbeitsschwerpunkte: Geo-

graphische Gesundheitsforschung im Quartier, Geographische Wohnungslosig-
keitsforschung, sozialtheoretische Geographie und qualitative Methoden. E-Mail:
tom.meyer@rub.de

Tim Middendorf, Prof. Dr., Professor für Soziale Arbeit im Kontext prekärer Lebenslagen an der Hochschule Bielefeld (HSBI). Arbeitsschwerpunkte: Soziale Arbeit
mit Menschen in prekären Lebenslagen, insbesondere Wohn- und Obdachlosigkeit,
Professionalität und Professionalisierung in der Sozialen Arbeit, Beratung und Supervision. E-Mail: tim.middendorf@hsbi.de

Jenny Möllers, M. A. Erziehungswissenschaft, Sozialarbeiterin in der Notschlafstelle »Sleep In« für Minderjährige in Dortmund des Verbundes Sozialtherapeutischer
Einrichtungen (VSE NRW e. V.). E-Mail: j.moellers@vse-nrw.de

Alexander Parchow, Dr. phil., Postdoc an der Hochschule Bielefeld (HSBI) Projekt-
verbund CareTech OWL – Zentrum für Gesundheit, Soziales und Technologie. Arbeitsschwerpunkte: Kinder- und Jugendhilfe, insbesondere Frühe Hilfen und Hilfen
zur Erziehung, Menschen in prekären Lebenslagen, Professionalisierung und methodisches Handeln in der Sozialer Arbeit. E-Mail: alexander.parchow@hsbi.de

Andrea Protschky, M.Sc., Doktorandin am Graduiertenkolleg KRITIS und am Fach-
gebiet Stadt- und Raumsoziologie der Technischen Universität Darmstadt sowie im
Bereich Raumplanung an der Universiteit Utrecht. Arbeitsschwerpunkte: Wohnen
und Wohnungslosigkeit, soziale Ungleichheit, Infrastrukturforschung, Praxistheo-
rie. E-Mail: protschky@kritis.tu-darmstadt.de

Bastian Pütter, Mag., Redaktionsleitung bei bodo e.V. in Dortmund.

Pauline Runge, M.Ed., wissenschaftliche Mitarbeiterin am Institut für Sonderpäd-
agogische Entwicklungsförderung und Rehabilitation an der Universität Rostock
und Promovierende an der Fakultät für Erziehungswissenschaft der Universität
Hamburg. Arbeitsschwerpunkte: Wohnungslosigkeit, Flucht*Migration, Exklusionsprozesse von Jugendlichen und jungen Erwachsenen, diskriminierungskritische
Soziale Arbeit. E-Mail: pauline.runge@uni-hamburg.de

Navina Sarma, M.A., MPH, Krankenschwester, Historikerin und Gesundheits-
wissenschaftlerin in Berlin. Arbeitsschwerpunkte: Gesundheit im Kontext sozialer
Ungleichheit und struktureller Benachteiligung, Forschungsethik, partizipative
Gesundheitsforschung und qualitative Methoden. E-Mail: navina@sarma.info

Jörn Scheuermann, Dipl. Sozialpädagoge, systemischer Berater/Coach (SE), Zertifizierter Mediator, Systemtherapeut (SE) und mit der Geschäftsführung der Arbeitsgemeinschaft Wohnungslosenhilfe München und Oberbayern sowie Koordination Wohnungslosenhilfe Südbayern betraut. E-Mail: scheuermann@wohnungsnotfallhilfesued.bayern

Elke Schierer, Prof. Dr., Professorin in der Sozialen Arbeit an der Evangelischen Hochschule Ludwigsburg. Arbeitsschwerpunkte: Theorie und Praxis(-forschung) Sozialer Arbeit mit Schwerpunkt Jugendhilfe. E-Mail: e.schierer@eh-ludwigsburg.de

Luisa T. Schneider, Dr., Assistant Professor für Kultur- und Sozialanthropologie an der Fakultät der Sozialwissenschaften der Vrijen Universiteit Amsterdam und Forschungspartnerin am Max Planck Institut für Ethnologische Forschung, Halle (Saale). Arbeitsschwerpunkte: Wohnungslosigkeit und prekäres Wohnen, Gewalt, Intimität und Recht. E-Mail: l.t.schneider@vu.nl

Werner Schönig, Prof. Dr. rer. pol. habil., Professor für Sozialökonomik und Konzepte der Sozialen Arbeit an der Katholischen Hochschule NRW in Köln, Fachbereich Sozialwesen. Arbeitsschwerpunkte: Armut, Sozialraum, soziale Dienste, Sozialökonomik und Theorie der Sozialen Arbeit. E-Mail: w.schoenig@katho-nrw.de

Nora Sellner, Dr. phil., Sozialarbeiterin (B.A.) und Sozialmanagerin (M.A.), wissenschaftliche Mitarbeiterin und Lehrbeauftragte an der Technischen Hochschule Nürnberg Georg Simon Ohm und der Katholischen Hochschule NRW. Arbeitsschwerpunkte: Theorien, Konzepte und Methoden Sozialer Arbeit mit marginalisierten Gruppen, Wohnungsnot und Wohnungslosigkeit, Armut und soziale Exklusion, Bewältigung in besonderen Problemlagen und Krisen, Raumnutzungsverhalten obdachloser Menschen. E-Mail: nora.sellner@th-nuernberg.de

Tim Sonnenberg, M.A., Doktorand an der PH Freiburg und FH Dortmund. Arbeitsschwerpunkte: Wohnungslosigkeit, Diskriminierung, Kritische Soziale Arbeit. E-Mail: tim.sonnenberg@fh-dortmund.de

Frank Sowa, Prof. Dr., Professor für Soziologie in der Sozialen Arbeit an der Fakultät Sozialwissenschaften der Technischen Hochschule Nürnberg Georg Simon Ohm. Arbeitsschwerpunkte: Soziale Probleme und soziale Ungleichheit, Wohnungslosigkeit, integrierte Stadtentwicklung und qualitative Methoden. E-Mail: frank.sowa@th-nuernberg.de

Anabell Specht, MSW, Sozialarbeiterin und Wissenschaftlerin in Berlin. Arbeitsschwerpunkte: soziale (Un-)Gerechtigkeit und Diversität, Armut und Klassismus, Intersektionalität, Partizipation und Teilhabe, diskriminierungskritische Bildung und Erziehung. E-Mail: anabellspecht@gmail.com

Robert Tiede, M.A., Wissenschaftlicher Mitarbeiter und Doktorand am Institut für Soziologie an der Georg-August-Universität Göttingen. Arbeitsschwerpunkte: Soziologie des Wohnens und der Stadt, soziale Ungleichheiten, Politische Soziologie und Wohlfahrtsstaaten. E-Mail: robert.tiede@uni-goettingen.de

Ursula Unterkofler, Prof.in Dr.in, Professorin für Methoden der empirischen Sozialforschung und Evaluation an der Hochschule München. Arbeitsschwerpunkte: Rekonstruktive Sozialforschung, Professionsforschung, Doing Social Work, Niedrigschwellige Soziale Arbeit, Rekonstruktive Methoden als didaktische Ansätze in der Lehre. E-Mail: ursula.unterkofler@hm.edu

Barbara Unterlerchner, Mag.a, MA, Fachreferentin der Stabsstelle Grundlagen und Policy Arbeit der Sozialorganisation neunerhaus in Wien. Arbeitsschwerpunkte: Wohnungs- und Obdachlosigkeit, Gesellschaftspolitik und soziale Ungleichheiten, Beratung und Betreuung, Menschenrechte. E-Mail: barbara.unterlerchner@neunerhaus.at.

Jona van Laak, Dr., Dozent für Volkswirtschaftslehre und Wirtschaftsethik an der Fachhochschule für Ökonomie und Management FOM München. Arbeitsschwerpunkte: Wirtschaftstheorie mit Fokus auf Ordnungs- und Institutionenökonomik, Wirtschafts- und Innovationspolitik, Krisenforschung, Kommunikationsanalysen. E-Mail: jona@v-laak.de

Stephanie Watschöder, Dipl. Sozialpädagogin, Sozialwirtin, systemischer Coach/Beraterin (SE), Fachreferentin Koordination Wohnungslosenhilfe Südbayern, E-Mail: watschoeder@wohnungsnotfallhilfesued.bayern

J. Timo Weishaupt, Prof., Ph.D., Professor für Soziologie mit dem Schwerpunkt Sozialpolitik an der Sozialwissenschaftlichen Fakultät der Georg-August-Universität Göttingen. Arbeitsschwerpunkte: Arbeitsmarktpolitik und -verwaltung, EU Sozialpolitik, industrielle Beziehungen und Wohnungsnotfälle. E-Mail: timo.weishaupt@sowi.uni-goettingen.de

M. Winands, Prof. Dr., Professor für Theorien, Konzepte und Methoden Sozialer Arbeit am Fachbereich Sozialwesen der Katholischen Hochschule NRW in Paderborn,

Arbeitsschwerpunkte: Abweichendes Verhalten und Soziale Kontrolle, Konflikt- und Gewaltforschung. E-Mail: m.winands@katho-nrw.de

Katharina Winkler, Dipl. Jur., M.S.W., Doktorandin im SNF-Forschungsprojekt »Wohnungslosigkeit in Deutschland und der Schweiz. Rechtsmobilisierung und Rechtsbewusstsein« an der Rechtswissenschaftlichen Fakultät der Universität Bern. Arbeitsschwerpunkte: Wohnungslosigkeit von Familien, Rechtssoziologie, Adressat:innenforschung im Kontext Recht und Wohlfahrtsstaat sowie intersektionale und menschenrechtliche Perspektiven auf Sozialrecht. E-Mail: Katharina.winkler@oefre.unibe.ch

Abbildungsverzeichnis